박청수

세상 나든 이야기

圓佛教 朴清秀 教務의
기행수상록

박청수

세상 나든 이야기

열화당 영혼도서관

莫見乎隱 莫顯乎微

숨은 것보다 더 잘 나타나는 것은 없으며,
작은 것보다 더 잘 드러나는 것은 없다.

—『중용(中庸)』제1장

서문

이제 내가 가 보기도 하고 돕기도 한 나라를 합하면 팔십오 개국에 이릅니다. 아시아, 중동, 유럽, 북남미 등 나의 발길은 지구촌 여러 곳에 이르렀습니다.

내가 처음 초청을 받아 이웃나라 여행을 할 때가 1983년이었고, 그때는 우리나라가 아직 여행이 자유롭지 못하던 시절이었습니다. 나는 1987년 인도를 처음 여행할 때 비자를 받지 못해 일흔두 시간 통과 비자로 간신히 인도 문턱을 넘었습니다. 1995년 캄보디아를 방문할 때는 수교가 단절되었던 때라 정부로부터 특별 국가 방문 허가서를 받고서야 출국하였고, 캄보디아 공항에서 입국 비자를 받았습니다.

우리나라의 국제적 위상이 매우 높아져서 이제 여권만 있으면 세계 백칠십이 개국을 비자 없이 드나들 수 있게 됐다고 하니 참으로 금석지감(今昔之感)을 느끼지 않을 수 없습니다. 우리나라뿐 아니라 세계는 참으로 빠르게 변하고 있어서, 그 옛날 내가 보았던 곳은 그동안 너무나 많이 변해서 어느 한 곳에서도 옛날과 같은 모습을 찾아볼 수 없을 것입니다. 그래서 삼십여 년 전 내 눈으로 보고 쓴 나의 기행문은 그야말로 이제 고전이라는 생각이 들기도 합니다.

나의 인생에서 미리 계획한 것은 아니지만, 나는 오십삼 개국 너른 세상을 둘러보고 나서야 그곳에서 보고 느낀 대로 나의 일감을 챙겨 일하기 시작했습니다. 그러니까 나의 세계 기행은 결국 세계 도처에서 나의 일감을 발견한 것이라고 할 수 있습니다.

내가 세계 오십오 개국에 관심을 갖고 도왔던 것은 내가 그 나라 그곳의 사정을 잘 알게 되었기 때문이라고 생각합니다. 나로서는 돕지 않고서는 참고 견딜 수 없어서 도왔다고 해야 옳을 것입니다.

내가 인도를 처음 여행했을 때 어슴푸레한 새벽의 차창 밖으로 보이는 뭄바이(Mumbai) 거리에는 기다란 하얀 자루 같은 물체가 드문드문 눈에 띄었습니다. 길거리에 버려진 저 기다란 하얀 자루는 무엇일까. 날이 점점 밝아지자, 그 기다란 하얀 자루가 길바닥에서 홑이불을 뒤집어쓰고 잠자는 노숙자들의 모습임을 알 수 있었습니다. 인도가 더운 나라라고 하지만 그때는 1월이고 겨울이어서 간밤에 호텔에서 모포 한 장을 덮고도 춥게 느꼈었는데, 집 없는 인도 노숙자들은 냉기 올라오는 길바닥에서 어떻게 잠들 수 있었을까. 나는 그때 거리에서 잠자는 노숙자들을 보고 큰 충격을 받았습니다. 또 허름한 오막살이 한 채가 눈에 들어왔습니다. 빛과 공기가 차단돼 보이고 얼키설키 덮덮은 궁상맞은 천막 속에서 사람이 기어 나오고 들어가는 모습을 보았습니다. 뭄바이는 역사가 오래된 도시인데도 한편에는 그같은 가난이 웅크리고 있었습니다. 또 내가 시외버스 정류장에서 만난 인도 사람들은 신발을 신고 있지 않았습니다. 그들 발바닥이 아주 두꺼운 가죽처럼 보였습니다. 그리고 그들 종아리는 장작개비처럼 말라붙어 있었습니다. 나는 그때 인도에서 지구촌 최악의 빈곤 참상을 보았습니다. 나는 그때 인도의 가난이 나의 살갗에 달라붙는 것만 같았습니다.

그러던 중 우연히 북인도 히말라야 라다크(Ladakh) 설산에 사는 상가세나(Sanghasena) 스님이 건넨, 설산 어린이들의 교육을 도와 달라는 호소문을 보았습니다. 시베리아 다음으로 추운 곳이라 생존 조건이 더 열악한 북인도 히말라야 설산 라다크, 그곳도 인도의 일부이니 그곳을 도와야겠다는 생각이 들었습니다. 내가 보았던 인도의 가난을 구경만 하지 않고 그들의 어려운 삶을 좀 거들어야만 내 마음이 편할 것 같아서였습니다. 그렇게 해서 히말라야 라다크에 마하보디 초·중·고등 기숙학교를 세우고 오십 병상의 카루나 종합병원을 세우고 따뜻한 겨울옷과 담요, 솜이불 등 여섯 대의 컨테이너를 멀고 먼 히말라야 높고 높은 설산 삼천육백 고지까지 올려 보냈습니다. 그 일을 하는 데만도 구 년이 걸렸습니다.

이십팔 년 전에 쓴 『기다렸던 사람들처럼』 서문을 보면 "인도를 포함한 동양 아홉 나라와 스위스를 비롯한 서양 여덟 나라를 여행할 때 몇 나라를 제외한 많은 나라들을 어느 여행사의 도움도 없이 나를 따라 주는 젊은 교도를 길벗으로 동행하면서, 세계 지도 한 장을 들고 찾아 다녔습니다. (…) 나는 원시인처럼 단순하고, 어릴 적처럼 천진스러워졌습니다. 내 영혼의 눈과 귀가 더욱 밝아져서 세상에 존재하는 모든 것이 더 잘 보이는 것 같았고, 우주의 은밀한 소리까지도 다 들리는 것 같았습니다. 내 감각의 더듬이는 더 잘 발달되어서 부지런히 활동했습니다. (…) 여행 중 세계 도처에서 만난 사람들은 마치 '기다렸던 사람들처럼' 나를 반겨 주고, 헌신적으로 돌보아 주었습니다. 마치 그들과의 만남의 약속을 지키기 위해 나는 필연적으로 방랑자가 되어 그곳에 와 있는 것만 같았습니다"라고 적혀 있습니다.

내 발길이 닿기 쉽지 않은 중동 여러 나라를 여행하기도 했습니다. 미국의 티오유(TOU, Temple of Understanding) 루이스 돌란 신부님의 초청을 받고 중동 지역 종교 순례길에 나섰던 것입니다. 루이스 돌란 신부님과의 인연은 원불교 교조 소태산(少太山) 대종사(大宗師) 탄신 백 주년 기념대회 때의 만남이 고리가 되었습니다. 나는 나의 세계 여행 길벗인 신현대(愼賢大) 교도와 함께 요르단 수도 암만에서 티오유 종교 순례단과 합류하여 요르단과 시리아, 이스라엘, 이집트 등을 순방했습니다.

유대교, 기독교, 이슬람교 등 세계 종교 발상지인 중동 땅을 밟으면서 나는 많은 생각을 했습니다. 종교 때문에 갈등과 대립, 그리고 전쟁이 반복적으로 역사에 점철되고 있기 때문이었습니다. 여러 종교의 발상지 그 땅에서, 나는 과연 종교가 인류 평화에 진정으로 기여하고 있는가 하는 깊은 회의에 빠지기도 했습니다.

그러나 이 세상에는 이미 여러 종교가 있고 그들 종교 간의 이해와 상호 존중이야말로 인류 평화를 위해 매우 필요하고도 중요하다는 것을 깊이 깨달았습니다. 그때 그곳에서 나는, 나 자신이 타 종교 가톨릭 복지기관인, 한센인들이 함께 모여 살고 있는 성 라자로마을을 마치 내 집처럼 수십 년 동안 드나들고 있는 것이 얼마나 중요한 일을 하고 있는 것인지를 새삼 깨달았습니다.

인류 최고(最高) 문명의 발상지인 이집트에서는 불가사의하게만 느껴지는 거석(巨石) 문명을 우러러보면서 그 옛날에 살았던 사람들의 지혜와 능력에 대해 감탄과 경이로움을 느꼈습니다. 그리고 지금은 지구촌 어디에서 어느 민족이 이같은 인류 문화유산을 축적해 나가고 있을까 하는 생각도 해 보았습니다.

나의 어린 시절, 어머니가 귀에 못이 박히도록 하신 말씀이 있습니다. "너는 커서 시집가지 마라. 그까짓 시집 뭣하러 갈 것이냐. 더 좋은 길이 있는 줄 모르면 몰라도… 너는 커서 원불교 교무님이 되어라. 그리하여 너른 세상에 나아가 많은 사람을 위해 일해라. 기왕이면 한평생 큰살림을 해 볼 일이다"라고 하셨습니다.

내가 만약 세계 기행을 하지 않았더라면 내가 어떻게 세계 오십오 개국을 돕는 큰살림을 해 볼 수 있었을까요. 나의 세계 기행이야말로 내 인생을 살아갈 큰 준비였다고 생각합니다. 그래서 『기다렸던 사람들처럼』은 나의 여러 저서 중에서도 더 소중한 생각이 들곤 합니다. 그러나 이십팔 년 전에 출간된 그 책의 글들은 마치 어디론가 흩어지고 사라져 버린 것만 같다는 생각이 들어 안타까웠습니다. 이제 세계 기행기가 담긴 『기다렸던 사람들처럼』과 내 영혼 산에 기대어 살던 산행기, 그리고 나의 생각과 사상이 영근 수필과 칼럼이 담긴 『마음으로 만난 사람들』 두 권의 책을 중심으로 새 원고를 보태어 『박청수, 세상 나든 이야기』라는 새 수필집을 출간하게 되어 참으로 기쁩니다.

한 권의 책을 내기도 어렵다는 열화당에서 안중근기념 영혼도서관에 보관될 나의 자서전 『박청수—원불교 박청수 교무의 세상 받든 이야기』를 출간하고, 이제 『박청수, 세상 나든 이야기』를 출간하는 것은 이기웅(李起雄) 사장님께서 나에게 베푼 큰 호사입니다. 이 책을 꾸며 준 조윤형(趙尹衡) 실장님과 열화당 가족들에게 깊은 감사를 드립니다.

2016년 여름
'삶의 이야기가 있는 집'에서
박청수(朴淸秀)

Preface

Eighty-five countries in total have I visited and helped out so far. Asia, Middle East, Europe, and North and South America—my footsteps have reached all corners of the globe.

I was invited to travel to a neighboring country for the first time in my life in 1983, when Koreans were not able to make trips freely to foreign nations yet. Later in 1987, at the start of my first trip to India, I narrowly managed to cross the Indian border with a mere transit visa valid for seventy-two hours, unable to get the proper Indian visa. Again, in order to make my trip to Cambodia in 1995, as the country's diplomatic ties with South Korea had been broken, I had to receive special permission for a state visit from the Korean government before making my departure, after which I acquired an entry visa in a Cambodian airport.

Things have truly become different now, when South Korea's global stature is so considerable that a South Korean passport alone lets Koreans travel freely to one hundred and seventy-two countries without the trouble of getting a visa. Not only South Korea but also the world is changing fast. The places I explored in the past have been transformed so much that not even a single destination would be like it was before. This makes me think my travel essays that full descriptions based on my own observations from my journeys three decades ago have now become a classic.

Though I didn't draw the blueprint of my life beforehand, it was not until I looked around the broad world of over fifty-three nations that I started my work based on what I saw and felt. So, to put it simply, my world travel led to the discovery of my work in all places of the globe.

I believe the reason why I was concerned with and helped out in fifty-five nations worldwide was because I came to understand the circumstances of the places, of the countries. It would be truer to say that I helped those countries because it was impossible for me to remain not helping them.

In my first trip to India, the streets of Mumbai I looked at through the car window in the glimmer of dawn displayed some objects resembling long, white sacks scattered here and there. What could they be, those long white sacks thrown in the streets, I asked myself. As the day broke, those long white sacks turned out to be the homeless sleeping on the streets, their bodies enveloped in a thin, single sheet. Even though India had a hot climate, it was one of the cold winter days in January, which made me feel chilled even though I covered myself with a blanket in the hotel room the night before. How could these homeless Indians sleep on the bare streets and endure the iciness? I was quite shocked looking at the street-sleepers back then. Again, a shabby hut caught my eyes. From that wretched hut, seemingly sealed from light and air and raised with bits and patches, I saw people crawling in and out. On the rear side of the historic city were such poverty-stricken people huddled together, even though Mumbai has a long history. The Indian people I saw at the intercity bus stop weren't wearing shoes. The soles of their feet looked like very thick leather, and their calves were skinny and dry as a piece of firewood. It was right then and right in India that I witnessed the most miserable plight of poverty in the world. I felt as if the nation's poverty was clinging tight to my skin.

It was among those days that I received a letter of supplication sent by the Buddhist monk Sanghasena who lived in the snowy mountain of Ladakh in the Himalayas in Northern India and asked me to support the education of children living in the highland area. The world's second coldest place following Siberia, the Himalayan Ladakh presented even worse living conditions; still, since the area was also part of India, I decided to help the people there. I believed I had to stop remaining a bystander to the country's poverty and start to help the people manage the difficulties in their lives. And this would help me clear my conscience. So I established Mahabodhi Residential School in Ladakh and years after that, I also constructed Mahabodhi Mother Park Chung-Soo Karuna Charitable Hospital equipped with 50 beds there. In the meantime, I sent six containers filled with warm clothes, thick blankets and cotton-stuffed quilts to the far-away Himalayan uplands as high as three thousand and six hundred meters. This task alone took me nine years.

The preface of *As They Had Waited for Me* that I wrote twenty-eight years ago goes as follows: "When traveling to nine countries in the East including India as well as eight nations in the West including Switzerland, I went around most countries accompanied by a young believer, without any help from travel agencies, but instead solely relying on a world map.… I became simple like a primitive man, ingenuous like a child. The eyes and ears of my soul seemed to be so sensitized as to see everything existing in the world clearer than ever, as to hear even the intimate whispers of the universe. The feelers of my senses developed further and buzzed around.… Those I encountered in all corners of the globe during my travel greeted me and devoted themselves to looking after me just 'as if they had waited for me.' It seemed as if I was there as a rover by fate in order to keep my promises to meet them."

I also traveled to many Middle East countries, which I had never expected my footsteps would reach with ease. The journey, during which I made a pilgrimage to the cradles of religions in the Middle East regions, began thanks to the invitation from Father Luis Dolan of the Temple of Understanding (TOU) in the United States. I first met him in the celebration to commemorate the 100th anniversary of the birth of Master Sotaesan, the founding father of *Won* Buddhism. With the believer Shin Hyeon-dae, the companion of my world travels, I joined the pilgrims from the TOU in Amman, the capital of Jordan, to pay visits to the sacred places in Jordan, Syria, Israel, and Egypt.

Stepping on the grounds of the Middle East, the birthplace of the world's religions including Judaism, Christianity and Islam, I was filled with a myriad of thoughts. It was because history was constantly marked by conflicts and tensions as well as wars triggered by religions. That was why I, standing on the cradle of many religions, felt a deep skepticism as to whether religion was truly contributing to the peace of humanity.

But soon I arrived at a profound realization that, in this world where already a number of religions exist, understanding and mutual respect among them are singularly vital and essential for the peace of humanity. Right at that moment, in that place, I became aware of the true value of my deed: frequenting Saint Lazarus Village for dozens of years, a Catholic—not *Won* Buddhist—social welfare facility where Hansen's disease patients lived together.

In Egypt, the fountainhead of the oldest civilization built by humanity, I was overwhelmed by awe and admiration about the wisdom and ability of the people of the past as I looked at the megalithic culture that seemed so mysterious. And I also wondered what race on this globe would now be accumulating this degree of cultural heritage of humanity.

In my childhood, my mother would repeatedly say this to me: "Don't marry anyone when you grow up. You would only marry a man if you didn't know that better things are in store for you. When you grow up, be the Venerable Mother of *Won* Buddhism instead. In that way, head out to the wide world and work for many people. Instead of a household of a family, dedicate your life to taking care of the household of the entire world."

If I had not traveled the world, how could I have ever cared for the world as my household, helping out in fifty-five countries. I believe the very journey was, in a wide sense, a preparation to frame my life. That makes me treasure *As They Had Waited for Me* the most among all of my books. However, the writings in the book published twenty-eight years ago seem to have scattered and disappeared somewhere, which saddens my heart. This is the reason why I'm even more delighted to publish this book, the new collection of essays with new manuscripts added as well as my previous works in *As They Had Waited for Me*, which contains accounts of my world travels, and in *People Who Warmed My*

Heart, which includes accounts of my hiking expeditions that describe the period when I took comfort for my soul from mountains, essays and columns that feature my mature thoughts and ideas.

Thanks to Youlhwadang, which is deemed among writers as the honorable place to publish a book, I brought out my memoir, *Venerable Mother Park Chung-Soo of Won Buddhism: A Life Story of Serving the World*, which is to be preserved in the Ahn Jung-geun Memorial Library of Soul, and now *Venerable Mother Park Chung-Soo of Won Buddhism: Accounts of Travelling around the World* has been released by virtue of the generosity that President Yi Ki-Ung offered. I would like to express my heartfelt gratitude to Editor In Chief Cho Yunhyung and all those related to Youlhwadang, who helped with the publication of my book.

In summer, 2016
From the House with the Story of Life
Park Chung-Soo

차례

중동 기행

서양 기행

수필과 칼럼

동양 기행

이웃 나라의 불교사찰 순례
일본 1983

생애 첫 해외여행

한국 청소년단체협의회(청협)의 지도자 해외 교류 시찰 계획에 따라 청협 대표단은 일본과 대만을 방문하기 위하여 1983년 6월 21일 오전 열시에 김포공항을 떠났다. 나에게 해외여행은 이번이 첫 나들이였다.

우리 일행이 일본 나리타 공항에 도착했을 때 그곳은 비가 내리고 있었다. 입국 절차를 마치고 나오자 일본 중앙청소년단체연락협의회[중청연(中靑連)] 간부들은 우리를 반갑게 맞았고, 대기 중인 버스에 함께 탔다. 도쿄 시내로 들어가는 동안 차 안에서 그들은 먼저 자신들을 소개했다.

앞으로 삼박 사일 동안 우리를 안내할 야마다 준코(山田順子) 양은 매우 상냥했고 강한 추진력이 있어 보였다. 우리가 그곳에 있는 동안 통역을 맡은 사람은 쓰쿠바대학 대학원에서 산업디자인을 전공하고 있는 한국 유학생 J 군이었다. 시간을 절약하기 위해 차 안에서 한국 청협과 성격이 같은, 일본 중청연에 가입된 스물세 개 일본 청소년 단체에 대한 개괄적인 소개를 해 주었다. 그녀는 또 우리가 그곳에 머무는 동안 진행될 일정표도 알려 주면서, 원래 일본 중청연 계획으로는 '일본 청소년의 교육과 일본 청소년의 문제'에 관하여 문부성 당국의 이야기를 듣도록 되어 있었으나, 우리 일행의 도착이 하루 늦어지는 바람에 유익한 시간을 놓쳤다고 아쉬워했다.

준코 양과 자리가 가까웠던 나는, 일본이 청소년들의 어떤 문제로 고민하고 있느냐고 물어보았다. 그녀는 청소년들의 폭력이 날로 심각해져서 고민이라며, 특히 아직 어린 중학생들이 스승인 교사들에게 자주 폭력을 행사해서 중고등학교 교사직을 두려운 직업으로 여긴다고 말했다.

사고 학생의 원인을 분석해 보면, 어렸을 때 부모들의 과잉보호가 문제라고 했다. 전자 제품이나 현대 문명의 혜택으로 가사에서 해방된 주부들이 별로 할 일이 없어졌기 때문에 아이들에게 지나친 관심을 갖고 어린이들이 요구하는 것은 분별 없이 무엇이든 해결해 주어서 일본 어린이들이 어렵고 안 되는 것을 모르고 자란다고 했다. 그래서 그들은 참고 견디는 습관이 배지 않아 무엇인가 자신의 뜻대로 안 될 때에는 먼저 폭력으로 해결하려 한다고 했다. 그리고 교사를 스승으로 존경하지 않고 자신들과 똑같은 하나의 인간으로만 생각하는 그들의 의식구조도 큰 문제라고 했다.

사고 학생의 또 다른 원인은 어버이가 이혼을 하여 올바른 가정교육을 받지 못한 불우한 가정환경의 소산인 경우도 있다고 했다. 그래서 일본 중학교 졸업식 날은 학생들의 폭력에 대비하여 경찰이 출동한다고 그 심각성을 말해 주었다.

나는 그 얘기를 들으며, 우리들도 청소년 선도에 고심하고 있지만 그래도 우리 청소년들의 정신 건강은 아직 훌륭한 편이라는 생각이 들었다. 이처럼 버스에서 청소년들의 문제에 관하여 진지하게 대화가 오가는 동안 나는 잠시 차창 밖을 내다보았다.

도쿄까지 칠십오 킬로미터를 달리는 동안 도쿄 만(灣)을 지날 때는 앞이 탁 트인 바다가 열려 보여 섬나라 일본 땅에 와 있음을 실감케 했다. 차가 도쿄 시내에 도착할 무렵에는 날씨가 맑게 개어 있었다.

아직 여장도 풀기 전에 먼저 안내받은 곳은 국립박물관이었다. 박물관 정문에 들어서자 저만큼 벤치에 젊고 예쁜 아가씨가 하얀 옷차림으로 홀로 앉아 있는 모습이 매우 산뜻하고 한가로워 보였다. 그러나 그녀는 비가 갠 하늘에서 쏟아지는 눈부신 햇살을 바라보며 뽀얀 담배 연기를 내뿜고 있었다. 그녀의 그런 모습이 나에게는 낯설었지만, 일본에는 여성 흡연 인구가 매우 많다는 것을 말해 주고 있는 것 같았다.

박물관 본관 이층에서 마침 「홍법대사(弘法大師)와 밀교미술(密敎美術)」전이 열리고 있었다. 밀교예술의 지보적(至寶的)인 작품 약 백칠십여 점과 일본 불교 진언종(眞言宗)의 개조(開祖)인 홍법대사의 좌상을 비롯한, 대사에 관계된 많은 작품들이 전시되고 있었다. 처음 보는 수많은 만다라도(曼茶羅圖) 대작들에서 어느 것은 우리나라 부적을 보는 듯한 인상을 받았다. 그밖에 많은 밀교 법구(法具)를 섬세하게 조각한 여러 모양의 요령(搖鈴)들이 흥미로웠다.

다음에 우리가 간 곳은 아사쿠사(浅草)였다. 센소지(淺草寺)는 내가 일본에서 본 최초의 불교 사원으로, 도쿄에서 가장 오래된 고찰(古刹)이라고 했다. 관음당에는 정면에 불상 대신 '만(卍)'자만 걸려 있었고 수많은 사람이 드나들어 무척 붐볐다. 그곳 불교 신자들은 관음당에 들어서자마자 헌공함에 동전을 던지고는, 손뼉을 두 번 친 다음 서서 합장하고 기도를 올린 후, 선 채로 두 번 절하고는 나갔다. 그곳에의 모든 사람들은 늙든 젊든 모두 그런 모습의 신앙 행위를 하였다.

그들 중 많은 사람들은 우리나라 돈 백오십 원 정도를 내고 대나무 통을 흔들어 얇은 대나무 조각을 하나씩 꺼냈다. 그리고 그곳에 적힌 숫자에 따라 우리나라 한약장 서랍처럼 생긴 곳에서 같은 숫자가 표시된 서랍을 열어 종이를 꺼내어 열심히 읽어 보고는 문 안에 쳐 놓은 줄에 매어 두고 나가곤 했다.

마치 무슨 점괘를 보는 것 같기에 나도 그렇게 해 보았다. 내가 뽑은 종이에는 윗부분에 "제87 대길(大吉)"이라 적혔고, 그 아래 넉 줄의 점괘를 해석해 보니 "석방(石方)에서 옥(玉)을 만나고 모래 속에서 금(金)을 보기 시작한다"는 등의 기분 좋은 내용이었다.

그곳을 나와 맞은편의 가마솥같이 보이는 큰 화로에서 연기가 나는 곳으로 갔다. 많은 사람들이 바로 곁에 있는 가게에서 만수향(萬壽香) 같은 향을 한 단 사 가지고 가마 향로에 던졌다. 그러고는 그 향로에서 나오는 연기를 자꾸만 자신의 이마와 머리에 쐬는 시늉을 하기도 하고 허리, 배, 가슴 등 신체 부위를 더듬어 그 연기 나는 향로에 던지는 시늉을 하기도 했다. 그런 동작의 이유가 궁금하여 물어보았더니, 연기를 이마와 머리에 쐬는 것은 머리

해외 첫 나들이였던 일본에서 본 최초의 불교 사원 아사쿠사 센소지에서.

가 총명해지라는 것이며, 몸을 더듬어 향로에 던지는 시늉을 하는 것은 자신의 신체 중 아픈 부위를 낫게 하기 위해서라고 했다. 젊은 대학생도 그리고 멋쟁이 신사도 매우 믿음 깊은 모습으로 그렇게 하였다.

우리나라 칠성각(七星閣) 명부전(冥府殿)쯤 되어 보이는 곳에서도 그들은 계속 동전을 던지고 손뼉을 친 다음 기도들을 했다. 손뼉을 치는 이유는 귀신을 부르는 일본 사람들의 관습이라고 했다. 그리고 헌공함은 아예 동전만 들어가도록 골골이 파여 있었다. 승려들의 모습은 사만육천 일 기도 접수처 창구에서밖에 볼 수가 없었다.

같은 불법을 신봉하는 믿음의 행위가 우리나라와 너무도 다른 점이 매우 흥미로웠다. 우리나라 불교 사찰에 칠성각과 산신각(山神閣)이 있는 것은 불교가 우리나라에 토착하면서 우리 민족 고유의 민속 신앙을 수용했기 때문인 것처럼, 일본에서도 그들의 민속 신앙이 불교에 혼재하고 있음을 엿볼 수 있었다.

역사 도시 교토

6월 23일 아침 여섯시 삼십분, 기상을 알리는 소리가 들렸다. 스피커에서 새들의 노래와 함께 들리는 아침 인사. 도쿄 올림픽센터에서의 마지막 날 아침이었다. 이제 떠나기 위해 우리가 사용했던 모든 것들을 벽에 붙어 있는 점검 원칙대로 제자리에 놓았다. 다음 사람이 들어와 바로 사용할 수 있도록.

일본의 고도(古都) 교토로 떠나기 위해 일곱시에 올림픽센터를 출발했다. 버스로 도쿄역까지 가는 동안 우리는 요요기 공원을 지나 황태자궁(皇太子宮)과 호수 속에 잠긴 듯한 황거(皇居)도 보았다.

우리는 신칸센(新幹線) 히카리호(光號)를 탔다. 히카리호는 시속 이백 킬로미터로 달리며 도쿄서 교토까지 고속버스로 열 시간이 소요되는 거리를 세 시간이면 간다고 했다. 요금도 상당히 비싸서 우리나라 돈으로 삼만 원이 넘었다.

히카리호는 도쿄역을 여덟시에 출발했고 우리는 아침 식사를 도시락으로 하게 되었다. 도시락을 먹으면서 일본과 일본 사람을 생각해 보지 않을 수 없었다. 일회용 도시락으로는 그 용기가 너무 훌륭했다. 두어 방울쯤 들었을 것 같은 앙증스런 간장병, 물에 젖은 정결한 종이 냅킨, 그리고 따끈한 일회용 물병에 담긴 봉지차. 너무도 정성스런 준비, 위생적인 처리, 이런 일본 사람들의 정신의 힘이 모여 오늘날 경제 대국을 이루었음을 그 현장에서 확인하는 것 같았다.

마치 연수 생활을 하는 것 같던 청소년 관계 시찰을 마치고 일본의 고도 교토 관광길에 오르니 이제 우리는 한결 기분이 홀가분했다. 쾌적한 분위기에서 차창 밖으로 스쳐 가는 풍경들을 내다보았다. 공업 입국한 나라답게 많은 공장들이 보이고 농촌의 촌락들도 스쳐 갔다. 그러나 유심히 살펴봐도 일본의 집들은 큰 집이 별로 눈에 띄지 않았다. 그저 모두 조그마한 이층집들뿐이었고, 겉보기에 허술해 보이기까지 했다.

교토역에 도착했다. 교토는 일천 년의 역사를 지닌 많은 사적과 문화재가 있는 고도로서, 태평양 전쟁 때 미군들도 이곳만큼은 폭격을 피했다고 한다. 그리고 교토는 중국 장안(長安, 현 산시성 시안) 도시를 모방해서 거리를 바둑판처럼 구획 정리를 한, 아주 질서정연한 도시이며, 교토 시내에는 사찰만도 일천일백여 개가 있어 일주일 내내 사원 구경만 해도 못다 한다고 했다. 교토는 마치 우리나라 경주와 같은 곳으로 외국 사람인 나에게도 역사와 전통이 서리어 있는 예스러움이 소중하게 느껴졌다.

세계 어느 나라든 유스호스텔은 젊은이들이 찾아들어 내 집처럼 여장을 풀고 비싸지 않은 가격으로 먹고 자고 그곳 시설을 이용할 수 있는 곳이다. 교토에 있는 히가시야마(東山) 유스호스텔은 규모가 조그마한 삼층 목조 건물로서 지은 지가 오래되지 않은 새집이었다. 그곳을 들어서는 첫인상은 어느 가정집 단독주택처럼 느껴졌다. 오십대 후반으로 보이는 주인 부부가 너무도 인자하고 친절하여 우리는 모두 내 집에 돌아온 기분이었다. 올림픽 센터에서 공동 목욕 시설 때문에 샤워를 참아야 했던 고통을 말끔히 씻을 수 있어서 모두 좋다고들 했다.

휴식의 안정감이 밀려드는 그날 밤 저녁 식사에서는 모두 식욕이 왕성했다. 저녁 식탁에 준비된 요리는 샤브샤브였다. 그간 일본 음식들이 모두 단맛이 많은 편이어서 구미에 맞지 않아 애먹었던 우리는 샤브샤브라는 요리의 맛이 담백해서 좋아했다. 네 명 앞에 화로를 하나씩 놓고 두부, 야채, 쇠고기, 닭고기, 버섯 등을 끓는 국물에 익혀 알아서 떠먹도록 했다. 요리해 먹을 고기와 야채를 한없이 풍성하게 공급해 주고 친절하게 시중을 들어 주는 부부와 앞치마를 두르고 열심히 우리 식사를 도와주는 키가 큰 서양 청년 덕분에 우리들의 저녁 식탁은 화기애애하고 즐거웠다.

그곳 역시 시간표를 엄격히 지켜야 하는 규칙이 있었고 다른 나라 사람들에게 서로 폐를 끼치지 않는 것이 기본 예의였다. 그리고 노래를 부르거나 음주를 해서도 안 되고, 담배도 지정된 장소, 정해진 시간 외에는 피울 수 없도록 엄격히 규제하고, 복장도 정중한 모습을 지키도록 권유했다.

그날 밤 갈증이 나서 삼층에서 일층까지 물을 마시러 내려갔다. 식탁에는 커피와 녹차가 준비되어 있었다. 어느 것이든 마음대로 마시고 그 뒤처리만 자신이 하면 되었다. 나는 차를 한 잔 마시면서 마침 그곳에서 공부하고 있던 젊은 일본 청년과 이야기를 나누었다. 앞치마를 두른 서양 청년이나 자신은 모두 이곳에서 아르바이트를 하고 있다며 현재 그곳에는 세계 다섯 나라 젊은이들이 여장을 풀고 있다고 말해 주었다.

다음 날 아침 식사 시간에는 여러 나라 사람이 오는 대로 섞여 앉아 빵과 커피로 식사를 했다. 지구촌의 인류가 한 가족이 되어 아침 식사를 하는 단란한 모습이 아름답게까지 느껴졌다.

긴카쿠지와 히가시혼간지

6월 24일, 우리가 교토에 있는 긴카쿠지(金閣寺)를 찾았을 때는 간밤에 내린 비로 흙 내음, 풀 내음이 더욱 싱그럽고 나무마다 수액이 넘쳐 보였다. 긴카쿠지는 울창한 숲속에 있었다. 단풍나무는 키가 커 우람했고 소나무와 삼

목도 아주 고령 같아 보였지만 정정했다. 넓은 연못에는 수련이 아름답게 피어 있었고, 기후 탓인지 일본 정원에는 사람이 밟는 길을 빼고는 모두 땅에 파란 이끼가 끼어 있어 보기가 좋았다. 연못 곁에 위치한 긴카쿠지는 육백 년 전에 창건됐던 것이 1925년에 불에 타 버려 1955년에 다시 지었고, 최초에는 삼층 외부에만 도금했던 것을 재건하면서 이층까지 도금한 금(金) 집이었다.

일층은 호스이인(法水院), 이층은 조온도(潮音洞), 삼층은 구쿄초(究竟頂)라고 불린다. 건물 안내문을 보니 긴카쿠지의 옛 이름은 샤리덴(舍利殿)이었고 삼층에는 세존의 진신사리가 봉안돼 있다고 했다.

긴카쿠지에서 오솔길로 더 깊이 들어가니 어린 시절 시골 논이 있는 들에서 보았던 조그마한 새막 같은 것이 있었다. 그 새막 같은 건물에는 지붕만 빼고 그 어느 곳에나 부적이 더덕더덕 붙어 있었는데, 한 사람이 남이 붙인 부적 위에 자신의 것을 열심히 붙이고 있는 것을 보았다. 아마도 이 조그마한 집이 무한한 위력이 있는 모양이었다. 어느 곳에서도 일본 불교 신자들의 비슷한 신앙 세계를 엿볼 수 있는 것이 흥미로웠다.

긴카쿠지는 사원 건물은 별로 없고 그 넓은 터에 나무가 꽉 들어차 너무도 숲이 좋은 곳이었다. 안내양은 그곳 숲이 우리나라 창덕궁의 후원(後苑)과 같다고 설명했다. 몸이 가는 나무가 빽빽이 밀집되어 하늘 높이 뻗은 곳으로 눈길이 갔을 때, 나는 "어머, 저것은 무슨 나무일까" 하고 탄성과 의문이 섞인 혼잣말을 했다. 그것은 대나무였다. 대나무와 삼나무가 뒤섞여 서로 다투어 하늘 높이 뻗고 있었다. 내가 아직 본 일 없는, 그렇게나 큰 왕대나무들이었다. 곳곳에 좁은 폭의 시냇물이 흘렀다. 어느덧 사바를 여읜 산속 깊은 곳에 있는 듯하여 그곳 밀림의 숲속에서 나는 문득 우리나라 지리산 최후 원시림 지대에 섰었던 감회를 다시 맛보았다.

교토 시내에 있는 히가시혼간지(東本願寺)를 찾았을 때는 유난히도 건물 규모가 커 보였지만, 오가는 인적이 딱 끊긴 듯 조용했고 수십 마리의 비둘기들만이 한마당 가득히 놀고 있었다.

교토의 긴카쿠지에서. 왜 사원을 금칠하여 장엄했을까 하는 의문이 들었다.

세계 유수한 목조 건물의 하나로 알려진 히가시혼간지는 1880년에 착공하여 십오 년 만에 완공됐다고 했다. 법당문을 열고 들어서니 그 넓은 천장은 모두 목조로 세공되었고, 정면 상부를 가로질러 비상할 듯한 보살상들이 세공되어 노랗게 도금되어 있었다. 법당 안에 깔린 다다미만도 구백스물일곱 장이나 되는 넓은 홀인데, 앞에 모신 불상은 참으로 왜소한 느낌을 줄 만큼 작았다. 한국의 밝은 금빛 불상만 보던 나는 그곳에 안치된 불상이 검정 옷을 입은 부처님처럼 보였다.

　　천장을 받치고 있는 삼십팔 미터의 기둥은 내 팔로 두 아름은 더 될 듯이 보였는데, 이 목재를 운반할 질긴 밧줄을 만들기 위해 여성 신도들이 모발을 잘라 태강(太綱) 쉰세 개를 바쳤다고 한다. 가장 길었던 밧줄이 길이 백 미터, 굵기가 사십 센티미터였다는데, 그중 하나가 복도에 전시되어 있어 그 옛 역사를 말해 주고 있었다. 참으로 저렇게 견고한 밧줄이라야 아름드리 기둥감의 목재를 운반할 수 있었을 것이다. 그 큰 불사를 발원하여 성취한 것에서 흥하던 일본 불교 역사의 한 토막을 보는 것 같았다.

　　나는 어디서고 스님들의 모습을 찾아보았지만 보이지 않았고, 그 큰 절이 텅 비어 있어 부처님 홀로 외로우신 듯했다.

　　교토에 있는 일박 이일 동안 우리는 긴카쿠지와 히가시혼간지 외에 많은 문화재를 보유하고 있는 기요미즈데라(淸水寺)와 일본 역사에 중요한 사적지인 니조조(二條城)도 둘러보았다. 일본 비단과 그 비단으로 만든 제품들을 전시하고 있는 서진센터에 갔을 때는 마침 일본 기모노 패션쇼가 있어 전통적인 일본 복식과 아름다운 일본 미녀들도 보았다.

　　일본을 떠날 무렵이 되니 삼박 사일 동안 자신들이 세운 유익한 계획을 한 번의 차질도 없이 진행해 준 중청연 측과 준코 양이 더욱 고맙게 느껴졌다. 준코 양은 자신이 한국에 갔을 때 들었던, 한국 사람과 친하려면 한번 싸우려던 말의 뜻을 이제 알았다며 자신도 우리와 너무 정이 들었다고 했다. 그동안 정든 준코 양과 J 군에게 작별 인사를 나누고 우리는 대한항공 편으로 오사카를 떠났다.

또 다른 분단의 땅
대만 1983

국립고궁박물원

6월 24일 오후 네시 삼십분, 우리가 탑승한 대한항공기는 오사카 공항을 이륙하여 타이베이로 떠났다. 나라 밖 세상 구경이 처음인 나는 새로운 여행지 대만에 대한 기대가 자못 컸다.

창밖을 내다보니 눈 아래는 또 하나의 하늘이 있고 파란 창공에는 군데군데 하얀 뭉게구름이 한가롭게 떠다니고 있는 모습이 평화롭게만 느껴졌다. 비행기가 대만 상공에 이르렀을 때 바다에 인접한 불그스레한 황토 땅, 나무가 별로 보이지 않는 나지막한 산들이 선명하게 눈에 들어왔다.

입국 수속을 마치고 밖으로 나와 보니 화끈한 열기가 마치 찜통 속 같았다. 그곳에서 우리를 기다리고 있는 사람은 대만 측 대표가 아니고 한국 교포였다. 타이베이에서 잡화상을 하는 그가 대기시킨 버스를 타고 사십 킬로미터 떨어진 타이베이 시내로 가는 중에 우리가 달리고 있는 팔차선 도로가 십삼 년 전에 한국의 '극동건설'이 닦은 길이라는 설명을 들었다. 내 나라 기술진이 땀 흘려 만든 길을 달리는 감회가 깊었다.

저녁 식사 시간이 다 되어 우리가 도착한 곳은 '진고개'란 한국 음식점이었다. 들어서자마자 눈에 들어오는 태극기가 반갑고 설경 한 폭의 동양화도 정겨웠다. 갈비탕, 육개장, 된장찌개의 메뉴를 보는 순간 한국으로 되돌아온 듯한 착각까지 들었다. 우리는 모두 된장찌개를 먹겠다고 주문했고 된장찌개에 김치를 먹는 일행들의 표정은 모두 즐거워 보였다. 우리는 이것 안 먹고는 못 사는 민족임을 서로 확인했다.

대만 국립고궁박물원은 쌍계산 중턱 숲속에 위치하고 있었으며 중국 궁

국립고궁박물원에서. 이곳에 소장된 문화재는 총 육십이만 점으로,
그 가치로 따지면 대륙 본토 전체 땅값보다 더 비싸다고 했다.

전식 사층 건물이었다. 이 박물원이 바로 세계 제일의 중국 관계 박물관으로서, 그곳 소장품이 대륙 본토 땅값보다 더 값진 것이라고 했다.

고궁박물원에 소장되어 있는 문화재의 총수는 육십이만 점이나 되며, 장소 관계로 한 번에 팔천여 점밖에 전시를 못 하고 있다고 했다. 한 한국 유학생의 말을 빌리면 전시품은 삼 개월에 한 번씩 바꾸어 전시되고 있는데, 모든 문화재를 빼놓지 않고 관람하려면 무려 이십삼 년이나 걸린다고 했다. 그 수량의 방대함을 상상해 볼 수가 있었고 전시할 수 없는 문화재를 보관하는 일도 예삿일이 아닐 듯싶었다.

장제스(蔣介石) 총통은 1949년 중국 대륙을 버리고 대만으로 옮겨 오면서 세 가지를 선택하여 가지고 올 결심을 했다고 한다. 그 하나가 박물원에 소장되어 있는 문화재이고, 그 밖에 학자들과 금덩이들을 가지고 떠나왔다고 했다. 이 문화재는 베이징의 고궁박물원과 난징의 중앙박물원에 소장되었던 중국 역대 문화재의 전부라고 했다. 참으로 조심해서 다루어야 하는 그 많은 문화재를 어떻게 꾸려서 배에다 싣고 왔을까.

전시실을 둘러보면서 특히 도자기 앞에 이르러서는 발걸음이 잘 옮겨지질 않았고 나무, 대나무, 상아 조각품 들 앞에서는 깊은 감탄의 늪에서 헤어날 수가 없었다. 특히 상아 조각품은 그 정교함을 관찰할 수 있도록 현미경 시설까지 해 놓고 있었다. 그 옛날 현미경으로 보면서 조각하지는 않았을 텐데 도대체 어떻게 그토록 정교하고 섬세하게 조각할 수 있었는지 불가사의하게 느껴졌다. 그곳 소장품들 전부가 탐났고 그들의 자랑스러운 문화재가 너무도 부러웠다.

자유중국 구국청년단

자유중국 구국청년단은 국제 교류 업무를 담당하고 있는 점에서는 한국 청협이나 일본 중청연과 같았다. 그러나 그 성격은 전혀 달라서 여러 청소년 단체의 협의체가 아니라 정부에서 만든 청년 반공 구국단이었다. 대만의 젊은이들은 십오 세 이상 삼십오 세까지는 모두가 구국청년단원이라고 했다.

국제적인 청소년 단체가 있기는 하지만 그것도 구국청년단 산하 단체였다.

우리가 그곳을 방문했을 때 해외 복무조 조장 갈유신 씨는 우리를 맞아 반기면서도 조금은 당황해 하는 것 같았다. 자신은 어떤 단체에서 누가 오는 줄도 몰랐다며 방문 단체와 지도자들을 보고 깜짝 놀랐다고 했다. 그리고 준비 없는 마음으로 맞는 부끄러움을 금할 수 없다고 말했다. 우리가 온다는 소식도 와이더블유시에이(YWCA)를 통해 알았다며 대만에 머무는 동안 모든 편의를 봐줄 터이니 언제든지 어려움이 있을 때는 이야기해 달라고 했다. 일본에서 중청연이 현지 일정표를 마련하고 안내를 책임져 주었듯이 자유중국 구국청년단으로부터 그런 도움을 받는 것이 국제 상호 교류의 원칙일 것 같았다.

그러나 그즈음 중공 민항기(民航機)가 한국에 불시착한 사건으로 하여 양국 관계는 매우 미묘하였다. 그래서 우리 청협이 주한 대만 대사관에 대만 방문 주선을 의뢰했을 때 본국 분위기를 반영하여 7월 이후가 아니면 어렵겠다고 하였고, 아예 우리들의 방문 계획조차 본국에 보고하지 않아 구국청년단은 우리가 오는 줄도 모르고 있었던 것이다. 우리들의 대만 체재 중 일정표도 와이더블유시에이와 한국 교포들이 의논하여 만든 것이라고 했다. 우리 일행은 본국 사람의 안내도 없이 한국 교포의 도움을 받으려니, 수고해 주는 것은 고맙지만 이미 자기 시각에서 걸러진 것을 전달해 주어서 사실은 불만스러웠다. 똑같은 사실도 사람에 따라 다르게 보는 것이며, 역사 의식과 문화 의식이 부족한 사람에게서 걸러진 얘기는 도움보다 혼란을 줄 수도 있다는 사실을 새롭게 알았다.

우리는 화면을 통해 구국청년단을 이해하는 시간을 가졌다. 1952년 장제스 총통의 뜻에 따라 창단된 구국청년단은 '지식을 증진하고 애국심을 함양하며 신체를 단련하고 전시(戰時) 공작의 종사를 선도하여 반공 승리를 쟁취하는 것'이 임무로 되어 있었다.

구국청년단의 활동 목적은 애국심에 불타는 청년들이 본토 수복의 대업을 완성하여 중흥의 사명을 완수하는 것이었다. 국가가 분단되고 공산주의자들과 대치하고 있는 국가적 현실은 우리와 같지만 우리나라의 칠분의 일 정도밖에 안 되는 대만 땅덩이를 광복 기지로 삼고 있는 그들의 본토 통일의 염원이 너무도 절실해 보였다. 상식적으론 거의 불가능해 보이는 일을 갖고 그들은 신념에 가득 차 있었다. 나만의 생각인지는 몰라도 우리나라 통일 문제는 주변 열강 제국들의 미묘한 힘의 작용이 개입되어 있어서 우리는 통일의 문제를 풀지 못할 숙제처럼 안고 삼십팔 년이나 살아왔는데, 통일만을 성취하기 위하여 온 국민이 하나로 뭉쳐 있는 그들을 보니 우리의 현실이 아쉽게 느껴졌다. 나는 일본에서도 일본 사람들이 부러웠다. 통일의 숙제 없는 그들이, 전쟁의 근심 없는 그들이 부러웠다.

구국청년단은 청소년들의 애국심을 함양하고, 단결력을 기르며, 능력을 계발하고, 그들의 문제를 상담하고 봉사 정신을 기르기 위해 자연환경이 좋은 곳에 심신 수련장을 가지고 있었다. 전국에 여덟 개의 수련장이 있다고 하는데 우리는 그중의 하나인 금산센터를 방문했다. 금산센터는 산과 바다를 낀 이만 평의 부지 위에 그 시설을 갖추고 있었다. 자연환경이 매우 아름다운 곳에 오백 명이 먹고 잘 수 있는 시설과, 오백 명이 함께 모일 수 있는 강당, 그리고 각종 연수 시설을 갖추고 있었으며, 청소년들에게 무료로 제공되어 있다고 했다. 열여덟 개의 옥외 활동 장소가 있고, 이천 명분이 준비되어 있는 시설들은 방학 때와 공휴일, 그리고 주말에 주로 이용되고 있다고 하였다.

'한국 청소년들은 갈 곳이 없다'라는 어느 신문 기사 제목이 떠오르면서 청소년들의 건전한 심신 수련을 위해서 이런 시설의 설비가 우리나라에서도 어서 빨리 이루어져야겠다는 생각이 간절했다.

자유중국 구국청년단은 우리 일행을 초청하여 만찬회를 베풀어 주었다. 만찬은 훌륭하게 준비되었고 음식 맛도 좋아서 대만에 온 이후 모처럼 중국 음식을 즐겼다. 원래 중국 음식을 즐기는 편인데도 어찌된 영문인지 그 음식의 본고장 대만에서는 음식이 입에 맞지 않아 어려움을 겪었던 것이다.

어느 날 예류(野柳)라는 해변 관광을 갔을 때였다. 점심 식탁에 자라 요리가 나왔는데 요리 위에 자라 등을 얹어 놓은 것을 보고는 다른 음식을 먹고 싶은 생각조차 없어져 버려서 수저를 놓아 버렸었다. 한국에서 먹던 짜장면이나 우동 같은 식사라면 즐거울 텐데 그런 음식은 나오지를 않았다.

구국청년단 측에서는 우리가 그곳에 도착했을 때 유창한 한국말로 통역을 맡았던 U 씨 등이 나와서 우리에게 만찬을 베풀어 주었다. 그는 영남대학교에서 정치학 석사 과정을 공부한 한국통 젊은이였다. 그는 대인 관계에 능숙하여 거의 혼자서 만찬회 분위기를 만족스럽게 이끌어 갔다.

우리 대사관 방문

우리는 대만 한국대사관을 방문했다. 접견실에서 잠시 기다리고 있으니, 대사님이 우리를 만날 예정이었으나 갑자기 이 나라 외무부를 방문할 일이 생겼다며 대사를 대신하여 C 참사라고 자신을 소개한 분이 나왔다.

그는 중공 민항기가 한국에 불시착했던 사건으로 양국 관계가 요즘 좀 서먹서먹한 사이라고 말했다. 우리가 말하는 납치범들을 그곳에서는 의사(義士), 용사(勇士)라고 부른다고 했다. 조금 전 계단을 올라올 때 이층 입구에 설치해 놓은 철제 방책을 보는 순간 평화롭지 못한 대사관 분위기를 짐작할 수 있었다.

C 참사는 대만은 농촌도 도시와 큰 차이 없이 잘살고 있다고 했다. 공산당 사회는 사실 빈곤의 분배여서 너도 거지, 나도 거지인 형편이기 때문에 이들 대만의 잘사는 모습을 대륙의 본토 공산당에게 과시한다고 했다. 우리는 그렇게 잘살면서 이들의 주거 환경이 왜 그렇게 낙후되어 있는지 물어보았는데 그 대답이 재미있었다.

한국에서는 인간의 기본 생활을 말할 때 의식주(衣食住)라고 하여 우선 입는 것부터 말하고 있는데 어쩌면 한국인은 남에게 보여지는 겉치레에 우선 신경을 쓴다는 얘기일지도 모른다는 것이었다. 그래서 먹는 것은 냉면이나 곰탕 한 그릇으로 간단히 때우면서도 입는 것은 값비싼 양복을 입고 다니지만 그곳은 식의주(食衣住) 문화로, 먹는 것을 우선으로 하는 의식을 가졌다고 했다.

우리네는 호텔을 여인숙이나 여관보다 좋은 곳으로, 집을 떠난 사람이 잠자는 곳으로 생각하지만, 그들은 호텔 이름을 모두 무슨 '대반점(大飯店)'이라고 쓰고 있어 호텔은 잠자는 의미보다 크게 잘 먹는 집으로 생각하고 있다고 했다. 이처럼 먹는 문화가 발달된 그들의 요리법은 매우 합리적이며 요리 가짓수도 세계에서 제일 많다고 하였다. 그리고 일반 서민들도 집에서는 잠만 자고 모두 식당에 와서 아침 식사부터 여러 가지 요리 먹는 것을 즐긴다고 하였다. 이처럼 그들은 먹는 것은 매우 중요하게 여기지만 입는 것이나 거처하는 주거 공간에는 별 신경을 쓰지 않는 편이라고 했다. 듣고 보니 그들의 우중충한 주거 환경은 그들의 실속있는 국민성 때문에 겉치레를 안 하는 검소함으로 이해되었다.

참으로 이들과 비교할 때, 아니 일본과 비교할 때에도 우리네 집은 모두 크고 호화로운 주택이다. 시골 마을들도 새마을 사업 이후로는 모두 아름답게 보여서 겉으로는 우리가 더 잘사는 것 같았다.

우리들의 대화는 거리에서 많이 보았던 오토바이 얘기로 옮아갔다. C 참사는 이곳 위정자들도 오토바이 때문에 걱정을 많이 한다고 했다. 우선 오토바이가 많으면 공기도 나빠지고 교통사고 위험도 훨씬 많지만, 일반 서민이 교통수단으로 삼고 있기 때문에 민생(民生) 위주의 정치를 하는 이들은 대중이 좋아하는 것이면 좋은 것이라고 그대로 따른다고 하였다. 교통사고 위험 때문에 헬멧을 쓰라고 권유하여도 덥고 귀찮다고 안 쓰지만 법으로 통제하여 다 쓰도록 강권을 발동하지는 않고 국민 자율에 맡기는 편이라고 했다. 그 본보기가 거리에 교통순경이 없는 것이라고 하였다. 대만에 대해 궁금했던 많은 것들에 대한 해답을 얻을 수 있었다.

빠이빠이 토속신앙

대사관에서 들었던 얘기로는 대만 불교나 기독교 교세가 한국에서만 못하다고 하였다. 중국을 통해 한국에 불교가 전래되었고 대승불교의 찬란한 금자탑을 이루었던 중국 불교가, 공산주의 본토 대륙에서는 이미 그 생명력을 잃었을 테고 대만 불교 교세마저 허약하다니 흥망성쇠, 그 역사의 장을 보는 것 같았다. 한 유학생의 말에 따르면 대만의 천주교나 기독교도 빠이빠이 신앙에 밀려 교세가 쇠퇴하는 현상을 빚고 있다고 했다.

공식 일정에 어느 사원 방문도 들어 있지 않은 것을 보면 대만에는 어떤 종교 문화의 유산도 볼만한 것이 없다는 방증으로 생각되었다. 고산족의 선주민 문화래야 원시성을 탈피하지 못했고, 많은 한민족이 함께 살아온 그곳은 오랫동안 일본 식민지 시대를 겪었기 때문에 대만 자체의 문화라고 할 만한 것이 없다고 했다. 어쩌다 눈에 띄는 울긋불긋한 단청을 한 사원은 지붕 꼭대기에 두 마리의 용이 여의주를 삼킬 듯한 모양을 하고 있었다. 그곳이 빠이빠이 사원이라고 하였다.

음식점에 들어갈 때마다 신앙의 대상을 섬기고 있는 듯한 제단 위에 수염이 늘어진 세 인물을 조성해 놓았고, 그 아래에 촛대와 향로가 있었으며, 세 개의 술잔이 놓여 있었다. 누구에게 물어보아도 빠이빠이에 대하여 만족스러운 대답을 들을 수는 없었다. 그런 데다 중국 사람은 대부분 일본말을 잘하지만 나는 일본말을 할 줄 몰라 의사소통을 할 수가 없었다.

칭기즈칸 요리를 먹으러 갔던 집은 매우 큰 음식점으로, 내 질문에 답해 줄 수 있을 것 같은 음식점 주인에게 내가 알고 있는 중국어 몇 마디를 밑천으로 하여 그들이 섬기고 있는 제단 앞으로 가서 질문을 해 보았다. 나는 질문에 필요한 몇 마디 말은 할 수 있지만 그들의 얘기는 한마디도 알아들을 능력이 없었기에 노트를 내밀며 필답을 요구했다. 그렇게 해서 얻어낸 것은 중앙에 모신 사람은 관우(關羽)—그를 관공(關公)이라 씀—이고 바른편 사람은 재신(財神)이며 왼편 사람은 토지공(土地公)이라는 것이었다. 그렇게 모셔 놓고 무슨 의식을 갖느냐고 물어보았더니 아침저녁으로 만사형통을 비는 기도를 한다고 하였다.

대만의 큰 절 가운데 룽산쓰(龍山寺)에는 부처님을 모셨고, 싱톈궁(行天宮)에는 관공(關公)을 모셨으며, 셴궁먀오(仙公廟)에는 여동빈(呂洞賓)을

빠이빠이 토속신앙의 상징물로 보이는 인물상 앞에서. 이 나라 사람들은
죽은 날은 달라도 길일(吉日)을 택해 다 함께 장례를 치른다고 한다.

모셨다고 하였다. 그리고 절에는 매월 초하루와 보름날에 가는데 초하룻날에 사람이 더 많이 모인다고 했다.

날로 교세가 번창하고 집집마다 신당을 꾸며 놓고 섬기는 토속 빠이빠이 신앙은 기복(祈福) 신앙처럼 느껴졌다.

대만에는 우리나라의 결혼식장처럼 장례식장이 있다고 했다. 그들은 사람이 죽으면 길일(吉日)을 택해 출상하기 위해 입관된 시신을 일단 장례식장에 맡긴다. 그랬다가 좋은 날을 택하는데, 그래서 사람이 죽은 뒤 사십여일 만에 출상하는 경우도 많고, 그렇게 늦어질 때는 상주(喪主)가 일상생활을 하다가 장례날 관을 찾아 장례식장에서 장례를 치른다고 하였다. 서로 길일을 기다리기 때문에 죽은 날은 다르지만 출상 날은 같다는 것이다.

우리들이 사람이 죽으면 조화(弔花)를 보내듯 그곳 사람들은 조의를 표하는 뜻으로 자동차를 한 대씩 보내 준다고 했다. 그래서 부자나 지위 높은 사람이 죽으면 영구차 뒤에 조상(弔喪) 차들의 행렬이 볼만하다고 했다.

이들의 길일 출상에 대한 믿음…. 지구상에 함께 사는 인류들이지만 증명하고 증거할 수 없는 인간의 길흉화복에 대하여 그 행운을 추구하는 방법은 나라와 민족 그리고 종교에 따라 서로 다르고 풍속도 너무 달랐다.

중국 대륙에서 중국 사람이 이주해 오기 전에 대만에 살고 있던 주민은 약 이십팔만 명으로, 그들은 아직도 산간 지대에서 원시적인 농경 생활을 하고 있다고 했다. 화롄(花蓮)에는 아메이족(阿美族)이 살고 우라이(烏來)에는 타이야족(泰雅族)이 살고 있는데, 소수 선주민 종족은 여섯 종족으로 고산 지대에 묻혀 살고 있다고 했다. 그러나 그 원주민들의 반수는 도시로 나와 한민족과 융화되어 살고 있는 실정이어서, 오히려 정부는 그 종족 보존 때문에 경제적 지원을 해 주면서 산간 지대로 돌아가 예스럽게 살도록 장려하고 있다고 했다.

타이베이에서 약 이십오 킬로미터 떨어진 우라이의 고산족이 살고 있는 산촌을 찾아갔다. 하늘 높이 뻗은 야자수 가로수 길을 달려 우라이 입구에 도착했을 때는 문득 깊은 산중에 온 것 같았다.

두 명씩 한 조가 되어 타는 경편 열차를 타고 산을 굽이굽이 돌아 오를 때 왼편으로 보이는 산의 모습은 설악산 어디쯤 돼 보였다. 산림이 울창한 그 숲속에 발을 들여놓으면 아예 하늘이 안 보일 듯싶었다. 계곡에는 맑은 물이 흐르고 있지만 그 물은 절대로 마시면 안 된다고 설명했다. 우리가 깊은 산에서 흐르는 물은 마음 놓고 마시곤 하던 버릇과는 달리 대만이 차(茶) 문화가 일찍 발달한 것도 결국 물을 마음대로 못 마시고 꼭 끓여 먹어야만 되는 자연환경 탓으로 짐작되었다.

멀리 하얀 실폭포가 쏟아지고 있는 경관은 마치 명주 한 필이 높은 산에서 풀려 내리고 있는 듯이 보였다. 원주민들은 검정 고쟁이 위에 알록달록한 검정 동강 치마를 입고 빨간 웃옷에는 하얀 선을 얼기설기 두른 채 볼에는 푸르스름한 문신을 넣고 색색으로 또아리를 튼 수건을 쓰고 있었다. 젊은 아가씨도 늙은 노파도 모두 그런 모습들을 하고 여행자들에게 사진 모델을 서 주고 팁을 받으려고 아예 기다리고 서 있는 것이다. 고산족들의 풍속을 살린 상품들을 진열한 상점에서는 우리를 보자 "어서 오세요. 이리 앉으세요" 하고 유창한 몇 마디의 한국말을 건네 왔다. 한국 관광객들이 우라이를 많이 찾았음을 그들을 통해서 알 수가 있었다.

원주민들의 노래와 춤을 구경하기 위해 어설픈 극장에 앉아 출연 시간을 기다리려니 몹시 무더웠다. 대만은 더운 나라이지만 버스나 택시 그리고 건물 속에 냉방 시설이 잘되어 있어 땀 흘릴 일이 없더니 오히려 깊은 산속에 와서 짭짤하게 땀을 흘린 것이다.

원색의 옷을 입은 키가 작아 보이는 원주민 아가씨들과 야성적으로 보이는 원주민 남자들이 바짓가랑이가 거의 다 터진 옷을 입고 웃옷을 벗은 채 씩씩한 동작으로 고유의 춤을 추었다. 영화에서나 들었던 것 같은 토인들의 소리, 통나무를 파서 만든 악기를 막대기로 쿵쿵 치면 그곳에서 울려 나오는 원시적인 묘한 음향, 이 모두가 내 마음을 사로잡았다. 인간은 때때로 가장 원시적인 것에서 원초적인 자기 본향(本鄕)의 향수를 느끼는 모양이다. 고산족들이 추장 앞에서 올리는 혼례 풍속을 춤으로 보여 줄 때가 그들 가

무의 절정이었다.

박제 구렁이가 집 천장에 늘어져 있는 것을 볼 때는 질겁했으나, 그들의 생활양식과 그들이 사용하는 도구를 진열한 고산족 박물관 비슷한 곳을 둘러볼 때는 인간의 원시적인 소박한 지혜를 엿볼 수 있었다.

타이베이 한국 교민학교

타이베이에 있는 한국 교민학교를 찾았을 때 처음 우리 눈에 들어온 것은 학교 건물에 써 붙인 '국어 사랑 나라 사랑'이었다. 키가 훤칠하게 큰 인자한 모습의 S 교장 선생님이 우리를 반갑게 맞아 주었다. 그 학교에 다니는 학생들은 우리 교포들의 이세, 삼세 어린이들과 현지 파견 근무자들의 자녀들이라고 했다. 학생 수는 모두 구백 명이고 한국인 교사는 네 명이었다. 교사들과 인사를 나눌 때는 정말 수고하시는 분들로 여겨져서 고마웠다.

어떤 어린이는 입학할 때 한국말을 전혀 몰랐다가 국어를 배워서는 고국인 한국에 가고 싶다고 일기장에 적고 있다고 했다. 그래서 작년에는 연고자 없는 아동 서른다섯 명을 데리고 모국 방문의 기회도 가졌다고 했다. 그들 어린이들을 보는 순간 모두가 귀여웠고 금세 정이 갔다.

그곳에서 수고하시는 여선생님들이 손수 차린 갖가지 과일을 들었다. 우리가 자리하고 있는 그 강당이 교포들의 사랑방이고 교민들의 가장 큰 집합장소라고 했다. 며칠 전에는 그곳에서 육이오 기념행사도 가졌었고 그 밖에 여러 가지 큰 회의도 열고 한국 영화도 상영한다고 했다.

우리를 환영하기 위해 4-6학년 학생들이 몇 곡의 동요를 불러 주었고, 그들 어린이들과 함께 「고향의 봄」을 합창할 때에는 이국에서 느끼는 나라 사랑, 겨레 사랑의 정이 가득하여 다 함께 눈물을 흘렸다.

다신교의 나라에서

말레이시아 1983

이슬람 사원의 새벽 기도

말레이시아 방문은 청소년 관계 지도자들을 만나고 청소년 관계 기관을 시찰하는 것이 목적이었지만, 나에게 더 큰 기대와 관심과 흥미를 갖게 한 것은 종교 문제였다. 한 나라에서 여러 민족이 제각기 자기 종교를 신봉하는 모습을 그 현장에서 볼 수 있기 때문이었다.

말레이시아 수도 쿠알라룸푸르에서 하루를 지내면서 국립 이슬람 사원이 우리가 머물고 있는 와이엠시에이(YMCA) 가까이에 있음을 확인했고 또 천주당(天主堂)이란 간판이 붙은 건물도 보아 두었다.

전 국민의 오십 퍼센트가 넘는 말레이인들이 신봉하며 나라에서도 국교로 인정하는 이슬람교는 나에게는 전혀 접할 기회가 없었던 생소한 종교이기 때문에 호기심도 그만큼 컸다.

다음 날은 마침 일요일이었다. 나는 식당에서 일하는 인도 사람에게 내일 새벽 이슬람 사원의 기도에 참례하고 싶다며 조언을 부탁했다. 그는 신문을 뒤적이더니 다섯시 삼십분에 기도가 있다고 일러 주었다. 아마 신문에 예고되어 있는 모양이었다. 그리고 걸어가려면 너무 많은 시간이 걸리니 택시를 타라고 알려 주었다. 그러나 낯선 이국에서 새벽길을 혼자 나서기가 조금은 두려웠다. 나와 한방을 쓰고 있는 K 여사는 천주교 신자였다. 나는 그분더러 이슬람 사원의 새벽 기도에 동참하고 천주당에 가서 미사도 드리자고 제의하였다. 그분은 내 의견에 동의했다.

밤잠을 설치며 자주 깨어 시간을 보다가 네시 반에 일어나 모스크(이슬람 사원)에 갈 준비를 했다. 창문을 열어 보니 어둑어둑한 쿠알라룸푸르의 새벽에 비가 내리고 있었다. 준비해 간 우산을 펴 들고 거리로 나가 곧 택시를 탔다. 차를 타는 순간부터 비는 매섭게 쏟아졌다. 차창을 사정없이 때리는 굵은 빗방울이 앞길을 분간하기 어렵도록 쏟아져 괜히 긴장되었다. 택시는 우리를 사원 앞에 내려 주었다.

사원 입구에는 한 젊은이가 책상 앞에 앉아 있었다. 나는 한국에서 왔는데 새벽 기도에 동참하기를 원한다고 말했다. 그는 우리한테 신발을 벗으라고 한 다음 하얀 가운을 내주며 입으라고 하였다. 그리고 흰 삼각 수건을 주면서 머리에 쓰라고 하였다. 가운을 입어 보니 발끝도 보이지 않게 치렁치렁했고 머리 보자기까지 쓰고 나니 내 모습이 마치 아랍 여인처럼 느껴졌다.

맨발로 넓은 계단을 밟으며 오르는 촉감은 차가웠다. 아직 시간이 일러서인지 별로 사람이 없었다. 동남아시아의 큰 사원 중의 하나로 꼽히는 이 사원은 일찍이 어디에서도 보지 못한 방대한 규모였다. 온통 대리석이 깔린 바닥, 사원의 지붕 아래 세 개의 큰 연못에는 물이 가득히 담겼고, 연못 위로는 천장이 뚫려 넓은 하늘이 보였다. 그 연못이 무엇을 의미하는지는 알 수 없지만 그 넓은 법당 아래로 물이 가득히 흐르고 있을 것 같은 느낌을 주었다. 지붕 밑의 사면은 벽이 없이 탁 트여 있지만 중심 부분은 내부가 환히 들여다보이는 구멍 뚫린 벽 같은 가리개로 둘러져 있었다. 그 내부에만도 이천여 명은 훨씬 넘게 수용할 수 있을 것 같았고 넓은 대리석 바닥에도 수천 명이 함께 모일 수 있을 것 같았다.

나는 조심스럽고 경건한 마음으로 사원 더 깊숙한 내부로 들어가 그곳이 우리 법당인 양 기도를 드리고 사배를 올리고 있었다. 누군가 절하고 있는 내 몸에 손을 댔다. 절을 하고 일어나 쳐다보니 그 사원의 승려쯤 돼 보이는, 치마 같은 의상을 입은 중년 남자가 엄격한 표정으로 자기를 따라오라고 하였다. 꼭 잡혀서 끌려가는 것 같았다. 그는 아무 말도 없이 묵묵히 앞장서서 내가 올라왔던 계단을 내려가더니 입구에서 안내하는 젊은이에게 말레이시아어로 무엇인가 주의를 주는 것 같았다. 그 젊은이는 매우 난처한 표정

새벽 기도를 하러 간 이슬람 사원에서. 사원의 규모가 크고 방대해 수천 명은
들어갈 수 있을 것 같았다. 사원 안으로 들어가기 위해 검정 가운을 입고
하얀 머리 수건을 썼다.

으로 나를 바라보더니 사원 내부는 신자가 아니면 못 들어가는 곳이니 밖에 있으라고 하였다. 나에게 친절했던 그 젊은이가 나 때문에 꾸중을 듣게 되어 나는 너무 민망했다. 그에게 몇 번이고 사과한 다음 밖에만 있겠다고 약속하고 올라왔다.

스피커에서 묘한 음향이 울려 퍼졌다. 그 소리는 어찌나 크던지 마치 고막이 파열될 것 같았다. 처음 들어 보는 그 소리는 성가인지, 독경인지, 기도인지 알 수 없었다. 어찌 보면 신비스런 인디언 영가(靈歌)처럼 들리기도 했다. 아무 의미도 모른 채 그 소리만 듣고 있어도 어떠한 종교적 영감을 느낄 수 있었는데, 마치 알라신에게 인간의 고뇌를 소상히 고하고 구원을 청원하는 절규처럼 들렸다.

듬성듬성 모인 모슬렘들이 기도하는 모습을 보니 때로는 허리를 반절만 굽히는 동작을 하는 한편, 배례하는 모습도 우리와 달라서 엉덩이를 하늘로 향하고 발바닥을 세운 채 꿇어 엎드려 절을 했다. 그러나 아무리 보아도 신앙의 대상 같은 상징은 보이지 않고 단지 그 중앙에 법을 설하는 사람이 앉을 것 같은 높은 좌대만이 보일 뿐이었다.

알라신을 섬긴다는 것 외에 다른 교리를 모르는 이슬람교, 그러나 새벽 기도에서 피부와 영감으로 느낀 신비한 체험은 소중한 나의 것이 되었다. 사원 밖에는 마치 우리나라 참새처럼 까만 나래를 펴고 처마 밑을 이리저리 나는 제비 소리가 가득하였다.

천주당의 아침 미사

이슬람 사원에서 나온 우리는 천주당에 가기 위해 택시를 탔다. 바로 곁에 있을 것이라고 생각했는데 택시는 한참을 달렸다. 그러더니 택시 운전사가 가다 말고 차를 세워 두고 내려가서 길 가던 사람과 한참 이야기를 했다. 우리는 아는 사람을 만나 이야기를 하는 줄 알았는데, 아마 천주당 위치를 물어 본 모양이었다.

한참 후에 그는 우리를 십자가가 보이는 건물 앞에 내려 주고 갔다. 아무리 보아도 어제 보아 둔 '천주당' 글씨가 안 보였다. 그리고 일곱시 미사 시간이 다 되었는데도 아무도 오가는 사람이 없었다. 우리가 문이 닫혀 있는 교회당 앞에 가서 유심히 살펴보니 성모 마리아상이 보였다. 이곳도 천주교이긴 한 모양인데 왜 미사를 안 보는지 궁금하여서 서성거리고 있는데 수단을 입은 남자분이 우리를 보고 말을 건넸다. K 여사가 아침 미사를 보러 왔다고 용건을 말하자 그는 여기선 열시 미사가 있다고 말하면서, 이곳 말레이시아에는 두 종류의 천주교가 있다고 설명해 주었다. 그러곤 우리가 찾고 있는 천주당 위치를 일러 주었다. 우리는 그의 말을 잘 이해할 순 없었지만 아마 그곳은 성공회가 아니었을까 짐작되었다.

우리가 성당에 도착했을 때엔 일곱시 미사가 아직 시작되지 않은 채 계속 사람들이 모여들고 있었다. 나는 '천주당'이라고 간판이 붙은 성당에서 문득 이곳이 인도인가 싶었다. 그 성당에는 대부분 인도 사람들이 모여 있었다.

아름다운 사리로 몸치장을 하고 얼굴 양미간에 빨갛고 둥근 연지를 찍은 인도 여자들은 깊숙한 눈매와 오뚝한 콧날, 성기게 따서 늘어뜨리거나 또 아리를 틀어 올려 생화 장미꽃이나 다른 꽃들을 한 송이씩 꽂은 머리를 하고 성당 안으로 들어섰다. 피부빛이 좀 검은 듯한 그 인도 여자들은 모두 한결같이 미인으로 보였고 남국의 아침을 더욱 싱그럽게 느끼게 하여 주었다. 그리고 낮 동안의 생활인의 모습이 아닌 그들의 성장한 모습은 얼핏 상류사회 사람 같은 인상마저 주었다.

나는 한국에서 '성 라자로마을'과의 인연 때문에 미사 참례 기회가 비교적 잦아서 생소하지는 않았지만 역시 말레이시아에서의 미사는 매우 이국적 분위기를 느끼게 했다. 사리로 머리를 가리고 있어서인지 그곳 여성들은 미사보를 쓰지 않았다. 그리고 마치 학교에서 기수(旗手)를 맡는 학생들처럼 체구가 좋아 보이는 남녀가 어깨띠를 두르고 헌금채를 돌리는 것도 이색적이었다.

신부님은 서양 분이었고 강론은 영어로 하였다. 성당 중간 부분의 자리에서 전자 오르간으로 성가를 반주하는 젊은이가 경건하면서도 자연스럽게 신앙에 취한 듯 연주하는 모습도 인상적이었다.

난방이 필요 없는 성당의 숭숭 뚫린 구멍으로 새들도 날아들어 함께 미사를 보았다. 성당은 통풍이 잘되도록 간단하게 설계된 벽에다 천장만 조금 높게 보이는 건축 양식이었다.

힌두교 의식

말레이시아 국민 중 대부분의 인도인들은 힌두교를 신봉한다고 한다. 쿠알라룸푸르 시내에도 1873년에 세워져 일백 년의 역사가 넘는 힌두 사원이 있었다. 외부에서 보는 그 힌두 사원은 다신교를 상징한 듯 불상, 보살상 등 정교한 조각들이 합금, 보석 그리고 스페인과 이탈리아 타일 등으로 만들어진 유명한 사원이었다. 나중에 나는 일행과의 공동 일정이 끝난 어느 석양에 그곳을 찾았으나 이미 문이 굳게 닫혀 있었다. 시간이 늦어 문을 닫았다는 것이다.

어느 날 관광 일정에 따라간 곳은 삼백 계단도 더 올라가는 높은 산정에 기이하게 생겨난 용암 동굴이었다. 동굴 속을 한참 들어가니 다시 하늘이 보이고 그 아래에는 조그만 사원처럼 생긴 곳에 불상이 모셔져 있어 인도 사람들이 모여 의식을 거행하는 장소 같았다. 힌두 사원이라고 하지만 사람도 살 수 없고 의식만 베풀어지는 신당처럼 보였다. 나는 강한 호기심으로 오랫동안 그 진행을 지켜보았다. 그곳에서는 중년의 남자와 시중을 드는 것처럼 보이는 젊은 청년이 함께 의식을 진행했다. 그들은 상반신에는 아무것도 걸치지 않고 아랫부분에는 하얀 보자기를 둘러 허리춤에 찔렀고 그 위에 황금색 천 조각을 다시 둘렀다.

제단의 중앙에는 황금빛 조각을 배경으로 하여 불상이 모셔졌고 왼편 단 아래에 또 그와 비슷한 형상의 불상이 있었다. 부처님 목에는 실에 꽃을 꿴 목걸이를 둘러 놓았고 아마 누군가의 생년월일과 이름을 부르는 듯 승려는 종이쪽지를 읽은 다음 독경을 하며 연신 꽃잎을 불상 앞에 던졌다. 젊은 청

힌두교 성지로 올라가는 계단 앞에서
한국 대표들과 말레이시아 청년
실업가들과 함께. 계단을 올라가면
바투 동굴과 힌두 사원이 있다.(위)

대승불교 사원 천후궁에서.
말레이시아의 중국인들은 모두
불교를 신봉하고 있다고 했다.(아래)

년이 불을 댕긴 솜뭉치를 불상 앞으로 향했다가는 자기 얼굴을 감싸고 다시 합장을 했다. 그리고 그 아랫부분에는 가마솥 같은 것에 불이 타고 있는데, 신자들은 캐러멜 모양의 초 덩이를 던져 그 불길에 손을 쪼여 얼굴과 몸 등을 어루만졌다. 아마 그렇게 함으로써 병이 낫는다든지, 건강하게 살 수 있다고 믿는 듯했다. 어떤 인도 남자가 안고 있는 어린아이는 머리가 온통 노란 물감으로 물들여져 있었는데, 힌두교 신자들은 생후 얼마가 지나면 아이에게 그런 물감을 칠하는 의식을 갖는다고 설명했다.

그곳 제단에서 이루어지는 것을 보면 전혀 정결한 분위기를 느낄 수가 없었다. 그런 환경에서 신에게 무슨 위력을 가피해 달라고 비는 것인지 잘 이해가 되지 않았다. 신자들은 비닐 주머니 속에서 약과 비슷한 과자와 감자 등을 꺼내어 먹었다. 그러나 제단에 음식을 진설하지는 않았다. 어쩌면 한국의 불교 신자들이 칠월 칠석이나 백중날을 맞아 절을 찾아 불공하는 것과 비슷한 인상을 받았다.

대승불교 사원, 천후궁

'이주'라는 이름의 중국계 아가씨는 우리들의 말레이시아 일정 첫날에 만났다. 그녀는 그곳 청소년 단체 중 와이엠엠(YMM, Young Malaysians Movement) 멤버였다. 용모도 단정했지만 매우 재치 있고 적극적이며 헌신적인 아가씨였다. 그녀는 우리가 그곳에 있는 동안 줄곧 많은 도움을 주었으며 우리 여행의 활력소였다. 농담도 척척 잘 받아넘겼다. 누구보다도 나는 이주의 도움을 많이 받았고 나눈 정도 깊었다.

그곳 말레이시아 중국인들은 모두 불교를 신봉했고 이주도 불교 신자였다. 나는 그녀에게 기회가 되는 대로 그곳에 있는 불교 사원을 안내해 달라고 부탁했다. 그녀는 그녀의 친구들과 함께 우리의 공식 일정이 빨리 끝난 어느 날, 나와 우리 일행을 천후궁(天后宮)으로 안내했다.

천후궁은 1983년에 준공된, 오층이나 되는 대단히 큰 규모의 절이었지만, 우리나라와는 달리 작은 여러 개의 기와지붕들이 추녀를 옹기종기 맞대고 모여 있었다. 붉은색 기둥에 황토빛 기와 그리고 벽면을 회색으로 칠했기 때문에 우리의 사원 분위기와는 전혀 다르게 느껴졌다. 내부 바닥에는 인조 대리석을 사용했고 어디를 보나 돈을 아끼지 않았다. 법당에는 천후성모(天后聖母)라는 여성상이 모셔졌고 내부의 정교하고 화려한 장엄(莊嚴)은 내가 어느 곳에서도 일찍이 보지 못한 수준이었다. 건축 양식 전반에서 느껴지는 분위기는 중국 풍이었다.

천후성모 불단 앞에는 다섯 가지 종류의 과일이 진설되어 있었다. 기둥에는 '선시인간중복문(善是人間衆福門)' 등 현판이 붙어 있고, '평안등공양위기일년(平安燈供養爲期一年) 상 삼백 중 이백 하 일백' 등의 안내 공고도 눈에 띄었다.

다른 여러 사원을 더 보지는 못했지만 북전(北轉)되어진 대승불교의 한 사원을 본 셈이었다.

소승불교 사원, 파고다

한국에는 북방 대승불교만 전래되었기 때문에 남방 소승불교 분위기에 대해서는 나는 전혀 접할 기회가 없었다. 그러나 이곳에는 소승불교 사원도 함께 있다니 새로운 것에 대한 기대감이 컸다.

우리가 '국제 불교탑'이란 곳을 찾았을 때는 이미 어둑한 석양 무렵이었는데, 정문 입구에는 붉은 꽃잎 연화 분수 속에 전등이 밝혀져 있어 고왔고, 그 사이 분수가 솟아 아름답게 보였다. 그곳 사원은 일본이나 대만 등 여러 곳에서 보아 오던 사원 건축 양식과는 전혀 달랐다. 건물 외부는 기둥과 기둥 사이를 둥근 아치형으로 이어서, 얼핏 보기에는 평범한 서구 건축물을 대하는 느낌이었다.

그 법당 뒤편에는 '탑'이라 불리는 팔각형 건물이 있었는데, 팔각 벽면 상단은 둥근 원형으로 돔을 이뤘고 그 위로 규모가 작고 높지 않은 탑신이 보였다. 이 탑은 가장 현대적인 불교 건축 양식으로 세워졌다고 설명했다. 그러나 우리나라 탑에 비교하면 탑이라기보다는 오히려 하나의 건물로 보였다. 건물 안에 모셔진 큰 불상과 작은 많은 불상들도 우리나라 도금 불상에 비하면 유난히 검은빛이었다. 그리고 불단 앞에는 꽃만 꽂혀 있지 아무 음식도 진설돼 있지 않은 것이 대승불교와 대조적이었다. 그리고 법당 안에도 울긋불긋한 단청은 보이지 않았다.

이 사원에 주재하는 스님들이 스리랑카 스님들인 것을 보니 오히려 이 사원이 인도 불교의 영향을 받은 것이 아닐까 짐작되었다.

우리들이 말레이시아 대종정(大宗正) 스리 담마난다 스님께 인사할 수 있었던 것은 행운이라고 하였다. 주황색 법의를 왼편 어깨에 걸쳐 늘어뜨린 큰 몸집의 스님은 많은 불교 저서도 내고 한국 불교계도 시찰한 분이었다.

말레이시아 불교 포교 협회로서 국제적인 업무를 관장하기도 하는 곳인 듯 많은 출판물이 진열된 열람실이 있어 우리는 『불타의 가르침』『불타의 법어』『누가 문제를 낳는가?』『어떻게 당신의 곤경을 극복할 것인가?』등 작은 책자들을 구할 수 있었다.

해변의 도시에서 길을 잃다

말레이시아의 주요 도시 중의 하나인 해변 도시 조호르바루(Johor Bahru)에서의 일이다.

우리가 있는 호텔에서 창문만 열면 바다가 보였는데, 일 킬로미터 전방 바다 저편에 휘황한 불빛으로 빛나고 있는 도시가 싱가포르라고 했다. 나는 다음 날 새벽 일찍 일어나 호텔 문을 나섰다. 아직 날이 밝지 않았지만 많은 차량들이 오갔고 띄엄띄엄 사람들의 모습도 보였다. 나는 해변 쪽으로 발길을 옮겨 바닷가에 이르렀다. 바닷가를 산책하면서 어젯밤 보았던 싱가포르도 다시 건너다보았다. 삼십 분가량의 산책을 마친 나는 호텔로 되돌아가기 시작했다. 그러나 오면서 눈여겨보았던 거리 모습이 아니라 생소한 느낌이 들었다. 순간 길을 잃은 자신을 발견했다. 가슴이 철렁 내려앉았다.

교통순경에게 가서 아폴로 호텔을 찾고 있는데 길을 잃었다고 도움을 청했다. 그는 이곳에는 아폴로 호텔이 없다고 답했다. 나는 어젯밤 그곳에서 묵었다고 자신있게 말했다. 그는 옆 사람에게 다시 확인하더니 아폴로 호텔은 싱가포르밖에 없다고 다시 말했다.

우리 일행이 투숙할 때 네온사인이 빛나는 호텔 간판의 아폴로를 복창하듯 입에 올렸고 새벽에 호텔 문을 나오면서도 아폴로를 확인하고 나왔다. 너무 쉽게 생각하고 전화번호도 없이 나섰던 것이다. 그러나 이곳 순경이 모르는 아폴로 호텔이라니 어찌된 영문인지 알 수가 없었다. 나는 낯선 외국에서 갑자기 방향을 잃고 홀로임을 인식하게 되자 우주의 외톨이가 된 듯 난감했다.

순경에게서 등을 돌리고 잠시 머뭇머뭇 기억을 되살리고 있는데 어떤 젊은이가 나에게 무슨 일이 있느냐고 물어 왔다. 나는 길을 잃었고 아폴로 호텔을 찾는다고 말했다. 그는 자기가 가르쳐 주겠다고 따라오라고 했다. 그러면서 코리아에서 왔느냐고 물었다. 여러 가지 의심이 화살처럼 지나갔다. 말레이시아에는 북한 대사관도 함께 있었다. 나는 우선 내가 한국에서 온 것을 어떻게 아느냐고 되물었다. 그는 텔레비전에서 나와 같은 의상을 입은 한국 사람을 보았다고 답했다.

순경도 모르는 호텔을 이 사람은 어떻게 안다는 것일까. 그러나 도움을 주겠다는 그 사람이라도 따라가는 수밖에 없었다. 여러 가지 생각으로 벼랑으로 몰리는 듯 불안했다.

그러나 잠시 후 그는 네온사인이 빛나는 아폴로 호텔 앞에 나를 데려다주었다. 나는 감격과 안도감과 그리고 그를 의심했던 죄의식의 감정이 뒤범벅이 되었다. 그는 아폴로는 호텔 이름이 아닌 호텔 안의 레스토랑이라고 일러 주며, 이 호텔은 와토인 호텔이라고 네온사인 뒤에 숨어 있는 호텔 이름을 대어 주었다.

나는 그와 그냥 헤어질 수는 없었다. 내 숙소가 있는 이층 로비로 그를 안내했다. 자리를 정하고 앉자마자 새삼 고마운 인사를 하였다. 그 이른 새벽에 그곳에서 무엇을 하다가 나에게 도움을 주게 되었느냐고 궁금한 것부터 물었다. 그는 자기는 말레이시아 세관에 근무하며 쿠알라룸푸르에서 밤차를 타고 이곳에 방금 도착했는데 외국인으로 보이는 내가 어려움을 겪고 있는 것처럼 보여 돕게 됐다는 것이다. 그에게는 관공서가 문을 열 때까지 충분한 시간이 있다고 하였다.

내가 그에게 말레이시아의 청소년 문제와 종교 그리고 관습에 대하여 질문하고 싶다고 말하자 그는 기꺼이 응해 주었다. 그는 매우 친절하게 그리고 수치까지 대어 가며 명확한 답을 해 주었다.

여담으로 내가 그에게 결혼했느냐고 질문하자 그는 나이는 서른 살이지만 보다시피 일백 킬로그램의 체중 때문에 모든 여자들이 자기와 결혼하는 것을 원치 않아 아직 못 했다고 대답했다. 그리고 자기의 부모가 정해 주는 대로 결혼하게 될 것이라고 덧붙였다. 나는 그의 솔직하고 순진한 답변에 무한한 인간적 감동을 받았다. 그는 축구에 관심이 많았고 한국의 차범근(車範根) 선수에 관하여 많이 이야기했다.

우리의 이야기는 한 시간 반이나 진행되었다. 그가 다음 행선지를 묻기에 오늘 쿠알라룸푸르로 되돌아갈 것이라고 대답했다. 그는 자기도 오늘 일을 마치는 대로 밤 열차로 갈 것이라며 내일 저녁 와이엠시에이(YMCA)로 나를 찾아오겠다고 했다. 나와 함께 저녁 식사를 하고 쿠알라룸푸르를 자기 차로 구경시켜 주겠다고 호의를 밝혔다. 나는 일행과 떨어진 식사나 외출은 불가능하지만 그 주변에서 차 정도는 함께 마실 수 있을 것이라고 답했다.

그는 자신의 약속대로 내가 말레이시아를 떠나오기 전날 밤 나를 찾아왔다. 그러나 중국계 다른 남녀 멤버들이 찾아와 도저히 자리를 뜰 수가 없었다. 그는 내가 와이엠시에이 로비에서 여러 사람과 만나고 있는 생소한 분위기 속에서 때로 미소 지으며 묵묵히 함께 있었다. 와이엠시에이 측에서 열두시가 되어 문을 닫겠다고 할 때에서야 다른 사람과 함께 자리에서 일어났다. 그의 이와 같은 조건 없는 인내는 말레이시아인들 특유의 여유로 느껴졌다.

그는 나와 작별할 때 우리는 처음 만났지만 지금 이 순간이 또 마지막이 될 것이라고 말하였다. 차 한 잔 마실 시간을 내지 못한 것이 너무도 미안하고 마음에 큰 빚을 진 느낌이었다. 오스만(Osman)이란 이름의 선량한 젊은 말레이인의 친절과 호의는 나에게 영원히 잊혀지지 않을 것이다.

말레이시아의 자연과 인간

인도차이나 반도 동남단에 위치한, 사계절의 변화가 없는 상하(常夏)의 나라 말레이시아는 거의 매일 한 차례씩 소나기가 내려 더위를 식혀 주었다. 오히려 찌는 듯한 무더위가 계속되는 우리나라 한여름보다 살기 좋은 기후였다. 거기다 호텔 안이나 회의장이나 식당이나 차 속이나 모두 냉방 시설이 잘돼 있기 때문에 그곳의 더위는 시원하게 지내는 맛이 뒤따랐다.

아직 산업화로 오염되지 않았기 때문에 수돗물을 끓이지 않고 먹어도 되고, 태풍 피해도 모르는 나라이고 열대 지방이라고 해도 풍토병이 없다고 한다. 이렇게 숲이 무성한 더운 나라에서 모기가 전혀 없는 것이 너무도 신기했다. 물론 정부가 공중 약제 살포로 국민 위생을 보호하고 있다는 이야기는 들었다.

쿠알라룸푸르를 벗어나 말라카로 가는 길에 키가 훌쩍 크고 몸이 굵지 않은 나무들이 들과 나지막하게 보이는 산까지 끝없이 뒤덮고 있는 것을 보았다. 자세히 보니 간격이 쪽 골랐다. 무슨 나무냐고 하였더니 고무나무라고 했다. 그 나무껍질을 사선으로 벗기고 고무 원액을 받기 위한 조그마한 통들이 아래에 매달려 있었다. 우리가 한국에서 고무나무라고 부르는 것은 관상수란다. 사람이 사는 주거 공간을 빼고는 온 천지가 고무나무로 뒤덮였다. 얼마를 달리니 이제는 야자수 조림이 칙칙하게 우거졌다. 그것은 팜오일나무란다. 큰 포도송이처럼 촘촘히 열린 열매를 짜면 식용유와 기계유가 나온다고 한다.

말레이시아의 밤과 낮은 돈이 자라고 큰다. 심은 지 삼 년만 되면 수확이 시작되어서 삼십 년간을 수확한다고 한다. 그리하여 세계 고무 생산량의 절반이 말레이시아에서 나오는데도 팜오일나무보다 오히려 수익성이 높아 차츰 수종을 바꾸고 있다고 한다.

그들의 집을 보면 땅으로부터 1.3미터 정도가 떨어져 있다. 불을 땔 필요도 없고 사계절 옷을 바꿔 입을 필요도 없으니 옷장도 필요 없을 듯했다. 오히려 통풍이 잘돼야 하므로 구멍이 숭숭 뚫린 벽에 담도 없이 평화스럽게 살고 있었다. 나는 보지 못했지만 노천 탄광에서 흙을 한 줌 집으면 주석이 함께 섞여 있단다. 그 정도로 세계 주석 생산량의 상당 부분이 말레이시아에서 나오고 양질의 석유까지 쏟아진다니 이 나라는 풍부한 천연 자원의 보고로 축복받은 나라 같았다. 이 나라 사람들은 춥고 배고프다는 말의 뜻을 모를 것 같았다. 우리 일행 중 남자들은 탄성도 삼키고 담배만 피우더니 "이 나라 사람들은 먹고 살기에 각박할 이유가 없으니 그렇게 선량하고 여유가 있나 봐"라고 탄식하듯 말했다.

말레이시아 정부는 서기 2000년에 인구 칠천만(1983년 기준 일천삼백여만 명)을 목표로 하여 한 가정에 다섯 자녀 갖기를 권장하고 있었는데, 같은 지구상에서 사람들이 살고 있는 형편은 너무도 다른 것 같았다.

조호르바루에서 그들의 민속놀이인 팽이 치는 것을 구경하고 양어장을 둘러보는데, 온 마을 사람들이 우리들을 구경 나왔는지 신기한 듯 선량한 눈빛으로 바라보았다. 그러던 그들은 우리가 그곳을 떠나려 하자 해가 질 때까지 그 마을에서 놀다 가라며 벌써 눈매에 석별의 정을 담고 아쉬워했다. 저 건너 언덕 위에는 이슬람교도들의 학교가 있는지 그들이 쓰는 머리 수건으로 머리를 감싸 턱 아래를 여민 말레이 처녀들이 한없이 손을 흔들며 자리를 뜨지 않았다.

천연자원이 풍부하고 인간미 넘치는 사람들이 살고 있는 말레이시아에서도 한 가지 절실한 가난이 있었다. 그것은 그들의 문화가 없다는 것이다. 국립 박물관을 가 보아도, 고적지가 많은 말라카 박물관을 가 보아도 그들은 선조의 자랑할 만한 문화유산을 갖고 있지 못했다. 그도 그럴 것이 말레이, 중국, 인도 등 다민족이 한 국가를 이루고 다 각기 그들의 민족 종교를 신봉하고 있으니 말레이시아 문화 풍토란 빈곤할 수밖에 없는 것이다.

라비와의 만남

우리가 말레이시아에 있는 열흘 중 둘째 날 밤부터 우리들이 이용하고 있는 소형 버스 운전기사가 바뀌어 라비(Ravi)라는 이름의 젊은이가 수고해 주었다. 라비는 인도계 말레이시아 청년이었다. 살빛이 조금 검고 뚜렷한 윤곽의 얼굴에 깊숙하고 그윽한 분위기를 자아내는 큰 눈은 그가 미소 지을 때 유난히도 빛났다. 그는 항상 조용했고 사람을 대할 때는 겸손하며 매우 정중한 예절을 갖추었다. 그러면서도 아무 도움이라도 청할 수 있는 편안한 느낌을 주는 젊은이였다. 우리 일행들은 "라비는 대단한 미남이야, 라비 미소는 백만 불이야"라고 그를 칭찬했다.

넷째 날 내가 차에 오르자 그는 차에 혼자 있었다. 그 독특한 미소로 아침 인사를 한 다음, 나에게 갑자기 자기를 사랑하느냐고 물었다. 나는 자연스럽게 나도 젊은이를 사랑하지만 우리 일행 모두가 당신을 사랑한다고 말했다. 그러자 그는 자기도 나를 사랑한다고 말했다. 나는 내가 당신을 사랑하는지 어떻게 알았느냐고 짓궂게 물어보았다. 그러자 그는 내가 어젯밤 만찬 때 아리랑을 부르고 "아이 러브 유"라고 말하면서 대중 속에서 자기를 바라보며 미소 지을 때 알았다고 말했다. 어젯밤 만찬 때 노래 불렀던 일을 떠올려 봐도 나는 따로 기억되는 일이 없었다. 이거야말로 '국제 오해'구나 하며 마음속으로 웃었다.

나는 다시 젊은이는 미남이어서 우리가 사랑하지만 나는 미녀도 아닌데 왜 사랑하느냐고 물어보았다. 그러자 라비는 이 세상에 얼굴이 예쁜 여자는 어디서나 쉽게 만날 수 있지만 마음이 아름다운 사람은 만나기 어려운데 당신은 아름다운 마음을 갖고 있기에 사랑한다고 말했다. 그리고 그는 내 목소리가 매우 감미롭다고 속삭였다.

말라카에서 우리의 일정이 조금 빨리 끝나 라비와 이야기할 시간을 얻었다. 라비는 말레이시아의 수도 쿠알라룸푸르를 떠나와 오늘 처음 조용한 말라카의 아침을 즐겼다고 말했다. 아무도 아직 일어나지 않은 새벽, 호텔 주변을 산책하며 맑은 공기를 호흡하고 원숭이 등 짐승들의 울음소리, 새들의

우리 일행이 이동할 수 있도록 버스를 운전해 주었던 라비와 함께.
매우 철학적인 사고를 하고 물욕이 담박한 젊은이였다.

노랫소리를 들었단다. 이러한 아침은 누가 돈을 주고 바꾸자고 해도 바꿀 수 없는 소중한 것이라고 말했다. 대자연의 품 안에 있을 때 인간이 가장 평화스럽다는 것을 감지하고 그 소중함을 깨달은 라비의 말을 나는 경청하기 시작했다.

자신의 부모는 힌두교를 신봉했지만 자기는 소승불교 신자라고 하였다. 그리고 자기는 사원에 가서 자신의 소원을 비는 기도는 하지 않지만 부처님께 감사 기도를 드린다고 하였다. 그것은 자기의 믿음의 자세가 다른 사람들과 다르다는 것을 의미하는 것 같았다. 그는 부처님께서 '인생을 어떻게 살 것인가'를 가르쳐 주신 위대한 스승이기 때문에 그분의 존재에 감사드릴 따름이라고 했다. 어버이를 통해 힌두교를 이해하고 눈만 돌리면 모슬렘과 만나 이슬람교를 배울 수 있어 여러 종교를 알고 있지만, 자기는 모든 종교 중에 불교가 가장 위대한 종교라고 확신한다고 말했다. 그리고 그는 요가로 심신을 수련한다며 요가를 할 때 자기는 우주의 숨결을 느낀다고 말했다. 그리고 수련을 마치고 나면 자신에게서 매우 맑은 상태와 평화로움을 느낀다고도 말했다.

그는 또 다른 더 깊은 이야기를 하는 듯했으나 나는 전혀 이해할 수가 없었고, 내가 못 알아듣겠다고 말하자 그는 퍽 안타까워하며 한국말을 할 수 있으면 좋겠다고 하였다. 그는 내가 대화의 내용을 정리하고 있던 수첩을 달라고 하더니 하나의 원(圓)을 그리고 음양(陰陽)의 태극(太極)을 그려 보였다. 아마 음양오행(陰陽五行)에 대한 이야기를 하려 했던 모양이다. 그는 그 이론이 자신에게 대단히 큰 도움이 된다고 말했다.

'바틱'이라는 말레이시아 특산물 염색 공장을 둘러보던 날은 말레이시아가 열대 지방임을 실감할 수 있도록 더웠다. 나는 라비에게 오늘은 너무 덥다고 말하면서 이글이글 타는 태양을 원망스럽게 바라보았다. 그는 내 말이 틀렸다고 단호한 어조로 말했다. 이렇게 뜨거운 태양이 없으면 팜오일나무와 고무나무는 어떻게 자라느냐고 반문하더니 그같은 식물이 자라지 않으면 인간은 또 어떻게 살 수 있느냐고 다그쳤다. 사람들은 비가 오면 금세 싫어하고 우산을 펴 들지만 비가 안 오면 우리는 마실 물을 얻을 수 없게 될 것이라고 하였다. 그는 자연의 질서에는 아무런 혼란을 느끼지 않는다고 말했다. 땀이 흐르면 씻고 비에 젖으면 세탁하면 그만이라고 하였다. 자신은 오히려 인간들에게서 때로 감당하기 어려운 혼란을 경험한다고 힘주어 말했다. 나는 라비의 말을 들으면서 천지은(天地恩)을 깊이 느끼고 있음을 알았다.

그는 쩔걱쩔걱 하는 기계소리와 소음이 가득하고 사람들은 돈, 돈 하는 도시 쿠알라룸푸르가 싫다고 하였다. 자기가 이다음 결혼하면 해 뜨는 아침의 신비와 해 지는 서쪽 하늘의 아름다움을 지켜볼 수 있는 시골에서 살며 자기 아이와 코코넛나무를 오르고 자전거로 시골길을 달리며 지내고 싶다고 하였다.

라비와 함께 지낸 팔 일, 나의 서투른 표현을 잘 이해하며 함께 나눈 대화는 언어가 소통되는 사람이라도 나누기 어려운 대화였다. 관광회사에서 차를 운전하는 일에 종사하는 평범한 한 젊은이가 간직하고 있는 깊은 사상에 많은 감동을 받았다.

이제 모든 일정을 마치고 말레이시아를 떠나야 했다. 라비와도 기약 없는 작별을 해야 했다. 여행자만이 느낄 수 있는 나그네의 정과 아쉬움이 이별의 의미를 새롭게 해 주었다.

나는 한글로 그에게 짧은 편지를 쓰고 말레이시아 지폐 한 장을 넣었다. 그리고 동행한 한국 분을 생각하고 준비해 간 내 음성의 독경 테이프와 『원불교란 무엇인가』란 소책자를 함께 꾸려 그에게 주었다. 한글로 쓴 편지여서 읽을 수 없을 것이라고 말하자 그는 간직하겠다고 대답했다.

내가 이별을 아쉬워하자 그는 우리의 인생에 적어도 한두 번은 더 만날 수 있을 것이라고 확신에 찬 눈빛으로 나를 바라보았다. 그리고 자신은 열심히 저축하고 기회 있는 대로 한글을 공부하겠다고 약속하였다.

구도자 같은 라비, 수도승 같은 라비, 달관자 같은 라비, 은둔자 같은 라비와의 만남은 아득히 먼 삼천 년 전 영산회상(靈山會上) 그 시절 운형수제(雲

兄水弟)가 아니었을까 싶기도 했다. 시공(時空)을 초월하여 영겁의 신비 속에 묻혀 있는 그 옛 소식이 궁금하다.

선량하고 소박한 사람들

말레이시아를 아는 사람이 "그곳은 후진국이죠, 별로 볼 것도 없고 국민은 게으르고 음식은 입에 안 맞고 더위 때문에 고생할 겁니다"라고 떠나는 나에게 위로의 말과 함께 근심 어린 충고의 말들을 해주었다.

아무 기대 없이 떠난 말레이시아, 그곳에서의 열흘, 통역이 없어 처음에는 많이 불편할 것 같았지만 그런대로 적응이 되고 오히려 통역이 없었기에 내 방법으로 말레이시아를 보고 느낄 수 있었던 것 같았다.

그곳에서의 열흘을 다 써 버리던 날, 헤아릴 수 없는 수많은 열흘을 내 생애에 거듭 살아왔지만 말레이시아에서의 열흘처럼 호기심 많은 소녀적 마음이 되어 순수한 감동으로 행복했던 세월이 있었던가 싶어졌다.

키가 후리후리하게 커서 장대처럼 서 있는 코코넛나무, 젠팅 하일랜드를 달리던 길가 하늘 높이 죽죽 뻗은 밀림, 이천 고지에서 강풍이 몰아칠 때 겨울 스웨터를 입고 있던 여행자가 부럽던 일, 산록의 굵은 볼륨을 느낄 수 있던 그곳, 내 어린 시절 동심을 키워 주던 그립던 고향 같은 전원 도시 쿠알라룸푸르, 그곳에 있는 와이엠시에이 유스호스텔은 내가 살던 옛집처럼 느껴졌다. 눈만 마주치면 의미없이 미소 짓던 그곳 사람들, 그 천진스런 눈매, 미소 번진 소박한 얼굴, 그 모두가 고향 사람처럼 정겨웠다. 특히 그곳 청협 멤버들, 서울-대전, 서울-경주 간의 먼 거리를 수없이 오르내리며 만찬 때마다 우리와 합류하여 기쁨과 우정을 심어 주던 오란, 라심, 핫삼돌, 라흐만 씨와 이주, 탄양 두 아가씨 그리고 이름을 기억할 수 없는 낯익은 얼굴들, 자기 집에서 민박하자고 철없이 조르던 젊은이. 아! 그들은 내 영혼에 무한한 감동의 파문을 일으켰다. 내 생(生)에 그들의 친절과 호의를 되갚을 수 있을까. 아마 빚진 마음으로 살아가며 고맙게 기억될 그들….

산업이 덜 발달되어도 인간이 누릴 수 있는 편의와 쾌적이 모자라도 물질문명에 인성(人性)이 오염되지 않은 말레이시아가 좋다. 마음에 여유가 있고 온유한 사람들, 선량하고 소박한 그들과 이 지구상에 공존하고 있다는 사실의 인식이 나에게는 항상 큰 기쁨일 것 같다.

판즈가니로 가는 길
인도 1987

홍콩의 밤, 늙은 마카오

인류 역사의 그 아득한 시원부터 흐르고 고여 인간 정신사의 심연(深淵)을 간직하고 있을 것 같은 인도, 온갖 신비가 겹겹이 쌓여 있을 것 같은 인도, 불교의 탄생지인 인도는 꼭 한 번은 가보고 싶은 나라였다. 그러나 해외여행이 자유롭지 못하던 때라 언제쯤 그 소원이 이루어질 수 있을 것인가는 막연했다. 그래서 인도는 지구 맨 끝에 있는 것처럼 멀게만 느껴졌었다.

그런데 인도에서 열리는 엠아르에이(MRA, Moral Re-Armament, 세계도덕재무장) 세계대회에 참석할 수 있는 기회를 얻게 되었다. 막연하고 멀게만 느껴지던 인도 여행이 나에게 구체적 현실로 다가왔을 때, 나는 참으로 설레었다. 나의 오랜 산가족(山家族)인 현대와 홍심, 은정 세 명이 동행하게 되었으니 기대감은 더욱 컸다.

그런데 예상치 못한 문제가 생겼다. 우리나라에서 목적지인 인도 비자를 못 받게 된 것이었다. 한국 엠아르에이 대표 정준(鄭濬) 선생과 우리 일행 여섯 명은 인도 공항에서 비자를 받아 보려고 무모하게 출발을 감행했다. 하지만 우리는 뜻밖에 중도기착지인 홍콩에 떨어지게 되었다. 그렇게 우리는 갑작스럽게 홍콩 구경꾼이 되었다.

낮 동안에 돌아본 홍콩은 고달픈 생존의 현장인 듯 좁은 공간에 많은 사람들이 가난과 더불어 살고 있는 모습으로 비쳤다. 그러나 어둠이 내려앉자 홍콩은 변신했다. 1986년 12월 26일 크리스마스 다음 날, 한 해가 저물어 새해를 맞으려는 문턱에 서 있는 홍콩 그 중심가의 밤하늘 아래에는 커다란 누각들이 태어났다. 어두운 밤을 배경으로 네온사인 불빛이 그물처럼 드리우면서 오색찬란한 공중누각들은 실로 장관이었다.

시집가는 새색시 족두리의 구슬처럼 흔들리는 화려한 홍콩의 밤, 번쩍번쩍 깜박이면서 숨 쉬는 홍콩의 밤은 낮보다 생동감 있어 그곳 사람들은 밤을 즐기며 사는 사람들처럼 보였다.

어제를 잊고 내일을 모른 채 오늘에 취해 있는 것 같은 홍콩 사람들, 홍콩의 밤을 거닐어 보는 나그네의 귀에 들리는 그들의 밤의 리듬은 일상의 권태가 깨지는 소리, 그 부스러기가 떨어지는 소리, 흥분의 소리로 가득했다. 때마침 내리는 보슬비는 낮 동안에 시든 것들을 모두 깨어나게 하는 신비한 생명수 같았다. 중심 센터 뷔페장에서 식사하는 그들의 모습을 위층에서 내려다보니 그곳에는 생의 즐거움이 가득가득 넘쳐 보였다.

우리는 어린 소년이 굽는 핫케익을 사들고 행선지도 묻지 않고 무작정 이층 버스에 올라탔다. 홍콩의 밤거리를 정처 없이 구경하기 위해서였다. 홍콩 사람들은 한서(寒暑)를 동시에 느끼는 자유를 누리는 것처럼 보였다. 어떤 사람은 반팔에 미니스커트를 입고 다니고 어떤 사람은 털스웨터에 가죽장화까지 신고 추위를 단속하고 있었다.

상고머리처럼 바싹 뒤를 깎아 올린 머리 모양에 몸에 발라 놓은 듯한 바지 차림의 사람이 남자인가 여자인가 알 수 없어서 자세히 살펴보면 귀밑에 귀걸이가 빛나고 있는 여자였다. 사람의 시선을 끄는 그녀의 외모로 보아 개성미 강한 멋쟁이인가 싶었다.

국민의 구십 퍼센트가 중국 사람이고 영국의 직할 식민지인 홍콩은 자유무역항이어서인지 동서양이 공존하고 있는 것처럼 보였다. 얼굴빛이 서로 다른 세계 사람들이 모두 제 나라처럼 거리를 활보하고 다녔다. 그래서 누가 정작 홍콩 사람인지 분간하기 어려웠고 떠돌이 나그네들로 북적거리는 곳처럼 보였다.

이러한 곳에서 나흘 동안 내 나라에서보다 더 익숙하게 지하철을 이용하면서 한국 총영사관과 인도 대사관을 오가며 결국 불가능한 인도 비자를 얻어 보려고 애썼다. 그리고 특별한 계획 없이 비자 때문에 발이 묶여 있는 여섯 명의 일행이 대가족이어서 하루 세 끼 식사를 해결하느라 한국 식품점에서 총각김치와 창난젓 등을 사 나르며 아예 살림을 차렸었다.

우리가 머물고 있던 호텔 주변에 있는 백화점을 자주 드나들던 일행 중 한 명이 무좀약을 사들고 왔기에 어떻게 무좀약을 사겠다고 말했느냐고 물어보았더니 발을 내밀고 발가락을 긁어 보였다고 했다. 우리는 얼마나 웃었던지 인도 비자의 시름을 잠시 잊을 수 있었다.

홍콩에 있는 동안 우리는 마카오행 쾌속정을 타고 한 시간 만에 물 위를 나는 듯 달려 사십 마일 떨어진 마카오에 도착했다. 어린 시절, 좋은 양복감을 말하려면 마카오의 천이라 하고 말쑥한 몸치장을 한 사람을 마카오 신사라고 부르던 기억 때문에 마카오라는 이름은 나에게 생소하지가 않았다.

그러나 막상 마카오 땅을 밟고 마카오를 만났을 때는 늙고 병들어 몸을 추스르지 못하는 사람을 대한 듯한 느낌이 들었다. 어디를 보나 마카오는 늙었고 낡아 있었으며 너무도 무기력해 보였다. 한때 동양 제일의 무역항이었던 마카오는 번영과 사치와 인파를 모두 홍콩에 물려주고 이제는 쓸쓸하고 쇠잔한 모습이었다.

보제선원(普濟禪院)에 들어서니 불교가 융성했던 한때를 말해 주듯 커다란 놋 향로가 머리에 무거운 갓을 쓰고 마당 한가운데 턱 버티고 있었다. 그러나 불상은 신자들의 기복적인 장식에 얼굴이 가리어 뒤편에 숨겨져 있었고, 어디를 둘러보아도 건강한 신앙과 청정한 수행이 아울러 이루어지고 있는 도량다운 맛이 없었다. 다만 둥글둥글 시골 할아버지 망건처럼 생긴 향이 누군가를 축원해야 되는 의무를 지키듯 타고 있을 뿐이었다.

1948년 포르투갈이 세운 마카오와 중공과의 육로 관문, 방벽의 문 위 양쪽에는 포르투갈과 중공 깃발이 나란히 나부끼고 있어 마카오가 포르투갈 식민지임을 알리고 있었다. 방벽의 문, 국경의 문을 통과해서 수많은 사람들이 중공과 마카오를 왕래하고 있었다. 마치 장날 장을 보러 나온 사람들처럼 일상 생활용품이 담긴 바구니와 꾸러미를 든 사람들이 증명서 한 장을 손에 들고 중공으로 들어가고 있었다. 서투른 중국말로 아침밥은 중국에서 먹었느냐고 물어보자 그들은 웃으면서 그렇다고 대답했다.

중공에서 넘어오는 트럭에는 싱싱한 야채가 가득 실려 마카오로 들어오고 있었다. 눈앞에 보이는 바다 건너가 중공 땅 중산현(中山縣)이라고 했다. 쑨원(孫文)의 고향이라서 그의 호 중산이라고 불리고 있다고 했다. 오가는 사람은 안 보여도 건물들이 가깝게 보이는 중공 땅 중산현은 무심한 산천이어서 고요히 거기 있지만 바다 건너 그 산하가 묘한 그리움으로 나를 설레게 했다.

그것은 가까우면서도 오갈 수 없는 북녘 땅이 붉은 깃발 아래에 있고 중산현이 또 그런 땅이라, 나그네로서도 한 발자국도 밟아 볼 수 없는 중공 땅이 내 나라 북녘 땅처럼 느껴진 까닭이었으리라.

간신히 넘은 인도 문턱

인도 뭄바이 공항에 도착했을 때는 한국 시간으로 한 해가 바뀌어 1987년 1월 1일 영시 이십오분이었고 인도는 아직 1986년 12월 31일 오후 여덟시 사십오분이었다. 비행기에서 내리는 승객들에게 승무원 아가씨들은 "해피 뉴 이어(Happy New Year)"라고 새해 첫인사를 했다.

공항에서 입국 수속을 밟기 위해 차례를 기다리고 있는 우리 일행들의 표정은 한결같이 불안하고 긴장돼 보였다. 한국에서 인도 비자를 받지 못한 채 출국한 우리는 비자도 못 받고 출국하는 것이 얼마나 큰 모험인지도 모르고 정준 선생님만 믿고 따라 나섰다. 그분은 사 년 전에도 인도 비자를 못 받고 출국했다가 인도 공항에서 해결한 경험이 있다고 했다. 그래서 이번에도 그렇게 해 볼 요량으로 출국한 것이다. 인도 대사관 측에서는 인도에서 개최되는 대회 참석은 본국으로부터 대회 개최 내용 통보를 받을 경우에만 비자를 내줄 수 있는데, 엠아르에이 대회에 대해서는 아무 통보도 받지 못했다며 인도 엠아르에이 측에서 발급한 초청장만으로는 비자를 내줄 수 없다고 했다. 한국에서 인도로 떠날 때 김포 공항에서 출국 자체가 문제가 되어 결국 우리는 홍콩까지를 임시 목적지로 하고 떠났다.

사실 원치 않은 홍콩에 떨어질 때부터 우리의 여행은 모험의 시작이었다. 우리는 홍콩 한국 총영사관과 인도 영사관에 협조를 요청하면서 홍콩에서 인도 비자를 얻기 위해 백방으로 노력했으나 홍콩 인도 영사관에서도 비자를 얻지 못했다. 본국에 수없이 전문을 보내도 아무 응답이 없다고만 했다. 그들 역시 본국의 허가 회신 없이는 비자 발급이 불가능하다는 것이었다. 인도 정부는 인도 내에서 국제 대회가 열리고 세계인이 모여드는 것을 도대체 원치 않는 입장인 데다 인도 엠아르에이 지도자 중 인도 정부를 비판하는 인사가 있어서 더욱 협조를 얻기가 어렵다고 말했다.

홍콩에서 며칠 동안 애쓰고 인도 비자도 받지 못한 우리는 깊은 좌절감의 수렁에 빠졌다. 그리고 인도 여행에 대한 그 불확실성은 두려움으로까지 느껴졌다. 우리는 하는 수 없이 비자 없이 입국할 수 있는 스리랑카로 가서 인도 입국을 시도해 보기로 하고 나흘간이나 발이 묶여 있던 홍콩을 떠나기로 했다.

스리랑카로 가기 위해 공항에 나왔을 때, 그간 우리의 어려움을 잘 알고 있던 승무원 샤리와우 아가씨는 칠십이 시간 인도 체류가 가능한 통과 비자가 있는 서류와 함께 인도 뭄바이행 비행기 표를 우리 손에 쥐어 주었다. 천우신조(天佑神助)라는 말은 이럴 때를 두고 쓰는 말이구나 싶었다. 샤리와우 양의 한국말은 너무도 유창하여 처음에 우리는 그녀가 한국 사람인 줄 알았었다. 그녀는 한국에서 자란 화교였고, 우리의 곤란을 마치 자기 동포의 어려움처럼 느끼면서 온갖 수고를 아끼지 않았다.

홍콩을 떠나와 인도에 도착한 우리는 자꾸만 마음이 켕기고 불안했다. 우리 눈에는 인도 출입국 담당 직원들 모두가 깐깐해 보였다. 무표정한 그들을 보면서 우리의 가슴은 조여들고 큰 죄를 지은 사람들처럼 주눅이 들었다. 입국 수속을 밟던 우리 일행은 무더기로 거절당하고 별도 조처를 기다리기 위해 한쪽 구석에 모여 있어야만 했다.

얼마 후 한 사람이 우리들의 문제를 검토하느라 관례를 찾기 위한 책을 뒤적이는데, 매우 무표정한 그의 안색으로 보아 별 희망이 없는 것처럼 보였다. 참으로 난감했다. 우리의 서류를 보던 사람은 다른 사람에게 무엇인가 우리들의 문제를 설명하고는, 우리를 전혀 의식하지 않은 채 물러서 있었다. 우리는 도대체 지금 어떻게 되어 가고 있는 것인지 알 수 없었고 짧은 시간도 길게만 느껴졌다.

나는 생각 끝에 호돌이 마크와 골무 하나를 꺼내 들고 우리들의 문제를 검토하던 사람 곁으로 갔다. 우두커니 서 있는 그에게 호돌이 마크를 주면서 서울올림픽 이야기를 꺼냈다. 그리고 한국에서 개최된 아시안게임을 알고 있느냐고 물어보았다. 그는 텔레비전에서 보았다고 말하면서 호돌이 마크를 만지작거리다가 자신의 옷에 부착시켰다. 딱딱하던 그의 표정이 풀리기 시작했다. 나는 다시 골무를 전해 주며 이것은 당신의 아내가 좋아할 것이라고 말했다. 예쁜 수가 놓인 고운 색상의 골무를 자세히 들여다보는 그에게 여자들이 바느질할 때 쓰는 것이라고 설명하면서 손가락에 끼워 보였다. 그는 매우 신기한 듯 자꾸만 골무를 이리저리 보더니 고맙다고 하였다. 그 주변에서 호기심있는 눈빛으로 바라다보는 그의 동료들에게도 골무를 선사하면서 용도를 말해 주었다. 그들은 그 선물을 받을 자신들의 아내를 상상하는 듯 매우 만족스러운 표정들이었다.

굳어 있던 분위기는 한결 부드러워졌고 그들과 대화의 문이 열리는 듯 싶었다. 우리는 엠아르에이 대회 참석차 오게 된 사유와 통과 비자 시간인 칠십이 시간을 잘 지키겠다고 약속했다. 넘어설 수 없을 것 같은 인도의 문턱이 좀 낮아지는 듯한 분위기가 감돌더니, 우리의 여권을 모두 보관하면서 칠십이 시간 이내에만 오면 출국할 때 되돌려 주겠다고 했다. 그리고 증명서 같은 서류를 주어서 우리는 천신만고 끝에 간신히 인도 문턱을 넘었다.

우울한 뭄바이의 새벽

엠아르에이 세계대회는 1986년 12월 28일부터 1987년 1월 3일까지 일주일 간 뭄바이에서 가까운 판츠가니에서 열리고 있었다. 우리는 홍콩에서 이미 사 일을 소모해 버렸고, 남은 삼 일도 다 참석할 수 없는 시간의 제약을 받고 있기 때문에 한시 바삐 대회에 참석하기 위해 두세 시간 눈을 붙인 다음 새벽 다섯시부터 판츠가니로 떠날 준비를 하고 호텔을 나섰다. 깊은 밤에 도착한 뭄바이를 이제는 이른 새벽에 또다시 떠나고 있었다.

새벽에 차창 밖으로 보이는 뭄바이 거리에서는 기다란 하얀 자루 같은 물체가 드문드문 눈에 띄었다. 길가에 버려진 저 기다란 하얀 물체는 무엇일까. 날이 점점 밝아지자 그 기다란 하얀 자루가 조금씩 움직이더니 그 자루 속에서 사람이 나왔다. 간밤에 집 없는 노숙자들이 홑이불 하나를 뒤집어쓰고 길바닥에서 잠을 자고 일어나고 있었다. 내가 인도에서 처음 본 것은 노숙자의 모습이었고 그것은 큰 충격이었다. 인도가 더운 나라라지만 지금은 겨울이고, 간밤 호텔에서 모포 한 장을 덮고도 춥게 느꼈다. 나의 시야엔 아주 나지막하고 하도 허름해서 우리나라에서는 가축의 우리로도 여길 수 없는 얼키설키 덧덮은 궁상맞은 천막 속에서 사람이 기어 나오고 들어가는 모습도 볼 수 있었다.

뭄바이는 역사가 오래된 인도의 주요 도시 중의 하나로 영국풍을 느낄 수 있는 도시라지만 바로 그곳에서 이 지구촌 인간들이 경험하고 있는 최악의 빈곤의 참상을 보고 나는 참으로 우울하였다.

시외버스 정류장에서 만난 인도 사람들 대부분은 신발을 신지 않아 그들 발바닥 부위는 아예 두꺼운 가죽처럼 보였다. 그리고 종아리는 장작개비처럼 말라붙어 있었다. 모두 불결하게만 보이는 대합실에서는 어느 한 군데 몸을 붙이고 앉을 만한 곳이 없었다.

판츠가니까지는 하루 두 대의 버스가 운행되고 있는데 새벽 여섯시에 출발하는 버스는 이미 어제 예매가 끝났다고 했다. 한 시간을 더 기다려서 타게 된 인도 시외버스는 우선 투박해 보였고 몇십 년 낡은 고물차처럼 보였다. 거기다 차창이 높게 있어 차 안에 타고 있는 승객들은 목 윗부분만 보였다. 그래서 우리가 타게 될 버스는 마치 죄수 수송 차량처럼 보였다.

우리의 차는 뭄바이를 벗어나 인도의 시골길을 달리고 있었다. 우리나라의 가을 날씨 같은데 들판은 텅 비어 있고 일하는 농부를 한 명도 볼 수 없었다. 우리나라 같으면 무, 배추가 한창일 것 같은 계절에 들에는 푸성귀를 담은 밭이랑 하나도 볼 수 없었다.

시골길에는 통이 좁은 긴 흰 치마를 입은 남자들이 천천히 걷고 있었고, 앉아 있는 사람들은 모두 일손을 놓고 우두커니 있었다. 바쁘게 일하는 사람을 볼 수가 없었다. 어쩌다 만나는 개천은 모두 물이 말라 있었고 가게에 놓인 사과들도 우리나라의 작은 감만 한 크기였다.

수없는 산모퉁이를 끼고 돌며 산길의 오르막길을 달리면서도 깊은 산중 큰 산에는 나무가 서 있지 않았다. 잡목도 귀하고 억새풀마저도 산을 덮고 있지 않은 황토빛 알몸이었다. 벌거벗은 산들이 겹겹이 싸여 시야 저 멀리까지 인도 전체가 큰 흙무덤으로 보였다. 가까이 눈 아래 아름다운 들꽃 한 포기를 보지 못한 채 우리는 아홉 시간을 달리고 있었다. 내 곁에 앉아 있는 두 명의 인도 소년들의 눈빛을 살펴보았다. 아무 꿈도 없고, 생기도 없고, 용기도 없어 보이는 그들의 눈빛에는 절망과 권태가 가라앉아 보였다.

나무가 없는 산, 기름져 보이지 않는 들판, 물이 흐르지 않는 개울, 일하지 않는 인도 사람, 인도의 희망을 읽을 수 없는 인도 소년들, 가난의 수렁에 빠져 있는 것 같은 인도는 참으로 암담하게만 느껴졌다.

판츠가니 엠아르에이 대회

우리가 탄 판츠가니행 버스가 해발 일천 미터 고지를 넘어서서부터였을까, 갑자기 해묵은 아름드리 나무들이 가득한 밀림 지대를 달리기 시작했다. 마치 한라산 오일륙 관광도로를 횡단하고 있는 것 같은 착각이 들었다.

푸른 숲과 아기자기한 계곡들을 만나니 어둡고 암담하던 가슴이 탁 트여오는 듯하고 삭막하던 감정이 윤택해지기 시작했다. 인간이 자연에서 받는 영향과 위로가 얼마나 큰 것인가를 새삼 절감하였다.

그곳이 뭄바이에서 가까운 휴양지 판츠가니였다. 판츠가니 마을이 있는 곳으로부터 좀 떨어진 곳에 위치한 엠아르에이 아세아센터에 도착했을 때는 오후 네시경이었다. 그곳은 아까 보았던 인도가 아닌 별유천지(別有天

地)였다. 이름 모를 아름다운 꽃들이 화려하게 피어 싱그러운 꽃 내음이 가득했다. 잘 가꾸어진 푸른 숲과 화단, 깨끗하게 잘 정돈된 그곳 엠아르에이 센터는 정적 속에 싸여 있었다.

우리가 숙소를 배정받자 미소로 인사를 대신한 어떤 청년은 우리의 무거운 짐을 번쩍 들어 우리의 방 앞에 갖다 주었다. 생소하고 이름 모를 외국 청년의 그러한 친절이 엠아르에이 멤버처럼 친근감을 느끼게 했다. 모두가 정결하게 잘 정리된 방에 들어섰을 때 내 집에 돌아온 듯한 편안한 느낌과 함께 방 안에 가득한 누군가의 정성이 내 감동의 문을 노크하기 시작했다.

대회가 진행되고 있는 건물에 들어섰을 때는 마침 휴식 시간이었던지 여기저기 몇 명씩 짝을 지어 대화를 나누고 있었다. 우리가 한국에서 왔다고 말하자 그들은 모두 우리를 반겨 주었다. 곱게 늙어 인자한 모습의 스위스 실비아 주바(Sylvia Zuba) 여사는 우리들에게 빵을 챙겨다 주었고, 천진스런 표정의 영국의 노신사는 따끈한 인도 차를 따라 주었다. 그분들의 그런 모습이 마치 오래 기다리던 가족을 맞아 베풀어 주는 사랑처럼 따스했고 세계 사람 속에 끼어든 우리로 하여금 쉽게 일체감을 느끼게 해 주었다.

잠시 휴식을 가진 우리는 린다라는 인도 아가씨의 소개로 엠아르에이 아세아 센터 시설을 둘러보았다. 린다 양은 지금으로부터 이십 년 전 나무 한 그루밖에 없던 폐허 같은 이곳에 인도의 한 미망인이 기증한 기부금을 모체로 하여 1968년 최초로 이곳 판츠가니에 엠아르에이 아시아센터를 건립하기 시작했다고 설명했다. 그 후 1969년과 1973년에 걸쳐 세 동의 건물을 완성한, 해발 일천삼백 미터 고지에 위치한 엠아르에이 아세아센터는 매우 훌륭한 시설을 갖춘 곳이었다.

그곳에는 오백 명이 식사할 수 있는 식당과 주방이 있고 사백 석의 대강당과 백오십 석의 소강당이 있는데, 오 개 국어로 동시통역이 가능한 시설을 갖추고 있었다. 나에게 매우 인상 깊은 곳은 힌두교, 불교, 기독교 인 등이 함께 모여 기도할 수 있는 공동 기도실이 있는 것이었다. 엠아르에이 센터 안에서는 모든 종교가 서로 존중되고 넘나들고 있는 것 같았다.

판츠가니 엠아르에이 아시아센터에서. 나는 세계 엠아르에이 여러 친구들로부터
많은 영향을 받았는데, 판츠가니가 그 만남의 시작이었다.(위)

판츠가니 엠아르에이 센터 뒷동산에서.(아래)

이곳 엠아르에이 센터는 세계 육천 명이 성금을 모아 건립했고 돈이 없는 석수장이나 목수들은 노동의 봉사를 보태어 이 집을 지었다고 하였다. 치즈, 햄, 우유 등을 자급자족하는 농장까지 보유하고 있는 이 센터는 세계 많은 사람들의 큰 정성으로 이룩된 곳임을 느낄 수 있었고, 아주 정결하게 관리되고 있어 센터 자체가 큰 감동을 주었다.

나무가 없는 그곳에 네키투 이라루(Nekitu Iralu)라는 인도 사람은 팔만 그루의 나무를 기증하여 그곳을 녹지대로 가꾸었고, 현재는 칠만 종의 나무가 숲을 이루고 있다고 했다. 큰 헌금을 바친 미망인 할머니와 팔만 그루의 나무를 기증한 이라루 씨 그리고 최초 나무 한 그루밖에 없던 이십 년 전부터 이곳에서 몸 바쳐 일해 왔다는 한 할아버지도 이번 대회에 함께 참석하고 있었다. 자신의 재산을 바치고 시간과 노력과 생애를 바쳐 전 세계를 도덕으로 재무장하기 위해 애쓰는 그 역사적인 인물들을 그 현장에서 만날 수 있다는 것이 또 하나의 커다란 감동과 기쁨이었다.

우리는 그날 밤 세계 이십삼 개국에서 이백이십 명 회원들이 모인 자리에 함께 참석했다. 1월 1일 새해를 맞은 첫날 밤에 만남의 큰 축제가 이루어지고 있었다. 일주일 동안 애를 먹다 지각 참석한 우리를 위로해 주기 위한 배려 때문인지 맨 앞자리에 우리나라의 자리를 정해 주었고, 한국 대표 정 선생님에 대한 특별 소개와 함께 아시안게임 개최국이었고 많은 금메달을 획득했던 한국, 그리고 서울올림픽 개최국이 될 한국을 매우 자랑스러운 나라로 소개해 주었다. 이어서 한국 대표들의 소개가 진행되었는데, 정 선생님께서 나를 소개할 때 한국에서 탄생된 원불교 소개도 함께 해 주어서 매우 고마웠다.

그 모임의 첫 프로그램으로 일본 사람과 말레이시아, 나이지리아 흑인 청년들이 함께 나와서 「아리랑」을 똑똑한 한국 가사로 불러 우리를 환영해 주었을 때, 우리는 가슴 벅찬 고마움을 느꼈다. 다음에는 우리들의 차례가 되어 한복으로 곱게 단장한 한국 대표들은 설날 우리들의 풍속이라며 큰절로 세계 여러 나라 사람들에게 세배를 올리고는 우리도 거듭 「아리랑」을 불러 그들에게 한국을 「아리랑」으로 심었다.

짧은 촌극도 곁들인 그날 밤 프로그램은 세계 엠아르에이 각국 대표가 한 가족이 되어 훈훈한 정을 나누는 만남의 축제였다. 그곳에서 만나는 세계 여러 나라의 낯선 사람들은 모두 미소로 먼저 인사를 건네주었고, 식사 시간에는 본부에서 의도적으로 식탁 인원을 배치하여 만남을 주선하여 주었다. 한 끼의 식사를 하고 나면 같은 식탁에서 함께 식사했던 여섯 명은 이미 친교가 두터운 사이가 되었다. 우리들의 식사는 그곳에 함께 모인 엠아르에이 회원들이 직접 만들고 있었으며, 최초의 헌금을 한 할머니도 주방 일을 돌보고 있었다.

대회에 모인 사람은 칠십 세가 넘은 할아버지, 할머니로부터 대학생, 젊은이에 이르기까지 골고루 있어 참으로 대가족 같은 분위기였다. 내가 원불교로 소개되어서인지 우리 식탁에서는 원불교를 많이 화제로 삼았고 본부 임원인 이라루 씨는 내가 원불교 정녀(貞女) 교역자인 것을 알고 나서는 "한국 대표 중에 당신 얼굴이 가장 행복해 보인다고 우리들끼리 말했었는데 역시 당신은 수도자였군요!"라고 말해 내 얼굴에 대한 책임감을 다시 느끼게 해 주었다.

다음 날 대회의 주제는 '몸을 바치는 것'이었다. 남녀노소가 한자리에 모인 대회에 주제 강연이 따로 있는 것은 아니었다. "내가 경험한 것이 모든 사람들의 경험이 될 만한 것을 말합시다"라고 진행을 보는 사람이 말한 다음, 호명당한 사람이 (아마 미리 예정된 듯) 나와서 매우 간단명료하게 자신이 경험한 사실을 발표하고 현재의 자기의 결심을 말하였다. 임성기(林星基) 선생의 한국말 동시통역으로 우리는 대회 진행 내용을 빠짐없이 이해할 수 있었다.

지금 우리가 살고 있는 세계는 서로 미워하고 헐뜯는 반목의 기운이 상승되고 있지만 이 기운을 하강시키는 데 몸 바쳐 일하여 도덕 세계를 이루자고 하였다. 몸 바친다는 것은 좀 더 다른 사람에게 관심을 갖고 걱정해 주며 감싸 주는 것으로서, 우리가 다 함께 엠아르에이 정신으로 일하면 세계는 도덕적으로 변할 수 있다고 경험과 신념을 토로했다. 그리고 이런 일에 자신을 바쳐 일하는 것이 인생을 가장 값지게 사는 길이라는 결론적 합의에 이르렀다.

그들은 이 세상의 잘못의 원인을 자기로부터 캐고 반성하며 늘 겸손하게 용서를 청하고 있었다. 마하트마 간디(Mahatma Gandhi)의 증손자인 라즈모한 간디(Rajmohan Gandhi)는 엠아르에이 지도자였다. 그는 티베트 대표에게 잠시 자리에서 일어서 달라고 하였다. 자리에서 일어선 티베트 대표를 바라보며 그는 인도가 수년 동안 티베트인에게 잘못한 것을 사과한다고 정중하게 용서를 빌었다.

이렇듯 엠아르에이 대회를 통해서 서로 나쁜 관계에 있던 나라들이 좋은 관계로 발전하는 것을 큰 과제로 여기고 그 해결을 큰 수확으로 결산했다. 그러한 정신에 연유하여 일본 사람들도 「아리랑」을 불렀을 것이고, 우리와 대화를 나눌 때는 자신들이 조금 알고 있는 한국말을 쓰려고 노력하는 모습을 엿볼 수 있었다. 그러한 노력에는 우리의 멍든 민족 감정을 녹여 주는 힘이 있었다.

그들은 아무리 바빠도 정청(靜聽) 시간을 가져 자기 양심의 소리를 듣고 그 내면의 소리가 제시하는 새로운 길을 가자고 서로 강조하였다. 평화로운 얼굴을 간직한 그들은 삶에 생명력이 넘쳐 보였고, 남에게 기쁨을 주기 위해 열심히 봉사하는 사람들처럼 보였다.

그들은 정직, 사랑, 순결, 무사(無私)의 네 가지 엠아르에이 도덕 표준으로 자신을 항상 점검하고, 나아가서 이웃과 세상을 엠아르에이 정신으로 도덕 재무장하는 일에 막중한 사명감을 서로서로 갖고 있었다. 그리고 세계가 도덕으로 재무장될 희망을 노래하고 그 실천의 약속을 그 노래로 더욱 굳게 다지고 있는 듯이 들렸다. 솔직히 말해서 엠아르에이 정신에 크게 공감하고 있기는 하여도 그 운동의 실천적 경험을 쌓을 기회가 없었던 나는 국외자의 한 사람으로 대회에 참석한 셈이었다.

종교와 얼굴빛이 서로 다른 동서양의 사람들이 함께 모인 엠아르에이 대회는 세계가 한집안이고 인류가 한 가족임을 실감케 하여 주었다. 우리가 살고 있는 세계가 이만큼 정의로운 질서가 유지되는 것도 많은 종교의 교화 활동과 아울러 엠아르에이 운동가들의 숨은 노력의 대가인 것처럼 느껴졌다. 그리고 도덕성이 파괴되고 있는 자신과 이웃과 세계 곳곳을 치유하기 위해 시간과 노력과 재산을 바쳐 일하는 그들은 매우 소중하고 존경스러웠다.

칠십이 시간으로 인도 체류가 제한된 우리는 대회에 고작 이십 시간밖에 더 머물 수 없었으나 그 짧은 시간은 모두 감동의 순간들이었다. 우리들이 그곳을 떠나올 때 세계 엠아르에이 권속들은 "코리아! 코리아!"라고 함성을 지르며 세계를 도덕화하기 위해 멀리 떠나는 용사들처럼 우리를 배웅해 주었다.

남국의 찬란한 불교문화
스리랑카 1987

남국의 낭만이 준 안식

인도에서의 통과 비자로 엠아르에이 대회에 잠시 참가한 우리는 칠십이 시간 이내에 인도를 떠나야 했다. 1987년 1월 3일 한밤중에 뭄바이를 출발한 우리 비행기가 스리랑카의 수도 콜롬보(colombo)에 도착했을 때는 햇살이 눈부신 아침이었다.

비행기에서 내리는 승객들에게 인사를 하는 승무원 아가씨는 두 손을 가슴에 모아 합장하고 있었다. 아직 땅을 밟아 보기도 전에 이 나라가 불교 국가임을 실감할 수 있었다. 출입국 수속 담당자들도 부드럽고 친절했다. 무표정하고 딱딱하게 느껴졌던 인도 사람과는 좋은 비교가 되었고 서로 다른 국민성이 피부로 느껴졌다. 낯선 이국이지만 우선 마음이 편안했다.

우리가 여장을 푼 곳은 인도 판츠가니에서 엠아르에이 스리랑카 대표들이 추천해 준 호텔이었다. 짐 속에서 우선 라면만 꺼내 아침 식사를 대신하고 나니, 통과 비자로 머물렀다 떠나온 인도는 마치 쫓겨 나온 나라처럼 느껴지고, 비자 없이 바로 들어온 스리랑카는 안식처 같아서 온갖 불안과 초조가 안개 걷히듯 사라졌다.

인도에서는 추위에 떨었는데, 이곳에서는 천장에 매달린 선풍기가 잠시만 돌지 않아도 금세 "더워" 소리가 새어 나왔다. 호텔은 퍽 오래된 듯 모든 시설이 구식이고 낡았지만, 방마다 후원(後園)을 즐길 수 있도록 준비된 탁자와 의자가 예스럽고, 남국의 식물들로 꾸며 놓은 정원이 아기자기하여 고전적 전원 분위기가 가득했다. 인도에서의 긴장을 말끔히 씻어내고 아무도 없는 후원에 나가 앉아 보았다.

솔솔 부는 맑은 바람이 내 살갗을 간지럽혀 한결 상쾌했다. 콜롬보 시내인데도 좀 변두리여서인지 주위는 차 소리 하나 들리지 않았고, 고요 속에서 이름 모를 새들이 한낮을 즐기는 노랫소리가 내 영혼을 맑게 세척해 주었다.

내 고향 시골집 뒤안 대나무 숲이 우거진 툇마루에서 서늘한 여름날 책을 볼 때면, 눈부신 햇살이 대나무 숲을 내 책장 위에 곱게 수놓았었다. 그리고 바람이 대나무 밭을 지나가면 대나무 숲 그림자는 내 책상 위에서 하늘거렸고, 그 사이로 활자를 읽던 그 옛날의 아름다운 추억이 아련히 되살아났다. 호텔 후원의 한적한 맛이 내 고향 집 뒤안 은밀한 공간의 여백처럼 느껴졌다.

우리는 모처럼 밀린 빨래도 하고 낮잠도 실컷 잤다. 휴식을 취한 현대와 홍심, 은정이 함께 시장에 나가더니 푸짐하게 장을 봐 왔다. 쌀과 반찬거리가 될 야채들이며 싱싱한 바나나, 코코넛 그리고 남국의 이름 모를 과일을 잔뜩 사들고 들어왔다. 껍질이 두껍고 무거운 코코넛 통 속에는 온통 물만 가득히 들어 있었다. 신선하고 영양이 있을 것 같아 마셔 보았으나 물맛도 덤덤한 데다 시원하지도 않았다.

임시 목적지인 홍콩에 도착하여 나흘간을 체류하게 되었을 때부터 오직 인도 비자만을 기다리면서 끼니때마다 식당에서 구미에 맞지 않는 음식을 사 먹는 일이 싫증이 난 우리는 그 후로 한국 식품점에서 우리 식품을 구입하여 여행 중에 밥을 해 먹기 시작했다. 스리랑카에서 모처럼 상추쌈도 준비하고 해서 저녁 식탁에 대한 기대가 컸었다. 그런데 밥을 짓고 있는데 이상한 묘한 냄새가 나서 이게 웬 냄새냐고 모두들 얼굴을 찌푸렸다. 김이 나고 있는 밥솥에서 나는 냄새였다. 설마 여기 사람들도 먹고 사는 쌀인데 밥은 먹을 수 있겠지 하고 안심했었다. 그러나 다 된 밥을 차리려고 냄비 뚜껑을 열자 빛깔도 누리끼리한 밥에서는 설명할 수 없는 이상한 냄새가 났다. 진기가 없는 밥은 뜰 때부터 버슬버슬했지만 시장기를 심하게 느끼던 우리는 다 함께 그 밥을 입 안에 떠 넣었다. 그러나 냄새나는 그 밥은 돌조차 많아서 여기저기서 돌을 씹는 반응이 나타났다. 우리는 삼킬 수 없는 밥을 입 안에 넣고 얼굴을 찌푸리며 서로 바라보다가 뱉어내고 말았다. 결국 우리는 또다시 슈퍼마켓에 가서 값이 비싼 다른 쌀을 구해다가 밥을 지어 먹는 수 선을 피웠다.

숨 쉬는 화폭, 스리랑카

우리는 4일 이른 아침 콜롬보로부터 칠십오 마일 떨어진 곳에 위치한 유명 한 관광 명소 불치사(佛齒寺)로 가기 위해 택시 편으로 캔디(Kandy)를 향해 떠났다.

콜롬보는 하늘 높이 치솟은 코코넛나무와 이름 모를 남국의 식물들이 싱 그럽게 우거진 아기자기한 전원 도시였다. 거리를 오가는 사람들 모습도 활 기차고 평화스러워 보였다. 스리랑카 남자들은 통이 좁고 긴 치마들을 입고 있었다. 그리고 여자들은 사리를 많이 입고 있었지만 인도와는 달리 양장 차림의 모습도 눈에 띄었다. 집집마다 담장에는 이름 모를 남국의 꽃들이 아름답게 피어 있었다.

콜롬보 시내를 벗어나 차가 한참 달린 뒤의 일이었다. 운전기사가 갑자 기 한 곳에 차를 세우고 내려가 담벽에 뚫린 구멍에 동전을 넣고는 무릎을 꿇어 합장하고 기도한 다음 되돌아와 차를 몰았다. 그곳은 사원 담벽이었고 그곳을 통과하는 모든 차량의 운전기사들은 잠시 내려 그처럼 기도하고 나 서 다시 차를 운전한다고 하였다. 온 국민이 불교를 생활화하고 신앙이 몸 에 배어 있음을 알 수 있었다.

차창 밖으로는 아직 이 세상에서 본 일이 없는 아름다운 풍경이 펼쳐지며 스쳐 갔다. 어디든 키가 큰 코코넛나무가 하늘을 찌를 듯이 높이 솟아 있었 고, 함께 어우러진 나무와 숲이 대지를 검푸르게 뒤덮고 있었다. 사이사이 물빛이 고운 호수가 정적을 지키고, 여기저기 맑은 강물이 고요히 흐르고 있는 스리랑카는 물과 숲이 조화를 이루며 숨 쉬는 화폭처럼 아름다웠다.

우리를 태운 택시 기사는 관광객을 안내했던 경험이 풍부해 보였다. 그는 우리에게 바틱(batik) 공장을 보겠느냐고 물었다. 나는 이미 말레이시아와 싱가포르에서도 바틱 공장을 둘러본 경험이 있었다. 그러나 서로 문화가 다른 나라는 바틱도 다를 것이라는 흥미가 생겼다. 바틱은 하얀 천에다 처녀들이 도안하여 손으로 천연 염료를 물들여 만든 나염 예술품이다. 그 고장에서는 바틱으로 남녀 의복을 만들어서 팔고 있었지만 가격이 매우 비쌌다. 그것은 천 값이 비싸서가 아니라 많은 수공이 들기 때문일 것이다.

스리랑카 바틱 공장에서는 불교 국가답게 코끼리를 타고 오시는 부처님의 모습이 눈에 많이 띄었고, 여러 빛깔의 크고 작은 작품을 만들어 팔고 있었다. 다른 나라에서 구하기 어려운 귀한 것일 것 같아 몇 점을 샀다.

그곳으로부터 얼마를 더 가다가 홍차 공장에 들렀다. 실론차는 세계적으로 유명한데 어떻게 만들어지는지 궁금했다. 공장에서 여러 가공 과정을 통해 홍차가 만들어지는 것을 보았다. 그것을 설명하는 사람은 비오피(B·O·P) 표시가 있는 차가 제일 상품(上品)이라고 설명했다. 우리는 비오피 표시가 된 홍차 몇 개를 사 들고 나왔다.

그 공장 앞 나무 그늘 아래에는 작은 소녀가 앉아 있었다. 그녀는 우리를 보자 피리를 불면서 앞에 놓인 상자를 열었다. 거기에서 코브라가 머리를 들고 나와 춤을 추었다. 몸통이 크고 긴 코브라가 보기에도 징그러운데, 그 소녀는 꿈틀거리는 코브라를 몸에 감고 와서 돈을 내라고 했다. 우리 곁으로 가까이 올까 봐 얼른 돈을 주었다.

우리는 드디어 캔디에 도착했다. 그곳은 넓은 호수와 수령(樹齡)이 오래된 나무들이 가득했다. 경관이 좋은 산기슭에 지은 별장들은 그림처럼 아름다웠다.

높은 담이 넓게 둘려 있고 큰 사원 건물이 눈에 들어오는 곳이 불치사였다. 사세기 초엽 인도 칼링가국 왕녀인 헤마말라와 그녀의 남편인 단타쿠말라에 의하여 불타의 왼쪽 송곳니를 스리랑카에 들여왔다는 그 불치(佛齒)는 캔디의 불치사에 모셔져 있었다. 불치는 일반 불교도들의 깊은 신앙의 대상이 되고 있다고 했다. 불치사는 옛날부터 왕가의 사원으로 최고의 지위를 부여받고 있었으며, 그곳에서 거행되는 불치순행제(佛齒巡行祭)는 이 나라의 최고 제전이 되어 오고 있다고 했다.

소곤거리듯 조용히 설명하는 남자 안내원을 따라 불치사 경내를 돌아보다가 불치가 모셔진 제단 앞에 이르렀다. 우리는 미리 준비한 연꽃을 헌화하고 참배했다. 스리랑카는 모두 꽃 공양만 바치고 있었고 꽃은 모두 연꽃이었다. 참배객을 위해 사원 입구에서는 연꽃을 손질하여 납작하게 만들어 상자 위에 진열해 놓고 팔고 있었다.

불치는 보이지 않는 깊은 곳에 봉안되어 있다고 하며 다만 그 위치 아래에 단이 마련돼 있어서 순례객들은 그곳에서 참배하고 있었다. 불치 앞에 꽃을 바친 그곳 불교 신자들은 남녀노소 모두 앉아서 소원을 비는 듯 기도하고 있었다.

불치사를 나왔을 때 관광객을 기다리고 있던 잡상들이 앞다투어 가로막고 자기 물건을 사라고 했다. 그러나 그들은 인도 사람들처럼 집요하고 악착스럽게 덤비지는 않았다. 돈이 아니고 라이터나 볼펜과 바꾸어도 좋다고 하며 자기 물건을 하나 사 주기를 간절히 부탁했다. 그곳은 아직 라이터나 볼펜이 흔하지 않은 형편임을 그들을 통해서 알 수가 있었다.

우리는 돌아오는 길에 캔디 공원에 들렀다. 공원은 매우 커서 차를 타고 둘러보았다. 캔디 공원은 같은 과(科) 식물들을 집단적으로 모아 놓은 것이 특징이고 또 인상적이었다. 대나무가 있는 곳에는 왕대나무와 오죽(烏竹) 그리고 몸이 가는 산죽(山竹)까지 함께 모여 있어 정겨웠다. 선인장이 있는 곳에서는 세상 선인장을 한자리에서 만날 수 있었다. 좋은 수목들을 정성스럽게 가꾸어 놓은 캔디 공원은 매우 아름다웠고, 그 넓은 공원에 사람이 별로 없어서 지상의 무릉도원 안에 우리들만이 있는 것 같았다.

남국의 낭만에 취한 우리는 과일 씨와 조가비로 만든 목걸이를 걸고 아름다운 꽃들 앞에서 탄성을 터뜨리며 사진을 찍었다. 우리들은 다 함께 소녀들처럼 즐거워했다.

찬란한 불교문화의 옛터, 아누라다푸라

남해에 있는 '보석의 섬' 스리랑카는 기원전 삼세기에 인도 소승불교 상좌부(上座部)를 받아들여 오늘날까지 소승불교의 근거지로 계승 발전하고 있다. 스리랑카 불교가 세계 불교의 본적지처럼 느껴졌다. 불교 발상지 인도에서는 불교가 숨 쉬고 있지 않은 것 같았다. 오히려 콜롬보에서 멀리 떨어져 있는 아누라다푸라(Anuradhapura)는 최초에 불교가 전래되어 올 때의 도착지이고 찬란한 불교문화 유적지가 가장 많은 곳이기 때문에 이박 삼일을 예정하고 그곳을 찾았다. 아누라다푸라는 아누라다푸라 왕조의 왕도(王都)였다. 고도(古都)의 이끼가 고색창연해서 마치 우리나라 경주와 흡사한 분위기를 느낄 수 있었다.

스리랑카에서 우리에게 큰 도움을 주고 있는 세네라트너 영감이 주선해 준 호텔에 여장을 풀었을 때는 별장 지대에 휴양을 온 듯한 만족감이 전신으로 스며들었다.

우리가 처음 찾아간 곳은 조그마한 동굴 사원이었고 법당에 모셔진 부처님은 열반상(涅槃相)으로 누워 계셨다. 그 사원에는 옛 불교문화재를 소장하고 있는 조그마한 박물관도 있었다. 그 박물관 불상들에서 기묘한 것이 눈에 띄었다. 앉은 불상들이 대체로 반가부좌였다. 인도 박물관에서 본 결가부좌 불상의 모습과 달랐다. 인도 불교문화를 직수입했을 것 같은 스리랑카 불상들의 그러한 형상은 이해가 잘 안 되었다. 또 손상을 입은 옛 불상들을 볼 때 유구한 성쇠(盛衰)의 역사도 읽을 수 있었다.

스리랑카는 사원 경내 출입구에서부터 신발을 벗어야 하기 때문에 맨발로 땅을 밟으며 넓은 사원과 탑들을 둘러봐야 했다. 우리 차의 운전기사가 그곳 사원의 승려를 처음 만났을 때, 그는 승려의 발 아래에 무릎을 꿇고 합장을 한 다음 일어나 말했고, 젊은 승려는 목례도 하지 않고 그 예(禮)를 받고 있었다. 그러한 모습에서 그 나라의 불교 승려의 위치를 짐작할 수 있었다.

기원전 이세기에 조성된 루완 웰리세야(Ruwan Weliseya) 탑을 보면서 스

소승불교 종주국인 스리랑카의
아누라다푸라에서. 산 위에 불교
유적지가 보인다.(위)

한국에서도 받지 못한 인도 입국
비자를 스리랑카에서 받아 준, 고마운
세네라트너 영감님과 함께.(아래)

리랑카 불교의 상징을 대하는 듯한 감동을 받았다. 아무도 정확한 답을 알려주는 사람이 없었지만 탑신 지름이 삼십 미터는 넘을 것 같고 높이도 오십 미터는 넘어 보였다. 그리고 사방 네 귀퉁이에는 뒷날 조성한 것으로 보이는 같은 모양의 작은 탑들이 있었다.

스리랑카 같은 작은 섬나라에서 이렇게 거대한 탑을 조성했다는 것은 역시 대륙 인도의 영향을 받은 것 같았다. 그러나 스리랑카 불탑들은 그 탑신의 모양이 둥글었고 석탑(石塔)은 아니었다. 탑신은 둥글게 삼 단을 쌓아 올리고 그 위로 둥글게 말아 올려 정상 부위에서 사각으로 틀을 바꾸고 그 위로 다시 둥글게 하여 끝을 뾰족하게 만들었다. 그 당시 거대한 불사(佛事)였을 것 같았다. 탑의 몸빛은 검게 보였으나 회색빛 흰 반점이 얼룩져 고색이 창연했다. 기원전 이세기에 조성했다는 탑이 매우 건강한 모습이었다.

나는 그 탑에 대한 자료를 얻을 수 없어 중간에 어떠한 보수가 이루어졌는지를 알 수 없었다. 탑 안에는 부처님 쇄골(鎖骨)이 봉안돼 있다고 했다. 그 탑은 벽돌을 쌓아 올리고 그 외부를 마치 오늘날 시멘트와 비슷한 회(灰)로 마감 처리한 것이었다. 그 탑 아래 깔려 있는 넓은 자연석 돌을 밟아 보면서 그 옛날 이런 돌을 어떻게 운반했는지, 오늘날보다 그때 기술이 더 훌륭하게 느껴졌다.

땅으로부터 탑의 좌대(座臺)에 해당하는 부위에는 우리나라 황소 크기만 한 코끼리 삼백서른여섯 마리가 그 탑을 바치고 있는 듯 서 있었다. 몇천 명이라도 함께 탑돌이를 할 수 있을 것 같은 루완 웰리세야 탑은 스리랑카 불교가 융성할 때 국력을 키우려고 조성한 것 같아 보였다.

아누라다푸라에서는 발길을 옮기는 대로 불교 역사의 잔해(殘骸)가 발에 밟혔고 널려 있는 고적들이 눈에 들어왔다. 한곳에 발걸음을 멈추게 한 안내인은 이곳이 승려들이 목욕하던 탕이라고 했다. 그 욕탕 안에는 지금도 물이 담겨 있었다. 수백 명이 함께 목욕할 수 있는 그 목욕탕은 크고 넓었다. 돌로 담벽을 쌓고 바닥을 깔았으며 땅 위로도 상당 부분을 석축하여 그 탕을 장엄하고 있고, 삼면에서 내려갈 수 있도록 돌층계가 되어 있었다. 그 옛날 얼마나 많은 승려가 함께 있었기에 이렇게 큰 욕탕이 있으며, 그 당시 승보(僧寶)를 위하는 정신이 얼마나 대단했으면 또 이런 거대한 공사를 할 수 있었을까.

그 목욕탕 주변에는 여러 개의 사원터가 있었다. 그곳에는 주춧돌과 그 옛 유적의 흔적들이 여기저기 널려 있었다. 구세기 중엽 힌두교를 옹호하던 남인도 치요라 왕조가 끊임없이 스리랑카를 침공하여 993년에 이르러 아누라다푸라를 함락시키고 불교를 옹호하던 싱할라 왕을 사로잡은 다음, 사리당(舍利堂)과 황금 불상, 각지의 정사(精舍) 등을 파괴하고 잿더미로 만들어 버린 서글픈 역사의 과거가 있었다. 그때의 잿더미 속에 묻혔던 주춧돌이 옛 역사를 말해 주는데, 옛 사원 담장 위로는 원숭이가 오르내리며 재롱을 떨고 있고 풀을 뜯고 있는 소들만이 더욱 한가로워 보였다. 역사적으로 볼 때 이 섬은 불교인 싱할라 왕조와 힌두교인 타밀 족과의 세력 다툼으로 얼룩져 있었다.

스리랑카는 겉으로 보기에는 평화스러웠지만 슈퍼마켓이나 병원만 들어가려 해도 입구에서 핸드백을 검열하는 사람들이 삼엄하게 경계를 펴고 있었다. 행여 타밀계 사람들이 폭탄이나 무기를 소지하고 들어갈까 봐 하는 검열이라고 했다. 그 나라 어떤 곳에서는 다수의 싱할라 불교인과 소수의 타밀 힌두인들과의 대립으로 지금도 총성이 멎지 않고 있다.

보리수를 신앙하는 불교인들

스리랑카에서는 들이나 길가, 공원 등지에 불상(佛像)을 크게 조성하여 모셨지만, 부처님을 모신 막(幕)은 허술하고 그 앞에는 불단도 마련돼 있지 않아 부처님을 섬기는 일은 이루어지지 않고 있는 듯했다.

그리고 캔디에 있는 불치사에서도 팔정도[八正道, 정견(正見)·정사유(正思惟)·정어(正語)·정업(正業)·정명(正命)·정정진(正精進)·정념(正念)·정정(正定)]를 천에다 도면으로 만들어 벽에 걸어 놓고 그 아래에 제단을 만들어 놓은 것을 보았는데, 아누라다푸라에서는 사원 대문에 팔정도를 표시하고 있어 그곳 불교는 팔정도로 불교를 상징하고 있는 듯했으며 법보(法寶) 신앙과 수행 중심적 불교의 성격을 엿볼 수가 있었다.

콜롬보에서 유명한 캘라니야(Kelaniya) 사원에 갔을 때는 그 규모가 매우 컸고 역사가 오래된 사찰처럼 보였는데, 역시 열반상 부처님(누워 계시는 부처님)을 모시고 있었고, 불단 앞에는 우리의 태극선이 놓여 있어 스리랑카 불교와 한국 불교의 교류의 한 모습을 보는 듯했다. 그곳 법당 내부 벽에는 대부분 팔상록(八相錄)을 중심으로 부처님의 일대기를 벽화로 장엄하고 있어 우리나라의 단청과 좋은 비교가 되었고 오히려 불교 신자들은 부처님의 역사를 그림으로 쉽게 이해할 수 있을 것 같았다. 사원 외벽에는 감실(龕室)이 있어서 그 안에 불상을 조각하여 모셨고, 그 하단에는 사원 전체에 코끼리를 조각하여 띠를 둘러놓아 그 나라의 사원 장엄에 대한 큰 정성과 함께 불교미술의 한 세계를 엿볼 수 있었다.

스리랑카 불교에서 매우 흥미있는 것은 보리수 신앙이었다. 사원 안에 있는 아름드리 보리수 나무에는 모두 단을 쌓아 올려놓아 나무를 신앙하고 있음을 쉽게 알 수 있었다. 그리고 나무마다 얼기설기 줄을 매어 삼각형의 색색 헝겊 조각을 잔뜩 매달아 놓았다. 그 깃발들은 모두 간절한 기원을 드린 장엄의 표시라고 했지만 얼핏 우리나라 옛 성황당(城隍堂) 같은 인상을 느끼게 했다.

인도나 스리랑카에는 나무신 신앙이 전래되어 온 오랜 역사가 있다고 했다. 크고 오래된 나무 등 특정한 나무를 신성시하며 숭배하는 나무 신앙은 불교에서 자연스럽게 보리수 신앙으로 바뀐 듯했다.

아누라다푸라 마하보디 사원 안에 있는 스리마하 보리수는 이천백여 년 전 상가미타(Sanghamitta)가 인도 성도지 부다가야에 있는 보리수 가지를 잘라다 심은 것이라고 했다. 그 보리수는 기록에 있는 가장 오래된 나무라고 했으며 철 기둥을 시설하여 그 나뭇가지를 받치고 있었다. 그리고 도금 철책으로 에워싸고 그 외부를 또 다른 철책으로 차단하여 철저히 보호하고 있었다.

밤에 마하보디 사원에 갔을 때는 마침 수십 명의 신자들이 보리수를 중심으로 사원을 돌고 있었다. 물 항아리를 가슴 높이로 들고 있는 사람, 꽃을 쟁반에 받쳐 든 사람 그리고 울긋불긋한 깃발(헝겊)을 받쳐 든 사람 들이 씻은 쌀 등 음식을 갖고 줄을 지어 돌면서 앞서 있는 두 명의 승려가 주문을 선창하면 그들도 따라하면서 몇 차례 돌다가 마지막엔 스리마하 보리수 앞에 모여 자신의 제물을 바쳤다.

그 위에서 정성스런 각색(各色)의 공양을 받는 사람은 한 사람 한 사람의 것을 받을 때마다 "사두 사두"라고 주문을 외우고 보리수 아래에다 놓았다. 자신의 것을 바친 사람들은 그 나무 아래에 앉아 제각기 기도드리고 있었다. 스리마하 보리수는 오랫동안 석존의 상징으로 숭배 대상이 되고 있고, 불탑과 보리수에 대한 숭배는 스리랑카 불교 신앙의 핵심을 이루고 있다고 했다.

고마운 세네라트너 영감님

우리의 여행 계획에는 인도 다음 방문국이 스리랑카였다. 그러나 통과 비자로 엠아르에이 대회만 잠시 참가하고 떠나온 인도는 반드시 재입국해야 되는 목적지였고, 그 재입국의 비자를 다음 목적지인 스리랑카에서 그곳을 여행하는 동안 마련하는 것으로 계획이 수정됐다.

그곳에 머물면서 여러 곳을 둘러보고 있어도 어떻게 하면 인도 비자를 얻을 수 있을 것인가 하는 걱정이 검은 그림자처럼 우리를 따라다녔다. 우리가 스리랑카에 입국했던 날은 토요일이었고 캔디를 떠나던 날은 일요일이었다. 이제 월요일부터는 비자 받는 일을 시도해 봐야 할 텐데 그것은 너무도 난감한 일이었다.

나는 한국에서 강남교당의 원광 유치원의 한 자모(慈母)로부터 행여 스리랑카에 가서 관광에 도움이 필요할 때 세네라트너 영감님께 연락해 보라고 명함 한 장을 받아 왔었다. 그분이 한국에 왔을 때 스치듯 인사한 일이 있지만 그분이 나를 기억할 것이라고 기대하기는 어려웠다. 그러나 너무도 일이 막막하여 그분께 전화를 해 보았다. 그분은 전화를 받자마자 나를 기억하고 있다며 우리가 있는 곳으로 찾아왔다.

세네라트너 영감님은 우리의 사정 이야기를 듣더니 너무 걱정 말라며 노력해 보자고 했다. 그리고 우리가 머물고 있는 호텔이 너무 허술하다며 시설이 훨씬 좋은 홀리데이 인 호텔로 옮기도록 주선해 주었다.

우리의 인도 비자 문제를 구체적으로 진행하다 보니 스리랑카 인도 대사관에서는 한국 대사관에서 우리를 관광 비자로 인도에 들어갈 수 있도록 협조를 요청하는 서한을 요구했지만, 한국 총영사관에서는 국가의 공무(公務)로 본국을 떠나올 때 시간이 없어 비자를 받지 못했을 경우에만 취할 수 있는 조처를 우리에게 적용할 수 없다고 난처해했다. 우리 총영사관과 인도 대사관 사이에 수없이 접촉하여도 인도 비자는 우리 손에 들어올 것 같지 않았다.

세네라트너 영감님은 우울한 우리를 위로하느라 애쓰며 자기가 인도 비자를 만들어 줄 테니 그 문제는 깨끗이 잊어버리고 스리랑카를 즐기라며 그 나라 고유 음식을 사 주기도 하고 해변으로 산책을 데리고 나가기도 했다. 검푸르게 출렁거리고 있는 저 바닷물이 한 군데도 막힌 데 없이 멀리 아프리카까지 출렁거리고 있다고 했다.

세네라트너 영감님은 콜롬보에서 유명한 캘러니 사원의 후원자였고 스리랑카 인도주의 연합회 회장이며 해운 선박 회사를 경영하고 있는 매우 유력한 인사로, 칠십육 세였지만 매우 정정했고 쾌활한 성격에 농담을 즐겼다.

그분은 우리들의 손금을 봐 주었다. 내 손금을 보더니 당신은 전생에도 결혼하지 않았고 또 내생에도 결혼하지 않을 것이라고 예언하듯 말했다. 그리고는 선(禪)을 많이 하면 남자로 태어나겠다며 선을 많이 하라고 권유했다. 나는 내 자신이 여자인 것을 좋아한다고 말하자 그는 "성불(成佛)을 원하지 않느냐"고 심각한 표정으로 질문했다. 그래서 나는 "원한다"고 대답했다. 그분은 부처가 되려면 우선 남자부터 되어야 하지 않느냐고 소승불교 교리를 근거하여 설명했다.

그는 또 나에게 당신은 돈을 모을 필요가 없는 사람이라며 나를 빤히 쳐다보았다. 나는 때로 너무 큰돈이 필요한 일도 있었다고 설명하면서 나도 돈이 필요한 사람이라고 말했다. 그분은 다시 나를 뚫어지듯 바라보며 "그러나 만약 당신이 돈이 필요한 일을 구상하면 누군가 당신이 필요한 돈을 먼저 마련해 오도록 돼 있으니 당신 스스로 돈을 모을 필요가 없다"고 손금의 내력을 알려 주었다. 나는 세상 사람들이 이런 말을 들으려고 점을 치나 싶으면서 그분이 말해 준 손금 이야기가 은근히 좋게 들렸다.

우리의 문제를 스스로 책임진 세네라트너 영감님은 승용차와 운전기사까지 주선해서 우리를 아누라다푸라에 보내 주면서 그곳에 있는 불교 유적지를 답사하고 편히 쉬었다 오라고 했다. 그동안의 우리 호텔비를 먼저 계산해 버렸고, 서울에서 설악산 가기만큼 먼 아누라다푸라에 가서 삼 일간 함께 있다 올 승용차 대여비까지도 미리 계산해 버렸다.

그분의 그러한 호의는 참으로 감내하기 어려웠다. 그래서 우리 일행 중의 한 사람은 행여 영감님이 간첩과 연결된 사람은 아닌지 의심하기도 했다. 나는 호의를 왜 순수하게 받아들이지 못하고 그렇게 엄청난 억측을 해 보느냐고 핀잔을 주었다. 그녀는 소양 교육을 받을 때 뜻밖의 사람이 너무 친절하면 우선 경계해야 된다고 교육받았다며 자칫 잘못하면 간첩망에 걸릴 수도 있다고 걱정했다. 나는 교육받은 지가 좀 오래되어서인지 그런 연상까지는 안 돼도 언젠가는 또 한국에 나올 기회가 있는 분이니 그때 이 신세를 갚아야겠다는 생각으로 우선 무거운 고마움의 부담을 견디기로 했다.

세네라트너 영감님은 우리가 아누라다푸라에 있을 때도 시외 전화로 우리들의 동정을 살펴 주었고, 콜롬보에 되돌아왔을 때는 내일이면 인도 비자가 나올 것이라며 기대와 희망으로 우리를 다독여 주었다. 그분이 만들어 준 인도 비자를 정작 손에 쥐었을 때 그분은 우리 여행의 열쇠를 쥐고 있는 분처럼 느껴졌다.

우리가 한국에서 마련한 비행기 표는 스리랑카에서 태국을 가도록 되어 있었다. 이미 마련된 표를 손실 없이 활용하기 위해 우리는 또다시 스리랑 카로 돌아와야 했다. 그래서 인도에서 소용되는 것만 챙기고 남은 짐들은 그곳에 남기고 떠났다. 세네라트너 영감님의 도움이 아니었으면 우리의 인 도 재입국은 아마도 불가능했을 것이다.

부처님의 나라를 찾아서

인도 1987

갠지스 강의 충격

홍콩에서 얻은 칠십이 시간의 통과 비자로 인도 판츠가니 엠아르에이 아시아센터에서 열린 엠아르에이 세계대회에 잠시 참석하고 마치 축출당하듯 인도를 떠났던 우리는 스리랑카에서 세네라트너 영감님의 도움으로 인도 비자를 얻어 재입국했다.

인도에 재입국하여 맨 먼저 찾아간 곳이 갠지스 강이었다. 인도 문명의 발상지 갠지스 강! 인도의 신비를 속살처럼 감추면서 유유히 흐르고 있을 갠지스 강! 인도 사람들의 어머니 갠지스 강을 찾아가기 위해 힌두교의 성지 바라나시 공항에 도착했을 때는 어두운 밤이었다. 바라나시 공항은 우리나라 시골 간이역처럼 허술했고 주위는 불빛도 없이 캄캄했다. 공항 안에는 관광객을 '붙들러 온' 사람들로 붐볐다.

인도는 과연 큰 나라인 듯싶었다. 뭄바이 날씨는 우리나라 가을처럼 느껴지더니 이곳은 동장군과 대치하고 있는 모습이었다. 털모자를 쓰고, 털스웨터를 입고 장갑까지 낀 그들은 담요짝 같은 것을 어깨에 두르고 어슬렁거렸다. 그중 한 사람이 내 곁에 바싹 따라붙어 자기를 따라가면 좋은 호텔에서 만족스런 관광을 할 수 있다고 '선전'을 했다. 믿음이 가지 않는 그의 말은 귀담아듣지 않는데도 그는 집요하게 마치 주문을 외우듯 중얼거리며 내가 움직이는 대로 따라 움직였다. 나는 마치 어떤 함정에 빠져드는 것처럼 불안했다.

인도 여행을 위하여 재입국한 우리 일행은 이제 나와 신현대(愼賢大), 진흥심(陳興心) 등 여자만 셋이었다. 우선 택시로 한 시간가량 걸려서 갈 수 있다는 바라나시 시내까지 어두운 밤에 여자 셋이서 어떻게 안전하게 갈 수 있을 것인가가 큰 걱정이었다.

나는 본고장 사람으로 보이는 순진한 아낙네 곁으로 가서 인도 여행이 처음인 우리를 도와 달라고 하였다. 그녀는 힌두대학 교수인 자기 남편에게 우리의 사정을 말하였고, 그 교수는 우리의 호텔을 예약하여 그곳까지 데려다주는 친절과 도움을 베풀었다.

이른 새벽에 해 뜨는 아침 갠지스 강에서 성욕(聖浴)하고 기도하는 힌두교 신자들의 모습을 보기 위해서 성욕하는 장소 '가트(ghat)'로 나갔다. 그곳까지 사람이 자전거로 이끄는 옛 인력거 모양의 릭샤(rickshaw)를 타고 가는데, 골목은 미로인 데다 지린내와 함께 튀기고 끓이는 독특한 인도 음식 냄새가 가득했다.

히말라야 설산의 얼음이 한 방울씩 녹아 장강(長江)을 이루며 육천 리를 흘러 벵골 만에 이르기까지 메마른 대륙을 적시어 인도를 살리는 인도인의 젖줄 갠지스 강. 겨울의 갠지스 강은 물빛이 맑고 깨끗했으며, 강폭이 넓고 푸르러 수심이 깊어 보였다.

삼천 년 동안 힌두교 최대 성지인 바라나시에는 일천오백 개의 힌두사원이 있고, 하루면 사십만의 순례 인파가 모여 든다고 한다. 그들은 모두 갠지스 강물에 성욕을 하여 죄를 씻고 훗날 자신이 죽은 다음 몸이 강 언덕에서 태워지고 그 재가 이 강물에 뿌려지면 소원처럼 더 좋은 계급으로 태어난다고 믿기에 그들은 한사코 갠지스 강을 향하여 모여든단다.

그 성스러운 갠지스 강 모두를 만나기 위해 나는 쪽배를 타고 강물을 거슬러 위로 노 저어 갔다. 강변에 촘촘히 세워진 힌두사원들이 먼저 눈에 들어왔다. 사원들은 모두 오랜 역사의 이끼에 덮여 있어 성스러워 보이기보다는 음산해 보였다. 귀기(鬼氣)가 서리어 보이는 그 사원 안에서는 어떤 인도 사람의 영혼이 움직이는 그림자가 보일 것만 같았다.

잠시 후 우리의 배는 가트에 이르렀다. 겨울의 갠지스 강에는 그렇게 많은 인파가 붐비지 않았다. 가트마다 수십 명으로 헤아려지는 힌두교 신자들

바라나시의 모든 생활하수가 그대로 흘러들어 가고 있는 갠지스 강에서.
이 물로 사람들은 양치하고 빨래하고 식기를 닦았다. 힌두교 신자들은
갠지스 강이 모든 것을 정화한다고 믿으며, 그 물을 성수(聖水)라 하여 마시고,
그 물에 목욕하며 죄를 씻는다.

이 성욕을 하기 위해 털옷을 벗어 놓고 차가운 겨울 강물에 몸을 담갔다. 온 몸을 깊숙이 머리끝까지 담갔다가는 다시 몸을 건져 해 뜨는 동녘 하늘을 바라보며 합장하여 기도했다. 그러다간 다시 거듭거듭 몸을 강 밑 깊숙한 곳에 담그고 또 그렇게 기도했다. 내생을 위한 저들의 절실한 기도의 모습도 제각기 달랐다.

그곳에서는 기도만 하는 것이 아니라, 양치질하는 사람, 몸을 비누로 닦는 사람, 빨래하는 사람, 그릇을 닦는 사람 등 물을 필요로 하여 깨끗하게 하는 모든 일들이 이루어지고 있었다. 비누 거품이 풀리고 입속의 양칫물을 뱉어내고 빨래하는 바로 그 물을 떠서 기도하던 힌두교인들은 경건한 자세로 그 물을 마시고 있었다.

목욕도 남녀가 함께하고 있었다. 인도에서는 남녀가 다정히 손잡고 걷는 모습도 볼 수 없고 매우 폐쇄적으로 보였는데, 갠지스 강에서는 남녀가 함께 목욕하고 있었다. 다만 여자는 사리를 입은 채 물속 깊이 몸을 담갔다 내었다 하며 주문을 외우면서 기도했다. 입을 달싹달싹하는 그들 입에서 뽀얀 입김이 새어 나왔다. 추위와 더위를 느끼는 인간의 지각 능력은 다 같을 텐데 저들은 차가운 강물에 목욕을 하면서도 어느 누구도 추위로 떠는 사람 없이 제각기 진심으로 기도하고 있었다. 종교의 믿음이 인간을 얼마나 초인적으로 만드는 힘이 있는가를 발견할 수 있었다. 강을 거슬러 올라가다가 바라나시의 더러운 하수구의 탁류가 그대로 갠지스 강으로 흘러들어 오고 있는 것을 보고 또 한 번 놀랐다.

무겁고 착잡한 생각에 짓눌려 있는데 어린 소녀가 노를 저어 우리 배 곁에 자신의 배를 대었다. 그녀의 배에는 신을 섬길 여러 제물들이 가득히 실려 있었다. 그 소녀는 손바닥만 한 꽃배를 사서 띄우라고 권했다. 우리는 그 꽃배를 사서 난쟁이 초에 불을 밝혀 갠지스 강에 노란 금잔화 꽃배를 띄웠다. 촛불이 타고 있는 작은 꽃배가 저 멀리 흘러가고 있는 것을 갠지스 강 분위기에 젖어 바라보았다.

가트의 확성기에서는 힌두의 여러 신을 찬미하는 「라마야나(Ramayana)」의 노랫소리가 묘한 음향으로 울려 퍼졌다. 그 소리를 들으며 강변 북쪽으로 더 거슬러 올라가니 통나무 장작을 가득 싣고 있는 배가 보였다. 그 쪽 강 언덕 위에 세 개의 불 무덤이 보이고 사람들이 둘러앉아 있거나 모여 서 있었다. 아! 저것이 듣던 대로 사람을 화장하고 있는 현장이구나 싶었다. 좀 더 그곳으로 가까이 가서 보니 어떤 사람이 작대기로 타는 불더미를 더 잘 타도록 쑤시고 있었다. 그 불 무덤 앞에서 불을 쬐며 앉아 있는 사람들 표정 은 덤덤했다. 타고 있는 시신이 자신의 남편이거나 부모형제일 텐데 어쩌면 저렇게 슬프거나 침통한 기색도 없이 담담한 표정으로 단순히 모닥불이 타 고 있는 불 앞에 앉아들 있을까. 다 타서 재가 된 가족을 갠지스 강에 뿌리면 승천할 것이라고 믿는 믿음 때문이리라.

가트에서 이루어지고 있는 모든 것을 보기 위해 북쪽으로 거슬러 올라갔 던 우리 배는 다시 물결 따라 아래로 흘러 내려가는데 몇 마리의 독수리가 강심(江心)을 들여다보며 낮게 날고 있었다. 마치 어느 영혼을 채갈 것처럼.

나는 가트 위로 올라갔다. 그리고 성수(聖水) 갠지스 강물을 주전자에 담 아 신전으로 올라가는 힌두교 신자들을 따라 올라가 보았다. 어떤 사람은 깨끗하게 씻은 쌀을 곳곳에 있는 작은 신앙 표지(標識) 위에 놓고 성수를 뿌 렸고, 어떤 사람은 성수만 끼얹으며 주문을 외웠다. 신발을 벗고 사원 안으 로 들어서니 사원 바닥이 온통 강물로 젖어 있었다. 그곳에는 명상에 잠긴 사람, 주문을 외우는 사람, 링가(Linga) 심벌에 성수를 뿌리는 사람들로 붐 볐다.

또 다른 사원으로 발길을 옮겨 보았다. 다신교인 힌두 신전은 사원마다 신의 모습이 달랐다. 그러나 모두 여신을 주로 섬기는 듯했다. 그 사원에는 마침 어른들이 없고 소년 두 명만이 있었다. 신전 앞에는 신(神)이 신을 수 있는 신발도 놓여 있었다. 자세히 관찰을 하며 몇 가지 말을 물어보았지만 인도말로 응수하는 그들의 말을 못 알아들어 안타까운데 한 노인이 들어서 더니 신전에 서 있는 나를 보고 불호령을 내렸다. 무엇이 잘못되었는지도 모른 채 나는 황급히 도망치듯 빠져 나왔다.

다시 강으로 내려가 보았다. 나지막한 바위 위에 사방이 트이고 하늘만 가린 포장(布帳) 아래 할아버지 한 분이 담요를 두르고 앉아 있었다. 자세히 살펴보니 살림하며 사는 집처럼 보였다. 그러나 불을 피울 수 있는 도구는 아무것도 없었다. 생식을 하고 지내는 것처럼 여겨졌다. 다만 갠지스 강물을 담아 놓은 놋쇠 항아리와 양은 주전자가 유난히 정갈하게 반짝였다. 향불을 피워 놓고 명상에 잠겼다가 간간이 눈을 떠 보는 그 할아버지는 이미 현실적인 모든 문제를 넘어선 눈빛이었다. 그의 시선은 아득히 먼 곳, 깊은 곳, 높은 곳을 응시하고 있는 듯했다.

가트에는 당나귀도 함께 나와 서서 강물을 바라보며 명상을 하고 있었다. 그러나 그 당나귀는 선 채로 모든 배설물을 내쏟았고 그 오물은 강으로 흘러들어 갔다. 나는 목욕하고 기도하고 그 강물을 마시는 힌두교인들을 바라보며, 저들이 송장 잿물과 하수구의 탁류와 짐승들의 배설물로 몸을 씻고 또 그 물을 마시고 있음을 확인했다. 그러한 현장을 목격한 나는 더럽고 깨끗한 것에 대한 관념에 큰 혼란을 느껴 갈피를 잡을 수가 없었다. 나의 지금까지의 고정관념이 와르르 무너지는 순간이었다.

나는 한 힌두교 신자에게 저런 오물들이 마구 쏟아져 들어가는 저 갠지스 강물이 더럽지 않느냐고 물어보았다. 그는 그런 오물들이 더러운 것은 사실이지만, 갠지스 강은 정화의 위력이 있기 때문에 모든 더러운 것이 일단 갠지스 강으로 들어가기만 하면 깨끗이 정화되어 버린다고 하였다. 그래서 갠지스 강물은 항상 깨끗하고 아무리 먹어도 탈이 없다고 설명해 주었다.

"일체유심조(一切唯心造) 불구부정(不垢不淨)"이 나도 모르게 내 입 밖으로 탄성처럼 새어 나왔다. 모두가 한 마음 지어먹기에 달렸지 더럽고 깨끗한 것이 따로 없다는 이치가 확연해지는 것 같았다. 부처님의 첫 설법지 사르나트(Sarnath, 녹야원)가 갠지스 강에서 멀리 있지 않다는 것이 우연한 일이 아닌 듯싶었다. 갠지스 강이 있는 나라의 성자 불타였기에 "일체유심조 불구부정"이라고 설파하신 참뜻을 이제 알 것 같았다.

아프리카 젊은이에게서 받은 감동

바라나시에서 다이아몬드 호텔에 투숙할 때 어떤 젊은이가 바라나시 지도를 펴 놓고 물어보는 것을 보았다. 나는 그에게 먼저 공부해 두면 나도 배우겠다고 말했다. 그는 우리 맞은편 방에 여장을 풀었고 일행으로 또 한 명의 젊은 청년이 있었다.

바라트란 이름의 그 젊은이는 자신의 여권을 보여 주면서 남아프리카에서 왔다고 말했다. 그리고 나에게 남아프리카에 대해서 잘 아느냐고 묻기에 잘 모른다고 대답하자, 그는 한국에서부터 지도를 그리기 시작하여 삽시간에 세계지도의 윤곽을 그리고 자신의 나라 위치를 가르쳐 주었다. 그는 또 여행자 수표를 내보이면서 우리도 여행자 수표를 사용하고 있느냐고 물어 보았다. 바라트는 조그마한 키에 매우 총명스러운 눈빛이 안경 속에서 빛났고 백인처럼 하얀 살빛의 귀여운 모습인 데다 매우 부드럽고 싹싹한 젊은이였다.

그는 라디오와 텔레비전 등 전파를 발송하는 일에 종사하며 남아프리카에 이민 간 인도계 삼세라고 자신을 소개했다. 그리고 함께 온 친구 프렘도 인도 사람이라고 밝혔다. 우리는 어느덧 여행의 한 권속이 되어 내일 새벽 갠지스 강을 보기 위한 시간 약속을 했다.

다음 날 새벽 그는 유창한 인도말로 릭샤를 예약하여 우리를 태우고 갠지스 강으로 갔다. 갠지스 강을 다녀와 휴식을 취하고 있는데 누군가 우리 방문을 노크했다. 문을 열어 보았지만 아는 사람이 없었다. 다시 문을 닫으려 하자 벽 쪽에 털모자를 쓰고 서 있던 낯선 사람이 자기를 모르느냐고 말을 걸어 왔다. 내가 잘 기억나지 않아 머뭇거리자 그는 어젯밤 우리를 호텔까지 데려다주었던 사람이라고 했다. 옷차림이 바뀐 인도 사람을 나는 쉽게 알아볼 수 없었다.

그는 우리가 오늘 관광을 어떻게 하는지 걱정이 되어서 왔다며 데리고 온 사람을 소개해 주려 했다. 우리는 좋은 길벗을 만났다며 고맙다고 말하고 사양했다. 그러자 그는 갑자기 한국 돈을 얻을 수 없겠느냐고 물어왔다.

십원 짜리와 백원 짜리 동전을 챙겨 주며 나는 잠시 그를 의심스럽게 바라보았다. 그러자 그는 자신이 힌두대학 교수라고 신분을 밝히고 명함을 꺼내주며 화폐 수집에 흥미를 가지고 있다고 하였다. 인도 사람을 너무 조심시키는 예비지식 때문에 그를 잠시나마 경계했던 것이 너무도 미안했고, 그의 순수한 친절에 속마음으로 또 다른 불신을 첨가했던 것을 어떻게 속죄할지 몰라 쩔쩔맸다. 나는 지폐도 소용이 되느냐고 묻고는 그를 우리 방으로 안내하여 한국 지폐 천 원짜리를 주었다.

나는 그 수첩에 '대한민국, 서울'이라고 쓰고는 내 이름을 썼다. 그리고 후면에는 '원불교'라고 쓰고는 나 자신을 소개했다. 그는 우리가 바라나시에서 관광해야 되는 명소 몇 군데를 소개해 주었다. 친절하고 고마운 그에게 우리가 준비해 간 라이터와 볼펜 그리고 인삼차 몇 봉을 선물했다. 자기는 줄 것이 없어 어떻게 하면 좋으냐고 난처해하기에 나는 그가 쓰고 있던 볼펜이 인도에서 만든 것이라면 좋은 선물이 되겠다고 하여 받았다.

나는 바라트에게 힌두대학 교수로부터 소개받은 명소를 말하자 그들의 관광 스케줄과 같다고 하였다. 우리는 다시 바라트를 따라 관광버스를 타고 사라나트와 박물관, 사원, 왕궁 등을 둘러보았다. 아무 걱정 없이 바라트만 따라다니면 편안하고 즐겁고 유익했다.

그는 항공사에 들러 내일 카주라호(Kahjuraho)를 함께 떠날 비행기 표를 마련해 주었다. 그날 밤 바라트는 자신들과 헤어진 다음에 진행될 우리의 여행에 대해서 자세히 검토하고 준비해 주었다. 그는 부다가야를 거쳐 파트나에서 비행기 타는 것부터 델리 공항에 내려 호텔에 투숙하는 문제며 아그라의 타지마할 관광 등 세부 계획을 내 수첩에 기록했다.

우리의 분에 맞는 호텔 두세 개씩을 적고는 전화번호까지 모두 적었다. 그리고 공항 도착 예정 시간과 잘 모를 때 공항 경찰에 문의할 사항, 현지 관광 안내 회사를 찾는 일까지 자세히 기록하였다. 그러고는 뉴델리 지도를 펴 놓고 밤중까지 지도 공부를 시키고 자신이 갖고 있는 인도 국내 항공 노선표까지 다 챙겨 주었다. 여행 경험이 부족하고 인도 사정에 어두운 우리가 퍽 딱하게 여겨졌던지, 이십삼 세의 남아프리카 청년은 어느덧 우리들의 철저한 보호자가 되었다.

나는 그에게 바라트 일행을 만나 여행이 즐겁고 편안했다고 말했다. 그러자 바라트는 나를 바라보며 나에게 실망과 슬픔을 준 기억이 있다고 말했다. 나는 그것이 무슨 일이냐고 의아한 표정으로 물어보았다. 그것은 우리가 만들어 준 한국 음식을 잘 못 먹었을 때라고 귀엽게 대답했다.

우리는 홍콩에서 현지 음식이 입에 맞지 않아 곤란을 느끼는 일행 때문에 그곳 한국 식품점에서 여행 중 한국 음식을 만들어 먹을 수 있는 모든 준비를 했었다. 그래서 우리는 그 이후 여행 중 라면과 밥을 지어 식성에 맞는 우리 음식을 먹으면서 건강을 지켰다.

우리는 너무도 고마운 바라트와 그의 친구들을 우리 식탁에 초대하여 한국 음식을 대접했었다. 바라트는 숟갈과 젓가락 사용을 조심스럽게 시도했지만 음식을 맛있게 먹는 것 같지는 않았다. 그는 식사 도중 찌개에서 멸치를 발견하자 곧 수저를 놓고 밖으로 나갔다. 말이 적으면서도 진실한 그의 친구 프렘에게 바라트가 나간 이유를 물어보았다. 그는 브라만 계급 중 어떤 사람은 생선을 먹지 않는다고 말해 주었다.

잠시 후 돌아온 바라트는 자기는 지금 행복하다고 말했다. 그렇게 말하는 그의 입안은 빨갛게 물들어 있었다. 다른 인도 사람들이 웃고 말하고 있는 모습을 보면 그들도 그처럼 입안이 붉었다. 무엇을 먹었느냐고 묻자 '펀(pun)'이라고 대답했다. 우리는 시장이나 길거리에서 파란 나뭇잎에 하얀 액체와 열매 씨앗 같은 것을 싸서 파는 것을 보았다. 그것을 '펀'이라고 했다. 나는 그것이 음식이냐고 물었다. 그는 음식이 아니라 담배와 비슷한 것이라고 대답했다.

그것을 남아프리카에서도 먹느냐고 묻자 어쩌다 인도 여행자가 가져오면 먹어 볼 수 있다고 대답했다. 나는 아주 가깝게 느끼던 바라트와의 큰 장벽을 느꼈다. 성장하면서 길들여 온 음식, 그 나라 민족의 음식 문화라는 것은 정신적으로 아무리 가까워져도 무너뜨리고 넘어설 수 없는 한계 같았다.

우리도 역시 인도 카레를 먹고 나면 다음 날까지 속이 쓰리고 맵게 느껴졌었다.

이박 삼일의 바라나시 여정을 마치고 바라트와 우리 일행은 한 가족처럼 서로서로 짐을 들고 카주라호로 가기 위해 한 시간가량 택시로 달려 공항에 도착했다. 그때 시간은 열두시 삼십분이었고 날씨는 맑았다. 그러나 한 시간 후 떠날 예정이었던 카주라호행 비행기가 결항이란 소식이 기다리고 있었다. 날씨는 맑은데 안개 때문이라고 결항 이유를 밝혔다. 주저앉을 것 같은 좌절감이 엄습했다.

삼 일 전 뭄바이 공항에서 겪었던 일이 악몽처럼 머리를 스쳤다. 1월 9일 인도 재입국을 위해 스리랑카 인도 대사관에서 관광 비자를 얻으려 오륙 일을 두고 노력하던 중, 출발 세 시간 전까지만 해도 마음 졸이다가 겨우 비자를 얻어 황급히 콜롬보를 출발, 또다시 늦은 밤에 뭄바이로 재입국했었다.

다음 날 새벽 여섯시 십오분 아우랑가바드행 비행기를 타고 세계 미술사의 신비로 알려진 석굴사원 아잔타(Ajanta)와 엘로라(Ellora)로 가기 위해 밤잠도 못자며 인도 국내 항공에 가서 표를 예약하는 소동을 벌였었다. 그러나 비행기는 연발될 뿐 아니라 우리 표는 겨우 대기표여서 언제 우리 차례가 될지 알 수 없이 기다리다가 자리도 못 얻고 그 비행기는 출발해 버렸었다.

일정에 쫓기고 있던 문은정은 아잔타를 포기하고 델리로 떠났고 기대와 두려움에 가득 찬 인도 여행의 일행은 이제 나와 신현대, 진흥심 셋이 남았다. 우리도 새로운 아우랑가바드 비행기 편을 더 기다려 볼 것인가 아니면 바라나시로 떠나야 할 것인가의 망설임 속에서 확실한 결단을 독촉 받고 있었다.

실패로 돌아갈지도 모를 아잔타행을 안타깝게 포기하고 오후 세시 이십오분 바라나시행 비행기 표로 자리를 확정했다. 그러나 그 비행기도 예외가 아니어서 두 시간 반이나 연발하여 우리는 뭄바이 공항에서 열네 시간을 기다리는 곤욕을 치러야 했다.

바라나시에서 내내 함께하며 우리를 보호해 준 아프리카의 프렘 군(왼쪽)과
바라트 군(오른쪽), 그리고 진홍심 교도(맨 오른쪽)와 함께.

여행 중에 경험한 긴장과 어려움이 바라트를 만나면서 해소됐고, 우리는 인도 여행의 무거운 짐을 그에게 맡기고 홀가분하게 며칠을 지냈었다.

인도 석조 예술을 대표하고 있는 카주라호 여행의 좌절은 기대에 대한 실망보다도 아잔타, 엘로라 여행 계획도 비행기 사정 때문에 무너진 데다 또다시 비행기 사정으로 카주라호를 포기해야 되는 심적 좌절이어서, 앞으로 진행될 인도 여행 모두가 더욱 두렵고 어렵게 생각되는 심리적 부담이 컸다.

바라트 일행도 카주라호를 포기하고 델리로 떠나기로 방침을 세웠다. 우리는 잠시 차를 한잔 마시면서 실망과 불안을 수습하고 있는데 바라트는 차를 마실 생각도 않고 우리들의 항공료 환불이 공항에서는 불가능하다며 다시 바라나시로 되돌아가자고 서둘렀다. 그리고 그의 친구 프렘에게는 공항에서 기다리란 말을 남기고 택시를 타고 우리와 함께 바라나시로 되돌아갔다.

그는 차 안에서 택시 기사에게 부다가야까지 택시 요금이 얼마나 되겠느냐고 물어보았다. 우리는 부다가야까지 가는데 택시와 기차 어느 편이 더 좋은 방법인가에 대하여 검토했다. 드디어 바라나시에 도착하자 그는 먼저 한 관광 회사에 들러 부다가야에 대한 관광 자료를 얻고 다음에는 인디안 에어라인에 가서 우리의 비행기 값을 되돌려 받았다. 그는 기차 여행이 더 안심이 된다며 기차역으로 가자고 제안했다. 바라트는 우리를 위해 일등석 차표 석 장을 구입했고, 우리는 그와 함께 무거운 짐을 챙겨 플랫폼으로 나갔다.

그와 우리는 점심도 걸렀고 이제 그는 자신이 타고 갈 네시 비행기 시간도 놓치고 있었다. 이제는 밤 아홉시 비행기밖에 없을 뿐 아니라 공항에서 영문 모르고 기다리고 있을 프렘이 너무 지루할 것도 걱정되었다.

플랫폼에서 어떤 신사와 대화를 나누던 바라트는 가야(Gaya)까지 가는 그에게 우리를 돌봐 달라고 부탁을 해 두었다. 그는 우리를 위해서는 누구에게나 겸손하게 도움을 청했다. 바라트의 무조건의 헌신적 삶은 어디서 배우고 익힌 것일까.

바라트는 일곱 살의 어린 나이에 부모님을 따라 인도를 방문했고 이제 이십삼 세가 되어 인도를 다시 찾아 이 개월 동안 인도 각지를 여행하고 있다고 했다. 그에게 인도에 대한 인상을 물었을 때 그는 매우 비능률적인 사회라고 말했다. 언제쯤 또 인도에 올 것 같으냐고 물었을 때 그는 인도에는 다시 오고 싶지 않다고 말했다. 그래도 인도는 너의 조국이 아니냐고 말하자 그는 인도는 할아버지의 조국이지 나의 조국은 남아프리카라고 잘라 대답했다. 그는 남아프리카는 질서있고 살기 좋은 나라라고 덧붙였다.

바라트는 인도 사람을 믿지 않는 것 같았다. 철저하게 에누리를 해야 제 값이 나오는 것을 경험하고 어디서고 분실 사고가 잘 일어나는 인도를 여성 셋이서 여행하고 있는 것을 그는 크게 우려하고 있는 듯했다. 어디를 가나 불결한 인도 여행을 위해 자신이 쓰던 플라스틱 통에 담긴 소독 휴지도 우리 짐 속에 챙겨 넣어 주었다. 그의 형은 의사이고, 아버지는 작가라고 하였다.

우리들의 일등석 기차표에는 몇 호차 몇 호석이란 표시마저도 없었다. 바라트는 어디선가 일등칸의 호수를 알아 와서 나의 손을 펼쳐 보라고 하더니 손바닥에 기차 호수를 적어 주면서 차장에게 문의하여 자리를 찾아 앉으라고 했다.

그는 무엇인가 또 걱정하는 듯하더니 돈을 나누어 가졌느냐고 묻고, 큰 돈을 옮길 때는 반드시 화장실 같은 곳에서 처리하라고 당부했다. 젊은 바라트는 우리가 몹시 걱정되는 모양이었다. 부다가야 여행을 잘 마치고 나면 파트나에서 델리로 떠날 때 엽서를 띄우라며 자신이 지나갈 인도 친척집 주소를 적어 주었다. 우리가 타야 하는 기차가 도착하였는데 인구가 많은 나라답게 기차는 끝 모르게 길었다. 기차 역시 허술했다. 바라트는 우리들의 짐을 기차에 올려 주었다.

외국 여행을 하면서 찾아간 목적지는 철저하게 선택된 곳이고 경우에 따라서는 자기 일생에 두 번 다시 오지 못할 곳을 나그네 되어 머물고 있기 때문에, 여행자에게는 시간처럼 귀한 것이 없고 남에게 시간을 빼앗기는 배려와 친절은 좀처럼 베풀 수 없는 엄청난 일인 것을 나는 잘 알고 있다.

호텔 로비에서 스치다가 만난 우리에게 바라트는 어떻게 자기를 희생하면서 도울 수 있었을까. 바라트를 보는 나의 눈은 어떤 작품 속에서 감동적 주인공을 만나고 있는 것 같았다. 나는 일찍이 그 아무에게도 그런 자선을 베풀어 보지 못했기 때문에 그의 희생적 헌신에 무한한 감동을 받았다. 카주라호 여행 계획의 좌절은 나에게 오래 두고 잊을 수 없는 귀한 교훈적 감동과 맞바꾼 셈이었다.

이제 바라트와 헤어져야만 하는 시간이 왔다. 헤어질 수 없는 사람과 영원히 손을 놓아야 하는 절박감이 우리를 덮쳤다. "안녕!"이라고 간신히 소리를 입 밖에 내고 있는 우리들의 뺨에는 모두 더운 눈물이 흐르고 있었다. 귀여운 바라트는 사내답게 웃으면서 우리와 차례로 악수하고 "굿바이"라고 분명히 말하더니 갑자기 돌아서서 앞으로 뛰어갔다. 그는 한 번도 뒤돌아보지 않고 빠른 걸음으로 우리 시야에서 사라져 버렸다.

성도지 부다가야에서 뵌 부처님

부다가야에 도착한 우리가 어느 누구의 소개도 없이 찾아 든 곳이 스리랑카 승려가 성지 순례객을 위해 마련한 숙소 마하보디 소사이어티였다. 마치 내 집에 돌아온 것 같은 편안함을 느낄 수 있는 그곳에 여장을 푼 나는 맨 먼저 빨래를 하였다. 그리고 물에 젖은 머리를 말리기 위해 양지바른 곳에 앉아 내게로 쏟아지는 눈부신 햇살을 바라보며 밝은 곳으로 마음을 옮겼다. 주변은 조용했다. 고요의 깊은 계곡으로 들어가 정적의 그늘 속에서 휴식을 취했다.

갠지스 강에서 체험했던 관념의 혼란을 잠재우고 바라나시 시내에서 보았던 복잡한 군중, 마치 집 안 사람이 모두 길바닥으로 쏟아져 나온 것 같은 거리, 그리고 소, 당나귀, 염소, 개, 돼지까지 사람들 속에 끼어 그들의 배설물을 길바닥에 흘리고, 맨발의 인도 사람들 발부리에 그것들이 닿을까 봐 걱정하던 일들도 접어 두었다. 바라트와의 작별이 주는 인도 여행의 막막함과 불안도 부다가야 도착으로 노래 소절의 쉼표 같은 여유를 얻었다.

마음의 평정을 되찾은 나는 몸과 마음이 깨끗이 재계되었다. 부처님의 성도지(成道地) 마하보디 대탑(大塔)을 참배하기 위해 경건해진 마음의 옷깃을 여미었다. 숙소를 나선 내 마음은 기대감으로 설레었다. 양 옆 노점을 보는 장사꾼들이 자기 앞에서 내 발걸음이 멈춰지기를 간절히 바라는 시선을 외면하고 잠시 후 대탑 어귀에 이르렀을 때, 하늘 높이 솟은 마하보디 대탑의 위용이 나를 압도했다. 나는 좀 더 빠른 걸음으로 대탑 쪽으로 걸어갔다. 그리고 정면으로 열려 있는 문 안으로 들어서니 황금빛으로 찬란한 모습의 부처님이 높은 곳에 계시었다. 우러러 마음 모두를 바쳐 큰절을 올렸다.

아! 성도지에서 이렇게 부처님을 뵙기 위해 얼마나 멀고 먼 길, 그리고 험난한 길을 뚫고 왔는가! 그간 인도 입국을 위해 두 차례나 겪었던 숱한 어려움이 파노라마처럼 머리를 스쳐 갔다. 이젠 깊은 감회와 감격이 한없이 샘솟아 내 심장의 고동 소리가 쿵쿵 가슴에서 크게 울렸다. 부처님의 성도지 부다가야에서 숨 쉬고 있는 나는 이미 사바세계 사람이 아닌 듯싶었다. 내 몸 안에 돌고 있는 피마저도 맑고 깨끗하게 정화되어 버린 듯 쇄락하고 상쾌했다.

대탑은 누각을 겹친 형태로 오십사 미터 높이로 솟아 있으며, 기초 부분 한 변의 길이는 십오 미터이고, 외벽을 장식한 수많은 감실(龕室)에는 불상이 안치되어 있었다. 그 사이를 메우고 있는 꽃잎과 초목의 장식 조각은 매우 정교하고 아름다웠다.

대탑의 역사에 관한 여러 가지 전설에 의하면 이 탑은 기원전 삼세기에 아소카 왕에 의해 건립된 이후 몇 차례의 증축과 보수를 거쳐서 오늘날과 같은 규모에 이르렀다고 한다. 특히 보수는 스리랑카나 미얀마의 왕에 의하여 이루어졌다고 하며, 법현(法顯)과 현장(玄奘)의 기록을 토대로 하면 오세기에서 칠세기 사이에 오늘의 대탑 모양으로 증축 완성된 것으로 보고 있다. 그 옛날 깊은 신심이 예술로 승화되어 자랑스러운 대탑을 조성했으리라.

인도 전역에 걸쳐 불교 유적을 파괴한 이슬람이 이 대탑만 건드리지 않은 것은 당시 불교도들이 흙으로 인조 산을 만들어 이 대탑을 감추어 두었기 때문이라고 하니, 그 옛분들의 대탑 보호의 신심과 지혜에 대해 오늘 대탑을 참배할 수 있는 후인으로서 무한한 고마움을 느꼈다. 대탑은 그 후 십구 세기 영국의 고고학자 알렉산더 커닝엄(Alexander Cunningham) 등에 의해 조사 발굴되었고 그들에 의해 보수되어 1953년 불교도들에게 되돌아와 지금은 스리랑카 승려들이 지키고 있었다.

대탑과 인접한 서쪽 중앙에 우람한 보리수 한 그루가 하늘 높이 그리고 땅을 넓게 자리하여 싱싱하고 정정하게 서 있었다. 나무 아래에서 부처님이 도를 이루신 바로 그 보리수라고 한다. 도를 얻기 전 싯다르타(Siddhartha) 태자는 고행의 방법을 버리고 이 나무 아래서 길상초를 자리 밑에 깔고 동쪽을 향해 "이제 만일 여기서 번뇌를 멸하고 미혹과 거짓의 세계를 벗어나는 길을 얻지 못하면 설령 이 몸이 메말라 가죽과 뼈와 살이 없어져도 이 자리를 떠나지 않으리라"는 굳은 결의로 나가대정(那伽大定)에 드셨던, 그 자리를 뜨지 아니하시고 드디어 대각성도(大覺成道)하시어 부처를 이루셨다고 한다.

거룩한 터, 성스러운 곳, 부처님께서 앉으셨던 그 자리를 아소카왕 시대에 돌로 새겨 금강보좌를 만들어 놓았고, 그 아랫단 옆에는 부처님의 족적이 둥근 돌에 새겨져 있었다.

성도하신 부처님, 그분은 메마르고 초췌하셨으리라. 그러나 우주의 진리를 한 몸에 온통 감으신 그분, 중생들의 무명으로 어두운 하늘에 밝은 빛으로 떠오른 태양이신 그 분을 지금 이곳에서 뵙는 듯하다. 그분에게서 발하는 혜광(慧光)이 눈부시어 잠시 눈을 감아 보았다. 그리고 아무것도 가진 것 없으면서도 어느 것 한 가지도 버리지 못하여 철저한 중생의 모습인 부끄러운 내 모습도 보았다. 모든 인간들이 무서운 욕망으로 추구하는 그 모든 것을 왕궁가에서 이미 가졌던 싯다르타는 그것을 헌신같이 버리고 어찌 오직 구도의 정열만 뜨거우셨을까. 괴로운 고행만을 철저히 선택하여 자신을 괴롭힐 수 있으셨을까. 불타 이전에 구도자이고 수도자였던 인간 싯다르타에게 무한한 존경을 새삼 바쳤다. 그리고 중생에게 올바른 가르침을 주신 인류의 스승 불타에게 다시 깊은 감사를 드렸다.

마하보디 대탑이 어둠의 나래 속으로 접어들고 밤이 부다가야에 스며들자 대탑 주변에는 촛불이 하나둘 태어났다. 그 촛불은 삽시간에 그 넓은 경내에 촘촘히 밝혀졌다. 촛불들은 너무나도 아름다웠다. 누구의 정성으로 천 개도 넘게 헤아려지는 저 촛불들이 밝혀졌을까. 그 초는 몸이 가늘고 키가 작은 것들이었다. 성도지에서 바라보는 촛불은 참으로 황홀했고 속마음은 환희로 설레었다.

대탑 뒤편 마하보리수 쪽으로 가 보니 자줏빛 법의를 입은 승려들이 뒤뜰 가득히 앉았다가 방금 일어서고 있었다. 그 수가 하도 많아 보여 『금강경(金剛經)』에서 천이백 대중이라던 그 대중을 보는 듯했다. 아마 어떤 법요 의식을 마치고 그렇게 일어서는 듯 대중은 금세 흩어졌다.

대탑 남쪽 넓은 뜰에는 울긋불긋한 천막을 큰 정방형으로 쳐 놓고 그 안에서 피리와 북을 두들기며 많은 스님들이 마주 보고 앉아서 경을 외우고 있었다. 그 대중을 밝혀 주는 불은 코코넛 기름으로 조그마한 종짓불 수십 개가 나란히 열을 지어 곱게 타오르고 있었다.

스님들의 얼굴 모습이 너무도 한국 사람들처럼 보여서 그들 입에서 곧 한국말이 튀어나올 것 같았다. 카트만두 옆 모낭기라는 나라에서 십오 일 예정으로 마흔다섯 명의 순례 승려단이 성도지에 와서 밤낮없이 정진하고 있다고 했다. 오십대로 보이는 스님으로부터 칠팔 세의 사미승(沙彌僧)도 함께 섞여 있었다. 어린 스님들은 몸을 앞뒤로 흔들며 경을 외우고 있었다. 어린 스님들과, 나처럼 주변에 함께 있는 사람들에게도 카스텔라, 밀감, 그리고 쌀알과 나무 열매를 함께 튀긴 것들을 나누어 주었다. 그들의 그러한 나눔이 불교의 보시(布施) 정신을 피부로 느끼게 했다.

기다리던 밤 예불 시간이 되었다. 그리 넓지 않은 대탑 안 법당에는 이십여 명의 스님들이 함께 모여 경을 외웠다. 그러나 그들은 목탁도 없이 그저 운곡(韻曲)을 맞추어 독경(讀經)했고 절을 하는 모습은 볼 수 없었다.

독경이 끝난 다음 나는 자리를 뜨지 않고 하염없이 부처님을 우러러 뵙고 있었다. 사람이 죽었다고 하는데도 그 부음이 믿어지지 않는 사람의 영전에서 그 사람이 살아 있는 것만 같은 착각으로 앉아 있듯이, 부처님이 열반하신 지 삼천 년 가까운 세월을 망각하고 부처님의 따사로운 숨결을 느끼면서 방금 모시고 있는 듯한 착각과 감회에 젖어 있었다.

그곳 법당에 들어서는 스님이나 순례객들은 부처님 무릎 아래에 사뿐히 앉아 이마를 대고 무엇인가 소곤거리듯 주문을 외우는 것 같았다. 그들의 그러한 모습은 생존해 계시는 부처님께 무엇인가 방금 있었던 일을 알려 드리고 있는 듯이 보였다.

특히 내 앞에 앉아 있는, 나이 들어 보이는 프랑스 여승과 아직 젊은 미모의 아일랜드 여승이 긴 목을 뽑아 부처님을 우러러 뵙고 있는 모습은 특별한 불연(佛緣)으로 돋보이면서도 서양 불자의 모습은 동양 사람 속에서 좀 외로워 보였고, 그 외로움이 오히려 서럽도록 아름다워 보였다. 밤이 깊어 마하보디 대탑 밖으로 나와 보니 구름 한 점 없는 하늘에는 둥근달이 휘영청 밝았다. 마치 우리나라 추석 무렵처럼 서늘했다.

부다가야의 밤은 잠자는 시간마저 아까웠다. 항상 초롱초롱 깨어 있고 싶었다. 잠 못 이룬 늦은 밤에도 몇 번이고 깨 시계를 다시 보았다. 새벽 좌선 시간을 놓칠까 싶어서였다. 어슴푸레한 새벽, 아직 인적이 없는 정적 속에서 새벽 공기를 가르며 마하보디 대탑에 다시 이르렀다.

대탑 이층 선방(禪房)에 자리를 정하고 좌선하고 있으려니 맞은편 벽 너머 마하보리수 아래에선 부처님께서 금강보좌에 앉아 적연부동(寂然不動)하고 깊은 삼매(三昧)에 들어 계신 듯했다. 그 기운을 함께 연하여 나도 선정(禪定)에 들었다.

세상이 환히 밝은 아침, 어느덧 순례객들은 청정심으로 옷깃을 여미고 손에 염주 알을 헤며 대탑을 부지런히 돌고 있었다.

대탑 앞에는 오체투지(五體投地), 무수배례(無數拜禮)하는 정진하는 사람들이 널빤지를 땅에 깔고 합장배례(合掌拜禮)한 몸을 그 위에 엎드려 손을 머리 위로 뻗어 온몸을 땅에 대고 절하고서는 또 몸을 일으켜 그렇게 절하기를 쉬지 않았다. 눈은 대탑을 우러르고 입에서는 끊일 새 없이 주문을 외웠다. 서늘한 가을 날씨인데도 몸은 땀에 젖어 있고 얼굴에서는 땀이 비오듯 하였다. 그들의 절하는 모습에선 하늘에 사무치는 서원(誓願)이 어리어 보였다. 저런 정성으로 기도하면 반드시 큰 위력이 가피될 듯싶었고 저렇게 무섭게 정진하면 중생의 허물을 곧 벗어던질 듯싶었다.

전신복지(全身伏地)를 수없는 배례로 시간을 잊고 올리는 그들을 보니 참으로 신심 깊은 불제자를 보는 감동에 사로잡혔다. 그들 모습이 우리나라 사람처럼 보이니 아마 티베트나 네팔 사람일 것 같았다. 어떤 여자는 아예 맨땅에다 오체투지로 예배하고 일어서서 자신의 이마가 닿았던 땅에 발을 옮겨 다시 절하기를 되풀이하면서 대탑 주위를 돌고 있었다.

마하보디 대탑 어귀에는 칠팔 세 돼 보이는 눈빛이 초롱초롱한 소년 소녀 거지들로부터 어른 그리고 각양각색의 불구자들이 오십여 명 줄지어 앉아 있었다. 그들 앞에 큰 동전 자루를 풀어 놓고 양푼에 동전을 덜어서 그 돈을 나누어 주는 사람이 있었다. 그는 어젯밤에 우리에게 빵과 과일을 나누어 주던 모낭기 사람이었다. 보름날을 받아 적선하고 있는 그들 모습은 부처님의 자비 정신의 실천으로 흐뭇해 보였다.

인도에 있는 불교 성지에 외국 사람들의 발걸음이 끊이지 않는데 어제부터 눈여겨보아도 인도 사람은 한 사람도 보이지 않았다. 너무도 유감스럽고 허전했다. 불교의 발상지 인도 안에서는 현재 불교가 숨도 쉬지 않고 있는 것 같았다. 종교 도시 바라나시에도 이름있는 일곱 개의 힌두 사원 외에 크고 작은 힌두 사원이 일천오백 개나 있고 기독교, 자이나교, 이슬람교, 시크교 등의 사원도 있지만 불교 사찰만은 없었던 것이 새삼 떠올랐다.

스리랑카에서 우리의 여행에 큰 도움을 주던 세네라트너 영감님이 마하보디 사원의 주승(主僧)에게 써 준 편지를 전하자 우리에게는 특별한 배려가 베풀어졌다.

아침 식사 후 마하보디 사원 총무인 아난다(Ananda) 스님이 우리의 안내를 맡아 주었다. 그는 마하보리수의 원명은 피팔라수인데 부처님께서 이 나무 아래에서 보리(菩提)를 얻었기 때문에 보리수라고 부르게 됐다며 부처님께서 성도하셨던 그 보리수는 세월 속에 몇 차례의 세대교체를 겪었고 현재의 나무는 1876년 폭풍으로 쓰러진 고목의 뿌리에서 나온 새싹이 자란 것이라고 했다. 그리고 불타께서 성도 후 스스로 깨달은 진리를 즐기면서 거닐었던 곳, 대탑 북쪽에는 일 미터 이상의 높은 단을 쌓아 보폭의 거리마다 부처님의 발자국을 만들어 기념하고 있다고 설명해 주었다.

마하보디 대탑의 여러 곳을 안내받은 후 우리는 아난다 스님과 함께 부다가야 성도지를 기리기 위해서 스리랑카, 태국, 미얀마, 부탄, 일본, 중국 등 각기 자기 나라 사원 형태로 절을 짓고 그 나라 승려들이 수도하고 있는 곳도 둘러보았다.

출가 수도하시던 부처님은 아라라 카라마(Alara Kalama)의 선정주의(禪定主義)에서 고행주의(苦行主義)로 수도의 방법을 바꾸어 혹독한 고행을 하시다가 고행이 깨달음에 아무 도움이 못 된다고 판단하여 단식 고행을 포기하고, 세나니(Senani) 마을 장자의 딸인 수자타(Sujata)가 바치는 우유죽을 마시고 기력을 회복한 다음, 네란자라(Neranjara) 강에서 목욕한 후 성도지 보리수 아래에 앉아서 명상에 잠기셨다고 한다.

우리는 대탑에서 이백 미터 가량 떨어진 네란자라 강에 가기 위해 시장 골목을 통과하며 사고파는 물건들을 눈여겨보았다. 쌀빛은 하얗지 않고 누렇게 보였으며 쌀알은 토실거리지 않고 말라붙어 보였다. 쌀뿐 아니라 당근, 감자, 양파 등 모든 곡물들은 메마른 땅에서 수확했음을 설명 없이도 알 수 있었다. 인구도 많은데 왜 곡물마저 저럴까, 인도가 걱정되었다.

잠시 후 네란자라 강에 이르렀을 때 넓은 강폭은 건기(乾期)여서 물이 없고 하얀 모래사장이었다. 이 강물에 부처님께서 목욕을 하셨다는데….

아난다 스님은 강을 건너 어느 밭 언덕에 올라서더니 그곳이 수자타 집터

단식 고행을 포기한 부처님께서 세나니 마을 장자의 딸인 수자타가 바친
우유죽을 먹고 기력을 회복했다는 전설이 전해지는 수자타의 옛 집터에서.
아난다 스님(가운데)과 진홍심 교도(오른쪽)와 동행했다.

라고 하였다. 단식 고행을 마치고 처음으로 잡수신 우유죽 한 그릇을 바친 수자타의 옛 집터를 오랜 세월을 두고 순례객들이 찾고 있고 앞으로도 한결같이 그럴 터이니 성인을 섬긴 공덕이 크기도 하였다.

아난다 스님은 멀리 낙타 등처럼 생긴 산을 가리키며 저곳이 부처님께서 육 년 고행하시던 전정각산(前正覺山)이라고 하였다. 우리는 설산에서 고행 수도하신 줄 알았는데 눈 앞에 보이는 저 산이라니, 잘못된 인식이 쉽게 수정되지 않고 설산이었을 것만 같았다.

멀지 않은 전정각산을 오르고 싶은 마음이 간절한 채 멀리서 바라만 보았다. 한가로운 시골 마을, 사원 같지도 않은 곳으로 아난다 스님이 들어갔다. 따라 들어가 보니 나지막한 방 안에 부처님이 모셔졌고 그곳에는 서양 여승이 선정(禪定)에 들어 있었다.

우리 일행을 맞는 그곳 티베트 승려는 마당에 멍석을 깔고 차와 과자를 차려 내왔다. 카슈미르의 아난다 스님, 그 절 주지 티베트 스님, 좌선하던 프랑스 여성 스님, 어젯밤에 대탑에서 만났던 미국 남자 순례객, 참으로 낯선 여러 나라 사람들이 마주 앉았건만 찻잔을 비우며 오순도순 나누는 법정(法情)은 은밀했고 서쪽 하늘에 지는 해가 아쉬웠다.

불교 지성의 옛 샘터, 날란다대학

라지기르(Rajgir)와 날란다대학(Nalanda University)에 가기 위해 부다가야에서 새벽 다섯시 첫차를 타기로 했다. 인도의 겨울 아침은 몹시 쌀쌀했고 고마운 길잡이 아난다 스님과는 약속 장소인 버스 정류장에서 만났다. 그는 우리들에게 따끈한 인도 차를 사 주었다. 차가 담긴 컵을 받아 든 우리는 정결한 휴지로 우리의 입이 닿는 컵 주변을 닦고 마셨다. 그걸 본 아난다 스님은 "일본 사람과 한국 사람은 유난히 깨끗한 척하지만 마음속은 새까맣다"고 비꼬았다.

인도에서는 길가에서 파는 모든 음식 장사를 남자들이 나서서 했다. 가뜩이나 비위생적 환경에서 남자 손으로 만들어 준 차가 달갑지 않았고 컵이

라지기르에서 아난다 스님과 함께. 아난다 스님이 히말라야 라다크 상가세나 스님을 통해
나에게 편지를 보내면서, 나는 라다크 설산 사람들과 큰 인연을 맺게 됐다.(위)

십삼세기 이슬람의 발굽에 짓밟힌 날란다대학의 옛터에서. 한때 날란다대학은
일만이천 명의 학승이 있었고, 교수만도 일천칠백 명이나 있었다고 한다.
진홍심(왼쪽), 신현대(가운데) 교도와 함께.(아래)

깨끗하지 않을 것만 같아 서투른 짓을 하다 핀잔을 받은 셈이다. 만약 컵이 더럽다면 마실 차마저도 사실 더러울 텐데 차는 마시려고 컵 언저리를 닦는 우리의 모습이 앞뒤가 안 맞는 짓이었다.

시간보다 늦게 출발하는 완행버스는 뭄바이에서 판츠가니에 갈 때 탔던 것처럼 허술하기 이를 데 없었지만 좀 편한 앞자리는 여자들만 앉으라고 남자들은 앉지도 않았다. 부다가야에서 라지기르까지는 팔십 킬로미터였다. 라지기르에서 날란다대학은 그리 멀지 않았다. 버스에서 내린 우리는 삼륜 택시를 타고 날란다대학까지 갔다.

첫눈에 들어오는 날란다대학은 사르나트(Sarnath) 초전법륜지(初轉法輪地) 녹야원(鹿野苑)에서 다메크 탑을 제외하고 그 많은 옛 사원터가 초토되어 있던 폐허의 모습과 똑같았다.

부다가야 대탑을 빼놓고 인도 불교 유적지는 십삼세기 이슬람의 말발굽에 짓밟혀 모두 파괴됐고, 그 옛터만이 불교가 융성했던 때의 역사를 증언하듯 방대한 규모로 남아 있었다. 한 종교가 무력으로 또 다른 종교를 타도할 때 그 잔인함과 횡포가 어떤 것인가를 인도 현장에서 처참한 모습으로 확인했다. 그리고 멀리 찾아온 성지에서 그 옛 모습을 대할 수 없는 아쉬움은 허탈감과 실망을 안겨 주었다.

동서로 이천오백 미터, 남북으로 육백 미터의 광활한 날란다대학 옛터에는 어떤 부분은 일층, 이층 그리고 삼층까지 그 뼈대가 남아 있었다. 1920년 영국 정부의 발굴 조사 결과 오늘의 모습을 세상 밖으로 내놓았다지만 아직도 상당 부분이 발굴되지 않았다니, 세계 최초이자 최대의 불교 대학이었던 날란다를 상상할 때 오늘날 우리나라의 웬만큼 큰 대학도 그 규모를 견주기 어려울 것 같았다.

날란다대학이 한창 번성할 때는 일만이천 명의 승려들이 기숙하며 공부했고, 교수만도 일천칠백여 명으로 인도뿐 아니라 아시아 여러 나라에서 날란다 명문으로 유학을 왔다고 한다. 중국 당나라 현장(玄奘)과 법현(法顯), 의정(義淨) 등 고승들도 이곳에서 수학했다고 한다.

불교뿐 아니라 모든 학문의 중심이었던 날란다대학을 모슬렘이 모두 불질러 파괴했고 화염에 싸인 도서관 장서는 육 개월 동안이나 탔다고 했다. 그리고 이곳에서 연구하고 공부하던 교수와 승려는 모두 처참하게 학살당했다고 했다. 이때 이슬람의 참화를 피해 뿔뿔이 국외로 피란 간 승려들에 의해 아시아 여러 지역에 불교가 본격적으로 번성하기 시작했고 오히려 불교의 발상지인 인도에서는 불교가 쇠퇴했다고 한다.

학교 건물 옛터를 둘러보니 한 방에 두 사람씩 잠잘 수 있는 공간, 큰 강의실, 식당, 샘터 등 옛 모습을 그대로 떠올려 볼 수 있는 흔적이 남아 있었다. 벽돌 건물의 벽 두께는 1미터에서 1.5미터나 되어 건물의 웅대함과 견고함, 그리고 당시의 높은 수준의 건축 기술을 짐작할 수 있었다.

하지만 혜초(慧超) 스님은 이 유명한 날란다대학에 대해서『왕오천축국전(往五天竺國傳)』에 한마디 언급하지 않고 있어 매우 이상하게 생각되었고, 사람들의 구구한 추측도 제각기 달랐다.

날란다대학 옛터는 깨끗하게 보존되고 있었다. 휴지 한 장 없고 가랑잎이 쌓인 곳도 없었다. 그곳을 관리하는 사람들은 그 넓은 터를 비질하고 있었고, 또 다른 사람은 잡초를 캐는 등 알뜰히 보존하고 있었다. 그래서인지 참화를 겪은 날란다대학엔 어디선가 지성의 맑은 샘물이 아직도 솟고 있는 것 같은 느낌을 주었다.

옛 왕사성에서 만난 해동사문(海東沙門)

불교 최초의 사원 '죽림정사(竹林精舍)'가 있고 부처님께서『법화경(法華經)』을 설하신 영취산(靈鷲山)이 있으며 오백여 명의 제자들이 최초로 경전을 만든 결집처인 라지기르는 옛 마가다국의 수도 왕사성(王舍城)이다. 혜초 스님은 부처님의 사대 성지 룸비니, 부다가야, 녹야원, 쿠시나가라 중 탄생지 룸비니를 빼고 오히려 라지기르를 그 하나로 꼽았다고 한다. 왕사성이 그만큼 불교의 중요한 유적지임을 입증하는 의미로 받아들여야 할 것이다. 우리는 그곳에 가기 위해 날란다대학에서 나와 삼륜택시를 탔다가 또다시 마차로 바꾸어 탔다.

그곳엔 사람들이 '당가당가'라고 부르는 마차는 앞머리에 장식을 화려하게 한 씩씩한 말이 수레를 끌었다. 시골길의 교통수단인 마차를 타고 인도의 시골길을 한가롭게 가 보는 것도 인도에서만 맛볼 수 있는 일이다. 라지기르의 중심가 옛 왕사성에 이르자 인도 사람 모두가 왕사성에 모인 것처럼 군중이 구름같이 움직였고, 나지막한 양옆 산은 사람들이 말리는 빨래로 허옜다.

웬 사람이 이렇게 많냐고 아난다 스님에게 물어보니 이곳에 좋은 온천이 있어서 인도 각처에서 온천하러 온 사람들이라고 했다. 이곳 온천물은 정말 약효가 대단해서 한 번만 목욕을 하면 모든 병이 깨끗이 낫는다고 했다. 그는 우리도 이곳에서 목욕할 예정이라며 머리 감을 비누를 미리 나누어 주었다.

라지기르에서는 사람 구경이 큰 구경이었다. 그러나 마차를 타고 가는 우리도 그들에게는 구경거리가 되는지 모두들 한 번씩 다시 쳐다보았다. 그들의 눈빛은 무지몽매함으로 가물거렸다. 우리는 행군하는 인도 군인들도 만났다. 그러나 그곳 군인들 모습은 전혀 씩씩해 보이지 않았고, 타의로 할 수 없이 행군하는 것처럼 무표정해서 마치 노예들의 모습을 보는 것 같았다.

농촌 집집마다 담벼락에는 둥글게 빚은 쇠똥이 일정한 간격으로 줄지어 말라붙어 있었다. 쇠똥 말린 것은 매우 화력이 좋아서 인도의 중요한 연료라고 했다. 그것은 우리나라 번개탄과 같아서 그들이 쓰고 있는 조개탄을 피우는 불쏘시개로 쓰이며 가게에서도 팔고 있다고 했다.

인도에서 소는 사람보다 더 귀한 대접을 받는다. 차가 달리다가도 소가 길 가운데 있으면 멈추어 섰다가 소가 비키면 가곤 했다. 고삐 없는 소들은 매우 한가롭고 점잖게 온 거리와 들판을 어슬렁거리며 먹을 것을 찾아 먹고 있었다. 소들 중에도 흰 소가 가장 계급이 높았는데 그들도 족보에 따라 대우가 다르다고 했다. 힌두교 신자들은 시바 신의 사자(使者)인 소를 극진히 섬기며 절대로 쇠고기를 먹지 않고, 소가 병이 나면 막대한 치료비를 써서 간호하여 치유시킨다고 했다. 가난한 인도에 너무 큰 부담으로 여겨지던 그 소들은 인도인들에게 그들의 배설물을 매우 요긴한 연료로 공급하고 있었다.

마차를 타고 시골길을 가고 있는 우리 눈에 갑자기 한자가 눈에 띄었다. "다보산 불사리 영취산"이란 팻말이 길가에 박혀 있었다. 인도에서 본 한자는 더할 수 없이 반갑고 정겨웠다. 그곳이 다보산과 영취산의 입구였다. 그곳으로부터 한참을 더 들어가니, 일본 사람들이 일천일백 피트의 다보산 정상까지 리프트 카를 타고 올라갈 수 있게 만들어 놓아, 우리는 한 명씩 탈 수 있는 리프트 카를 제각기 타고 굵은 줄 하나에 자신을 매달아 공중을 건너 쉽게 다보산 정상에 내릴 수 있었다. 정상에는 일본 사람들이 하얀 대리석으로 사원을 지어 놓고 수도하고 있었다.

그곳에서 사백 피트의 영취산 정상이 내려다보이고 작은 절터처럼 보이는 영산회상(靈山會上)에는 황색 가사를 입은 승려가 꼼짝도 않고 앉아 있었다. 태양이 곧바로 내리쬐는 나무 한 그루 없는 산상에서 정진을 하고 있는 듯했다.

영취산 꼭대기의 바위가 독수리 모양과 같다고 하여 '독수리 언덕'이라고 부르는 영취산, 우리의 입에서 석가모니 부처님 회상을 상징해서 항상 영산회상이라고 불렀던 그곳에 내 몸을 세워 보니 참으로 감개무량했다.

그러나 일천이백스물다섯 명의 제자를 모아 놓고 부처님께서 『법화경』을 설하셨다는 그 영산회상은 그렇게 많은 대중을 수용할 수 없는 좁은 공간이었다. 영취산 정상 양옆으로 바위 언덕을 끼고 있는 평평한 곳에 『법화경』을 설한 도량임을 알리기 위해서인지 사방으로 단을 낮게 쌓은 것 같기도 하고, 작은 절을 뜯어낸 터 같기도 한 자리가 있었다.

영취산 산정에서 내려다본 왕사성 옛 도읍터는 넓은 분지를 이루고 그 뒤로 산세가 순한 낮은 산들이 병풍처럼 둘러져 있었다. 그리고 그 산 너머 열려 보이는 평야 저 멀리에 하얀 모래사장과 함께 실처럼 흐르고 있는 강이 갠지스 강이라고 했다.

그 옛날 마가다국은 가장 강력한 나라였고, 수도 왕사성은 최대의 종교 도시였다. 깊은 신심과 환희로 부처님께 귀의, 최초의 불교 사원 '죽림정사'를 지어 바친 빔비사라(Bimbisara) 왕이 이 영산회상에서 부처님을 뵙기 위해 수레에서 내려 걸어 올라왔다는 '빔비사라 왕 돌계단 길'이 있었다. 부처님께서 거느리고 있던 일천여 명의 제자를 식사에 초대하기도 했다는 옛 왕사성은 자비 훈풍이 감돌고 불법이 융성하던 곳이련만, 이제는 그 옛터를 짐작하려는 순례객의 마음속에 왕사성이 있을 뿐 눈 아래 보이는 라지기르는 인도의 한촌(寒村)에 불과했다.

다보산에서 내려다보이던 스님은 간데없고 자리를 비운 방석이 산상에 덩그러니 놓였다. 나는 그 자리를 잠시 빌려 앉아 그 정진심을 함께 호흡하여 보기도 했다. 뒤돌아 보이는 영산회상을 등지고 잠시 산기슭을 내려서다 두 명의 스님과 만났다. 그중 키가 작고 여위어 보이는 스님은 우리를 보더니 "안녕하십니까"라고 인사를 했다. 너무도 뜻밖이라서 어느 나라에서 왔느냐고 묻자, 그는 웃으면서 "한국에서 왔지요"라고 대답했다. 그는 나의 한복 차림을 보고 자신있게 우리말 인사를 건넸으리라. 얼마나 반가운 동족의 해후였는지 모른다. 송광사(松廣寺)와 통도사(通度寺)에 적을 둔 스님들로 벌써 인도에 들어온 지 두 달째가 되며, 잠시 영산회상에 머물면서 정진하고 있다고 했다. 영취산 정상에 비워 둔 방석에 잠시 앉아 본 그 자리가 한 핏줄 내 나라 불자의 정진심이 자리하고 있던 곳이라 싶으니 우리는 더욱 가까운 사이처럼 느껴졌다. 그러나 운수행자(雲水行者)들의 만남이어서 서로의 이름도 묻지 않고 바람에 구름 흩어지듯 우리는 그렇게 헤어졌다.

아마 아난다 스님은 죽림정사 옛터를 잘 모르는 것 같았다. 그가 안내해 준 죽림정사는 조그마한 석굴 사원이었다. 그러나 나중에 확인하고 보니 그곳은 죽림정사가 아니었다. 그 석굴 사원을 다녀온 우리들은 온천장으로 안내되었고 아난다 스님도 우리에게 온천을 하라며 자신은 또 다른 탕으로 가 버렸다. 온천을 할 엄두도 못 내는 우리를 그는 이해하지 못하는 것 같았다. 담벼락만 둘러 있고 하늘이 열려 있는 그 온천장은 한 곳에서 물이 쏟아져 나왔고, 인도 여인들은 그 물을 떠서 목욕하고 있었는데, 그들은 모두 사리를 입은 채 물을 끼얹고 머리만 감고 있었다.

늦은 오후 부다가야행 정류장에서 우리는 밀감 몇 개를 사서 나누어 먹었다. 새벽 네시부터 서둘러 나올 때 우리는 라면 두 개를 끓여 셋이서 나누어 먹고 하루해가 저물 무렵까지 단식 중이었다. 우리뿐 아니라 아난다 스님도 아무데서나 인도 음식을 사 먹을 엄두를 못 내는 것처럼 보였다. 처절한 공복감을 입 밖에 내지 않고 있는 우리는 여행자가 아닌 고행자들 같았다.

한 번밖에 운행되지 않는 부다가야행 버스는 콩나물시루 같았고 차 지붕 위에서도 쿵쾅거렸다. 차 안으로 들어오지 못한 사람들이 버스 지붕 위로 모두 올라간 탓이었다. 우리는 아난다 스님 주선으로 자리를 잡고 앉았지만 서 있는 사람들은 자신의 몸 위치를 바꾸는 것도 이미 자기 뜻대로 할 수 없을 정도로 촘촘히 물체를 세우듯 빽빽이 서 있었다. 그 와중에도 제각기 자기 이야기를 하여 움직이는 버스 속은 소음의 도가니 같았다.

왕사성 거리의 군중, 터져 나갈 것 같은 버스 속의 사람들, 암울하게 가물거리는 그들의 눈망울을 바라보다 차창 밖을 내다보니 이제 막 해가 지고 있었다. 일체유심조(一切唯心造)여서 서쪽 하늘의 지는 해도 수고롭고 고달파 보였다.

남성의 성곽에 갇혀 지낸 아소카 미션 비하르

떠나고 싶지 않은 부다가야, 되돌아오고 싶은 마하보디 대탑에 한없이 정겨운 마음을 남기고 우리는 또 떠나야 하는 나그네였다.

인도에서는 한 곳에서 또 다른 곳으로 옮기려고만 해도 마치 또 하나의 새로운 낯선 나라로 떠나려는 것처럼 생소한 막막함을 느끼곤 했다. 사실 웬만한 가까운 나라 가기보다 먼 거리여서 이동하는 데만도 하루씩 걸렸다. 부다가야에서 델리로 떠날 때도 그랬다. 우리의 그러한 처지를 이해하고 있는 아난다 스님은 델리의 친분이 있는 스님에게 우리를 부탁하는 한 장의 편지를 써 주어서 우리는 그 편지에 온갖 기대와 희망과 믿음을 갖고 인도의 수도 델리로 떠났다.

어젯밤 늦은 귀가의 피로도 잊은 듯 새벽 다섯시 반에 아난다 스님은 우리를 배웅해 주기 위해 나왔다. 그리고 파트나(Patna)로 가는 기차를 태워 주기 위해 부다가야에서 가야까지 한 시간도 더 걸리는 길을 동행해 주었다.

가야 기차역 대합실은 커다란 공동 숙소처럼 땅바닥에 즐비하게 누워서 잠을 자고 있는 사람, 이제 일어나는 사람 등 천태만상이었다. 아난다 스님은 우리의 일곱시 반 출발 기차표를 마련하여 플랫폼까지 나와 우리가 타고 갈 기차에 우리의 짐을 실어 주고 자리까지 잡아 주었다.

아난다 스님의 헌신적 도움에 힘입어 우리는 부다가야의 날란다대학 그리고 라지기르 순례를 만족스럽게 마치고, 이제 마지막으로 배웅의 친절을 받으며 그와 헤어져야 했다.

이십칠 세의 카슈미르 스님, 수려한 용모에 상냥한 그는 성도지 부다가야를 찾아 드는 세계의 순례객들을 맞는 막중한 소임을 맡고 있었다. 마하보디 대탑에는 위로 스리랑카 스님이 책임을 맡고 그 아래에는 아난다 스님뿐이었다. 기타 모든 불사는 성지순례 중인 승려들이 함께 한다고 했다.

큰 소임을 맡고 있는 그가 모든 순례객에게 베풀 수 없는 특별한 배려를 우리에게 베풀어 준 그 고마움을 언제 어떻게 갚을 수 있을지. 그 미래가 보이지 않는 작별로 영원히 잊지 못할 고마운 사람 하나가 다시 탄생하는 것이었다. 우리는 그와 미소로 작별하는 여유를 갖고 파트나로 떠나갔다.

인도의 공항은 지식인을 만날 수 있는 정거장이었다. 나는 판츠가니 엠아르에이 대회 때 탁월하고 훌륭해 보이는 인도의 지도자들을 만난 이후 어느 곳에서도 지식인을 만날 기회를 얻지 못했다. 마치 칠억의 인구가 모두 그럴 것만 같은 배움이 없는 군중들, 눈빛이 흐리고 암울한 사람들만 보아 오다가 어쩌다 공항에서나 만날 수 있는 인도의 지식인을 보면 그가 무엇하는 사람인지 모르지만 마치 오랜 장마 후 갠 날씨에 밝은 햇살을 보는 것처럼 신선하고 눈이 부셨다. 그리고 그들이 문제가 많아 보이는 인도를 해결해

가야 하는 책임자들처럼 느껴졌다.

어느덧 우리가 탄 비행기는 델리 하늘에 와 있고 아래를 내려다보니 무지개가 꽂혀 있었다. 공항 택시 기사에게 아난다 스님이 써 준 편지봉투 주소를 보여 주면서 그곳으로 데려다 달라고 하였다. 우리가 도착한 곳은 아소카 미션 비하르(Asoka Mission Vihar)였고 거기에서 우리는 미얀마 승려 순드라(Sundra) 스님을 찾았다.

그곳에 있는 사람들은 아직 그가 대학에서 귀가하지 않았다며 우선 우리를 안내했다. 순드라 스님은 학생 승려인 것 같았고 우리가 안내된 곳은 순드라 스님 처소일 것이라고 생각했다. 열어 준 문 안으로 들어서는 순간 참으로 기가 꽉 막혔다. 신발을 신고 다니는, 얼핏 주방 같은 곳에는 취사도구도 눈에 들어오고, 벽 쪽 좁은 평상 위는 취침 공간처럼 보이는데 그 아래에는 큰 개가 한 마리 누워 있었다.

도무지 사람이 살 수 있는 처소처럼 보이지 않았다. 그곳은 미얀마 학승의 처소가 아니고 우리를 안내한 라오스 난민이 사는 곳이었다. 문도 없이 또 한 개의 방이 트여 있는데 그곳 역시 또 한 명의 라오스 남자가 있었다. 그들은 모두 쉰이 가까워 보였지만 처자도 없이 두 남자가 함께 살고 있다고 했다. 공산 치하가 싫어서 가족과 고국을 등지고 나와 그렇게 유랑민처럼 살고 있는 그들의 모습과 처지가 너무도 안타까웠다.

순드라 스님이 오기를 기다리는 동안 한 시간도 더 그들과 인도에 대한 이야기를 나누었고 그들 중에 여성적인 남성이 커피를 끓여 우리를 대접했다. 어딘가에 여장을 풀어야 되는 우리가 한없이 순드라 스님을 기다릴 수도 없어 떠나겠다고 하면, 그들은 잠시 후면 돌아올 것이라고 우리를 붙들었고 오랜만에 말벗을 얻은 사람들처럼 우리를 반기고 놓아 주지 않았다.

우리는 날이 저물기 전에 어디라도 숙소를 정해야 할 것 같았고 바라나시에서 아프리카 젊은이들이 예정해 준 호텔로 가 볼 양으로 그들 난민의 집을 나왔다. 그때 우리를 안내하던 라오스 사람이 순드라 스님은 없지만 다른 승려라도 만나고 가라고 안내해 준 곳은 그 울 안에 있는 조그마한 사원이었다.

우리는 우선 부처님께 큰절을 올렸다. 그리고 그곳에서 태국 학승 아난다(P. D. Ananda) 스님을 소개받았다. 우리는 순드라 스님에게 전해야 하는 편지를 그에게 보여 주며 그가 오면 전해 달라고 부탁했다. 그러나 봉하지 않은 편지를 먼저 읽어 본 그는 우리에게 그곳에서 여장을 풀도록 권유했다.

그러나 그곳 역시 여행자가 머물 수 있는 곳은 아닌 듯싶었다. 우선 더운물이 나오지 않는다는 것만으로도 우리에게는 견딜 수 없는 불편인 것 같았다. 이미 라오스 사람에게 택시를 불러 달라고 부탁한 지 오래인데 택시는 오지 않았고, 밖에는 비가 구질구질하게 내리는데 태국 승려는 어떠한 생각을 하고 있는지 우리를 떠나지 못하게 만류했다.

나의 여행 동반자 두 사람은 행여 그곳에서 머물게 될까 봐 질겁을 하는 표정이었고 어떠한 경우에도 그곳을 탈출할 사람들처럼 완강한 태도를 보였다. 그러나 태국 스님은 이곳에 있으면 다소 생활은 불편해도 안전하지만 다른 곳에 가면 몸은 편하지만 마음이 편치 못할 일이 많을 테니 우리가 있는 곳에 그냥 머물라고 훈시조로 말했다.

말이 오가는 사이에 기다리던 순드라 스님이 왔다. 그는 얼굴빛이 좀 검고 키가 컸지만 마치 시골 처녀처럼 순진하고 상냥해 보였다. 순드라 스님 역시 우리를 그곳 객실에 머물라고 권유했다. 우리가 부탁한 택시는 왜 안 오느냐고 묻자 이것이 인도라고 대답했다. 그들의 그런 대답은 우리로 하여금 인도를 더욱 두렵게 느끼게 했다.

아직 객실은 못 봤지만 불편을 견디는 것이 안전할 것 같아 나는 그곳에 여장을 풀기로 마음먹었다. 그러나 동반자 두 명이 반란을 일으킬 사람들처럼 표정이 굳어 있어 어려운 여행에 피로를 갑절로 느껴야 하는 부담을 체험했다.

우리가 막상 그곳에 여장을 풀겠다고 하자 이제는 객실 열쇠 관리자가 외출하고 없다고 했다. 이미 날은 저물어 버렸다. 강경한 태도를 보이던 태국의 아난다 스님을 중심으로 우리의 처소를 법당 한쪽 구석에 꾸미느라 야단

법석이었다. 밑은 다 보이고 위만 가려지는 천 조각으로 커튼을 삼아 우리가 있는 곳을 가리어 구획 정리를 하고 다른 한쪽은 엉성한 판자 가리개를 세우더니 우리의 잠자리에는 남자들 방에서 꺼내 온 이부자리를 펼치고 있었다.

돌덩이처럼 무거운 이불이 솜은 이리저리 밀리고 세탁은 언제쯤 했는지 모를 우중충한 빛깔로 우리 앞에 놓였을 때, "미안하지만 호텔로 가도록 우리를 도와 달라"는 말이 입 밖으로 곧 튀어 나오려고 했다. 하지만 미얀마, 태국, 라오스 여러 나라의 남자들이 정성을 다해 우리의 침실을 꾸미고 있는데 그렇게 말하면 큰 배반을 하는 것 같아 꾹 참고 있으려니 인도의 가난이 우리의 살갗에 와 닿고 있음을 실감해야 했다. 우리는 시멘트 바닥 위에서 남정네들이 마련해 준 잠자리에서 잘 수밖에 없게 됐다.

멀리 떨어져 있는 화장실에 가 보니 화장지도 없고 비누도 없고 다만 물을 받아 놓는 통과 물을 떠 쓸 수 있는 바가지만 있었다. 인도는 화장지와 비누가 귀해서 보통 인도 사람들은 화장지를 사용하지 않고 용변 후는 왼손과 물을 사용하여 뒤처리를 한다는 이야기를 들은 적이 있었다. 말로만 들었던 전형적인 인도식 화장실을 만난 것이다.

우리는 라면으로 식사를 대신하고 새벽부터 부다가야를 떠나 기차와 비행기를 바꾸어 타며 먼 여행을 한 지친 몸을 잠재워야 했다. 나의 여행 권속들에게는 마치 누추한 내 집에 묵도록 한 것처럼 눈치가 보였다. 그들은 입지 않는 자신의 옷으로 이불 속에 새로운 구멍을 만들고 그 속으로 들어가 잠을 청했다.

온 밤 부처님 앞에는 불이 밝혀져 있었고 그 옆방에는 노스님이 한 분 계셨고 또 다른 두 방은 미얀마, 태국 학승들의 처소였다. 우리는 남성들의 성곽 속에 갇혀 있는 것 같았다.

어렵게 잠이 든 이후 나는 한 번도 깨지 않고 깊이 잠들었다. 호텔에서는 담요 한 장으로 밤의 추위를 못 견뎌 많이 떨었는데 오늘은 스님들의 솜이불 덕분에 따뜻한 침상에서 자고 일어났다. 밤을 지낼 일이 큰 걱정이던 그 밤이 지나 날이 밝았다. 우리는 아침밥을 지어 깻잎, 김 그리고 라면 수프에 야채를 넣어 찌개를 만들어 아침 식사를 했다.

그리고 그곳 스님들과 상의한 관광 계획에 따라 델리 시내 관광과 타지마할 관광을 하는 동안 우리는 그곳을 내 집처럼 찾아들며 지냈다. 그러나 델리의 마지막 날 밤만은 호텔에서 지내겠다는 여행 권속들의 간청에 다음 날은 아소카 미션 비하르를 떠나기로 했다.

우리가 그곳을 떠나는 날 아침, 그들은 우리를 아침 식사에 초대하겠다고 하였다. 온 남성들이 이른 아침부터 무엇을 준비하는지 제각기 바쁘게 보였다. 마당 한편 허술한 탁자 위에는 아침 식사로 식빵과 삶은 계란과 커피가 차려져 있었다. 우리는 그들이 마련해 준 식사를 맛있게 먹었다. 그리고 커피를 마실 때는 그들의 인정도 함께 마셨다.

우리가 그곳을 떠나 호텔로 가려고 하자 미얀마의 순드라 스님, 태국의 아난다 스님, 그리고 라오스 사람이 모두 행장을 챙기고 나서 우리가 가는 곳까지 가겠다 했다. 인도에서는 여섯 명이 택시를 탈 수 있지만, 짐도 많은데 좁을 것 같았고 벌써 내 식구들은 오늘 하루만이라고 해방감을 맛보고 싶다며 제발 따라오지 못하게 하라고 야단들이었다. 그간 우리가 관광할 때도 그들은 꼭 라오스 사람을 딸려 보내 우리를 보호해 주었다.

여행자의 하루 일과를 마치고 돌아와 보면 그들은 벌써 더운 물을 끓여 보온병에 넣어 놓고 기다리고 있었다. 그들의 친절이 매우 고마웠지만 때로 간섭도 심해서 과잉보호에 시달린 우리 일행은 보호권 밖으로 뛰쳐나가고 싶어했다. 그러나 우리들의 사양은 통하지 않았다.

우리에게 알맞은 호텔을 정하여 짐을 들여놓은 다음, 그들은 우리가 가고 싶다는 국립 박물관으로 데려다주었다. 그러나 월요일이 정기휴일이어서 허탕을 치고는 인도의 토산물 시장을 구경할 테니 그만 돌아가라고 하여도 그들은 걱정된다며 계속 따라왔다.

루피를 다 쓰고 미국 달러밖에 없어서 달러로 물건 값을 주면 어떻겠냐고 상점 주인에게 물어보자, 태국 학승이 갑자기 주인이 대답할 겨를도 없이 다른 곳으로 가자고 재촉하더니 따라 나온 나에게 또 '꾸중'이 시작됐다. 여기가 어딘 줄 알고 그런 말을 아무데서나 하느냐고, 외화 유통이 잘못되면 금세 순경이 따라 붙는다며 수갑을 차고 유치장에 가 보겠느냐고 무섭게 호령을 했다. 그는 여권과 달러를 가지고 가서 은행에서 정식 절차를 밟아 루피로 바꾸어 주었다. 그리고 우리가 내일 탑승할 항공사에도 들러 모든 것을 확실하게 해 주었다.

이제 그는 우리가 가야 할 태국에 대한 준비까지 하고 있었다. 식당에서 점심을 먹는 동안 그는 식사도 하지 않고 방콕에 있는 친구 스님에게 편지를 쓰고 방콕 택시 기사들은 영어를 못 한다며 자기가 선별한 호텔에 데려다 달라는 메모를 태국어로 적어 주기도 했다. 그리고 태국에 가서 어디를 관광할 것인가도 대강 정해 주었다.

우리 일행들로부터 말을 좀 더 부드럽게 그리고 겸손하게 해 달라는 부탁을 받아도 또 금세 호령조로 주의를 주곤 하던 태국 승려는 델리대학에서 박사 학위를 준비하고 있는 사람으로 매우 정확하고 철저한 사람이었다.

그들의 가난을 삼 일간 피부로 느끼고 호흡했던 우리는 그곳을 떠나올 때 호텔에서 열흘간 숙박할 수 있는 금액을 미얀마, 태국 학승들에게는 책값으로, 라오스 난민에게는 생활에 보탬이 되기를 바라며 전했다. 그렇게 하고 나니 여행자로서 인도의 가난을 잠시 걱정했던 빚을 갚은 것처럼 홀가분했다.

아소카 미션 비하르의 남성들, 그들의 시간과 관심을 너무 많이 쓰고 떠나는 것이 또 빚으로 남는 것 같았다. 성격이 꼬장꼬장한 태국 승려는 말버릇이 호령조였지만 그가 얼마나 우리를 진심으로 걱정해 주었는지를 알고 있다. 그리고 말끝마다 "굿" "나이스"라고 우리를 격려하던 미얀마 승려, 가엾도록 우리에게 헌신적인 라오스 사람, 이제 그들과 헤어지려니 우리가 그들에게 귀중하게 간수되었다가 안전하게 풀려난 듯한 고마움을 느꼈다.

흰 대리석의 향연, 타지마할

인도에서의 여행은 항상 새벽길을 떠나야 했다. 타지마할(Taj Mahal)에 가는 날도 그랬다. 우리가 머물고 있는 아소카 미션 비하르는 그 유명한 쿠트브 미나르(Qutb Minar) 부근이어서 뉴델리의 변두리였다. 아직 날도 밝지 않은 새벽, 우리의 길잡이 라오스 사람을 따라 이십 분 남짓 시골 마을길 같은 곳을 걸어 나와 버스를 기다렸다. 길에는 오가는 사람 없이 우리만 서 있는데 다섯시 반에 통과하기로 한 관광버스는 시간이 지났는데도 오지 않았다.

인도 사람들은 시간을 잘 안 지켜 이미 공항에서 여러 번 골탕을 먹었고, 어제 타지마할 가는 관광버스 표를 예매하러 갔을 때도 아홉시에 문을 연다는 회사는 열시가 넘어도 꽉 잠긴 문이 도무지 열리지 않았다. 우리가 좀 짜증스럽게 물어보자 인도에는 공지된 예정 시간은 있어도 보통 잘 지켜지지 않고 아무 때나 그들이 시작하는 때가 그 일을 볼 수 있는 때라고 라오스 사람은 대답했다. 그들이 가난하게 살고 있는 큰 이유 중 하나가 시간관념이 부족한 데 연유하고 있는 것 같다는 생각을 떨쳐 버릴 수가 없었다.

인도의 북부에 위치하고 있는 델리는 상당히 추웠고, 겨울 준비가 부족한 우리는 입고 있는 옷이 얇아 추위를 견디기가 참 어려웠다. 철 의자에 앉아 기다리려니 냉기가 전신으로 퍼져 오는 것 같아 몸을 일으켜 서 보았으나 한자리에 오래 서 있기도 힘들어 발을 동동 굴렀다. 늦어지고 있는 버스가 마치 우리에게 큰 죄악을 저지르고 있는 것 같은 생각이 마음속에 자리 잡고 있는데, 까악까악하는 까마귀 소리가 유난히도 크게 들렸다. 나의 그러한 생각을 후벼내려는 인도의 저항 같은 소리로…. 인도에는 길거리를 어슬렁거리는 소 떼 말고도 어느 곳에서나 까악까악 울어 대는 탁하고도 불길한 조짐을 느끼게 하는 까마귀 소리가 인도를 어둡게 인상 지우는 데 한몫을 하는 것 같았다.

동녘 하늘이 불그스레 물들 무렵 우리는 관광버스에 올랐다. 우리나라 고속버스 수준인 그 차는 인도에서 처음 타 보는 훌륭한 버스였다.

타지마할은 뉴델리에서 버스로 약 네 시간이 소요되는 아그라(Agra)에 위치하고 있었다. 아그라는 십육세기 초 무굴제국이 이곳에 수도를 정한 이후 이백 년 동안 번영을 누려온 곳이다. 그러나 지금은 그 영화의 잔영만 남아 있었다.

타지마할은 아그라 성 맞은편 야무나(Yamuna) 강변에 세워진 황홀하게 아름다운 묘궁(墓宮)이었다. 무굴제국의 오대 황제 샤 자한(Shah Jahan)이 사랑하는 왕비의 죽음을 애도하기 위해 지었다는 타지마할은 세계 건축미의 불가사의로 일컬어지는 흰 대리석의 향연이었다. 타지마할을 보지 않고는 인도를 여행했다는 말을 하지 말라는 말이 있을 정도의 인도 관광 명소여서 외국 사람의 발길이 끊이지 않고 있었다.

1629년 샤 자한 대제가 데칸고원에 원정 중이었을 때, 뭄타즈 마할(Mumtaz Mahal) 왕비는 부란푸르(Burhanpur) 촌에 가서 귀여운 왕자를 낳던 중 삼십팔 세의 젊은 나이로 죽고 말았다고 한다. 절세미인이었던 마할 왕비가 샤 자한 대제에게 극진한 사랑을 받으며 행복한 나날을 보내오다 갑자기 세상을 떠나게 된 것이다. 그 비보를 전해 들은 샤 자한 대제는 말할 수 없는 슬픔에 잠겨 있다가 사랑하던 왕비를 위해 무엇인가 해야겠다는 결심으로 귀국, 이 세상에서 가장 아름다운 묘묘(墓廟)를 만들어 그녀의 넋을 위로했다고 한다.

타지마할은 1632년에 착공하여 1653년에 완공됐으며 이십이 년 동안 매일 이만 명의 인부가 동원됐다고 한다. 이 묘묘의 설계자는 당시 무굴제국 궁정에 머물고 있던 이탈리아 사람 제로니모 베로네오(Geronimo Veroneo)란 설도 있고 페르시아 출신의 우스타드 이샤(Ustad Isa)란 설도 있다고 했다. 이처럼 타지마할은 인도는 물론 세계 명장(明匠)들이 모두 동원된 당시 최대의 건축 공사였다고 한다.

건축 자재도 적사암(赤砂岩), 터키옥, 사파이어, 자수정, 산호, 비취, 공작석 등 진귀한 자재를 러시아, 아라비아, 중국 등지에서 사들였고, 사방 구십오 미터의 정사각형에 초석으로부터 높이 오십육 미터에 이르기까지 전체

무굴제국 오대 황제 샤 자한이 사랑하는 왕비의 죽음을 애도하기 위해 만든
아름다운 묘궁(墓宮) 타지마할에서.

가 흰 대리석으로 된 돔 양식의 건축이었다. 이 묘궁은 이슬람 사원처럼 네 귀퉁이에 높은 광탑을 세웠다. 흰 대리석 벽면에는 붉은 벽돌색, 청색, 초록, 검은 주황색의 초화식(草花式) 문양이 새겨져 있는데, 그 모양이 너무도 섬세하여 인간의 예술적 감각과 능력에 새삼 놀라지 않을 수 없었다.

일층 건물 중앙에 위치한 좀 작은 관처럼 생긴 것이 뭄타즈 왕비의 무덤이고 왼쪽으로 약간 비껴 있는 큰 관이 샤 자한의 무덤이라고 했다. 그러나 일층에 전시된 두 개의 관은 위장용이며 잘 다듬어진 돌계단을 내려가면 똑같은 위치에 실제 관이 놓여 있었다. 무덤 주위에는 대리석 병풍을 둘러놓았고 그 안에는 촛불이 밝혀져 있었다.

숨죽인 참배객들이 정교한 대리석 꽃관을 좀 더 자세히 살펴보기 위해 손전등을 비춰 보았다. 그 불빛이 흔들리는 무덤에는 샤 자한과 뭄타즈 왕비의 사랑의 전설이 가득 서리어 있는 듯한 묘한 분위기가 감돌고 있었다.

타지마할은 무덤이라기보다 장엄하고 웅장한 왕궁 같았다. 그 묘궁은 외부의 눈부신 흰 대리석이 웅장하고 화려했으며, 내부의 섬세한 문양과 조각은 이루 말할 수 없이 아름다웠다. 샤 자한은 이 무덤을 완성하고 나서 여기에 동원된 이름있는 석공들의 손가락을 잘라 버렸다고 한다. 이 세상에 이보다 더 아름다운 대리석 건물을 짓지 못하게 하기 위해서….

타지마할은 분명 거대한 대리석의 꽃이었다. 샤 자한은 타지마할을 짓고 나서 타지마할 바로 뒤에 흐르고 있는 야무나 강 건너편에 자기의 무덤도 꼭 그만 한 검정 대리석으로 짓고 강 위로 구름다리를 놓으라고 했다고 한다. 그러나 화려한 타지마할 묘궁을 짓느라 국고는 바닥나고 백성은 도탄에 빠져 원성이 하늘에 닿자 셋째 아들 아우랑제브(Aurangzeb, 첫째 왕비의 소생)는 아버지 샤 자한을 타지마할 건너편 아그라 성에 유폐시키고 자기가 왕이 되었다. 아그라 성에 갇힌 샤 자한은 강 건너 왕비의 무덤을 멀리 바라보며 죽은 왕비를 그리워하다 유폐된 채로 칠십팔 세에 죽었다고 한다.

타지마할은 인간이 성취한 가장 뛰어난 건축 예술품으로 경탄을 금할 수 없었다. 삼백육십여 년의 세월이 흐른 이 묘궁은 이제 방금 완성된 것처럼 건강하게 숨 쉬고 있었다. 그러나 국고를 자기 아내의 묘궁을 짓는 데 탕진하고 자기의 소망대로 예술품의 묘궁을 만든 석공들의 손가락을 잘라 버린 그 잔인한 샤 자한 대제 같은 사람이 이 세상에 다시는 군림할 수도 없을 것이며 군림해서도 안 된다고 생각할 때, 인도 사람만이 아니라 인류는 앞으로 타지마할 같은 건축 예술 작품을 더는 만들 수 없을 것 같았다.

쿠트브 미나르에서 인도를 발견하다

델리 관광을 하던 날, 우리가 머물고 있던 아소카 미션 비하르 울 밖을 벗어나 잠시 발걸음을 옮기자 옛 성곽들이 눈에 들어왔다. 인도 역사의 중요한 현장일 것 같았다. 그곳은 델리 중심부로부터 남쪽 십 킬로미터 지점에 위치한 쿠트브 미나르로, 나에게는 인도에 대한 새로운 인식의 장이었다.

황폐한 옛 성터를 한눈에 둘러보자니 먼 곳을 바라봐야 했는데, 그 거대한 규모에 우선 놀랐다. 그것은 붉은 성(城)을 찾았을 때도 마찬가지였다. 과연 인도는 큰 나라이고, 큰 나라 사람답게 그 변경을 넓게 잡고 있었다. 작은 나라, 좁은 지역에 사는 사람들은 감히 발상조차 할 수 없을 정도였다.

쿠트브 미나르는 인도 최고 최대의 이슬람 탑으로, 적사암(赤砂岩) 분홍빛 돌에 섬세한 조각을 하여 쌓아 올린 높이 칠십삼 미터, 둘레 사십오 미터의 하늘 높이 솟아오른 석탑이었다. 쿠트브 미나르를 보고서야 인류 문명의 발상지, 인도의 현장을 목격하고 있는 감탄으로 숨죽였다.

그것은 돌이 아니고 반죽된 밀가루나 빵에 장식을 하는 크림을 가지고도 그렇게 정교한 모양, 섬세한 조각을 할 수 있을까 의심스러운 작품으로, 칠십삼 미터나 쌓아 올린 인간의 의지와 노력과 능력은 참으로 대단한 것이었고, 그 세월도 무려 백칠십 년이 더 걸린 걸작이니 과연 대륙 사람들의 구상과 솜씨다웠다. 가난과 불결의 인도가 아닌 또 다른 인도의 모습, 즉 위대한 문화유산을 간직하고 있는 그들의 저력이 부러웠다.

우리나라의 석굴암(石窟庵)은 예술성은 높지만 그 규모가 비교조차 할 수 없었고, 또 오래된 문화재로 자랑하고 있는 부석사(浮石寺)의 목조 건물

무량수전(無量壽殿)을 떠올려 볼 때 인도는 정말 돌의 문화를 꽃피우고 있는 것 같았다.

미련을 남긴 채 가 보지 못한 아잔타 석굴 사원과 카주라호가 거대한 돌의 조각 작품이면 타지마할은 온통 대리석의 잔치였다. 쿠트브 미나르는 탑뿐 아니라 여기저기 무너진 채 아직 서 있는 석조 건물들도 모두가 섬세한 조각품을 대하는 듯했다.

힌두의 마지막 왕 차우한(Chauhan)이 왕비가 야무나 강을 바라보고 싶다고 하여 최초에 만들기 시작한 탑을, 무굴제국의 아이바크(Aibak) 왕이 힌두교에 대한 승리의 상징으로 1193년 힌두 사원터에 모스크의 대탑을 세워 '이슬람 힘의 모스크'로 명명했다고 한다. 이 탑은 일층은 힌두식으로 북쪽으로 문이 나 있고, 이층부터는 동쪽으로 문이 나 있으며, 오층까지 삼백칠십구 계단이고, 대탑을 완성한 시기는 1368년이라고 했다.

힌두와 모슬렘 문화가 함께 쌓여 높게 솟은 그 탑을 바라보면서 인도의 역사를 생각해 보았다. 역사와 문화에 대해서 아무것도 아는 것 없이 인도를 찾을 때는, 막연히 인도에는 지난날의 종교이고 어제와 오늘의 종교인 불교와 힌두 문화가 주류를 이루고 있으리라고 기대했었는데, 인도에서 내가 만난 것은 이슬람 문화유적이 대부분인 데다 그 규모가 크고 그 수준이 대단히 높은 것 같아 이슬람 문화권처럼 착각되었다.

마하트마 간디와의 만남

델리는 예부터 힌두 왕국, 모슬렘 왕국, 무굴제국의 수도를 거쳐 1947년 독립국의 수도가 되기까지 여덟 개 왕국을 거친 도읍지로 올드델리와 뉴델리로 나누어져 있다.

뉴델리의 지도를 보면 중앙의 구심점으로부터 둥글게 확산돼 나가는 원형으로 설계된 도시임을 알 수 있다. 뉴델리는 1930년 영국이 도시를 건설하면서 서구적인 구조에 동양적인 선을 섞어 오늘의 전원도시로 만들었다고 한다. 한마디로 인도의 수도 뉴델리는 인도 같지가 않았다. 넓게 뚫린 도로에는 차량이 많지 않고 어디서나 볼 수 있는 삼륜차나 인력거가 보이지 않았다. 길 양쪽으로는 키가 크고 울창하게 우거진 가로수가 매우 인상적인데 그 아래에는 오가는 행인도 많지 않았다. 잘 정리된 시가지는 고요한 분위기에 싸여 있는 듯했고 인도답지 않게 매우 깨끗했다. 그리고 치마를 입은 남자들도 안 보이고 어디서나 내미는 구걸자들의 손도 보이지 않았다.

뉴델리의 한 곳에 관광버스가 멈췄고 우리가 들어선 곳은 간디 기념관이었다. 그곳에는 간디(M. Gandhi)가 쓰던 너무도 조촐한 물건들과 물레와 무명솜 고치, 그리고 간디 필적들이 진열돼 있고 대부분의 벽면에는 온통 간디의 사진이 걸려 있었다.

간디의 일상과 생애를 엿볼 수 있는 그 사진 속의 간디의 모습은 인도 어디서나 만날 수 있는 바로 그 인도인의 모습이었다. 깡마른 모습, 허술한 옷차림, 소박한 표정, 고뇌와 진실로만 충만 되었을 뿐 아무 권위도 꾸밈도 없는 그분의 이모저모를 접하고 있노라니 지금 그곳에서 존경스러운 간디를 만나고 있는 듯 마음속으로 자꾸만 머리가 숙여졌다.

인도 민중의 눈물을 닦아 주던 인도의 어버이 간디, 인도 독립의 아버지 간디, 영국에 대하여 비복종·비협력·비폭력·무저항주의로 일관했던 간디, 열한 번의 단식으로 인도를 살리려 애쓰던 간디, 불가촉천민(不可觸賤民)을 하리잔(harijan, 신의 자식)이라고 불러 주며 사랑의 품속에 감싸던 간디. 그 기념관에는 위대한 간디의 정신이 어리고 서리어 있는 듯했다. 그 기운에 압도된 나는 정숙과 경건으로 숨 쉬고 있었다. 그처럼 위대한 간디는 한 힌두교도에게 암살될 때 "오! 진리여"라는 외마디로 숨을 거두었다고 한다.

발걸음을 옮겨 간디 묘소에 참배하러 갔다. 담으로 둘러싸인 묘소 안으로 들어가기 위해 다른 사람들과 같이 나도 신발을 벗고 걸었다. 묘소를 참배하고 나오는 어떤 인도 남자는 침통한 표정으로 흐르는 눈물을 훔치고 있었다.

검은 대리석 무덤 앞 동(銅) 화로에서는 빨간 불길이 타오르고 있었다. 인도 민중의 가슴속에 활활 타오르고 있을 그분의 혼처럼…. 그 앞에 존경과 애도의 묵념을 올리느라 무릎을 꿇고 앉은 나 역시 기념관에서부터 가슴이 뭉클뭉클하고 눈시울이 화끈화끈하더니 어느덧 더운 눈물이 흐르고 있었다. 인도의 감동은 간디 혼과의 만남이었다.

사방 백 미터 안팎의 공간에 열 그루의 나무가 자리하고 있는 묘역 공간은 그분의 생애처럼 어느 한 곳도 화려해 보이지 않았다. 인도에서 간디 묘소는 이제 성지의 하나였고 인도 사람들은 그를 '마하트마(Mahatma, 위대한 성인) 간디'라고 부르며 존경을 바쳤다.

인도에서 훔쳐본 미녀

한국을 떠나온 지 한 달이 가까워지자 우리는 한국 소식이 궁금하여 아소카 미션 비하르에서부터 국제전화를 걸어 보고 싶어했지만, 그곳 사람들 얘기가 그곳 전화로는 불가능하다고 했다. 우리로서는 이해하기 어려운 얘기였지만 참고 견디는 수밖에 없었다. 그러다 호텔로 옮기자마자 국제전화를 신청했는데, 그곳 역시 국제전화를 할 수 있는 시설이 없다고 했다. 그리고 전신전화국을 이용하라고 안내해 주었다.

여행 중에 엽서는 띄웠지만 한국으로부터 아무 소식도 못 듣고 있는 우리는 온통 소식이 꽉 막혀 있는 듯 답답했다. 그래서 우리는 통화라도 하고 싶은 절실한 욕구 때문에 전신전화국을 찾아가 수속을 밟아 놓고 기다리고 있었다.

그때 그곳에서 삼십 대로 보이는 빼어난 인도 미녀를 보았다. 대부분의 인도 사람은 피부가 검은 편인데 그녀의 피부는 투명하도록 우윳빛처럼 뽀얬다. 너무 자주 쳐다보거나 빤히 바라보는 것이 실례인 줄 알면서도 나는 자꾸만 그녀를 훔쳐보았다. 아름다우면서도 우아한 분위기를 느끼게 하는 그녀는 흩어지지 않는 품위까지 갖추고 있어서 더욱 돋보였다. 이 세상을 살아가는 데 아름다운 여인이 있다는 것이 삶에 큰 윤기이고 위안이 된다는 것을 그곳에서 절실하게 느껴 보았다.

누군가 인도 여자의 눈을 "암사슴처럼 크고 맑은 눈"이라고 표현했듯이,

인도 여자들의 얼굴은 그 윤곽은 뚜렷하고, 까만 눈동자는 선량하고 온순해 보이며, 큰 눈망울은 은밀히 속삭이듯 잔잔하게 빛나고 있었다. 눈썹 양미 간에 붙인 빨간 연지며, 몸매가 그대로 드러나 보이는 그들의 전통 의상 사리를 원색으로 휘감아 늘어뜨리고 있는 모습은 황량한 인도에 피어난 꽃처럼 아름다웠다.

그녀들의 꿰매지 않은 옷, 사리는 긴 천의 한쪽 끝을 페티코트(스커트 안에 입는 속치마) 속에 집어넣고 허리에 어슷하고 둥글게 감아 위로 올리고 다른 한쪽은 왼쪽에서 오른쪽으로 감아 왼쪽 어깨 위로 가지런히 넘겨 둔다. 인도의 사리는 오천 년 동안이나 변형 없이 입어 오고 있다는데 인도의 처녀, 부인 들 할 것 없이 모두가 사리를 입고 있었다. 일하는 데는 매우 불편할 것 같아 보였지만 그들은 일할 때도 사리를 입고 일했다.

인도에서는 공항에서 만난 몇 명의 여자를 제외하고는 처녀나 아낙네나 모두 머리를 느슨하게 땋아 등 위로 늘어뜨렸고, 결혼한 여자들은 가르마 자리를 빨갛게 물들이고 있었다. 예쁜 물 항아리를 머리에 이고 제법 먼 길을 가고 있는 듯한 한가로운 분위기도 그녀들을 더욱 다소곳한 여인들로 느끼게 했다. 또 인도의 아기 엄마들은 아기를 등에 업거나 앞가슴에 안지 않고 모두가 팔 하나로 아기를 옆구리에 차듯이 안고 다니는 모습도 이색적이었다. 인도 여인들은 귀걸이, 목걸이, 팔찌, 발 목걸이, 발가락 걸이 등의 장신구를 온몸에 주렁주렁 걸고 코에도 장식을 하여 그들만큼 미를 추구하는 여인들이 지구상에 또 있을까 싶었다.

하리잔을 인도에서 탈출시키는 꿈

기대와 호기심, 두려움과 불안, 그리고 좌절과 어려움, 충격과 감동, 만남의 끈을 바꾸어 쥐면서 고마운 사람들의 뒷바라지를 받으며 예정된 인도 여행을 마쳤다. 어렵고 힘든 여행이었지만 인도 여행을 끝낸 소감은 하루의 수업 중 제1교시를 마친 학생의 기분 같았다. 아직도 더 많은 인도를 알고 배우기 위해 언젠가 꼭 다시 와야겠다는 기대를 안고 그곳을 떠나야 했다.

델리 공항에 가느라 또 인도의 새벽 공기를 마셨다. 그러나 우리의 택시는 짙게 가라앉은 뿌연 안개 때문에 시야가 흐려 잘 달리지 못했다. 공항에 도착해 보니 우리의 비행기는 또 연발될 수밖에 없었다. 항공사 측은 우리들의 아침 식사를 쉐라톤 호텔에서 제공해 주었다. 나의 동반자들은 뉴델리에서 유명한 쉐라톤 호텔에서 뷔페 식사를 원했지만 어쩌다 그럴 기회를 가지지 못했는데 떠나는 날 아침 소원을 풀게 됐다며 늦어진 비행기를 고마워했다.

아침 식사를 하고 있는데 어떤 동양 여자가 가까이 다가와서 머뭇머뭇하더니 "한국에서 오셨습니까" 하고 말을 걸어 왔다. "네"라고 답한 우리는 놀라움과 반가움으로 그녀와 이야기했다. 인도에서 두번째 만나는 한국 사람이었다. 그녀는 방글라데시 사람과 결혼하여 방글라데시에서 살고 있다며 여행 중이라고 했다. 사랑해서 결혼했는데 결혼생활 오 년이 마치 오십 년의 세월처럼 느껴진다며 고국을 그리워했다.

그녀는 인도 여행을 조심하라고 어렵게 설명했다. 우리는 여행을 마치고 떠나는 길이라고 답하자 "여자들 셋이서요? 정말입니까" 하며 우리를 개선장군 바라보듯 했다. 그리고 우리의 용기에 감탄하며 무사히 마친 여행에 격려를 아끼지 않았다. 그녀는 우리와 편지라도 나누고 싶다며 주소를 적었다. 남편의 사랑만으로는 이역만리에서 살기가 힘들다고 외로움을 털어놓던 동족과의 작별은 큰 이별처럼 느껴졌다.

비행기를 기다리고 있는 델리 공항에서 여위어 보이고 얼굴빛이 좀 검게 보이는 젊은이가 반갑게 미소 지으며 우리 곁으로 다가왔다. 그는 하얀 로만 칼라에 검은 사제복을 입은 신부였다. 생소한 그를 어떻게 대할 줄 몰라 하는 우리에게 그는 자신을 몰라보겠느냐고 질문해 왔다. 우리가 서로 어리둥절해 하자 그는 타지마할 관광을 우리와 함께했다고 설명하더니 어제는 우리를 델리 시내에서 또 볼 수 있었다고 말했다. 그는 정말 반가운 사람을 만난 듯이 즐거워했다. 우리는 아무도 그를 기억하지 못했지만 그의 선의의 미소와 친절에 금세 친해졌고 그는 세 시간이나 기다려야 되는 지루함을 잊을 수 있는 좋은 말벗이 되어 주었다.

비행기에 탑승하여서도 옆자리에 함께 앉았다. 그는 조킴이란 이름의 미얀마 신부였다. 미국 유학을 마친 다음 유럽 여행을 끝내고 지금은 인도 여행 중이라고 했다. 무척 겸손하고 차분해 보이는 그는 지혜롭고 신선한 사명감이 강한 성직자로 보였다.

우리는 교역자, 수도자, 여행자로서 풍부하고도 진지한 대화를 나누었다. 나는 그에게 많은 것을 질문했다. 그는 정확하고 해박한 지식으로 명료하게 답해 주었고, 때로는 지도를 그려 가면서 열심히 설명해 주었다. 그는 나에게 미얀마 여행을 하게 되면 꼭 알려 달라고 하였다. 그때는 자기가 미얀마 여행을 꼭 도와주고 싶다고 하였다. 그는 빈 종이에다 자기가 본 인도를 금세 스케치했고 스케치가 끝났을 때 나는 그의 사인을 부탁한 다음 내가 갖겠다고 했다. 그는 로마 교황께서 축성(祝聖)한 묵주라며 밤에 빛나는 옥색 야광주를 선물로 주면서 첸나이 해변가에서 몇 날을 더 지내겠다고 했다. 첸나이 공항이 가까워질 무렵 헤아려 보니 우리는 끊임없이 열두 시간을 함께 이야기했었다. 그는 공항에 내려 어딘가 자리를 정하고 차라도 마시고 헤어지자고 말했다. 우리는 그 많은 짐을 서로 챙긴 다음, 공항 매점에서 그가 사 주는 아이스크림과 주스를 마셨다. 그는 우리를 다시 국제공항으로 데려다주고 또다시 만날 약속의 믿음이 있는 사람처럼 헤어졌다.

첸나이 국제공항에서 스리랑카로 떠나는 비행기를 기다리는 동안 몇 장의 엽서를 썼다. 인도에서 띄우는 마지막 소식이었다. 이제 떠나는 일만 남아 있는 인도에서 잠시 공항 창밖을 내다보니 하루해가 저물고 있었다. 붉게 물든 서편 하늘의 노을을 바라보며 흘러왔던 여행의 강물을 상념 속에서 역류시켜 보았다. 어느 여행사의 도움도 없이, 현지에서 어느 친지의 뒷바라지도 없이 나를 따르는 두 길벗과 함께 무사히 꾸려낸 인도 여행이 스스로도 대견스러웠다.

그리고 여행 일정표를 수없이 고쳐 만들었던 일, 홍콩에서 준비해 온 김치라면이 떨어져 태국라면을 사 먹었을 때 라면에서 과자 맛이 나 입에 맞지 않던 일, 폐 끼치는 일만이 어려워서가 아니라 오랜 여행 끝에 행색이 초라해 만날 용기가 없어서 S 대사 내외분과 전화통화만 하고 정중한 식사 초대를 한사코 사양했던 일, 인도에서 만나는 외국 사람들이 어찌나 인도 여행에 대한 주의를 많이 시키던지 그곳이 마치 도둑 소굴처럼 느껴져 돈과 여권은 몸에 지니고, 여행 현장을 기록하고 있는 수첩이 든 가방은 행여 날치기 당할까 봐 꼭 쥐고 다니던 일 등등이 머릿속을 스쳐 갔다.

아소카 미션 비하르에서 청소 일을 하던 하리잔, 일하는 데 방해가 되는 자신의 아이를 나무라는 소리가 슬픈 절규처럼 들리던 그의 좌절의 음성은 잊을 수 없는 인도의 소리였다. 그의 한 달 봉급은 삼백 루피라고 했다. 우리가 먹었던 별로 비싸지 않은 인도 음식의 십오 인 분의 밥값에 지나지 않았다.

아직도 인도에는 신분이 불평등한 카스트 제도가 철저하게 지켜지고 있었다. 신과 인간과의 중계자 브라만, 귀족과 무사 계급 크샤트리아, 상인과 농민 바이샤, 노동자와 하인 수드라의 사성(四姓) 계급 제도가 있는데 불가촉천민은 이 카스트에 속하지도 못한 사람들이었다. 그 사람들과 몸만 부딪혀도 자신이 부정해진다고 믿는 인도 사람들, 불가촉천민은 인간이면서도 전혀 사람 대접을 받지 못하고, 하는 일도 사람들이 꺼리는 비천한 일만 하고 있었다. 가엾은 인도의 하리잔, 그들을 인도 밖으로 탈출시키는 꿈을 꾸다 깨 보니 붉은 노을이 잿빛 하늘로 변해 버리고 있었다.

우리의 비행기가 인도 땅에서 발을 뗄 무렵 여행 중에 나에게 큰 도움을 주었던 고마운 사람들의 얼굴이 떠올랐다. 스리랑카의 세네라트너 영감님, 남아프리카의 젊은이 바라트, 힌두대학 교수, 카슈미르의 아난다 스님, 태국의 아난다와 미얀마의 순드라 스님, 라오스 난민 그리고 열두 시간의 대화를 나누었던 미얀마의 조킴 신부. 모두가 우연히 만난 사람들 같지가 않았다. 오히려 그들과의 만남의 약속을 지키기 위해 나는 필연적으로 나그네가 되어 인도에 온 것 같았다. 그러나 정작 인도에서 인도 사람을 한 명도 못 만난 것은 또 어찌된 연유일까.

성스러운 재, 그리고 안나푸르나
인도·네팔 1991, 인도 1999

사이바바의 성스러운 재

남인도 벵갈루루(Bengaluru)에서 개최된 마하보디 소사이어티 창설 백 주
년 기념대회에 참석하기 위해 그곳에 잠시 머물 때였다. 스리랑카에서 온
아난다 스님 등 몇 사람이 명성 높은 힌두교 지도자 사이바바(Saibaba)를 친
견하러 간다며 함께 가기를 권유하기에 그들을 따라나섰다. 나는 이름조차
도 처음 듣는 인물이지만, 그의 명성은 세계적으로 드높고 세계 도처에 그
의 추종자들도 많다고 했다. 그를 만나 보려면 여권 번호와 이름을 제출해
야 한다고 해서, 나는 그러한 절차를 밟아 그를 만나러 떠나는 일행들과 동
행했다.

승용차로 벵갈루루를 떠난 뒤 약 한 시간 만에 한 힌두 사원에 도착했다.
거기에는 수령이 오래 되어 보이는 보리수나무 아래에 이미 수백 명의 대중
이 운집해 있었다. 몇 명의 서양 여인들도 인도 여인들이 입는 사리를 입고
깊은 명상에 잠겨 있었다. 그들 대중의 신앙적 분위기는 매우 경건해 보였
다. 우리를 안내한 인도 사람은 자신이 끼고 있는 반지를 보여 주면서 그 반
지도 이 년 전에 사이바바의 기적의 손에서 나온 것이라고 자랑스럽게 얘기
했다. 그는 그곳 힌두 사원 사람들과 잘 알고 지내는 듯했고 그래서 우리는
남다른 대접을 받았다. 처음에는 우리도 그 나무 그늘에서 군중과 함께 있
었으나 나중에는 다른 곳으로 안내되었다.

그곳은 사이바바가 모습을 드러낼 곳으로부터 가장 가까운 장소였다. 풀
밭 좌우로 몇 사람이 앉아 있었고 우리도 거기에 앉으라고 했다. 앉아 있는
사람들은 모두 말없이 명상하고 있었다.

그런데 사이바바를 맞이하기 위한 준비인지 백여 명도 넘어 보이는 힌두교 대학 남학생들이 위아래를 하얗게 입고 얇은 깔개 방석 같은 것을 들고 사이바바가 있는 처소를 향해 줄지어 들어가고 있었다. 그 학생들도 모두 앞을 약간 내려다보며 묵묵히 걸어 들어갔다. 우연히 나의 시선이 머문 곳에는 동네 사람들이 옥상 위에 나와 우리가 있는 곳을 향해 합장하고 있었다. 아마 사이바바가 나오는 시간은 예정되어 있는 듯했다.

오랫동안을 기다려야만 했기 때문에 나도 풀밭에 앉아 좌선을 하고 있는데, 어느 순간 사람들이 움직이는 것 같아 눈을 떠 보았다. 주황색 원피스를 발등에 닿도록 입은 호리호리한 남성이 맨발로 천천히 걸어 나오고 있었다.

사람들은 그를 '살아 있는 성자'라고 부르기도 하고 마력을 가진 사람이라고도 했다. 그가 걸어 나오자 모든 사람들은 공손히 최경례를 올리며 성자를 보듯 우러러보고 있었다. 나도 일어나 합장을 하고 그에게 절을 했다. 그가 한 걸음 한 걸음 옮기는 곳에는 수백 명의 시선이 모아지고 있었다.

그런데 사이바바는 뜻밖에도 내 곁에 와서 발걸음을 멈추더니 말을 건네왔다. "당신의 소원이 무엇이냐"고 물었는데, 나는 너무나도 뜻밖이어서 그의 말을 잘 알아듣지 못했다. 그래서 동문서답하듯 나는 한국에서 왔고 원불교의 교무이며 벵갈루루에서 개최되는 마하보디 소사이어티 백 주년 행사에 참석하기 위해 인도에 왔다고 자신을 소개했다. 얼굴에 비해 머리카락 하나하나가 곱슬거려 두상이 매우 커 보이는 그는 인자한 미소를 지으며 내 말을 듣고 있었다.

그는 내 말이 끝나자, 자신의 오른손을 허리 높이에 올리고 손바닥을 아래로 향한 채 약간 둥글게 몇 번 움직이더니 주먹을 쥐어 내 앞에 내밀었다. 그리고는 나에게 손을 벌리라고 했다. 나의 손바닥에는 사이바바의 빈 주먹으로부터 회색빛 가루가 쏟아졌다. 내가 그것을 어떻게 할 줄 몰라 그대로 바라보고 있자 그는 나에게 그것을 먹으라고 했다. 나는 그 회색빛 가루를 입안에 털어 넣었다. 그 가루의 맛은 마치 어떤 가루약을 먹었을 때 느껴지는 것과 같았다. 나뿐 아니라 우리 일행 일곱 사람 모두에게 그 가루를 조금씩 주었다.

사이바바는 나에게 행사를 마친 다음 다시 만나자고 말하고 내 곁을 떠나 백 미터쯤 멀리 떨어진 나무 그늘에서 기다리고 있는 대중을 향해 천천히 걸어갔다. 주황색 원피스를 입고 걷는 그의 뒷모습은 남성이 아닌 아름다운 여성의 자태처럼 보였다. 그가 가는 도중에 어디에선가 뛰어나온 한 남자는 몸을 굽혀 그의 발에 입맞춘 다음 무릎을 꿇어 세운 자세로 무엇인가 소원을 말하는 것처럼 보였다. 우리는 멀리 그늘에 있는 대중 곁으로 가고 있는 그를 바라보고 있었다. 어느 누구도 그를 뒤따르지 않고 그는 맨발로 혼자서 걸어가고 있었다. 대중은 일어서지 않은 채 앉아서 합장하는 듯했다. 사이바바는 대중들 사이사이를 누비듯 천천히 돌다가 때로는 대중의 누군가와 잠시 이야기를 나누기도 하는 것 같았다. 그러나 내가 보기에는 대중을 위해 어떤 특별한 기도를 하거나 설법을 하는 것 같지는 않아 보였다.

대중을 한번 둘러본 사이바바는 다른 건물 안으로 들어갔다. 사이바바를 한 번 보기만 해도 무슨 위력을 얻을 수 있다고 믿기 때문에 그 많은 대중은 그곳에서 그렇게 오랫동안 그를 기다렸을까. 나는 도무지 알 수가 없었다. 사이바바가 대중의 시야에서 사라지자 갑자기 사람들이 내게로 몰려들었다. 그들은 어떻게 해서 사이바바가 당신에게 '성스러운 재'를 주게 되었느냐고 눈을 휘둥그렇게 뜨고 부러운 듯 물어보았다. 그러나 내가 황홀해 하거나 흥분하지 않자 그들은 매우 이상하게 여기는 눈치였다. 나는 사실대로 사이바바가 누구인지도 모르고 우연히 이 자리에 오게 되었다고 말했다. 그리고 그 가루도 그가 왜 내게 주었는지 모른다고 말하자, 그들은 안타까운 듯 그것은 가루가 아니고 '성스러운 재'라고 일러 주었다. 그리고 한결같이 입을 모아 "당신은 행운을 얻었다"라고 몇 번이고 연거푸 말하면서 한없이 부러워하는 눈빛으로 나를 바라보았다.

사이바바에 대해서 잘 알고 있는 사람들의 말에 따르면 사이바바는 초능력의 소유자라고 했다. 그가 원하기만 하면 그의 빈손에서 무엇이든지 나온다고 했다. 때로는 백금 반지가 나오기도 하고, 롤렉스 시계가 나올 때도 있

힌두 사원에서. 주황색 원피스를 입은 사이바바가 걸어오다가 내 앞에 서더니,
자신의 오른손을 허리 높이로 올리고 빈 손바닥을 아래로 향해 둥글게 돌리고는
나에게 손을 벌리라고 했다. 그는 회색빛의 가루를 내 손바닥에 주며 먹어 보라고 했다.

다고 했다. 사이바바는 분명히 인도 땅에 있는데도 불구하고, 아프리카에 있는 사람이 사이바바를 영접하고 특별한 은혜를 받은 사례도 있다고 이야기해 주었다. 그의 추종자들은 사이바바가 참석하지 않아도 오천여 명 이상이 모여 그의 생일에 큰 축제를 벌인다고 했다. 효심이 지극한 스리랑카의 마카다와라 아난다(Makadawara Ananda) 스님은 '성스러운 재'를 어머님께 드리려고 자신은 먹지도 않고 종이에 싸 가지고 왔었다고도 했다.

내가 뜻밖에도 기적의 재를 먹어 보았다는 사실이 벵갈루루 사원의 여러 스님들에게 알려지자, 그들은 모두 사이바바가 이미 영감으로 당신의 전생과 금생에 대하여 잘 알고 있었을 것이라고 했다. 그러기에 그 많은 사람 가운데 유독 당신 앞에서 발걸음을 멈추었고 또 모든 사람이 간절히 소망해도 얻기 어려운 그 '성스러운 재'까지 주었을 것이라고 했다. 그리고 그것은 큰 축복을 받은 것이라며 나에게 앞으로 행운이 있을 것이라고 덕담들을 했다.

나는 지금도 그가 어떠한 인물인지 잘 모른다. 또 그러한 기적이 종교적으로 무슨 의미를 갖는가에 대해서는 매우 회의적인 생각을 갖고 있다. 다만 인도 사람들이 얼마나 신비 체험을 강렬하게 추구하는 사람들인가를 내 눈으로 본 것이다. 그리고 살아 있는 성자로 추앙받는 사이바바로부터 그 성스러운 재를 받아 먹어 본 것은 신통한 묘술을 통해 나온 기적을 먹어 본 최초의 체험이다.

종교의 수렁, 카트만두

마하보디 창설 백 주년 기념대회에서 나는 팔십 명의 히말라야 소년들을 만났다. 북인도 히말라야 라다크(Ladakh) 산촌에는 학교가 없어서 그들은 일만 리나 멀리 떨어진 남인도 벵갈루루까지 와서 공부하고 있다고 했다. 그리고 그곳에서 공부를 계속하다 십 년 후에나 집에 부모님을 만나러 간다고 했다. 그들과 헤어진 나는 그들의 고향 히말라야 라다크를 방문, 그들의 부모들을 만났다. 말이야 통하지 않지만 자기 자식을 만나고 온 나를 반겨 주었다. 나는 그때 공부도 중요하지만 부모 곁에서 사랑받고 자라야 할 나이에 교육 문제로 부모 자식이 십 년씩이나 떨어져 사는 것은 안 될 일이라고 생각되었다. 그래서 나는 히말라야 라다크에 학교를 세우기로 결심했다.

그리고 그 학교는 이듬해인 1992년 7월, 마하보디 불교기숙학교라는 이름으로 개교되었다. 나는 일 년 만에 학교가 세워진 라다크를 다시 방문했다. 여기저기 흩어진 학생들을 모아 공부시켜야 했기 때문에 기숙학교 형태로 개교한 그곳에서, 이제는 부모 곁을 떠나지 않고 공부할 수 있게 된 어린 학생들을 만나 보았다. 그래도 방학 때에는 집으로 가 부모님을 만날 수 있으니 다행한 일이었다. 나는 내 자신이 큰 소원을 이룬 것 같은 기쁨을 맛보았다.

라다크 첫 방문을 마친 뒤 우리 일행은 히말라야 라다크를 출발, 델리를 거쳐 네팔의 수도 카트만두에 도착했다. 아무도 맞아 줄 사람 없는 카트만두에서는 여행자의 홀가분함과 해방감이 밀려 왔다. 인도에서의 긴장감을 풀기 위해 우리는 보통 때보다 더 나은 호텔에 여장을 풀었다. 잠시 휴식을 취한 다음 어두운 밤이지만 우선 밖으로 나갔다. 먼저 서점부터 들러 네팔과 카트만두를 이해할 수 있는 그림엽서 몇 장과 인도의 라다크에 관한 책을 샀다. 때마침 그 책방에서 흘러나오는 독특한 음악이 나의 마음을 매우 평화롭게 만들어 주는 것 같아 「메디테이션 뮤직」이라는 그 음악테이프도 샀다. 그리고 어디에서도 보지 못했던 불화와 만다라가 많이 걸려 있는 가게들이 즐비한 골목을 이리저리 돌아다니며 눈 구경을 실컷 했다. 여행자의 행복은 새로운 세계에 대한 발견과 거기에 접근해 보는 것임을 새삼 깨닫는 밤이었다.

다음 날 우리 일행은 호텔 지배인에게 부탁하여 택시를 타고 카트만두 시내 관광에 나섰다. 그러나 그 택시기사는 카트만두의 유명한 곳에 우리를 데려다주기만 할 뿐 그곳을 안내하며 설명할 수 있는 사람은 아니었다. 우리는 큰 낭패감을 느꼈지만 큰 호텔에서 주선해 준 관광 안내가 이 정도란 것을 네팔의 수준으로 받아들일 도리밖에 없었다. 그런데다 그 젊은 청년 기사가 하도 온순하고 수줍어하는 바람에 우리는 그를 귀여워하며 손짓과 표정으로 최소한의 의사소통을 하면서 카트만두를 설명 없이 보고 느끼는 수밖에 없었다.

그 기사가 제일 먼저 우리를 데려간 곳은 세계 최대의 불탑이라는 라마교(티베트 불교)가 세운 부다나트(Boudhanath) 탑이 있는 곳이었다. 하얗고 둥근 반원형 위의, 사면에서 사각으로 보이는 금빛 첨탑은 크기가 아주 컸고, 거기에 그려진 세상을 내려다보며 응시하고 있는 듯한 두 개의 커다란 눈이 너무나도 강렬해 보였다. 마치 인간의 죄악을 지켜보고 있는 듯 무서워 보이는 눈매였다. 그 탑은 둥근 반원형 위에 있었다. 사면 모두에 인간의 양심을 지켜보는 듯한 여덟 개의 눈이 있는 게 그 불탑의 특징이었다.

티베트 사람들은 카트만두 어디에서고 보이는 부다나트 탑신 위에서 지켜 보고 있는 듯한 그 눈 때문에 죄짓는 일은 절대로 못하고 선행만 가리어 할 것 같아 보였다. 그 눈 위로 더 높게 고깔모자를 쓴 형상의 탑신 꼭대기에서부터 오색찬란한 헝겊 조각들이 줄에 매인 채로 펄럭였다. 그것은 모두 경전이 쓰어진 헝겊 조각들이었다. 티베트 불교 신자들이 시곗바늘 방향으로 탑을 돌면서 "옴마니반메훔"을 열심히 염송하는 모습에서는 지극한 신심이 저절로 느껴졌다.

새로 지은 것처럼 보이는 사원들을 가리키며 어떤 곳이냐고 묻자, 젊은 기사는 그 모두가 티베트 절이라고 대답했다. 중국에게 나라를 빼앗기고 세계에 흩어져 사는 유랑민 신세인 티베트인들은 카트만두의 도처에 티베트의 절을 짓고 그들의 신앙생활을 하고 있었다. 도대체 그러한 신심이 어디서 솟아나며 또 그렇게 많은 사원을 지을 수 있는 재력은 어떻게 마련하는 것인지 그들의 그런 모습은 불가사의하게만 여겨졌다. 인도의 부다가야 대탑 앞에서 온몸을 땅에 굽혔다 일으키며 오체투지(五體投地)의 절을 하염없이 하며 얼굴에는 구슬땀이 흐르고 온몸이 땀에 젖어 있던 티베트 사람들. 그들의 장한 불심(佛心)이 남의 나라에 와서도 이와 같은 신앙의 터전을 마련하고 살아가게 하는 것 같아 경이로웠다.

카트만두의 시내를 젊은 기사가 데려다주는 곳마다 내려서 구경을 했다.

인도의 라다크에서는 사리를 입고 있는 인도 여인을 한 사람도 만날 수 없었고, 그들이 입고 있는 의상은 모두 티베트인과 흡사하다고 해서 한 번도 가 보지 못한 티베트를 연상했다. 그런데 인도가 아닌 네팔의 카트만두에서는 대부분의 네팔 여인들이 사리를 입고 있어 인도적 분위기가 물씬 나는 것 같았다. 지구상에서 유일한 힌두 왕국 네팔은 인구의 구십 퍼센트가 힌두교인이라고 한다. 네팔의 수도 카트만두는 생활인의 공간이라기보다는 종교를 떠받치고 있는 도시 같았다. 지금은 경제적으로 후진 상태에 머물고 있는 네팔도 그 옛날 어느 한때는 찬란한 종교 문화를 꽃피우리만큼 융성했던 때가 있었던 것 같다.

이제는 예스럽다 못해 퇴락해 보이고 먼지가 쌓인 힌두교 사원들은 마치 목공예의 종합예술품을 보는 것 같이 정교하고 그 규모도 놀라우리만큼 컸다. 웅장한 옛 궁전들과 힌두 사원 그리고 기념비적인 석상들이 즐비한 카트만두 거리는 고대의 건축 박물관 안에 들어와 있는 것 같았다. 고색창연한 데다 이제는 퇴락해 보이는 건축물들 때문인지 카트만두 거리의 분위기는 음산한 느낌과 함께 종교의 수렁 같은 인상을 주었다.

종교의 미로를 헤맨 듯한 골목을 빠져 나온 우리를 젊은 기사가 또 다른 데로 데려다 준 곳은 참으로 끔찍스런 현장이었다. 호기심 많은 나는 발걸음을 돌리지 못하고 그곳에서 일어나는 그 모든 것들을 지켜보았다. 그곳은 바그마티(Bagmati) 강변이었다. 나는 또 한 번 인도 갠지스 강의 충격을 받았다.

그 강물은 히말라야 계곡에서 흘러내리기 시작하여 바그마티 강을 흐르다 갠지스 강으로 흘러 들어간다고 했다. 강폭이 좁은 강의 다리를 건너가 낮은 언덕에 자리 잡고 그 강을 굽어보았다. 그 강가에는 죽음을 기다리는 집이 있었고 그곳에는 사람들이 웅성거리고 있었다. 그러다 사람이 죽으면 들것에다 시신을 들고 강가로 내려와 맨 아래 층계에 시체를 내려놓았다. 그리고 하얀 보자기로 시신을 씌운 다음 그 위에 꽃송이와 빨간 가루를 뿌렸다. 잠시 후 흰 보자기를 벗기고 시신이 입고 있던 생전의 옷을 벗겨 강물에 띄우자 물살을 따라 그 옷은 떠내려갔다. 이마에 무슨 액체를 바르는 것 같더니 하얀 보자기 같은 치마를 입은 남자 상제(喪制)들이 두 손으로 강물을 떠다 시체의 얼굴에다 끼얹었다. 그러고는 다시 하얀 보자기로 덮었다. 상제들은 시체를 들고 미리 준비된 장작더미를 세 번 돌더니 그 장작더미 위에 시체를 올려놓았다. 상주가 시신의 입에다 불을 붙이자 타기 시작했다. 아버지가 돌아가시면 장자가 불을 붙이고 어머니가 돌아가시면 막내아들이 그렇게 한다고 했다. 그러나 그 화장터에는 여자 상제의 모습은 전혀 보이지 않았다. 조금 전에 시체에서 옷을 벗길 때 오십대 후반으로 보이던 아낙네의 몸이 불길 속에 휩싸였다. 하얗고 푸른 연기가 위로 솟기 시작할 때 노란 보자기가 씌워진 또 한 구의 시체가 강가로 옮겨졌다. 상제가 더 많아 보이는 그 망인은 귀족이라고 했다. 죽음의 마지막 절차를 지켜보다가, 조금 전 그 여인의 불 무덤을 다시 보았을 때 하얀 보자기는 다 타 버리고 그녀의 두 다리만 아직 불길이 닿지 않는 곳에 덩그렇게 내보여지고 있었다.

몇 년 전 갠지스 강가에서 보았던 놀라운 사건이 그곳에서도 똑같이 일어나고 있었다. 사람을 불태운 재를 강물 속에 쓸어 넣고, 시체에서 벗긴 옷이 둥둥 떠내려가고 있는데, 사리를 입은 젊은 아낙네가 이런 일엔 아무런 구애도 없이 냄비 등 식기가 담긴 함지박을 들고 내려가 그 강물에서 그릇들을 깨끗이 씻고 있었다. 정(淨)한 것과 부정(不淨)한 것이 그리고 삶과 죽음에 대한 고정관념이 또 무너져 내리는 굉음이 내 귓전을 울리고 있었다. 나는 사람이 타는 냄새가 머리카락을 태울 때의 냄새와 똑같다는 사실도 그날 처음 알았다.

시신이 타는 희고도 파란 연기가 신록의 숲속으로 파고들어 하늘 위로 사라졌다. 강가에 위치한 거대한 시바 사원에서는 많은 사람들이 어떤 의식을 치르는지 웅성거렸고 종소리가 간간이 들렸다. 힌두 사원에서 들려오는 경 읽는 소리, 작은 방울종이 울리는 소리가 죽은 사람의 영혼에게는 한결 위로가 될 듯싶었다.

죽은 여인의 시신이 재가루로 사라지고 있는 화장터에는 맏상제가 망연하게 불더미 속의 어머니를 바라보고 있고 작은 아들로 보이는 젊은이는 연신 눈물을 닦으며 넋 나간 사람처럼 하늘을 바라보고 있었다.

인간의 죽음을 지켜보던 바그마티 강가를 떠나오려 할 때 어느 결엔가 내 곁에 와서 속삭이듯 상황을 설명해 주던 어느 젊은이가 설명해 준 값을 내라고 손을 내밀어 나는 문득 현실로 되돌아왔다. 어둠 속의 긴 터널을 빠져나온 사람처럼 멍한 상태로 거리로 나온 나는, 재잘거리다 까르르 웃으면서 거리를 걷고 있는 생기발랄하고 아름다운 그곳 여대생들을 눈이 부신 듯한 시선으로 바라보았다. 바그마티 강가에서는 인간의 삶과 죽음이 울도 담도 없는 한 동네 같았다.

순간의 감동, 안나푸르나

히말라야! 네팔이란 나라, 세계의 지붕에서 히말라야 연봉(連峰)들의 장관과 그 신비스러움을 만나는 것은 모든 산 사람들의 생의 소망이고 꿈이랄 수 있다. 그같은 히말라야를 그 산 아래에서 우러러보기 위해 네팔의 제이 도시 포카라로 떠나려고 카트만두 공항으로 나갔다.

이번 여행은 출발할 때부터 오로지 인도 히말라야의 라다크 소년들에게만 관심이 쏠려 있었기 때문에 네팔 여행에 대해서는 아무 준비가 없었다. 마치 빈손으로 히말라야를 만나러 가는 것 같은 기분이었다.

비행기 출발 시간이 너무 늦어져서 점심식사를 간단하게 하기 위해 공항의 이층 식당으로 올라갔다. 식당에는 우리 일행과 네팔 젊은이로 보이는 청년 한 명만 있었다. 그는 여행객은 아닌 것 같아 보였다. 포카라에 대해 아무것도 모르는 나는 약간의 토막 상식이라도 얻을 수 있을까 하여 그 청년을 자주 바라보았다. 그는 내 마음을 어떻게 알았을까. 나와 두어 번 눈이 마주치자 그는 착한 미소를 지었다. 그러더니 마치 잘 아는 사람 곁으로 오듯이 먹던 음식 접시를 들고 우리 곁으로 왔다. 내가 그에게 포카라의 호텔 사정에 대해 물어보자, 그는 내가 원하는 참고서처럼 모든 것을 친절하게 또 박또박 가르쳐 주었다. 자신의 이야기를 아주 흥미있게 열심히 들어 주자 그는 친밀감을 느꼈던지 호주머니에서 무슨 열매를 꺼내 주면서 꼭꼭 씹어 먹어 보라고 했다. 그러나 그 단단한 열매는 아무리 씹어 보아도 별 맛이 없었다.

우리 경비행기가 카트만두 공항을 이륙하자 사방이 산으로 둘러싸인 표고 일천사백 고지의 분지에 자리한 카트만두 시가지가 한눈에 내려다보였다. 특히 산비탈에 일구어 놓은 초승달 같은 밭다랑이와 눈썹 모양을 닮은 밭에 심은 곡식의 초록색이 매우 인상적이었다. 평지의 농토를 가꾸면서 사는 농부들은 행복하겠다는 생각이 들었다. 계곡에서 흐르는 물줄기도 환히 내려다보였다. 굽이쳐 흐르는 물의 곡선을 보면서 계곡의 윤곽을 더듬어 보기도 했다. 몰두하듯 창밖을 내려다보는 동안 삼십 분의 비행시간이 후딱 지나 버려 우리의 작은 비행기는 포카라 공항 풀밭에 사뿐히 내려앉았다.

때마침 우기(雨期)여서 히말라야 등산객의 손님이 귀한 탓인지 탑승객 전원이래야 열여섯 명밖에 안 되는데 손님을 '모셔 갈' 소년들과 어른들이 벌 떼처럼 달려들었다. 그들은 서로 자기 호텔에서는 히말라야 산이 잘 보인다는 둥 아름다운 호숫가에 위치해 있다는 둥 서로가 큰소리로 선전하면서 자기를 따라오라고 잡아당겼다. 나는 잠시 아무 데도 가지 않을 사람처럼 귀를 막고 저만큼 물러서서 꼼짝도 하지 않았다. 그래도 끝까지 놓아 주지 않는 한 청년을 따라갔다. 방에 히말라야 산이 훤히 내다보이는 창문이 없으면, 따라가도 그런 호텔에는 들지 않겠다고 미리 못을 박았다.

그 청년은 까다로운 손님을 만났다고 판단되었던지 여러 호텔마다 안내하면서 마음에 드냐고 물어보았다. 나는 아예 들어가 보지도 않고 창만 히말라야 산 쪽으로 나 있는 방이면 시설은 다소 불편해도 괜찮다고 거듭 강조했다. 결국 그 청년은 마을 한복판에 있는 살림집 비슷한 곳으로 우리를 데리고 갔다. 방이 몇 개 안 돼 보이는 그 집은 방의 창문이 히말라야 산과 마주 보고 있었다.

그곳에 여장을 풀고 막 숨을 돌리려고 하는데 밖에서는 비가 쏟아지기 시작했다. 그러나 그 빗소리는 내 마음을 한결 차분하게 만들어 주는 것 같았다. 창밖으로 내다보이는 텃밭의 옥수수 잎에 떨어지는 빗소리가 유난히 크게 들리고, 멀리서 비를 맞으며 풀을 뜯고 있는 소도 한가로워 보였다. 마치 고향집에 돌아온 것처럼 마음이 편안했다. 어린 시절 시골 고향집에서 비가 몰아오는 앞산을 바라보며 말리던 고추랑 돔부콩 등의 비설거지를 부리나케 마친 다음에 곧 비가 쏟아질 때만큼이나 마음이 후련해왔다. 카트만두의 종교 수렁으로부터 뽑은 발도 깨끗이 씻겨지고 있는 것 같았다.

한참 내리던 비가 그치면서 날씨가 일순간 갰다. 붉은 저녁노을 햇살을 받은 히말라야 설산이 잠시 얼굴을 내밀었다. "어머나!" 하는 탄성의 여운도 가시기 전에 구름은 심술궂은 텃세라도 부리듯 삽시간에 히말라야 설산을 감추어 버렸다. '내일은 맑아지겠지' 하는 그 내일에 큰 기대를 걸 수밖에 없었다.

우리는 페와(Phewa) 호수로 바람도 쐴 겸 나갔다. 페와 호수는 히말라야 설산 못지않은 네팔의 자랑거리였다. 바다처럼 넓은 스위스의 레만 호수와도 다르고 이스라엘의 갈릴리 호수와도 그 분위기가 또 달랐다. 단정하고 우아한 여인의 정감 어린 모습을 대하고 있는 것처럼 느껴졌다. 석양의 호숫가에는 그윽함과 은은함이 번지고 있었다. 수면이 거울처럼 맑은 호수 속에는 키가 큰 나무와 노을빛 고운 하늘이 잠겨 있었다. 그리고 신록처럼 곱고 풍성한 숲도 호수의 창에 비쳤다. 호수 곁에 앉아 있으니 오래지 않아 나의 마음도 호수처럼 깊어지는 것 같았다. 나는 응시하듯 호수 속을 굽어보고 있었다. 잔물결이 일렁일 때마다 더 높아 보이는 하늘은 흔들리고 키가 큰 나무와 명암이 더욱 선명한 계곡의 숲들이 굴절 현상을 보일 때는 거의 환상적이었다. 그것은 자연 속의 또 다른 예술의 세계였다. 어둠이 찾아 들자 페와 호수는 더욱 깊고 깊어졌다.

내일 아침 해가 뜨기 전에 일어나 히말라야 산을 오르기 위해 일찍 잠자리에 들었다. 기대감 때문인지 새벽 네시부터 깨어났다. 나보다 좀 늦게 깨어난 온갖 새들이 생명의 합창으로 아침을 열고 있었다. 산새 소리는 언제 들어도 해맑다. 그리고 투명하다. 그 소리는 나의 영혼을 깨끗하게 씻어 주는 소리이고 나의 영혼을 가장 순수하게 만드는 위력이 있다. 맑고 고운 산새 소리를 듣고 있을 때면 그같은 소리를 감지할 수 있는 나의 인간적 존재가 무한히 고맙게 여겨질 때가 있다.

그날 아침엔 유난히 내 영혼의 세계가 충만함을 느낄 수가 있었다. 내면 세계가 충만할수록 겉은 오히려 얇아지는 것 같았다. 무엇이라고 딱 꼬집어 설명할 수 없는 껍질이 한 겹 한 겹 벗겨지고 있는 것 같기도 하고, 내 영혼을 에워싸고 있던 어떤 불필요한 각질층 같은 것이 부서져 내리는 것 같기도 했다. 그 모두는 나의 은밀한 체험이고 또 무엇과도 바꿀 수 없는 소중한 체험이다. 이러한 정신적 체험은 웅숭깊은 자연의 품 안에 있을 때만 느낄 수가 있다. 그처럼 순수해지는 내 자신과 만나고 싶어서 나는 그렇게 자연을 좋아하는지도 모른다.

깨끗하게 세수한 영혼으로 호텔의 옥상 위에서 기도하는 마음으로 히말라야 안나푸르나 봉을 향해 섰다. 아무 염원마저도 없는 더욱 지순한 기도의 순간이었으리라. 눈 깜짝할 사이에 잘못 사라져 버릴 것만 같아 멀고 높은 곳을 향해 깊이 응시하고 있었다. 구름 잔뜩 낀 하늘이 정말 야속했지만 그래도 실망하지 않고 우러러 지켜보고 있던 한 순간, 넓고도 깊은 구름바다 위로 찬란한 햇살을 받으며 안나푸르나 모든 연봉들 중에서도 가장 빼어난 육천구백구십삼 미터의 마차푸차레 봉이 새하얀 눈을 이고 하늘 높은 곳에 의연한 모습으로 나타났다.

세계 어느 나라 사람에 의해서도 아직 정복된 일이 없는 마차푸차레. 네팔 사람들이 신의 산으로 믿고 있는 생선 꼬리 모양의 세모꼴의 산, 일명 피시테일(Fish's Tail) 봉은 참으로 장엄하고 신비하여 아름다움의 찬사를 아낌없이 바치고 싶었다. 그러나 그 모습은 삽시간에 구름 속으로 다시 사라져 버렸다. 그렇지만 그 순간을 영원으로 간직하기에는 아무 부족함이 없을 것 같았다.

전날 우리를 이 호텔로 안내했던 청년을 앞장세우고 안나푸르나 연봉을 좀 더 가까이 볼 수 있다는 나우단다(Naudanda) 마을을 향해 오르기 시작했다. 그곳까지 가려면 네 시간이 걸린다고 했다. 산을 오르는 동안 자주 뒤돌아 서서 내려다보았다. 어느 지점에서 보면 우리나라의 강릉처럼 보이는 곳도 있고 또 오르다 시야가 훤히 트인 곳에서는 소백산의 연화봉(蓮花峰)에 서 있는 것 같은 착각이 들기도 했다. 능선이 장중하게 흘러내리다 산기슭이 넓고 푸르름이 무성한 곳에 눈이 머물면 마치 지리산을 확대해 놓은 것 같은 느낌이 들기도 했다. 세계에서 으뜸으로 손꼽히는 히말라야 산자락에서 우리나라의 이 산 저 산을 빗대어 보는 것은 내 나라 산천의 수려함에 대한 자부심이 있기 때문이었다.

네팔에서 히말라야 산을 보면서 내 마음속에는 한 가지 풀리지 않는 의문이 생겼다. 인도 델리에서 라다크를 가는 상공에서 히말라야 산맥의 서편 카라코람 산맥을 내려다보았을 때 히말라야의 인상은 험준하기 이를 데 없었고 그것은 마치 지구 표면이 끝없는 눈과 얼음으로 뒤덮인 것 같은 착각을 불러일으켰었다. 그때의 히말라야 산에서는 빼어난 봉우리나 아름답다고 여겨지는 곳에 한눈을 팔았던 일이 없었다. 그런데 네팔 쪽에서 보는 히말라야의 안나푸르나 연봉들은 저토록 아름답고 구름 아래의 산들은 짙푸른 산맥들을 장중하게 뻗어 내리고 있으니 그야말로 히말라야의 여러 얼굴을 보는 것만 같았다.

어느 지점에선가부터는 허름한 산집들이 두어 채씩 보이기 시작해서 히말라야 고산족들의 살아가는 모습을 볼 수가 있었다. 한 아낙네가 바로 곁에 외양간인지 소가 누워 있는데 그 곁에서 재봉틀로 바느질을 하고 있었다. 잠시 더 올라가자 기어 들어가고 기어 나와야 될 것 같은 움막집에서는 아기 엄마가 우는 아기를 안고 젖을 물리고 있었다. 그 엄마는 때가 까맣게 묻은 수건으로 누런 눈곱이 낀 아기의 눈을 자꾸만 닦아내고 있었다. 저렇게 비위생적으로 길러도 아기가 잘 자랄 수 있을까 하는 걱정이 되었다.

우리는 올라가는 도중에 입이 큰 수도관을 몇 개 보았다. 그래도 물은 한 방울도 나오지 않았다. 우리나라 산에는 어딜 가나 맑은 옹달샘이 있는데, 히말라야에서는 어느 곳에서도 옹달샘을 만날 수가 없어 안타까웠다. 그 높

히말라야 산을 오르던 중 만난 히말라야 고산족과 함께. 야외의 간이 교실에는
공부 가르치는 선생님과 수업받는 학생들이 있었다. (위)

이번 여행에서 나의 길벗이었던 아우 덕수 교무와 함께. 히말라야 산 아래에서
구름 속에 숨어 있는 안나푸르나 봉을 우러러보았다. (아래)

은 곳에 사는 사람들이 모두 수돗물을 공급받으며 살아가는 것 같았다. 그래서인지 산중에 살고 있는 사람들이 입고 있는 옷은 한결같이 세탁할 때가 지나 보이고 남루해 보였다.

몇 채의 집이 동네를 이루고 사는 산마을에는 두 명의 노인이 언덕에 나와 앉아 있었다. 그중 한 노인은 곰방대로 담배를 피우고 있었다. 불이 붙어 있는 곰방대 속의 담배를 연신 엄지손가락으로 다독거리며 빨부리로 한 모금씩 담배 연기를 빨아들이는 모습이 평생 할 일 없는 사람처럼 한가로워 보였다.

또 한 곳에서는 창고 같은 건물이 있었다. 그리고 나무 그늘 아래에서는 몇 명의 어린이들이 수업을 받고 있었다. 한 학생이 길을 지나가는 우리에게 한눈을 팔자 수업을 하던 젊은 남자 선생님이 그 학생을 불러 세운 다음, 우리가 보는 앞에서 어린 소녀의 뺨을 마구 때렸다. 나는 너무 마음이 상해서 거들고 싶은 심정이었다.

그 창고 같은 건물은 두 칸으로 나뉘어 어린 학생들이 공부하고 있었다. 그곳에 있는 책걸상이야말로 하나같이 명물들이었다. 우리가 기웃거리자 어떤 사람이 쏜살같이 공책을 들고 나와서 학교를 위해 기부하라고 했다. 작은 성의를 보이긴 했지만 그 배움터가 어떻게 발전할 수 있을지 의문스러웠다.

그곳 사람들은 어른 아이 할 것 없이 여행자들을 많이 대해서인지 생소해하지 않았다. 일곱 살쯤 돼 보이는 어린 소년은 돈이나 과자를 주면 자신은 그것을 어머니께 꼭 갖다 주겠다고 영어로 말했다. 그 어린이는 어색해하거나 조금도 부끄러워하지도 않고 주문을 외우듯 반복해서 말했다. 그 어린이가 여행자들을 상대로 습관적으로 그러는 것 같아 정말 안쓰러웠다.

또 어느 길가에 있는 집에서는 할아버지가 다리미질을 하고, 며느리로 보이는 젊은 아낙네는 헝겊 조각을 만지고 있었다. 그런 모습은 모두 신기해 보였다. 나는 그들이 살고 있는 방 안이 궁금했다. 그들 곁으로 다가가서 잘 통하지 않는 말을 건넸다. 결국 방 안이 보고 싶다는 내 의사가 그들에게 통했다. 그들은 혼연스럽게 우리를 방으로 안내했다. 벽과 방바닥은 모두 고운 황토로 발라 반질반질하게 길이 나 있고 두 개의 침대가 놓여 있었다. 그리고 방의 한 쪽 벽면에는 두 개의 솥이 걸려 있었다. 그리고 방 입구 쪽에는 염소 똥이 쌓인 가축의 방도 자리하고 있었다. 간이로 만들어진 이층 공간에는 감자랑 곡식들이 놓여 있었다. 내가 흥미롭게 여기자 그들은 이곳저곳을 더 열심히 보여 주었다. 그리고 내가 사진을 찍고 싶어하자 숙달된 포즈를 취해 주기도 했다. 그러나 그곳을 떠나오려 하자 그들은 돈을 달라고 손을 내밀었다. 좀 뜻밖이었지만 젊은 여자에게 돈을 주었다. 그러자 시어머니로 보이는 나이 든 노인도 돈을 달라고 했다. 내가 만약 돈을 주지 않았다가는 고부 간에 다툴 것 같은 눈치가 보여 얼른 또 돈을 주고 나왔다.

한참을 올라가다 보니 이제는 아낙네가 여러 가지 예쁜 색실로 무늬를 놓으며 베틀에 앉아 베를 짜고 있었다. 그녀가 짠 수직천이 너무 신기하고 소중해 보여서 그걸로 만들어 놓은 수공예품 몇 개를 샀다.

우리는 드디어 히말라야 연봉들을 바라볼 수 있다는 목적지에 이르렀다. 거기에는 유럽에서 온 몇 명의 아가씨들도 있었다. 우리는 마음을 편안하게 갖고 히말라야 산을 우러러보았다. 그러나 어림도 없다는 듯이 구름이 앞을 가로막고 있었다. 가끔 구름이 실수처럼 비낄 때면 히말라야를 더 깊이 연구한 젊은 여행자가 안나푸르나의 몇 번째 봉이 있는 지점이라는 등 열심히 설명해 주었다. 우리의 시야로부터 멀리 떨어진 곳을 가리키면서는 마나슬루(Manaslu) 봉이라고 했다. 우리나라 산악인들이 정복한 산이어서인지 그 이름만 들어도 반가웠다.

우리는 대단한 인내심을 가지고 하염없이 히말라야 산을 지켜보았지만 안나푸르나 연봉들을 철통같이 가로막고 있는 구름에게 지고 말았다. 너무나도 아쉬워하는 우리들에게 그곳 산촌 사람들은 히말라야 산을 더 잘 보려거든 날씨가 청명한 10월에 다시 오라고 했다.

네팔을 떠나오던 날, 비행기의 창문을 통해 안나푸르나와 드디어 상봉을 했다. 두꺼운 구름을 아래에 깔고 있는 새하얀 설산의 안나푸르나 연봉들이 찬란한 햇빛 속에서 빛나고 있었다. 그 장엄함, 그 신비스런 모습을 한눈에 바라볼 수 있었던 것은 큰 행운이었다.

팅모스감 마을의 인상

나는 북인도 히말라야 설산 라다크를 몇 차례 갔어도 몇몇 사원을 구경했을 뿐 항상 중심지인 레(Lhe) 주변을 벗어나지 못했었다. 그런데 이번엔 상가세나(Sanghasena) 스님의 고향 마을 팅모스감에서 열리는 축제에 초대받았다. 그곳은 레에서 출발하여 세 시간이 걸리는 곳이라고 했다. 나는 이제야말로 히말라야 라다크의 깊은 산촌 마을을 볼 수 있을 것이란 기대감에 부풀었다.

상가세나 스님과는 1990년 가을 한국에서 열린 세계 불교도 대회에서 처음 만났다. 그는 인도 부다가야의 아난다 스님이 보낸 편지와 함께 또 다른 유인물을 전해 주었다. 그것은 히말라야 산촌 어린이들의 교육 문제를 도와달라는 호소문이었다. 그 호소문을 보고 오백만 원의 성금을 모아 상가세나 스님에게 전달했다. 그것이 내가 북인도 히말라야 라다크와 인연을 맺게 된 계기였다. 그리고 구 년 동안 라다크에 마하보디 불교기숙학교를 설립하고 게스트룸 서른여섯 개를 마련했으며, 1998년 8월, 이제는 카루나 종합병원을 완공할 수 있었다. 이번 방문은 오 년 동안 애써 오던 병원 신축 완공의 큰 소원을 이루자 상가세나 스님이 고향 마을에서 큰 축제를 벌이며 한국 손님을 초청한 것이었다.

팅모스감까지 가는 길은 줄곧 인더스 강물을 끼고 돌았다. 높은 산은 하얀 눈을 이고 있고 산비탈에는 고산 식물의 작은 꽃이 무리져 피어 있어 그것들을 볼 때는 히말라야 산이 알프스처럼 느껴졌다. 또 온갖 모양의 바위산들이 이리저리 봉우리를 이루고 골짜기가 깊을 때는 이집트에서 보았던 시나이(Sinai) 산을 닮은 듯했다. 바위산인가 하고 보면 비로 곱게 쓸어내린 것 같은 모래언덕이 있고 회색빛인가 하면 담갈색이었다. 구름 사이로 환한 햇살이 비치고 있는 곳은 고운 분홍색을 띠고 있었다.

히말라야는 그야말로 신비롭고 조화가 무궁무진했다. 구획에 따라 산의 형상과 산빛이 서로 달라 마치 산의 박물관에 와 있는 것 같은 느낌이 들었다. 산을 깊이 응시하게 되는 곳에는 여인의 가르마 자국 같은 것을 볼 수 있었는데, 그것이 바로 도로가 나기 전에 사람이 걸어 다녀 만들어진 길이라고 했다. 그 가늘고도 구불구불한 끈을 두르고 있는 듯한 산길은 매우 인상적이었다.

특히 팅모스감 마을 뒤로 높이 솟은 산은 하늘에 닿은 듯이 높은데 굴곡도 없이 한 줄기 사선으로 뻗어 내렸다. 산이 흐르는 곳에는 작은 모래자갈이 계속 흘러내리는 것 같았다. 마을의 길가에는 풍부한 맑은 물이 흐르고 지형이 비탈진 곳으로 물이 급히 쏟아져 흐르느라 물소리가 마을을 쿵쿵 울려 마치 폭포 아래 서 있는 착각을 일게 했다.

우리가 도착한 마을 어귀에는 화려한 전통 의상에 파란 터키석이 박힌 장신구를 머리 위부터 등으로 내려뜨린 처녀들이 줄지어 서서 우리를 맞아 주었다. 레에서도 그런 차림의 여인을 많이 보았지만 팅모스감에서는 성숙한 여학생들이 복사빛 얼굴에 그런 차림을 하고 있어, 우리나라의 전통 혼례를 치르는 신부들이 원삼(圓衫) 족두리 차림을 하고 줄지어 서 있는 것처럼 화려하고 아름다웠다. 우리는 히말라야 깊고 깊은 산촌에서 아름다운 산골 처녀들의 안내를 받으며 나눔의 축제장으로 갔다.

축제가 벌어지는 곳은 학교였고 그 학교는 상가세나 스님이 일학년을 다니다 중퇴한 학교라고 했다. 그곳에는 초등학생과 중학생 그리고 옷을 받아갈 주민들이 많이 모여 있었다. 그 먼 곳까지 언제 운반해 왔는지 우리가 보낸 한국의 겨울옷이 산더미같이 쌓여 있었다. 그리고 우리의 옷을 필요로 하는 남루한 옷차림의 산촌 사람들이 모여 있었다. 그 학교의 삼십대 젊은 승려 교장 선생님에 의해 나눔의 축제가 시작되었다. 고향 마을 사람들에게 상가세나 스님은 그 많이 쌓인 옷이 한국에서 보내온 것이고 우리가 직접 나누어 주기 위해 이 마을까지 왔다는 말을 전했다.

그곳에서도 가난한 사람들의 명단이 이미 작성되어 있었고 이름을 부르는 대로 앞으로 나왔다. 우리 일행 모두는 선물처럼 잘 꾸려진 옷 꾸러미를 그들에게 전해 주었다. 우리의 옷이 비록 헌옷일지라도 그들에게는 얼마나 가볍고 따뜻한 겨울옷이 될 것인가는 그들의 옷차림에서 충분히 짐작되었다.

산촌 아낙네들은 아기를 담은 소쿠리를 짊어진 채 구경을 하기도 하고 아기를 담은 소쿠리를 내려놓은 채 보고 있기도 했다. 자기 이름을 부르지 않아도 염주알을 굴리거나 마니차(摩尼車)를 돌리는 할아버지들도 많이 와 있었다. 말이 통하지 않는 히말라야 사람들과 눈으로 말하는 데 익숙한 나는 순박한 눈빛으로 미소 짓고 있는 그들의 얼굴만 바라보고 있어도 굳이 다른 말이 필요 없이 모든 교감이 충분히 이루어졌다. 그들의 그 고마워하는 눈빛을 옷을 내놓은 많은 한국 사람들이 직접 보았으면 얼마나 좋을까 싶었다.

그곳 운동장 가득히 모인 중고등학교 학생들에게는 제일합섬에서 보낸 새 옷을 나누어 주었다. 새 옷을 줄 수 있어 그곳 젊은 청소년들의 자존심을 보호해 줄 수 있는 것 같아 다행이었다.

푸짐한 나눔의 행사가 끝난 다음에는 그곳에서도 한판 축제가 벌어졌다. 히말라야 깊은 산촌 마을에서 건강한 처녀들이 전통 의상을 입고 춤추는 그 아름답고 풍성한 모습은 지구촌 어디에서도 볼 수 없는 축제였다. 마치 하늘에서 내려온 선녀처럼 보이는 히말라야 산촌 처녀들. 나는 그들의 싱싱하고 건강한 아름다움에 홀딱 반하고 있었다. 우리들도 그들과 비단 끈을 함께 잡고 빙글빙글 춤을 추며 축제의 한마당에 어우러졌다. 옷을 모으던 길고 긴 팔 개월이 빙글빙글 춤사위마다 내 눈앞에 스쳐 갔다.

축제를 마친 다음 우리는 그 마을에 살고 있는 상가세나 스님의 아버님도 찾아뵈었다. 부인과 사별한 그분은 온 집 안을 깨끗이 하고 화단에 꽃을 가꾸며 살고 있었다. 의사로 마을 사람들의 병을 고쳐 준다는 그분은 우리에게 아들 상가세나 스님을 도와주어 고맙다는 인사를 하고 또 하셨다.

우리는 마하보디 소사이어티 회원의 집을 방문했다. 우리나라 능금보다 더 작은 빨갛게 익은 사과가 주렁주렁 매달려 있는 것을 보는 것은 히말라야에서 과실나무를 보는 기쁨과 같았다. 정말 아름답게 보였다. 히말라야에는 사과 말고 살구도 열린다지만 살구는 보지 못했다. 히말라야 사람의 집에 정중하게 초대받아 방문하기는 처음이었다. 이 집 주인은 내가 몇 차례 히말라야에 올 때마다 만났던 사람이라 반갑게 환대해 주어 더욱 기분이 좋았다. 응접실에는 이 고장에서 짠 양탄자가 깔렸고 중국 문양과 색상을 연상케 하는 찻상이 손님과 주인 사이에 놓여 있었다.

응접실에서 차 대접을 받은 다음 우리가 안내된 곳은 거실이었다. 주방을 겸한 거실은 듣던 대로 매우 크고 넓었다. 밥솥이 걸려 있는 부뚜막은 은빛 나는 철제에 특별한 문양까지 놓인 소재로 단장되어 있었다. 그리고 아주 깨끗했다. 추운 곳이라 불을 펴 화기를 발산하는 곳이 그만큼 소중하게 여겨지고 있는 것처럼 느껴졌다. 주방의 선반에는 번쩍번쩍 윤이 나도록 잘 닦인 놋그릇들이 층층으로 포개져 진열되어 있었다. 주방에서 쓰는 용기이지만 잘 정돈되어서인지 그러한 그릇들은 조상 대대로 물려 쓰고 있는 가보의 장식품 같았다.

그 집의 새 며느리는 손님이 오기 때문에 잘 차려 입기도 했겠지만 복식 자체가 실용성보다는 치장을 중시했음을 엿볼 수 있어, 라다크가 그 옛날 실크로드의 길목으로 번영을 누렸을 때의 사치의 풍속을 지금 보는 듯했다. 히말라야 산촌을 벗어나 보지 않은 새댁의 단정한 모습은 교양까지 있어 보여 조행(操行)을 갖추고 사는 그들의 문화도 엿볼 수 있었다.

우리는 그 마을의 다른 집으로 안내되었다. 그들은 흙담집을 하얗게 칠하고 나무의 문틀과 난간들을 조각한 집에서 일층엔 가축이 살고 이층에서는 사람이 생활하고 있었다. 안내된 삼층에는 불상이 모셔진 개인 법당이 있었다. 규모만 작을 뿐 완전한 불교 사원처럼 부처님도 모셔져 있고 벽면과 천장에는 그들의 수준있는 불화가 그려져 있었다.

라다크 사람들은 개개인이 자기 집 법당에서 아침저녁으로 부처님께 예불을 올리며 기도하고 참선한다고 했다. 그 집뿐 아니라 그 마을 집집마다 그같은 가정 불당이 있다고 했다. 히말라야 라다크 산촌 사람들이 얼마나 불심이 장한가를 알 수 있었다. 그들의 생활화된 불교문화를 집집마다에서 느낄 수 있었다.

때마침 가을이라 타작마당에서는 우리나라 도리깨 같은 것으로 곡식을 두들겨 낟알을 만들고, 삼태기에 검불과 곡식을 함께 담아 바람에 날리고 있었는데 그들의 그런 모습이 그 옛날 우리네 농경 시절을 연상하게 했다.

소통과 화해

일본 2002

오다와라에서 일어난 일

일본의 엠아르에이(MRA) 명예총재인 소마 유키카(Soma Yukika) 여사로부터 2002년 6월에 일본에서 열리는 제25차 오다와라 엠아르에이 국제 대회에 나를 초청한다는 내용의 전화가 걸려 왔다. 평소에 존경하던 분으로부터의 뜻밖의 초청이고 스위스의 코(Caux)에서 열리는 세계 엠아르에이 대회에 참석했을 때마다 유익한 경험을 했던 나는 흔쾌히 오다와라(小田原) 대회에 참석하겠다고 대답했다. 그렇게 해서 나는 6월 7일부터 9일까지 열리는 오다와라 대회 참석차 오랜만에 일본 여행을 떠났다.

나리타 공항으로부터 회의장이 있는 오다와라까지 가려면 기차를 두 번 갈아타야 했다. 처음 탄 기차는 지정석에 앉아 매우 쾌적한 여행을 할 수 있었다. 그러나 바꾸어 탄 두번째 기차는 표를 살 때 의사소통이 잘 안 되었던지 지정석이 아닌 자유석이었다. 차에 오르고 보니 차 안은 이미 많은 사람들로 꽉 차 있었고 서 있는 사람들도 많았다. 동행자 신현대 씨와 한국 엠아르에이 정연욱(鄭淵旭) 씨는 가까스로 빈자리 하나를 찾아 나를 앉을 수 있게 해 주고 입석의 군중 속으로 사라졌다.

내 옆자리에는 모녀로 보이는 일본 여성 두 명이 앉아 있었다. 차창 밖 일본 시골풍경을 무심히 바라보던 내가 옆자리의 일본 여성과 눈이 마주쳤을 때 그녀는 내 옷을 바라보면서 "치마, 저고리…"라고 똑똑히 발음하며 말을 걸어왔다. 나는 내 옷을 매만지며 그의 말을 따라 "치마, 저고리"라고 답하며, 맞다는 표정을 지었다. 나는 일본어로 대화할 실력이 없어 함께 앉아 있는 딸과 짧은 영어로 의사소통을 했고 그 딸의 통역에 의지해 어머니와도 대화했다.

　그런데 한순간 그 어머니는 자신이 갖고 있던 꾸러미 속에서 무엇인가를 꺼내 내게 건네주었다. 그것은 파란 잎에 계란 모양으로 갸름하게 싼 것들을 왕골 끈으로 얼키설키 묶어 조랑조랑 매단 두 개의 줄이었다. 제법 무게가 느껴지는 파란 덩어리들이 달린 끈을 받아 들며 나는 겉으로는 고마워하는 표정을 지었지만 속으로는 많이 놀라고 있었다. 당장 풀어 입에 들어갈 음식을 그토록 공들여 묶어 놓은 것을 보고 나는 그렇게 놀라고 있었다. 두 개의 넓은 댓잎에 싸인 덩어리를 세 칸 간격으로 묶고 나중에 다시 그것을 가로로 여미어 묶었는데 덩어리들마다 동여맨 솜씨가 똑같았다. 한 덩어리를 그렇게 만들려면 시간도 제법 걸리고 공도 많이 들었을 것 같았다. 그리고 그렇게 동여맨 끈이 흔한 비닐 끈이 아니라 내가 어린 시절 보았던 식물성 왕골 끈이어서, 그렇게 묶어 놓은 모습은 나에겐 놀라움 그 자체였다.

　기계문명의 혜택으로 편리함을 추구하는 이 시대, 특히 일본의 전자제품들은 편리하고 성능이 좋아서 세계 여러 사람들이 대부분 일제를 선호하고 있다. 그런데 정작 일본 사람들은 오히려 불편함을 감수하면서 예스러운 전통을 고집스럽게 지키고 있었다.

　여러 가지 생각을 하던 나는 그것을 하나 먹어 볼 양으로 묶어 놓은 끈을 풀어 보려 했지만 쉽지 않았다. 내가 하는 것이 서툴러 보였던지 그 여인은 친절하게 그것을 풀어 주었다. 널찍한 파란 댓잎에 싸인 내용물은 파란 빛깔의 떡이었다. 나는 호기심을 갖고 그 떡을 조금 먹어 보았다. 곱게 반죽된 듯한 그 작은 떡은 독특한 윤기가 흘렀고 떡 속에는 단팥 소가 들어 있었다. 내가 그 떡을 맛있게 먹자 그 부인은 매우 만족스러워했다.

　서울에서 열한시에 출발한 대한항공기를 타고 가는 동안 한 차례의 식사가 나왔지만 잘 챙겨 먹지 않았던 탓으로 세시가 좀 지나자 나는 심한 공복감을 느꼈지만 아무것도 사 먹을 수가 없었다. 기차 안은 입석으로 만원을 이루어서 손수레를 밀고 다닐 만한 통로도 없었고 아무 상인도 오가지 않았다. 그래서 그 떡 한 덩이는 나에게 요기가 되는 고맙고 귀한 음식이었다.

뜻밖의 그 올망졸망한 떡을 주고받은 다음부터 우리의 자리는 더욱 화기애애한 기운이 감돌았다. 이국땅 일본에서 한 여인이 먼저 건네준 인정 때문에 나는 어느덧 일본과 크게 소통하고 있는 듯한 느낌과 함께 훈훈함을 느낄 수 있었다.

그녀는 자신이 내려야 하는 정거장이 가까워지자 황급히 자신의 주소와 전화번호를 써서 내게 주었다. 우리는 꼭 연락하며 다시 만나야 하는 다정한 친지처럼 그렇게 아쉬운 작별을 했다.

일본의 엠아르에이 국제회의가 열리는 오다와라 아시아센터를 찾았을 때의 첫인상은 오랜만에 고향 마을에 모여든 사람들이 서로 반기고 있는 것 같았다. 나를 초청한 소마 여사도 나를 반겨 주었다. 스위스 엠아르에이 본부 마운틴 하우스에서 처음으로 만난 이래 십오 년도 넘는 세월 동안 교분을 쌓아 온 엠아르에이의 직원 나가노 기요시(長野淸志) 씨와 정계에 입문한 후지타(藤田) 씨와의 만남도 반가웠다.

아시아센터에는 야트막한 산허리를 이리저리 휘감고 올라간 언덕 위, 수령이 오래된 나무로 이루어진 숲속에 있었고 시내 중심가에서 그리 멀지 않으면서도 매우 한적한 느낌을 주는 곳이었다.

건강한 모습의 한 여인이 웃음 가득한 얼굴로 우리의 가방을 번쩍 들어다 안내해 준 우리의 방은 전망이 아주 좋았다. 창밖으로는 오랜 세월 동안 한자리에 뿌리박고 나이테를 만들어 왔을 아름드리 나무들이 정정한 모습으로 기품을 뿜내고 있어 그 나무만 보아도 싱싱한 기운이 전해 오는 듯했다. 키가 큰 나무들의 빽빽한 숲 아래에는 보기에도 풍성한 오동 보랏빛 수국들이 소담스럽게 피어 있었다. 그런데 그 꽃들은 마치 큰 침묵을 지키고 있는 듯했고 그 꽃들이 있는 곳을 내려다볼 때는 그곳이 아주 깊숙한 골짜기처럼 느껴졌다. 그 골짜기에서 눈을 서서히 들어 푸른 숲 저 너머를 바라보면 망망대해 태평양 바다가 검푸르게 출렁이고 있었다. 나는 마치 광대무변한 공간 속에 홀로 존재하고 있는 것 같았다. 자신이 그같은 대자연의 큰 품 속에 안기어 있다고 느껴질 땐, 더할 나위 없는 편안함과 형언할 수 없는 절대 단순세계로 빠져들게 된다. 내면의 고독에서 얻을 수 있는 영감은 이같은 낯선 의지에서, 자기만의 몰입된 영감의 세계에서 느낄 수 있다는 것을 새삼 체험할 수 있었다. 잠시 사바세계를 여읜 듯한 상념에 잠겨 있던 나는 방에서 나와 여러 사람이 있는 곳으로 갔다.

세계 이십 개국에서 모여든 사람들과 서로 정중하게 인사를 나누면서 눈인사만 하여도 느낌이 좋았다. 엠아르에이 사람들이 풍기는 그 진실함과 독특한 은은함 그리고 맑고 온화함이 배어 나오는 인격을 가진 사람과의 만남은 축복과도 같았다. 그들은 서로를 배려하는 예절이 분명해서 신뢰가 쉽게 쌓이고 밀도 높은 교감이 이루어진다. 그런 사람들과는 말없이 식탁에 마주 앉기만 해도 금세 서로 친숙함의 끈을 잡게 된다.

대회가 시작되던 날 밤, 첫 연사로 등단한 사람은 일본 엠아르에이 명예 총재 소마 유키카 여사였다. 그분은 이미 구십 세의 노인이어서 겉으로는 노쇠함이 고스란히 드러나지만 내면의 정신세계의 꼿꼿함은 그를 우러러보게 하고 그분의 말은 큰 감화력이 있었다. 소마 여사는 젊은이도 따를 수 없는 긴장감과 절도를 잘 유지하며 각국에서 온 사람들을 환영했다. 그리고 본 대회가 '이십일세기는 화해와 대화의 세기'라는 주제로 열리고 있지만 특히 한일 양국의 화해의 문제에 더 깊은 관심을 가져 주기를 바란다는 요지의 말을 했다. 뒤이어 일본 전 수상 하타(羽田) 씨와 엠아르에이 하시모토(橋本) 총재가 인사말을 했고 '액션 포 라이프(Action for Life)' 그룹이 세계를 평화롭게 만들자는 내용의 가사로 노래하며 개막식을 마쳤다.

이번 대회에 나도 주제 발표를 하고 토론에 참가하기로 되어 있었고 다음 날이 바로 그날이었다. 나라 밖에서 더러 대중 앞에 말을 해야 할 기회가 있고 그럴 때면 나는 서투른 영어로 말을 한다. 그러나 이번처럼 국제 대회에서 격식을 갖춰 영어로 주제 발표를 해 본 적은 없었다. 처음 부탁을 받았을 때는 항상 나라 밖에서 하던 대로 해 볼 요량이었지만, 동시통역 관계로 원고가 꼭 필요하다는 요청을 받고 나는 급히 원고를 준비했었다. 떠나기 전날에야 겨우 '한일 양국의 협력으로 세계 평화에 기여하자'는 주제의 글을 써서 한국의 엠아르에이 정연욱(鄭淵旭) 씨에게 그 글의 번역을 부탁했었다.

그렇게 해서 나는 발표를 몇 시간 앞두고 일본 대회장에서 번역된 영어 연설문을 받았다. 나의 부족한 영어 실력을 감안했겠지만, 받아든 연설문에는 페이지마다 처음 보는 단어들이 몇 개씩 있었다. 그 처음 보는 단어들을 보는 순간 참으로 암담했고 위기감까지 느껴지면서 심한 긴장감이 엄습해 왔다. 나의 차례가 되었을 때, 큰 실수나 하지 않기를 바라는 마음으로 단상에 올라 다음과 같은 내용의 말을 했다.

"만약 어떤 사람이 매우 만족스러운 행복을 느끼고 있다면 그 사람은 분명 자기와 가까운 사람들과 원만한 관계를 맺고 있을 것입니다. 가령 자기 가족인 남편이나 아내, 딸이나 아들 같은 가까운 인연과 좋은 관계 속에 있을 때에만 진정한 행복을 느낄 수 있습니다. 그와 반대로 자기 가족이나 또는 아주 가까운 이웃과 관계가 나쁘고 그들로부터 배척을 당하고 미움을 받는다면 그 사람은 바로 가까운 사람들을 통해서 정신적 큰 고통을 겪게 될 것이며 결국 불행한 사람이 되고 맙니다.

우리는 아무 관계가 없는 사람, 즉 가깝지 않은 인연을 통해서는 행복도 불행도 경험할 수 없습니다. 국가도 마찬가지입니다. 가까운 이웃 나라와 관계가 좋아야만 평화를 유지할 수 있습니다. 만약 이웃 나라와 관계가 나쁘면 항상 갈등과 대립이 고조되고 전쟁도 일어날 수 있습니다. 우리는 그 예를 인도와 파키스탄 그리고 이스라엘과 팔레스타인에서 볼 수 있습니다. 양국의 관계가 극도로 나빠지고 긴장되면 서로 무고한 상대편 사람을 죽이기까지 합니다. 그런 상황이 더 악화돼 전쟁이 일어날까 봐 세계가 염려하기도 합니다.

일본과 한국은 아주 가까운 이웃 나라입니다. 그러나 상대 국가보다 강한 나라는 항상 약한 나라를 지배하고 싶어합니다. 1910년 한일 양국 관계에 아주 나쁜 역사가 시작되었습니다. 그 당시 일본은 한국보다 여러 면에서 매우 강했던 것 같고, 그 시대를 살던 일본 사람들은 한국을 점령했고 1945

년 한국이 해방될 때까지 삼십육 년 동안 식민지로 통치하면서 한국 사람을 억압하고 상처 입혔던 과거 역사가 있습니다.

나는 어린 시절 그때의 역사를 경험했습니다. 가장 강렬한 기억은 우리말과 글을 쓸 수 없었고, 각자의 성과 이름마저도 다 일본 말로 바꿔야만 했습니다. 그리고 우리가 농사지은 쌀은 모두 빼앗기고 한국 사람은 기름을 짜낸 콩깻묵으로 목숨을 이어 가야만 했습니다. 또 우리 어머니, 할머니들은 쇠붙이 그릇까지도 빼앗기지 않으려고 깊숙이 숨기느라 고심하는 것을 보았습니다. 젊은 남자는 전쟁터로 끌려가 목숨을 잃었습니다. 그리고 지금 한국에서 정신대(挺身隊)라 불리는 그 시대의 젊은 여성들은 일본군 위안부로 끌려갔습니다. 그처럼 너무나도 억압받고 고통을 겪었던 한국 사람들은 그 모든 것들을 역사로 기록하고 뒷사람들에게 알리고 있습니다. 그래서 이 시대를 살고 있는 현재의 한국 사람들도 마음속 깊이 일본 사람을 싫어하고 증오한다고 볼 수 있습니다. 나도 그런 사람이었습니다.

나의 일본에 대한 미움과 증오심은 대단했습니다. 그러나 1987년에 열린 스위스 코 마운틴 하우스 엠아르에이 세계대회에서 그 마음을 바꿀 수 있었습니다. 그리고 나는 그곳에서 일본으로부터 어린 시절 받았던 상처가 완전히 치유되었습니다. 그때부터 나는 일본 사람에 대한 미운 감정이 없을 뿐 아니라 구체적으로는 일본의 소마 여사를 존경하고, 후지타 씨, 나가노 기요시 씨 그리고 히사코, 메구미 양과 같은 분들과 깊은 우정을 나누고 있습니다.

나에게 이러한 변화를 가져오도록 한 것은 한국과 일본의 불행한 역사를 잘 알고 있고 일본 사람을 싫어하는 나의 속마음을 잘 알고 있던 스위스의 실비아 주바(Sylvia Zuba) 여사가 내가 일본 친구들과 화해할 수 있도록 은밀히 노력했기 때문입니다.

지구촌에 살고 있는 사람들은 과거의 잘못된 역사적 유산을 정신적으로 아직도 갖고 있습니다. 오늘을 살고 있는 사람들도 또 잘못된 역사를 만들어 가고 있는 경우도 많습니다.

엠아르에이 사람들은 이같은 잘못된 과거의 역사에 얽매이지 않고 오직 현재를 창조적이고 생산적으로 살도록 하기 위해 노력하고 있습니다. 또 잘못된 과거는 청산하고 화해하도록 노력하며 자신이 먼저 변화하고 또 세계를 변화시키는 사람들이 엠아르에이 사람들이라고 굳게 믿고 있습니다. 잘못된 과거에 대해서는 가해자 측이 먼저 용서를 청하도록 권하고 불행한 경험이 있는 사람들은 너그럽게 용서할 수 있도록 화해를 돕는 것이 엠아르에이 활동입니다. 서로 용서하고 화해할 수만 있다면 미워하고 적대적인 관계에 있던 개인이나 국가 간에도 우정이 싹트고 평화를 얻게 될 것입니다.

지금 우리는 세계 사람들의 큰 관심 속에 한일 공동으로 월드컵을 개최하고 있습니다. 세계의 축제인 이 월드컵을 성공적으로 원만히 치르기 위해서는 두 나라의 긴밀한 협력을 통해서만 가능한 일입니다. 월드컵 공동 개최로 인해 한일 관계는 보다 좋은 협력 관계를 만들 수 있는 기회를 얻었다고 나는 생각합니다.

일본과 우리는 아주 가까운 이웃이지만 그리고 같은 동양 사람이지만 우리는 서로 다른 언어와 문화, 역사와 관습을 갖고 있고 생각도 서로 다를 수 있습니다. 양국이 그 다른 점을 존중하고 이해하며 상대로부터 좋은 점을 많이 배울 수만 있다면 개인과 국가가 자신의 틀을 벗어나 많이 발전할 수 있다고 믿습니다. 그런 사람과 국가야말로 글로벌 시대를 능동적으로 살 수 있는 주역이 될 것입니다.

지금 세계 속에서 일본과 한국은 크게 주목받고 있고 특히 경제적으로 많은 부러움을 사고 있습니다. 한일 두 나라는 더 큰 협력을 통해 서로 발전하고 세계 속에서 더 어려운 나라들을 돕는 평화의 에너지를 생산해야 합니다. 그리하여 한일 두 나라가 세계 평화에 크게 기여할 수 있기를 바랍니다. 그리고 이러한 일이 일본과 한국의 엠아르에이를 통해서 구체적으로 실현되길 바랍니다."

나는 매우 긴장된 상태에서 조심스럽게 발표를 마쳤다. 숨죽인 듯 경청하던 청중들은 내가 단상에서 내려왔을 때 좋은 반응을 보였지만 의례적인 것일 거라고 생각했다. 매우 정직한 평가를 해 줄 것이라고 믿어지는 사람은 나의 영어 실력을 가장 잘 알고 있고 나의 발표문을 번역한 정연욱 씨였다. 그래서 가장 먼저 그에게 눈길을 보냈었다. 그는 내게로 다가와 "아무도 처음 발표하는 줄 몰랐을 거예요"라고 말하며 나를 안심시켰다.

잠시 후엔 토론 시간이었다. 토론에 앞서 소마 유키카 여사가 자리에서 일어나 어제의 개막식 때와는 달리 영어로 말했다. 그분은 매우 격앙된 어조로 다음과 같이 말했다.

"오늘 우리가 이 자리에 한국의 박청수 교무와 함께 있다는 것은 참으로 다행한 일입니다. 나는 박 교무가 무슨 일을 하고 있는지 잘 알고 있으며 지난 몇 년 동안 박청수 교무와 잘 알고 지내 왔다고 말할 수 있습니다. 오늘 이 자리엔 일본의 게이코 여사도 함께 있군요. 앞으로는 이 두 사람이 서로 힘을 합해 한일 간에 중요한 역할을 해 줄 것이라고 믿습니다."

그분은 떨리는 음성으로 말하며 울먹였고 눈에는 눈물이 가득 고여 있었다. 자신의 양 옆자리에 앉아 있던 나와 게이코 여사를 일으켰다.

소마 여사의 그같은 모습에 대해 대중도 숙연해져 있었을 때, 바로 그 순간 일본의 게이코 여사는 내 앞에 무릎을 꿇고 상반신을 세워 나를 위로 바라보면서, "마더 박, 용서해 주십시오. 나는 기독교인입니다. 예수 그리스도의 이름으로 당신에게 우리들의 잘못된 과거에 대해 진심으로 사죄하고 용서를 청하니 용서해 주십시오"라고 말하며 울먹였다. 그러자 의자에 앉아 있던 여러 사람들이 아래로 내려와 다 함께 무릎을 꿇고 눈물을 훔치며 고개를 떨구었다. 너무 당황한 나는 어떻게 할 바를 몰랐다.

게이코 여사는 눈빛이 매우 강렬했다. 그녀는 내가 그곳에 도착했을 때 마치 한눈에 모든 것을 파악하려는 사람처럼 나를 한참 동안 뚫어지게 바라보더니 내 곁으로 다가와서 "당신은 영어로 말할 수 있습니까"라고 했다. 그 게이코 여사가 나에게 매달리듯 그 강렬한 눈빛으로 나를 쳐다보며 용서를 청했다. 게이코 여사는 나의 어린 시절 내가 경험했던 것들을 조금 전 발표했던 대로 낱낱이 열거하며 용서를 빌었다.

오다와라 엠아르에이 국제 대회에서. 발표를 마친 내가 단상에서 내려오자
게이코 여사와 많은 일본 사람들이 무릎을 꿇고 용서를 빌었다.
내 앞에 앉은 사람이 게이코 여사, 옆에 서 있는 노인은 소마 유키카 여사이다.

"정말 미안합니다. 당신의 나라를 침범했던 우리가 당신의 나라말을 못하게 하고 글을 못 쓰게 했던 것 너무 큰 잘못이었는데 지금 용서해 주세요. 당신들이 농사지은 곡식을 다 빼앗아 오고 배고프고 굶주리게 했던 것 어떻게 용서를 빌 수 있을까요."

그녀의 뺨에는 하염없는 눈물이 흐르고 있었다. 나로부터 큰 대답을 기다리는 듯한 그 갈망의 눈빛은 너무나도 강렬했다. 내 자신은 어떤 눈빛으로 바라보아야 할지 몰라서 그리고 게이코 여사의 눈빛을 바로 바라보기 어려워서 잠시 눈을 감았다. 그녀는 마치 잘 외워 두었던 대사를 말하기라도 하듯 쉼 없이 사죄의 말을 쏟아냈다.

"그래요. 오늘날도 우리 일본에서 살고 있는 한국 사람들을 우리가 차별하고 있는 것에 대해서도 용서해 주세요. 우리는 그들에게 납세의 의무는 지키라고 하면서 참정권은 주지 않아 선거 때 투표할 권리도 누리지 못한 채 이 나라에 살고 있습니다. 한국인들이 받는 차별대우의 고통이 무엇인지 잘 알고 있습니다. 우리는 과거에만 잘못한 것이 아니라 지금도 잘못하고 있습니다. 이러한 우리의 모든 잘못을 용서해 주세요…."

마치 신 앞에서 기도하듯 그렇게 말하고 있었다.

이럴 때 난 어떻게 해야 할지 도무지 알 수가 없었다. 나는 감고 있던 눈을 떠 창가의 저 먼 하늘을 바라보았다. 흘러간 세월, 그 시대의 역사 속에 가혹한 시련을 겪으며 무서운 형벌을 당하고 목숨까지 잃었던 우리네의 그 한 많은 선조들. 도산(島山) 선생님, 김구(金九) 선생님, 한용운(韓龍雲) 선생님 그리고 유관순(柳寬順) 열사…. 삼일독립만세의 함성이 환청으로 들려오는 듯했다. 그 식민지 시대를 살면서 억압당하고 고통받았던 우리네의 혼령들이 지금 오다와라 하늘가를 맴돌고 있는 듯했다. 이 엄청난 순간을 나 혼자서 어떻게 감내해야 할지 몰라 두렵기조차 했다. 아! 한일 양국 간의 그 무서운 업력(業力)의 바람이 쉬고, 그 두꺼운 업장(業障)이 방금 녹아내리고 있는 것만 같았다. 잠시 눈을 들어 앞을 바라보니 일본의 엠아르에이 총재도 다른 사람들과 같이 무릎을 꿇고 고개를 숙이고 있었다.

나는 다 울고 난 아기처럼 느껴지는 게이코 여사에게로 몸을 숙여 깊이 안아 주며 다독여 일으켰다. 내 뒤에서 침묵 속에 지켜보던 정연욱 씨는 다른 사람들에게도 그렇게 해 주라고 했다. 나는 일본인 한 사람 한 사람을 일으켜 포옹했다. 내 품에 안긴 어떤 여성은 그 심장의 박동소리가 내게 쿵쿵 전해지는 듯했다. 다음 사람을 일으키기 위해 내 품에서 떼어 놓으려 하면 더 강렬하게 나를 껴안으며 흐느꼈다. 나는 무릎 꿇고 있는 속죄하고 있는 그들을 그렇게 한 사람 한 사람 포옹하며 일으켰다. 신현대 씨가 찍은 사진을 보면 그렇게 무릎을 꿇고 있던 사람은 열세 명이나 되었다. 하시모토 총재는 어느새 자신의 자리로 돌아가 앉아 있었다. 나는 그렇게 속죄한 그 모든 분들에 대한 감사한 마음을 표하기 위해 하시모토 총재에게로 가 엎드려 큰절을 올렸다. 그분도 어느덧 나와 함께 엎드려 큰절을 하고 있었다.

숨 막히도록 엄숙한 그 순간, 나는 말문이 잘 열리지 않았지만 띄엄띄엄 이렇게 말했다.

"나는 이제부터 한일 양국의 불행했던 역사 그 과거를 청산하는 데 힘을 쏟겠습니다. 그러나 나는 지금 어떻게 하는 것이 그 일을 하는 것인지에 대해선 아무것도 알지 못합니다. 앞으로 그 길을 찾도록 노력하겠습니다. 그리고 나는 어렸을 때 일본말을 했던 경험이 있고 또 공부할 때 필요해서 일본 전문서적을 조금 본 일이 있습니다. 그런데도 나는 일본을 싫어했기 때문에 일본말을 전혀 해 본 일이 없고 그래서 일본말을 전혀 할 줄 모릅니다. 나는 오늘의 뜻 깊은 날의 의미를 새기기 위해 앞으로 일본말을 배우겠습니다. 이 다음에 여러분을 만날 때는 짧은 일본말이라도 할 수 있게 될 것입니다. 이것은 나의 큰 결심이고 또 다짐입니다."

화해의 전령, 게이코 홈즈 여사

"나와 나의 아내는 최근 당신의 오다와라 방문 소식을 접하면서 큰 감동을 받고 있습니다. 당신은 그들의 깊은 죄의식에서 우러나오는 반성과 참회의 소리를 들었고, 그리고 그들 많은 사람들의 상처를 치유시켰다는 사실 말입니다. 우리 내외는 당신을 위해 기도합니다." 스위스 세계 엠아르에이 전 총 재인 마르셀 그랜디(Marcel Grandy) 씨가 보내 온 이메일 내용이다. 오다와 라에서 일어난 일은 삽시간에 전 세계에 알려졌던지, 세계 여러 나라 지인 들로부터 그날의 상황에 대해 큰 의미를 부여하는 사연들이 날아들었다.

나의 주제 발표 후 토론 시간에 일어난 이 극적인 장면은 게이코 홈즈(惠子 ホームズ) 여사의 용기있는 행동이 촉매가 되었다. 게이코 여사는 영국 의 사업가 홈즈라는 남성과 결혼해 두 아들과 함께 런던에서 살다 비행기 추락 사고로 남편이 사망하는 큰 불행을 경험한 사람이지만 독실한 기독교 신앙인으로 아가페적 사랑에 자신의 생애를 바치고 있는 사람이다.

특히 그녀는 영국의 포로 퇴역 군인들을 위해 많은 노력을 바쳤다. 제이 차세계대전 중 극동 지역의 태국이나 미얀마에서 일했던 영국 군인 삼백여 명은 일본에 의해 전쟁 포로가 되었다. 일본으로 끌려온 그들은 구리 탄광 에서 일하면서 심한 학대와 고초를 받았으며 그들 중 열여섯 명이 죽게 되 었다고 한다. 게이코 여사는 우연히 자기 고향을 찾아갔다가 그들 열여섯 명 영국 포로들의 무덤이 기념공원으로 아름답게 꾸며져 있고, 전쟁 포로들 의 발자취를 알 수 있는 내용과 그때에 희생된 군인들의 이름이 대리석에 새겨져 있는 것을 보게 되었다고 한다. 그녀는 매년 열리는 런던 극동(極東) 전쟁 포로들의 모임에 참석하여 그들 영국 사람들이 얼마나 일본 사람을 증 오하고 있는가를 알게 되었고, 일본에서의 그들의 과거 경험이 얼마나 고통 스러운 것이었는가도 이해할 수 있게 되었다고 한다. 그래서 그녀는 1992 년 그 옛날 전쟁 포로였던 영국의 퇴역 군인 백 명으로 하여금 일본을 방문 할 수 있도록 주선하여 이루카에 있는 그들의 옛 전우들의 무덤이 기념공원 으로 꾸며져 있는 현장을 보게 했다. 그들은 그곳에서 잔잔한 감동을 느끼 며 어려웠던 과거마저도 자신의 삶으로 받아들이고 일본을 용서했다. 그녀 는 이 화해의 순례에 한결같은 정성을 바쳐 이백여 명의 영국인 전쟁 포로 가 일본을 방문토록 안내했고, 그들은 용서가 불가능할 것이라고 여겼던 일 본 사람들을 마침내 친구로 받아들이게 되었다고 한다. 영국 포로들의 증오를 달래는 삶을 살아온 그녀에게 영국 엘리자베스 이세 여왕은 명예훈장까지 수여했다. 그녀는 과거의 일본으로부터 상처받은 사람들에겐 누구에게나 기꺼이 용서를 청하는 화해의 전령이었다.

게이코 여사가 갑자기 나에게 청한 용서로 인해 세계 이십 개국 백오십여 명이 모인 토론장은 한순간 긴장과 흥분에 휩싸였었다. 이 광경을 말없이 지켜보던 모든 사람들, 그중에서도 일본 사람들에겐 특별한 감정이 일렁이고 있는 듯했다. 여기저기서 자신의 의견을 말하려는 사람들이 손을 들었고 그들은 너나없이 일본이 더 반성해야 한다는 한 목소리였다. 일본 사람들의 철저한 자기비판의 장이 되었다.

이때 일본 국회의원 다나카(田中) 씨는 한일 관계에 대해서만은 아무리 이야기해도 진정한 의미에서 별 진전이 없다며 안타까워하는 발언을 했다. 나는 그 말에 대해 다음과 같이 말했다.

"우리는 서로 조심할 필요가 있습니다. 한일 간에 별 문제가 없는 듯이 잠잠하다가도 가령 일본의 역사 교과서 왜곡 문제 같은 것이 불거지면 양국 관계는 급속히 냉각되어 버립니다. 엄연한 사실인 지난 역사를 왜곡하는 일부터 없어야 합니다. 특히 영향력있는 정치 지도자들이 한일 양국의 좋은 관계를 만들어 나가기 위해 더욱 힘써야 한다고 생각합니다. 고이즈미(小泉) 총리가 돌연 신사참배를 하는 것도 한국 사람들의 감정을 건드리는 미묘한 문제가 되곤 합니다. 그리고 한국 언론도 문제입니다. 한일 양국의 민감한 문제인 일본의 역사 교과서 왜곡 문제를 크게 보도하여 기름에 불을 당기듯 한국 사람들의 인심이 들끓게 만들었지만, 사실 왜곡된 교과서 채택은 전국의 중학교 가운데 0.1퍼센트에 지나지 않는다는 사실을 아는 한국 사람은 그리 많지 않습니다. 사건의 결과를 알리는 기사는 아주 작게 쓰고 말지요. 그래서 대부분의 한국 사람들의 보편적 인식은 일본의 역사 교과서는 왜곡돼 있다는 우려를 갖고 있다고 할 수 있습니다."

견성(見性)한 손님들

일본의 오다와라 엠아르에이 국제회의에서 만난 남아프리카공화국에서 온 음겔레자(Mgeleza) 군이 내 곁에 찰싹 달라붙듯이 앉더니 "정말 고마워요"라고 말했다. 뜻밖의 말에 "무엇이 고맙지?"라고 물었을 때 그는 눈물을 글썽이며 "세계의 어려운 사람들을 도와준 데 대해 진심으로 감사드려요"라고 말했다. 그렇게 말하는 그의 뺨에는 어느덧 눈물이 주르륵 흘러내리고 있었다. 그의 등을 다독여 주자 『러브, 라이프, 라이트(Love, Life, Light)』(나의 저서 『나를 사로잡는 지구촌 사람들』의 영문 번역서)를 통해 내가 하는 모든 일을 알게 되었다고 말했다.

그가 그토록 눈물까지 흘린 것은 나의 저서에서 '검은 대륙 아프리카' 장의 「거대한 휴화산, 아프리카 원주민 빈민가」 글에서 흑인들의 고달픈 삶을 낱낱이 드러내 세세곡절 그들의 편에서 썼기 때문일 것이다. 남아공 젊은이뿐 아니라 '액션 포 라이프' 엠아르에이 청년 모임 멤버들이 나를 대하는 태도는 여간 살가운 것이 아니었다. 모두 내 책의 애독자들이어서 그들의 친밀감 표시는 나에게 색다른 행복을 느끼게 했다.

세계 엠아르에이 본부에서는 차세대 젊은 지도자들을 선발해 인도의 판츠가니 엠아르에이 아시아센터에서 훈련을 시킬 계획을 갖고 있고 그에 대한 경비는 세계의 뜻있는 사람들의 희사금으로 충당될 것이란 것을 알게 됐다. 나는 그 젊은 세대를 키워내는 프로그램에 관심을 갖고 힘을 합하기로 했다. 젊은이들이 엠아르에이 정신으로 자기를 변화시키고, 그들이 장차 세계를 바르게, 좋게 변화시키는 일에 자신의 열정을 다 바칠 주역들이 될 것이니 그런 인재를 양성시키는 일이야말로 얼마나 좋은 일인가. 미래의 더좋은 세계를 만들어 나갈 큰 대비가 될 일이기에 기꺼이 거들기로 했다.

'액션 포 라이프' 친구들은 인도에서의 프로그램을 마치고 주로 아시아여러 나라를 방문하며 현장 경험을 쌓기 위해 한국을 찾아왔다. 그들 젊은이들은 호주, 대만, 뉴질랜드, 레바논, 몰도바 등지에서 온 여덟 명이었다. 그들이 한국에 머무는 이박 삼일 간은 내가 맡아 유익한 경험을 하도록 돕기로 했다. 그래서 나는 그들과 함께 내가 이사장을 맡고 있는 우리나라의 상징적인 대안교육의 현장 영산 성지고등학교를 찾아갔다.

영산 성지고등학교에 도착한 그들은 맨 먼저 곽진영(郭眞英) 교감 선생님으로부터 오랜 경험과 체험에서 우러나온 대안교육의 현장 이야기를 들었다. 그 이야기를 듣는 그들의 눈빛은 밤하늘의 별빛처럼이나 초롱했다. 마치 오래 기다리고 찾던 것을 방금 이곳에서 발견이라도 한 것처럼 한껏 고무되어 보였다. 그들은 다음 날 이곳 학생들과 무슨 문제를 갖고 어떻게 대화할 것인가를 진지하게 이야기했다. 비록 짧은 시간이지만 학생들의 마음의 문을 열게 하고 어떠한 변화가 일어나는지 관찰하고 싶은 듯했다.

다음 날 '액션 포 라이프' 멤버들은 전교생이 모인 자리에서 주로 자신들이 잘못했던 과거의 경험을 솔직하게 털어놓았다. 그리고 누군가를 미워하고 원망했던 사람들과 용서하고 화해했던 좋은 경험의 이야기도 들려주었다. 만남의 시간 동안 우리 학생들의 불성실한 태도까지도 다 감싸 안으면서 학생들과 함께 노래하고 춤추었다. 영산 성지고등학교에서의 이박 삼일 동안 그들은 매우 행복해했다.

그들은 고창의 고인돌 군락지, 광주의 오일팔 묘역 그리고 한국의 사찰을 방문하며 서울이 아닌 시골에 와서야 자신들이 한국에 왔다는 것을 실감한다고 했다. 그들은 모처럼 도시를 벗어나 우리나라의 시골 정취에 한껏 취하는 것 같았다. 푸른 하늘을 올려다보기도 하고 맑은 공기를 심호흡하며 꾀꼬리, 뻐꾸기 소리에도 눈이 빛났다.

모든 일정을 마치고 떠나던 날, 그들은 원불교 성지(聖地)에 대해 관심을 가졌다. 원불교는 '물질이 개벽되니 정신을 개벽하자'는 것이 개교 동기라고 하자 마치 언하(言下)에 유성(有省)하듯 그들은 고개를 크게 끄덕였다. 그리고 지금이야말로 정신개벽이 절실하게 필요되는 때라고 입을 모았다. 소태산(少太山) 대종사(大宗師)님의 탄생가에서는 한국의 새 성자가 태어난 곳에 지금 자기가 서 있다는 것이 한없이 신비하게 느껴지는 듯했다. 한국을 떠나면서 그들이 내게 전한 카드에는 "당신의 지혜와 영성을 접할 수 있음에 감사드립니다. 당신이 다른 사람들을 위해 시간을 내고 보살피는 배려는 우리의 눈을 뜨게 했습니다. 우리는 기도 속에서 항상 당신을 기억할 것입니다."

오다와라에서 만난 '액션 포 라이프' 젊은이들, 그들은 레바논에서, 남아공에서, 뉴질랜드에서, 세계 도처에서 원불교의 메시지를 전할 견성한 손님들로 보였다.

히사코의 집

일본 엠아르에이 명예총재 소마 유키카 여사는 오다와라 국제회의에 나를 초청하면서 "도쿄에 사는 한 여성이 당신을 자신의 집에 초대하려고 기다리고 있습니다"라고 했다. 나는 그분의 그러한 세심한 배려에 놀라지 않을 수 없었다.

나는 그 말을 듣고 도대체 누가 나를 초대할까 하고 궁금하기도 하고 좀 설레기도 했다. 그런데 나는 그분을 오다와라 회의장에서 반갑게 만났다. 그분은 히사코의 어머니 야스코(泰子) 여사였다. 히사코와는 1987년 스위스 실비아 여사가 한국을 방문했을 때 강남교당에서 일주일간 함께 머물렀던 인연이 있었다. 그리고 스위스의 실비아 여사가 야스코 여사의 집에서 머물다 잠시 편찮으셨을 때 그분을 문병하러 갔다가 그 집에서 한 밤을 지낸 일이 있었다.

대회를 마치던 날 야스코 여사는 오다와라에서 도쿄까지 나와 신현대 씨의 여비까지 부담하며 기꺼이 우리를 도쿄로 데려갔다. 도쿄에선 당연히 그분의 자택으로 가려니 했는데 야스코 여사는 우리를 시내의 한 음식점으로 안내했다. 그곳에는 그분의 남편 기다구치 씨와 아들 내외, 두 딸 히사코와 하루코 그리고 어린 손자녀들까지 온 가족이 모여 나를 맞아 주었다. 나는 뜻밖의 환대에 놀랐다. 솔직히 그같은 환대는 나라 안팎에서 처음 받아 보는 대접이었다. 진정한 호의에서 우러난 대접을 받는다는 것이 얼마나 사람을 행복하게 하는가를 히사코의 가족을 통해서 느꼈다.

좋은 일에 쓰라며 엔화 오만 엔이 든 봉투를 내게 전하는 히사코의 아버지 기다구치 씨와
어머니 야스코 여사와 함께.

식사를 마치고 집으로 돌아와서는 자연스럽게 일본과 한국에서 열리고 있는 월드컵에 관해 이야기꽃을 피웠다. 그 밤 여장을 푼 나의 처소는 십여 년 전에 머물렀던 바로 그 방이었다. 그때 일본의 한 중산층 가정의 손님 노릇을 하며 느꼈던 색다른 경험들이 아름다운 추억으로 고스란히 되살아났다.

다음 날 우리가 그 집을 떠나올 때 히사코의 아버지 기다구치 씨는 엔화 오만 엔이 든 봉투를 내게 전해 주며 좋은 일에 쓰라고 했다. 참으로 뜻밖의 큰 희사에 놀라워하자 야스코 여사는, 소마 유키카 여사는 진정으로 일한 양국이 가까워지기 위해서는 일본인 한 가정이 한국인 한 가정에게 친절을 베풀며 좋은 관계를 유지하도록 노력해야 된다고 자주 말했다며 자신들도 그같이 실천하려고 명심하고 있다고 말했다.

나리타 공항을 가기 위해 버스 정류장까지 갈 때는 아들 내외가 운전해 우리를 데려다주고 미리 예매해 두었던 버스표를 정중하게 건네주었다. 친절한 그들 젊은 내외와 헤어질 때 "우리 딸아이가 중학교 일학년인데 교무님을 만나 보고 한국에 좋은 생각을 갖게 되었다며 한국말을 배우고 싶다고 합니다"라고 방금 속삭였던 그 집 며느리의 말이 여운으로 남았다.

히사코의 가족이 베풀어 준 친절 때문에 나는 이미 일본 사람과 매우 친한 사이가 된 것 같았다. 지난 삼십육 년 동안 우리가 일본으로부터 억압받았던 그 쓰라린 과거의 상처도 조금은 아무는 것 같았다.

이제 세계적인 경제 강국이 된 일본과 한국이 과거의 잘못된 역사를 거울삼고 어려운 이웃 나라를 배려하는 진정한 강자의 역할을 할 수 있다면 거기에 세계 평화의 길이 생길 것이란 생각을 해 본다.

중동 기행

팔레스타인의 평화를 위하여

요르단 1991

이해의 사원

평화를 갈구하는 중동 지역에 영감을 주기 위한 목적으로 현지 여러 나라에서 개최된 종교 상호간 세미나와 종교 순례 모임에 참석할 수 있었던 것은 나로서는 큰 행운이 아닐 수 없었다.

중동 지역은 여러 종교의 성지가 밀집되어 있는 땅이어서 모든 종교인들에게는 매우 관심 깊은 지역이라 할 수 있다. 그러나 내 발길이 그곳에 닿기에는 별 인연이 없을 것만 같아 아예 그곳 여행은 생각해 본 일이 없었다. 그런데 1991년, 뜻밖에도 티오유(TOU, Temple Of Understanding, 이해의 사원)의 국제 업무 담당자인 루이스 돌란 신부님의 초청을 받게 되었다.

돌란 신부님과는 원불교 교조(敎祖) 소태산 대종사 탄신 백 주년을 기념하여 대전 유성구에서 열렸던 종교자 대화의 모임에서 처음 만났었고, 그간 내가 가톨릭 복지기관과 인연을 맺고 있는 일에 대하여 대화를 나눈 일이 있었다. 그러나 그보다는 뉴욕에 있는 이오은(李悟恩) 교무님의 가교 역할이 직접적인 인연이 되었다.

루이스 돌란 신부님은 이번 세미나와 순례의 일들을 직접 계획하고 집행했던 분이다. 티오유는 세계 종교 간의 이해 증진이 세계 평화를 위해서 급선무라고 여기고 그간 세계 종교 상호간의 화합을 위해 세계 종교 상호 교류 사업과 함께 종교 세미나를 개최해 왔다. 한편 종교 때문에 불화와 분쟁이 있는 지역을 찾아다니며 화해를 위한 중재의 노력을 해 왔다.

티오유는 1960년 엘리너 루스벨트(Eleanor Roosevelt), 교황 요한 23세, 우 탄트(U Thant), 알베르트 슈바이처(Albert Schweitzer), 안와르 사다트

(Anwar Sadat), 네루(J. Nehru), 달라이라마(Dalai Lama) 등 세계적인 저명 인사들의 노력에 의해 조직된 세계에서 두번째로 역사가 오래된 다종교 협력기구이다. 그 본부는 미국 뉴욕에 있다.

티오유로부터 요르단, 시리아, 레바논, 이스라엘, 이집트 등 순방국에 대한 상세한 일정표가 왔다. 그 일정표만 보아도 많은 것을 보고, 느끼고, 배울 수 있을 것이란 기대감을 안겨 주었다. 특히 여러 종교 지도자들과 함께 중동 지역의 평화를 모색하는 순례 여행이라는 점이 내 마음의 옷깃을 여미게 했다.

요르단의 수도 암만에서 합류하게 될 여행 계획에 차질이 없도록 뉴욕으로부터 친절하고도 자상한 서신이 계속 팩스로 들어왔다.

「만나기 전에 드리고 싶은 마지막 한마디」의 끝에는, "부디 우리는 순례 여행을 가려고 한다는 점을 꼭 명심해 주십시오. 항상 이 점을 서로가 잊지 않도록 서로를 도웁시다. 그리고 걱정하는 마음과 커다란 기대감만을 가슴속에 간직하고 기도로 충만한 생활 태도를 항상 잃지 않기를 바랍니다. 시나이 산에서 쓸 수 있도록 작은 손전등을 꼭 가져 오십시오. 그리고 상식과 웃음, 진정한 동정심도 잊지 마십시오"라고 써 있었다.

10월 17일 오후 일곱시 케세이퍼시픽 항공편으로 서울을 출발하여 중동의 홍콩이라고 불리는 바레인에 도착했다. 그곳은 새벽 세시였다. 공항은 깨끗하고 조용한 분위기였다. 내일 아침 요르단의 수도 암만으로 출발하는 비행기를 타려면 공항 안에서 다섯 시간이나 기다려야 했다. 아랍의 색다른 분위기는 무엇일까 하는 호기심 때문에 우선 몇 장의 그림엽서부터 골랐다. 그리고 주인 없이 문은 잠겨 있지만 환하게 불 밝혀진 쇼윈도도 기웃거려 보았다. 바레인 공항에서의 느낌으로는 모든 것이 서구적이었고 토속품과 색감의 분위기만 아랍풍이었다.

때마침 도착한 비행기에서 내린 사람들이 나오고 있었다. 아랍 남성들의 전통의상인 하얀 원피스를 길게 입은 사람들이 나오자, 미리 줄지어 서 있던 환영 나온 사람들이 서로 가볍게 포옹하면서 양 볼을 바꾸어 가며 맞대

티오유 국제 업무 담당자 루이스 돌란 신부님과 함께.

곤 했다. 아랍인의 정중한 인사는 그렇게 하는 듯이 보였다. 그들은 모두 키가 크고 건장하고 수려한 모습들이어서 아라비안나이트에 나오는 페르시아 왕자의 풍모를 연상케 했다.

여덟시 삼십분에 암만으로 출발하는 비행기를 탔다. 비행기에서 창문으로 내려다본 아라비아 사막은 아침 햇살을 받아 마치 핑크빛 바다처럼 아름다워 보였다. 좀 더 자세히 관찰하면 바람의 발자국이 보이고, 또 바람이 만든 작은 모래 무덤들도 멀리 보였다. 넓고 삭막한 모래사막에는 가끔 넓고 큰 원형의 형상들이 눈에 들어왔다. 그것은 기름 탱크가 묻혀 있는 곳이라고 했다.

바레인을 출발한 지 두 시간 반 만에 암만 공항에 도착했다. 비행기에서 내려 출구로 나오자 낯선 사람들이 내 곁으로 다가왔다. 그들은 여행사 직원과 이희선 교도의 연락을 받은 우리 주요르단 공관의 이종천 서기관과 현지 고용인 알리라는 분이었다.

비행에 소요된 시간은 열다섯 시간이었지만 서울을 떠난 지 스물한 시간 만에 암만에 도착했다. 참으로 먼 나라 여행이라는 실감이 절로 들었다.

인도나 유럽 쪽 여행 때처럼 신현대 교도가 동행하고 있어 한결 의지는 되었다. 그래도 중동 지역으로의 여행은 지구촌 먼 곳을 찾아 나선다는 느낌 때문에 조금은 긴장이 되었다. 그런데 도착하자마자 여러 분들이 따뜻하게 맞아 주어 막연하기만 했던 모든 불안이 일시에 사라지는 것 같았다.

우리보다 몇 시간 후에 루이스 돌란 신부님 일행이 도착했다. 한 번밖에 만난 일이 없는 돌란 신부님은 나를 아주 친숙한 사람처럼 반갑게 대해 주었다. 미국에서 온 열여덟 명의 일행은 티오유 창시자인 줄리엣 홀리스터 (Juliet Hollister) 여사와 유대교, 기독교, 이슬람교, 바하이교 등 여러 종교 대표자들이었고 티오유 본부 요원들도 포함되어 있었다.

팔레스타인의 고통

지난 밤 첫 모임에서 잠시 각자가 자신을 소개하는 형식으로 서로 인사를 나누었다. 먼 여정의 피로를 하룻밤 사이에 풀고 아침 식탁에 나온 순례단은 한결 산뜻해 보였다. 서양 사람들 특유의 사교적 아침인사 때문인지 쉽게 친밀감을 느낄 수 있었다.

식탁에 마주 앉은 사람들끼리는 식사를 하는 동안 서로 상대방을 존중하면서 마치 소곤거리듯 대화를 나누곤 했다. 조반을 마치고 하루를 시작하기 위한 준비 모임 때 티오유 이십여 명의 순례단은 모든 종교를 초월해서 이미 '우리'가 되어 있었다.

순례단을 이끌고 있는 루이스 돌란 신부님은 그간 여러 차례 서신을 통해 널리 알렸던 중동 지역의 순례와 세미나를 개최하게 된 동기와 의의를 다시 한번 상기시켰다. 그리고 지금부터 우리는 갈등과 혼미 속에 놓여 있는 이 지역 사람들의 삶과 정신에 대하여 깊은 관심을 갖자고 호소하듯 말했다. 그렇게 말하는 그분의 표정은 매우 심각했고 팔레스타인 난민에 대한 연민의 정이 깊어 보였다.

우리들의 모임 시간이 항상 그러했듯이 그날도 손과 손을 마주 잡고 잠깐 동안 중동 지역에 대한 명상 시간을 가졌다. 그리고 손과 손을 마주잡은 채 중동 평화를 위해 각자 자기 종교의 방식으로 묵상기도를 했다. 그 기도 체험은 매우 특이했다. 모두가 자기 신앙의 방식으로 기도했지만 손과 손을 통해 전해 오는 느낌은 중동에 대한 관심이었고 우려였다. 그러한 마음의 전달은 내가 기도를 절실하게 하는 데 도움이 되었다.

기도를 마친 후에는 반드시 경전을 봉독했다. 나를 제외한 모든 순례단원들의 종교는 모두 중동 지역에 뿌리를 박고 있었다. 경전의 내용은 대부분 그 지역과 관계된 것을 읽곤 했다.

우리가 처음 방문한 곳은 요르단 가톨릭 주교관(主教館)이었다. 요르단은 구십 퍼센트가 이슬람교도이고 기독교세는 고작 십 퍼센트 안팎이라고 했다. 그러나 주교관의 규모나 정결한 분위기는 그 지역의 빈약한 교세보다 오히려 로마 교황청의 배경을 느끼게 했다.

까만 수단 차림의 살림 엘사이 주교는 우리를 반갑게 맞아 주었다. 돌란 신부는 각 종교계에서 온 우리들을 주교에게 소개했다. 그리고 티오유는 1992년에 중동에서 대규모의 여러 종교간 대회를 개최할 계획과 언젠가는 중동 지역에 종교연합센터를 설립할 원대한 목표를 갖고 있다고 밝혔다. 돌란 신부는 아랍 지역의 실정에 밝은 가톨릭 지도자인 주교에게 티오유가 중동 평화의 진전을 도우려면 어떠한 이해와 인식이 필요한가에 대하여 질문했다. 약간 깡말라 보이는 살림 엘사이 주교는 그 질문을 받자 안경 속의 눈빛이 더 예리하게 빛났다.

"지금 이 지역에 살고 있는 사람들은 삶의 공통적인 신성함을 인정해야 합니다. 그리고 모든 인간의 인권과 존엄성이 보호되어야 한다는 인식을 함께할 필요가 있습니다. 또 이 지역의 종교 지도자들은 종교 간의 차이점보다는 종교의 공통점에 더 주목해야 종교의 힘으로 이 지역에 평화를 가져올 수 있습니다. 그리고 유대교, 기독교, 이슬람교의 성지이고 요람인 예루살렘은 누구나 자유롭게 방문할 수 있는 신성한 성도(聖都)로 만들어야 합니다."

힘 주어 말하는 그분의 격앙된 어조는 아랍의 모든 것을 대변하고 있는 듯했다. 우리 일행들은 의문사항 몇 가지를 더 질문하고 주교관 밖으로 나왔다. 초가을 날씨 같은 밖의 공기는 아주 상쾌했고, 공들여 가꾼 정원의 꽃들은 더욱 아름다워 보였다.

오후에는 하산(Hasan) 왕세자에 의해 설립된 알 알바이트(Ahl al-Bayt) 재단이 주선한 첫번째 세미나가 열렸다. 세미나의 주제는 '중동 평화와 종교의 역할'이었고 장소는 우리가 여장을 풀고 있는 호텔의 회의장이었다. 주제 발표는 요르단의 각 종교 지도자들이 차례로 했고, 자리를 함께한 티오유 멤버들은 청취자의 입장이었으나 발표가 끝난 다음에는 함께 토론을 했다.

첫번째 주제 발표자는 요르단 전 외무장관이자 왕립이슬람문명연구학회의 카멜 박사였다. 그는 중동 지역의 개괄적인 상황을 먼저 설명했다. 그리고 오늘날 중동 지역의 심각한 갈등과 분쟁을 종식시키기 위해서는 종교 간의 대화가 그 어느 때보다도 절실하게 요청되고 있다고 역설했다. 아랍 세계에서 요르단만이라도 이슬람교와 기독교가 공존하는 모범을 보여 주자고 역설하며, 그런 의미에서 알 알바이트 재단은 '이해의 오아시스'라고 강조했다.

그는 수세기 동안 아랍인들과 유대인들이 평화롭게 살아온 중동에서 팔레스타인 문제가 발발하게 된 것은 유대교라는 한 종교 때문이라고 말했다. 유대교는 유대인들을 중심으로 국가를 세우고 전쟁도 서슴지 않았으며 독재정치를 만들어내는 데 이용당했다고 주장했다. 특히 미국인들은 유대인들이 이스라엘로 돌아가자는 시오니즘 운동을 전개했을 때 그들을 도와서 한 나라의 파괴 속에 이스라엘을 건국하도록 협조했다고 비난했다.

또 다른 발표자는 유대교, 기독교, 이슬람교는 모두 전능한 유일신을 믿고 있어 그 뿌리는 하나라고 강조했으며, 한 가톨릭 신부는 인류는 한 가족이니 종교가 협력하여 더불어 잘사는 세계를 창조하자고 했다.

주제 발표 후 토론은 주로 시오니즘에 관한 것이었다. 이 세미나에는 요르단에서 명성 있는 이슬람교도, 가톨릭교도, 그리고 정치지도자 들이 다수 참석했다.

요르단은 1967년 육일전쟁 때 요르단 강 서안을 이스라엘에 점령당했고, 그로 인해서 비옥한 땅 서안 지구를 잃은 후부터 식료품 수입이 계속 늘고 있는 형편이라고 말했다. 1973년 제4차 중동전 때는 다시 골란 고원 일부를 이스라엘에 빼앗겼다. 분쟁과 상처의 후유증이 심각한 요르단에서 우리 일행은 중동 지역의 평화가 얼마나 절실한 것인가를 피부로 느낄 수 있었다.

모세가 숨진 느보 산

우리들의 첫 순례지는 느보(Nebo) 산이었다. 암만 시에서 남쪽으로 삼십 킬로미터쯤 떨어져 있는 모아브 계곡의 옛 동네 마다바(Madaba)로 향해 출발했다. 한 시간 삼십 분 후에 그리 높지 않은 느보 산에 이르렀다. 요르단 계곡과 사해 바다가 멀리 내려다보이는 느보 산은 이스라엘 민족의 가장 위대한 지도자 모세(Moses)가 마지막 숨을 거둔 곳으로 유명하다.

바야흐로 팔레스타인 문제로 유대 민족과 아랍 민족이 팽팽하게 대립하고 있는 역사적인 시점에서 볼 때, 유대 민족의 지도자였던 모세의 기념관이 아랍 땅 요르단 이슬람교권 지역 안에 있다는 것은 아무래도 눈 흘김 당하고 있을 것만 같아 보였다.

겉보기에 허술하기 짝이 없는 모세 기념관 안으로 들어섰다. 주위에 사람 사는 마을이 없어서 더욱 그러하겠지만, 모세 기념관은 마치 후손이 돌보지 않는 사당처럼 쓸쓸한 느낌을 주었다. 앞에는 촛대가 놓인 제단이 있었지만 그 모든 것은 상징적일 뿐 이름 그대로 유적지였다.

실내에는 어설픈 스테인드글라스 창을 통해 들어오는 빛 말고도 아주 단조로워 보이는 천장으로부터 밝은 빛이 쏟아져 들어오고 있었다. 그것은 아마 바닥에 깔려 있는 비잔틴 시대의 훌륭한 모자이크를 잘 감상할 수 있도록 빛을 들이기 위한 천장인 듯싶었다. 그리 넓지 않은 직사각형의 기념관 바닥에 깔려 있는 모자이크 도안에는 지구상에 있는 모든 것이 더불어 공존하고 있는 실상을 보여 주는 것 같았다. 생동감 넘치는 사람과 짐승들, 나는 새와 나무들이 조화를 이루고 있었다.

이제는 사람이 살았던 흔적도 찾아볼 수 없는 옛 마다바 마을의 크리스천들이 성자로서의 모세를 기념하기 위해 이같은 기념관을 마련했을 것이라고 추측하고 있다고 했다.

모세 기념관은 현대 고고학자들의 발굴 작업에 의해서 이십세기에 와서야 햇빛을 보게 되었다고 한다. 기념관 바닥과 벽면의 모자이크 성화가 일부는 파손되었어도 오세기 사람들의 뛰어난 예술 감각을 접할 수 있는 귀한 자료임에 틀림없어 보였다.

모세의 행적에 깊은 관심을 갖고 있는 다른 일행들은 느보 산 순례의 감회가 자못 깊어 보였다. 그러나 나는 그곳에서 중동에 뿌리를 둔 종교가 모두 유일신 신앙과 구원 종교의 성격을 갖고 있는 사실에 대하여 깊이 생각해 보게 되었다.

느보 산에서 내려다보이는 모아브 계곡과 저 멀리 펼쳐진 모래 구릉들은 참으로 황량하기 이를 데 없었다. 눈앞 가까운 곳에서도 작은 나무 한 그루, 파란 풀 한 포기를 찾아볼 수 없었다. 오직 자갈과 모래뿐인 모아브 계곡에는 실개천 한 줄기도 흐르지 않았다.

이런 곳에서 여름날 기온이 섭씨 사십 도까지 올라가고 폭양이 내려 쪼이면 하늘의 태양이 마치 타는 불덩어리처럼 이글거릴 것만 같았다. 그러나 그 두려운 태양을 비껴 설 수 있는 나무 그늘이나 숲이 없다는 것은 얼마나 삭막하고 참혹한 환경인가. 목이 타도 마실 물을 쉽게 얻을 수 없고 비지땀이 흘러도 씻을 물이 귀한 사막. 땅은 있어도 논과 밭으로 만들 수 없고 작물을 가꾸어 식량을 마련할 수도 없는 유목민의 유랑 생활이란 얼마나 고달프고 불안정할까. 끊임없이 고통스러움을 인내하며 불확실성 속에 살아가는 그들에게는 사막의 자연환경 그 자체가 두려움이 아닐 수 없을 것 같았다.

그들은 끝없는 불안과 불확실한 상태의 부담으로부터 벗어나고 싶을 것이다. 그리고 새로운 희망을 갈구할 수밖에 없을 것 같았다. 그들은 절망적인 지금 이곳에서의 현실 밖에 천국이 있고 구원이 있다면 그것을 믿음으로 받아들이고 싶을 것 같았다. 그리고 그것은 소망이고 위안일 것만 같았다. 그러한 희망과 위안이 없다면 그들은 사막에서 시련만 겹치는 삶을 잠시도 지탱할 수 없을 것만 같았다.

때마침 모아브 계곡에는 세찬 바람이 불고 있었다. 입고 있는 치마가 찢어질 듯 펄럭이고 몸은 곧 날아가 버릴 것처럼 휘청거리며 눈도 뜰 수 없고 호흡도 곤란했다. 그러나 이 세찬 바람이 어찌 오늘만 불고 있다 할 수 있을 것인가….

오늘 아침 경전 봉독 시간의 「시편」이 떠올랐다.

"하나님은 우리의 피난처이시며 힘이시니 환난 중에 만날 큰 도움이시라. 그러므로 땅이 변하든지 산이 흔들려 바다 가운데 빠지든지 바닷물이 흉용(洶湧)하고 뛰놀든지 그것이 넘침으로 산이 요동할지라도 우리는 두려워 아니하리로다."(「시편」, 46편)

모세가 숨을 거두었다는 느보 산에서.

아라비아 사막의 사람들에게는 절대적인 위력으로 믿어지는 유일신 신앙과 구원 종교가 필연적으로 요청된다는 생각에 미치자 어떠한 해답을 얻은 것만 같았다.

세차게 바람 부는 느보 산 언덕에서 그 옛날 모세가 바라보았다는 가나안 땅이 어디쯤일까 하고 찾아보았다. 요단 강과 지중해 사이에 위치한 이스라엘을 젖과 꿀이 흐르는 가나안 복지(福地)라고 했다고 한다. 사해 저 너머에 있다는 그 땅은 흐린 날씨 때문에 보이지 않았지만, 청명한 날에는 예루살렘까지 보인다고 했다. 가나안 땅에 이르기 위해 광야에서 사십 년을 헤맸던 모세가 그 땅의 문전(門前) 느보 산에서 바라다볼 뿐 그 땅에 이르지는 못한 채 숨을 거두었다고 한다.

"여호와께서 모세에게 일러 가라사대, '너는 여리고 맞은편 모아브 땅에 있는 아바림 산에 올라 느보 산에 이르러 내가 이스라엘 자손에게 기업으로 주는 가나안 땅을 바라보라. (⋯) 너도 올라가는 이 산에서 죽어 네 조상에게로 돌아가리니 (⋯) 내가 이스라엘 자손에게 주는 땅을 네가 바라보기는 하려니와 그리로 들어가지는 못하리라.'"(「신명기」, 32장 48-52절)

눈앞에 바라다보이는 가나안 땅에 모세마저 이르지 못하게 한 연유는 무엇일까. 신의 섭리를 헤아릴 수 없는 한낱 순례객인 나로서는 의구심을 떨칠 수가 없었다.

장밋빛 도시 페트라

암만 시의 남쪽에 위치한 페트라(Petra)를 보기 위해 끝없는 사막의 평원과 구릉을 달려갔다. 어느 지점에선가 멀리 꽃 그림이 피어오르는 것 같은 거대한 암벽군(岩壁群)이 눈에 들어왔다.

모처럼 인가가 있는 마을에서 점심을 마친 우리는 페트라로 가기 위해 저마다 말을 탔다. 처음으로 말을 타 보는 나는 행여 말에서 떨어질까 봐 잔뜩 긴장했다. 그러나 앞서거니 뒤서거니 하면서 가는 우리 일행들의 쩌벅쩌벅하는 말발굽 소리가 산의 협곡에서 작은 메아리와 함께 들려올 때는 우리가 고대의 대상(隊商)들이 된 듯한 미묘한 기분이 들었다.

어느 지점에선가 갑자기 양옆으로 거대한 바위 벽이 하늘 높이 치솟고 두어 필의 말이 비껴 다닐 만한 좁은 길이 나왔다. 잠시 머리 위를 올려다보았더니 하늘은 마치 파란 강물 줄기가 흐르는 것처럼 보였다. 그같은 미로를 벗어나자 갑자기 앞을 가로막는 장밋빛 도시, 페트라가 눈앞에 전개되었다.

우리는 다 함께 "아!" 하는 탄성을 터뜨렸다. 주로 붉은빛, 노란빛, 회색빛이 도는 찬란한 바위산이 거대한 모습으로 저 멀리까지 장관을 이루어 우리를 압도했다. 마치 미국 서부에서 보았던 그랜드캐니언의 어느 한 부분을 보는 것 같은 느낌이 들었다. 그러나 더더욱 놀랍고 감탄스러운 것은 거대한 바위산 그 자체에 이층으로 조성한 신전의 건축물이었다. 어떻게 바위를 파서 내부의 높은 천장과 넓은 공간을 만들 수 있었을까. 우람한 원형기둥과 그 상단의 곡선미 넘치는 지붕과 추녀는 나무로도 그렇게 만들 수 없을 것만 같았다. 그리고 신전 외부의 정교한 조각 솜씨는 아무리 찬탄해도 오히려 부족할 것만 같았다.

기원전 이세기경 아랍 유목민의 부족, 나바티안(Nabatean) 왕국의 수도였다는 페트라는 이집트, 시리아 등 지중해 연안국들의 상거래 중심지였다고 한다. 그러나 이세기경에 로마에 점령당한 역사를 갖고 있어 다분히 로마적인 분위기를 풍기고 있었다. 거대한 바위산마다 많은 기념물이 조성되어 있었고 특히 동굴이 많았다. 그 동굴들은 그 당시 수도자들이 기도처였을 것이라는 생각이 들었지만 그것은 모두 무덤이라고 했다.

세계에서 유일한 암벽도시, 페트라는 363년에 대지진으로 세상에서 자취를 감추게 된 후로 스위스의 여행자 요한 부르크하르트(Johan Burckhardt)에 의해 십팔세기 말에 재발견되기까지는 잊혀진 도시였다고 한다.

이제는 사람이 살지 않는 폐허와 같은 페트라에서 관광객을 기다리던 행색이 초라한 아랍 사람이 목걸이 하나를 들고 서서 사 달라고 졸랐다. 검붉은 색의 굵은 알과 산호빛 구슬과 은구슬이 함께 꿰어진 그 목걸이는 아주 예스러워 보였다. 필시 페트라의 옛 사람의 것으로, 발굴 작업에서 얻어진

세계에서 유일한 암벽도시 페트라에서.

것 같았다. 특히 히말라야에서 보았던 티베트 보석의 은세공과 너무 흡사한 것이 흥미로워 나에게는 소용이 안 되는 그 물건을 기념품으로 샀다.

이 땅의 옛 선조들의 삶의 터, 페트라에서 되돌아왔을 때 호텔에서는 혼 례식이 있을 모양이었다. 울긋불긋한 줄무늬 옷을 입은 악사들이 북과 피리 를 들고 왔다 갔다 하며 분주해 보였다.

시간이 됐는지 북을 치고 피리를 불기 시작하자 호텔 현관문이 열리면서 성장(盛裝)한 아리따운 신부가 아버지와 팔짱을 끼고 들어섰다. 결혼식에 온 하객들은 신부가 들어서자 일제히 환호하면서 악기 소리에 박자를 맞추 어 손뼉을 치면서 노래를 부르기도 하고 덩실덩실 춤을 추기도 했다. 신부 는 매우 황홀한 듯 화사한 미소로 하객들에게 눈인사를 보냈다.

식장으로 가는 첫 계단 위로는 작은 홍예문이 꾸며져 있고 이층으로 이어 지는 난간은 온통 예쁜 생화로 장식되어 있었다. 그 앞에 신랑이 대기하고 섰다가 신부를 맞아 팔짱을 끼고 이층으로 오르기 시작했다. 그러나 행복의 계단을 단숨에 오르지 못하게라도 하려는 듯 흥겨운 하객들이 신랑과 신부 의 앞을 가로막으며 노래하고 춤추면서 조금씩 오르게 했다.

신랑과 신부가 식장의 단상에 오르자 춤과 노래는 절정을 이루며 어우러 졌다. 행복에 겨워 보이는 신부는 앞에 꽂혀 있는 꽃을 뽑아 멀리 있는 누군 가에게 던지며 드레스를 입은 그녀도 가벼운 몸놀림으로 함께 춤추었다.

아랍의 신부들은 한결같이 아름다워 보였다. 깨끗한 피부에 서구적으로 얼굴 윤곽이 뚜렷하고 조금 커 보이는 시원한 눈은 서글서글 빛나 보였다. 그처럼 아리따운 신부와 짝하고 있는 신랑은 한결같이 신부에 비해 너무 나 이가 들어 보였다.

일부다처제(一夫多妻制)의 이슬람교권 풍습에 대한 선입견 때문인지, 걸 맞아 보이지 않는 신랑은 몇 번째 부인을 맞기 위해 혼례를 치르고 있는 것 일까 하는 의문이 생겼다. 나는 궁금증을 풀기 위해 호텔 종업원에게 물어 보았다. 그는 첫 결혼을 하는 신랑이라고 대답했다. 신랑이 너무 나이 들어 보인다고 말하자 이곳 남성들이 신부를 맞기 위해서는 저 정도의 나이는 되어야 경제적인 능력이 생긴다고 말했다.

호텔에서 혼례를 치르는 사람들은 꽤 상류층인 듯했다. 그곳에 모인 하객 중에는 귀족 같은 인상을 풍기는 사람들도 있었고, 특히 여성들의 미모와 옷치장은 매우 우아하고 화려해 보였다.

요르단 땅을 처음 밟으면서 나는 이 나라에서도 석유가 나느냐고 물었었다. 그때 이종천 서기관은 매우 재미있는 답변을 해 주었다. 이 나라 사람들은 자기 나라에서 생산되는 것은 오직 아기뿐이라고 한다는 것이었다.

요르단은 시리아, 이라크, 이스라엘, 사우디아라비아의 한복판에 위치한 아주 작은 나라이다. 그러나 지정학적으로 주변 국가에 영향력을 행사할 수 있는 유리한 조건 때문에 사우디아라비아와 미국으로부터 원조를 받고 살아가고 있다고 했다. 그래도 암만 시가지를 둘러보았을 때 은회색빛의 인광석(燐鑛石)으로 아담한 주택들을 짓고 사는 요르단의 수도는 깨끗한 인상을 주었다.

비가 거의 내리지 않는 메마른 사막에서 살고 있는 그곳 사람들은 용케도 잘들 살아 나가고 있었고, 흥겨운 혼례를 치르는 그들의 삶은 매우 낙천적으로 보였다.

중동의 로마, 제라시

요르단에서 모든 일정을 마치고 시리아 다마스쿠스(Damascus)로 떠나는 길에 제라시(Jerash)를 방문했다. 암만을 출발한 지 두 시간 만에 암만 서북부 질리아드 산맥의 호젓한 계곡에 위치한 제라시에 도착했다.

로마제국의 유적 중 이탈리아 밖에서 그 원형이 가장 잘 보존되어 있다는 로마제국의 지방 도시 제라시에서는 형언할 수 없는 역사적 감동을 느꼈다. 중동의 로마로 불리는 제라시는 커다란 촌락과 같은 폐허 위에 서 있는 수많은 돌기둥과 허물어진 벽 그리고 나뒹구는 석주 조각으로 가득했다. 그간 외국 고고학자들의 발굴 작업으로 드러난 도시 규모나 석조 기념물의 보존 상태는 로마보다 오히려 더 로마적이라는 느낌이 들었다.

여행할 때마다 문화사 지식의 부족을 절실하게 깨닫는 터이지만 제라시에서는 나의 세계사 지식의 빈곤함을 확인하는 장과도 같았다.

제라시는 한때 역사 속에서 가장 막강했던 로마의 실체를, 지금 여기서 그대로 보고 있는 것 같은 착각 속으로 빠져들게 했다. 이탈리아의 로마 시가지 그대로가 지상 박물관이라고 하지만, 제라시에서 볼 수 있는 것과 같은 석조 기념물들의 유적은 오히려 로마에서는 볼 수 없었다.

포로 로마노(Foro Romano)에서는 폐허 속에 남아 있는 둥근 돌기둥들과 곳곳에서 부분적으로 그 유적을 살필 수 있는 데 비해, 제라시는 로마 옛 도시의 완벽한 모형도를 보는 것 같았다. 방금 지붕을 걷어낸 상태처럼 보이는 모자이크 마룻바닥과 수천 명이 모일 수 있는 원형극장, 석주의 둥근 품 안에 안겨 있는 제라시 광장, 수많은 신전과 교회의 사원 들에서 그 옛날 제라시의 영화(榮華)를 상상해 볼 수 있었다.

남쪽의 광장에서 북문으로 뻗어 있는 팔백 미터의 '기둥의 거리(Colonnaded Street)'에는 키가 큰 돌기둥들이 도열하듯 양옆으로 서 있었다. 더러는 뽑혀 나간 것들도 있었지만, 아직도 제자리에 서 있는 원형 석주들은 몇천 년의 풍상을 온몸에 휘감고 서 있었다. 그 돌기둥들은 기둥의 근육이 다 삭아 버린 듯 앙상한 속뼈를 드러내 보이고 있었다.

'기둥의 거리'에 깔려 있는 넓은 자연석 바닥 위에 그 옛날의 수레바퀴 자국이라고 알려 주는 흔적을 살피면서 그 거리를 거닐어 보는 나그네의 심정은 흡사 로마의 힘과 제라시의 번영의 그림자를 밟아 보는 것만 같았다.

특히 제라시를 굽어 살폈다는 아르테미스 신전의 우람한 석주들의 주두(柱頭)에 새겨진 섬세한 코린트식 조각을 우러러보면서는 다시 한번 그 당시 사람들의 탁월한 조각 솜씨에 감탄하지 않을 수 없었다. 자세히 살펴보면 로마나 폼페이의 원주들은 수직적이고 야위어 보이는 데다 세로로 골이 파인 것들이 많은 데 비해, 제라시의 석주들은 기둥의 하단과 상단보다 중간 부위가 더 굵어 보이고 골이 파이지 않아 돌에서 스며 나오는 부드러움으로 한결 아름다워 보이고 옛 아랍 사람들의 너그러운 심성을 대하는 느낌이 들기도 했다.

제라시의 역사는 선사시대까지 거슬러 올라간다. 그 주변에서 마제석기(磨製石器)가 발견되기도 하고 고인돌의 유적도 있다고 했다. 제라시는 기원전 300년경부터 기초가 세워진 도시로, 기원전 63년에 로마에 정복당했고, 그 후 일세기 내지 이세기경에 가장 번창하여 서구문명의 요람이 되었다고 한다. 그러나 635년 제라시는 이슬람교도의 침공으로 쇠망의 내리막길로 들어섰다가 749년 큰 지진으로 파괴되고 매몰되어 버렸다고 한다.

제라시는 1806년 독일 여행가 야스퍼 제첸(U. Jasper Seetzen)에 의해 발견되었고, 발굴 작업을 하던 중 1876년 처음으로 기둥의 머리 부분이 모래 속에서 나타났다고 한다. 지금도 한편에서는 발굴 작업이 진행되고 있었다. 현재 상태로도 그 규모가 방대하기 이를 데 없는데, 아직 그 이십 퍼센트 정도밖에 발굴되지 않았다고 한다. 제라시의 규모를 상상해 보니 경이롭기만 했다. 제라시는 아라비아 반도의 역사와 로마의 흥망성쇠를 한눈에 살필 수 있는 역사적으로 의미 깊은 유적이었다.

제라시를 뒤로 하고 다마스쿠스를 향해 출발한 지 오래지 않아 시리아의 국경 초소에 이르렀다. 주변의 사막 어디에도 따로 국경의 표지를 발견할 수 없었다. 관광버스에 탑승한 채로 안내원이 입국절차를 마치고 우리는 시리아로 들어갔다. 불과 몇 시간 거리에 있는 아담하고 깨끗해 보였던 암만 시의 분위기와는 달리 시리아의 수도 다마스쿠스의 건물들은 고층 건물이 많고 엷은 황톳빛으로 도색한 건물들은 우중충해 보였다. 그래도 다마스쿠스는 생활인의 도시다운 활기가 넘쳐 보였다.

우리가 투숙한 호텔 규모도 매우 컸다. 미국에서 온 티오유(TOU) 일행들은 저녁식사를 하러 나올 때는 언제나 말쑥하게 새 단장을 하고 나와서 새 기분으로 "굿 이브닝"이라고 속삭였다. 다마스쿠스의 첫날밤에도 그들은 그랬다. 그들의 그러한 분위기 때문에 진종일 함께 지내도 항상 새로운 변화를 느낄 수 있어 좋았다.

이슬람교의 본산지에서

시리아 1991

다마스쿠스 우마이야 사원

요르단의 암만에서는 이슬람 사원을 따로 방문한 일은 없었다. 시가지에서 눈에 띄는 이슬람 사원들은 아랍 사람들의 생활 종교의 사원처럼 그 규모도 작아 보이고 건축 양식도 매우 단순해 보였다. 그러나 시리아 다마스쿠스에서 방문한 우마이야(Umayyad) 사원은 다마스쿠스 시민 모두가 한 지붕 아래서 신앙 공동체를 이루고 살아가는 것처럼 그 규모가 방대하기 이를 데 없었다. 그리고 다마스쿠스는 그 사원을 중심으로 형성된 도시처럼 보였다.

이슬람 사원인 모스크로 들어가려면 비종교인들은 입구에서 검은 가운을 덧입어야 들어갈 수 있었다. 그 가운은 발등에 닿도록 치렁치렁하고, 아예 삼각형 천 모자까지 붙어 있어 머리까지 쓰도록 되어 있었다. 우리 일행도 그 옷을 입고 사원 안으로 들어갔다.

드높아 보이는 사원의 천장 부위와 벽면은 청람빛과 황금빛이 배색된 모자이크 성화로 종교적 장엄미가 대단해 보였다. 비교적 어둡고 무거운 분위기의 사원 내부에는 어디에도 신앙의 대상이 따로 안치되어 있지 않았다. 그곳에 모인 신자들은 입구로부터 정면 쪽을 바라보고 열심히 기도하는 사람, 무수히 절을 하는 사람, 그리고 멍하게 앉아 있는 사람, 싸 가지고 온 음식을 먹고 있는 사람 등 겉으로 보기에는 매우 무질서하게 보였다. 그러나 신앙 행위는 제각기 달라도 말없이 앉아 있는 그들의 모습은 마치 엄마 품 안에 있는 어린 아기처럼 편안해 보였다. 그들은 밖에서 급한 볼 일도 없는 사람 같아 보였고 쉽게 자리를 뜰 것 같지도 않았다.

세계적으로 구억의 신도와 사십삼 개국의 이슬람 국가들로 이슬람 세계를 형성하고 있는 이슬람교의 본산지 아라비아에 와서 이슬람교 문화를 접촉해 본다는 것이 나에게는 매우 소중한 체험이어서 어느 것 하나도 예사롭게 보이지 않았다.

종교 지도자로서 뛰어난 통찰력과 결단력을 겸비한 천재적인 예언자 마호메트(Mahomet)에 의해 창시된 이슬람교는, '이슬람'의 뜻이 '복종하다' '자신을 봉헌하다'인 것만큼이나 절대복종을 신앙의 원칙으로 하고 있다고 한다. 이슬람교 신자를 '모슬렘'이라고 칭하는 그 '모슬렘'이란 말도 한 종교의 구성원만을 의미하는 것이 아니라 '신에게 봉헌하는 자'라는 뜻이라고 했다.

아라비아 반도의 예언자 마호메트는 메카에서 유복자로 태어나 칠 세에 어머니를 여의고 할아버지와 숙부 밑에서 성장하였다. 이십오 세에 부호(富戶)의 미망인인 십오 세 연상 하디자(Khadija)와 혼인하였고 한때는 시리아 등지에서 대상(隊商) 활동을 하기도 했다. 마호메트는 사십 세 때(610년) 메카에서 북쪽으로 수마일 떨어진 히라 산 밑 동굴에서 명상하던 중 가브리엘 대천사로부터 알라신의 계시를 받았다. 이때 알라로부터 받은 계시를 기록한 것이 이슬람교 경전인 코란(Koran)이다. 그는 그 계시의 신비 체험을 처음에는 스스로도 믿으려 하지 않았으나 그의 의지와는 상관없이 아랍어 서사시가 입에서 막 튀어나오는 이상한 체험이 계속되자 마침내 알라의 대변자라고 자신도 믿게 되었다. 마호메트는 그에게 구술된 코란이 가장 최근에 하느님이 허락한 계시라는 것과, 특히 아랍 민족에게 아랍어로 허락된 최종적 계시라고 믿었다.

그러나 그 당시 메카 시의 사람들은 극히 소수를 제외하고는 마호메트를 배척했다. 그래서 622년 신천지 메디나(Medina)로 백여 명의 신도와 함께 이주했고, 그 사실을 이슬람에서는 '성천(聖遷)'이라 하고 이슬람력(歷)의 기원으로 삼고 있다.

마호메트는 그곳에서 최초의 교단을 조직하고 그 교단을 강화하여 이슬람 국가로 발전시켰다. 마호메트는 유사 이래 처음으로 방대한 아라비아 지역을 하나의 조직으로 통일한 후 632년 메디나에서 죽었다.

마호메트의 후계자로서 예언자의 절대 권력을 계승한 칼리프(caliph, 이슬람 교단의 지도자)는 백성들에게는 신성불가침의 존재였다고 한다. 막강한 힘을 가진 유능한 칼리프였던 초대 아부 바크르(Abu Bakr) 등의 통솔력으로 아랍어를 사용하는 모슬렘들은 페르시아를 거쳐 중부아시아와 인도까지 그 세력을 확장하였고, 서로는 시리아, 이집트와 북아프리카를 거쳐 스페인을 점령하고 프랑스까지 침공하였다. 칠세기 아랍족의 정복은 같은 지역에서 기원전 사세기의 알렉산더가 수행했던 정복의 결과를 원상으로 되돌린 셈이다. 그리하여 거의 일천 년간 유지되어 오던 그리스 문화의 우위는 아랍족에 의해 종말을 고하고 말았다.

세계적 종교의 하나인 이슬람교. 단일한 역사, 민족, 문화, 언어의 아랍 사람들은 정말 호전적인 민족일까. 수많은 정복의 역사의 흐름 속에서 걸프전은 그 막을 내렸어도, 중동 지역은 아직도 화약고로서 세계 뉴스의 초점이 되고 있으니 안타깝기만 하다.

대율법학자의 메시지

분쟁은 협상을 통해 해결하고, 유엔은 평화 유지를 돕는다는 미국의 신세계 질서의 구상도 이스라엘과 아랍의 숙명적 대결 앞에서는 신통한 대응책이 없는 것 같다. 시아파 이슬람교 지도자 하산 나스랄라(Hasan Nasrallah)는 "유대인과 우리 사이에는 전쟁이 유일한 언어"라고 주장하고 있다.

걸프전 이후 아랍의 최강국으로 부상하고 있는 시리아에서 평화를 갈구하는 중동 지역에 영감을 주기 위한 티오유(TOU)의 세미나는 요르단에서 보다 그 기대가 자못 컸다. 세미나 장소는 다마스쿠스에 있는 한 이슬람 사원인 아부누르(Abu Nour) 모스크였는데, 그 사원은 부설 대학까지 있었다. 세미나장은 그 학교의 소강당이었다.

세미나장의 정면에는 숲이 우거진 계곡에서 시원한 물이 쏟아지고 있는 대형 사진이 벽면을 이루고 있어 사막의 소망을 보는 것만 같았다. 암만에서와는 달리 중동 평화의 문제에 관심 깊은 대학생들과 교수들이 자리를 빽빽하게 메우고 국영 티브이 방송 기자들까지 자리를 차지하고 있어 회의장은 시작 전부터 열기가 고조되고 있는 분위기였다.

개회 시간이 되어 팔십 세가량의 풍채 좋은 한 노인이 하얀 가운에 하얀 모자를 쓰고 들어서자 참석자들은 모두 일어섰고 뒤따르는 사람들은 마치 그분을 부축하듯 모셨다. 루이스 돌란 신부님을 비롯한 모든 발표자들도 그분과 함께 들어왔다. 그 노인은 그 학교의 설립자인 세이크 아마드 굽타로 씌였으며 시리아의 대율법학자로 '그랜드 무푸티(Grand Mufti)'라고 불렸다. 그분은 자리에 앉자마자 참석자들을 향해 매우 온화한 미소로 눈인사를 보내고는 자신의 앞에 놓인 한약 봉지 같은 종이에 쌓인 것을 코에 대고 두어 번 냄새를 맡는 것처럼 하더니 그것을 옆 사람에게 건네주었다. 그것을 마치 신성한 물건처럼 받아 든 사람 역시 깊숙이 냄새를 맡아 보는 것 같았다. 그 한약 봉지 같은 것이 내 앞에 왔을 때에야 하얀 재스민 꽃이 그 봉지에 가득 담겨 있음을 알았다. 사막에서 핀 싱그러운 하얀 꽃잎에서는 그윽한 재스민 향기가 은은하게 풍겼다. 앉아 있는 사람들 모두가 그 재스민 꽃향기를 돌려 가면서 맡아 보았다. 그같은 행위는 모든 사람에게 금세 일체감을 느끼게 하는 힘이 있었다.

세미나는 그랜드 무푸티가 티오유 멤버들의 중동 방문을 환영하는 인사와 루이스 돌란 신부가 세미나를 주선한 그랜드 무푸티에게 감사하는 답례 인사말로 시작되었다.

그랜드 무푸티는 그들의 선조 아브라함, 모세, 예수 그리스도, 그리고 마호메트에 대하여 감사를 드린다면서, 우리는 그들의 발자취를 따르자고 말했다. 그는 유대교, 기독교, 이슬람교는 모두 아브라함 가계의 후손이라며 코란에 따르면 세 종교는 하나일 뿐 서로 다른 종교가 아니라고 역설했다. 그는 또 이슬람교도가 모세와 예수 그리스도의 가르침을 믿지 않는다면 그는 이슬람교 신자가 아니라고도 했다. 그리고 이슬람교의 역사 속에는 유대교도나 기독교도에게 어떠한 해악도 끼치지 말라는 교훈적 사건들이 있다

다마스쿠스에서 열린 세미나에서, 시리아의 대율법학자 그랜드 무푸티(위)와
신부님(아래)과 함께.

고 말했다. 그는 우리 모슬렘이 한 일은 오직 자비와 우애를 지니는 것이라고 호소하듯 말하면서 그러한 실천이 따를 경우에만 천국에 들어갈 수 있다고 힘주어 말했다.

아답 아워드 목사는 "그랜드 무푸티가 우리와 함께하고 있음에 대하여 우선 신에게 감사한다"며 많은 기독교인들과 이슬람교도들은 무푸티의 메시지를 이해하지 못하고 있다고 안타까워했다.

레바논에서 온 참석자인 후세인 쿠들리 박사는 "그랜드 무푸티의 재단은 우리 모두를 위한 평화의 기구라며 많은 사람들은 그랜드 무푸티에 대해 큰 기대를 갖고 있다"고 말했다. 그는 또 정치를 종교로 대처하거나 종교를 정치로 대처할 때 상황이 악화된다고 우려했다.

그에 대해 그랜드 무푸티는 "나는 새에게도 두 개의 날개가 있듯이 국가도 정치와 종교가 조화를 이루어야 성공한다"고 했다. 그리고 "종교인들은 정치인들에게 지혜를 빌려 줌으로써 그들을 도와야 한다"고 말했다. 그는 또 "이슬람교도들은 이 지상에서 벌어지고 있는 모든 불의에 대해 책임을 느껴야 한다"고 말하면서 "우리는 지금 그 임무를 다하지 못하고 있다"고 개탄했다. 그는 또 모든 종교 지도자들은 지구촌의 평화를 정착시키는 일에 도움이 되도록 노력하자고 강조했다.

아답 아워드 목사가 이스라엘 내의 유대교 성직자들은 대부분 평화를 반대하고 있다고 말하자, 티오유 멤버인 유대교 대표 슬리카 씨는 유대인들과 이스라엘 사람들을 한통속으로 몰아붙이지 말기를 촉구했다. 이스라엘에도 평화 공존을 원하는 사람과 좀 더 많은 국토를 갖고자 하는 소수의 사람들이 있다고 말했다. 그는 또 중동 밖의 전 세계 이슬람교 지도자들 사이에는 이스라엘 내의 모든 유대인들에게 곤란을 야기시키기를 원하고 있다고 지적하면서, 그랜드 무푸티와 같은 지도자가 자신의 소신을 피력하는 것은 매우 중요하다고 말했다. 그는 또 오늘날의 문제는 오해로 빚어지는 두려움과 선의(善意)의 결핍이라고 지적했다.

티오유의 본부 요원 위너 씨는 "지금 마드리드에서 중동평화협상이 진행 중인데 종교 지도자들이 협상 담당자들에게 중요한 영향력을 행사할 수는 없느냐"고 질문하기도 했다.

마지막으로 그랜드 무푸티는 시리아는 미국에서 로비 활동을 할 수 없다며 알라신에게 지원을 호소하는 로비 활동을 할 수밖에 없다고 했다. 그는 세미나가 진행되는 도중에 몇 차례나 루이스 돌란 신부의 어깨를 끌어안아 두터운 우정을 표시했다.

중동에 평화를 가져오기 위한 티오유의 노력은 불화와 갈등의 암벽을 깨고 그 틈새로 평화의 물줄기가 스며들도록 하려는 것 같았다.

아랍 여인들의 숙명적 삶

오리엔트 문명의 중심지 시리아. 시리아의 알파벳은 동아시아를 제외한 세계 모든 민족의 자모(子母)가 되고 있다고 한다. 인류 역사상 가장 오래된 도시 여리고(그 옛터는 현재의 이스라엘 땅)가 사라진 이후 시리아의 수도 다마스쿠스는 지구촌에서 가장 오래된 도시라고 했다. 그 다마스쿠스에서 국립박물관을 관람하게 되자 인류 문명의 연원을 엿볼 수 있을 것이라는 기대감이 앞섰다.

그 박물관은 학교 교육이 처음 시작되었을 때의 학교와 대표적인 부호의 집 그리고 옛 사람의 무덤까지 모두 옮겨 놓아 전시하고 있었다. 영국의 대영박물관이나 프랑스의 루브르박물관이 세계 문화의 종합 전시장 같은 인상을 주는 데 비해, 다마스쿠스의 국립박물관은 순수 아랍 선인들의 문화유산만이 소장되어 있는 것이 특색이었다. 시리아의 역사는 칠천 년을 헤아린다. 그 긴 세월 동안 아랍 민족이 가꾼 문명, 문화의 발달을 한눈으로 살필 수가 있었다. 특히 미라의 부장품(副葬品)에서 나온 몇천 년 전의 천 조각들이 전시되어 있는 것은 매우 흥미롭고 그 질감과 색상도 매우 훌륭해 보였다. 그러나 기원전 사세기에 알렉산더 대왕이 이 지역을 정복한 이후 아라비아 전역에서 헬레니즘 문화가 꽃피웠던 것을 입증이라도 하듯, 대리석의 조각 부분은 서유럽의 박물관에서 보았던 것들과 흡사했다. 특히 도자기 전시실에서는 좀처럼 발걸음을 옮길 수가 없었다. 유일무이해 보이는 작품들은 우선 그 색감이 영롱하면서도 투명함을 머금고 있고 그 그릇에 놓인 문양들은 예술의 혼을 수놓고 있는 듯한데, 흐르는 선의 아름다움은 탄성마저도 숨죽일 수밖에 없을 정도였다.

오늘날 시리아 국민들의 사는 모습이 어설퍼 보이고 문맹률이 높다고 하지만, 그들 선조들의 문화유산을 살펴볼 때 아랍민족은 우러러보이기만 했다.

또 아라비아는 시선을 놓아주지 않는 미녀들이 많았다. 사람의 넋을 잃게 할 것만 같은 한 미녀를 보면서는 클레오파트라의 미모가 상상되기도 했다. 어쩌면 저토록 아름다운 미녀들 때문에 세상이 어지러워질까 봐 아랍 여인들은 유난히 머리에 쓰고 얼굴을 가리고 사는 것 같기도 했다.

아랍의 모든 여인들은 '차도르'라고 불리는 머릿수건을 쓰고 있었다. 그리고 율법이 더 엄격한 모슬렘 여인들은 얼굴도 엷은 천을 늘어뜨려 가리고 있었다. 그들은 아예 전신을 검은빛 천으로 휘감고 있었다. 그 여인들은 엷은 천을 통해 보이는 만큼만 바깥세상을 보면서 살고들 있었다. 그리고 이슬람법에 따르면, 여성은 집 밖으로 외출할 때에는 남 앞에 얼굴과 손 외에는 신체의 다른 부위를 노출할 수 없도록 규제하고 있다고 했다. 시리아에서 본 아랍 여인들 중에는 그녀들의 우윳빛 얼굴만큼이나 청순해 보여서 순일무잡(純一無雜)한 수도녀처럼 보이는 여인들도 있고, 또 어떤 아리따운 여인들은 매우 요염한 분위기를 풍기고 있기도 했다.

그러나 아랍 여인들이 그처럼 아름답고 매력적으로 보여도 그들은 인간으로서 또는 여성으로서 너무나도 불평등한 대우를 감수하고 있었다. 이슬람법의 일부다처제를 따르고 있는 그녀들은 그녀들의 남편이 네 명의 아내와 함께 사는 가운데 같이 살고 있었다. 모든 남성이 다 그런 것은 아니지만, 만약 부인이 아기를 출산하지 못하거나 병약하거나, 전쟁으로 많은 남성들이 희생되었을 경우에 아랍 남성들은 네 명까지 아내를 둘 수 있다고 한다. 그들의 관습으로 볼 때 아랍의 여성들은 숙명적으로 불행한 조건에 놓여 있는 것 같아 안타까웠다.

　다마스쿠스에서 우리가 투숙한 호텔은 꽤나 컸다. 어느 날 밤 십일층에 위치한 식당에서 불 밝혀진 다마스쿠스 시내 전경을 내려다보았을 때, 휘황한 불빛들은 마치 찬란한 보석을 깔아 놓은 것처럼 아름다워 보였다.

　그날 밤 식당 분위기는 여느 때와 좀 달랐다. 식사를 하는 동안 악사들이 연주를 하기도 하고 가수들이 노래를 부르기도 했다. 식사가 끝나자 맨 먼저 티오유의 이슬람교 대표 모하메드 씨가 가장 수줍어 보이고 말수가 적은 조안 여사와 춤을 추기 시작했다. 뒤이어 칠십이 세의 노박사 빅토르 씨가 티오유 창설자인 칠십오 세의 줄리엣 할머니와 매우 빠른 템포의 춤을 추었다. 서양 사람들의 사교의 장을 영화가 아닌 사실로 보는 것은 나에게는 매우 흥미있고 재미나는 구경거리였다.

　거의 모든 사람들이 다 춤을 추었을 때 티오유 일행 중 가장 멋진 신사 위너 씨가 내 곁으로 와서 춤을 추자고 청했다. 뜻밖의 청을 받은 나는 우선 한 번도 춤을 추어 본 일이 없다고 사양했다. 그러나 티오유의 모든 분들과 특히 위너 씨의 부인이 춤을 추어 보라고 강력하게 부추겼다. 시리아에 오기까지 나는 여러 종교인들과 함께 지내는 일이 조심스러워 언행을 매우 삼가고 있었다. 그러나 그 순간 춤추는 '행사'에서 빠지면 영원히 동양 사람으로 외톨이가 될 것만 같았다. 나는 큰 결심을 하고 위너 씨를 따라 무대 앞으로 나갔다. 일행들은 내가 그 자리에 나가고 있다는 사실만으로도 너무 재미가 있는지 박수를 치면서 흥미있는 눈빛으로 나를 바라보고들 있었다. 서양 춤을 어떻게 추는지 아무것도 모른 채 음악의 리듬 속에 자신을 맡겼다. 일행들은 춤의 격을 벗어난 나의 춤사위가 매우 재미있는지 즐겁게 웃고 있었다. 그렇게 하여 나는 서양 사람들과 완전히 섞여 하나가 되었다.

오아시스의 도시 팔미라

"레바논에서 머무는 동안 나의 마음은 찢어지는 듯합니다. 여러분들이 베이루트의 절망적인 상황과 이곳 사람들이 겪고 있는 고통 그리고 영적인 위기를 직접 목격해 보지 않는다면 이곳 사람들과의 협력의 필요성에 대해서 깊이 인식할 수 없을 것입니다. 여러분! 레바논 아이들을 위해 몇 개의 값싼 축구공을 가져오시기 바랍니다. 이번 순례 참석 예정자들 가운데 몇몇 분은 이곳 레바논 여행을 다소 두려워하고 있음을 잘 알고 있습니다. 나는 그러한 분들을 이해할 수 있습니다. 레바논 방문을 주저하는 분들을 위해서 시리아에서의 팔미라(Palmyra) 프로그램도 마련해 놓고 있습니다."

루이스 돌란 신부님이 레바논에서 나에게 보낸 서신의 일부이다. 레바논에 거점을 둔 지하드[jihad, 이슬람교의 성전(聖戰)] 게릴라 단체가 서방 인질을 계속 억류하고 있는 시점에서 서방 사람이 레바논을 방문한다는 것은 대단한 용기를 필요로 하고 있었다.

중동 오 개국 순방을 위한 출국 준비를 할 때 우리나라에서 입국사증을 받을 수 있는 나라는 오직 요르단뿐이었다. 이러한 사정을 알고 있던 이희선 교도는 중동 현지에서 주변 국가들의 출입국사증을 받도록 주요르단 우리 공관의 이종천 서기관에게 협조를 의뢰했었다. 이 서기관은 나에게 시리아는 우리나라와 국교도 없는 나라라고 말했다. 그리고 전쟁터와 다름없는 레바논을 서양 사람들과 함께 가는 것은 모험과 같다고 충고하기도 했다. 시리아, 레바논, 이스라엘, 이집트 등 네 나라의 입국사증을 현지에서 마련하느라 어려웠던 그간의 사정을 이 서기관은 소탈하게 털어놓으면서 네 나라의 입국사증을 나에게 건네주었다. 나라 밖에서의 우리 공관은 참으로 내 집과 같고, 우리 국민의 어려운 일을 돕는 외교관들은 마치 가족처럼 느껴졌다. 중동에서 처음 만난 이 서기관도 오랜 친지만큼이나 나에게 친절했다.

미국에서 온 티오유 일행 중에도 레바논의 입국사증을 갖고 있는 사람은 고작 여섯 명밖에 되지 않았다. 돌란 신부님은 레바논을 가기 위해 요르단과 시리아에서 여러 방면으로 노력해 보았지만 결국 레바논 정부가 서방 사람들의 신변안전을 책임질 수 없다는 입장을 표명해서 결국 순례단의 레바논 방문은 좌절되고 말았다.

시리아 사막 한복판에 있는 팔미라 유적지에서. 팔미라는 오리엔트의 무역 중심지였고,
실크로드의 한 길목이었다.

레바논에서 제 종교 간 세미나를 준비해 놓고 우리를 기다리고 있을 그곳 사람들을 위해 루이스 돌란 신부님은 홀로 레바논을 향해 떠났다.

그러한 사연으로 해서 우리 일행 모두는 조금 무거운 마음으로 팔미라를 향해 출발했다. 다마스쿠스로부터 세 시간 동안을 달려가도 광막한 사막 어느 한 군데도 사람 사는 마을이 없었다. 어쩌다 낙타 무리와 양 떼가 시야에 들어오면 조용하던 차 속에서 "와!" 하는 탄성이 터졌다. 단조로운 사막만 달리던 우리 일행들은 구경을 하기 위해 아예 차를 세우고 내렸다. 하늘과 땅 사이에 움직이는 것이라고는 낙타와 양 떼들뿐이었다. 허허로운 사막에서 생명체의 무리들을 만날 수 있다는 것이 신기하기까지 했다.

구리빛 얼굴에 맨발을 한 소년, 남루한 옷을 입고 막대기를 든 양 치는 소년은 우리를 보자 순진한 미소를 지었다. 어디엔가 그 소년의 집, 천막이 있을 게다. 물은 어떻게 해서 구할까. 그리고 이런 사막에서 어떻게 생활을 꾸릴 수 있는지 궁금하기만 했다.

드디어 목적지 팔미라에 도착했다. 끝없는 사막의 어딘가에 이처럼 숲이 우거진 마을이 있다는 것은 참으로 신기한 일이었다. 한없이 고요하고 한적한 시골, 팔미라에서 또 한 번 놀랄 수밖에 없었던 것은 제라시와 맞먹는 폐허의 옛 도시를 만난 것이었다. 사방 십이 킬로미터에 걸쳐 있는 옛 도시 팔미라는 제라시보다 그 규모가 더 방대하게 느껴졌고, 부드러운 석양빛을 받고 서 있는 석주들의 거리에서는 어떤 전설이라도 들릴 것만 같았다. 노을빛 고운 하늘을 배경 삼아 아직도 옛 집의 한 모퉁이를 지탱하고 서 있는 우람한 석조 건물들은 더할 나위 없이 아름다운 한 폭의 그림과 같았다. 번영과 영화를 상징하는 옛 도시의 잔재들이 흩어진 폐허의 팔미라를 걷고 있는 나는 놀랍도록 커 보이는 아라비아의 거인을 우러러보고 있는 작은 소녀처럼 느껴졌다.

시리아 사막의 한복판에 있고 대추야자와 올리브나무로 둘러싸인 오아시스 도시 팔미라는 사막에서의 인간 승리로 상징되고 있다. 기원전 일세기부터 삼세기에 걸쳐 오리엔트 무역의 중심지였던 팔미라는 시리아와 메소포타미아 사이의 대상(隊商)들의 교통 휴식처였다고 한다. 그리고 인도, 중국, 아라비아, 페르시아로부터 이국적 상품을 조달하여 로마 사람들에게 팔던 실크로드의 한 길목이라고 한다.

봄에는 풀과 달콤한 향기를 내뿜는 꽃으로 뒤덮인다는 팔미라는 이제는 한적한 시골이다. 초라한 주택과 가게에 진열된 조잡한 상품들 그리고 "박시시" 하며 손을 내미는 오늘을 사는 어린 소년들은 팔미라의 그 옛 선조들의 후예 같지가 않아 보였다.

우리가 여장을 푼 호텔은 더할 나위 없이 한적하고 쾌적했다. 그간 아라비아 땅에서 보고 듣고 느꼈던 그 모든 것으로부터 완전히 쉬고 싶은 소망과 함께 피곤이 전신을 엄습해 왔다. 밤이 되면서 기온이 뚝 떨어져 사막의 추위가 뼛속까지 스며들었다. 바람이 잠들지 않은 사막의 밤에 달이 휘영청 밝았다. "쏴쏴" "우우" 하는 바람 소리에 맞추어 정원의 나무들은 긴 밤을 지새워 춤을 추었다.

갈등과 대립의 땅

이스라엘 1991

이스라엘의 국경을 넘으며

이스라엘을 가기 위해 우리 일행은 시리아의 팔미라로부터 다시 요르단의 암만으로 되돌아왔다. 레바논으로 홀로 떠났던 루이스 돌란 신부님도 무사히 돌아와 다시 우리와 합류했다.

아침 만남의 시간에는 돌란 신부님으로부터 레바논의 소식을 들었다. 우리 일행의 레바논 입국이 어려워 돌란 신부님 혼자서 그곳에 도착하자 제종교 간의 세미나 준비를 해 놓고 티오유 멤버들을 기다리던 그곳 사람들이 굉장히 실망하더라는 이야기와 레바논의 카라미(Karami) 수상이 참석한 중동 교회협의회와의 만남의 성과에 대해서 말했다. 그리고 이슬람교 수니파와 시아파 지도자들과 가졌던 모임의 결과에 대해서도 보고 형식으로 말했다. 그러나 그분의 표정은 시종 무겁고 어두웠다. 베이루트를 가 보지 못한 우리들은 그분의 그같은 분위기로 미루어 그곳 상황의 심각성을 짐작할 수 있었다.

같은 중동 땅이면서도 아랍권에서 제외되고 있는 이스라엘로 가기 위해 우리는 짐을 챙겨 관광버스에 올랐다. 우리를 태운 차는 남쪽 요르단계곡을 향해 달렸다. 성서시대의 가나안 사람들의 고향, 젖과 꿀이 흐른다는 가나안 땅을 통과할 예정이었다.

다른 사막지대와는 달리 드문드문 올리브나무를 경작하는 밭이 먼저 나타났다. 요르단계곡으로 더 깊이 내려가자 그곳에는 밭이랑마다 잘 가꾼 농작물이 가득가득 담겨 있는 것 같은 풍성한 농촌 풍경이 펼쳐졌다. 사막의 땅에서 농작물을 재배하고 있는 것을 우리는 그곳에서 처음 보았다. 우리가 놀랍고 신기해 하자 안내원은 야채와 토마토 밭이라고 설명했다. 옥토에서 자란 농작물처럼 유난히 검푸르게 보였다. 사막에서 농사짓는 것만 보아도 위안이 되었다. 암만이나 다마스쿠스의 호텔에서 우리가 먹던 싱싱한 야채나 맛 좋은 과일이 모두 이러한 곳에서 재배된 것임을 알 수 있었다. 이처럼 농작물을 경작할 수 있기에 가나안 땅을 젖과 꿀이 흐른다고 표현했을 것이다.

한동안을 달리자 시야에서 마을과 채소밭이 사라졌다. 굳이 설명이 없어도 이스라엘 땅이 점점 가까워지고 있음을 알 수 있었다. 어설픈 철책선이 메마른 사막의 산과 구릉에 국경선을 긋고 있었다. 산등성이에서 펄럭이는 이스라엘 국기만 보아도 마음이 긴장되었다. 차가 국경선을 달리자 안내원은 조금 격앙된 어조로 우리들에게 주의를 환기시켰다. 어떠한 경우에도 여권에 이스라엘 스탬프가 찍히지 않도록 주의하라고 했다. 만약 우리들의 여권에서 이스라엘에 입국했던 사실이 밝혀지면 또 다른 아랍국가의 여행은 불가능하게 될 것이라고 충고해 주었다.

요르단의 국경선에서 긴장감이 감도는 두 개의 검문소를 숨죽인 채 통과한 다음 드디어 이스라엘 국경초소에 이르렀다. 그간 우리들을 자상하고도 친절하게 도와주던 신사복 정장 차림을 한 요르단의 안내원과 관광버스는 우리와 작별한 다음 마치 찬바람이라도 일으키듯 요르단 쪽으로 질주하며 되돌아갔다.

우리는 조금 전 아랍 사람과 헤어졌다는 사실밖에는 아무 잘못도 없지만 공연히 이스라엘 입국이 신경 쓰였다. 짐을 철저히 조사받느라 시간이 꽤 오래 걸렸다. 기다리고 있는 동안 어디선가 커다란 쇠파리 떼가 날아와서 우리들의 얼굴에 붙었다. 손으로 날려 봐도 좀처럼 날아가지도 않고 잠시 후면 또다시 붙곤 하여 우리는 서로 어색한 미소를 지으면서 파리를 쫓았다. 끈질기게 달라붙어 괴롭히는 쇠파리 떼가 마치 아랍 민족과 유대 민족 간의 불편한 관계를 시사해 주는 것 같았다.

입국 수속을 마치고 확인한 여권에는 이스라엘 스탬프가 찍혀 있지 않았다. 이스라엘 측에서도 중동여행을 하고 있는 사람들을 위해 별도 용지를 발급하여 출입국 관리를 하고 있었다.

같은 중동 땅에서 아랍 사람들이 사는 요르단으로부터 유대 민족이 사는 이스라엘로 문턱 하나 넘기가 참으로 쉽지 않았다. 요르단에서 제작된 지도에는 이스라엘이라는 국가명조차도 표기되어 있지 않았다. 국경선은 그어져 있어도 이스라엘 땅 위치에는 1967년 '육일전쟁' 때 이스라엘에 빼앗겼던 그들의 옛 땅 예루살렘만이 명시되어 있었다. 그것 하나만으로도 아랍 국가들은 이스라엘을 아예 국가로 인정하려 하지 않는다는 걸 알 수 있다. 그러한 현실 속에 사는 이스라엘 사람들은 "우리는 항상 내일 전쟁이 일어날 수 있다고 생각하면서 산다. 이스라엘의 평화는 언제나 전쟁이라는 동전의 뒷면이었다"라고 말하고 있다.

이스라엘 땅에 안전하게 도착한 것을 실감할 수 있었던 것은 안내양이 만면에 미소를 지으면서 상냥한 음성으로 이스라엘을 찾아온 우리를 환영했을 때부터였다.

통곡의 벽

이스라엘 땅에서 맨 먼저 안내된 곳은 사해(死海)였다. 요르단과 이스라엘 사이를 푸른 물결로 넓고 평화롭게 펼쳐진 사해는 아랍족과 유대 민족을 품 안에 끌어안고 있는 어머니의 가슴처럼 느껴졌다.

염분이 삼십오 퍼센트나 된다는 사해는, 한 마리의 물고기도 한 포기의 해초도 살고 있지 않는 이름 그대로 죽은 바다였다. 그러나 유황, 칼륨, 미네랄 함유량이 많은 사해의 물은 피부병이나 류머티즘에는 특효약과 같고 염분 때문에 몸이 저절로 물 위로 떠서 수영을 할 줄 모르는 사람도 물속에서 바다를 즐길 수 있다고 했다.

지구상에서 가장 수면이 낮은 사해에서는 색안경 없이는 눈을 바로 뜰 수 없을 만큼 자외선이 강렬했고 햇볕은 여름날의 뙤약볕만큼이나 따가웠다.

사해 주변에는 기원전 팔세기부터 사람이 살기 시작했다는 '쿰란(Qumran)'의 폐허가 있었다. 특히 그곳은 기원전 이세기 말엽 유대교 일파가 공동체 생활을 했던 곳이라고 한다. 당시의 생활상을 잘 이해할 수 있도록 발굴물을 정리해 놓고 유적지를 설명하는 상세한 배치도가 있었다.

일만 년 전의 사람들이 살았던 집터의 구조도 살펴보고 그 옛 사람들이 밟고 다녔을 골목길을 거닐어 보는 감회는 무어라 형언하기 어려운 묘한 감정이었다. 공동체 영역 맞은편의 산에는 큰 바위마다 몇 개의 큰 구멍이 뚫려 있었다. 그 굴속에서 그 당시의 사람들이 살았다고 한다.

1947년 양치기 소년이 잃어버린 양을 찾아다니다 우연히 사해의 '쿰란' 지역 어느 굴속에서 항아리 하나를 발견하게 되었다고 하며, 그 항아리 속에는 그 옛날 유대교 사람들이 베껴 쓴 성서 두루마리가 들어 있었다고 한다. 오늘날 성서 연구를 하는 데 귀중한 자료가 되고 있는 그 성서 두루마리는 '사해사본(死海寫本)'이라고 일컬어지고 있다.

쿰란에서 예루살렘으로 가는 길은 유난히 사막의 산 비탈길을 이리저리 끼고 돌아야 했다. 유대교, 기독교, 이슬람교 삼대 유일신 종교의 성지인 예루살렘, 세계 각국의 사람들에게 관심의 초점이 되고 있는 이스라엘의 수도 예루살렘은 높다란 언덕으로부터 흘러내려 앉는 듯한 느낌을 주는 도시였다.

예루살렘에 들어서면서 가장 먼저 눈에 띈 것은 쓰레기 더미였다. 미처 감추지 못한 것을 보는 것처럼 보기가 민망했다. 그 쓰레기 더미는 세계에 흩어져 유랑했던 유대 민족이 젖과 꿀이 흐르는 가나안 땅에 방금 당도하여 이천 년 동안이나 싸 들고 돌아다녔던 짐을 풀어 놓은 쓰레기만큼이나 어수선해 보였다.

흔히 예루살렘을 평화의 도시라고 예찬하지만 그 말과는 달리 역사 속에서 예루살렘은 그 성도를 차지하려는 끊임없는 쟁탈전 때문에 스무 번이나 그 땅의 주인이 바뀌는 기구한 운명을 겪었고 도시가 완전히 파괴되는 참화만도 열 번이나 되었다.

유대교는 금요일 일몰부터 다음 날 해가 질 때까지를 안식일로 지킨다.

그런데 우리가 예루살렘에 도착하던 날은 금요일이었고 우리 일행의 발길이 '통곡의 벽(Western Wall)' 쪽으로 옮겨지고 있을 때는 일몰 무렵이었다. 무심코 길을 걷던 우리는 갑자기 경건한 군중과 만났다. 중세풍을 느끼게 하는 검정 양복의 정장에 검은 모자를 쓴 유대인 어른이 앞장을 서고 접시처럼 납작한 모자를 머리 위에 붙이고 검정색 바지에 흰 와이셔츠 차림을 한 젊은 청년들이 서로 어깨동무를 하고 노래를 부르면서 그 어른의 뒤를 따르고 있었다. 그처럼 떼 지어 '통곡의 벽'을 향해 가고 있는 유대인들이 골목마다 가득했다. 그리고 그 군중 속에는 한 꼬마 신사도 검정 양복에 접시 모양의 모자를 쓰고 따라가고 있었다. 기도하기 위해 '통곡의 벽'을 향해 행진하듯 걸어가는 그들에게서는 갈라 놓을 수 없는 듯한 강한 응집력이 분출되고 있는 것 같았다. 우리는 절호의 기회를 포착한 강한 호기심을 갖고 그들을 바짝 뒤따랐다.

웅장한 모습의 이슬람교 황금 돔이 빛나고 있는 '바위의 돔(Dome of the Rock)' 사원 아래 이십일 미터 높이의 수직으로 깎아지른 '통곡의 벽' 앞에는 참으로 많은 유대인들이 모여들고 있었다.

'통곡의 벽' 앞에서 마치 절규하는 듯한 모습으로 기도하는 유대인들. 자신의 온몸이 '통곡의 벽'에 닿도록 바짝 붙어서 손으로 '통곡의 벽'을 어루만지면서 기도에 열중하고 있는 사람, 이마를 '통곡의 벽'에 대고 은밀한 기도를 바치는 사람, 눈을 감고 서성서성 걸어 다니며 중얼거리듯 기도하는 사람, 자신의 소원이 적힌 기도 쪽지를 '통곡의 벽' 돌 틈새에 끼워 넣고 있는 사람, 경전을 소리 내어 읽는 사람. 그 한 사람 한 사람은 모두 완전히 자기 기도에 깊이 몰입하고 있어서 곁에서 무슨 일이 일어나도 도무지 모를 사람들처럼 보였다.

또 이미 기도를 마친 사람들은 '통곡의 벽' 앞 광장에서 손에 손을 잡고 둥글게 둥글게 돌면서 흥겹게 노래 부르고 춤추었다. 그들은 간단한 칸막이로 남녀의 기도 장소를 구획 짓고 남녀가 따로따로 기도하고 있었다. 그들 기도 군중들에게서는 유대 민족의 엄청난 정신적 에너지가 넘쳐흐르고 있는

웅장한 모습의 황금빛 이슬람교 사원 '바위의 돔'.(위)
'바위의 돔' 아래 '통곡의 벽' 앞에서 절규하듯 기도하는 유대인들.(아래)

것 같았다.

그 옛날 유대 민족이 가장 번영을 누렸던 솔로몬 왕 시절 그 유대 민족의 신전이 파괴될 때 신전을 둘러싸고 있던 서쪽 벽 일부인 '통곡의 벽' '비탄의 벽'은 유대 민족의 불굴의 재생을 위한 상징으로서 성지 순례자들 모두의 궁극적 목적지이기도 하다.

유대인들은 매주 금요일 그곳에 모여 메시아의 강림과 신전의 재건을 위해 절실한 기도를 하고 있었다.

예루살렘의 상징, 바위의 돔

우리는 올리브 산 중턱에 자리한 한적한 호텔에 머물고 있었다. 올리브 산에서는 예루살렘의 구시가지가 한눈에 내려다보였다.

성곽으로 에워싸진 구시가지에서 예루살렘의 중요한 일부로 보이는 '통곡의 벽' 위 높고도 드넓은 옛 신전터에, 황금빛으로 찬란하게 빛나고 있는 오마르 모스크(Mosque of Omar)의 '바위의 돔(Dome of the Rock)'은 마치 예루살렘의 상징처럼 보였다. 그리고 그 돔이 서 있는 언덕은 예루살렘의 심장부처럼 느껴졌다. 직사각형의 넓고도 반듯한 그 신전터에 넉넉한 여백을 두고 자리한 이슬람교의 '바위의 돔'이 주는 인상은 마치 예루살렘 전체가 이슬람교의 성지처럼 느껴지게 했다.

사실 '육일전쟁' 이전에 예루살렘은 아랍의 요르단령에 속해 있었다. 그러나 이스라엘이 전쟁에서 승리하게 되자 예루살렘은 이스라엘 땅이 된 것이다.

티오유 우리 일행이 '바위의 돔'에 가기 위해 구 예루살렘 입구 다마스쿠스 문에 이르렀을 때, 이스라엘 군인들은 통행인을 철저히 검문검색하고 있었다. 그래서 우리도 공항에 들어갈 때처럼 금속 탐지기가 설치된 문을 통과했다. 성전 입구에서는 또 아랍 경비원들이 검문을 하고 있었다.

그같은 삼엄한 경비 때문에 평온한 예루살렘에서도 이스라엘의 긴장감이 피부로 느껴졌다. 만약 그같은 검문검색을 소홀히 하여 '바위의 돔'이 폭

파라도 당하는 사건이 발생하면 중동전은 당장에 재개된다고 했다.

정문에 들어섰을 때 압도하듯 다가선 황금빛 바위의 돔은 마치 세계를 반석 삼아 하늘 높이 솟은 듯 그 위용이 대단해 보였다. 돔의 하단은 팔각형 건축 양식에 외부는 청람빛 타일로 코란의 구절이 새겨져 있었다.

사원 내부에 들어가려면 핸드백과 카메라까지도 모두 맡겨야만 했다. 그리고 신발도 벗어야만 했다. 밝지 않은 사원 내부는 돔의 천장 부위부터 전체가 청람빛 바탕에 황금빛으로 섬세하게 치장되어 있었다. 훌륭하게 장식된 사원 내부의 중앙에는 거대한 자연석 바위가 안치되어 있을 뿐이었다. 그 바위는 나무판자로 높게 가려지고 있어 밖으로 드러나 보이지 않았다.

그처럼 신성시하고 있는 그 바위는 마호메트가 백마(白馬)를 타고 승천한 곳이라고 했다. 그 옛날에는 아브라함이 하느님께 그의 외아들 이삭을 바치도록 시험당한 곳이기도 했다. 그리고 기원전 3000년 다윗 왕이 예루살렘에 도성을 정했을 때는 하느님의 법궤를 그 거대한 바위에 봉안했었고 솔로몬은 그곳에 신전을 건립했다고 한다. 유일신 신앙의 근원지인 예루살렘에서 그 바위는 언제나 신앙의 귀의처였던 것 같았다.

솔로몬이 세웠던 최초의 신전은 바빌론(Babylon)에 의해 파괴되었고, 바빌론의 노예 생활에서 되돌아온 유대인들이 그곳에 제이의 신전을 건립했으나 기원 70년에 로마군에 의해 또다시 신전이 불타 버렸다. 그 신전의 축대인 서쪽 벽, '통곡의 벽'에서는 유대교 신자들이 메시아의 강림과 그 옛 신전 터에 자신들의 신전을 건립하기 위해 오늘도 간절히 기도하고 있다.

로마가 예루살렘을 장악하고 있을 때는 그곳에 주피터 신전이 세워졌고 칠세기에 이슬람이 예루살렘을 관장하게 되자 그들은 그곳에 모스크를 건립했다. 그러나 십자군 시대에는 그 모스크가 기독교의 교회로 사용되었다고 하며, 오늘날 우리가 보는 이슬람의 그 거룩한 '바위의 돔'은 1538년 터키의 오스만제국에 의해 건립되었다고 한다. '바위의 돔'은 수없이 뒤바뀐 예루살렘의 정복의 역사를 상징하고 있는 듯했다.

'바위의 돔'에서 나온 우리는 남쪽으로 낮은 곳에 자리한 알아크사

(Al-Aqsa) 모스크로 발길을 옮겼다. 그때 사원 가까운 우물에서 터번을 쓴 남자 이슬람교도 한 사람이 발을 씻고 있는 모습이 보였다. 뚜껑이 덮힌 그 우물의 높이는 앉은키 정도이고, 여러 개의 수도꼭지가 나와 있어서 앉아서 발을 씻을 수 있는 시설까지 갖추어져 있었다. 모슬렘은 기도하기 전에 반드시 손과 얼굴과 입과 발을 깨끗이 씻는다고 했다.

이슬람교의 모슬렘들은 세 가지 신조를 따르고 있다고 한다. 첫째는 "알라 이외의 다른 신은 없다"는 것이다. 만약 알라신을 다른 신과 동격으로 여기면 그것은 큰 죄악이 된다고 한다. 알라신은 전지전능한 창조주로서 어떤 존재보다 앞서 존재하고 또 최후의 심판을 주관하며, 모슬렘을 멸망으로부터 구원하여 천국으로 인도할 심판관이라고 믿고 있다. 두번째는 "마호메트는 알라의 사자(使者)"라고 믿는 것이다. 마호메트는 예언자 중에 가장 위대한 예언자이며 예언을 완성시킨 마지막 예언자라고 믿는다. 세번째는 "코란은 신의 최종적이고 가장 완벽한 말씀"으로 믿는 것이다.

이슬람교 신자들은 매주 금요일 모스크에 모여 정오와 일몰에 메카를 향해 이맘(imam, 교역자)의 인도에 따라 공중 기도를 올린다.

이슬람교 교리의 특징은 알라신 앞에서는 만민이 평등하다는 사상이다. 그들의 공중 의식에서는 사회적 신분이 전혀 적용되지 않는다. 왕이나 시종, 부자와 빈자, 백인과 흑인이 모스크에 들어간 순간부터 평등해진다는 것이다. 그래서 아무 차별 없이 들어간 순서대로 자기 자리에서 기도한다. 그러나 여자가 기도에 참석하려면 남자와 함께 기도할 수 없고 휘장 뒤에서 따로 기도해야 했다. 남성들의 경우에는 그같은 평등사상이 이슬람교 확산에 크게 호응을 얻는 힘이 되고 있다고 한다.

이슬람교의 또 다른 특징은 메카의 성지순례이다. 남녀노소를 막론하고 모든 신자는 적어도 일생에 한번은 메카를 순례하도록 권장하고 있다. 순례를 통해서 모든 순례자들이 메카의 흙 냄새를 함께 맡으며 모슬렘 간의 연대의식을 공고히 하고 형제애를 돈독히 한다는 것이다.

이슬람 제국은 일천칠백여 년 동안 정권을 유지해 오면서 한때는 비잔틴

제국을 멸망시키는 위력을 과시했고, 오늘날도 세계 십오억의 인구가 아랍어를 구사하며 백사십여 개국에 흩어져 살아 전쟁과 평화를 저울질하는 추가 되고 있다.

사막에서 기적을 만드는 유대 민족

이스라엘의 시골을 여행하다 보면 황무지에서 커다란 바위를 캐내고 돌멩이를 가리어 돌무덤을 쌓으면서 사막의 땅을 밭으로 일구고 있는 모습을 볼수 있다. 젖과 꿀이 흐르는 가나안과는 달리 이스라엘 땅은 유난히 바위가많이 박혀 있고 돌멩이가 널려 있는 척박한 땅이었다.

이미 이스라엘 민족의 피와 땀으로 개간된 밭에는 포도와 목화가 재배되고 있고 그 드넓은 사막의 밭 전체에는 일정한 시간마다 기계적으로 물이뿌려지고 있었다. 하늘에서 비가 내리지 않아도 그네들은 멀리 갈릴리 호수의 물을 끌어다가 농사를 짓고 있었다. 이스라엘 땅 밑에는 농업용수와 상수도 수도관이 거미줄처럼 깔려 있다고 했다.

갈릴리 호수의 물로 전 국토의 팔십 퍼센트의 식수와 농업용수를 충족시키고 있는 이스라엘. 사막에서 사는 사람들이 생존에 필요한 물을 구하기위하여 얼마나 치밀한 계획과 막대한 예산과 엄청난 노력이 필요한가에 대해서는 상상조차 하기 힘들다. 사막의 땅에 박힌 바위를 캐내고 돌멩이를가려내면서 밭을 일구고, 젖줄과 같은 수도관을 전 국토에 묻어 나가고 있는 이스라엘 민족은 참으로 경이롭게 여겨졌다. 또한 그들로부터 의도하는일은 무엇이든 해낼 수 있을 것 같은 힘을 느꼈다.

1948년에는 그 옛날 잃었던 유대 민족의 땅 팔레스타인에 이스라엘 국가가 재건되었다. 나라 없는 민족으로 갖은 핍박을 받으면서 전 세계에 뿔뿔이 흩어져 살던 유대 민족들은 그들의 국가가 세워지자 조국의 품으로 앞다투어 돌아왔고 그들은 지금도 전 세계에서 계속 돌아오고 있다.

그들은 대대손손 이천 년 동안이나 그리던 조국의 흙에 혼신의 정열을 땀으로 바치고 있었다. 유대인들은 사랑하는 자신들의 조국 이스라엘 땅이 더 이상 사막으로 존재하지 않도록 키부츠(kibbutz, 집단농장)를 운영하며 전국토를 옥토로 바꾸고 있다. 그들은 그 일을 착수한 지 십 년 만에 사막을 푸르름으로 바꾸는 기적을 만들어냈고 그 일은 지금도 도처에서 진행되고 있다.

유대인들은 미국의 정치, 경제, 언론, 문화 등 각 분야에서 엄청난 영향력을 행사하고 있다. 세계적인 과학자 아인슈타인(A. Einstein)이나 심리학자 프로이트(S. Freud), 작가 토마스 만(Thomas Mann) 그리고 전 미(美) 국무장관 키신저(H. Kissinger) 등 각계에서 제일인자라고 할 수 있는 세계적인 인물들이 모두 유대인이다.

미국 인구의 고작 삼 퍼센트가 유대인이지만 미국 유명 대학교수의 삼십 퍼센트를 차지한다. 그리고 세계 각국에서 선발된 노벨상 수상자들 가운데도 유대인은 삼십 퍼센트나 된다. 참으로 유대 민족은 우수한 민족이라고 해야 할 것 같다. 그러나 이같은 유대 민족의 특수성은 그들 민족만이 겪었던 수난의 역사에 연유하고 있을 것이라는 생각이 든다.

기원 70년 로마군에 의해 예루살렘 밖으로 추방됐던 그들은 주로 유럽 여러 나라로 유랑의 길을 떠나게 되었다고 한다. 그러나 유럽 여러 나라에서는 유대인들이 토지를 소유할 수 없도록 법적으로 규제했고 십육세기에 이르러서는 유대인들의 거주지마저 제한했다고 한다. 그들은 '게토(ghetto)'라고 불리는 그들만의 거주지에 살면서 굶주림으로 많은 사람이 죽어 나가는 매우 비참한 생활을 했다고 한다. 유대인들은 직업의 자유마저 없어서 사람들이 천업으로 여기는 고리대금업이나 전당포 등만을 운영하도록 허용되었다고 한다. 온갖 핍박 속에서 살던 그들은 결국 독일 나치의 유대인 박멸 정책에 따라 육백만 명이 학살당하는 엄청난 수난을 당했다.

그러나 십구세기 초 프랑스 혁명의 덕택으로 유대인도 드디어 자유를 얻게 되었다. 그들만의 거주 제한지구 '게토'를 벗어나 이사할 수 있게 되었고 직업의 자유도 얻게 되었다.

그때부터 유대인 부모들은 온갖 노력을 다해서 자녀를 교육시키기 시작했다. 그들 유대인들도 기업인, 은행가, 언론인, 의사, 교수, 과학자 등 그간 선망의 대상으로 바라보기만 했던 각 분야의 전문인으로 기르기 위해 온갖 뒷바라지를 다했다. 그리고 소유권이 필요 없고 아무도 빼앗아 갈 수 없는 그들의 자산은 오직 유대인의 머릿속에 담을 수 있는 것과 학문뿐이라고 믿었기 때문에 그들은 지식을 얻고 학문을 탐구하기 위해 민족의 사활을 걸고 노력했다.

이천 년 동안이나 나라 없는 민족으로 소유권과 자유를 박탈당한 채 온갖 핍박 속에서 살아남아야 했던 수난의 역사가 오히려 유대 민족의 탁월성과 그 민족의 단결력을 길러냈다. 타민족과 비교할 수 없는 유대 민족의 강인함, 무한한 인내력, 불굴의 용기와 집념, 조국을 위해서는 목숨이라도 기꺼이 바칠 수 있는 애국의 혼, 그 모두는 유대 민족의 수난의 역사 속에서 길러진 것일 것이다.

유대 민족이 이천 년이라는 오랜 세월 동안 여러 나라에 흩어져 살면서도 그들의 전통과 문화를 고수하고 타민족과 동화되지 않았던 것은 그들의 신앙 때문이었을 것이다. 유대 민족은 그들의 민족 종교인 유대교를 신봉한다. 그들은 유일신 '여호와는 만물의 창조주'라고 믿고 여호와의 뜻은 유대 민족을 통해 온 세상에 전파된다는 강한 선민의식(選民意識)을 갖고 꿋꿋하게 살아가고 있다.

그들의 성경인 구약성서를 보충 발전시킨 『탈무드(Talmud)』는 그들의 생활 규범의 교본으로서, 그들 특유의 생활철학과 사고방식을 유지시켜 주는 정신적 지주가 되고 있다. 『탈무드』는 종교, 역사, 도덕, 문화, 전통이 총망라된 그들의 지식과 지혜의 저수지로서 그들에게는 백과사전 같은 책이라고 한다.

오늘날 인류 문화사에서 유대인이 독보적 위치를 차지하고 "세계를 움직이는 것은 미국이고, 미국을 움직이는 것은 유대 민족의 이스라엘"이라는 말까지 나오게 된 것은 결코 우연이 아닐 것이다. 어쩌면 그것은 그들의 민족적 수난의 역사적 선물일 것이다.

베들레헴의 외로운 예수님

예루살렘의 남쪽 칠 킬로미터 떨어진 지점에 아기 예수가 탄생한 베들레헴이 있었다. 베들레헴에는 예수 탄생을 기념하는 교회의 종탑들이 하늘 높이 솟아 있었다. 그러나 그 종탑들 아래에는 전혀 교회의 건물을 찾아볼 수가 없었다. 우리들의 눈앞에는 육중한 성벽의 돌담이 앞을 가로막듯 몇십 미터 위로 치솟아 있을 뿐이었다.

평화의 숨결을 기대하는 마음으로 성자의 탄생지 베들레헴을 찾은 순례자들에게는 커다란 실망과 좌절을 느끼게 했다. 철저히 '적(敵)'을 의식하고 그 소박한 '마구간의 구유동굴'을 완전히 요새화한 기념교회 앞에서 '예수님의 적은 누구입니까'라고 묻고 싶었다.

요새화를 목적으로 쌓은 그 성벽은 매우 무계획적으로 만들어진 것 같은 인상이 들었다. 마치 과거 어느 시점에 임시적이었던 것이 영원한 것으로 굳어 버린 모습처럼 보였다. 성벽의 기초가 되고 있는 평면부터 들쑥날쑥한 데다 높은 벽면도 기하학적으로는 수직이 아니었다. 성벽의 돌의 크기와 빛깔도 부분적으로 각각 긴 세월 동안 여러 차례에 걸쳐 이루어진 것으로 짐작되었다.

그러나 아무 세련미 없는 그 성벽은 어떠한 총탄으로도 결코 뚫을 수 없을 만큼 견고해 보였다. 그리고 성벽 상단 부위에 뚫린 아주 작은 몇 개의 창문은 마치 성벽의 눈과 같이 보였다. 밖에서 본 베들레헴은 삭막하기 이를 데 없고 냉랭하고 삼엄한 분위기까지 스며 나오고 있었다.

성벽 속에 감추어진 탄생교회는 로마의 콘스탄티누스(Constantinus) 대제(大帝)가 325년에 처음 세운 것이라고 하며, 그 후 오랜 세월 동안 여러 차례의 개축을 거듭해 오다 탄생지의 요새화 작업은 십자군 시대에 이루어졌다고 한다.

티오유 우리 일행은 아주 작은 출입문을 통해 교회 안으로 들어섰다. 성스러움만이 충만할 것으로 기대되었던 탄생기념교회 안은 어수선하고 썰렁하기 짝이 없었다. 그리고 정교회가 관리하고 있다는 그 교회의 전면 제단

(祭壇)에서는 녹색 제의를 입은 노인 사제(司祭) 한 분이 순례객들의 시선을 전혀 의식하지 않은 채 무표정한 모습으로 의식을 집전하고 있었다.

우리는 제단의 오른쪽으로 나 있는 미로처럼 좁은 통로를 따라가다가 몸을 굽힌 자세로 가파른 계단을 내려갔다. 거기에 예수가 탄생했다는 마구간의 구유 터가 단장되어 있었다. 외부로부터 빛과 공기가 완전히 차단된 듯한 그 동굴 속에 황색 대리석으로 바닥과 벽면을 치장하고 은으로 만든 별 모양의 판이 박혀 있었다. 별판 위에는 "여기에서 그리스도가 동정녀 마리아로부터 탄생하시다"라고 씌어 있었다.

숨이 막히도록 협소한 동굴 안은 교회가 세워진 이후 한 번도 꺼진 일이 없다는 여러 개의 올리브 램프와 촛불이 밝혀져 있고 천장과 벽은 검게 그을려 있었다.

순례객들로 붐비는 동굴을 빠져나와 왼쪽 계단을 올라갔다. 거기에는 아르메니아 교회가 있었다. 현판 하나를 사이에 두고 있는 또 다른 교회는 로마 가톨릭 교회였다. 높은 돌담으로 요새화된 그 속에는 그리스 정교회, 아르메니아 교회, 그리고 로마 가톨릭 교회가 제각기 아기예수 탄생기념교회를 짓고 탄생지를 수호하고 있었다.

교회 밖으로 나와 다시 한번 교회를 에워싸고 있는 높고 두터운 성벽을 올려다보았다. 철통같이 요새화된 예수 탄생기념교회에서 느낄 수 있는 것은 베들레헴이야말로 종교 전쟁의 최전방이라는 것이었다.

예루살렘에서 맞은 어느 일요일 오전, 나는 루이스 돌란 신부님을 따라 기독교 지구에 위치한 한 성당에 갔었다. 미사 집전은 사십대 중반으로 보이는 서양 신부님이 맡고 있었다.

나의 가장 큰 관심의 대상은 신자들이었다. 과연 어느 민족이 중심을 이루고 있을 것인가. 유대 민족? 아랍족? 그러나 그곳에 모인 백여 명 안팎의 신자들은 대부분 필리핀 사람들이었다. 그리고 일부 사람들은 뜨내기 여행자들처럼 보였다. 그 필리핀 사람들은 모두 현지에서 고용된 근로자들로, 대체로 이십대들이었다.

미사가 끝난 뒤 서로 담소를 나누는 그들을 보면서 나는 잠시 필리핀의 어느 성당에 와 있는 것 같은 착각이 들었다. 미사에 참여한 사람들을 아무리 살펴도 예루살렘에 거주하는 유대인이나 아랍 사람으로 보이는 신자는 한 명도 발견할 수가 없었다. 예수님 자신의 고향인 예루살렘에서 예수님은 너무나도 외로워 보였다.

오늘날 유대 민족이 중심이 되어 이룩한 이스라엘 신생국가에서 기독교의 입장과 위치는 매우 불편하고 냉대받고 있을 것이라는 짐작을 쉽게 할 수가 있었다. 유대 민족이 로마 사람들에게 추방당하여 이천 년 동안이나 유랑 생활을 하는 동안 기독교인들로부터 받은 학대는 아직 태어나지 않은 미래의 유대인에게까지도 잘 기억될 것이기 때문이다. 중세 유럽에서 기독교인들은 집요하게 유대 민족을 핍박했다고 한다. 그들은 유대인을 예수 그리스도를 살해한 민족으로, 그리고 그 죄를 회개하지 않는 사악한 바리새인으로 몰아치면서 재산의 소유권도 인정하지 않았고 거주지도 제한했으며 직업의 자유마저도 박탈했기 때문에, 그들에게는 항상 생존의 위협을 느끼면서 살아야만 했던 잊을 수 없는 역사적 과거가 있다. 그리스도교에 대한 푸대접은 역사의 순환이라고 보아야 할 것이다.

예루살렘의 그리스도교인 지구에는 소수 민족인 아르메니아 사람들이 그리스도교를 신봉하면서 살고 있다. 이스라엘의 기독교 인구는 고작 십육만여 명으로, 총인구의 약 이 퍼센트에 불과하다. 예루살렘에서 그리스도교의 성지를 지키는 사람들은 성 프란체스코 교회를 비롯한 그리스 정교회, 러시아 정교회, 로마 가톨릭 교회, 영국 국교회, 루터파 교회 등 모두 외국의 교회들에서 파견된 것이었다.

중동에 평화는 오는가

예루살렘의 구시가지는 사백 년 전 터키의 오스만제국 시절에 만들어진 성벽에 둘러싸여 있고, 일곱 개의 문을 통해 주민과 여행자들이 성 안과 성 밖을 드나들고 있다. 예루살렘은 지구촌의 다른 어느 도시와도 비교할 수 없을 만큼 오랜 역사와 여러 가지 특성을 지닌 다종교 도시이다.

고고학자들에 의해 철저하게 파헤쳐진 발굴 현장이 있는가 하면, 부분적으로는 지상의 땅보다 낮아 반지하 도시의 인상을 주며 하늘이 가리워진 좁은 골목길이 이어지기도 했다. 몇천 년 전부터 밟아 왔을 길바닥은 차돌처럼 반질거렸다. 다윗 가(街)의 골목에는 아랍인의 아치가 세워져 있고 십자군의 둥근 천장과 터키인의 성벽 그리고 로마인의 원주 등이 함께 뒤섞여 있었다. 그 골목길은 마치 역사가 어지럽게 포개어진 듯한 느낌을 주었다. 오늘날은 그 길 좌우로 아랍 상인들이 토산품을 벌여 놓고 관광객의 시선을 기다리고 있다.

예루살렘의 구시가지는 이슬람교도 지구, 유대인 지구, 그리고 그리스도교인 지구, 아르메니아인 지구로 종교와 종파 그리고 민족에 따라 거주지가 나뉘어 있다. 그들은 그 구획 안에서 제각기 자기 종교를 신봉하면서 자기 민족의 문화와 전통 속에서 살아가고들 있다.

종교적으로 세계 인구의 이분의 일의 영성(靈性)을 지배하고 있다는 예루살렘에는 삼대 유일신 종교의 성지들이 마치 처마를 맞대고 있듯이 한곳에 밀집되어 있다.

이슬람 성지 '바위의 돔'과 유대교도들의 '통곡의 벽'이 벽 하나 사이에 있고, 그리스도교의 성지 '십자가의 길(Via Dolorose)'과 예수님을 처형 매장한 골고다 언덕의 성분묘 교회(Church of the Holy Sepulchre)도 '통곡의 벽'에서 십 분만 걸으면 발길이 닿는다.

이슬람의 모스크와 그리스도교의 교회와 유대교의 시나고그(Synagogue)가 나란히 서 있는 거리. 이슬람의 코란을 읽는 소리와 교회의 종소리가 함께 울려 퍼지는 도시. 귀밑으로 머리를 땋아 늘어뜨린 유대인 남자가 검은 양복을 입고 거리를 활보하는 예루살렘. 머리에 터번을 쓰고 원피스 같은 긴 치마바지를 입은 아랍 사람들이 생존의 현장에서 살아가고 있는 예루살렘은 온통 종교의 냄새와 빛깔로 가득했다.

시간적으로는 같은 시대를 살고, 공간적으로는 한 마을의 이웃으로 살고 있어도, 그들은 자신이 신봉하는 종교에 따라 철저하게 신앙을 달리하고 생활규범이나 의식 구조 그리고 문화와 전통도 종교와 민족에 따라 서로 다르다.

예루살렘에서는 종교마다 지키는 안식일도 다르다. 금요일은 이슬람교의 안식일로, 다윗 가의 모든 가게의 문이 굳게 닫힌다. 그리고 유대인들은 금요일 해가 진 뒤부터 다음 날 해가 질 때까지를 유대교의 안식일로 지킨다. 그들은 카메라의 셔터를 누르는 것도 노동으로 해석할 수 있다며 안식일에는 사진도 찍어서는 안 된다는 논란이 일 정도로 안식일을 철저히 지킨다. 유대인들이 살고 있는 신시가지에서는 안식일에는 물건을 살 수 없을 뿐만 아니라 자동차도 운행하지 않고 엘리베이터마저도 작동하지 않는다. 가정주부도 금요일 해가 지기 전에 다음 날 하루 동안 먹을 음식을 미리 장만해 두고 안식일에는 음식도 만들지 않는다고 한다. 그리스도교 지구에 사는 사람들이 일요일을 주일로 지키다 보면, 예루살렘의 일주일은 종교 지구에 따라 부분적으로 쉬고 닫는 날이 삼 일간이나 된다.

예루살렘에서는 여러 종교가 이웃하여 살면서도 그들은 서로 다른 종교를 인정하지 않고 있다. 가령 유대교 신자들은 '여호와'를 유일신으로 섬기며 세상을 구원할 메시아를 기다리면서 살아가고 있다. 그들은 예수를 메시아나 하느님의 아들로 인정하지 않는다. 또 이슬람교도들은 '알라' 외에 다른 신은 없다고 나날이 신앙고백을 한다. 이처럼 철저하게 자기가 섬기는 유일신만을 신으로 독선적으로 고집하는 그들은 예루살렘을 자신들만의 성지로 만들기 위하여 어떠한 희생도 무릅쓰고 공격하고, 정복당하면 또다시 보복하는 역사의 악순환이 반복되어, 그곳의 종교와 종교 관계는 철저히 상극의 고리로 이어져 있다.

제이차세계대전이 끝난 뒤 1947년 영국과 미국은 국제연합을 통하여 팔레스타인을 아랍인과 유대인 거주 지역으로 분리할 것을 결의하였으나, 아랍 측의 반대로 1948년 초에 아랍과 이스라엘이 대결하는 제일차 중동전쟁(中東戰爭)이 발발했다. 그러나 그 전쟁에서 유대인이 승리하게 되자 그해 5

월 유대인들은 이스라엘의 독립을 선포하고 나라를 세웠다.

이집트, 이라크, 요르단, 사우디아라비아, 시리아, 레바논, 예멘 등 칠 개국이 아랍연맹을 조직, 아랍 민족주의를 제창하면서 삼억 인구의 아랍인들은 총인구 사백십칠만 명 가운데 유대인 삼백사십칠만 명의 이스라엘을 상대로 네 차례에 걸쳐 중동전을 치렀다. 그러나 아랍은 이스라엘에 번번이 패전했고, 오히려 수백만 명의 난민만 불어나게 되었다. 그리하여 팔레스타인 해방기구(Palestine Liberation Organization, PLO)가 구성되기에 이르렀다. 결국 이스라엘 공화국이 새로 생겨나면서 세계에 흩어져 이천 년 동안 유랑하던 유대 민족이 시오니즘에 힘입어 재건된 자기들의 나라로 되돌아오자, 그 땅에서 수천 년 동안 살아오던 아랍계 팔레스타인인들이 또다시 고향 땅을 등지고 유랑의 길을 떠나게 되었다.

종교 간의 불화와 갈등이 가장 심각한 이스라엘에서는 정작 다종교 간 세미나마저도 개최할 분위기가 못 되었다. 그래서 티오유 우리 일행은 유대교 랍비들의 집을 찾아다니며 유대인들의 입장과 주의주장을 듣기도 하고, 팔레스타인의 입장을 대변할 수 있는 지도자들을 찾아다니면서 팔레스타인 사람들의 어려운 사정을 알아내기도 했다. 때로는 팔레스타인 군중집회에 참석하여 그들의 울분을 이해하기도 했다. 그러나 대부분의 유대교 랍비들은 오늘날의 이스라엘 문제는 정치적인 문제이지 종교적인 문제가 아니라며 종교 간의 접촉을 원치 않았다.

유대교의 이스라엘과 이슬람교의 아랍 간의 대결로 치러진 중동전 때 졸지에 난민이 되어 아랍 형제 국가들에게 신세를 지며 살고 있는 팔레스타인인들, 그들의 거주지 문제가 해결되지 않는 한 중동 평화는 오지 않을 것 같았다. 유대인 십만과 팔레스타인인 일백만이 뒤섞여 살고 있는 이스라엘의 점령지 웨스트 뱅크에서는 오늘도 총성이 멈추지 않고 있다.

줄리엣 여사의 생일
중동 순례를 기획 수행하고 있는 루이스 돌란 신부님은 칠십 세의 노인이다. 그런데도 그분은 달리는 버스 안에서 무릎 위에 놓인 컴퓨터를 조작하여 새로운 자료를 만들어내곤 했다. 아르헨티나의 부에노스아이레스에서 출생한 돌란 신부님은 구남매 중 삼형제가 가톨릭 신부이고 한 명의 누이가 수녀라고 했다. 그분은 매우 명랑한 분이었으나, 때로는 침통한 표정에 어두운 그림자가 드리워질 때도 많았다. 그분의 그러한 모습은 성직자의 고뇌처럼 보였고, 중동 평화의 어려운 난제들을 마치 홀로 떠맡은 분처럼 느껴졌다.

우리가 방문한 중동의 여러 나라마다 현지 사람들이 루이스 돌란 신부님의 계획대로 모든 것을 준비해 놓고 그분을 기다리고 있었다. 이스라엘에서는 제르미라고 불리는 삼십대의 젊은 유대교 랍비가 그 일을 맡고 있었다.

성 요셉 수도원이나 알 아크사(Al-Aqsa) 이슬람 사원 그리고 영국 국교회 주교관 등을 방문할 때나 정통파 랍비들의 집을 찾아다닐 때도 랍비 제르미는 접시 같은 모자를 머리에 붙이고 바람처럼 스며들어 와 항상 우리와 그곳에 함께 있었다. 예루살렘을 중심으로 이스라엘 전역에서 우리가 만났던 모든 종교 지도자들도 제르미 랍비가 연결해 준 사람들이었다. 그는 스스로 자신은 유대인 사회에서 팔레스타인계 랍비로 알려져 있다고 했다. 그는 신념에 불타고 있는 사람처럼 보였고, 유대 민족과 팔레스타인인과도 평화 공존의 질서를 열 수 있다고 믿고 있는 것 같았다. 구레나룻을 기른 그는 과묵한 편이었고, 그래서 더욱 투사처럼 보였다. 그는 젊지만 평화를 위한 사도 모임의 공동의장이었다.

예루살렘에서는 다종교 간 세미나를 주최하지 못한 대신 모든 종교인들을 개인적으로 접촉하느라 많은 시간이 필요했다. 때로는 끼니를 거르면서도 우리는 그 일에 열중했었다.

이스라엘에서의 모든 계획을 마친 우리는 랍비 제르미와도 헤어져야만 했다. 그와의 작별은 섭섭해도 해결의 실마리를 찾을 수 없는 중동 평화의 과제로부터 잠시 해방되는 듯한 홀가분함을 느꼈다.

예루살렘을 떠나면서부터 나는 단순한 여행자가 되고 싶었다. 예수님이 성장했다는 나사렛(Nazareth)의 시장 골목에서는 그곳에서 뛰노는 어린 소년들을 바라보면서 소년 예수님을 상상해 보기도 하고, 예수님이 드나들었다는 허술한 시나고그(Synagogue)에서는 그 옛날의 유대인들의 모습을 떠올려 보기도 했다. 세계에서 가장 낮은 곳에 위치한 오아시스 도시 예리코(Jericho, 여리고)에서는 생전 처음 보는 풍성한 남국 과일에 눈과 마음을 빼앗겼다.

우리의 발길이 갈릴리 호수에 이르렀다. 태고의 정적이 숨 쉬고 있는 넓고 큰 갈릴리 호수. 그 호수는 중동에서 지친 우리의 영혼을 감싸 안고 편히 쉬게 해 주었다. 서쪽 하늘에는 노을이 곱게 물들었고 하늘을 담고 있는 갈릴리 호수는 주홍빛으로 출렁거렸다. 야트막한 산과 작은 어촌에 둘러싸인 석양의 갈릴리 호수는 한 폭의 수채화처럼 아름다웠다. 사막에서 모처럼 드넓은 호수에 가득 담긴 물을 만나자 그간 메말랐던 나의 정서의 계곡에도 물이 흐르기 시작했다.

갈릴리 호수의 아름다움에 잠시 취해 있는 동안 호수의 수면은 어느덧 검게 변해 있었다. 호수에 어둠이 찾아오자 티오유 우리 일행은 발길을 산상수훈(山上垂訓) 언덕으로 옮겼다. 잠시 서로 침묵 속에 산기슭을 걷는 것도 좋았다. 예수께서 산상수훈을 설하였다는 바로 그 자리에 이르렀을 때 우리 모두의 마음은 경건해졌다. 맨 먼저 루이스 돌란 신부님이 손전등을 밝혀 성경의 산상수훈 한 구절을 낭독했다. 성경과 손전등이 차례로 옆 사람에게 전해지면 손전등에 비친 산상수훈 한 구절씩을 읽었다. 모든 사람이 성경 읽기를 마치자 루이스 돌란 신부님은 중동 평화와 한국의 남북통일 그리고 캄보디아와 남아프리카 등 세계 평화를 위해 기도했다. 기도를 마치고 우리 모두는 손에 손을 잡고 흑인들의 소망이 담긴 「위 셸 오버컴(We Shall Overcome)」을 신부님의 선창으로 노래 불렀다. 우리들의 노래는 검은 호수와 갈릴리의 밤하늘에 넓게 퍼져 나갔다.

그 밤 우리는 키부츠(Kibbutz) 게스트하우스에서 여장을 풀었다. 숲속에 띄엄띄엄 한 채씩 자리한 그 게스트하우스는 갈릴리 호수 주변의 정취가 가득했다. 특히 사막의 어두운 밤에 신선한 공기가 가득히 고여 있는 숲속 벤치에 앉아 풀벌레 소리를 들으며 하늘의 별을 올려다보던 그 밤은 더할 나위 없이 한가로웠고 모처럼 여행자에게 필요한 한적함이 채워졌다.

다음 날도 우리는 우리나라의 경상도 크기만 한 이스라엘 땅, 텔 아비브 야파(Tel Aviv Jaffa) 등 방방곡곡을 둘러보았다.

늦은 밤 우리가 여장을 푼 곳은 세상 사람들과 연결의 고리가 딱 끊긴 깊은 오지, 아라드(Arad)였다. 다음 날 날이 밝았을 때에야 우리는 멀리 사해가 바라다보이고 가까이에 아리바(Avira) 계곡이 내려다보이는 높은 산정의 외딴 호텔에 와 있음을 알았다. 그날 아침 티오유 우리 멤버들은 활기찬 모습으로 분주했다. 티오유 창시자 줄리엣 홀리스터 여사의 칠십오 세 생신이었기 때문이다.

내가 처음 요르단의 암만에서 뉴욕으로부터 온 티오유 일행을 만났을 때 키가 크고 활달해 보이는 한 할머니가 나의 볼에다 다정하게 키스를 했다. 나중에 거울을 보았을 때 내 뺨에 그분의 입술연지가 묻어 있었다. 그 뒤에도 그분은 가끔 내 볼에다 빨간 입술연지를 남기곤 했다. 그분이 티오유 설립자 줄리엣 홀리스터 여사였다. 설립자의 입장에서는 멀리 한국에서 온 내가 무척 반가웠을 것이다. 그분의 품성은 매우 따뜻했다. 때로 이십여 명의 우리 일행 모두는 그분의 품 안에 있는 것 같은 느낌이 들기도 했다.

그분이 식당에 모습을 나타내자 우리 모두는 박수로 환영하고 올리브나무로 만든 월계관을 씌워 드렸다. 그리고 빨간 장미 일흔다섯 송이의 큰 꽃다발을 바쳤다. 그 꽃다발 속에는 티오유 모든 사람들의 생일 축하 말이 적힌 아름다운 카드도 곁들여져 있었다. 월계관이 씌워질 때부터 줄리엣 여사는 어린아이처럼 행복해했고, 카드를 읽으면서 눈물을 글썽거렸다. 그리고 선물이 증정되었다. 그분에게 증정된 선물은 토기로 만든 여신상이었다. 그분이 그 선물을 열어 보는 동안 우리는 다 함께 생일 축하 노래를 불렀다. 줄리엣 홀리스터 여사는 그 여신상을 머리 위에 이는 시늉을 하면서 숨 막히도록 행복해했다.

티오유의 설립자 줄리엣 여사의 일흔다섯번째 생일을 축하하며.

우리는 마치 집안 어른의 생신 축하를 해 드리고 있는 단란한 가족 같았다. 제각기 신앙을 달리하고 자기 종교를 대표하고 있는 우리들은 다름아닌 평화의 공동체였다.

사막의 꽃이 더 아름답다

아라드의 산상호텔에서 이스라엘의 마지막 밤을 보낸 우리는 아침햇살이 퍼질 무렵 해발 육백 고지에서 멀리 보이는 사해와 나무 한 그루 없는 기암절벽의 아리바 계곡을 내려다보면서 "원더풀, 원더풀" 하며 탄성을 연발했다.

호텔을 등지고 차에 탑승한 우리는 산등성이를 이리저리 돌며 협곡을 빠져 내려왔다. 눈앞에 전개된 변화무쌍한 네게브 사막의 산과 기암괴석 들은 미국의 그랜드캐니언을 방불케 했고, 그 장관은 태곳적 모습 그대로일 것 같았다.

광막한 사막의 밭처럼 보이는 네게브 사막에는 오가는 차량이 한 대도 보이지 않았다. 오직 우리들만이 사막의 한복판을 달리고 있을 뿐이었다. 만약 불볕더위의 여름날 그늘 한 쪽도 없는 이런 사막에서 마실 물 없이 몇 시간 동안을 지내야 하는 처지가 된다면, 그때는 인간이 아무리 만물의 영장일지라도 죽음에 이르고 말 것만 같았다. 인간의 생존을 허락지 않는 환경의 네게브 사막에서 아찔한 공포가 전율로 느껴져 왔다.

영영 인가가 나타나지 않을 것 같은 사막에 갑자기 푸른 농작물 밭이 나타났다. 참으로 반갑고 신기했다. 누가 이런 곳에 사람이 살 수 있는 터전을 마련했을까. 인간의 생존이 가능한 곳임을 누가 처음 발견했을까. 사막에서의 인간의 삶에 대해 원초적인 질문이 꼬리를 물었다. 그 순간 우리가 탑승한 버스가 커다란 굉음을 터뜨렸다. 타이어가 터진 것이었다. 다행히 인가가 가까운 곳에서 고장 난 것은 행운이었다. 차를 수리할 수 있는 곳을 찾아 들어가 수리를 하기 시작했다. 그러는 동안 우리는 태양빛이 쏟아지고 있는 한적한 목장 길을 거닐었다. 남국의 꽃 부겐빌레아가 빨강, 노랑, 분홍, 하양, 보라로 무리지어 흐드러지게 피어 있었다. 사막의 꽃은 더 곱고 아름다워 보였다. 비를 맞지 않은 꽃은 빛깔도 더 영롱하고 꽃잎도 건강했다. 사막에서는 일정한 시간 간격으로 물방울을 떨어뜨려 주며 정성을 다해 꽃을 피우고 있었다. 작열하는 태양의 햇살처럼 꽃들도 소리내어 웃고 있는 것 같았다.

우리 일행 중 한 사람이 멀리 있는 나를 바라보면서 "메이드 인 코리아"라고 소리쳤다. 펑크 난 타이어가 한국산이라는 소리였다. 나는 귀가 번쩍 뜨였다. 우리나라의 상품이 여기까지…. 나는 먼 나라 이스라엘에서 우리나라가 더욱 장하고 자랑스럽게 느껴졌다. 타이어를 바꾸어 낀 우리의 버스는 다시 사막의 길을 질주하기 시작했다. 상당한 거리를 단숨에 달려오던 버스가 멈추었다. 안내양은 이스라엘 땅의 끝이라며 작별인사를 했다. 차에서 내리자마자 발 아래에는 청람빛 홍해(紅海)가 출렁이고 이집트의 국경 철문이 보였다. 그 지점은 이집트와 이스라엘 그리고 요르단과 홍해가 서로 맞물려 있는 곳이었다.

그곳은 걸핏하면 세계 사람의 눈과 관심을 모으는 현대사의 무대였다. 수에즈 운하가 거기에 있고 시나이 반도도 삼각형의 돌출 지형을 홍해에 내밀고 있는 곳이다. 지중해와 홍해를 잇는 길이 백육십삼 킬로미터의 수에즈 운하는 아시아와 유럽을 잇는 중요한 통로이다.

1869년에 완성된 수에즈 운하는 이스라엘과 아랍 간의 관계가 악화될 때마다 이스라엘 선박의 통행을 금지하는 군사적 목적으로 이용되어 중동전의 도화선이 되곤 했다. 그러나 제4차 중동전 이후 미국의 중재로 1978년 이집트와 이스라엘 간에는 '캠프데이비드 협정'이 체결되었다. 아랍과 이스라엘은 어디서나 상극관계로 대립하고 있지만, 그 평화협정 덕택으로 이스라엘과 이집트 국경 사이에는 이렇다 할 긴장감이 없었고 우리도 두 나라 사이의 국경을 매우 평화적으로 이동할 수 있었다. 그러나 아랍 세계에서의 '평화'는 너무나도 값비싼 대가를 치러야만 했다. 그 평화협정 체결 때문에 이집트는 아랍 연맹에서 축출당했고 사다트(A. Sadat) 대통령은 이슬람 동

세계에서 투명도가 가장 높다는 홍해. 가까이에서 본 물빛은 녹색과 비취빛으로 굴절되어 보였고, 바다 한가운데는 쪽빛으로 출렁거렸다.

포단에게 암살당했다.

우리 눈에 가까이 보이는 작은 섬에는 아직도 국제평화유지군이 주둔하고 있었다. 그 군 기지에서 휘날리고 있는 작은 깃발은 국제평화유지군이 중동의 화약고에 불이 붙지 않도록 철저히 감시하고 있음을 암시하고 있는 것 같았다.

우리 모두의 입국 수속이 진행되는 동안 우리나라의 동해바다 같은 인상을 주는 홍해를 정겹게 바라다보았다. 그 옛날 지리 시간에 이름으로만 기억되던 사해, 갈릴리 호수, 홍해를 차례로 만나고 난 내 마음속에 다시금 새로운 지도가 그려지는 것 같았다. 세계에서 투명도가 가장 높다는 홍해의 물빛은 가까이에서 보면 옥색과 비취빛으로 굴절돼 보이고 바다 한가운데서는 쪽빛으로 출렁거렸다.

아라비아 반도에서 멀리 아프리카까지 이어지고 있는 홍해는 그 연안에 어떠한 도시도 없을 뿐 아니라 강물도 흘러 들어오지 않아서 세계에서 가장 오염되지 않은 바다, 맑은 물로 유명하다고 했다. 바다가 저녁 채비를 하자 홍해는 지구를 두르고 있는 검정 띠처럼 보였다. 그리고 요르단 국경을 병풍처럼 두르고 있는 위용 넘치는 암벽산도 엷은 커튼을 쳐 놓은 것처럼 보였다. 그러다 조금 전까지는 보이지 않던 환한 빛의 선이 홍해 건너편에 생겨났다. 그것은 사우디아라비아의 가로등 불빛이라고 했다.

모든 수속을 마친 우리는 이집트 버스에 탑승했다. 차창 밖을 바라보면서 달렸지만 잠시 후 깜장 밤이 찾아들면서 주변의 사물들이 아무것도 보이질 않았다. 그때부터 나는 고대 이집트의 터널 속으로 깊이깊이 들어가고 있겠거니 하는 환상의 나래를 폈다.

피라미드의 나라에서
이집트 1991

하느님의 산, 시나이

이집트에서 우리들의 첫 순례로는 이스라엘 사람들이 '하느님의 산'이라고 명명하고 성산(聖山)으로 기리는 시나이 산 등정이었다. 늦은 밤 시나이 산 아래 도착한 우리는 캄캄한 어둠 속에 뚝뚝 떨어져 있는 자신들의 배정된 숙소를 찾아가느라 몇 번이나 돌부리에 채여야만 했다. 여장을 풀고 있는 숙소는 호텔이 아니고 마치 산장 같은 분위기였다. 넓은 공간 안에 있는 옷장이나 의자나 문 같은 것들이 모두 나무토막과 판자를 적당히 잘라서 맞추어 놓은 투박한 것들이었다.

우리는 시나이 산 해맞이를 위해 밤 두시부터 등정할 예정이었다. 그때까지는 두세 시간의 여유밖에 없어 잠을 청해도 왠지 모를 긴장감 때문에 좀처럼 잠이 오지 않았다. 잠시 눈을 붙이는 둥 마는 둥 하다가 자명종 시계 소리에 몸을 번쩍 일으켰다. 등정을 위해 편한 신발로 바꾸어 신고 밤이슬이 차가울까 봐 스웨터를 챙겨 들고 나섰다. 손전등을 밝혀 든 일행들이 여기저기서 문을 열고 나왔다. 대기하고 있는 버스를 타고 십 분도 채 못 가서 차에서 내렸다. 그곳은 해발 일천오백삼십미터 지점으로, 성 카타리나 수도원 근처였다. 거기에는 두건을 길게 늘어뜨린 아랍 남성 베두인(Bedouin)들이 낙타를 대기시켜 놓고 있었다. 우리는 낙타를 타고 시나이 산을 오르기로 되어 있었다.

우리 일행들에겐 모두 낙타가 짝지어졌다. 처음으로 낙타를 타게 된 우리가 좀 어리둥절해 하고 있을 때 낙타 주인인 베두인들은 우리들 앞으로 낙타를 끌고 와서 길 떠날 채비를 서둘렀다. 낙타는 그 거구를 앞으로 수그리며 앞무릎을 탁 꿇고 앉았다. 사람이 자신의 등에 오를 수 있도록 취하는 자세였다. 베두인의 도움을 받으면서 낙타 등에 올라 안정된 자세를 취하자 베두인은 낙타에게 "헥!" 하는 외마디 소리를 질렀다. 낙타는 천천히 몸을 일으켰다. 그리고 마치 조심이라도 하듯 서서히 발을 옮겨 놓기 시작했다. 낙타를 타고 가는 느낌은 마치 높은 허공에 앉아 있는 것만 같아 몸의 균형을 잃지 않기 위해 잔뜩 긴장이 되었다.

한참 동안 시나이 산을 오르다 보니 어느 결엔가 베두인은 뒤로 처지고 낙타 스스로 산길을 오르고 있었다. 하늘에는 달이 휘영청 밝고 유난히 커 보이는 몇 개의 별이 아주 가깝게 느껴졌다. 상상조차도 할 수 없었던 시나이 산을 달밤에 오르는 기분은 매우 미묘했다. 나는 산을 이리저리 둘러보기도 하고 하늘을 자주 올려다보기도 했다. 어느 한 순간 마치 큰 별이 떨어지기라도 하듯 유성이 찬란하고 밝은 빛의 선을 밤하늘에 길게 그었다. 우리는 모두 "와!" 하는 탄성을 터뜨렸다.

낙타는 우리들의 흥분을 아랑곳하지도 않고 달빛 때문에 생긴 자신의 그림자와 동행하면서 빠르지도 느리지도 않은 걸음으로 앞만 보고 묵묵히 산을 올랐다. 그러는 낙타가 매우 유순하게 느껴졌다. 그리고 밤잠도 못 자고 등산객을 나르는 낙타가 안쓰러워 미안한 생각이 들었다. 낮에는 편히 쉬었는지, 주인은 선량한지, 그리고 고대 이집트의 옛 이야기도 알고 있는지…. 침묵 속에 산길을 오르고 있는 낙타에게 물어 본 말들이다.

앞서거니 뒤서거니 하면서 한마디씩 말을 건네던 일행들도 어느덧 서로 상당한 거리가 생겼다. 베두인도 다시 낙타 곁으로 되돌아왔다. 산을 오르기 시작한 지 두어 시간 만에 우리는 모두 낙타에서 내렸다. 그곳에는 어둠 속에 등불을 밝혀 놓고 등산객을 맞는 찻집이 있었다. 우리 모두는 따끈한 홍차를 마시면서 낙타를 타고 오른 소감들을 털어놓았다.

정상이 그리 멀지 않다는 그곳에서부터 걸어서 오르기 시작했다. 자신의 두 발로 걷는 것이 얼마나 자유롭고 편안한 것인가를 새삼 깨달으며 쾌적한 기분으로 발걸음을 옮겼다. 샛별이 사라지고 밝던 달이 빛을 잃을 무렵 사

하느님이 모세를 택해 십계명을 내려 준 시나이 산에서. 전 세계 어디에서나 나를 따라 주던
신현대 교도와 함께.

방이 희뿌옇게 밝아 오고 동녘 하늘이 붉어지기 시작했다. 나무 한 그루 없이 기암괴석으로 우뚝우뚝 치솟은 장중한 시나이 산 연봉들은 동녘 하늘의 붉은 기운을 받아 온 산이 분홍빛으로 물들기 시작했다. 그리고 계곡마다에는 투명하게 느껴지는 말간 빛이 일렁거렸다. 이천이백팔십오 미터의 시나이 산 정상에 오른 우리는 이제 막 동이 트려는 동녘 하늘을 경건한 마음으로 바라보고 있었다. 자신의 숨소리마저 죽여 가면서 한곳만을 응시하고 있는 시선은 좀 긴장되어 있었다. 그 순간 우리 모두는 중동의 평화를 위해 기도를 올렸다.

마침내 장엄한 아침 태양이 동녘 하늘에 서서히 솟아오르기 시작했다. 시나이 산 해맞이는 신비로웠다. 태양은 더 커 보이고 구름 속으로 빛나는 햇살은 더욱 찬란했다. 그리고 정적 속에 깃든 시나이 반도는 더할 나위 없이 고요하고 평화로웠다. 중동의 전쟁은 인간이 만들어내고 있는 불행임을 더욱 실감케 했다.

"여호와께서 모세에게 이르시되, 너는 산에 올라 내게로 와서 거기 있으라. 너로 하여금 그들을 가르치려고 내가 율법과 계명을 친히 기록한 돌판을 네게 주리라."(출애굽기 24장 12절)

시나이 산은 하느님이 모세를 택해 십계명을 내려 준 곳으로 유명하다. 또 시나이 산은 이스라엘의 탄생이 시작되는 출애굽의 시발점이라고도 한다.

저만큼 산상에 있는 모세 기념교회로 발길을 옮겼다. 희랍 정교회가 교회를 관리하고 있다는 그곳 성당에서는 아침 미사를 집전하고 있어 촛불 속에 향연(香煙)이 그윽했다. 시나이 산 정상에서 아침햇살을 받아 빛나고 있는 이만사천 평방마일의 화산암 연봉들을 바라볼 때, 마치 시나이 산이 산하대지(山河大地)를 이루고 있는 것처럼 느껴졌다.

아프리카 최대의 도시 카이로

시나이 산 협곡 아래에는 기원전 545년에 건립된 성 카타리나 수도원이 있었다. 그리스 정교회가 천사백여 년의 전통을 지켜 오고 있는 그 수도원은 규율이 매우 엄격한 곳으로 느껴졌다. 여권을 제시하고 나서야 수도원 내부로 들어갈 수 있었고, 짧은 스커트를 입은 여자는 입구에서 빌려 주는 긴 치마를 덧입어야만 들어갈 수 있었다.

이집트에 남아 있는 유일한 비잔틴식 건물이라는 그 수도원에는 세계에서 가장 오래된 '예수님 변모상' 모자이크 벽화와 함께 진귀한 성화(聖畵)가 많이 소장되어 있었다. 그리고 사세기경의 것으로 추측되는 희랍어로 씌어진 신·구약성서 사본이 1884년 이곳 성 카타리나 수도원에서 발견되어 '시나이 사본'으로 유명하다고 한다. 그 때문에 성 카타리나 수도원은 더욱 유서 깊은 곳으로 알려지고 있다.

수도원에는 고대의 성서 사본들이 많이 소장되어 있었다. 그것들은 일반인에게 공개되고 있지 않았지만, 우리는 돌란 신부님의 특별한 주선으로 그 진귀한 사본을 볼 수 있었다. 빛바랜 고서가 넓고 큰 방 안에 가득히 들어 차있었다. 우리 일행이 아닌 어떤 사람은 천신만고 끝에 그 방 안에 들어온 듯마치 천국에라도 온 것처럼 벅찬 감격을 가누지 못하는 모습도 볼 수 있었다. 그곳은 어두컴컴한 데다 무거운 적막이 고여 있었고 긴 세월을 지탱해온 낡은 건물 안에는 냉랭한 공기가 흐르고 있어, 그 분위기는 마치 중세의어느 수도원을 연상케 했다. 검정 수도복을 발등에 닿도록 치렁치렁하게 입고 머리를 까치 꽁지처럼 묶은 남자 수도사가 무표정한 모습으로 그 장서들을 우리에게 설명해 주었다. 나는 종이가 발명되기 전에 종이 대용으로 썼던 파피루스에 금박의 선을 치고 또박또박 성서를 베껴 쓴 어느 성서 사본을 보면서 한 신앙인의 깊은 신앙심을 접하는 감동을 느꼈다.

카타리나 수도원의 한 담장 아래로는 그 유명한 떨기나무의 푸른 넝쿨들이 늘어져 있었다. 여기에는 전해져 내려오는 이야기가 있었다. 어느 날 목자가 된 모세는 좋은 목초지를 찾아다니다 시나이 산까지 가게 되었다. 모세는 그곳에서 불붙은 떨기나무 가운데 나타난 하나님을 만났고, 불붙은 떨기나무가 타지 않는 기이한 광경을 보았다는 것이다. 그 떨기나무는 세계에서 유일하게 성 카타리나 수도원에만 있다고 한다. 그 떨기나무에 관심있는 세계 사람들은 오늘도 성 카타리나 수도원을 찾고 있었다.

성 카타리나 수도원에서 예정보다 너무 많은 시간을 써 버린 우리는 서둘러 카이로를 향해 출발했다. 우리가 탑승한 버스가 달리기 시작하자 차창밖으로는 시나이 산 화산암 연봉들이 더욱 가깝게 다가왔다가는 스쳐 지나가곤 했다. 어떤 바위는 모양이 아주 기이해 보이는 것도 있고 어떤 계곡은 이제 방금 분출된 화산재가 쏟아져 내리고 있는 것처럼 보이는 곳도 있어서, 아득한 옛날 활발했던 화산 활동을 짐작케 했다.

요 며칠 전에 산속에는 폭우가 내렸던 모양이었다. 많은 도로가 유실되어 아예 길이 없어진 곳이 많았다. 우리 버스는 길이 없는 사막의 모래밭을 달려야만 했고 그래서인지 속도는 뚝 떨어졌다. 시나이 산으로부터 카이로까지 빨리 달리면 서너 시간 만에 당도할 수 있는 거리라고 했는데, 우리는 무려 일곱 시간이나 걸렸다. 시나이 반도 사막 지대를 지루하게 통과하는 동안 차창 밖을 바라다보아도 전혀 마을이 보이지 않았다. 어쩌다 대추야자 나무가 몇 그루 서 있는 데는 베두인들의 어설픈 집이 몇 채 있을 뿐이었다. 이집트는 불모의 땅이 너무 많다는 안타까움과 함께 전 국토의 사 퍼센트만이 주거 지역이라는 말을 실감할 수 있었다.

우리는 드디어 동양, 서양, 아프리카 세 개의 문화가 교차하고 있다는 아프리카의 최대 도시 카이로에 도착했다. 이집트의 수도 카이로는 이제 막석양을 맞고 있었다. 빨갛고 둥근 해가 카이로 도심을 적시며 유유히 흐르는 나일 강과 어울려 아름다운 한 폭의 수채화를 만들고 있었다. 고대의 이집트로부터 중세를 거쳐 현대에 이르기까지 기나긴 오천 년의 역사와 인류 최고(最古)의 문화유산을 품 안에 끌어안고 있는 카이로는 환상적인 모습으로 우리를 맞아 주었다.

그러나 하룻밤을 지내고 본 카이로는 크게 변신해 있었다. 훌륭한 현대도시의 면모를 갖추고 있는 카이로는 참으로 여러 얼굴을 가지고 있었다. 중세 이슬람 시대의 옛 모습을 만날 수 있다는 이른바 이슬람 지구 언덕에 올라 카이로 시가지를 바라다보았을 때는 우뚝우뚝 솟은 모스크의 첨탑들이 숲을 이루고 있었고, 이슬람 건축의 진수로 일컬어지고 있는 술탄 하산 모스크 그리고 높은 첨탑과 거대한 돔이 돋보이는 모하메드 알리 모스크를 찾았을 때는 이슬람 건축예술의 또 다른 면모가 우리를 매료시켰다. 그리고 이집트야말로 모든 이슬람 국가 가운데 가장 찬란한 이슬람 건축 문화를 간직하고 있는 나라로 느껴졌다.

그러나 카이로의 숨겨 놓은 뒷골목 같은 올드 카이로에 발길이 닿았을 때는 당혹감과 함께 차라리 눈을 감아 버리고 싶은 심정이었다. 아직 기둥은 버티고 서 있어도 지붕이 삭아서 주저앉아 버린, 곧 무너져 내려앉을 것만 같은 집들이 즐비했다. 그리고 그 위험해 보이는 집에서는 많은 사람들이 북새통을 이루며 살고 있었다. 길이나 골목마다 인파가 넘치고 마차나 자동차들로 매우 혼잡했다. 그리고 쓰레기와 오물은 그대로 널려 있었다.

이천오백 년 동안이나 번영을 누리면서 인류의 찬란한 문화를 가꾸던 고대 이집트의 후예들은 오늘날 외채 누적과 심한 인플레이션 속에서 가난에 쪼들리며 살고 있는 것처럼 비쳤다.

기념비적 무덤, 피라미드

이집트에 사람이 살기 시작한 시기는 적어도 이십만 년 전부터일 것이라고 추측하고 있었다. 그리고 그곳에서 인류의 문명이 싹트기 시작한 때를 기원전 3000년경으로 헤아린다. 이집트의 문명은 메소포타미아 문명과 함께 인류 최고(最古)의 문명으로 알려지고 있다. 몇 년 전 런던의 대영박물관이나 파리의 루브르박물관을 찾았을 때에도 인류 문명의 시원을 가늠할 수 있는 이집트 전시실에서 대부분의 시간을 보냈던 일이 있다. 그때의 생각으로는 나의 발길이 이집트에 닿을 수 있으리라고는 전혀 기대도 하지 못했었다. 그런데 바로 이 순간 이집트의 땅을 밟고 있다는 것은 나에게는 매우 벅찬 감격이 아닐 수 없었다. 이집트 땅의 돌멩이 하나도, 그리고 피라미드 주변의 흙먼지도 예사롭게 보이지 않았다.

고대 이집트의 문화유산 그 모두를 한꺼번에 살필 수 있는 이집트 고고박물관에는 그 소장품이 십만 점도 더 된다고 했다. 박물관의 여러 전시실을 둘러보면서 고대 이집트인들은 이미 오천 년 전에 인간이 이룩할 수 있는 위대한 문화를 종합적으로 완성했다는 사실에 감탄을 금할 수가 없었다. 현재로부터 미래의 인류가 또다시 이같은 문화를 재창출할 수 있을 것인가 하는 의문이 들었다. 그리고 지금은 어느 민족이 어디에서 이같은 인류의 값진 문화적 자산을 준비하고 있을까 하는 회의적인 생각에 잠겨 보기도 했다.

전시실에는 고왕국, 중왕국, 신왕국 시대의 순서로 그레코 로만 시대의 것까지 전시되고 있었다. 그러나 소장품에 비해 전시실이 부족해 보이는 그곳 박물관 안에는 전시라는 표현이 알맞지 않을 정도로 귀한 문화유산들이 비좁게 어깨를 맞대고 있었다.

고왕국 시대의 전시실에는 피라미드 속에 왕의 미라와 함께 보관되어 있던 미술품처럼 화려해 보이는 관과 벽화 들이 큰 손상 없이 기술적으로 옮겨져 있어, 관람객으로 하여금 옛 선인들의 심미안을 접하게 했다. 특히 은밀하게 여겨지는 피라미드 내부의 벽화들은 그 선(線)이 매우 섬세했고 기하학적으로 처리한 듯한 인상을 주었다. 그 그림들을 통해 오천 년 전 그 당시 사람들의 믿음의 세계와 생활 모습 그리고 생활 도구들을 엿볼 수가 있었다. 벽화에서 엿볼 수 있는 옛 이집트 사람들의 삶의 태도는 매우 적극적이고 역동적으로 느껴졌다. 놀라운 것은 피라미드 속에서 몇 천 년씩 지난 벽화들의 색채가 거의 변질되지 않았다는 것이었다. 색상의 조화에서도 뛰어난 미적 감각을 발견할 수가 있었다.

이집트에서의 나의 관심은 이집트 문명의 제1기에 해당되는 고왕국 파라오 왕조 시대(기원전 3100-기원전 2181)에 쏠려 있었다. 고왕국 시대를 상징하는 것은 오늘날 사람들에게 불가사의하게 여겨지는 피라미드이다. 우리 일행은 그 피라미드를 보기 위해 카이로 시가에서 서쪽으로 십삼 킬로미터 떨어진 기자(Giza)로 갔다. 시가의 변두리, 사막과의 경계에 그 유명한 기자의 피라미드 세 기가 위용을 나타내고 있었다.

1888년 파리에 에펠탑이 세워지기 전까지만 해도 이 세 기의 피라미드는 세계에서 가장 높은 건축물이었다고 한다. 인간의 지혜와 능력의 위대한 금자탑인 피라미드는 사방의 넓은 밑면으로부터 거석(巨石)을 쌓아 올려 사면의 벽면이 날카로운 일직선으로 좁혀 올라가 그 정상에서는 사각의 뿔을 이루고 있었다. 때마침 늦은 오후의 햇살과 허허로운 모래벌판에 이는 뿌연 사막의 바람이 함께 어우러져 검붉은 빛으로 서 있는 거대한 피라미드는 오천 년의 세월을 말하듯 신비롭기만 했다.

피라미드 쪽으로 다가가고 있는 우리들이 유난히 작은 존재로 느껴졌다. 우리는 안내인을 따라 세 기의 피라미드 가운데 중앙에 위치한 카프레(Khafre) 왕의 피라미드 속으로 발을 들여놓았다. 몸을 잔뜩 움츠려 키를 낮추고 심한 경사면에 발받침이 있는 좁은 길을 따라 땅속 깊은 곳으로 내려갔다. 불편한 자세로 한참을 내려간 후에 피라미드 바닥에서 몸을 세웠다. 피라미드 내부는 서서 돌아다닐 수 있는 천장 높이와 카프레 왕의 오인(五人) 가족의 관을 안치했던 공간이 작은 골방 크기로 나뉘어 있을 뿐 그 안에는 아무 유품도 없었다. 그러나 그 피라미드 속에서는 형언할 수 없는 퀴퀴한 냄새가 났다. 아마도 오천 년 동안 피라미드 속에 갇혀 있던 시체의 냄새인 것 같았다.

우리는 다시 신선한 공기와 밝은 빛이 있는 피라미드 밖으로 나왔다. 이집트 사람들이 살아서도 태양신의 아들이고 죽어서도 신의 위력을 갖고 있다고 믿었던 파라오의 '영원한 거처' 피라미드를 새삼스러운 눈으로 바라보았다. 한 개의 무게가 2.5톤가량이나 된다는 바위 이백팔십만 개를 이백십 단이나 쌓아 올려 백사십 미터의 높이를 이루고 있는 피라미드를 기중기도 없던 그 시절에 어떻게 쌓아 올렸을까. 고대 이집트 사람들의 피라미드 축조 비법은 영원한 신비였다.

그 옛날 이집트 사람들은 죽기 전의 현세는 오히려 짧다고 생각하고 죽어서 다시 얻은 사후의 삶은 영원하다고 믿었다. 그래서 그들은 살아 있을 때

이집트 인류 최고(最古) 문명의 상징인 피라미드, 그 신비롭고 불가사의한 파라오의 무덤에서.

의 집보다 사후의 집인 무덤의 축조에 더 큰 정성을 기울였고, 살아 있는 몸의 장식보다 시체를 미라로 만드는 일에 물질과 노력을 더 많이 바쳤다고 한다. 그들은 기념비적 무덤 속에 매장됨으로써 불멸성이 성취될 수 있다고 믿었고, 그러한 신앙 때문에 피라미드처럼 거대한 석조 건축 양식을 발명하게 되었을 것이다.

오늘날 이집트에는 크고 작은 피라미드가 칠십여 기나 있다. 인류의 찬란한 문화유산을 남긴 이집트의 고왕국은 결국 역대 파라오들의 피라미드 축조와 신전 건축의 경제적 부담 때문에 몰락했다고 한다. 그래도 피라미드만은 인류의 자랑스러운 문화유산임이 분명했다.

나일 강에서 들은 사랑 이야기

이집트의 고왕국 시대를 피라미드 시대라고 일컫는다. 그러나 그들의 거석 문화는 피라미드뿐만 아니라 신전의 석조 건축과 수많은 신상(神像)과 왕상(王像)의 석조 조각에서도 함께 꽃피었다. 고대 이집트의 돌의 문화는 중왕국, 신왕국 시대까지 이어지고 있었다.

카이로에 있는 이집트 고고박물관에서 많은 관람객들은 석고 채색 좌상 앞에서 손전등을 석고상의 눈동자에 비춰 보고들 있었다. 불빛에 반짝이는 석고상의 눈동자는 살아 있는 사람처럼 생동감이 있고 시선까지 맞부딪치는 느낌을 주어 깜짝 놀라게 했다.

우리는 에드푸 신전을 비롯한 많은 신전을 관람했다. 당시 사람들이 신의 영원한 집으로 믿었다는 신전은 우선 그 방대한 규모에서부터 우리들을 놀라게 했다. 그리고 우람한 석주(石柱)마다 연꽃이나 파피루스가 주두(柱頭)에 섬세하게 조각되어 있어 눈길을 뗄 수가 없게 했다. 사암(沙岩)에 조각한 신전 내외부 부조(浮彫)들을 바라보면서 신전에 바친 그들의 정성이 얼마나 갸륵한 것이었는가를 느꼈다. 조각된 벽화처럼 느껴지는 부조들은 음각(陰刻)과 양각(陽刻)으로 새겨져 있었다. 마치 밀가루를 반죽한 것에다 칼집을 내듯 사암에 새겨진 부조의 여인상에서는 육체의 탄력과 얼굴의 표정

이집트 돌 문화의 꽃, 룩소르 신전에서. 수많은 신전들이 돌로써 예술을 꽃피우고 있다.

까지도 읽을 수 있었다. 옛 사람들의 일상의 모습처럼 보이는 그 부조들은 신에 대한 숭배와 왕의 업적을 조각해 놓은 것이라고 안내인은 설명했다.

거대한 벽면의 부조들을 자세히 관찰해 보았더니 그 기법이 피라미드 내부를 치장했던 회화와 일치하고 있었다. 사람의 머리는 언제나 측면으로 표현하고 어깨와 몸통은 정면으로, 그리고 허리에서부터 다리 부분은 다시 측면으로 표현하고 있었다.

사백 년 동안 번영을 누렸다는 중왕국 시대와 신왕국 시대의 옛 도읍터 테베(Thebes)의 룩소르 신전에서는 이집트의 거대한 신전과 조각상에 완전히 압도되었다. 나일 강변에 자리 잡은 룩소르 신전에는 람세스(Ramses) 2세의 거대한 좌상과 입상 그리고 오벨리스크가 있었다. 파리의 콩코르드 광장에서 보았던 이집트의 오벨리스크가 바로 이곳에 있었던 또 하나의 오벨리스크라는 사실을 이곳에 와서야 알게 되었다.

이집트의 상형문자에는 비(雨)를 나타내는 문자가 아예 없다고 한다. 카이로 기준 연평균 영 내지 오 밀리미터의 강우량을 기록하고 있는 건조한 기후의 이집트에는 사암이나 화강암으로 축조된 피라미드와 신전 그리고 조각상 들이 사오천 년이 흐른 오늘날에도 대부분 원형을 보존하고 있었다.

이같은 고대 이집트의 신전 유적지를 보기 위해 우리는 카이로에서 비행기 편으로 아스완(Aswan)에 도착하여 나일 강 물 위에 떠 있는 선상호텔에 여장을 풀었다. 우리 한강의 강폭만 한 나일 강은 맑고 깨끗한 푸른 물결로 유유히 흐르고 있었다. 우리 배는 밤도 낮도 없이 강을 거슬러 올라가다가 신전의 유적지가 나오면 멈추었다. 그리고 우리가 유적지를 둘러보고 배에 오르면 그 수상 호텔은 또다시 움직이기 시작했다.

사 층 규모의 그 배는 객실이 일흔두 개나 되고 백사십오 명이 식사할 수 있는 식당과 풀장까지 구비되어 있었다. 객실 분위기는 정결하고 아기자기했다. 모든 것이 구비되어 있는 객실 안에는 전화기에서부터 샤워실까지 모두가 호텔 수준이었다.

나일 강 양쪽으로는 야자나무 숲이 짙푸르게 우거져 있었고 시선이 더 먼

곳에 머물면 그곳은 사막이었다. 신전을 관람할 때는 사오천 년의 시간을 거슬러 고대 이집트인을 만나고, 배를 타고 강심을 누빌 때면 말 그대로 선유(仙遊)였다. 나일 강의 좌우에는 키가 큰 야자나무와 우거진 숲만 보일 뿐 사람이 사는 마을은 보이지 않았다. 그래도 어쩌다 사탕수수밭에서 일하는 아낙네와 해가 저물어 소를 몰고 가는 농부를 바라볼 때면 그들의 모습은 그지없이 평화롭고 목가적으로 느껴졌다.

나일 강 수상호텔에서의 삼 일 동안, 때때로 갑판 위에 홀로 앉아서 시원하고 맑은 강바람을 쐬었다. 그럴 때면 모든 상념들이 바람결에 흩어져 마음속은 텅 비어 있는 듯하고 흐르는 시간도 정지된 듯했다. 그러나 다시 마음 문을 열면 푸른 물결 위로 유유히 미끄러지는 하얀 돛단배가 보였다. 해질 무렵 유난히 둥글고 빨간 해가 고운 노을의 융단을 깔고 야자수 숲속으로 빠져 들어가는 것을 지켜보는 것은 나일 강의 비경이었다. 별이 빛나는 밤, 밤하늘을 올려다보고 있으면 나의 상념들도 마치 은하수처럼 흐르고 있었다.

이십여 일간을 한 권속처럼 지낸 티오유 멤버들과 도란도란 이야기판이 벌어지면 속 깊은 이야기들도 스스럼없이 들려주었다.

칠십 세가 넘은 위니 할머니는 유난히 맑고 환한 눈빛에 소녀같이 수줍은 미소를 머금곤 했다. 그분은 역사와 문학을 전공한 분으로, 고대 그리스 서사시를 번역하는 번역 작가이고 때로는 칼럼도 쓴다고 했다. 얼굴은 그 사람의 인생을 숨기지 못함을 그분에게서 다시 발견했다. 그분은 결혼하지 않은 처녀 할머니였다. 그분의 인생에 대하여 관심을 갖고 여쭈어 보자 잠시 자신의 인생의 강물을 거슬러 올라가는 듯한 표정을 짓더니 자신은 두 번이나 열렬한 사랑에 빠졌던 경험은 있지만 결혼한 적은 없다고 말하며 그분 특유의 수줍은 미소를 지었다.

첫번째 남성과는 서로 뜨겁게 사랑했지만 이미 결혼한 남자였고 부인이 이혼에 응해 주지 않아 결혼을 못 했다고 했다. 그리고 십이 년간을 사랑했던 그 사람은 오래 전에 세상을 떠났다고 했다. 그 후 우연히 그리스에서 유명한 시인과 만나게 되어 새로운 사랑을 경험했지만 그 사람 역시 부인이 있었다고 말했다. 비록 결혼은 안 했어도 그같은 사랑의 경험은 자신의 인생의 전부처럼 느껴진다고 했다. 그리고 그처럼 결혼할 수 없었던 사연은 결코 우연이 아닌 '업보의 소치'라고 자신은 믿고 있다고 말했다. 그분은 기독교인이지만 불교의 인과응보를 믿는다고 확신있게 말했다.

이집트는 '나일 강의 선물'이라고 한다. 그리고 정기적으로 범람하던 나일 강은 고대 이집트인의 삶을 규제한 거대한 시계였다고 한다. 그 거대한 시계, 나일 강은 내 인생의 소중한 체험이 된 중동의 여정이 저물고 있음을 알려 주고 있었다.

동양과 서양의 공존

터키 2015

다시 터키로 떠나다

나는 1996년, 잠시 들렀던 것처럼 터키를 다녀온 적이 있었다. 터키의 어느 박물관에 갔을 때 영국의 대영박물관이나 프랑스의 루브르박물관에서도 보지 못한 진귀한 것들을 보았고, 그러한 터키 역사와 문화의 무궁무진함에 놀라 눈이 휘둥그레졌던 기억이 강렬하게 남아 있었다. 언젠가 터키를 다시 한번 가 봐야지 하고 벼르고 있던 차에, 이희수(李熙秀) 교수와 함께하는 '터키 박물관 산책'의 기회가 있어 2015년 8월, 이십 년 만에 터키로 향했다. 여행만을 위해 단체 여행에 합류해 보기는 이번이 처음이었다. 터키의 무궁무진한 역사와 문화를 탐구하기 위해 길 떠나는 설렘이 컸고, 여정도 열흘 간이나 되어 터키를 충분히 공부할 수 있을 것 같은 기대감이 들었다.

우리의 터키 여정은 이스탄불에서 시작되었다. 이스탄불에서 맨 먼저 본 것은 이집트의 오벨리스크였다. 오벨리스크는 이집트의 신전이나 왕묘의 제전(祭奠) 앞에 세워진 끝이 뾰족한 사각 돌기둥으로 태양을 상징한다. 나는 한순간 속으로 깜짝 놀랐다. 이집트로 상징되는 오벨리스크, 높이 이십 미터도 넘는 저 육중한 돌기둥이 어찌 터키 땅에 와 있을까. 나는 이집트 말고 영국에서 이집트의 오벨리스크를 보았다. 그때 그곳에서 오벨리스크를 보았을 때는 약탈 문화라고 가볍게 치부해 버렸다. 그런데 오벨리스크가 터키에도…. 나는 터키의 국민소득이 10,200달러(2009년 기준)라는 것만 머릿속에 있었다. 그 오벨리스크를 보는 순간 터키라는 땅의 역사가 예사롭지 않다는 생각이 들었다.

터키는 아시아 대륙의 서부에 위치하면서 유럽 대륙의 동남북에 연결돼 있다. 터키는 흑해, 에게 해, 지중해의 연안에 있어 지리책에서나 공부했던 그 중요한 바다가 모두 이 나라 연안에 있다니, 나는 마치 세계의 중심에 와 있는 것 같은 착각이 들었다. 흑해와 에게 해를 실처럼 연결하며 흐르는 보스포루스 해협에 띄운 유람선을 타고 이스탄불의 좌우 도시의 풍광을 바라보았다. 유럽의 어느 도시와 비교해도 뒤져 보이지 않았다. 공공시설로 보이는 건물의 규모나 건축양식 또한 모두가 수준 높아 보였다. 국가의 일부가 아시아에 속해 있다고 하지만 외관상으로 드러난 분위기는 다분히 유럽 같다는 느낌이 들었다.

터키는 인구 밀도에 비해 땅이 넓다고 한다. 버스를 타고 달리다 보면 들녘은 끝이 없는 평야이다. 농업국가인데도 그 넓은 땅을 다 경작할 필요가 없어서 농토의 일부는 곡식을 심지 않고 땅을 쉬게 하고 있다고 한다. 작은 땅덩이에 살고 있는 나로서는 터키가 부러웠다. 여러 날 동안 터키를 둘러보는데도 어느 시골에도 퇴락한 곳이 없고 오막살이가 보이지 않았다. 사람들은 저마다 큰 집을 지니고 고루 잘 살고 있는 것처럼 보였다. 나라가 커서인지 하염없이 평야만 보이더니 어디에선가부터는 크고 높은 산이 험한 산맥을 드러내고 있었다.

우리가 알고 있는 터키공화국은 1923년에 세워져 오늘에 이르고 있다고 한다. 내가 몰랐던 터키는 지리적, 역사적, 종교 문화적으로 동서양의 문명이 교차되면서 지난 오천 년간 수많은 제국이 세워지고 무너지며 인류의 역사와 문명이 이어져 오고 있는 땅이었다. 이 땅이 그리스의 지배를 받았을 때의 유물들이 마치 이곳이 그리스 땅이기라도 하듯 남아 있었고, 로마의 지배를 받았던 때의 흔적도 그대로 남아 있었다. 그때를 살았던 사람들의 슬픈 역사와는 아랑곳없이 오직 나그네일 뿐인 나에게는 그 모두가 신기하게만 여겨졌다. 로마 시대의 아스펜도스 원형 극장은 이천 년 가까운 세월을 견뎌낸, 세계에서 가장 잘 보존된 원형극장이라고 한다. 나도 그 옛날 관객처럼 그 원형 극장의 한 자리에 오래도록 앉아 있어 보았다.

앙카라의 아나톨리아 문명 박물관(Museum of Anatolian Civilizations)엘

갔다. 박물관에는 일층에 스물일곱 개의 방, 이층에 서른 개의 방이 있었다. 이 박물관의 특징은 약탈 문화재가 아닌 아나톨리아 지역의 파란만장한 역사의 문화를 고스란히 간직한 유물을 보존, 전시하고 있다는 점이었다. 박물관에는 구석기시대의 유물부터 신석기시대의 유물, 고대 오리엔트 유물까지 전시되어 있었다. 나로서는 그 귀중한 유물 전시관의 모든 것에 대해 설명을 들어도 잘 분간이 안 되고 보아도 잘 알 수가 없었다. 그래서 그 넓은 전시관을 내 방식으로 둘러보고 한 자리에 앉아 쉬고 있었다. 그러나 일행 중 많은 사람들은 이미 이슬람 학교에서 이희수 교수의 강의를 듣던 사람들이어서, 좀처럼 접해 보기 어려운 이 박물관은 현장 학습장이었다. 이 교수는 일행들에게 열강했다. 자신이 알고 있는 역사적인 모든 것 그리고 그 숨은 역사까지를 말해 주느라 시간 가는 줄 몰랐다.

아나톨리아 박물관에서 나 혼자만이 쓸 수 있는 시간의 여유가 있어서, 박물관 기념품 센터에 들렀다. 어느 나라에 가든지 꼭 값비싼 물건이 아니어도 그 나라를 대표할 기념품은 박물관 기념품 센터에서 구입하는 것이 실수가 적다. 그곳에서 아기자기한 작은 선물을 몇 개 샀다. 이십 년 전에 터키를 방문했을 때 터키에서만 볼 수 있는 아름다운 도자기 몇 점을 사 온 일이 있었다. 청남빛 바탕에 검은색 꽃과 잎의 문양이 둥글게 놓인 고(高)가 높은 둥근 접시, 그리고 베이지색 바탕에 오동색 꽃과 녹두색 잎이 배열된 고가 높은 둥근 접시, 크기와 모양이 쌍둥이 같은 그 물건은 현재 '삶의 이야기가 있는 집' 박물관 전시실에 놓여 있다. 이번 여행에서도 터키의 특색이 담긴 도자기를 구입하려고 마음먹고 왔었다. 그래서 여행사 안내원에게 미리 말해 두기도 했었다. 여행사 안내원은 터키 기념품을 사도록 아예 터키 도자기 생산 공장으로 우리를 안내했다. 그러나 이십 년 전에 샀던 그런 물건은 그 많은 상품 중에서도 눈에 띄지 않았다.

대신 나는 어느 골목 기념품 가게에서 수준있는 도자기 상품을 만났다. 베이지색 사기 바탕에 잔잔한 보라색 오동꽃과 수박색 잎과 줄기가 촘촘히 수놓인 듯 보였다. 가운데가 약간 들어간 듯한 둥근 모양에 고동색 철판으로 테를 두른 그 도자기는 터키 기념품으로 훌륭했다. 그 물건은 '삶의 이야기가 있는 집' 거실 벽에 걸려 있다. 지인들에게 줄 선물로는 도자기 냄비 받침을 골랐다. 도자기는 무겁지만 일행이 여럿이어서 해 볼 수 있는 일이었다.

우리나라 사람들이 쉬운 영어를 대화 속에 섞어 쓰듯, 터키 사람들은 우리말을 그렇게 섞어 쓰고 있었다. 우리 일행이 지나가는 것을 본 어느 아이스크림 장수는 "쫀득쫀득한 아이스크림"이라고 외쳐서 우리들의 관심을 끌었다. 알록달록한 도자기 조각을 엮어 만든 냄비 받침을 여러 개 고르자 가게 주인은 "싸게 드릴 테니 많이 사 가세요"라고 정확하게 우리말을 구사했다. 그들이 우리말을 친숙하게 쓰는 것을 보면서 터키가 먼 나라가 아니라 우리의 정겨운 이웃나라처럼 느껴졌다.

인류의 위대한 문화유산, 성 소피아 박물관

터키 여행의 압권은 성 소피아 박물관이었다. 이스탄불에 있는 성 소피아 성당은 육세기 비잔틴 제국의 전성기를 이끌었던 유스티니아누스(Justinianus) 대제가 완공한 비잔틴 역사의 금자탑이자 종교 건축의 최고봉이라고 한다.

특별한 유물을 전시하는 박물관이 아니라 건물 자체가 박물관이다. 천오백 년의 역사를 지닌 이 박물관은 그리스 정교의 총본산이었는데, 1453년 오스만제국에 정복되면서 성당은 모스크가 됐다가, 오스만 왕정이 무너지고 터키공화국이 수립되던 1923년 당시 터키 대통령은 성당도 모스크도 아닌 박물관으로 지정해 인류의 공동 문화유산으로 선포했다고 한다. 구백십육 년 동안은 교회로, 사백팔십일 년 동안은 모스크로 존재한 이 박물관은 십자군 전쟁을 비롯하여 온갖 수난의 역사를 겪었다. 그래도 그러한 역사의 상처와 흉터를 감추고 위용 당당해 보였다. 성 소피아 성당의 설계는 당대에 뛰어난 수학자 안테미오스(Anthemios)와 물리학자 이시도로스(Isidoros)에게 맡겨졌다고 한다. 어떻게 수학자와 물리학자가 건축에서도 그렇게 훌륭한 설계를 할 수 있었을까 매우 의문스럽다.

이 건축물을 세운 황제는 고대 이스라엘 왕국의 왕 솔로몬 신전을 능가하는 교회를 짓겠다는 포부를 갖고 이 지상에 존재하는 온갖 재료와 기술과 지식을 총동원하여 이 건물을 완공했다고 한다. 이 건물 하나만 보아도 비잔틴 시대가 얼마나 융성한 시대였는가를 능히 짐작할 수 있다.

성 소피아 성당의 미학적 목표는 로마의 판테온(Pantheon)과 같은 돔형 천장이 있는 건물을 모방하면서도 훨씬 발전된 건물 형태를 창안해내는 것이었다고 한다. "하늘은 둥글고 땅은 네모나다"라는 그리스도교의 우주관이 드러나도록, 네모난 건물 위에 둥근 돔 모양의 지붕을 얹었다. 건축 기술의 핵심은 "거대한 반구형(半球形)인 중앙 돔의 무게를 어떻게 버티게 할 것인가"였다고 한다. 높이 56미터 직경 31미터가 넘는 돔의 엄청난 무게를 30.5미터 폭의 대형 아치 네 개가 지탱하고 여러 개의 작은 보조 돔으로 하중을 분산시키는 방식을 택했다고 한다.

성 소피아 박물관의 중앙 홀에 들어서면 56미터나 되는 높은 천장을 올려다보아야 한다. 그 천장의 중앙 돔과 보조 돔이 흘러내리고 있는 곡선미는 어디에서도 볼 수 없는 신비한 아름다움이고, 장엄미 또한 뛰어나다. 동서 길이 77미터, 남북 길이 71미터의 정사각형에 가까운 홀은 마치 운동장처럼 넓어 수천 명을 수용할 수 있다고 한다. 이 거대한 돔 중간을 받치는 기둥 하나 없이 주변 벽으로만 지탱하는 기술은 현대의 건축 기술로도 실현해내기 어렵다고 한다.

우상 숭배를 배제한 모스크의 내부에는 어떠한 성상도 그려져 있지 않았다. 그 넓은 홀에는 다만 카펫이 깔려 있을 뿐이었다. 그리고 천장과 일부 벽면에는 아랍 서체로 코란의 구절만이 새겨져 있었다. 그러나 기하학적인 아랍어 서체만으로도 매우 예술적인 감각을 자아내고 있었다.

성 소피아 박물관이 지난 세월 일천오백여 년 동안이나 지금처럼 한 자리에 서 있었다는 것이 정말 믿기 어려웠다. 세계 어느 부강한 나라도 앞으로 성 소피아 박물관 같은 종교 건물, 장엄한 문화유산을 만들어낼 수 없을 것

같았다. 성 소피아 박물관이야말로 이 지상에 유일무이한 인류의 문화유산
이며, 세계 모든 인류의 자랑스러운 문화유산으로 여겨졌다.

이스탄불에는 삼천 개의 모스크가 있다고 한다. 도시 전체가 모스크의 돔
과 하늘 높이 솟은 첨탑으로 자리하고 있는 듯하다. 로마가 종교 국가이지
만 오히려 로마보다 더 종교색이 짙은 이스탄불은 매우 특색이 있는 도시
다. 아마도 이스탄불만큼 아름다운 종교 도시는 따로 없을 듯하다.

토인비(A. J. Toynbee) 옹은 터키는 나라 전체가 살아 있는 인류 문명의
옥외 박물관이라고 했다. 터키야말로 땅 위에 역사를 간직하고 세월 속에
서 있는 그 모두가 인류 문명의 유산이란 느낌이 절로 들었다.

톱카프 궁전(Topkapi Palace) 박물관을 구경하던 날 검정 히잡을 쓴 모슬
렘 여성이 자기와 사진을 찍자고 손짓을 했다. 검정 천으로 얼굴까지 가린
그 여성은 내가 그녀 곁으로 가까이 갔을 때 눈웃음을 지으며 나를 반겼다.
그리고 사진도 한 컷 찍었다. 얼굴을 가리고 있기 때문에 알 수는 없지만, 그
녀의 눈빛이 빛나고 있었고 나를 반기는 그녀의 음성에는 흥분 같은 것이
섞여 있었다. 얇은 검정 천으로 가려진 그녀는 얼굴이 갸름하고 꽤나 미녀
일 것처럼 느껴졌다. 그래서 "당신은 아름다운 미녀일 것 같아요"라고 말하
면서 나도 웃는 얼굴로 그녀의 눈을 마주 보았다. 바로 내 곁에 서 있던 그녀
의 남편은 "맞아요, 미녀입니다. 미녀인 그녀의 얼굴은 나만 볼 수 있어요"
라고 말했다.

그녀는 나에게 명함을 달라고 했다. 그래서 명함을 꺼내 주었다. 그녀는
뜻밖에 자기가 입고 있는 모슬렘 여성복을 나에게 보내 주고 싶다고 했다.
너무 뜻밖의 제안이었지만 나는 그냥 고맙다고 말했다. 자신은 사우디아라
비아에서 왔고 자기는 영어로 잘 말할 수 없지만 자기 아들은 영어를 잘한
다고 했다.

한국에 돌아온 어느 날 사우디아라비아에서 마하(Maha)라는 이름으로
이메일이 왔다. 편지의 내용은 간단했다. "당신은 미소가 아름답습니다. 나
는 당신의 미소를 잊을 수 없어요. 내가 당신과 약속한 대로 모슬렘 여성 옷

이스탄불의 블루 모스크를 배경으로 여행 권속들과 함께.
왼쪽부터 김현경 교도, 홍성자 교도, 저자, 김채윤 변호사, 이경희 본부장.

히잡을 보내 주려고 합니다"라는 내용이었다. '내가 검정 치마에 흰 저고리를 입고 있었기 때문에 자기네 옷을 보낼 생각을 했나 보다'라고 생각하면서 나는 고맙다는 말의 답신을 썼다.

그런데 어느 날 사우디아라비아에서 소포가 왔다. 나는 호기심을 갖고 그것을 열어 보았다. 거기에는 그녀가 입고 있던 모슬렘 여성의 옷이 얌전히 싸여 있었다. 얼굴을 가리고 눈만 나오는 히잡도 보내왔다. 나는 그 옷을 입어 보았다. 그렇게 편한 옷은 처음 입어 보는 것 같았다. 양쪽 소매 쪽이 짧게 저고리 모양으로 이어졌고 통이 큰 원피스가 온 몸에서 훌렁거리는 느낌으로 편안했다. 나는 얼굴을 가리는 히잡은 착용하지 않고 대신 그 옷을 입고 머리에 검정 모자를 쓰고 스마트폰으로 사진을 찍어 그 옷을 입은 내 모습을 마하 여사에게 보냈다.

나는 그녀로부터 모슬렘 제복의 히잡을 받은 뒤, 그들의 의상에 관심을 갖고 문헌을 살펴보았다. 히잡은 이슬람적 가치에 근거하는 모슬렘 여성들의 정체성을 나타내는 상징이라고 했다. 내가 받은 선물은 특히 사우디아라비아 여성들이 온 몸을 가리는 옷이었다. 얼굴까지 가리고 눈만 내놓고 있는 모슬렘 여성을 보면 매우 불편해 보이고 제도 속에서 속박받고 있는 것처럼 생각되었다. 그런데 그러한 복장은 종교적 믿음이 강한 보수적인 여성들이 입고, 최근에는 엘리트 여성들 사이에서도 히잡 착용이 늘고 있다고 한다. 그같은 히잡은 여성의 순결성과 가문의 명예를 나타내는 상징이라고 한다.

터키 여행길에서 우연히 만난 사우디아라비아 여성으로부터 누구나 받아 볼 수 없는 귀한 선물을 받았다. 훗날 그 선물은 나의 박물관 '삶의 이야기가 있는 집'에 전시될 것이다.

서
양
기
행

산과 호수의 나라

스위스 1987

동양에서 서양으로

몇 해 동안에 걸쳐 동남아시아 여러 나라를 방문할 기회를 가졌었고, 지난 1월엔 동양의 신비를 간직하고 있을 것만 같은 인도 여행마저 끝내자, 나의 시선은 서양을 응시하기 시작했고 발부리는 이미 유럽 쪽을 향해 있었다. 그러나 언제쯤 서양으로 길을 떠날 것인가는 막연한 기대뿐이었다.

그런데 인도에서 처음 만났고 지난 4월 한국을 방문한 인연이 있는 스위스 엠아르에이(MRA) 지도자 실비아 주바(Sylvia Zuba) 여사가 스위스 코(Caux)에서 열리는 엠아르에이 국제 대회에 참석하도록 간곡한 권유의 서신을 거듭 보내 왔었다.

동양에서 서양으로 나의 관심의 이정표를 설정하고 기회가 오기를 희망하고 있었지만 예상외로 그 기회가 빨리 왔다. 교화 현장의 책임자로서 현장을 자주 비우는 여행이 부담스러웠지만 언젠가는 꼭 해야 하는 숙제처럼 생각하고 있었기 때문에 유럽 여행을 떠나기로 결심했다. 생소한 유럽을 향해 떠나는 길에서, 기다려 주는 실비아 여사가 있어서인지 마치 그리운 친지를 찾아가는 기분으로 설레었다.

1987년 8월 10일 오후 여덟시 사십분, 나의 길벗 신현대 교도와 함께 엠아르에이 한국 대표 여덟 명은 김포 공항을 이륙하여 파리를 향해 떠났다. 앵커리지(Anchorage)를 경유하여 열여덟 시간을 비행하는 그 긴 시간 동안 나는 내 피부에 느껴질 '철저히 서양적인 것'은 과연 무엇일까 하고 상상의 나래를 폈다. 서양의 종교, 문화, 풍습, 인정, 그 많은 흥미로운 것들을 곰곰이 생각하며 낯선 곳에 대한 기대감으로 부풀어 있었다.

파리 드골 공항에 내렸을 때는 현지 시간으로 아침 일곱시 십오분이었다. 구름 낀 날씨에 기온은 섭씨 11도여서 한여름 더위 속에 서울을 떠나왔는데, 파리의 아침 공기는 마치 초가을 바람처럼 내 여름옷 속으로 파고들었다.

스위스까지 기차 편을 이용하기 위해 국제 열차가 출발하는 리옹 역을 찾아갔다. 세계에서 가장 빠른 시속 이백오십 내지 삼백 킬로미터로 달리는 쾌속 열차 테제베(TGV, Train à Grande Vitesse)를 이용하기로 했다. 그런데 차표를 마련하는 데 오랜 시간이 걸렸다. 영어가 잘 통하지 않는 프랑스에서 많은 외국 여행자들이 의사를 소통하는 데 상당한 시간을 소모한 후에야 한 장의 차표를 받아 들고 매표창구를 물러섰다.

우리는 오후 두시 삼십분 출발의 스위스 제네바행 차표를 사 놓고는 빵으로 점심 식사를 대신하면서 콜라 값보다는 좀 더 싸지만 꽤 비싼 미네랄워터 한 병을 사서 마셨다. 맹물도 사야만 마실 수 있는 유럽이 낯선 이국으로 다가왔고, 집 떠난 나그네 신세가 피부로 절실하게 느껴졌다.

기차 시간을 기다리는 동안 대합실 안에 함께 있는 프랑스 사람들을 눈여겨보았다. 그곳 젊은 여성들은 별로 화장을 하지 않았다. 화장기 없는 그들의 얼굴은 청순한 젊음이 넘쳤고 건강해 보였다. 그러나 할머니들은 모두 화장을 곱게 하고 옷차림도 우아하게 정장을 하여 귀부인들처럼 보였다. 대합실에는 많은 사람들이 함께 있었지만 참으로 조용했다. 그곳 사람들은 큰 소리로 말하는 사람이 없었다. 모두가 귓속말하듯 속삭이면서 조용히 말하고 미소 짓곤 했다.

이등 차표가 매진되어 우리는 부득이 비싼 값을 치르고 테제베 일등칸에 올랐다. 깨끗하고 쾌적한 기차 안은 움직이는 응접실 같기도 했고, 저마다 자리 앞에 놓인 책상 위에서 무엇을 쓰거나 책을 읽고 있는 모습을 볼 때는 움직이는 도서관 같기도 했다.

차창 밖으로는 넓은 평야가 보였다가 하늘 높이 뻗은 밀림의 숲들이 스쳐 지나가곤 했다. 경작할 수 있는 넓은 땅들이 개간되지 않은 채 방치되어 있는가 하면, 시골집들도 그 규모가 커 보였고 밀집되어 있지 않았다. 프랑스라는 나라가 아이 낳기를 권장하는 나라라고 들은 말이 실감나도록 인구 밀도가 낮아 보였다.

승무원이 달리는 기차 속에서 여권을 검열하더니 스위스 입국을 허용하는 스탬프를 여권에 찍어 주었다. 그것으로 스위스 입국 절차가 끝나고 우리가 타고 있는 열차는 프랑스 국경선을 넘어 스위스 땅을 달리고 있었다. 삼면이 바다인 데다 남북이 분단되어 다른 나라를 여행하려면 반드시 항공편을 이용하고 있는 우리 현실과 비교할 때, 어디가 국경선인지 여행자의 눈으로는 식별도 되지 않게 이웃 나라를 넘나드는 유럽 여행은 나에게 매우 신기하게 느껴졌다.

실비아 여사와의 해후

파리 리옹 역을 출발한 테제베 쾌속 열차는 세 시간 사십 분 후에 스위스의 제네바에 도착했다. 그곳에서 우리는 몽트뢰(Montreux)행 기차로 바꿔 탔다. 여기가 스위스! 차창 밖의 분위기가 달라졌다. 우리가 탄 열차는 줄곧 바다를 끼고 달리는 것 같았지만 바닷물은 출렁이지 않고 푸른 물, 그 넓은 수면이 고요하게 정지한 듯 보였다. 바다처럼 보이는 그것이 바로 제네바 호수였다. 세계에서 가장 아름다운 나라로 알려지고 그래서 모든 사람이 가보고 싶어하는 그 스위스에 내가 와 있다는 것이 꿈만 같았다. 부드러운 석양빛에 감싸인 호수의 나라 스위스는 조용하고 아늑한 분위기여서 한 폭의 그림처럼 보였다.

어느덧 몽트뢰에 도착한 우리는 출구도 따로 없고 역원이 집표도 하지 않는 기차역을 나왔다. 물론 차를 탈 때도 차표를 확인하는 검표원도 없이 차에 올랐다. 달리는 차 속에서 차표를 한 번 확인하는 것으로 모두가 끝난 것이다. 기차를 타고 내리는 데 아무 복잡한 과정이 없었다.

이제 코 마운틴 하우스로 가기 위해 다시 산악 전철역 쪽으로 가려고 하는데 우리 곁으로 다가서는 사람들이 있었다. 뜻밖에도 실비아 여사와 일

엠아르에이 세계본부 스위스 코의 마운틴
하우스에서. 내가 세계를 향해 눈뜰 수 있게
해 준 이곳은 내 영감의 원천이다.(위)

나의 정신적 어머니 실비아 주바 여사와
함께. 실비아 여사는 내가 갑작스러운
강연을 준비할 때, "영어로 말해 봐요.
우리는 당신이 하는 말을 다 잘 알아들을 수
있어요. 당신은 눈으로도 말하고 뺨으로도
말해요"라고 격려해 주었다.(아래)

본인 기요시 씨가 마중 나와 우리를 기다리고 있었다. 얼마나 반가운 해후였는지 그리고 얼마나 고마웠는지 모른다. 나와 신현대 교도는 실비아 여사의 빨간색 승용차를 탔고 남자들은 본부에서 보내 준 소형 버스를 탔다. 실비아 여사가 운전하는 옆자리에 앉아 고불고불 산허리를 몇 번이고 휘감아돌며 오르는 동안, 만남의 감격과 흥분으로 나는 여행자의 기쁨을 만끽하고 있었다.

해발 일천오십사 미터 고지에 위치한 코 마운틴 하우스에 도착하자 그곳엠아르에이 본부에서는 우리를 친절하게 반겨 주었다. 사무적인 절차를 마친 다음, 배정받은 오층 숙소에 들어섰을 때 나는 공식적인 회의에 참석하기 위해 왔다는 것을 잠시 잊고 우리를 정중하게 맞아 주는 그리운 친지의 집을 방문한 것처럼 착각했다. 방 안에 놓여 있는 예스러운 가구들, 그 위는 빳빳하게 풀 먹인 하얀 수공예품들로 정하게 덮여 있고, 꽃병에는 싱그러운 고산 식물의 예쁜 꽃들이 화사하게 꽂혀 있었다. 그리고 아름다운 카드에는 우리를 환영하는 글이 적혀 있었으며 스위스 초콜릿도 함께 놓여 있었다. 예쁜 꽃의 그림엽서도 몇 장 가지런히 놓여 있었다. 한국을 떠나 온 우리들이 소식을 전할 카드가 미리 준비되어 있는 것을 보고, 그 사려 깊은 세심한 배려에 나는 또다시 감동했다. 손님을 맞기 위한 빈 방 안에는 온갖 섬세한 정성이 가득히 어리어 있었다. 그 모든 것은 실비아 여사의 우리에 대한 사랑임을 전신으로 느낄 수 있었다.

창문을 열고 앞이 탁 트인 밖을 바라다보니 맞은편에는 능선과 계곡으로 주름 잡힌 큰 산들이 마주 보이고 발아래에는 아까 황혼을 머금고 있던 황홀한 레만 호가 밤을 맞고 있었다. 높은 산 아래 호숫가에 자리한 작은 동네의 집집마다에서 새어 나오는 불빛은 마치 오색 구슬처럼 영롱하게 반짝였고 꽃밭처럼 보였다. 정적 속에 싸여 있는 마운틴 하우스에서 신선한 밤공기를 호흡하며 별이 빛나는 밤하늘 아래 검은빛 레만 호를 내려다보니 나는 이미 사바세계 사람이 아닌 듯싶었다.

우리가 원하는 세계 창조

엠아르에이 대회 주제는 '우리가 원하는 세계를 만드는 삶'이었고, 우리가 참석한 기간에는 아시아, 아프리카, 태평양 연안국들을 위한 회의가 열려 삼십칠 개국으로부터 사백여 명이 모였다. 이미 7월 11일부터 시작한 엠아르에이 국제 대회는 유럽 지역 국가들의 회의부터 시작하여 유럽과 그 주변 국가들과의 관계성과 유럽에 살고 있는 약소국가의 출신 민족들과의 관계성에 관한 것이었다. 그리고 7월 15일부터는 새 시대를 창조할 젊은이들의 훈련에 관해, 그리고 8월 3일부터는 새로운 삶을 모색하는 방법에 관하여 미주 국가들에 의해 회의가 주관되었다. 그간 대회에 참석한 회원만도 이천여 명이었으며, 우리들의 회의가 끝나고 8월 25일부터는 산업계 실업인들 및 경제인들의 국제회의가 진행될 예정이었다.

대회 첫날 우리는 엠아르에이 창설자 프랭크 벅먼(Frank Buckman) 박사의 생전 활동과 세계 엠아르에이 본부 코의 마운틴 하우스에서 있었던 여러 대회의 기록영화를 관람했다.

엠아르에이는 1938년 미국의 신학자인 프랭크 벅먼에 의하여 시작된 세계도덕재무장 운동이다. 제이차세계대전 후 전 유럽은 분노와 증오심으로 가득했고 대립과 갈등으로 서로를 용납할 수 없게 되었다. 그 무렵 스위스의 마운틴 하우스 엠아르에이 본부가 유럽의 증오와 분노를 녹이는 용광로, 용서와 화해의 산실로 유럽 평화 공존의 질서를 열었다. 그 대표적인 예로는 다음과 같은 얘기가 있다.

제이차세계대전 중 프랑스 남부에서 레지스탕스로 독일에 저항운동을 전개하던 이렌 로르(Irene Laure) 여사는 아들이 나치 독일의 비밀경찰에 의해 고문을 당해 살해된 후, 증오와 분노로 인해 모든 독일인을 몰살하고 유럽의 지도에서 독일을 지워 버리고 싶었다고 한다. 그녀는 종전 후에 국회의원에 당선되었고 프랑스 여성사회주의자 연맹의 사무총장에 피선되었다.

1947년 유럽의 단합을 회복할 목적으로 스위스 코, 마운틴 하우스에서 열린 회의에 로르 여사가 참석했다. 그런데 그곳에 독일인들도 참석한 모습을 보고서 로르 여사는 즉시 자기 여장을 꾸렸다. 그러나 그곳을 떠나기 전에 어떤 사람이 그녀에게 "독일이 없는 유럽의 재건을 어떻게 바라십니까"라고 질문했다. 그 말을 듣고서 다시 삼 일 밤이나 잠을 못 이루며 곰곰이 생각해 보았다. 그때 마음속으로부터 '맹목적인 증오는 버리라'고 외치는 소리를 듣게 되었다.

로르 여사가 내면의 소리를 들은 이후, 곧 자기 남편과 함께 독일에 가서 열한 개 지방을 돌며 자신이 독일을 증오했던 것에 대한 사과 연설을 했다. 그리고 라디오 방송을 통해 수십만 독일인들에게 같은 연설을 했다.

이렌 로르 여사의 순회강연 이후 저명한 독일인들이 프랑스를 찾아와서 과거 전쟁 중에 자기들이 저지른 잘못에 대하여 프랑스 국민에게 공식적으로 사과했다. 그 후 수년 동안 스위스 코에서 수백 명의 새로운 독일 지도자들이 프랑스의 지도자들을 만나게 되었고 비로소 화해의 기운이 움트기 시작하였다고 한다. 독일 수상과 프랑스 수상은 수백 년 동안에 걸친 양국의 적대 관계를 화해하는 데 이렌 로르 부인이 어느 누구보다도 중요한 역할을 했다고 말했다.

엠아르에이 정신으로 증오와 분노를 녹이고 용서와 화해로 세계 평화에 공헌한 이렌 로르 여사에 관한 저서도 있었고 그녀 자신이 주인공으로 출연한 영화도 제작되어 있어서 우리도 관람의 기회를 가졌다.

엠아르에이 본부는 제삼세계의 적대 관계를 청산하는 데에도 이바지하고 있으며 오늘날은 세계를 도덕적으로 변화시키는 본부의 역할을 담당하고 있다. 원래 마운틴 하우스는 1902년에 개관된 유럽의 가장 호화롭고 값비싼 호텔로서 귀족과 부호들의 휴양지였으나, 제이차세계대전 중에는 유대인과 이탈리아인들의 난민수용소로도 연합군의 포로수용소로도 사용되었다. 그리하여 전쟁 말기에는 호텔 경영이 불가능하게 되어 경매 처분되어야 할 형편에 놓였었다.

세계대전의 소용돌이 속에 유일하게 전쟁의 참화를 겪지 않은 나라는 스위스였다. 스위스 국민은 국방에 대한 의식이 강하고 국민개병제도(國民皆

兵制度)의 전통이 평화스러울 때에도 그대로 유지되고 있다.

제이차세계대전 중 무솔리니(B. Mussolini)와 히틀러가 군대가 통과할 수 있도록 길을 빌려 달라고 했을 때 스위스는 단호히 이를 거절했으나, 그들은 스위스 국민의 단결 때문에 희생이 너무 클 것을 예상하여 침공을 하지 못하였다고 한다. 그리하여 스위스는 세계대전의 소용돌이 속에서 유일하게 전쟁의 참화를 겪지 않게 되었다. 홀로 평화롭게 숨 쉬고 있던 스위스는 전쟁으로 상처투성이가 된 유럽을 치유하고 새로운 평화의 가교가 되어 주어야 한다고 자각하게 되었다.

스위스의 뜻있는 한 젊은 외교관은 증오와 분노로 철저히 대립하고 분열되어 쓰라린 고통을 겪고 있는 유럽을 도덕적으로 치유하고 평화를 재건해야 한다고 믿었다. 그렇게 되기 위해서는 우선 국제적인 모임 장소가 필요했고, 스위스 마운틴 하우스가 매우 적합한 장소라고 판단했다. 그 국제적인 화해를 중재하는 것이 스위스 사람들의 할 일이라고 생각했다. 몇몇 친구들에게 자신의 뜻을 말한 것이 크게 호응을 얻어 경영을 포기한 그 호텔을 사들이기로 방침을 세웠다. 먼저 소명감을 자각한 구십오 명의 가족이 최초로 헌금을 시작한 데 이어 수많은 사람들이 마음과 정성을 합하여 그 호텔을 매입하게 되었다. 그리고 이 일에 뜻을 같이한 사람들은 매일 직장 일을 끝낸 다음 난민수용소로 사용되는 동안에 더럽혀진 마운틴 하우스를 청소하고 수선하기 시작했다. 그리하여 1946년부터는 그곳에서 유럽의 분노와 증오를 녹이고 용서와 화해로 평화를 이룩하는 엠아르에이 운동이 시작되었다.

여름철 이 개월과 12월 한 달, 일 년 중 삼 개월간 국제 대회 기간에만 문을 열고 운영하는 코의 마운틴 하우스는 호텔 수준의 숙박 시설로 동시에 오백 명을 수용할 수 있는 침실과 식당을 포함하여 크고 작은 회의실, 극장, 휴게실, 서점, 환전소, 세탁실, 진료실, 여행사, 그리고 유치원까지 그 모두가 거대한 단일 건물 안에 있었다. 그리고 그 모든 일들은 대회 기간에 모인 사람들끼리 자원봉사로 운영되고 있으면서도 질서정연하게 아무 차질 없이 각종 전문 업무가 진행되고 있었다.

우리 회의에 참가한 사백여 명도 요리 팀, 꽃꽂이 팀, 설거지 팀을 서로 자원하여 그 일들을 분담하였다. 동서양 남녀노소가 모두 다 주인이 되어 일손을 맞잡고 한집안 식구가 되어 내 집일을 하듯 치러 냈다. 나는 설거지를 주로 했는데, 국적과 이름은 미처 몰라도 그런 일을 함께하고 나면 그 사람들끼리는 이미 한 가족처럼 가까워졌다.

대회 기간에 세계에서 잠시 모여든 사람들인데도 주인 정신과 책임감은 놀라웠다. 그곳에 있는 모든 것을 어느 누구나 자기 소유처럼 구애 없이 먹고 마시고 마음대로 쓸 수 있었지만 너나없이 철저히 절약하고 알뜰히 간수하는 모습에서 큰 감동을 받았다.

마운틴 하우스에서는 오전 여덟시 십오분에 아침 식사를 했다. 그리고 열시 삼십분부터 열두시까지는 전체 회의, 오후에는 각 분과별 모임, 저녁에는 엠아르에이 활동의 연극이나 영화, 음악회 등으로 진행되었다. 회의 때는 영어, 독어, 불어, 스페인어 등이 쓰였는데 오 개 국어 동시통역이 가능한 시설 덕분에 세계 여러 나라 사람들은 각기 자기가 이해할 수 있는 언어로 회의 내용을 청취할 수 있었다. 우리는 한국어로 청취했다.

살빛이 다르고 언어가 다른 동서양 사람들이 그곳에서는 마음의 문을 열고 서로 먼저 인사를 나누고 반겼다. 식사 시간은 공복감을 해결하는 끼니로서의 의미보다 서로 다른 환경과 배경을 가진 여러 나라 사람들이 서로 초대하고 초대받아 자리를 함께한다는 데 더 의미가 있었다. 식탁의 부드러운 분위기 속에서 상대방을 이해하려는 너그러운 마음이 되어 아름다운 우정이 싹트기도 했고, 자신들의 경험과 지혜를 나누어 많은 깨달음을 얻고 배우기도 했다. 때로는 역사적으로 갈등과 대립 관계에 놓여 있는 두 나라 사람들이 용서를 빌고 눈물을 흘려 역사의 죄를 씻고 친구가 되기도 했다.

마운틴 하우스에서는 화해만이 인류가 평화를 얻을 수 있는 길이라며 종교 간, 인종 간, 그리고 강대국과 약소국이 일체의 보복을 종식하고 우리가 원하는 도덕적인 세계를 만들어 가자고 서로 결의를 새롭게 하며 사명감으로 다시 태어나고 있었다.

절대 정직, 절대 사랑, 절대 무사(無私), 절대 순결의 네 가지 도덕 표준으로 자신의 삶을 영위하고 세계를 도덕화하려고 함께 모인 동서양 여러 나라 사람들은 단란한 인류의 도덕 대가족이었다.

소중한 체험

나의 복색이 독특해서인지 어느 날은 한국 노래를 부르라고 하도 청을 하기에 매우 어색하고 조금 떨리는 기분으로 「산유화」를 부른 적이 있었다. 그런데 이번에는 너무나도 집요하게 그곳에서 느낀 바를 발표하라고 졸랐다. 대회 진행은 여러 사람이 돌아가면서 함께 맡고 있었지만 그중에서도 필리핀의 알리스 양과 인도의 수소바 양, 그리고 말레이시아의 다야 양이 주로 맡고 있었다. 이들은 모두 나이가 좀 들어 보이는 처녀들로 자신감있게 그리고 능숙하게 대회를 잘 이끌어 갔다.

그중에서도 다야 양은 국적은 말레이시아이지만 본디 스리랑카 사람이라고 했다. 그녀는 항상 사리를 입고 있었고 눈썹 양미간에 힌두교도를 상징하는 붉은 점을 찍고 있어서 얼핏 인도 사람 같았다. 다야는 얼굴의 윤곽이 매우 뚜렷하고 살빛은 좀 검은 편에 속하고 표정의 변화가 적고 큰 눈에 시선이 강하여 사람을 압도하는 듯한 분위기와 지도자다운 느낌을 풍기고 있었다.

다야는 나에게 집요하게 강연할 것을 권했고, 아마 그날은 설거지 모임에서 대회 진행 계획을 세우는 분임(分任) 토의를 하는 모양인데 그곳에 나도 참석하라고 했다. 그 토의에 참석한 나에게 이번 대회에서 느낀 것이 무엇이냐고 물었다. 그래서 서툰 표현으로 나의 느낌을 말했더니, 다야는 그것을 정리해서 발표하라고 졸랐다. 나는 영어를 잘 못하기 때문에 할 수 없다고 사양했지만 내가 말하는 것을 자기들은 다 알아들을 수 있다고 격려하면서 부추겼다. 그렇게 해서 나는 소감을 발표하기 위해 다음과 같이 정리했다.

"나는 원불교의 수도자이고 성직자입니다. 종교는 이 세계를 평화롭게 만들고 모든 사람에게 행복하고 유익하게 사는 방법을 가르치지만 때로는 대립과 갈등, 나아가서는 커다란 전쟁의 폭탄을 가지고 있음을 역사 속에서 배우고 있습니다. 그러나 엠아르에이에서 모든 종교가 함께 모여 세계를 도덕화하는 문제에 서로의 지혜를 합하고 경험을 나누며 새로운 실천을 결의하고 다짐하는 중요한 일이 진행되고 있음이 나에게 큰 감명을 주고 기대와 희망을 갖게 합니다.

나는 이곳에서 중요한 경험을 했습니다. 인도 판츠가니에서의 일입니다. 일본 젊은이들과 말레이시아, 아프리카 사람들이 「아리랑」노래를 불렀을 때 그리고 나가노 기요시 씨가 한국말로 대화하려고 노력했을 때 일본에 대한 나의 민족적 증오의 감정은 무너지기 시작했습니다.

실비아 여사의 한국 방문 때 동행한 일본의 히사코 양이 한국 엠아르에이 조찬 모임에 참석했을 때는 마침 임진왜란 당시 위대한 명장이었던 이순신 장군의 탄신 기념일이었고 우리는 그때 그분의 업적에 대해서 말했습니다. 실비아 여사에 이어서 히사코 양이 내한 소감을 말할 때 '나는 오직 일본 사람으로서 용서를 빈다는 짧은 말 한마디밖에 할 말이 없습니다'라고 하면서 흐느끼기 시작했습니다. 선조들의 과오를 무서운 죄의식으로 참회하고 있는 히사코가 안쓰러웠으며 용서하는 마음의 문이 열리기 시작했습니다.

코에서 다시 나가노 기요시 씨와 실비아 여사가 함께 우리를 맞기 위해 몽트뢰 역에 마중 나온 것은 일본 사람에 대한 각별한 우정을 느끼게 하는 데 도움이 컸습니다. 실비아 여사가 일본 사람들과 식사를 함께하는 것이 어떠냐고 제안했을 때 나는 망설여진다고 답했습니다. 그러나 실비아 여사의 지속적인 권유로 나는 그러한 시간을 갖기로 했습니다. 그때 나가노 기요시 씨와 유키 양도 자리를 함께했습니다. 공교롭게도 그날은 한국이 일본으로부터 해방된 8월 15일이었습니다.

나는 큰 결심을 하고 내 마음에 아직도 남아 있는 일본 사람에 대한 나쁜 감정을 말하기 시작했습니다. 나는 구 세 때 일본 식민지 시대를 경험했습니다. 그때 일본 사람들은 한국 사람들에게 한국말을 쓰지 못하게 하였고 한국 사람의 성도 바꾸도록 강요했으며 이름도 일본말로 부르게 하였습니다. 그리고 우리가 농사지은 쌀도 모두 일본으로 가져갔기 때문에 우리는 소나무 껍질을 벗겨 먹고 살았으며 기름을 짜고 난 콩깻묵으로 밥을 지어 끼니로 삼아 주림을 견디었던 경험이 있습니다. 내가 자라서 감수성이 풍부한 여고 시절에 읽었던 책들은 한국의 민족 지도자들과 평범한 모든 한국 사람들이 경험한 고통 그리고 역사와 문화마저 말살하였던 일본 사람들의 잔악한 정책을 더 잘 알게 했습니다. 그래서 나는 소녀 시절에 이미 일본에 대한 증오와 저항의 감정이 생겼습니다. 그리고 초등학교 저학년 때 사용했던 일본말을 의도적으로 한마디도 사용한 적이 없어서 지금은 일본말을 모두 잊어버리게 되었다고 내 앞에 앉아 있는 나가노 씨와 유키 양에게 말했습니다. 사실 이제는 나의 성장과 함께 일본에 대한 증오의 감정도 모두 여과되었지만 아직도 일본에 대하여 우호적이지 못한 감정을 모두 청산하기 위해서였습니다. 그러나 이제 우리는 엠아르에이 정신에 입각하여 한국 사람은 너그러워지고 일본 사람은 항상 미안한 마음으로 용서를 빌면 양국 간의 관계는 좋아질 터이니 밝은 미래를 위하여 양국 엠아르에이 멤버부터 이러한 실천이 필요하다고 말하면서 우리는 서로 눈물을 흘렸습니다.

그렇게 나의 속마음을 열고 말하고 나니 마음은 깨끗해져서 일본에 대한 증오의 감정은 사라지고 그들에게 한결 더 가까운 정을 느끼게 되었습니다. 이것은 종전의 나에 비하면 엄청난 변화이고 중요한 체험이라고 믿습니다. 나는 많은 우리나라 사람들이 나의 경험을 간접적으로 느끼도록 노력하겠습니다."

위에 적은 글은 8월 20일 스위스 엠아르에이 세계대회에서 내가 연설하기 위해서 준비한 강연 초고였다.

한국 남자 대표들이 19일에 먼저 떠났기 때문에 통역을 맡아 줄 사람도 없고 나의 영어 실력은 겨우 외국 사람과 일상적인 의사소통을 할 수 있는 정도이기 때문에 연설문을 영어로 작성하는 것은 전혀 불가능한 일이었다. 하는 수 없이 한글 연설문에 근거한 내용을 간추려서 영문 원고도 없이 약 오 분간 영어로 세계의 여러 나라 사람들 앞에서 나의 경험을 발표했다. 그나마 며칠 동안 피할 수 없이 외국 사람들과 만나야만 했던 상황이 나에게 단상에 설 수 있는 용기를 갖게 했을 것이다.

칭찬을 아끼지 않는 서양 사람들은 나의 강연에 대해 매우 간결하고 명료했다고 말했지만, 나는 과연 그들이 내가 말하고자 하는 것을 이해했는지는 알 수 없었다.

피오나 내외와 함께 저녁 식사를 하던 날 밤, 실비아 여사는 그 사려 깊은 그윽한 눈매로 나를 바라다보면서 일본 사람들과 함께 식사할 기회를 갖지 않겠느냐고 나의 내심을 떠 보았다. 나는 그때 선뜻 그러겠다고 대답하지 않았다. 그러나 실비아 여사는 나에게 그렇게 하도록 여러 차례 권유하여 8월 15일 점심 식사를 일본의 나가노 기요시 씨와 유키 양과 함께하도록 자리를 만들어 주었다.

나가노 씨는 매우 선량해 보이는 삼십대의 젊은이로 우리와 자리를 함께하자 옆에 앉아 있는 신현대 교도에게 토막 한국말을 배우느라고 열심이었다. 나는 특별히 자리를 만들어 준 실비아 여사의 내심의 동기를 잘 알고 있었기 때문에 앞서 강연한 내용의 요지를 그에게 심각한 표정으로 말했다. 그러자 그 착한 나가노 씨는 무서운 죄의식으로 괴로운 듯 몸을 떨며 "우리들의 잘못을 용서해 주세요. 잘못했습니다"라는 말만을 반복하면서 눈물을 흘렸다. 그리고 그의 시선은 심한 좌절감으로 허공을 응시했다. 나의 말을 함께 듣던 유키 양도 속 깊이 흐느끼면서 "한국 사람들은 우리를 싫어하나요?"라고 물었다. 그래서 나는 좋아하지 않는 편이라고 대답했다. 그녀는 나가노 씨를 바라보면서 "그런데 우리 일본 젊은이들은 이런 역사적 사실도 잘 모르고 있고, 한국 사람들이 일본 사람을 미워하는 줄조차 모르고 있으니 어떻게 하면 좋아요?"라고 안타까워하면서 눈물을 닦았다.

어린 시절 경험했던 일본 사람들의 핍박 이야기를 하고 있는 나 자신도 이미 마음이 언짢았지만 내 마음 깊은 곳에 있었던 일본 사람에 대한 민족 감정의 응어리를 솔직하게 모두 털어놓았다. 하지만 그 말을 들은 일본의 두 젊은이가 선조들이 저지른 잘못을 마치 자신들의 과오처럼 철저히 용서를 비는 모습을 보게 되니, 내 마음에서 순간적으로 민족적 감정은 사라지고 그들의 마음에 상처를 낸 내 말들 때문에 다시 새로운 고통을 느끼게 되었다. 그러나 그러한 새 고통은 그들을 가까운 형제처럼 받아들일 수 있는 마음의 문을 열게 하였고 애틋한 정이 들기 시작했다.

이같은 경험은 나 개인적으로는 엠아르에이를 통해서 오래 묵은 일본에 대한 민족 감정을 청산하는 중요한 계기가 되었다. 엠아르에이에서는 갈등과 대립, 불화의 관계에 처해 있는 개인과 개인, 국가와 국가 사이에 이같은 변화가 생겨 서로 용서하고 화해하여 평화를 얻도록 노력하고 있다. 이같은 변화의 근본적 힘은 정청(靜聽)을 통해서 얻어졌다.

엠아르에이에서는 정청을 매우 중요하게 여기며 지혜로운 삶의 기본자세로 삼는다. 정청은 조용히 앉아 마음을 고요하게 하여 자기 자신의 내면의 소리, 양심의 소리를 듣는 시간을 말하며 명상 중에 떠오르는 생각을 반드시 기록하여 일상생활에서 실천의 거울로 삼는다. 엠아르에이 멤버들은 정청 시간을 통해 절대 정직, 절대 순결, 절대 무사, 절대 사랑의 네 가지 도덕 표준으로 자기 자신을 성찰하여 양심에 허락받지 못할 자신의 허물을 고쳐 나가기를 힘쓰며, 그 경험적 결과를 서로 발표하여 남의 경험을 통해 다시 깨닫고 더 좋은 세계 창조를 위해 다 함께 모색하고 이웃과 세계를 도덕화하기 위해 신명을 바치고 있었다.

스위스의 산꽃

나는 유럽으로 오면서 막연하게 백인에 대한 거리감을 느꼈고 그들과의 만남은 차가운 부딪힘일 것만 같은 부정적 상상을 했었다. 그러나 엠아르에이에 모인 서양 사람들은 한결같이 친절해서 그러한 나의 예상은 공상으로 사라졌다. 그중에서도 노인들이 더욱 따뜻하고 자상한 친절을 베풀어 주어서 매우 인상 깊고 고맙게 느껴졌다.

엠아르에이 대회에 모인 사람들은 젊은이보다 노인이 더 많았다. 그곳에서 만난 노인들은 매사에 적극적이고 의욕이 샘솟아 보였으며 헌신의 기쁨을 능동적으로 가꾸는 지혜가 있었다.

대구에서 사 년간 살았다는 스위스의 바요렛 할머니는 우리를 마치 고향 사람처럼 반겨 주고 알뜰히 챙겨 주었다. 그분은 내가 산을 좋아하고 마운틴 하우스가 있는 로셰드네(Rochers-de-Naye) 산 정상에 오르고 싶어하는 것을 알고 있었다.

하루는 날씨도 쾌청하니 잠시 피크닉을 가자고 그분이 유쾌한 모습으로 나에게 제안했다. 나와 신현대 교도는 기쁜 마음으로 그분을 따라 로셰드네 산으로 가기 위해 코에서 산악 전철을 탔다. 산악 전철은 톱니 모양의 철로와 바퀴가 서로 엇물리어 밀림의 숲을 헤치고 가파른 고지를 힘차게 올랐다. 한국의 산은 고도가 높아지면 나무의 키가 작아지는데, 그곳은 해발 이천 고지가 가까워져도 이십 미터쯤 돼 보이는 나무들이 쭉쭉 뻗어 올라 빽빽하게 밀림을 이루고 있었다. 우리가 탄 차는 이십오 분 만에 이천 고지의 정상에 도착했다. 정상에는 나무 하나 없이 푸른 초원이 완만하게 능선을 이루며 펼쳐져 있었다.

산길로 발걸음을 옮기면서 길섶을 내려다보니 온통 이름 모를 산꽃들이 촘촘히 박히듯 피어 있었다. 노랑 꽃, 보라 꽃, 흰 꽃, 주황빛, 자주빛, 분홍빛 산꽃들이 마치 씨앗을 뿌린 것처럼 온 산에 가득했다.

앙증스럽고 예쁜 산꽃들을 보느라 발부리만 바라보며 한참을 걷다가 작은 능선의 허리를 돌아서니 눈앞에 보이는 것은 산뿐인데 따로 입장료를 받고 있었다. 나는 무엇을 위한 입장료냐 묻지도 않고 호기심으로 선뜻 입장권을 샀다. 그리고 산길에 만들어 놓은 좁은 문을 통과하여 또다시 산길을 계속해서 걸었다.

그곳은 고산식물 꽃만을 모아 놓은 인공 산상(山上) 화원이었다. 스위스의 산에서 피고 있는 모든 산꽃들이 종류별로 분류되어 있었고 산의 지형을 따라 바위 곁에 자연스럽게 온갖 꽃들이 무리지어 피어 있었다. 양귀비처럼 화려한 빨간 꽃, 꽃대가 긴 흰 꽃, 할미꽃보다 꽃송이가 작은 보랏빛 꽃 참으로 말을 빌려 설명할 수 없는 온갖 예쁜 꽃들이 곱고 아름다웠다. 입 밖으로는 숨죽인 탄성이 자꾸만 새어 나왔다. 그리고 내가 발붙인 곳이 지상이 아닌 별천지인 듯 참으로 황홀했다.

나는 한국에 있을 때도 8월이 되면 소백산을 몹시 그리워했었다. 고산식물의 화원 같은 8월의 소백산이 눈에 선하여 마음은 어느덧 소백에 가 있곤 했다. 물론 지리산 장터목 부근에서도 같은 종류의 고산식물 꽃을 만날 수 있지만 소백산 연화봉에서부터 피기 시작한 고산식물 꽃들은 비로봉 정상에 이를 때까지 지천으로 피어 있다. 장미도 아름답고 국화꽃도 좋지만 흔히 볼 수 없는 작은 모양의 산꽃들, 그것도 깊은 산속에 숨어 피어 있는 듯한 고산식물의 꽃들을 만나면 속진 세상일을 모르는 무릉도원에 있는 것 같은 착각에 빠지곤 했다. 그리고 그때의 내 마음은 산꽃처럼이나 청순해져 있음을 발견할 수 있었다.

고산식물의 산꽃, 풀꽃의 아름다움, 여리고 가냘픈 멋, 작은 꽃들의 아기자기한 맛, 운해가 스치면 하얀 면사포 속으로 얼굴을 숨기는 산꽃들, 섞이고 어우러져 함께 피어 있는 조화로움, 산꽃을 바라보고 있노라면 산 사람의 기쁨과 행복이 절로 샘솟는다. 그처럼 산꽃을 사랑하는 내가 로셰드네 산에서 우주 안에 피고 지는 모든 산꽃을 한꺼번에 만나고 있으니, 산 사람의 벅찬 감격과 스위스를 찾은 보람으로 가득했다.

그런데 시작도 끝도 없는 신비스러운 음향이 아까부터 들려오고 있었다. 나는 스스로의 숨소리도 죽이면서 그 소리를 귀 기울여 듣고 있었다. 로셰드네 산 계곡 가득히 울려 퍼져 고여 있는 저 부드럽고 아름다운 소리, 산의 정적보다 더 고요함을 느끼게 하는 음향…! 맑은 소리, 부드러운 소리, 무거운 소리, 큰 소리, 작은 소리가 무작위로 울려 퍼지는 음향은 목초를 뜯고 있는 젖소들의 목에 달린 방울 소리였다. 그 소리는 한가롭고 신비스러웠다. 산의 정적 속에 은은히 울려 퍼지는 젖소들의 방울소리에서 나는 우주 안의 은밀한 음향을 엿듣는 듯했고 신비의 골짜기로 빠져들고 있었다. 나의 귀보다 산꽃들의 귀를 빌려 들으면 더 은은하고 깊은 울림의 작은 소리도 들을 수 있을 것만 같았다.

아까까지만 해도 날씨가 청명해서 산 아래 농가의 마을이 평화롭게 보이고 저 멀리 산이 파도치고 있는 아름다운 경관을 볼 수 있었는데 삽시간에 운해가 밀려와 온 산이 우윳빛에 갇히었다. 운해가 바람 따라 오락가락 비끼면 산이 더욱 부드러워 보였다. 우주 대자연보다 더 아름다운 예술세계를 어느 누가 창조할 수 있을까.

아름다운 레만 호

마운틴 하우스에 있는 열흘 동안 나는 시간만 있으면 내 방 앞 발코니에서 레만 호를 내려다보았다. 아침 일찍 잠에서 깨어나 창문을 활짝 열고 레만 호를 맞는 기쁨은 매우 컸다. 어떤 때는 안개가 자욱하기도 했고, 날씨가 맑을 때는 하얀 솜 같은 구름 한 덩이가 사뿐히 내려앉아 있기도 했다.

레만 호를 바라다보고 있노라면 내 마음은 어느덧 잔잔하고 고요해졌다. 그리고 속이 깊어 심중을 헤아릴 수 없는 사람과 묵묵히 함께 있는 것 같기도 했고 모든 것을 포용하는 너그러운 사람과 함께 있는 편안함을 느끼기도 했다. 레만 호는 나에게 아름다운 시를 한 편 읽어 주기도 했고, 때로는 고운 선율의 음악을 들려주는가 하면, 어느 때는 원근법에 착실한 한 폭의 수채화로 자신의 모습을 바꾸어 보여 주기도 하였다. 저 멀리 백설을 이고 있는 알프스 연봉들을 병풍처럼 두른 레만 호를 내려다보고 있노라면 내 마음은 평화롭고 정서는 윤택해졌다.

하루 동안 밝은 빛과 모든 생성의 에너지를 골고루 대지 위에 나누어 주던 태양이 하루를 작별하기 위해 레만 호에 황금빛 융단을 길게 깔면 호면(湖面)은 황혼의 붉은빛으로 찬란하게 반짝이며 빛났다. 밤이 되어 호숫가의 작은 동네에서 고운 등불들이 태어나면 레만 호는 환상적 신비 속으로 얼굴을 감추어 버렸다.

주네브 호, 제네바 호 등 여러 이름으로 불리는 레만 호를 스위스 사람들은 '리몽 호'라 불렀지만 나에게는 왠지 레만 호라는 이름이 더 정겹게 느껴졌다. 잔잔한 호면 위에 백조들이 조용히 떠 있고 요트가 쏜살같이 수면을 나는 그 레만 호를 만나기 위해서 일천 고지 산상에서 몽트뢰로 내려왔다.

외딴 산장 같은 마운틴 하우스에서는 8월인데도 서로의 옷차림을 보며 초가을 감각을 익혔는데, 산 아래로 내려오니 맑은 호수에 한여름의 더위를 식히는 피서객들이 여름을 즐기고 있었다.

몽트뢰 거리를 걷다가 잠시 호숫가 도로변 화단에 걸터앉았다. 개인 집 정원처럼 정성스레 가꾼 화단에는 온갖 꽃들이 곱게 피어 있었고, 그 아래 레만 호를 내려다보니 도심에 인접한 호수의 물이 깊은 산 계곡물처럼 맑고, 청옥빛 호수 밑이 굴절되어 투명하게 들여다보였다.

우리는 몽트뢰에서 로잔(Lausanne)까지 유람선을 탔다. 저 멀리 가로막힌 산만 없다면 망망대해와 다름없을 레만 호는 스위스뿐 아니라 유럽에서 제일 큰 호수로 그 면적은 581.45제곱킬로미터이며 호안(湖岸) 주위를 한 바퀴 돌려고 해도 오백여 리가 된다고 한다. 호수의 깊이는 평균 154미터이고 수량(水量)은 지중해까지 그 물을 다 흘려보내는 데 십 년이 걸린다고 하니 레만 호가 얼마나 크고 넓고 깊은가를 짐작할 수 있었다.

유람선 위에서 좌우 경관을 살펴보니 사람이 사는 마을들은 모두 비탈진 산자락에 내려앉은 듯 그림처럼 아름다웠다. 포도가 재배되고 있는 밭들도 비탈진 자연의 경사를 따라 일구었고 밭의 경계도 모두 축대를 쌓아 올렸다. 저 멀리로 산허리를 타고 달리는 차량들이 보였고, 도로는 모두 비탈진 산 능선을 깎고 다듬어 만들어졌다.

스위스는 참으로 산과 호수의 나라여서 자연의 경관이야 더할 나위 없이 아름답지만 사람이 살아가기에는 너무도 악조건으로 보였다. 같은 배를 타고 있는 유럽 사람들은 모두 일광욕을 즐기느라 온몸을 최대한으로 노출시키고 있었다.

한 시간이 흘렀을까, 우리가 탄 유람선은 로잔에 도착했다. 토요일 오후

유럽에서 가장 큰 호수 레만 호. 저 멀리 가로막힌 산만 없다면 망망대해나 다름없다.(위)

몽트뢰에서 로잔까지 가는 유람선에서. 유람선 위에서 좌우 경관을 살펴보니
사람 사는 마을들은 모두 비탈진 산자락에 내려앉은 듯 아름다웠다.(아래)

일곱시, 아직 해도 저물지 않았는데 로잔 시내는 거리에 오가는 사람마저 드물어 정적이 깃들고 가게 문도 예외 없이 모두 닫혀 있었다. 그리고 작은 모양의 예쁜 차들은 모두 도로변에 줄지어 세워져 있었다.

로잔 시내는 석양부터 깊은 잠에 들어 버린 것 같았고, 집집마다 창 앞에 내놓은 제라늄 꽃만이 곱게 피어 무거운 침묵 속에 싸인 로잔 시내의 주말을 지키고 있었다. 서양에서의 주말이 어떠한 것인가를 그 정적이 말해 주고 있었다.

알프스의 융프라우

우리는 스위스의 제네바에서 인터라켄(Interlaken)까지 그리고 인터라켄부터는 여러 차례 등산 전철을 바꾸어가며 알프스를 향해 올랐다. 앞산은 녹음이 짙푸른데 뒷산은 하얀 만년설로 뒤덮여 있다. 깎아지른 듯한 높은 절벽 위에서는 수량이 많지 않은 폭포가 바람결에 휘청거리며 땅으로 쏟아지고 그 아래에는 풀을 뜯는 젖소들의 모습이 한가로웠다. 알프스의 계곡에서는 하얀 뜨물 같은 석회수의 빙하가 도도한 물줄기로 흘러내리고 있었다.

단조로운 모습의 스위스 농가는 집집마다 정원은 없어도 집 앞 난간이나 창 앞에는 모두 예쁜 꽃들이 가득히 늘어져 곱게 피어 있었다. 빨강, 주황, 분홍빛의 꽃들은 주로 제라늄이었다.

스위스 사람들의 집 앞에는 예외 없이 예쁜 꽃들이 풍성하게 피어 있다. 마치 집의 외부를 꽃으로 치장하는 것이 공중도덕의 질서이기나 한 것처럼 너나없이 꽃을 내놓았다. 그처럼 꽃과 더불어 살고 있는 그들의 마음은 여유있어 보이고 생을 아름답게 꾸려 가는 것처럼 보기 좋았다. 어느 산장 한쪽에 가지런히 쌓아 올린 장작더미를 보니 추운 겨울날 벽난로가 타고 있는 거실의 온화한 분위기를 미리 훔쳐보는 것 같기도 했다.

등산 전철을 이용하지 않는 등산객들은 하얀 눈이 쌓인 산길을 웃옷을 벗고 일광욕을 즐기는 사람들처럼 유유히 걸어갔고, 그 산길에는 고산식물들의 꽃들이 맑은 웃음을 띠고 있었다.

만년설을 이고 유럽의 지붕으로 높이 솟은 알프스 연봉을 바라보며 산허리를 몇 번이고 감고 휘돌아 오른 등산 전철은 인터라켄을 출발한 지 두 시간 이십 분 만에 제5호 터널 융프라우 야크 역 종점에 도착했다.

융프라우 야크 역은 정거장이 모두 동굴로 되어 있고 천장과 벽이 암석으로 되어 있었다. 동굴 역의 규모는 높이가 십 미터이고 폭이 십 미터이며 길이가 약 오백 미터나 되는 대형 동굴로서, 알프스 산 쪽으로는 유리가 부착되어 역내에서도 눈 덮인 알프스의 경관을 모두 바라볼 수 있게 되어 있었다. 여러 층으로 된 건물에는 식당, 휴게소 그리고 선물 센터, 환전소 등 세계 사람을 맞는 데 손색없는 시설을 갖추고 있었다.

휴게소에서 준비해 간 도시락으로 우선 점심 식사를 먼저 하기로 했다. 그런데 갑자기 호흡이 어렵고 심장이 터질 것만 같으면서 현기증이 나고 진땀이 솟았다. 이것이 바로 산소가 희박한 고산병(高山病)이구나 짐작하고 견디었다. 동굴 역 밖으로 나가니 차라리 숨 쉬기가 나았다.

알프스 산 삼천사백오십사 미터 만년설 위에 두 발을 딛고 서니 감개가 무량했다. 쏟아지는 햇살이 흰 눈에 반사되어 너무 눈이 부셔서 색안경을 꺼내어 쓰고 알프스 산을 다시 바라보았다. 나로서는 도전할 수 없는 위용당당한 높은 봉우리가 앞을 가로막고 발아래 저 밑에는 만년설이 쩍쩍 갈라져 깊은 함정이 입을 벌리고 있는 것 같이 무섭게 보였다. 온 산야가 온통 은세계처럼 끝없는 설원이 펼쳐져 있었다. 녹기도 전에 또 눈이 내리고 쌓이고 그런 세월을 영겁으로 흘러왔을 것만 같은 알프스 산은 신비로움으로 가득했다. 거대한 설산에는 무거운 침묵이 흐르는데 큰 날개를 저어 창공을 나는 새 한 마리가 가장 자유로워 보였다. 두꺼운 얼음장과 흰 눈 위에 서 있지만 계절이 여름이어서인지 내리쬐는 태양열로 등에서는 땀이 흘렀다.

저 산 아래에서 만년설 위를 도보로 등산하고 있는 사람들을 바라보면서 내 자신이 만약 신분으로 제한받지 않는 사람이었다면 아마 일찍이 알프스를 도보로 오르고 싶은 열망에 불타는 산 사람 중의 하나였을 것이라는 생각을 해 보았다. 그러나 오늘의 내가 아무 어려움과 수고도 없이 유럽의 지봉 만년설 위에 서서 알프스를 만난 깊은 감회에 젖을 수 있도록 등산 전철을 개발한 스위스 사람들이 더할 나위 없이 고맙게 느껴졌다. 자연의 악조건에 허망하게 무너질 수밖에 없는 인간이 알프스에 도전하여 오르는 일도 어렵고 장하지만, 스위스 사람들이 이 높은 고지까지 산악 전철을 만든 의지와 노력은 불가사의하게 느껴졌다.

삼천사백오십사 미터의 높은 고지, 암벽과 빙설로 뒤덮인 알프스 산에 1896년 철도 부설 공사가 시작되어 십육 년 만에 완공된 로크 레일식 공법의 등산 전차는 바퀴를 톱니 형태로 만들어 기관차가 움직여 오를 때면 그 톱니끼리 서로 물리어 언덕 위로 견인되어지는 역학 공법에 따라 만들어진 산악 전철이었다.

스위스는 헌법에 독일어, 프랑스어, 이탈리아어, 로망슈어가 공용어로 인정되듯 다민족이 유럽의 한복판에 어울려 살면서 백오십 년 동안이나 영세 중립국으로 평화를 누리며 살아온 나라이다. 특별한 지하자원도 없고 충분한 농경지도 없이 생존에는 악조건이 될 수도 있는 아름다운 자연을 관광 자원으로 개발하고 시계공업을 발달시켜 일인당 소득으로는 미국과 스웨덴 다음으로 세계에서 세번째로 잘사는 나라를 만들어 세계 사람들의 부러움을 사고 있다. 그러나 알프스 등산 전철을 이용하고 나면, 오늘의 평화와 풍요는 국민 모두가 함께 가꾼 의지와 슬기와 인내와 노력에 따른 결과라는 찬사를 바치지 않을 수 없다.

유럽 여행의 시작, 파리

프랑스 1987

노송이 우거진 불로뉴

엠아르에이 국제대회 일정을 모두 마친 신현대 교도와 나는 파리를 기점으로 유럽 여러 나라를 여행할 계획이었다. 현대는 독실한 원불교도이고 인도 여행도 함께했던 나의 고마운 길벗이다.

스위스 코의 마운틴 하우스에서 파리까지의 국제 열차표를 마련할 수 있어서 매우 편리했다. 엠아르에이 본부 측 여러 분들이 우리가 떠나야 하는 시간을 챙겨 주어서 짐을 가지고 나왔을 때, 크레이그 제프리(Craig Geoffrey) 씨는 대기시키고 있던 자신의 승용차에 우리들의 짐을 받아 실었고, 일본의 에스코 양은 로잔까지 전송하기 위해 차에 함께 탔다.

실비아 여사와의 이별, 그리고 숱한 감동의 현장 마운틴 하우스를 떠나올 때의 감정은 섭섭함과 아쉬움으로 매우 무거웠다. 그래서 뜻밖의 고마움을 베풀어 주는 크레이그 씨에게도 쉽게 말을 걸 수가 없었다.

내 감정의 여울을 삼키며 묵묵히 앉아 있는데 크레이그 씨는 작게 콧노래를 불렀다. 그는 내 속마음의 깊은 곳을 헤아리는 듯했고, 그의 콧노래는 엠아르에이 대회를 통해 한 개인이 체험하기를 바라는, 바로 그 감동이 나에게서 일어나고 있음을 확인하였다는 뜻이 담긴 것처럼 들렸다. 크레이그 씨는 키가 큰 사십대 초반의 영국 사람이었다. 대회 기간 동안 그는 나에게 깊은 인상을 심어 주었다. 표정의 변화를 쉽게 읽을 수 없고 말이 적은 그는 자신의 할 일을 열심히 찾아 묵묵히 실천하는 사람으로 보였다.

대회 첫날의 일이었다. 오 개 국어 동시통역이 가능한 시설 중에서 한 개의 기계가 고장이 나서 사 개 국어로만 통역이 되는 상황이었다. 다른 나라 사람들은 회의 내용을 자기가 이해할 수 있는 언어로 청취했지만 한국어로는 통역이 되지 않아 우리는 매우 불편했었다. 대회에서는 주로 영어가 사용되었지만 때때로 발표자에 따라 불어나 독일어도 사용되었다. 만약 전 대회 기간을 이렇게 이해가 잘 되지 않은 채 마친다면 큰 낭패일 것 같아 걱정이 되었다. 그래서 나는 특별한 관심을 갖고 우리를 도와주던 크레이그 씨에게 우리도 한국어로 회의 내용을 청취할 수 있으면 좋겠다고 말해 보았다. 그때 크레이그 씨가 고장 난 기계의 수선을 서둘러 한국어로도 동시통역이 되도록 애써 주어서 하루의 불편을 겪은 다음 날부터는 임성기(林星基) 선생의 통역의 도움을 받아 모든 회의 내용을 쉽게 이해할 수 있었다. 그일 때문에 크레이그 씨에 대한 인상은 매우 깊었다. 뿐만 아니라 우리가 알프스 산 융프라우에 갈 때에도 모든 계획을 세워 주고 왕복 차표를 주선해 준 고마운 분이었다.

떠나는 날 역시, 국제 열차가 출발하는 로잔까지의 먼 거리를 크레이그 씨가 수고하고 에스코 양이 동행해 주는 이 배려가 어떻게 해서 베풀어진 것인지는 알 수 없지만 그 친절과 우정은 가슴 깊이 따스하게 스며들었다.

몽트뢰를 벗어나면서 우리의 대화는 시작되었다. 나는 세계 종교 지도자들 중에 어떤 분들이 마운틴 하우스에 다녀갔느냐고 물어보았다. 불교계에서는 티베트의 달라이 라마 승려가 두어 차례 다녀갔고, 가톨릭에서는 여러 명의 추기경이 다녀갔다고 대답해 주었다. 그가 원불교에 대해 궁금한 것들을 묻고 내가 대답하는 사이에 우리는 로잔 역에 도착했다.

크레이그 씨는 손수레에 우리들의 짐을 싣고 열두시 사십육분에 파리행 테제베가 출발하는 팔 번 홈으로 우리를 안내했다. 그리고 열차 안에 우리의 짐을 안전하게 실어 주었다. 에스코 양은 마운틴 하우스에서부터 일본 여러 친구들과 함께 준비했을 것으로 보이는 도시락을 현대와 나에게 전해 주며 석별의 아쉬운 표정을 지었다. 우리가 탄 차가 출발하자 두 사람은 크게 손을 흔들며 잔잔한 미소로 우리를 보내 주었다. 짧은 열흘 동안의 만남이지만 진실이 농축된 우정을 좀처럼 잊을 수 없을 것 같았다.

파리에서 스위스로 올 때와는 달리 차창 밖의 모든 풍경들이 스위스에서의 열흘, 그곳에서 만났던 사람들, 경험했던 모든 것들을 음미하고 반추하는 데 도움을 주는 배경으로 스쳐 지나가고 있었다. 파노라마처럼 펼쳐지는 상념들에 몰입하는 동안 국경선을 넘어 파리 쪽으로 줄기차게 달려온 쾌속 열차는 리옹 역에 도착했다.

파리에 도착한 현대와 나는 서양 사람들 속에서 한 사람을 열심히 찾고 있었다. 저 멀리에서 우리들의 짐을 받기 위해 손수레를 끌고 오고 있는 노신사 모리스 씨가 손을 번쩍 들어 보이며 만면의 미소로 우리를 반겨 주었다. 우리는 그분이 손수 운전하는 차를 타고 친절하게 설명해 주는 파리 시내를 열심히 눈에 익혔다. 파리 시내의 교통은 서울 못지않게 혼잡해 보였다. 얼마 후 우리가 도착한 곳은 파리 중심가를 벗어난 교외 불로뉴(Boulogne)에 위치한 엠아르에이 하우스였다.

모리스 씨가 초인종을 울렸을 때 온 집 안은 창문 하나 열리지 않고 꼭꼭 닫혀져 있었다. 문을 열고 우리를 반겨 주는 사람은 모리스 씨의 부인 안젤라 여사였다. 밖의 더운 공기가 집 안으로 들어올까 봐 창문을 닫고 있었다며 이제는 한낮이 지났으니 열어도 좋겠다고 온 집 안 창문을 열었다.

차를 마신 다음 우리는 이층으로 안내되었다. 우리가 거처할 방에는 두 개의 침대가 정결하게 놓여 있었고, 책상 위에는 메모지와 볼펜 등 여러 가지 것들이 질서정연해 보였다. 여행자가 마치 내 집처럼 편히 지낼 수 있도록 세심한 배려를 한 흔적을 여기저기서 살필 수 있었다.

주택가처럼 보이는 그곳은 소음이라곤 전혀 없는 퍽 조용한 곳이었다. 집 울안에는 노송이 우거져 있었고 멧비둘기 소리가 가끔 들려왔다. 우리는 갑자기 한적한 별장에라도 온 것 같았다. 어느덧 여행자의 긴장과 피곤은 썰물처럼 빠져 나가고 편안함과 한가로움이 밀물처럼 파도 쳐 왔다.

노트르담 성당의 스테인드글라스

스위스 엠아르에이 국제대회에 참가하고 있었을 때 실비아 여사는 우리들

의 파리 여행에 대하여 유념하고 있다며 프랑스 지인들을 소개해 주겠다고
했다. 어느 날 저녁 식탁에서 소개받은 분들이 모리스 씨 부처였다. 그분들
은 매우 조용하고 맑은 인상을 지닌 노부부였다. 그 자리에서 실비아 여사
는 한국을 방문했을 때 나와 찍었던 몇 장의 사진을 작은 앨범에 따로 정리
하여 그분들에게 보여 주었다. 나는 그때 실비아 여사의 그같은 세심한 배
려에 내심 깜짝 놀라고 있었다.

실비아 여사는 사진 속의 원불교 강남교당을 가리키며 독특한 건축 양식
이 매우 인상 깊었다고 말했다. 그리고 그 교당을 내가 신축했다는 이야기
며, 실비아 여사가 나름대로 이해하고 있는 원불교, 그리고 교역자로서 내
가 하고 있는 일들을 비교적 자세히 그분들에게 소개했다. 그 노부부는 조
금은 신기한 듯한 표정을 지으며 매우 정중하게 그 모든 이야기들을 열심히
듣는 듯했다.

식사를 하는 동안 여러 가지 대화가 무르익어 갈 무렵 모리스 씨는 실비
아 여사로부터 나의 여행 계획을 들었다며 파리를 여행할 때에는 자기 내
외가 우리를 초청할 테니 자신들과 함께 지내자고 말했었다. 그런 인연으로
해서 우리는 모리스 씨 부처와 알게 되었고 파리에서 잠시 한 가족이 되었
다.

파리 엠아르에이 하우스는 금붕어가 놀고 있는 연못과 장미가 피어 있
는 정원을 가진 하얀색 삼층 건물의 저택이었다. 그 집은 한 엠아르에이 회
원이 기증한 집으로 옛 주인이 소장하고 있던 값진 소장품들도 함께 남겨져
있어 고색창연한 분위기였다. 파리 엠아르에이 사무실은 다른 곳에 있고 이
곳 엠아르에이 하우스에서는 엠아르에이 멤버들이 이 주 또는 삼 주간을 번
갈아 그 집에서 숙식하면서 관리하고 있었다. 그 집에서는 엠아르에이 정신
에 입각한 실천의 만남이 조용히 이루어지고 있었다.

다음 날 아침 모리스 씨 부인 안젤라 여사를 도와 아침 식탁을 마련하고
빵과 치즈로 식사를 했다. 식사 후 모리스 씨는 잠시 후면 엠아르에이 회원
이 와서 우리에게 파리 시내 관광을 시켜 줄 것이라고 했다.

아홉시쯤 해서 초인종이 울리고 중년이 넘어 보이는 수수한 차림의 여자분이 찾아왔다. 그분의 이름은 클로드 바이스 씨였다. 모리스 씨는 그분과 함께 우리를 데리고 먼저 여행사에 들러 우리의 다음 행선지인 영국 런던으로 가기 위한 기차표와 배표를 준비해 주어 안심이 되었고 고마웠다.

그 일이 끝난 다음 바이스 여사가 안내하는 대로 따라갔다. 그분은 먼저 자신의 아파트에 들렀다. 오래된 건물로 보이는 그 아파트는 층계나 복도가 모두 나무로 되어서 걸으면 삐걱거리는 소리가 났다. 아파트 문을 열고 들어서는 순간 그 방이 그녀의 방일 것이라고 믿어지지 않았다. 좁은 방 안에는 빛바랜 고서처럼 보이는 책들만 가득했고, 그 모든 것들은 아직 잘 정리되지 못한 상태 같았다. 그리고 잠자리가 될 만한 침대와 최소한의 취사도구처럼 보이는 그릇들이 한눈에 들어왔다.

그녀는 몇 개의 서류철에서 볼일을 끝내고 자신의 언니가 저술한 책이라며 『자유 시민 여성』이란 영문판 책을 현대와 나에게 한 권씩 주었다. 자신의 아파트에서 잠시 용무를 마친 후 바이스 여사가 우리를 안내한 곳은 센 강가에 있는 노트르담 성당이었다.

유럽을 대표하는 고딕 건축, 1163년에 건축이 시작되어 완성까지 두 세기 반이나 걸렸다는 노트르담 성당의 내부에는 우람한 대리석의 둥근 기둥들이 천장을 떠받치고 있었다. 구천 명을 수용할 수 있다는 성당 안의 분위기는 웅장해 보였지만 매우 무거운 느낌을 주었다.

노트르담 성당에서 가장 인상적인 것은 고딕식 창문에 끼워진 스테인드글라스였다. 색유리의 색상이 영롱하도록 아름다우면서도 그 빛깔들의 조화는 신비스러웠다. 특히 '장미 창'이라고 불리는 정면 중앙의 창은 직경이 9.6미터로 그 크기도 대단했지만 십삼세기의 스테인드글라스에서 종교 미술품을 만나는 감동을 받았다.

성당 내부는 관광객으로 붐비어 경건한 분위기는 이미 상실돼 보이고 진지한 신앙인의 모습을 찾아보기 어려운데 신부님 한 분은 그런 것과는 아랑곳없이 홀로 미사를 집전하고 있었다.

탈속자 같은 프랑스 엠아르에이 지도자 모리스 씨와
음식 솜씨 좋은 안젤라 여사와 함께 파리 엠아르에이 하우스에서.
노부부의 따뜻한 보살핌을 받으며 이곳에서 삼박 사일간 머물렀다.

나는 성당 한편에 자리한 유품 전시관의 입장권을 사서 들어갔다. 낡고 빛바랜 역사 자료 중에서 노트르담 성당 건축 양식은 오랜 세월 동안 여러 차례 설계 변경되어 오늘날의 성당 모습으로 된 것을 알 수 있었다. 유서 깊은 노트르담 성당의 역사성을 고찰할 수 있는 그 설계 도면들은 나에게는 매우 흥미있는 것이었다. 그리고 역대 주교님들이 사용했던 제의(祭衣)와 수용품 들을 보면서 어떤 분은 철저하게 금욕주의자로 청빈한 삶을 영위하였음을 엿볼 수 있었다. 그런가 하면 여러 개의 주교 모자에는 수많은 보석이 촘촘히 박혀 있어서 무거울 것 같아 보였고 그 보석들은 오늘도 찬란하게 빛나고 있었다. 그런 것들을 보면서 그 당시 고위 성직자들은 순수한 종교 지도자가 아닌 특권 계급의 신분이었음을 엿볼 수 있었다.

성당 밖으로 나와 성당 외부를 다시 살펴보았다. 성당 정면 상단에 육십구 미터 높이로 남과 북으로 높이 솟아 있는 두 개의 탑을 우러러보다가 눈길을 아래로 돌려 정교하고 섬세하게 수놓은 듯한 대리석 조각품으로 만들어진 세 개의 고딕 양식의 문을 바라보면서 종교의 위대한 힘을 다시 느껴보았다. 밖에는 비가 내리고 있었다. 바이스 여사는 비에 젖은 콩코르드 광장, 샹젤리제 거리, 개선문, 에펠탑 등을 차창 밖으로 내다보며 설명해 주었다.

바이스 여사와는 초면인 데다 달리는 차 안에서 나누는 대화가 시원치 않아 나는 그녀를 겉에 보이는 인상으로 파악할 수밖에 없었다. 그분의 승용차에는 더운 여름인데도 겨울 동안 깔고 지낸 것처럼 보이는 담요 비슷한 것이 아직도 그대로 깔려 있었고 파마기 없는 머리 위로 털실 그물망처럼 보이는 모자를 쓰고 있었다. 그분의 눈빛은 깊은 체념의 늪에서 헤어나지 못하는 듯했고 고독의 각질층이 두꺼워 보였다.

그분은 파리 시내 관광을 드라이브로 마치고 열두시가 조금 넘어서 우리를 엠아르에이 하우스에 데려다주고 곧 작별 인사를 했다. 나는 그분의 호의와 친절에 어떻게 보답해야 할지 몰라서 프랑스 지폐 두 장을 넣은 봉투와 한국을 느낄 수 있는 작은 선물을 전하며 고마워했다.

그러나 그분과 헤어진 뒤에 알게 된 일이지만 내 눈에 조금은 곤궁하게 비쳤던 그분은 큰 재산가의 딸로 아버님의 유산을 물려받아 큰 저택과 훌륭한 가구와 카펫 들을 가지고 있다는 것이었다. 그러나 그러한 물질적인 것에 대해서는 전혀 관심이 없고 정신적인 삶을 추구하며 법학을 전공한 법률가로서 결혼하지 않은 독신녀라고 했다. 그리고 중년이 넘어 보였던 그분의 연령은 육십오 세라고 하는데 조금도 노인 같은 분위기를 느낄 수 없었다. 그녀는 완전 채식주의자로 열매 종류의 과일만 주식으로 먹는다고 했다. 그분은 한두 달 전에 서로 의지하고 지내던 언니와 아버님이 차례로 세상을 떠나서 지금은 매우 큰 슬픔에 젖어 쓸쓸한 심경으로 지내고 있다고 했다.

바이스 여사는 자신이 소유하고 있는 물질은 불행한 사람들을 위해 쓰고 있으며, 학비가 없어 공부할 수 없는 학생들에게 장학금을 주는 일과 여성들의 권익을 보호하는 일, 그리고 엠아르에이 일을 열심히 하는 분이라는 것을 뒤늦게야 알았다.

물욕과 형식에서 완전히 해방되어 높은 가치에 자신의 모든 것을 바치고 사는 정신적인 인간 바이스 여사에게 깊은 존경심을 느끼며 가난과 궁상이 쭈그리고 앉아 있는 그녀의 아파트와 초라해 보이던 그녀의 외모를 떠올려 본다.

베르사유 궁의 영화(榮華)

파리에서 관광할 수 있는 이틀 동안 우리는 독자적인 계획 없이 모리스 씨가 배려해 준 대로 따르고 있었다. 파리 관광 둘째 날 모리스 씨는 우리에게 오늘은 베르사유 궁을 가게 될 것이라고 말하며, 안내할 또 다른 사람이 올 것이라고 했다.

그날의 안내자는 라오스 아가씨였다. 열아홉 살쯤 돼 보이는 라오스 아가씨는 검은 테의 안경을 꼈고, 정결해 보이는 긴 흑발 머리가 앳된 얼굴의 양 볼을 감싸며 치렁거렸다. 그녀는 우리와 첫인사를 할 때 생글생글 미소 지으며 불어는 잘하지만 영어는 잘 못한다고 했다. 동양계 얼굴의 그 아가씨에게 벌써부터 친밀감이 느껴졌다. 그 처녀는 조국과 부모를 두고 떠나온 라오스 피란민이었다.

현대와 나는 그 아가씨가 운전하는, 좀 허름해 보이는 승용차를 타고 베르사유 궁을 향해 떠났다. 파리에서 남서쪽으로 이십삼 킬로미터 떨어진 곳에 위치한 베르사유 궁을 꼭 한 번 가 본 일이 있다는 그 아가씨는 운전을 하면서 이렇게 가면 맞느냐고 우리에게 물어보곤 했다. 아무것도 모르는 우리인 줄 알면서도 불확실하다고 느껴질 때마다 습관적으로 물어보았다. 그러다가 맞게 가고 있는 이정표를 발견하면 꽤나 기뻐하면서 자기 자신이 용하게 느껴지는 듯 까르르 티 없이 맑게 웃었다. 그렇게 웃는 그녀를 보고 있노라면 슬픔과 외로움이 있는 피란민 같지가 않았다.

아무것도 모르는 우리에게 자꾸만 확인을 하면서 가는 그녀를 따라가는 것이 조금은 불안한데, 이제는 차 안에 빨간 신호의 불이 켜졌다며 기계의 어떤 부분이 고장 나면 빨간 불이 켜지느냐고 질문한 다음 고개를 갸우뚱거리며 걱정했다. 차에 대해서는 아무것도 모르고 있는 나로서는 떨칠 수 없는 불안이 밀려왔다. 차를 세우고 금방 내리고 싶었지만 아무 말도 못 하고 여러 가지 불길한 예감을 철저히 배격하면서 그녀 옆자리에 앉아 있는데 그녀는 이상을 알리는 차를 몰면서도 "왜 이럴까?"라고 혼잣말로 중얼거리면서 마치 즐거운 듯 낄낄거렸다.

숲이 무성한 길을 달리다가 때로는 한가한 시골길도 지나더니 드디어 베르사유 궁전이 눈앞에 들어왔다. 기대감 때문에 반가운 것이 아니라 불안한 차에서 내릴 수 있게 된 것이 더 다행스러웠다. 차에서 내리자마자 차에 대한 이상부터 점검하자고 했다. 그래서 차를 세워 두고 있는 한 남자분에게 우리 차의 이상을 문의했더니 고장 난 것이 아니고 무엇인가 잘못 작동했기 때문이라며 어딘가 손을 대니까 그 불안한 빨간 불은 곧 꺼져 버렸다.

루이 14세가 부와 권력을 집결하여 이십 년 만에 완성했다는 베르사유 궁은 참으로 대단해 보였다. 절대 왕권을 상징한다는 이 궁은 백오십 헥타르나 되는 정원의 끝이 아스라이 멀리 보여서 흡사 지평선처럼 느껴졌고, 오

베르사유 궁 앞에서. 웅장한 석조 건물의 베르사유 궁은 건물 전체가
섬세하게 조각되어 있고, 넓은 궁전 뜰에는 마치 양초를 깎아 만든 것 같은
흰 대리석의 거대한 조각품들이 즐비했다.

랜 세월 가꾸어진 정원의 푸른 숲은 울창한 밀림처럼 보였다.

웅장한 석조 건물의 베르사유 궁전은 건물 전체가 모두 섬세하게 조각되어 있고 그 넓은 궁전 뜰에는 마치 양초를 깎아 만든 것 같은, 눈부신 흰 대리석의 거대한 조각품들이 즐비했다. 궁전 내부 관람만 하려고 해도 하루가 꼬박 걸린다는 이 거대한 궁전의 모든 방은 호화로운 장식의 극치를 이루고 있었다. 어느 한 군데도 밋밋하게 연결된 부분이 없이 모두가 섬세하게 조각되었고 벽면과 천장의 많은 조각 부분이 황금으로 채색되어 오늘날도 황금빛이 찬란하기만 했다. 벽에는 대형 벽화와 수많은 초상화가 걸려 있고 아치형 천장마다에는 천장화가 가득히 그려져 있었는데, 아주 섬세하고 변함없는 색채를 띠고 있었다. 마치 오늘의 미술 전람회를 위해서 얼마 전에 완성한 그림처럼 모든 작품이 건강하고 훌륭했다.

한없이 펼쳐지는 조각과 미술로 어느 공간도 빈틈없이 채워진 베르사유 궁전 내부를 보면서 인간의 예술적 구상과 감각 능력이 이토록 무한한 가능성이 있는 것인가에 대하여 경탄스러웠다. 그 당시 사용했던 양탄자며 온갖 비품들이 그날의 영화와 인간이 누릴 수 있는 사치의 끝을 보여 주고 있는 듯했다.

궁 안에는 왕실 예배당도 있었다. 그리고 일곱 개의 방으로 된 호화로운 헤라클레스 살롱은 복도 길이만 칠십오 미터나 되는 대연회장이었다. 1789년 7월 14일 파리 시민들이 바스티유 감옥을 습격하여 함락시키고 프랑스 혁명의 신호를 울릴 때까지, 그 전날 밤에도 왕실가에서는 굶주림과 도탄에 빠진 백성은 아랑곳하지 않고 헤라클레스 살롱에서 마시고 춤추며 환락을 탐닉했다고 한다. 바로 그곳을 보는 감회는 야릇했다.

1789년 10월 6일 "빵을 달라, 빵을 달라" 외치던 굶주린 부녀자들을 선두로 약 이만 명의 파리 시민들이 베르사유 궁으로 행진하여 루이 16세 일가를 파리로 연행한 이후 이곳은 폐궁이 되었다고 한다. 억눌리고 굶주린 파리 시민과 농민들이 프랑스의 봉건제도와 군주제도에 의한 낡은 질서를 무너뜨린 굉음이 베르사유 궁 안에서 산울림처럼 들려오는 것 같았다.

젊음이 넘치는 몽마르트르 언덕

파리 시내에서 북쪽으로 바라다보이는 언덕 위에 석양의 햇빛을 받아 눈부시게 빛나는 하얀 건물이 매우 환상적으로 보였다. 어찌 보면 인도의 타지마할처럼 보이기도 하는 그 특색있는 건물이 사크레 쾨르 성당이었다.

우리가 엠아르에이 하우스에 있는 동안 모리스 씨 노부부는 마치 객지에서 돌아온 가족처럼 온통 우리를 돌보는 일로 마음을 쓰고 있었다. 그래서 나는 모리스 씨에게 언덕 위에 있는 하얀 집에 가 보고 싶다고 말했다.

모리스 씨 부부는 내 청을 들어주기로 하고 좀 이른 저녁 식사를 마친 다음 우리와 함께 그곳으로 갔다. 백 미터쯤 되어 보이는 언덕배기를 두 분의 노인을 모시고 천천히 올랐다. 그곳이 그 유명한 몽마르트르 언덕이었다.

우리는 먼저 사크레 쾨르 성당을 찾았다. 때마침 일요일 밤이라 곧 미사가 집전될 예정이어서 온 성당 안에 휘황하게 불이 밝혀져 있었고, 나란히 타고 있는 하얀 촛불들이 신앙적 분위기를 고조시키고 있었다. 조용한 성당 안에는 파이프 오르간이 웅장하면서도 은은하게 울려 퍼지고 있었다.

그러나 가장 인상적인 것은 로마네스크 비잔틴풍의 성당 건축 양식이었다. 팔십삼 미터 높이의 교회 중앙 돔 반원 단면에 거대하고 화려한 모자이크 성화가 조명에 반사되어 사실적 생동감과 성스러움으로 가득해 보였다.

보불전쟁(普佛戰爭)에서 프랑스가 패배하여 사회가 극도로 혼란했을 때 민심을 수습하기 위해 정부의 원조로 1876년에 착공하여 1919년에 완성됐다는 이 성당은 노트르담 성당이 고딕 건축 양식인 데 비해 동양적 분위기가 강하고 모든 선이 둥글고 부드러워 보였다.

일요일 밤 미사 시간이 다 되어 가도 그 큰 성당 안은 텅텅 비어 있고 소수의 신자가 조용히 묵상하고 있을 뿐이었다. 성당 밖으로 나와 그 바로 아래 계단에 모여 있는 많은 사람들 곁으로 가 보았다. 두어 명의 젊은이가 기타를 쳤고 다른 많은 젊은이들은 소리 높여 다 함께 노래를 부르고 있었다. 분위기로 보아 따로따로 몽마르트르 언덕을 찾은 것처럼 보였지만, 노래하는 그들은 젊음의 한 덩어리처럼 느껴졌다.

사크레 쾨르 성당이 있는 몽마르트르 언덕에서. 이곳은 젊음과 사랑을
주체하지 못하는 젊은이들로 넘치고 출렁거렸다.

마음의 양식을 채워 주는 성스러운 성당 안은 텅 비어 있건만 팝송을 노래하는 현장에는 더 많은 사람들이 모여 어떤 열기 같은 것이 가득했다. 어쩌면 오늘날 종교에 대한 관심이 식어 버린 유럽 사람들의 한 단면을 내 눈으로 확인하고 있는 것 같기도 했다.

발길을 옮겨 한적한 모퉁이를 지나가는데 희미한 외등의 불빛을 받으며 지그시 눈을 감고 자기 연주에 도취한 듯한 젊은 무명 악사가 열심히 바이올린의 활을 당기고 있었다. 그 사람 발아래에는 몇 개의 동전이 담긴 동전 그릇이 놓여 있을 뿐 음악을 귀 기울여 듣는 사람은 아무도 없었다. 그 순간 빵을 한 입 베어 문 한 아가씨가 그곳을 지나가다 동전 한 개를 던지고 사라졌다.

드디어 우리는 몽마르트르 광장에 이르렀다. 밝지 않은 불빛 아래 많은 사람들이 북적였다. 이곳저곳에 캔버스를 벌여 놓고 열심히 초상화를 그리는 화가들, 자기 초상화에 큰 기대를 걸고 화가 앞에 앉아 있는 고객들, 자기 그림이 팔리기를 기다리며 그림을 전시해 놓고 있는 무명 화가들, 이곳이 바로 가난한 무명 화가들의 요람이자 예술가들의 고향 몽마르트르 언덕이다.

이곳저곳 테이블에 마주 앉아 포도주와 음료수를 즐기며 느긋한 대화가 무르익어 가는 사람들의 여유있는 모습, 그런가 하면 각색 옷차림에 별난 머리 모양을 하고 나온 예쁜 파리지앵들, 그들은 세계 유행에 선풍을 일으키는 멋쟁이들처럼 보였다. 그런데 그 젊은 아가씨들은 붉은 입술에 하얀 담배 한 개비를 예사롭게 피워 문다. 사람들의 물결 속에서 굵은 털실 모양으로 머리카락을 꼬아서 빗고 나온 흑인들의 머리 모양도 보았다. 참으로 나에게 신기한 구경거리가 한두 가지가 아니었다. 젊음과 사랑을 주체하지 못하는 연인들의 모습, 몽마르트르 언덕에는 젊음이 넘치고 출렁거렸다. 마치 몽마르트르 언덕 분위기에 함께 취하기 위해 언덕 아래에서 똑같은 어떤 약물을 마시고 올라온 사람들처럼 독특한 분위기에 흥건히 젖어 있었다.

밤은 깊어 가는데 그곳에 모인 사람들의 눈빛은 오히려 샛별처럼 초롱초롱 빛나고 있었다. 몽마르트르 언덕의 사람들, 그들의 취기가 어지간히 가시면 기다렸던 새벽이 성큼 다가설 것 같았다.

탈속자 같은 모리스 씨

파리 근교 불로뉴 숲속에 있는 한적한 절간 같은 엠아르에이 하우스에서 구구구 멧비둘기 소리, 솔바람 소리를 들으며 모리스 씨 노부부와 단란하게 지낸 삼박 사일의 여정은 매우 인상 깊었다. 그분들과 함께 생활을 하면서 프랑스 음식을 즐기고 서양 사람들의 풍습도 접할 수 있었던 유익한 기회였다.

안젤라 여사가 주방 일을 주로 하지만 닭 요리를 하던 어느 날 밤 남편의 도움을 청하자 모리스 씨는 기꺼이 그렇게 하겠다고 대답하더니 앞치마를 두르고 식당일을 거들었다. 다 삶아진 닭고기를 칼과 포크를 사용하여 뼈를 추려내고 살코기만 먹기 좋게 썰어서 안젤라 여사에게 주었다. 안젤라 여사가 참으로 정중하게 도와주어서 고맙다고 예절을 갖추어 말하자, 모리스 씨는 부드러운 미소를 온 얼굴에 가득히 담고 "천만에"라고 대꾸했다. 항상 은밀히 속삭이듯 대화하고 기꺼이 서로를 도우며 고마운 표시를 충분히 하는 그들의 노경의 모습은 잔잔한 행복이 고여 있는 듯이 보였다.

우리가 그곳에 있는 동안 스위스 코에서 만났던, 필리핀 이민국에서 중책을 맡고 있던 칼마(Calma) 내외가 우리처럼 여장을 풀고 하룻밤을 함께 지내던 날은 거실에서 라오스에 관한 엠아르에이 필름을 보았다. 인도의 라즈모한 간디와 이라루 씨가 좀 더 젊었을 때 모습을 발견하고는 다 함께 반가워했다. 이처럼 여러 나라 사람들이 모여도 금세 한 가족처럼 단란해지는 엠아르에이 사람들은 여러 나라의 이야기를 마치 한 가정의 이야기를 하듯 그렇게 가까운 마음으로 걱정했다.

그날은 라오스에 관한 이야기를 많이 했다. 그곳 엠아르에이 하우스는 공산 치하를 탈출하여 자유를 찾아 온 라오스 사람들이 편안한 사랑방처럼 자주 드나들곤 했다. 프랑스 엠아르에이에서는 그들의 취업 문제, 젊은이들의 학업 문제 등을 돕고 해결하는 일도 업무의 일환으로 삼고 있었다.

여행자에게 새로운 경험이 쌓이는 삼박 사일이 오랜 시간처럼 느껴졌다. 어느덧 한 가족의 밀도가 높아질 무렵 우리는 모리스 씨 부처와 석별의 정을 나누어야만 했다. 안젤라 여사는 따뜻한 포옹의 작별 인사를 했고, 모리스 씨는 손수 운전하여 우리를 기차역까지 배웅해 주었다.

우리의 자리를 확인하고 짐을 안전하게 선반 위에 얹고 나서 기차 출발 시간이 가까워지자 모리스 씨는 섭섭함을 감추지 못했다. "당신들이 떠나고 나면 우리들은 당신들을 기억하며 눈물을 흘릴 것입니다"라고 말하며 허공을 바라보던 모리스 씨는 벌써 붉어진 눈시울에 눈물을 삼키느라 눈을 껌벅였다. 그리고 꼭 다문 입술 언저리에 가벼운 경련이 스치더니 여위어 앙상한 품 안에 우리를 포옹하며 잘 가라고 했다.

칠십일 세의 모리스 할아버지, 젊어서는 엔지니어로 일했고 한때는 교사로 학생을 가르치기도 했다는 그분은 사십일 년간이나 엠아르에이에 몸 바쳐 헌신의 삶을 살아왔다고 한다. 참으로 조용하고 예의 바르며 투명하도록 맑은 눈빛을 가진 그분이 마치 탈속자처럼 느껴졌다.

도버 해협을 건너다

영국 1987

침실까지 비워 준 배려

기차로 파리를 떠나온 우리는 영국에 가기 위해 배를 탔다. 도버 해협을 건너는 큰 배에 탄 사람들은 대부분 영국 사람들로 보였는데 키와 몸집이 컸고 대화하는 말소리도 크게 들렸다. 키와 몸매가 비교적 작으며 조용히 속삭이듯 말하는 파리 사람들과는 대조적이었다. 창밖으로 잿빛 바다를 바라보며 새로 만날, 신사의 나라로 알려진 영국을 상상해 보다가 맞은편에 앉아 이야기하는 두 아가씨에게로 나의 시선이 쏠렸다.

그들은 대학생쯤으로 보였는데 그중 한 사람은 피부색이 우윳빛처럼 흰 백인이었고, 다른 아가씨는 살빛이 밀 같은 갈색인 데다 얼굴이나 몸에 잡티 비슷한 작은 반점들이 있었다. 살빛이 흰 아가씨는 어딘가 좀 허약한 듯 개성이 없어 보였고, 갈색 살빛의 처녀가 더 건강하고 활력 넘치는 매력이 있어 보였다. 그 아가씨는 속옷을 알뜰히 챙겨 입지 않은 채 어깨선이 곧 흘러내릴 것 같은 웃옷만을 걸치고 있어 나를 불안하게 했다. 그리고 한여름을 온통 태양 아래에서 보낸 것처럼 검게 그을려 있었다.

서양의 저 또래 젊은이들은 여름방학 때 무엇을 경험했을까. 동양 사람인 내 눈에는 친구와 열심히 이야기하면서 자주 담뱃불을 붙여 무는 그 아가씨의 옷매무새와 행동거지가 낯설어 보였지만, 그녀의 눈빛에서는 허술하지 않은 내면과 현실 타개 능력이 온몸 가득히 넘쳐 보였다. 여름 나무의 푸르름 같은 젊음을 간직한 그들을 보고 있으니, 싱그러움이 내게로 묻어오는 듯 즐거웠다. 여행 중에 우연히 마주친 외국 사람을 관찰하면서 자기 경험을 토대로 여러 가지 발상을 뒤쫓아 열심히 생각해 보는 것도 여행자만이 누리는 재미이다.

　두 시간 만에 도버 해협을 건너 영국 땅에 이르렀다. 배에서 내린 우리는 그곳에서 연결되는 런던행 기차로 바꾸어 탔다. 오전 열시 사십오분에 파리를 출발하여, 이제 우리가 탄 기차는 오후 여섯시 십분에 런던 빅토리아 역에 도착할 예정이었다. 런던에서는 아무와도 기차역에 마중 나올 약속이 되어 있지 않았기 때문에 어떻게 엠아르에이 하우스를 찾아갈까 걱정이 되었다. 그래서 옆자리의 젊은이에게 기차에서 내리면 택시 타기가 쉽냐고 물어보았다. 그런데 갑자기 맞은편에 앉아 있던 검은 눈동자의 아가씨가 "택시 타는 거 쉬우셔요"라고 한국말로 대신 대꾸하며 웃어 보였다. 그 아가씨는 아까부터 우리를 유심히 바라보고 있었다.

　나는 너무 반가워서 어떻게 한국말을 할 줄 아느냐고 하자 "아버지가 미국 사람이고 어머니는 한국 사람이세요"라고 또다시 또렷한 한국말로 대답했다. 그녀는 미국에서 대학을 다니고 있는데 방학 중 일 개월 동안 옥스퍼드대학교에서 법학을 공부하고 있다고 했다. 내가 입고 있는 한복을 바라보면서, 자신도 어려서는 예쁜 한복을 입었다고 했다. 그리고 함께 사는 할머니가 영어를 못하기 때문에 할머니와 한국말을 해서 조금 말할 줄 안다고 했다. 언제 한국에 와 본 일이 있느냐고 묻자 "아주 어렸을 때 가 보았지만 지금은 롱 타임 안 갔어요"라고 대답했다. 작별할 때 그녀는 "런던 아주 예쁘세요"라고 웃으며 말했다. 서툰 한국말을 하고 있는 검은 눈빛의 그 아가씨에게서 한 핏줄의 '당김' 같은 것을 느꼈다.

　나는 스위스 엠아르에이 대회에서 만난, 런던의 피오나 여사가 적어 준 주소를 운전기사에게 내보였더니 아무 말도 묻지 않고 그 집 문 앞에 데려다주었다. 그러고는 문밖에 적혀 있는 주소를 대조하여 확인해 주었다. 서울에서는 있을 수 없는 일이었다.

　엠아르에이 하우스의 초인종을 누르자 피오나 여사가 나와 반겨 맞아 주면서 모리스 씨에게서 연락을 받았다고 말했다. 피오나 여사 부부는 엠아르에이 하우스에 거주하면서 아침부터 밤까지 온통 엠아르에이 일을 보고 있었다. 피오나 여사는 우리의 짐을 들고 좁은 층계를 내려가 다시 좁은 복도를 지나 어느 방문을 열더니 그 방이 우리들이 사용할 방이라고 했다. 방 안에 딸려 있는 주방 기구를 열어 보이며 필요하면 차를 손수 끓여 마시라고 알려 주고는 방문의 열쇠를 우리에게 전해 주었다.

방 안을 둘러보니 두 개의 침대가 있었다. 그리고 화장대 위에는 피오나 여사의 결혼사진이 놓여 있을 뿐 아니라 조금 전까지 주인이 사용하던 그대로의 상태였다. 그 방은 피오나 여사 부부가 쓰는 침실이었다. 나는 깜짝 놀라 다른 방을 내어 달라고 했다. 그러나 그녀는 남편 제프리 도크 씨가 스위스 코에서 아직 돌아오지 않았기 때문에 그 방을 사용해도 상관이 없다고 했다.

그들 부부의 침실을 내어 주는 친절을 감당하기가 참으로 어려워서 몇 번이고 사양하면서 다른 방을 쓰도록 해 달라고 했지만 자신은 침실 바로 곁에 있는 골방을 쓰겠다고 했다. 그리고 그 방을 우리가 쓰는 것이 자신은 기쁘다고 내 말문을 막아 버렸다. 하는 수 없이 그 방에 조심스럽게 우리의 여장을 풀었다.

피오나 여사는 살림을 아주 완벽하고 예쁘게 하는 주부처럼 느껴졌다. 그래서 우리는 그곳에서 지내는 동안 필요한 물건을 사용하면서도 오히려 조심스럽기만 했다. 사십대 초반으로 보이는 피오나 여사는 체격이 크고 건강한 데다 성격이 활달하여 생동감이 넘치고 항상 환하게 웃는 인상이었다. 우리가 도착한 날 저녁 준비를 하는 그녀는 빨간 스커트에 하얀 티셔츠를 입고 빨간 귀걸이, 목걸이까지 성장을 하고 있었다.

즐거운 듯 분주한 모습으로 일하던 피오나 여사는 오늘이 재닛 메이스 (Janet Mace) 여사의 생일이어서 파티 준비를 한다고 했다. 내가 메이스 여사가 누구인지 모르는 것을 눈치를 채고서는 곧 기억할 것이라고 했다. 그 말이 끝나자마자 초인종이 울렸고 낯익은 중년 부인이 반갑게 인사를 했다. 그분은 인도 판츠가니에서 나를 처음 보았다고 말하면서 이번 스위스 코에서도 나와 함께 엠아르에이 대회에 참석했다고 했다. 그분의 이야기를 듣고 보니 자주 보았던 얼굴이지만 따로 대화했던 인연은 없는 분이었다.

재닛 메이스 여사의 생일 축하 파티 식탁에는 스위스 코 마운틴 하우스에서 함께 지내던 남아프리카의 셀리나 둘리 여사, 약혼한 사이라는 프랑스의 젊은 남녀 스테파니 군과 시오티노 양, 그리고 인도에서 나를 보았다는 대학생처럼 보이는 로우 군도 자리를 함께했다.

우리는 조금도 서먹하지 않았다. 그들은 우리를 매우 따뜻하게 환영해 주었고, 만남의 즐거움을 느끼도록 친절히 대해 주었다. 생일파티 식탁에는 몇 송이의 예쁜 꽃과 빨간 초가 축하 분위기를 살려 주고 있었다.

정성껏 준비한 음식에는 잡채도 있었다. 나는 너무 놀라워서 "어떻게 한국 요리를…?" 하며 피오나 여사를 바라보았다. 그녀는 당신들을 환영하기 위해서 한국 요리를 준비했다고 말했다. 그리고 국물이 있어 보이는 닭 요리는 '찜'이라며 역시 한국 요리라고 했다. 놀라움과 호기심으로 바라다보는 내 눈빛에 응답하기 위하여 자신의 결혼식 사진을 가지고 나왔다. 그는 사진 속에서 동양 사람들처럼 보이는 사람들을 가리키면서 이 한국 친구들로부터 배웠던 한국 요리를 오랜만에 기억을 더듬어 만들었다고 했다.

그녀는 처녀 시절에 한국 대사관에서 일하면서 그곳에서 만난 한국 분들을 좋은 친구로 사귀었다며 그들 때문에 한국 사람에 대한 감정이 매우 우호적이라고 했다. 나는 그녀의 침실에서 '상평통보(常平通寶)'란 한문이 찍혀 있는 엽전 모양의 동판(銅版)을 이용한 우리나라 매듭이 벽면에 장식되어 있음을 보고 내심 반가웠다.

피오나 여사의 사려 깊은 배려로 영국 사람의 가정에서 꼭 제맛이 나지는 않았지만 한국 잡채와 담백한 맛의 닭찜을 먹으면서 참으로 감격했다. 여러 나라 사람들이 마치 한 가족처럼 모여 생일을 축하하고, 한국 음식을 먹으며 우리가 함께 경험했던 인도 판츠가니의 엠아르에이 아시아센터와 스위스 코 엠아르에이 본부에서의 기억을 화제로 삼으며 즐거운 시간을 보냈다.

나는 그 밤에도 영국에서의 나의 여행을 미리 준비해 준 스위스의 엠아르에이 멤버인 실비아 여사를 기억하며 잠을 청했다.

워디 박사와 옥스퍼드

런던에서의 첫 아침이 밝았다. 창문을 열어 보니 잿빛 하늘이 낮아 보이고 바람이 제법 쌀쌀했다. 8월 24일인데도 우리들의 여름 옷차림이 을씨년스럽고 계절에 맞지 않아 보였다.

전날 밤에 알려 준 아침 식사 시간이 되어 식당으로 가 보니 메이스 여사를 제외한 어젯밤의 네 나라 사람들이 한 집 안에서 모두 자고 아침 식탁에 모여들었다. 삼층 구조로 되어 있는 그 집에서는 열다섯 명 정도의 숙식이 가능하다고 했다.

보리빵과 밀가루빵, 계란, 우유, 커피 그리고 여러 종류의 곡류를 볶아서 분말로 만들어 놓은 것과 큰 대추 모양의 검붉은 과일을 설탕물에 재어 놓은 것들이 아침 메뉴였다. 피오나 여사는 나에게 좀 거무스름한 보리빵을 권하며 이것이 건강에는 더 좋다고 했다.

약속한 대로 아홉시가 되자 메이스 여사가 왔다. 옥스퍼드에 사는 채리스 워디(Charis Waddy) 박사가 우리를 초청하여, 그곳까지 우리들을 안내하기 위해서였다. 가는 곳마다 베풀어 주는 엠아르에이 가족들의 환대와 친절이 참으로 송구스러웠지만 그러한 도움은 우리에게 너무도 절실한 것들이었다.

피오나 여사는 메이스 여사를 따라 문밖으로 나서려는 우리를 잠시 기다리라고 했다. 그리고 안으로 급히 들어가더니 두툼한 겨울 외투 두 개를 들고 나와서 신현대 교도와 나에게 입으라고 했다. 한여름에 겨울 외투를 입는다는 것이 격에 맞지 않았지만 시키는 대로 받아 입었다. 막상 밖에 나서 보니 초겨울 날씨처럼 쌀쌀했다.

우리는 메이스 여사가 직접 운전하는 차를 타고 런던으로부터 북서쪽으로 약 구십 킬로미터 떨어진 옥스퍼드를 향해 떠났다. 아침부터 오기 시작한 비는 쉼 없이 내리고 있었다. 달리는 차가 런던 시가지를 벗어나자 영국의 시골 풍경이 전개되었다. 창가에 스치는 산과 들을 보면서 마치 우리나라의 평화스러운 시골길을 달리고 있는 듯한 착각이 들었다. 사람은 자연

속에 있을 때처럼 편안하고 너그러워지는 때가 없음을 다시 느꼈다. 비에 젖은 산과 들은 더욱 싱그럽기만 했다.

메이스 여사는 빗길을 묵묵히 한 시간 삼십 분을 달려, 옥스퍼드 워디 박사 집 앞에 이르러 차를 세웠다. 눈앞에 들어오는 야트막한 이층 양옥집은 오랜 세월을 말해 주었고, 손질하지 않은 정원수에서는 낙엽이 비바람에 떨어져 골목길까지 널려 있었다.

메이스 여사가 앞서고 우리는 그 뒤를 따라 들어갔다. 워디 박사는 할머니의 인자한 미소로 우리를 반겨 맞아 벽난로가 붙은 조그마한 응접실로 안내했다. 그리고 미리 준비해 놓은 비스킷과 따끈한 홍차를 권했다. 그분은 내가 스위스 코에서 선물한 태극선(太極扇)을 들고 가볍게 흔들어 보이며 부채가 아주 곱다고 칭찬을 하면서 빨강, 파랑, 노랑 세 가지의 색이 무엇을 상징하느냐고 물었다. 나는 파랑과 빨강은 음양을 상징하고 노랑은 사람을 의미한다고 말했다.

워디 박사는 옥스퍼드대학교 도서관에서 우리나라 민속과 전통 문화가 사진과 함께 소개된 책을 빌려다 공부하고 있었다. 그분은 옥스퍼드대학교에서 최연소로 아랍어 박사 학위를 취득했고 『모슬렘 역사 속의 여성』 『모슬렘 사람의 마음』 등을 저술했으며 이십오 년 전부터 엠아르에이 운동을 하고 있었다.

실비아 여사의 소개로 스위스에서 그분과 첫인사를 했을 때, "나는 나이 팔십이 다 되어 갑니다. 나의 경험으로는 인생이란 살아 갈수록 자기를 더 발전시킬 수 있다고 믿습니다. 좀 어려운 일이긴 하지만…" 하고 말하더니 "나는 아직도 여러 사람에게서 많은 것을 듣고 배우고 있습니다"라고 덧붙였다. 그분의 원숙한 인격은 말을 하지 않고 있어도 감동을 주는 것 같았다.

그분은 스위스 코의 마운틴 하우스에서 쉬는 시간에는 홀 한편에 조용히 앉아 있다가 내가 합장하며 인사를 드리면 항상 일어나서 답례하는 예절을 보여 주는 것이 인상적이었다. 워디 박사는 내가 영국을 방문하면 자신의 모교 옥스퍼드대학교를 안내해 주겠다고 말했었다. 역시 런던에 도착해 보

옥스퍼드에 위치한 워디 박사의 집에서. 워디 박사는 내가 스위스 코에서 선물한
태극선(太極扇)을 들어 보이며 빨간색, 파란색, 노란색이 무엇을 의미하냐고 물었다.
앞쪽 맨 왼쪽부터 워디 박사, 크리스틴 박사, 뒷줄 오른쪽 재닛 메이스 여사.

니 그분의 초대가 런던의 첫 스케줄로 되어 있었다.

워디 박사 댁에는 크리스틴 모리슨(Christine Morrison)이라고 불리는 팔십사 세의 또 한 분의 할머니가 계셨다. 그분도 옥스퍼드대학교에서 영문학을 전공하고 오랫동안 교육계에서 일하셨던 분이라고 소개했다. 고령인데도 음성이 쩌렁쩌렁 울리고 매사를 가르치고 지시하는 습관을 아직도 가지고 계셨다. 신현대 교도가 가족사진을 보여 드리자 몇 년도에 어디서 찍었느냐고 묻더니 사진 뒤에다 기록하라고 일러 주었다.

그 방 안에 함께 있는 사람들은 워디 박사와 크리스틴 모리슨 할머니 그리고 재닛 메이스 여사까지 모두 미혼 독신녀들이었다. 자기 인생을 구애 없이 소신껏 살아온 사람들처럼 보였다.

워디 박사는 모리슨 여사와 단둘이 한집에 살면서 팔십 세가 다 된 고령인데도 오 분 거리에 있는 옥스퍼드대학교 도서관에서 책을 빌려다 공부하는 학도의 생활을 하고 있었다. 두 분은 각각 자신의 서재를 갖고 있었다. 그 방 안에 있는 빛바랜 고서(古書)와 소박한 모습의 모든 것들은 그분들과 긴 인생을 함께 살아온 물건들임을 알 수 있었다.

워디 박사는 방명록을 내놓으면서 서명하라고 했다. 손때가 묻고 누렇게 바랜 방명록의 첫 장을 열어 보니 1937년에서부터 쓰기 시작한 것이었다. 그분 댁을 방문한 손님들이 오십 년 동안 기록하고 있는 장부였다. 참으로 영광스러운 마음으로 나도 서명했다.

워디 박사는 옥스퍼드대학교를 안내하겠다며 행장을 차리고 나섰다. 처음 간 곳이 '레이디 마가렛홀'로 여자대학이었다. 대학에 들어서자 수위한테 "한국에서 친구가 와서 구경시키려고…" 하며 미소 짓는 얼굴로 늘상 만나는 사람에게 하듯 말했다.

대학 교실 마룻바닥에는 나무로 된 책걸상이 긴 역사를 간직한 채 놓여 있었다. 그리고 복도 벽면에는 수많은 대리석 기념판들이 박혀 있었다. 거기에는 그 학교에 봉직했던 교수들의 이름과 봉직 연대, 그리고 전공과목이 적혀져 있었다. 발걸음을 옮겨 학교 교회와 자신이 박사 학위를 수여받았던 크지 않은 강당도 소개해 주었다. 노구를 이끌고 이곳저곳을 소개할 때의 그분 표정은 생동감 넘치는 소녀처럼 보였다.

십이세기에 창건되어 영국에서 가장 오래되고 많은 석학을 배출한 옥스퍼드대학교는 여섯 개의 여학교를 포함, 서른한 개의 단과대학을 가진 종합대학교로, 캠퍼스의 방대함은 나로서는 일찍이 상상해 본 일이 없을 정도였다. 옥스퍼드는 교육 도시로 그 안에 있는 모든 것들도 대학을 위해 존재한다고 했다.

마침 점심 시간이 되어 대학가에 있는 한 식당으로 우리를 안내했다. 삶은 감자, 밀가루 부침, 양파, 양상추, 된장 같은 카레가 나오는 '베지테리언 칠리'라는 멕시코 음식이었다. 정중하게 대접해 주는 음식이지만 맛을 잘 모르겠고 구미에도 맞지 않았다.

식사 후 워디 박사는 우리를 서점으로 안내했다. 메이스 여사는 차를 주차시켜 놓고 오겠다고 했다. 대학가에 있는 그 서점은 규모가 대단했다. 보아도 뭐가 뭔지 모르는 서가를 휙 한번 둘러보고는 메이스 여사가 왔나 찾아보았다. 그러나 그녀는 아직 눈에 띄지 않았다. 문 앞에서 그녀를 기다리고 있는데 워디 박사가 저편에는 동양에 관한 흥미있는 저서가 많다고 가보자고 했다. 말씀 대접으로 따라갔지만 영어 실력이 전혀 없는 나에게는 무의미한 일이었다. 나는 다시 문 앞으로 가서 메이스 여사를 기다렸다. 올 시간이 훨씬 넘었는데도 돌아오지 않았다. 나는 지루함과 조금 불안한 생각이 뒤범벅이 되어 문 앞만 바라보고 있었다. 워디 박사는 난처한 듯 흥미가 있을 것 같은 이 책 저 책을 뽑다 나에게 보여 주었다. 나는 앞으로의 여행지인 이탈리아에 관한 책에서 사진만 구경했다.

오랜 시간 계속된 여행으로 긴장과 피로가 쌓인 데다, 여름날 갑자기 바뀐 기온 때문에 입고 있는 겨울 코트는 짓눌린 듯 무겁고 정말 견디기가 어려웠다. 워디 박사는 서점에서 책을 구경하는 일에 흥미를 보이지 않는 내 눈치만 살피면서 메이스 여사가 곧 돌아올 것이라고 위로하듯 말했다.

무슨 사고를 당한 건 아닌가 하고 온갖 걱정을 하고 난 후에야 메이스 여사가 나타났다. 나는 너무 반가워서 무슨 일로 이렇게 늦었느냐고 묻자 워디 박사와 약속한 시간에 돌아왔다고 대답했다. 아마 워디 박사 생각에는 내가 좀처럼 만나기 어려운 여러 책들을 접하면 매우 흥미있어 할 것이라고 생각하고 이 책 저 책 뽑아 보려면 적어도 두 시간쯤은 필요할 것이라고 예상했던 모양이었다. 그러나 빗나간 판단으로 그분도 나도 큰 곤욕을 치른 셈이었다. 만약 메이스 여사가 돌아올 시간만 확실히 말해 주었어도 나는 아마 다른 방법으로 그 시간을 선용(善用)하자고 제안했을 것이다. 그때의 내 모습은 달래어도 말을 잘 듣지 않는 고집스런 아이처럼 보였을 것이다. 그분은 그러한 나의 태도에 얼마나 당황하고 난처했을까.

메이스 여사가 돌아오자 워디 박사는 자기 집으로 가서 차를 마시며 이야기나 하자고 했다. 그러나 나는 그렇게 할 여력도 없는 것 같아서 망설이다가 결국, "미안하지만 건강 상태가 나빠서 런던으로 가야겠다"고 말했다. 워디 박사는 서먹한 표정으로 "오늘 너무 지루하게 만들어서 미안하다"고 오히려 사과했으나 나도 고령의 워디 박사의 그 정중하고 친절한 호의를 예의 바르게 받아들이지 못한 유감이 평생의 빚으로 남아 있다.

런던 산책

런던의 둘째 날 엠아르에이 하우스에서의 아침 식탁에는 데이비드 씨 노부부가 새 식구로 참석했다. 데이비드 씨는 매우 유쾌한 성격을 가졌고 부인은 매우 온화한 분이었다. 식탁에서 첫인사를 나누었지만 내 곁에 자리한 노신사 데이비드 씨는 내가 자리에 앉을 때는 의자를 고쳐 넣어 주고 음식을 가지러 갈 때도 "숙녀가 먼저"라고 하며 내 뒤에 서서 각별한 신사의 도를 지켰다. 그분의 그러한 모습은 일상의 예절이 아니라 나를 즐겁게 해 주기 위해서 그러는 것 같았다. 그분은 나의 다음 여행지인 네덜란드행을 위한 차편과 배편에 대해서도 친절하게 조언해 주었고, 관광 회사의 안내를 받아 런던을 구경하겠다는 우리의 계획에도 도움을 주었다.

아침 일찍 엠아르에이 하우스에서 나온 우리는 관광 회사에 가서 먼저 하루 종일 런던 시내를 관광하는 표를 샀다. 아직 시간이 많이 남았기에 다음 행선지인 네덜란드행 국제 여객선 업무를 취급하는 곳으로 갔다. 우리 자신이 스스로 교통편을 해결하는 일이 처음이라 좀 어리둥절해하고 있었다. 그때 동양인으로 보이는 젊은이가 우리 곁으로 다가오더니 우리말로 인사를 청했다. 유럽에서 처음 만난 우리나라 동포였다.

그는 좀 서툴러 보이는 우리들에게 좀 더 빠른 자신의 순서를 양보하면서 네덜란드에 가기 위해 준비하는 기차표와 배표를 마련하는 데 도움을 주었다. 먼 나라에서 내 민족으로부터 받은 친절과 도움이 정겹고 고마웠다. 이제 또 다른 나라로 떠날 준비를 마치고 나니 마음이 홀가분했다.

시내 관광버스 출발 시간이 다 되어 대기하고 있는 차에 올랐다. 스위스나 프랑스에서 항상 엠아르에이 가족들의 도움을 받다가 처음으로 현대와 단 둘이서 단체 관광에 합류하게 되니 조금은 긴장되고 마치 보호권 밖에 내놓여진 것처럼 조심스럽게 여겨졌다.

시내 관광을 위해 맨 먼저 내린 곳은 버킹엄 궁의 근위병 교대식이 열리는 곳이었다. 버킹엄 궁은 빅토리아 여왕 때부터 역대 왕들이 상주하는 궁전이라지만 궁전 안은 물론 볼 수가 없었다.

화려한 제복을 입고 부동자세로 보초를 서고 있는 근위병들은 꼭 숨 쉬는 마네킹처럼 보였다. 그들은 하얀색 바지에 무릎 밑까지 올라오는 검정색 장화를 신고 가슴 부위에 번쩍거리는 장식을 단 빨간 상의를 입고 있었다. 그리고 머리에는 하얀 고깔모자를 쓰고 있었다. 교대 시간이 되자 붉은 상의에 흰 모자의 기마대와 검은 상의에 빨간 모자의 기마대가 살찐 말을 타고 서로가 구령에 맞추어 절도있게 교대를 했다. 돌을 깐 연병장에 위용 당당한 근위병들이 요란스런 말발굽 소리를 내며 근무 교대하는 모습은 영국 왕실의 권위를 상징하고 있는 듯했다.

관광버스가 시내 중심가를 누비는 동안 런던의 겉모습을 구경했다. 예술의 도시처럼 느껴지던 파리에 비해 런던은 좀 개성이 없는 듯했다. 거기다 석탄을 연료로 사용했던 시절 런던의 명물인 안개와 매연이 뒤섞여 건물에

엉킨 탓인지 모든 건물은 검게 그을려서 매우 우중충해 보였다.

건물의 검은 때를 말끔히 벗겨낸 듯이 보이는 고딕 건축의 영국 국회의 사당이 템스 강을 배경으로 런던의 명물답게 장중한 모습으로 우뚝 서 있었다. 그러나 그 맞은편에 위치한 웨스트민스터 성당은 한편에서는 건물 세탁을 하고 있었지만 아직 손대지 않은 부분은 너무도 검게 그을려 외관상으로는 어떤 화재라도 겪었던 건물처럼 보였다.

이 성당은 영국 국교의 총본산으로, 십일세기 이래 영국 왕들의 대관식과 장례식을 비롯해 큰 역사적 행사는 거의 이곳에서 이루어지고 있다고 한다. 성당은 왕과 왕족 그리고 이 나라의 위인이나 명사들의 묘지이기도 했다. 그러나 웨스트민스터 성당에서는 순수한 종교의 신성함을 느끼기 이전에 역사적인 사자(死者)와 더불어 사는 공간의 의미가 더 강렬했다. 마치 무덤의 계곡처럼 복잡한 성당의 구조를 따라 이리저리 다녀 봐도 온통 무덤뿐이었다. 대부분 석판 위에는 누워 있는 왕의 모습을 조각해 놓았고 벽면에는 역사적인 인물들의 흉상이 이층, 삼층으로 즐비해서 이 성당은 무덤의 집처럼 느껴졌다.

그곳을 떠나 찰스(Charles) 황태자와 다이애나(Diana) 태자비가 화촉을 밝혔던 세인트 폴 성당을 돌아보고 마지막으로 런던탑으로 향했다. 런던에 있는 동안 맑은 날씨, 화창한 햇살을 구경할 수 없는 데다 런던탑에 도착했을 때는 오후 늦은 시간이어서인지 그곳 분위기가 매우 스산했다.

런던탑은 1078년 윌리엄 1세가 런던을 방어할 목적으로 세운 성으로서 궁전으로도 사용되었다고 한다. 그러나 그 옛날 부귀를 함께 누린 왕족이 살던 궁전치고는 화려한 구석은 찾아볼 수가 없었다. 오히려 구백여 년 긴 세월 동안 풍우를 견디어 온 성곽의 모습이 늙고 낡아 보이기만 했다. 요새를 목적으로 한 성이나 궁전으로서보다 중세 이래로 정치범들을 유폐하고 처형하였던 역사적 의미가 더 강하게 느껴졌다. 단조로운 구조에 주로 검정색과 흰색의 이 건물은 음산한 분위기마저 감돌고 있는 듯했다. 그러나 런던탑 보물관에는 십칠세기 이래 여러 왕이 사용했던 보석이 박힌 찬란한 왕관과 궁중에서 쓰던 진귀한 물건들이 전시되고 있어서 영국 왕실의 화려한 궁중 생활의 일면을 엿볼 수 있었다. 또한 중세풍의 제복을 입고 있는 위병들의 모습이 인상적이었다.

이집트의 미라

나는 어느 나라를 가든지 그 나라 박물관을 찾는다. 그곳에서 그 나라의 문화와 풍습을 엿볼 수 있는 가장 많은 것을 한꺼번에 만날 수 있기 때문이다. 인도에서도 국립박물관을 찾아갔다가 그날이 마침 정기 휴관이어서 들어가지 못했던 일은 지금까지도 아쉽게 여겨진다.

영국 여행에 대한 큰 기대 중 하나는 대영박물관을 관람하는 일이었다. 세계의 현존하는 박물관 중 가장 오래된 대영박물관에서는 세계의 모든 것을 한 곳에서, 시간적으로는 고금(古今)을 한눈에 꿰뚫어 볼 수 있으리라는 기대가 컸기 때문이다. 개관 시간에 맞추어 일찍 들어가서 개괄적인 것을 파악하기 위해 모든 전시실을 한 바퀴 둘러본 다음 점심식사 후에는 오리엔트 문명의 이집트 전시실에서 많은 시간을 보냈다. 그곳에 있는 많은 유물들을 보면서 사오천 년 전의 이집트인들이 오늘날의 우리가 도달할 수 없는 많은 문화유산을 남겼음에 경탄을 금할 수 없었다.

나는 책 속에서 토막 지식으로 알고 있던 미라의 실체를 그 전시실에서 보았다. 적어도 몇천 년 전에 죽은 이집트 사람의 시신이 사람 모습 그대로 깡말라 붙은 채 삭은 듯한 모습으로 놓여 있었다. 고대 이집트 사람들은 왕이나 귀족이 죽으면 죽은 사람의 내장을 꺼내서 향유와 함께 항아리에 보존하고 시신은 썩지 않도록 방부제로 약물 처리하여 붕대로 조심스럽게 싸서 미라로 만들었다고 한다. 그 당시의 우수한 방부 처리 기술과 그 지역의 건조한 사막 기후가 부패를 막아 주었을 것이다. 이처럼 고대 이집트 사람들이 미라를 만들고 왕릉으로 거대한 피라미드를 조성했던 것이 그들의 사생관(死生觀)에 연유하고 있다는 것에 매우 흥미로움을 느꼈다. 그들은 자신들이 섬기는 파라오가 죽은 후에 나일 강의 신인 오시리스와 결합되고 저승

영국 최대의 국립박물관인
대영박물관에서. 이곳에서는
고금(古今)을 아우른 세계의 모든
것을 한눈에 볼 수 있었다.(위)

대영박물관 이집트 전시실의
미라들을 살펴보며. 몇천 년
전에 죽은 이집트 사람의 시신이
깡말라 붙은 채 삭은 듯한
모습이었다.(아래)

에서 신으로 부활하여 나일 강의 범람을 조절한다고 믿었다. 그 위력을 빌려 농사를 잘 지을 수 있고 곡식은 결실을 맺게 된다고 굳게 믿었다.

미라를 보면서 더욱 놀라운 것은 미라가 담겼던 관의 내부와 외부에 그려진 회화가 너무나도 훌륭한 예술품처럼 보였기 때문이다. 여러 신을 섬겼던 그들은 왕의 사후에 동행해야 하는 갖가지 신들을 관에다 그렸다. 매의 모습을 한 호루스 신, 개의 모양을 한 아누비스 신, 따오기 형상을 한 토트 신 등 이와 같이 의인화된 신의 모습은 사람의 몸에 짐승의 머리를 하고 있었다. 그 신들은 한결같이 파라오를 시중들고 섬기는 모습으로 그려져 있었다. 그 회화의 기법은 매우 섬세했고 몇천 년의 세월이 흘렀는데도 색채가 너무도 곱고 선명하여 마치 방금 그려진 그림처럼 생동감이 넘쳐 보였다. 관의 뚜껑에는 사람의 앞모습을 마주 보는 느낌이 들도록 화려한 왕족의 의상을 입은 인물의 얼굴과 머리, 손이 호사스럽게 그려져서 마치 대형 초상화를 보는 듯했다.

도대체 고대 이집트인들은 죽은 자의 시신을 미라로 만들고 관을 그처럼 훌륭하게 만들기 위해 얼마나 많은 노력과 시간을 소모하였을까. 살아 있는 동안 사후의 생에 대한 준비만을 위하여 살다 간 인생처럼 느껴졌다. 죽은 사람을 위해 뒤치다꺼리를 한 그 모든 것들을 보고 있노라면 이집트인들의 피안 신앙에 대한 믿음의 위력이 얼마나 대단한 것인가를 생각해 보게 된다.

오늘날의 기계문명으로도 이룩하기 힘든 피라미드를 만들어 부활하여 그곳에서 영원히 살기 위해 파라오들은 선량한 백성들을 얼마나 가혹하게 사역했으며 죽음에 이르는 희생을 강요했을까…. 나는 종종 인류가 이룩한 위대한 문화유산 앞에서 그 시대에 군림했던 절대 군주들의 두렵도록 엄청난 과오를 발견한다.

그곳에 전시된 또 다른 이집트의 대형 벽화에는 인간이 연장을 들고 농사 짓는 모습이 그려져 있기도 했다. 씨 뿌리고 가꾸고 추수하며 사는 오늘날의 우리 모습을 그 옛날 이집트인에게서 발견할 수 있다는 사실이 신기하게

만 느껴졌다.

그림 중에 흥미있는 것은 오시리스 신이 인간들의 고백을 들은 뒤 그 진실과 거짓을 가려내기 위하여 죽은 자의 심장을 정의의 저울에 달아 판정하는 모습이었다. 그 그림에는 여러 신들이 함께 저울 눈금을 지켜보는 모습과 그 사실을 기록한 상형문자도 있었다. 그 그림을 보면서 인간의 죄를 예방하고 선을 권장하는 그 시대의 법전을 보는 듯한 감동을 받았다.

나는 이집트 전시실을 나오면서 오늘날 첨단 과학시대에 살고 있는 우리가 사오천 년 전의 고대 이집트 사람들보다 과연 더 유능한가 하는 의문이 들었다.

'낮은 땅'에서

네덜란드 1987

암스테르담의 별난 멋쟁이

피오나 여사는 우리를 위한 마지막 저녁 식탁에 온갖 정성을 쏟아 첫날 대접하였던 잡채를 다시 만들고, 후식으로는 산딸기를 곁들인 파이까지 차렸다. 그녀가 침실을 비워 준 친절을 오래 감내하기 어려워서 나는 런던을 서둘러 떠나고 있었다. 삼박 사일 동안 영국의 가정에서 영국의 모든 것을 느끼며 세계 여러 나라 사람들과 한 가족처럼 지내던 엠아르에이 하우스를 떠나오면서 다시 꼭 만날 사람들처럼 인사를 하고 헤어졌다.

스위스 코에서 식사 초대를 해 주었던 오스트레일리아 바바라 여사가 운전을 하여 빅토리아 역까지 전송해 주었다. 머리 기름을 바르고 참빗질을 하여, 항상 가지런한 내 머리 모습이 조금은 신기했던지 바바라 여사는 차를 몰면서 "당신의 머리카락은 움직이지 못하고 항상 얌전해야 하니 스트레스를 받을 것 같아요"라고 말하며 나를 다시 한번 쳐다보았다.

바바라 여사를 마지막으로 그렇게도 고마웠던 엠아르에이 가족 모두와 작별을 했다. 이제부터는 누구의 도움도 없이 현대와 나, 단둘이서 남은 여정을 꾸려 가야 했다.

런던에서 있었던 일들을 떠올리며 두 시간가량 기차를 탄 후 아홉시 오십분 출발의 밤배를 타고 네덜란드의 수도 암스테르담을 향해 떠났다. 우리가 탄 국제 여객선은 그 규모가 하도 커서 아파트 한 동의 공간처럼 느껴졌다. 여러 층으로 된 그 배 안을 둘러보니 어느 곳에는 승객과 동행하는 승용차만 가득히 실려 있었다. 그리고 우리가 자리한 선실도 마치 넓은 강당처럼 느껴졌다.

아침 일곱시 배에서 내린 우리가 다시 기차로 바꾸어 타고 암스테르담에 도착하여 호텔에 자리를 정했을 때는 열한시가 넘었다. 열다섯 시간이 걸려 새 여행지에 여장을 풀게 된 셈이다. 우리가 투숙한 호텔은 런던 D 지사에 근무하는 S 씨가 예약해 준 호텔이었다. 그만큼 값은 비쌌지만 매우 훌륭한 호텔이었다.

한국을 떠나올 때 K 군과 S 씨를 소개하면서 기회가 되면 전화라도 해 보라고 하기에 런던에 있는 동안 전화를 걸었더니, S 씨는 자신의 집으로 우리를 초대하여 오랫동안 먹지 못했던 한국 음식을 융숭하게 대접해 주고 다음 여행지에 대한 배려까지 해 주었다. 소개받아 처음 알게 된 사람에게 베풀어 준 그분의 성의가 참으로 고마웠다.

파리나 런던의 석조 건물 대신 암스테르담의 건물들은 대부분 붉은 벽돌을 사용하고 있는 것이 특색이었다. 네덜란드는 '낮은 땅'을 나타내는 국명처럼 국토의 사분의 일이 해면보다 낮다고 한다. 그래서 제방의 수위를 떨어트리기 위한 운하가 곳곳에 발달해, 암스테르담만 해도 백육십 개의 운하가 일천 개 이상의 다리와 함께 종횡으로 연결되어 있었다. 이렇듯 물의 도시인 암스테르담을 북방의 베네치아라고도 부른다. 물길을 만든 연후에 사람의 집을 짓고 사는 그네들이 지혜로워 보였다.

가장 먼저 시작한 관광은 사방이 유리로 된 유람선을 타고 물길을 따라 암스테르담 시내를 구경하는 것이었다. 유람선 밖 좌우로 보이는 건축물과 거기에 곁들여진 예술적인 조각품들은 매우 정교하고 훌륭해 보였다. 그것들은 모두가 십칠세기에 만들어진 것이라고 가이드가 설명해 주었다. 이곳저곳 운하마다 유람선이 가득 떠 있고, 세계에서 모여든 관광객이 넘쳐흐르는 것 같았다. 오늘날 암스테르담에 살고 있는 사람들은 수백 년 전 선조들의 유산을 물려받아 관광 수입으로 큰 재미를 보고 있었다.

에스파냐로부터 독립을 쟁취한 네덜란드는 십칠세기경에 경제적으로나 문화적으로 가장 번영하여 황금기를 누렸고, 그때의 옛 모습을 그대로 간직한 암스테르담은 유럽의 사대 도시로 꼽힐 만큼 아름다웠다.

기대가 컸던 국립미술관에 들어갔다. 그곳에 소장된 작품들은 네덜란드의 황금시대인 십칠세기경의 회화로, 그 수준이 세계 제일이라고 한다. 나는 그림에 대한 아무 조예를 가지지 못했지만 그곳에 있는 작품들을 보면서 많은 것을 느꼈고, 나도 모를 만족감에 도취되어 있었다. 그림 속의 인물들의 표정은 곧 변화가 일어날 것만 같았고, 사람들의 모습은 또 다른 동작으로 움직일 것 같은 생동감이 가득했다. 회화만도 오천 점 이상이 전시된 그곳 미술관에서 본, 회화의 거장 렘브란트(Rembrandt) 작품 앞에서는 좀처럼 발길이 옮겨지지 않았다.

이백오십 개의 전시실을 갖고 있는 그곳에는 그림 말고도 수많은 도자기와 그 옛날의 가구, 특히 장롱들이 많이 전시되고 있었다. 그곳에 전시된 도자기들은 대만 국립고궁박물원에서 보았던 중국 도자기와 너무나도 느낌이 흡사했으며 매우 훌륭해 보였다. 나무로 만들어진 예스러운 장롱들은 마치 우리나라의 옛 가구를 보는 것 같았다. 아마도 우리나라와 네덜란드가 문화적으로 어떤 교류가 있었을 것만 같은 인상을 강하게 받았다.

하얀색의 기념탑이 우뚝 솟아 있는 담(Dam) 광장은 나무 한 그루 없는 삭막한 공간이었다. 그러나 그곳은 이 나라의 중요한 국가 행사가 치러지는 곳이고 시민의 휴식 공간으로서 암스테르담의 심장부라고 했다. 광장에는 비둘기들이 사람들이 던져 주는 모이를 주워 먹느라 이리저리 날았고, 군데군데 사람들이 무리 지어 둘러앉아 있기도 했고, 젊은이들은 기타를 치며 노래를 부르기도 했다. 담 광장은 모든 관광의 시발점이어서 세계의 여행자들로 붐비기도 했다.

암스테르담의 많은 것을 담 광장에서 보고 느낄 수 있었다. 그 주변은 참으로 희한한 사람들로 북적거렸다. 길거리를 걷고 있는 남자들도 선량한 시민으로 믿어지지 않았다. 어쩌면 곧 행패를 부릴지도 모른다는 경계심이 생겼다. 그래서 우리는 둘이 바싹 붙어 걸으며 우리의 안전을 위해 긴장해 있었다.

담 광장 주변 거리를 오가는 젊은 사람들은 옷차림에서부터 행동거지가 모두 별나 보였다. 그들은 건전한 생활을 하는 정상인들 같지가 않았다. 나는 서양의 병든 부분을 관찰하고 있는 것만 같았다. 여자들의 옷차림, 머리모양, 얼굴의 화장, 신발 등 모두가 제멋대로였다. 여름인데도 부츠를 무릎까지 신은 사람, 긴 치마를 치렁치렁 차면서 걷는 사람, 꼭 달라붙은 바지 차림이 좀 불편해 보이는 사람, 미니스커트 입은 모양이 조심스러워 보이는 사람, 내 눈에는 멋져 보이지 않았지만 그들 스스로는 모두 개성있는 멋을 잔뜩 부린 별난 멋쟁이들이 활보하고 있었다. 나는 그들의 눈빛과 표정을 살피면서 저 사람들은 도대체 무슨 생각을 하며, 생활인으로서 하고 있는 일들은 무엇일까 자못 궁금했다.

행복이 새어 나오는 창가

낙농국인 네덜란드의 치즈 공장, 그리고 전형적인 작은 항구가 있는 어촌 폴렌담(Volendam)과 마르켄(Marken)을 구경하기 위해 관광버스로 시골길을 달리고 있었다. 차창 밖으로 펼쳐지는 끝없이 푸른 초원과 그 위를 한가롭게 거닐면서 풀을 뜯는 젖소들의 모습은 너무나도 아름다운 한 폭의 풍경화였다.

암스테르담에는 치즈 상점이 많아 도시의 골목마다 좀 퀴퀴하게 느껴지는 독특한 치즈 냄새가 흥건하게 고여 있었다. 유럽 사람들은 식탁에서 여러 종류의 치즈를 귀한 음식처럼 권했다. 그러나 나는 치즈를 즐기지도 않았고 더 좋은 치즈 맛을 식별하는 미각도 발달되어 있지 않았다. 치즈에 대해서는 아무 관심도 없었지만, 치즈를 얻기 위해 가꾸어진 초원에서 흰 소, 검은 소, 얼룩소 들이 목초를 뜯고 있는 것을 바라보며 한없이 평화롭고 한가로운 정취를 맛볼 수 있는 것은 네덜란드 땅에 나그네가 된 기쁨이었다.

버스에서 내린 나는 녹색 융단처럼 보이는 목초 위에 앉아 보았다. 마치 비단 방석처럼 부드럽고 폭신했다. 일찍이 풀에서 느껴 보지 못한 감촉의 목초는 무공해 식물처럼 보였다. 그렇게 좋은 목초를 먹고 자란 젖소들은 풍부한 양질의 우유를 인간에게 되돌려 줄 것 같았다.

네딜란드의 작은 어촌 마을 폴렌담에서. 땅의 일부가 해수면보다 낮은 네딜란드에서는
석조 건물은 보이지 않았고 대부분 빨간 벽돌집을 짓고 살고 있었다.

우리는 안내인을 따라 치즈 농장에 들어갔다. 그곳은 치즈를 만들고 있는 공장이었다. 앞가슴에 예쁜 수가 놓인 전통 의상을 입은 아가씨가 긴 앞치마를 두르고 우유를 발효시켜 치즈를 만드는 과정을 설명했다. 그곳에는 한 사람의 힘으로는 들어 올릴 수도 없을 것 같은 대형 치즈가 생산되고 있었다. 그러나 관광객을 위해 여러 종류의 치즈를 작게 만들어서 고운 색종이로 포장하여 팔고 있었다. 나는 짐의 무게가 늘어나는 것이 걱정이 되었지만 세계적으로 유명한 그 농장의 치즈를 몇 개 사 가지고 치즈 농장을 나왔다.

어선들이 포구에 정박하고 있는 폴렌담은 깨끗하고 아담한 어촌이었다. 바다보다 낮은 이 지역은 십오세기경부터 간척 사업으로 일군 땅에 옹기종기 작고 예쁜 집들을 짓고 살고 있었다. 망망대해로 펼쳐진 넓은 바다 위에 하얀 돛단배가 떠 있는 모습은 어촌의 풍경을 더욱 아름답게 했다. 폴렌담은 시골이지만 세계의 관광객이 찾는 명소여서 그곳 상점들은 어느 도시 못지않게 훌륭했다. 값비싸지 않은 토산품에다 네덜란드를 상징하는 풍차, 나막신, 튤립 등을 예쁘게 도안한 상품들은 관광객의 마음을 사로잡아 가게마다 붐비고 있었다.

마르켄은 네덜란드의 옛 풍속을 그대로 지키며 그들 고유 의상을 입고 살아가는 민속촌 같았다. 여자들은 긴 통치마를 입고 블라우스 위에 수놓은 조끼처럼 생긴 옷들을 입고 있었고, 남자들은 통이 넓은 반바지를 무릎에 닿도록 입고 긴 양말을 무릎까지 올라오게 신고 다녔다.

바닷가에는 독특한 건축 양식의 집들이 오순도순 정겹게 붙어 있었다. 나무로 된 외벽에는 청록색 바탕에 하얀 선을 일정한 간격으로 두르고 급경사진 지붕의 중간 부분을 두어 군데 뚫어 창문을 내고 사는 모습이 비둘기 집처럼 예뻐 보였다. 집집마다 하얀 레이스 커튼으로 창가를 단장하고 그 아래에는 장식품 같은 화분에 윤기 흐르는 녹색 식물을 기르고 있었다. 그 하얀 레이스 커튼 창문 밖으로 평범한 사람의 행복과 기쁨이 새어 나오고 있는 것처럼 느껴졌다.

유럽에서 만난 원불교

독일·오스트리아 1987

동트는 원불교의 유럽 교화

8월 30일 오전 열시 오십육분, 암스테르담 중앙역에서 기차를 타고 서독 프랑크푸르트를 향해 출발했다. 유럽 국제 열차 여행을 하면 국경선을 언제 넘었는지 알 수 없지만 어느덧 차창 밖을 스치는 풍물이 달라졌다.

끝없이 넓은 초원에서 목초를 뜯는 낙농국 네덜란드 젖소들의 모습이 어느새 눈앞에서 사라졌다. 국제 열차는 독일의 라인 강물을 따라 웅숭깊은 산중을 달리고 있었다. 눈앞을 스치는 주택들은 하얀 레이스 커튼으로 장식한 작은 집들이 아니었다. 마치 어느 공장 지대를 보는 것 같이 커다란 집들이 스쳐 지나갔고, 어떤 건물은 건물의 일부가 볼썽사납게 떨어져 나간 채 그 상흔을 감추지 못하고 있었다. 철길 주변으로부터 스쳐 지나가는 독일의 첫인상은 그러했다. 제이차세계대전에서 패전한 독일의 치유되지 않은 어느 단면을 보는 것 같았다.

한참을 가다가 우리 맞은편에 자리한 독일 사람이 강 건너 산 중턱의 바위가 있는 언덕을 가리키며, "저곳이 로렐라이"라고 친절하게 일러주었다. 노래 속에서 환상적이고 아름답게 상상되었던 그 로렐라이 언덕은 아무 특징 없는 너무도 평범한 강가의 언덕이었다. 산 중턱에는 군데군데 옛날 성주(城主)들이 살았던 성이 수도원처럼 서 있었다. 차창 밖으로 보이는 크고 작은 마을마다 첨탑이 높은 교회가 자리하고 있는 것이 인상적이었다.

오후 네시 삼십분에 프랑크푸르트에 도착하여 원불교 프랑크푸르트교당에 전화를 걸었다. 마침 최 교무님이 직접 전화를 받아 내 음성을 확인하는 순간 너무 반가워했다. 스위스에서 전화를 건 이후 줄곧 기다렸다며 기차역에서 잠시만 기다리면 곧 데리러 나오겠다고 했다. 잠시 후 최성덕(崔性德) 교무님과 쾰른에서 의학 공부를 하고 있는 한덕천(韓德天) 교무님이 기차역으로 나와 우리는 서로 만남의 감격을 나누었다.

원불교 프랑크푸르트교당까지 가는 차 안에서 유럽에서 개척 교화를 시작한 지 육 개월 남짓 된 프랑크푸르트교당 소식을 들었다. 유럽에서 원불교 개척 교화의 터전을 서독으로 정하게 된 것은 한때 우리나라의 국가 시책으로 서독에 광부와 간호원을 파견하게 되었는데, 그때 일자리를 따라 서독으로 오게 된 한인 교포들이 있기 때문이라고 했다. 교포들의 교화부터 시작하여 본토 교화에 뿌리를 내릴 장래 계획을 들려주었다. 현재는 한국에서 교도였던 소수의 사람들이 중심이 되어 교포 교화에 힘쓰는 중이라고 했다.

프랑크푸르트교당은 좁은 공간을 법당으로 꾸미고 그곳에 법신불(法身佛) 일원상(一圓相)을 봉안하고 있었다. 유럽에서 법신불 일원상을 우러러 뵙는 감회는 참으로 형언하기 어려운 감격이었다. 나는 경건한 마음으로 합장하고 프랑크푸르트교당으로부터 유럽 교화가 동이 터서 유럽의 온 누리에 일원(一圓)의 광명이 두루 비쳐 유럽 사람들로 하여금 일원의 위력을 힘입을 수 있도록 간절히 기도했다.

그날이 마침 법회 날이어서 법회를 마치고 교당에 남아 있는 몇 분 교도님들과 인사를 나누었다. 그곳에서 만난 원불교 교도님들이 너무도 반갑고 소중하게 느껴졌다. 그들은 마치 해외 교화를 개척하기 위하여 파견된 밀사(密使)들처럼 보였다.

그들 중에는 D 회사의 해외 파견 근무 차 독일에 나와 있는 정태현 교도 내외도 있었다. 정태현 교도는 학생 시절부터 원불교의 신앙심이 깊은 젊은 일꾼이었다. 그리고 한국에서부터 알고 지내던 김성국 박사 내외도 뜻밖에 그곳에서 만났다. 김성국 박사는 서울 원남교당의 알뜰한 교도이고 이화여자대학교의 물리학 교수였다. 김 박사는 알렉산더 훔볼트(Alexander Humboldt) 재단 초청으로 일 년간 이론 물리학을 연구하기 위하여 프랑크푸르트로 오게 되어 개척 교화에 일손을 맞잡고 있었다.

원불교 교당에는 내가 여장을 풀 만한 처소도 없어 보였다. 그런 형편을 미리 헤아린 김 박사 내외가 자신들 집에서 함께 지내자고 친절하게 권유해서 나와 신현대 교도는 그 댁으로 갔다. 프랑크푸르트교당이 경제적으로 어려움을 겪고 있는 형편을 살핀 나는 호텔비를 아껴야겠다고 속으로 생각했다. 그래서 김성국 박사의 친절을 사양하지 않았다. 특히 김 박사 부인은 내가 그 댁에서 머무는 기연으로 더욱 가까운 인연이 될 것 같다고 좋아했다. 나는 여행 중에 뜻밖의 폐를 끼치면서도 그러한 환대 때문에 마음이 편했다.

다음 날은 우리에게 하이델베르크를 구경시켜 주기 위해서 귀한 시간을 내어 김 박사가 손수 운전하고 최 교무님이 동행하여 관광의 기회도 마련해 주었다.

상업과 금융의 도시인 프랑크푸르트는 고층 빌딩이 많아 유럽의 독특한 분위기를 따로 느낄 수는 없었다. 시내를 벗어나자 시원스럽게 뚫린 고속도로에는 모든 차량들이 질주하듯 달리고 있었다. 도로망이 잘 정비되어 있는 그곳 고속도로는 속도 제한이 없어서 평균 이백에서 이백오십 킬로미터로 달리기 때문에 만약 교통사고가 발생하면 희생이 크다고 했다. 그러나 그러한 교통사고는 흔하지 않다고 했다.

한참을 달려온 우리 차가 하이델베르크 성에 도착했다. 제법 높은 곳에 위치한 하이델베르크의 고성(古城)은 제일이차세계대전 때 폭격으로 그 일부가 파괴되었으나 파손된 부분을 통해서 매우 견고한 성이었음을 알 수 있었다. 옛 성터에서 한눈에 내려다보이는 하이델베르크 시가지는 라인 강의 지류인 네카 강을 중심으로 이루어진 도시였다. 인구 십삼만여 명이 살고 있는 매우 조용하고 아늑한 하이델베르크는 오랜 세월이 가라앉은 고도처럼 예스러워 보였다. 김 박사와 최 교무님은 독일 사람들의 침착하고 근면한 생활 태도에 관해 들려주었다. 우리는 성 아래로 내려와 골목길을 거닐면서 하이델베르크의 독특한 분위기를 음미해 보았다.

정태현 교도 댁 방문 약속을 지키기 위해서 서둘러 프랑크푸르트로 되돌아온 우리는 오후 늦게 그가 살고 있는 뒤셀도르프를 향해 출발했다. 황무지 유럽에 원불교의 법종자(法種子)를 뿌리기 위하여 뒤셀도르프에서 프랑크푸르트까지 이백삼십 킬로미터나 되는 먼 거리에도 불구하고 법회에 참석하는 정태현 교도의 열성은 개척 교화 현장에서 더할 수 없는 큰 힘이 될 것이다. 그의 그러한 역할 담당도 고마운데 자기들이 살고 있는 곳을 꼭 방문해 주기를 간청하니 더더욱 고마웠다.

우리가 그 댁에 도착했을 때는 이미 밤 열시였다. 연년생의 두 자녀를 기르고 있는 정태현 교도의 부인은 우리를 위해 온갖 정성을 다하여 마치 한국 잔칫집의 성찬처럼 준비해 놓고 기다리고 있었다. 오이소박이, 고사리나물, 생선 매운탕 등 오랜만에 식성에 맞는 우리 음식을 맛있게 먹었다.

식사를 마치자 정태현 교도는 우리를 유서 깊은 알트슈타트(Altstadt, 구시가지) 밤거리로 데리고 나갔다. 여행자가 이국의 밤 풍경을 보는 것은 항상 흥미롭다. 밤이 늦은 시간이어서 거리에는 썰물 빠져나가듯 사람들이 귀가의 발길을 옮기고 있었지만, 독일 사람들의 밤을 맞는 일상을 엿볼 수 있었다.

모든 면에서 긍정적 사고를 하고 의욕이 샘솟아 보이는 정태현 교도는 밤거리를 거닐면서 매우 희망적인 자신의 삶에 대하여 얘기해 주었다. 그는 원불교 교리에서 "모든 사람과 사물까지라도 부처님 모시듯 공경하라"는 가르침을 생활 속에서 실천한다고 했다. 직장에서 상사를 모실 때도 만약 또 다른 기회에 신뢰할 수 있는 아랫사람이 필요하면 자신이 기억되도록 최선을 다해서 부처님 섬기듯 정성을 다한다고 했다. 그러면 결국 인과응보의 진리에 따라 자신이 노력한 만큼 항상 되돌아오는 경험을 많이 했다며 순리대로만 살면 세상 사는 것은 순조로운 것 같다고 신앙생활의 체험을 들려주었다. 나는 지혜롭게 사는 방법을 일찍 터득한 그의 앞길이 밝고 양양하게 생각되었다.

이런저런 이야기를 나누다 우리의 발길은 라인 강에 이르렀다. 검은빛으

원불교 유럽 교화의 선구자인 프랑크푸르트교당 최성덕 교무(왼쪽),
그리고 김성국 박사(오른쪽)와 함께 하이델베르크 성에서.

로 유유히 흐르고 있는 라인 강물을 내려다보았다. 제이차세계대전의 패전 국인 독일이 오늘의 경제적 부강을 이룩한 데는 라인 강이 크게 한몫을 했 다고 정태현 교도는 말했다. 그는 또 독일이 산업화와 공업화를 이루는 과 정에서 모든 원자재를 공장 지대로 그리고 생산된 공산품을 도시로 수송하 는 데 있어서, 수심 십오 미터의 라인 강은 화물선이 오갈 수 있어서 운송비 가 절감되는 좋은 교통수단이 되었다고 말했다. 그리하여 패전국 독일의 발 전을 '라인 강의 기적'이라고 말하는 데는 큰 의미가 있다고 했다. 그 밤에도 공업 도시 뒤셀도르프의 라인 강에는 불을 밝힌 화물선이 부지런히 오가고 있었다. 유럽 어디를 가나 여행객으로 출렁거렸지만 독일만은 그렇지가 않 았다. 독일은 그 나라 국민들끼리 묵묵히 근면하게 일하면서 살고 있는 나 라처럼 보였다.

밤에 왔다가 아침에 떠나는 우리에게 정태현 교도는 독일의 더 많은 것을 보여 주고 싶다며 이른 아침부터 벤라트(Benrath) 성을 구경시켜 주었다. 옛날 성주(城主)들이 살았던 저택을 유럽에서는 성이라고 표현하고 있었 다. 숲속에 자리한 벤라트 성은 성주의 휴양 별장이라고 했다. 그림처럼 아 름다운 그 성 주위에는 아침 이슬 맺힌 잔디가 유난히도 싱그러워 보였다. 신선한 아침 공기와 정태현 교도의 친절을 심호흡하면서 잔디밭을 거닐었 다. 정원 한가운데 자리한 맑은 호수 위에는 잔잔한 물살을 일으키며 떠다 니는 백조의 모습이 더욱 청초한 분위기를 자아내고 있었다.

우리는 고마운 정태현 교도 내외와 작별하고 한덕천 교무님이 기다리는 쾰른으로 출발했다. 좀 내성적으로 보이는 한 교무님과는 독일에서 첫인사 를 나누었다. 쾰른에서 의학 공부를 하는 유학생 신분으로 있기에 내가 잠 시 찾아보는 것이 격려가 될 것 같아 가는 중이었다.

기차역에 도착해 보니 한 교무님 내외와 교도라고 소개하는 유학생 N 군 도 함께 나와 우리를 반겨 주었다. 마침 점심때가 되어서 우선 식사를 하자 고 했다. 우리는 라인 강을 내려다보며 강바람을 쏘일 수 있는 곳에 자리를 잡았다. 식사 시간에 전해 주는 이야기에는 이런 이야기도 있었다. 풍요로운 유럽에서 어떤 한인 교포는 불고기 요리를 할 때, 간장이 비싸기 때문에 아끼느라 소금을 함께 사용한다고 했다. 국내에 있는 사람들로서는 상상이 미치기 어려운 절약 생활의 실상이었다.

쾰른을 흐르는 라인 강변에 우람한 몸집으로 솟아 있는 돔 성당으로 안내되었다. 그곳은 수세기에 걸쳐 신성 로마 황제의 대관식이 행해졌던 독일의 대표적인 성당이라고 한다. 고딕 건축으로 구십일 미터나 되는 두 개의 첨탑이 하늘 높이 솟아 있는 돔은 정면뿐 아니라 측면에서 보아도 장관이었다. 쾰른 성당의 장중함과 섬세함에서 고딕 건축 예술의 총체를 대하는 것 같았다. 그 성당은 제이차세계대전의 폭격으로 파손된 대리석 건축 부분들을 지금까지도 보수하고 있었다. 그런데 그러한 보수 공사비는 신자들의 헌금으로 하는 것이 아니라 국가에서 징수한 종교세로 충당하고 있다고 한다.

어찌 생각하면, 국가 예산으로 교회의 보수 공사를 하면 종교의 힘이 크게 느껴질지 몰라도 그것은 오히려 신자들로 하여금 교회에 대하여 무관심하게 만들고 신앙심마저 식게 만드는 일일 것이라고 여겨졌다. 오랜 역사와 전통 때문에 아무 거부감 없이 종교세를 납부할지 몰라도 그것이 곧 교회를 사랑하는 실천은 아닐 것이다.

유럽에서 유명한 많은 교회를 보았지만 그 모두가 수백 년 전에 건축된 것들이었고 최근에 새로 건축된 교회는 거의 볼 수가 없었다. 그리고 주의 깊게 관찰하면 그 큰 성당 안에 놓인 의자 수는 그리 많지가 않았다. 사실 요즈음 유럽의 많은 사람들은 평소에는 교회를 잘 나가지 않다가 추수감사절이나 크리스마스 때에 교회를 찾아간다고 한다. 그리고 종교세를 내기 때문에 교회를 찾아간다고 한다. 그리고 종교세를 내기 때문에 교회에 직접 헌금하는 정성은 별로 없다고 한 교무님은 말했다.

나는 종교도 성쇠(盛衰)의 주기가 있다고 믿는다. 우리나라의 경우만 해도 신라 때는 불교가 발전하고 불교문화를 꽃피웠지만, 이조(李朝) 때에는 유교가 일반 관혼상제(冠婚喪祭)에서부터 사회의 도덕적 규범의 질서에까지 그 영향을 크게 미친 것이 사실이었다. 그러나 오늘날의 한국 사회에서 유교는 이미 그 위력을 잃었고 또 다른 종교가 그 세력을 키워 나가고 있다.

서양의 종교도 이처럼 성쇠의 변화를 겪고 있음을 엿볼 수 있었다. 이천 년의 역사 속에서 서양의 정신사를 지배해 오던 기독교는 이제 그 위력을 점점 잃어 가고 있는 듯이 보였다. 앞으로 서양 사람들은 무엇인가 새로운 것을 찾게 될 것이다. 과학 물질문명은 서양이 앞서 발달했지만, 정신적 도덕 문명은 동양이 그 뿌리가 깊고 사상적으로도 심오한 깊이를 갖고 있다. 이제 서양 사람들은 동양에 관심을 갖게 될 것이다. 그리고 합리적 사고에 길들여진 그들이 진리적 종교의 신앙 체계와 사실적 도덕 훈련의 수련법을 갖춘 원불교 교법을 알게 되면 크게 감명받고 심취할 것이다.

나는 이번 유럽 여행을 통해서 그러한 암시를 많이 받았다. 이미 미국에는 로스앤젤레스와 뉴욕 등 일곱 개의 원불교 교당이 있고 캐나다 토론토에도 있다. 이제 프랑크푸르트에서 유럽 교화가 싹이 트고 뿌리가 내리면 원불교 교법은 동서양 인류에게 크게 도움을 줄 것이다. 나는 원불교가 하루빨리 세계 종교가 되는 염원을 다시 올렸다. 원불교가 세계 종교로 발전하는 미래의 전망을 응시하던 시선을 다시 돔 광장 쪽으로 돌렸다.

성당 앞 광장에는 무명 화가가 광장을 화폭 삼아 대형 성모마리아를 열심히 그리고 있었다. 백묵처럼 보이는 여러 빛깔의 소재를 가지고 콘크리트 바닥에 성모상을 탄생시키고 있었다. 그곳을 지나가던 행인들은 잠시 발걸음을 멈추고 그림을 구경하다가 화가가 미리 마련해 놓은 깡통에 동전을 던지고는 다시 가던 길로 발걸음을 옮겼다. 그런가 하면 머리를 부분적으로 빨강, 파랑, 노랑으로 물들이고 도깨비처럼 화장을 한 젊은 남녀들이 무리 지어 있기도 했다. 그들은 알코올과 마약에 중독된 펑크족이라고 했다. 그런 모습의 서양 젊은이들이 정신적으로 건강치 못할 것 같아 걱정스러웠다.

쾰른에 잠시 머물렀던 나는 유럽 교화의 싹을 틔우느라 애쓰고 있는 한 교무님 내외를 격려하고 석양 무렵 프랑크푸르트로 되돌아왔다.

프랑크푸르트교당에서는 내가 온 것을 계기로 그곳 전 교도가 함께하는 모임을 김성국 박사 댁에서 마련하고 있었다. 김 박사 부인은 많은 교도들을 대접하기 위해 맛있는 음식을 푸짐하게 준비하고 있었다. 전 교도래야 아직 일곱 세대의 가정밖에 안 되기 때문에 전원이 다 모여도 이십여 명도 못 되는 오붓한 가족이었다. 하루의 일과를 마치고 교도님들은 마치 그리운 친척집을 찾아오는 것처럼 하나둘 모이기 시작했다. 비교적 소박한 인상의 교도님들은 눈빛마저 순진해 보였다. 그분들은 처음 보는 나를 무척 반겨 주었고, 나는 그분들이 한없이 소중하게 느껴졌다. 저녁 식사를 하는 분위기도 단란했고 마치 독일 속의 한국처럼 느껴졌다.

원불교는 한국에서 1916년 소태산(少太山) 박중빈(朴重彬) 대종사께서 창건하신 새 종교로, 이제 겨우 칠십이 년의 짧은 역사 속에 착실하게 발전하는 교단으로 평가받고 있다. 그러나 프랑크푸르트교당은 내가 경험하지 못한 우리 교단의 창립 초창기를 연상케 했다. 나는 그분들에게 그와 같은 나의 소감을 말했다. 그리고 부디 원불교의 동트는 유럽 교화에 창립의 초석이 되고 주역이 되어 줄 것을 그날 밤 그곳에서 만난 교도님들에게 간곡히 당부했다. 밤이 깊도록 유럽 교화의 미래를 전망하고 서로서로가 사명감으로 다시 태어난 밤이었다.

나는 프랑크푸르트에서는 여행자가 아니었다. 유럽에 원불교의 최초의 주춧돌을 놓고 있는 최 교무님을 정신적으로라도 돕기 위해서 마음과 시간을 그렇게 썼다.

어찌 보면 선승(禪僧)처럼 보이기도 하고 율사(律師) 같기도 한 김 박사 내외의 각별한 친절과 배려로 여행자의 불편을 모르고 서독의 삼박 사일을 지냈다. 원불교 프랑크푸르트교당이 태산같이 앞을 가리고 있어서 독일 속에 있었던 며칠 동안 나는 가장 독일적인 것이 무엇인지도 모른 채 괴테의 집을 둘러보고 프랑크푸르트를 떠나고 있었다.

"이제 서양의 관심은 동양에 있습니다. 유럽에서 원불교의 미래는 밝다고 믿습니다. 저의 젊은 날의 모든 정열을 이곳에 쏟고 나의 뼈를 유럽에 묻을 각오가 돼 있습니다."

최 교무님이 나를 떠나보내 주면서 힘있는 어조로 들려준 말이다. 최 교무님 내외와 작별을 할 때 무슨 말을 해야 할지 할 말을 찾을 수가 없었다. 움직이는 열차 속에서 나는 유럽의 개척 교회, 그 무거운 짐을 후배 교역자에게 모두 떠맡기고 도망치고 있는 것 같아 괴로웠다.

'사운드 오브 뮤직' 투어

유럽에 있는 동안 다시 한번 알프스를 찾고 싶은 마음 때문에 독일에서 오스트리아로 갔다. 수도 빈으로 가지 않고 잘츠부르크를 찾은 것은 도시 공간적 분위기를 피하고 될 수 있는 대로 자연을 더 많이 만나기 위해서였다.

우리가 여장을 푼 곳은 모차르트의 생가가 있는, 시내에서 가장 번화한 게트라이데(Getreide) 거리였다. 그곳에 있는 집들은 수백 년 전에 지어진 것 같았고, 거리도 골목길처럼 매우 좁았다. 우리가 여장을 푼 호텔 이층 바닥에는 넓은 자연석이 몇 개 깔려 있었으며 방은 천장이 낮고 아담했고, 그곳에 놓인 옷장에는 제작연대가 1860년이라고 적혀 있었다. 쪽문처럼 생긴 창문을 앞으로 밀어 열면서 아래를 내려다보니 좁은 골목에는 카페가 골목까지 의자를 내놓고 있는데, 그곳에 마주앉아 대화하는 사람들의 모습은 한가롭고 정겨워 보였다.

중세 유럽의 어느 골목을 거닐어 보는 듯한 묘한 착각에 빠질 것만 같아 땅거미 지고 있는 거리로 나가 거닐어 보았다. 어디선가 마차 소리가 들려올 것만 같기도 하고 무도회에 가기 위해 성장한 여인이 곧 밖으로 그 모습을 내보일 것만 같기도 했다.

어둠이 찾아온 그 도시에는 하나둘 불이 밝혀지기 시작했고 나는 무슨 소설에 묘사된 공간 속에 있는 것만 같았다. 불 밝혀진 상가는 문이 꼭꼭 잠겨 있고 쇼윈도에 진열된 상품들만 불빛의 조명을 받아 더욱 화려해 보이는데, 그것들은 모두 저다운 개성을 우월감으로 뽐내고 있는 것처럼 보였다. 상품들은 모두 관광객을 손님으로 기다리고 있었다.

모차르트 동네답게 초콜릿도 음악 기호 모양으로 만들어 팔고 있었고, 알프스 산꽃을 담은 예쁜 카드가 아름다워 보이기도 했다. 거리 한 모퉁이에는 폐품 처리된 차를 가게로 삼아 햄버거를 만들어 팔고 있는 한 아저씨가 보였다. 그는 손님이 없을 때는 열심히 일을 하다가 손님이 오면 정다운 친구처럼 미소로 반기면서 햄버거에다 인정까지 묻혀서 팔고 있었다. 얼마 전에 내가 잘츠부르크에 대한 책을 살 때도 그 책을 파는 아주머니가 만면의 미소로 반기며 내게 책을 전해 주던 모습이 인상적이었고 기쁘게 일하는 모습이 아름답게 보였다. 나그네는 그런 것에서 그 고장의 인정과 인심을 느끼게 된다. 잘츠부르크는 중세적인 옛 분위기와 상냥한 그 고장 사람들의 인정이 합해져서 묘한 매력이 미로 같은 골목마다 흐르고 있었다.

영화 〈아마데우스〉에서 받은 감동 때문에 모차르트의 음악 세계와 그 생애가 내 뇌리에서 나 자신의 일보다 더욱 명료한데, 모차르트 생가를 이웃하여 여장을 풀고 나그네로서의 몇 날을 지낸다는 것이 모차르트에 대한 친밀감을 더하게 했다. 모차르트가 이십오 세까지 살았다는 육층 건물의 생가는 지금은 모차르트 기념관으로 방마다 오페라 무대의 모형들이 가득히 진열되어 있었다. 진열장 안에서 모차르트의 육필로 씌어진 빛바랜 악보를 보고 있노라니까 저 건너편 방에서 모차르트의 기침 소리가 들려올 것만 같기도 했고, 영감받은 악상을 악보에 옮기는 신들린 듯한 모차르트의 모습이 상상되기도 했다.

음악의 나라 오스트리아. 특히 7월부터 8월 말까지 열리는 잘츠부르크 음악제는 유명하다고 했다. 8월을 넘긴 9월 3일이지만 그래도 잘츠부르크에서는 음악회를 구경할 수 있을 것이라는 막연한 기대감을 갖고 있었다. 그래서 몇 사람에게 물어보았더니, 어떤 사람은 8월 말로 모두 끝났다고 말했고 어떤 사람은 오늘 밤도 음악회가 있다고 말했다. 물어물어 오페라가 공연된다는 극장을 찾아가서 표를 사려고 하자 매진되었다고 했다. 좀 억울한 느낌도 들고 허탈하기도 해서 매표창구 앞을 쉽게 못 떠나고 머뭇거렸더니 매표구에 앉은 영감님이 내 표정을 읽었는지 시작 시간이 가까울 무렵 다시 와 보라고 했다. 예매하고 안 오는 사람이 있을 경우도 있다고 했다.

큰 희망을 갖고 그때까지 시간을 보내기 위해서 현대와 나는 시가 중심지

모차르트의 생가이자 이제는 기념관이 된 건물 앞에서. 모차르트 친필의
빛바랜 악보를 보고 있자니 건너편 방에서 모차르트의 기침 소리가
들려올 것만 같았다.

를 흐르는 잘차흐(Salzach) 강가로 갔다. 벤치에 앉아서 산책 나온 그 고장 사람들과 유유히 흐르는 강물을 바라보고 있으려니까 한가로움이 물 밀듯 밀려오는 것 같았다.

기다리던 오페라 시작 시간이 다 되어서 다시 극장으로 갔다. 그리고 아까 우리에게 언약을 주었던 영감님을 찾았다. 그분은 고맙게도 우리에게 두 장의 표를 건네주었다. 음악의 나라 오스트리아에서 음악회를 감상한다는 것이 큰 행운 같았고 극장 안으로 들어서는 우리가 제법 화려하게 느껴지기도 했다. 그리 크지 않은 극장 안에는 긴 검정 스커트에 하얀 블라우스를 입은 아가씨들이 팸플릿을 나누어 주며 손님들의 말에 대꾸해 주는 모습이 매우 고전적 분위기를 풍긴다고 느끼면서 시작 전부터 마음을 가다듬고 있었다.

드디어 기대감 부푼 막이 올랐다. 음악을 잘 모르는 나이지만 풍부한 성량, 아름다운 음색, 열정적이면서도 곱게 부르는 노래에서 일찍 들어보지 못한 음악의 본고장 맛이 물씬 나는 듯했다. 그러나 무대 위에서 공연하는 사람들은 어딘가 부자연스러워 보였다. 그 어색하게 공연하고 있는 사람들은 모두 인형들이었다. 음악의 본고장에서 음악적인 분위기를 맛보려고 잔뜩 벌였던 나의 기대는 포말처럼 스러져 가고 있었다.

스위스와 마찬가지로 오스트리아도 알프스의 품 안에 있는 작은 나라이지만 분위기는 사뭇 달랐다. 스위스는 산이 높고 호수가 바다처럼 넓은 데 비해 이 나라는 나지막한 산들이 가깝게 느껴지고 청남빛으로 물빛이 고운 호수들이 작고 예뻐 보였다. 달리는 차 속에는 영화 〈사운드 오브 뮤직〉 주제 음악이 생동감있게 울려 퍼지는데, 아침 햇살을 받은 암녹색 작은 산들이 차가 움직이는 대로 따라 움직이고 있었다.

좀 멀리 보이는 높은 뒷산과 눈앞에 보이는 앞산이 포개진 전경은 그림처럼 아름답고 햇살 속에 흩어지는 안개는 하얀 엷은 목화솜 장처럼 비쳐 보이는데, 그 사이사이로 비껴 보이는 산들은 마치 서로 정답게 어깨를 부비는 것처럼 보였다. 청옥빛 호수는 싱그러운 아침 산의 정취를 담고 침묵을 지키는데 구릉 같은 초원에는 한철을 지나기 위한 별장처럼 집을 지어 살고 있었다. 참으로 무릉도원 같아 보이는 마을에는 빨강, 분홍의 제라늄을 집집마다 창밖으로 내놓아 곱고 아름다웠다. 독특한 유럽풍의 매력을 가꾸면서 살고 있는 그들의 외형적인 모습만 바라보아도 인생을 예술처럼 살고 있는 듯이 보였다.

〈사운드 오브 뮤직〉 주제 음악을 들으면서 차창 밖으로 내가 본 세상은 우주 전체가 빙글빙글 도는 아름답고 생동감 넘치는 대형 스크린 같았다. 시각과 청각이 온통 아름답고 감미로워서 무중력 상태에 빠져 있는 듯한 황홀경에 도취되고 있었다. 오스트리아의 잘츠부르크, '사운드 오브 뮤직' 코스는 내가 지상에서 본 가장 아름다운 곳이었다.

스치듯 머문 베네치아

이탈리아 1987

물의 도시에서 앤드루와 함께

오스트리아에서 이탈리아의 베네치아로 가는 기차는 알프스 산자락을 굽이 치면서 달렸다. 눈앞을 가로막는 검푸른 앞산의 키가 큰 밀림이 산을 더욱 풍성하게 했고, 깊은 계곡에서 흐르는 하얀 폭포가 눈앞을 스치면서 푸른 초원이 펼쳐졌다. 그 아래 작은 마을 산동네에는 전원의 목가적 분위기가 가득했다. 아름다운 자연의 이야기와 여정을 담은 몇 장의 엽서를 흔들리는 기차 속에서 쓰고 다시 바라본 차창 밖은 어느덧 경관이 바뀌어 있었다. 나무들이 키가 작고 듬성듬성 성기어서 산의 골격만이 앙상하게 드러나 보이는 데다 물이 마른 하천 때문에 더욱 건조해 보였다.

벌써 기차는 이탈리아 땅을 달리고 있었다. 유럽에선 처음으로 벼가 고개 숙인 들판과 소나무가 자라는 산, 아카시아 나무가 자라는 언덕을 보니 우리나라 시골을 보는 것 같은 정감이 일었다. 차창으로 스치는 이탈리아 농촌은 좀 곤궁해 보였다. 마을의 촌락 구성도 짜임새가 엉성하고 집들도 전형적인 유럽의 분위기를 느낄 수 없는, 그저 생활공간으로만 보였다. 베란다도 없는 아파트 외벽에다 줄을 매고 널어놓은 세탁물은 볼썽사나웠고 벽에 묻은 때가 오히려 빨래를 더럽힐까 봐 걱정이 되기도 했다.

유럽은 보이지 않는 국가 경계선을 긋고 국제 열차가 사통오달(四通五達)로 여러 나라를 관통하면서 마치 한 나라 사람들처럼 서로 넘나들면서 살고 있다. 그러나 눈에 보이지 않는 국경선을 넘어서면 자연환경이 다르고 언어와 화폐가 다르며 역사와 문화를 서로 달리하면서 살아가고 있는 모습들이 매우 신기하고 흥미로웠다.

도대체 얼마나 더 가면 베네치아에 도착하는지 궁금해서 옆자리에 앉은 젊은이에게 물어보았다. 그 젊은이는 다음 역에서 다른 차로 바꿔 타야 한다고 말했다. 그 사실을 미처 잘 모르고 있었던 내가 믿어지지 않는 듯한 표정을 지었던지 그 청년은 지도를 내보이면서 열심히 설명해 주었다. 그는 자신도 베네치아로 가는 중이라고 했다. 부지런히 짐을 챙겨 차를 바꾸어 탈 때는 그 젊은이와 같은 칸에 승차했다. 자신의 이름을 앤드루라고 일러준 미국 청년은 비사교적으로 보였고 무엇인가 남이 엿볼 수 없는 자기 세계를 고수하고 있는 사람처럼 보였다.

기차가 종착역인 베네치아에 도착하자 앤드루는 우리들의 짐도 함께 챙겨 내렸다. 다른 나라에서는 여행자가 차에서 내리면 무거운 짐을 나를 수 있는 손수레가 항상 준비되어 있었는데 이탈리아에서는 아무리 찾아보아도 없었다. 앤드루의 도움을 받아 밖으로 나와 호텔을 예약하려고 사무실을 찾는데 어떤 영감님이 내 곁으로 와서 이곳에는 택시도 없고 하니 가까운 호텔에 들라고 권유했다. 그렇지 않으면 보트를 타고 멀리 가야 한다고 덧붙였다. 베네치아에서 하룻밤만 자면 떠날 예정이기 때문에 우리는 그 영감님이 소개하는 호텔에 들기로 했다. 손가락으로 가리키는 거리에 호텔이 있어서 지게꾼이라도 있으면 짐을 옮기는 데 안성맞춤일 텐데 그와 비슷한 일을 하는 사람도 눈에 띄지 않았다. 이탈리아에 내리면서부터 여행의 쾌적한 여건들이 무너지고 있었다.

우리와 행동을 같이하고 있던 앤드루는 우리의 짐 중에서 무거운 것을 골라 자신의 것과 함께 들고 갔다. 그리고 그도 우리와 함께 그 호텔에 여장을 풀었다. 나는 내일 스페인으로 떠날 예정인데 가는 도중에 프랑스의 루르드에 들를 수 있는 기차표를 먼저 예약해야 안심하고 구경할 수 있을 것 같다고 앤드루에게 의논하듯 말했다. 그는 자기와 함께 역으로 나가서 그 일부터 하자고 선선하게 말했다. 나와 함께 역으로 간 앤드루는 한참 동안 매표 담당자와 시간표를 조정하는 것 같더니 스물한 시간이 소요되는 좌석을 예약해서 나에게 건네주었다. 우연히 기차 속에서 만난 한 미국 청년이 우리

말수가 적고 눈으로 말하는 미국 청년 앤드루와 함께. 앤드루의 도움이 없었다면
베네치아 구경이 힘들었을 것이다.

에게 결정적인 도움을 베풀어 주고 있었다.

마침 저녁 식사 시간이 되었기에 너무도 고마운 그에게 식사 대접이라도 하고 싶어서 저녁 식사를 함께 하자고 제안했더니 말이 적고 눈으로 말하는 앤드루는 미소로 동의했다. 우리는 함께 식당을 찾아 나섰다. 나는 앤드루가 원하는 것을 우리도 먹겠다고 미리 말해 두었다. 그는 식당에 들어가서 메뉴와 가격표를 들여다보고는 말없이 되돌아 나왔다. 그리고 또 다른 식당으로 가서도 망설이다가는 도로 나와 버리곤 했다. "왜 그러느냐"고 묻자 먹을 만한 음식도 없는데 너무 비싸다며 조금 더 찾아보자고 했다. 베네치아역 부근의 식당가는 별로 깨끗해 보이지 않았다. 우리나라의 작은 도시처럼 느껴지는 그곳에서는 수단을 입은 신부님이 마을 사람처럼 골목길을 걸어다녔고 수녀님도 생활에 필요한 것들을 사 가지고 돌아가는 모습이 보였다.

키가 크고 다리가 길어서 성큼성큼 걷는 그를 따라 걸으려면 바삐 걸어야하고 다리도 아팠다. 식당을 정하지 못하고 계속 걷는 앤드루를 따라다니고 있는데 우리가 들어선 골목은 식당가를 벗어난 주택가였다. 그런데 그 주택가는 사람이 살고 있지 않은 것처럼 넓은 골목에 오가는 사람도 없었다. 몇 대를 물리면서 살아오고 있는 것처럼 보이는 집들은 모두 퇴락해 보였다. 골목 양쪽으로 줄지어 나란히 서 있는 큰 집집마다에서는 아무 소리도 새어나오지 않았다. 마을이 텅텅 비어 있는 느낌이었다. 자세히 살펴보니 밖으로 향한 창문마다 아예 집을 지을 때부터 방범을 목적으로 설치한 것처럼 보이는, 듬성듬성하게 박힌 굵은 쇠줄이 붉게 녹슬어 있었다. 그 녹슨 쇠줄을 바라보면서 여러 가지 생각이 떠올랐다.

우리나라 옛 조상들이 사립문으로 집의 출입구를 만들고 인심 좋은 마을 사람들과 더불어 믿고 넘나들며 함께 살던 시절에 베네치아는 도난 방지의 필요를 느낄 정도로 인심이 흉흉하고 도둑이 많았던 것일까. 왜 저렇게 집을 지을 때부터 방어의 창살문을 만들며 살았을까. 다른 나라에서 이탈리아에 가면 소매치기를 당할 염려가 많으니 각별히 조심하란 말을 너무도 많이 들어왔는데 이탈리아에 와서 보니 그들은 선조 때부터 도둑 조심을 단단히 하며 살고 있는 것 같았다.

식당가를 찾다가 주택가로 잘못 들어서서 방황하던 앤드루는 자못 민망한 표정을 짓더니, 결국 식당에서는 알맞게 먹을 음식도 없고 너무 비싸니 적당한 것을 사다가 호텔에서 먹자고 했다. 나는 앤드루가 좋을 대로 하라고 양보하면서 과연 무엇을 살 것인가 궁금했다. 그가 과일 가게를 기웃거리기에 나는 바나나가 좋을 것 같아 의향을 물어보았더니 고개를 가로저었다. 그가 고른 과일은 천도복숭아였고 여덟 개를 사려고 했다. 나는 바라만보아도 입에서 침이 돌고 시어 보이기에 많이 사지 말라고 만류했더니 그것은 모두 자신이 먹을 것이라고 대답하면서 스스로 계산을 했다. 그리고 다른 가게에서 치즈를 조금 사더니 자신의 저녁 식사는 모두 준비되었다고 했다. 나는 아무래도 그런 것들로는 저녁 식사가 될 것 같지 않아 빵과 바나나 그리고 햄을 샀다. 식당을 찾느라 삼십 분도 더 걸어 다닌 다음에 준비된 저녁 식사거리였다.

어쩐지 허탕을 치고 난 사람처럼 전신에서 힘이 쭉 빠져 나갔다. 그리고 천도복숭아와 치즈를 들고 자신의 방으로 들어가는 청년 앤드루를 바라보면서 두꺼운 장벽을 느꼈다. 말이 잘 통하지 않는 외국 사람과 만나 마음이 먼저 통하고 상대방이 자기의 도움을 필요로 할 때는 자신의 희생을 감수하면서라도 기꺼이 도와준다. 그런 인정을 느낄 때는 사해동포(四海同胞)로서 모든 인류가 지구촌의 한울타리 안에 함께 살고 있는 '우리' 같은 친밀감을 느끼게 된다. 그러나 음식을 먹는 관습이 다른 것을 확인할 때는 철저히 다른 나라, 먼 나라 사람으로 서먹하게 헤어져야만 했다.

산 마르코 성당

베네치아에서 오전 한나절밖에 쓸 수 없는 여정 때문에 아침 일찍부터 부지런히 행장을 챙기고 식당으로 내려갔다. 커피와 빵을 기계적으로 손님 앞에 갖다 놓을 뿐 종업원들은 묵묵히 일만 하고 있었다. 작은 호텔이어서인지 식당에서 일하는 두 사람은 이탈리아 말밖에 못했다. 말없이 일하는 것이

불친절은 아니지만 답답한 느낌이 들고 똑같은 식사인데도 좀 어설프게 느껴졌다. 그렇게 식사를 마친 우리는 산 마르코 광장으로 가는 수상 버스를 탔다.

물의 도시 베네치아는 백열여덟 개의 작은 섬들을 운하로 연결하여 하나의 섬처럼 만들고 작은 섬과 섬 사이에는 사백 개의 구름다리를 놓아 마을끼리 왕래하면서 살고 있었다. 운하에 연해 있는 모든 집들은 밑 부분이 물에 잠겨 있었다. 도대체 어떻게 바다 밑에다 기둥뿌리를 박고 건축을 했을까. 육지 공간을 두고 이처럼 물의 도시를 굳이 만들었던 이탈리아 옛 사람들의 의지와 투지, 그리고 지혜와 능력이 놀랍기만 했다.

수상 버스를 타고 물길 위에서 바라다본 베네치아는 아직도 화려한 옛 역사의 그림자를 드리우고 있었다. 독특한 건축 양식의 옛집들은 고색이 창연했고, 심지어 어떤 집들은 살점이 떨어져 나가 뼈가 보이듯 벽돌 속이 내보였다. 늙고 늙어 보이는 베네치아, 낡고 낡아 버린 베네치아는 그 옛날 도시 국가가 형성될 때부터 전설을 전신에 간직하고 있는 듯했다. 오직 물길밖에 없어서 그 흔한 자동차 한 대도 구르지 못하는 베네치아는 현대 문명에 오염되지 않은 고전 보존 지역처럼 보이기도 했다.

그 옛날 베네치아의 정치, 종교, 문화, 예술의 중심지였던 산 마르코 광장에 서 보았다. 구층 대리석 건물은 그 옛날 정부청사의 위용을 상징하고 있었으며 오늘날은 비둘기 떼 나는 광장에 관광객들이 한 마당 모여 그 옛날의 역사를 공부하듯 그 공간의 의미를 캐고들 있었다. 그곳에는 일본 대학생들도 많이 와 있었다. 유럽 어디서고 일본 젊은이 단체 관광객을 제일 많이 만났다. 그들은 이런 여행을 통해서 일찍부터 국제 감각을 키우고 서양을 공부하고 있었다. 나는 일본 젊은이들을 만날 때마다 그들의 국력을 보는 것 같았고 그들의 미래에 대한 준비가 탄탄한 것이 부러웠다.

산 마르코 광장 한편에는 산 마르코 성당이 황금색으로 빛나고 있었다. 베네치아 공화국의 수호신 산 마르코(San Marco)의 유해가 안치되어 있는 이 성당은 832년에 헌당된 이래 긴 역사 속에서 파괴와 재건, 확장을 거듭해 온 베네치아 공화국의 교회이다. 오늘날의 베네치아 사람들의 마음속에 가장 고귀하게 여겨지고 있는 곳이 바로 산 마르코 성당이라고 한다. 고대 베네치아의 역사와 정치의 중요한 사건들이 전해져 내려오는 현장이기도 한 산 마르코 성당은 아직도 베네치아의 모든 것을 한 몸에 소중히 간직하고 있는 상징처럼 보였다. 지금도 그 역사의 불길이 꺼지지 않고 타고 있는 듯한 밝은 빛이 성당 안에 가득했다.

성당 정면에 있는 아기 예수를 안은 성모마리아 상도 살아 있는 건강한 인간을 대하는 듯했고, 둥근 천장에 그려진 황금색 바탕의 대형 성화는 현란할 정도로 오색영롱한 색채를 발하고 있었다. 모두 색유리로 모자이크한 작품들이어서, 건강한 예술품으로 오늘도 숨 쉬고 있는 것 같았다. 작은 색유리 조각을 모자이크하여 만든 것이지만, 화가가 세필(細筆)로 자신의 예술 감각을 불어넣은 것처럼 눈의 초점이 생명력이 있고 얼굴의 표정도 생동감이 넘쳐서 보는 이의 마음이 황홀했다.

이 성당은 십이세기부터 십칠세기까지 무려 오백 년 동안이나 모자이크 장식을 하고 십오세기에는 대리석 장치를 했다고 한다. 벽면에는 갈색과 검은 회색 문양의 대리석을 잘 배색하여 마치 벽지에 풀을 발라 도배하듯 온 성당 안을 장엄해 놓았다. 높은 천장 지붕 둘레에 뚫린 창으로부터는 아침 햇살이 신비스러운 빛으로 쏟아지고 있었다. 내가 발을 딛고 서 있는 성당 바닥도 모두 대리석으로 섬세하게 모자이크된 예술 그 자체였다. 기하학적으로 완벽하게 처리된 선과 선, 온갖 짐승들이 발밑에서 움직일 것만 같았고, 예쁜 새들은 날아갈 것 같은 모습으로 수놓은 것처럼 깔려 있었다.

산 마르코 성당은 베네치아 왕국의 세력 확장과 번영에 걸맞도록 거창하고 화려하게 꾸민, 베네치아 사람들의 정신적 통일의 광장이었다고 한다. 나는 이 성당 안에서 그 당시의 막강한 국력과 그때 그 사람들의 예술의 혼을 만나는 것 같았다. 그리고 인간이 종교를 위해 바칠 수 있는 숭고한 정성의 결정체를 대하는 것 같아 마음의 옷깃이 절로 여미어졌고, 탄성도 삼켜야 할 것 같은 경건이 엄습해 왔다. 산 마르코 성당은 이 지상에 있는 모든 인류의 문화유산이자 예술 공간으로 느껴졌다.

그러나 오 년에 일 센티미터씩 물속으로 가라앉고 있는 베네치아, 언젠가는 이 성스러운 공간도 물속으로 수장된다고 생각하니 안타깝고 아까운 생각이 들었다.

가우디와 몬세라트

스페인 1987

기적을 갈망하는 루르드

프랑스 남방에 위치한 루르드(Lourdes)는 파리에서 가기에는 너무 먼 곳이 었다. 그래서 우리는 이탈리아 베네치아에서 스페인으로 가는 도중 프랑스를 경유하면서 루르드를 구경할 계획을 세웠다. 천주교의 성지 루르드를 어려운 방법으로라도 찾아가려던 것은, 나는 순례객은 아니지만 그곳에 가득히 고여 있을 종교적인 분위기를 만나고 싶어서였다.

베네치아를 떠나 기차를 타고 스물한 시간 만에 루르드에 도착했을 때는 오전 아홉시 사십오분이었다. 우리의 짐을 역내에 설치된 보관함에 넣어 두고 홀가분한 차림으로 루르드에서의 현대와 나는 한나절의 길손이 되었다. 피레네 산맥 남서북 해발 천이백 피트 산기슭에 위치한 루르드는 인구 일만 구천 명밖에 안 되는 작은 도시였다. 아침 햇살에 청남빛으로 보이는 피레네 산이 하늘의 구름과 조화되어 더욱 청청하게 보였다. 아침 공기가 상쾌한 일요일의 루르드는 산중 시골 같은 느낌이 들었다. '환영(幻影)의 동굴 (Grotte de Massabielle)'이 있는 천주교 성지는 역으로부터 차를 타지 않고 걸어갈 수 있는 거리에 있었다.

1858년 2월 11일 루르드에 살고 있는 가난한 물레방앗간 집 딸인 십삼 세의 소녀 베르나데트(Bernadette)가 야산에서 땔감으로 쓸 나무를 줍고 있을 때 그곳에 있는 동굴에서 흰 옷을 입은 한 여인이 나타났다. 그로부터 열여덟 번이나 같은 모습의 여인이 출현한 것을 베르나데트만이 목격했다. 그 여인이 "샘물을 마시고 얼굴을 씻으라" 하며 가리킨 곳을 파자 그곳에 샘이 솟아났다고 한다. 그 후 이곳은 성모마리아 발현지로 세계에서 모여드는 순례객의 발길이 그치지 않는 성지가 되었다. 오늘날 순례객들은 그 우물물을 찾아 루르드에 오고 있었다.

루르드에서 가장 먼저 눈에 들어오는 것은 사람들의 손에 모두 크고 작은 여러 개의 물병이 들려져 있고 중환자로 보이는 환자들이 휠체어에 타고 있는 모습들이었다. 큰 교회가 있지만 사람들은 교회 건물 안으로 들어가기보다는 오른쪽으로 나 있는 길로 너나없이 걸어가고 있었다. 나도 그들을 따라가 보았다. 숲이 있는 언덕 아래에는 여러 군데에 수도꼭지를 설치해 놓았고, 그곳은 물을 마시는 사람, 크고 작은 물병과 물주머니에 물을 넣고 있는 사람들로 붐볐다. 물어보지 않았지만 아마 그 물을 마시면 만병이 퇴치된다고 깊이 믿고 있는 사람들처럼 보였다. 그들의 그러한 모습은 내 눈에 참으로 이상하게 비쳤다. 나도 물 한 컵을 받아 마셨다. 우리나라 산중에 있는 어느 절간에서 마셔 본 그 물맛이었다. 같은 물을 마셨지만 나에게는 수분이 좀 더 보충된 이상의 의미는 없었다. 그러나 성수를 담고 있는 사람들은 모두 불가사의한 기적을 기대하는 믿음으로 물을 병에 넣고 있었으리라.

성모마리아가 출현했다는 환영의 동굴에는 마리아상이 있고 그 아래 광장에는 미사를 집전할 수 있는 제대(祭臺)가 놓여 있었다. 제대에서 신부님이 외우는 경문이 확성기를 통해 울려 퍼지고 있었다. 그리고 제대 양옆으로는 저마다 순례객들이 꽂아 놓은 크고 작은 수많은 촛불들이 대낮이라 빛을 발하지 못한 채 타고 있었다.

삼천 명이 운집할 수 있는 동굴 앞 옥외 성당에는 아까 휠체어에 탄 사람들이 줄지어 앉아 있었다. 환영의 동굴 앞에서 불치의 병에 쾌유의 기적이 일어나길 소망하는 사람이나 중환으로 생의 벼랑에 서 있는 사람들이 죽음의 나락으로 굴러 떨어지지 않으려고 안간힘을 다해 기적의 밧줄에 의지하고 있는 것처럼 보였다. 그러한 모습을 바라보면서 연민의 정과 함께 여러 가지 생각이 스쳤다.

이 지구상에 유한한 존재로 머물다 떠나는 인간은 누구나 병의 고통을 경험하게 되고 죽음의 세계가 두렵게 느껴지면서도 결국 다 죽게 마련이다.

그래서 인간은 종교를 통해서 이 문제를 해결하려고 한다. 종교마다 방법이 다르지만 불교에는 해탈(解脫)의 세계가 있다. 생사(生死) 해탈이란 생에 대한 집착과 죽음의 공포에서 벗어나는 정신적 자유를 의미한다.

생과 사는 왔다가 가는 것이고 가면 다시 오는 진리가 있다고 믿기 때문에 행여나 어떠한 미혹이 마장(魔障)이 되지 않도록 평소에 수행을 청정히 하고 내면적인 힘을 축적하는 것이 수도(修道)이다. 그리하여 언제든지 죽음이 자신에게 임박하면 의연한 태도로 더욱 정신을 수습하여 편안하고 온전한 상태로 죽음에 이를 수 있도록 연마한다. 이처럼 생사에 자유를 얻을 수 있는 해탈의 경지를 선망할지언정 결국 유한하여 무상할 수밖에 없는 육신에 기적의 연장을 갈망하지는 않는다. 사생관의 차이 때문에 인간들이 병과 죽음 앞에 취하는 태도가 얼마나 다른가를 나는 그 순간 보고 있었던 것이다.

한 마을 같은 루르드 시내에서는 가게마다 온통 성물(聖物)과 물병만 팔고 있었다. 매년 삼백오십만 명의 순례객과 관광객이 다녀간다는 이 조그마한 도시에는 주택은 별로 눈에 띄지 않았고 온통 호텔뿐이었다. 루르드는 프랑스에서 네번째로 호텔이 많은 도시라고 한다.

루르드는 베르나데트 성녀만큼 곤궁하고 고통받는 사람들이 부담 없이 찾아와서 사오 일간 순례하고 돌아갈 수 있도록 오백 개의 침대를 마련, 삼십오 개국에서 모여든 칠백팔십 명의 자원 봉사자에 의해 불우한 순례객들을 뒷바라지 하는 '환영의 도시'라고 한다. 그러나 나 같은 여행자의 눈에 비친 루르드는 십삼 세 때 마리아의 환영을 보았다는 베르나데트를 신앙화한 성녀의 도시 같았고 오직 기적이 일어나기를 갈망하는 도시처럼 보였다.

스페인의 인상

스페인으로 가는 길에 루르드에 잠시 내렸던 우리는 그곳에서는 여섯 시간 동안 머물렀다가 다시 스페인으로 가는 차를 타기 위해 기차역으로 가고 있었다. 왔던 길을 되돌아가고 있었는데 가도 가도 기차역이 나오질 않았다.

차 시간이 바쁜데 잘못 헤매고 있는 것 같아 길 가는 사람에게 물어보았다. 그러나 내 말을 한참 듣고 있던 그 사람은 좀 어리둥절한 표정을 짓더니 불어로 대꾸하는 태도가 무슨 말인지 모르겠다고 하는 것 같았다. 또 다른 사람에게 물어보았으나 그이도 역시 고개를 젓고 지나가 버렸다. 바로 기차역 부근에서 역을 찾지 못한 나는 너무도 안타까웠다. 다급해진 나는 손짓 발짓을 하면서 다시 행인에게 기차역을 물었더니 그는 웃으면서 조금만 가면 나올 것이라고 말하는 듯 손짓으로 방향을 가르쳐 주었다.

외국어를 잘 안 쓰는 프랑스 사람과 말이 안 통하는 불편을 톡톡히 겪고 나서야 가까스로 기차역에 도착하여 보관함에 들어 있는 우리의 짐을 챙겨 들고 기차에 올랐다. 안도의 한숨을 길게 내쉬면서 전신에 힘이 쭉 빠진 상태로 차창 밖을 내다보고 앉은 채 얼마나 시간이 흘렀을까. 어느덧 스페인 땅 이룬(Irun) 역에 당도했다. 그곳에서 바르셀로나로 가는 기차를 바꾸어 타야 했다. 팽개치고 싶도록 무겁게 느껴지는 짐을 들고 다음 차를 기다리기 위해 대합실로 나왔다.

시골 역인 듯한 그곳은 매우 어설퍼 보이는 데다 넓은 대합실에는 사람들이 거의 없었다. 날은 아직 밝은 늦은 오후였지만 세 시간 삼십 분이나 기다려야 하는 긴 시간 동안 그곳에 있을 생각을 하니 어쩐지 불안하고 막막한 생각이 들었다. 나는 그나마 있는 몇몇 사람들에 의지해서 이 대합실에서 함께 있으면 안심이 될 것 같아 말을 건네 보았다.

그들은 모두 스페인 젊은이들이었다. 한 젊은이는 부둣가에서 일하는 사람이고, 또 한 젊은이는 호텔 종업원이었다. 호텔 종업원은 조금은 영어를 할 줄 알아서 아쉽게나마 의사를 소통할 수 있었다. 스페인 말밖에 못하는 더 순진해 보이는 젊은이는 미소와 눈빛으로 더 많은 말을 하고 있었다. 그들이 마치 우리 보호자처럼 고마워서 몇 가지 간식을 나누어 먹었더니 나의 인심이 매우 후하게 느껴졌는지 호텔 일을 한다는 순박한 젊은이는 자기 손목에 걸치고 있는 가늘게 생긴 쇠줄과 내 손목시계를 바꾸자고 했다. 장난이었겠지만 그 터무니없는 제안에 내심 놀라면서 아이를 달래듯 안 된다고 거절하고 우리나라 열쇠고리를 하나씩 나누어 주었다. 그들은 작은 선물을 받고도 매우 기뻐했다. 그렇게 시간을 때우고 있는 사이에 밤이 되었고 바르셀로나행 기차가 도착하여 젊은이들과 작별을 했다.

베네치아를 떠난 우리는 스페인까지 무려 마흔네 시간 동안 기차 여행으로 유럽을 횡단하고 있었다. 차 속에서 거듭 두 밤을 지내니 엄청난 피곤이 쌓이고 있었다. 기차 속에서 애써 눈을 붙이고 나니 새날이 밝아 왔다. 뿌옇게 보이는 새벽녘에 바라다본 스페인은 내가 지금까지 본 유럽이 아니었다. 산에는 나무가 없고 들의 곡식들은 박토(薄土)에 뿌리박은 식물들처럼 메말라 보였다. 그리고 시골 농가의 주택들도 허름하기 짝이 없어서 극심한 빈민가를 보는 듯했다. 작은 대륙으로 불리는 스페인, 유럽에서 제일 가난한 나라 스페인을 새로운 호흡으로, 새 눈으로 보아야 할 것만 같았다.

바르셀로나에 도착하여 여장을 푼 호텔은 청결함이 부족하고 곰팡이 냄새가 났지만 그래도 우리에게는 오래 누적된 피로를 풀 수 있는 보금자리였다. 바르셀로나는 스페인에서 두번째로 큰 대도시이며 최대의 항구 도시이다. 또한 기원전 일세기에 세워진 바르키노 마을에서부터 비롯되어 이천 년의 긴 역사를 간직한 도시이다. 중세의 모습을 그대로 지니고 있는 구시가지는 파리의 것과는 또 다른 스페인다운 석조 건물들이 즐비했는데 융성하던 옛 역사를 웅변으로 증언하듯 고전적 분위기를 자아내고 있었다. 그러나 바르셀로나에서 느끼는 스페인의 인상은 흥한 선대를 이어받은 쇠약한 후대라는 인상을 떨칠 수가 없었다. 오늘날 그들의 모습은 조금 낙후되어 보였다.

이틀간을 기차에서 간이식으로 식사를 해결했던 우리는 따뜻한 음식이 먹고 싶었다. 스페인 식당에서 먹은 스테이크와 감자튀김의 맛은 잊을 수 없을 정도였다. 만복감과 마음의 여유를 얻은 우리는 그곳 백화점을 구경했으나 물건들이 썩 훌륭해 보이지는 않았다. 백화점에서 나온 우리는 시청 앞 광장에 앉아 한가로운 마음으로 스페인의 모든 것을 느끼고 있었다. 일과가 끝난 석양의 바르셀로나 거리는 활기가 넘쳤다. 하루 종일 일한 사람들답지 않게 행인들은 생기발랄하고 남녀가 모두 활달해 보였다. 특히 처녀들이 담배를 피워 물고 거리를 활보하는 모습은 다시 한번 유럽의 풍속도를 보는 것 같았다.

그런데 웬일로 그곳 시청 앞 광장에는 황금빛 부처님이 좋은 풍채의 모습으로 앉아 계셨다. 그러나 불상 앞에는 신앙인의 모습을 취하는 사람은 아무도 없었다. 어떤 연유로 불상이 그곳에 있는지는 알 수 없어도 가톨릭 국가 스페인에서 뵙는 부처님은 아무래도 어색해 마치 이방인을 보는 듯했다.

바르셀로나의 명물 사그라다 파밀리아(Sagrada Familia, 성 가족 성당)는 매우 인상적이었다. 스페인이 낳은 세계적인 건축가 가우디(A. Gaudí)의 작품으로, 1884년부터 짓기 시작하여 일백 년이 넘도록 짓고 있는 이 거대한 성당은 앞으로도 언제 완성될지 짐작이 미치지 않았다. 백칠 미터의 첨탑두 개와 그보다 낮은 탑 두 개, 모두 네 개의 첨탑이 하늘 높이 솟아 바르셀로나 하늘을 지배하고 있었다. 처음 성 가족 성당에 들어섰을 때는 파괴된 성당을 재건하고 있는 줄 알았으나 그것은 백 년이 넘도록 진행되고 있는 신축 현장이었다. 그러나 공사장에서 일하는 사람은 몇 사람 돼 보이지 않았다. 성당은 예술품을 완성해 가듯 느린 속도로 지어지고 있는 듯이 보였다.

지하에 안치된 모형도를 골똘히 들여다보고 있는 가우디 건축 연구가들로 보이는 사람들과 건축의 여러 부분을 정성 들여 카메라에 담고 있는 사람들 때문에 건축 현장에는 오히려 진지한 연구 분위기가 감돌았다.

그 건물의 정면 부분은 가우디 자신이 감독하여 완성시켰다고 했다. 가우디 작품은 동서양 어디서고 일찍이 본 일이 없는 아주 독특한 건축 양식이었다. 건축의 정형성을 배제하고 자유분방한 독창성이 그 특징이었다. 건물 전면의 외벽은 우리나라 홍도나 울릉도 해안의 단애(斷崖)에서 느낄 수 있는 자연의 신비감이 어리어 있었다. 어찌 보면 기암괴석같이 보이기도 했고 동굴의 천장에 매달린 돌고드름처럼 천태만상이었다. 마치 용광로에서 용해된 쇳물을 부어 응고시킨 것처럼 보이는 정면의 조각들은 이 우주 안에 있는 생물과 식물, 자연 현상의 총체처럼 보였다. 거기에는 마리아 상과 어린아이가 있는가 하면 힘센 장정의 남자 형상도 있고 야자수도 있으며 짐승과 새도 있고 포도도 주렁주렁 달려 있었다. 성 가족 성당에서는 가장 스페인적인 분위기를 발견할 수 있었다.

가우디는 백칠 미터의 첨탑 상단 꼭대기 부위를 직접 그린 선과 색채로 처리하고 있어서 독특한 인상을 풍겼다. 어찌 보면 태양을 상징하는 듯한 불완전한 원형 둘레에 크고 작은 방울 같은 원형을 파격적으로 배열하고 빨간빛, 청남빛, 주황빛, 노란빛으로 채색해 놓았다. 적어도 나에게는 그것들이 아름답게 보인다기보다는 스페인적 분위기로 보였다. 이 바르셀로나의 명물 성 가족 성당이 매우 흥미있어, 스페인에 있는 이틀 동안 매일 한 번씩 와서 넋을 놓고 바라보곤 했었다.

바르셀로나 도심의 외곽 지대에 위치한 구엘(Guell) 공원 안은 아예 가우디의 작품들로만 꾸며져 있었다. 마치 작은 옛 마을처럼 보이는 그 공원 안의 건축물들은 직선이나 곡선의 일정한 양식의 틀을 벗어난 듯이 보였고, 색상의 표현도 같은 빛깔을 모자이크식으로 분해하였다가 다시 종합하는 조화로움이 매우 독특해 보였다.

내가 묵고 있는 호텔에서 가까운 바르셀로나 대성당은 프랑스의 노트르담 성당과 독일의 쾰른 성당을 함께 만나는 듯한 장중한 느낌을 주는 고딕식 건축으로 매우 인상 깊었다. 그러나 십삼세기에 창건된 그 웅장하면서도 정교한 성당은 이제 많이 퇴락해 보였다. 그날이 마침 일요일이어서 미사드리는 광경을 보았지만 신자는 많아 보이지 않았다. 오늘의 스페인으로서는 그 건물을 건강한 모습의 신앙 공간으로 가꿀 만한 힘이 부족해 보였다.

우리는 고대광실(高臺廣室)의 옛 저택들을 잘못 관리하고 있는 듯한 어느 골목 안에 위치한 피카소 미술관을 갔었다. 피카소가 태어난 모국에서 그의 젊은 날의 작품들을 감상한 것도 매우 인상 깊었다. 그의 젊은 날의 작품들은 사실적 감각에 충실하고 있어서 오히려 이해하기 어려운 그의 입체파 그림보다 더욱 친숙한 느낌이었다.

몬세라트 산의 베네딕트 수도원

스페인의 시골을 보고 싶고 베네딕트 수도원에 대한 관심이 있어서 몬세라트(Montserrat) 산을 관광 코스로 선택했다. 몬세라트 산에 자리 잡고 있는 베네딕트 수도원에 가기 위해 바르셀로나를 벗어난 버스가 한참 동안 평야를 달리더니, 이제 비탈진 산기슭을 오르기 시작하여 이리 돌고 저리 돌면서 고도를 높여 가고 있었다.

창밖으로 보이는 세계는 온통 붉은 흙무덤의 산들뿐이어서 인도 뭄바이 근교의 시골을 보고 있는 듯한 착각이 들었다. 앙상한 고사목들이 듬성듬성 서 있고 살아 있는 나무들도 전혀 생기가 없어서 짧은 수명을 재촉받고 있는 듯이 보였다. 참으로 황량한 사막 지대처럼 느껴졌다. 그러한 산골에 외딴 오막살이가 한 채 발견되었다. 당장 생존을 위협받은 고립된 인간의 모습을 보는 것 같아 불안하게 느껴졌다. 나무도 숲도 없는 붉은 황토물이 계곡을 타고 쏟아지듯 흐르고 있었다.

눈 아래 펼쳐진 산들이 황야처럼 보이는데 눈을 들어 위를 보니 기암괴석들이 만물상처럼 보이는 바위산이 우뚝 솟아 있었다. 어찌 보면 우리나라 영암(靈巖)의 월출산처럼 보이기도 했고 한라산 영실(靈室) 코스의 오백나한(五百羅漢)들처럼 보이기도 했다. 어느 바위는 고행하는 수도승처럼 보이기도 했고 천태만상이 한데 어울린 큰 암벽은 수도자들의 공동체 모습으로 보이기도 했다. 그 산을 오르는 동안 인적이 딱 끊기고 인가도 안 보이더니 기암괴석이 명산처럼 보이는 해발 일천이백삼십오 미터의 고지에는 웅장한 건물이 눈에 들어오고 갑자기 사람들이 북적거리고 있었다. 그곳이 베네딕트 수도원이었다.

안내원을 따라 관광객과 함께 들어간 곳은 큰 성당 안이었다. 그곳에는 이미 수천 명으로 헤아려지는 사람들이 조용히 앉아 있었고, 휘황한 불빛 아래 제단 한편에는 제의를 입은 수도자들이 근엄한 자세로 앉아 있었다. 그 맞은편에는 오십여 명의 소년 합창단이 검정 옷 위에 하얀 가운을 입고 있었다. 그 검정과 하얀빛의 배색이 매우 성스러워 보였고 수도자들의 순결

몬세라트 산 아래 자리 잡고 있는 베네딕트 수도원에서. 세속이 아무리
부패되어도 이곳까지는 오염되지 않을 듯싶었다.

을 상징해 주고 있는 듯했다.

제단에서는 화려한 제의를 입은 사제가 엄숙하게 의식을 집전하고 있었으나 스페인 말을 알아들을 수도 없거니와 타 종교 의식이어서 지금 무엇이 진행되고 있는지 아무것도 알 수 없었다. 그러나 그 성당 안에는 신성한 공기가 압축된 채 밀폐되어 있는 듯했고 신비스러운 분위기가 가득 어리어 있었다. 세속이 아무리 부패되어도 그곳까지는 오염되지 않을 듯싶었다. 그리고 종교가 설사 세속과 타협하여 타락한다 할지라도 그처럼 경건하고 신성한 신앙 영역이 존재하는 한, 그곳으로부터 쇄신의 선풍이 불어 종교 본연의 위치를 다시 회복할 수 있을 것만 같았다.

그곳은 1025년에 이미 베네딕트 수도원이 창설되어 긴 세월 동안 청정한 수도장(修道場)의 전통을 가꾸어 오고 있는 곳이었다. 크고 웅장한 건물들은 몇 번이나 증축과 개축을 거듭한 것처럼 보였고, 건물의 외벽에는 우리나라 토담집 같은 질박하고 검소한 분위기가 스며 있었다. 그 수도원에서는 오늘날도 팔십여 명의 남자 수도자들이 기도의 생활을 주로 하는 수도 생활을 하고 있었다.

그들은 또 틈틈이 각기 전문 분야에 따라 도자기 굽는 일, 금은 세공하는 일, 번역하는 일, 출판하고 제본하는 일, 사진을 현상하는 일, 역사·신학·성서 등을 연구하는 일에 종사하고 있었다. 그리고 그곳을 찾는 신자들에게는 피정(避靜)을 지도하고 순례자들을 돌보는 일도 하고 있었다.

산에는 나무도 없고 숲도 없으며 계곡에는 황토물만 흐르고 있어서 그 아무것도 생존을 허락하지 않을 것만 같은 이 산속에 어떻게 수도원이 자리잡게 되었을까. 그 옛날 교통수단이 발달되기 전에는 이 높고 깊은 산중까지 어떻게 자재를 날라 집을 짓고 식량을 조달하며 살 수 있었을까. 쉽게 이해되지 않는 의문들이 꼬리를 물었다. 그러나 그처럼 자연환경이 메마르고 황량했지만 수도자들의 맑은 영성의 기운이 가득히 어리고 있어서인지 종교의 가장 위대한 생명력을 간직하고 있는 곳이 바로 그곳처럼 느껴졌다.

모든 길은 로마로 통한다

이탈리아 1987

아슬아슬하게 탄 로마행 기차

베네치아를 떠나 스페인을 여행한 우리는 스페인에서 다시 이탈리아의 로마로 가기 위해 밤 기차를 탔다. 유럽의 기차들은 한쪽에 복도 같은 통로가 있고 칸칸이 작은 방으로 칸막이가 쳐졌고 일등칸에는 보통 두 사람씩 마주 앉도록 되어 있다. 우리는 서유럽 철도 균일 주유권, 즉 유로레일 패스를 갖고 있어서 자리만 미리 예약하면 복잡한 이등칸이 아닌 일등칸을 항상 이용할 수 있었다. 철도 요금이 비싼 그곳에서는 일등칸을 이용하는 승객이 그리 많지 않았다. 특히 야간열차를 탈 때는 아예 한 칸을 우리 방으로 만들고 의자를 이리저리 젖혀 침대를 만들어 유리창에 커튼을 치고 누우면 아늑한 침실이 되었다. 승차권을 조사하는 승무원이나 국경선을 넘을 때마다 패스포트를 검열하는 출입국 관리들이 우리의 잠을 깨우곤 했다.

로마까지 가려면 스물세 시간 반 동안 기차를 타야 하기 때문에 달리는 열차 속에서 일찍 잠자리를 마련하고 누웠지만 스페인을 탈출하듯 떠나올 때의 아슬아슬한 일 때문에 아직도 가슴이 두근거렸다. 하루의 관광 일정을 마치고 스페인을 떠나기 위해 자리 예약을 하려고 기차역으로 갔을 때의 일이다. 내일 아침에 출발하는 열차를 이용하면 네 번을 갈아타야만 로마에 갈 수 있는데, 오늘 밤에 떠나는 기차를 타면 로마까지 직행할 수 있었다. 시계를 보니 기차 출발 시간까지 삼십 분밖에 남아 있지 않았다. 짐을 들고 네 번을 바꾸어 타는 일도 큰일이었고, 시간도 더 오래 걸리는 아침 열차보다는 밤차로 떠날 수만 있다면 그것이 제일 좋을 것 같았다.

나는 급히 택시를 타고 호텔로 갔다. 타고 갔던 택시를 대기시켜 놓고 급히 짐을 꾸려 나오면 밤차를 탈 수 있을 것 같아 택시 기사에게 잠깐만 기다려 달라고 했다. 그러나 아무리 말을 해도 운전기사는 내 말을 못 알아듣고 차비를 달라고 손만 내밀었다. 만약 그 차를 대기시키지 못하면 우리는 그 밤으로 스페인을 떠날 수 없는 절박한 상황이었다. 그러나 스페인 말을 모르는 내가 아무리 말해 보아도 좀처럼 뜻이 통하지 않았다. 다급해진 나는 언성을 높이고 가슴을 치면서 택시에서 내린 다음 자동차 타이어를 가리키면서 땅바닥에서 움직이지 말라는 시늉을 했다. 그러고는 짐 꾸러미를 들고 나오는 온갖 표현을 동원했더니, 그제야 운전기사는 웃으면서 고개를 끄덕였다.

나는 호텔 안으로 쏜살같이 들어가서 주섬주섬 짐을 들고 나와 하룻밤을 더 자는 숙박료를 빨리 계산한 다음, 대기시켜 놓은 택시를 타고 시계를 가리키면서 시간이 없다는 표현을 하자 몸으로 하는 내 말을 알아듣고 기사는 최대한 빨리 달려 주었다. 역에 도착해서는 고맙게도 우리의 짐을 들고 함께 뛰어주기까지 했다. 우리가 기차에 발을 올려놓자마자 차는 움직이기 시작했다. 평생에 그렇게 아슬아슬한 일은 처음이었다.

스페인을 기적처럼 탈출하듯이 떠나고 있는 일을 생각하니 편히 누워 있는데도 여전히 숨이 제대로 쉬어지질 않았다. 만약 당초부터 우리의 여행 계획을 스페인에서 일박 이일로 예정했더라면 아마 압박감 때문에 구경도 제대로 못했을 터인데 넉넉한 시간을 알차게 쓰고 갑자기 도망가듯 그 밤으로 스페인을 빠져나가고 있는 것이었다.

차창 밖에는 때마침 음력 칠월 열엿새의 둥근달이 휘영청 밝았다. 그 달은 줄곧 내 얼굴을 쳐다보면서 또 다른 이야기를 들려 달라고 조르는 것만 같았다. 나는 여러 나라를 매번 개척자처럼 모험을 하듯 긴장된 가운데 여행하면서도 아직 커다란 실수나 낭패도 겪지 않으면서 마지막 예정지 로마로 향하고 있는 것이 기적 같았다. 법신불(法身佛) 사은(四恩)의 가호하심 속에 도처에서 낯선 백인들이 철저히 고마운 인연으로 나타나서 나를 도와주고 있는 듯하여 감사의 기도가 절실했다. 그리고 지금까지의 모든 여정을 한국에서 마련해 준 석문식(石文植) 박사에게도 감사하고 있었다.

내가 '돌쇠'라는 애칭으로 부르는 석문식 박사는 파리에서 오 년간 유학 생활을 했기 때문에 나의 유럽 여행을 세밀히 계획해 주었고 나는 그 계획 대로 차질 없이 나그네의 걸음을 바쁘게 걷고 있었다. 나는 이제 만나게 될 로마를 마음으로 끌어안으며 잠을 청했다.

가장 많은 것을 느끼고 배울 수 있을 것이라고 기대했던 로마에 도착했 을 때는 다음 날 오후 여섯시경이었다. 로마에서 가장 먼저 받은 충격은 로 마의 숙소가 만원(滿員)이라는 것이었다. 호텔 예약 업무를 보는 곳도 굳게 문을 닫아 버렸다. 너무도 막막하고 난감했다. 그래도 다른 나라에서나 마 찬가지로 먼저 그 나라 돈으로 바꾸기 위해 환전소에서 차례를 기다리고 서 있는데, 잠자리를 구할 수 없는 로마는 발이 땅에 붙어 있지 않은 것처럼 불 안했다. 그런데 천우신조인지 호텔 소개인으로 보이는 중년 남자가 내 곁으 로 다가와서 자기가 호텔을 소개해 주겠다고 말을 걸었다. 그동안 어느 나 라나 그 나라에 도착하면 호텔 예약 업무를 취급하는 곳에서 호텔을 선택해 서 여장을 풀곤 했는데 며칠 전 베네치아를 거치면서부터 소개인을 통해 호 텔을 정하는 이탈리아의 방식을 내가 따르고 있는 듯했다.

로마에 빈 호텔이 없다는데 어떻게 빈방이 생겨났는지 신기하기만 했다. 너무도 고마워서 그 남자가 요구하는 대로 소개비를 계산하고는 정해 준 호 텔로 갔다. 그곳은 상당히 큰 호텔이었다. 호텔 투숙 절차를 마치고 삼층 우 리 방으로 올라가고 있는데 어디선가 소프라노 음성이 튀어 나오듯 들렸다. 우리의 짐을 들어다 주고 있던 호텔 종업원이 "오페라, 오페라" 하면서 우리 를 힐끗 쳐다보고 웃었다. 오페라 가수가 투숙한 모양이었다.

방에 짐을 풀고 욕실에서 세수만 했는데도 너무 행복했고 내 집에 온 것 처럼 편안했다. 밤낮을 기차를 타고 여행하느라 날이 밝으면 고양이 세수처 럼 간단히 씻고 세수했다고 스스로 위로하면서 사람을 마주 대하곤 했던 일 이 새삼스러웠다. 식사를 식당에서 하고 잠을 침대에서 잘 수 있다는 것만 도 너무도 만족스럽고 감사했다.

무상(無常)의 허물 벗어 놓은 폼페이

로마에서 하룻밤을 자고 난 우리는 새벽 여섯시 나폴리행 기차를 타기 위해서 호텔을 나섰다. 어젯밤 택시로 왔을 때 가까운 거리라고 짐작이 되었었기 때문에 우리는 기차역까지 걸어갔다. 어둑어둑한 새벽, 두어 차례 길을 물어 기차역에 도착했다. 인도의 어느 기차 정거장처럼 로마 역사 안에도 많은 사람들이 땅바닥에 쓰러져 자고 있었다. 9월 10일, 밤 공기가 제법 썰렁한데 얼마나 냉기가 심할까. 로마가 만원이라 호텔을 못 잡은 여행객들이 저렇게 하룻밤을 지내고 있는 것인지, 아니면 여행비를 아끼는 젊은이들인지 도대체 알 수가 없었지만 너무도 많은 사람들이 새우잠을 자고 있는 모습을 보고 깜짝 놀랐다.

기차 안의 아침 공기는 냉랭하고 일찍 하루 일과를 시작한 승객들의 표정은 모두 무표정한데 차창 밖으론 어제 보았던 들판이 아침 이슬에 촉촉하게 젖어 있었다. 스페인으로부터 떠나와서 몇 시간 못 자고 강행군하고 있는 우리는 별 감흥 없이 목적지에 빨리 도착하기만을 바라고 있었다. 두어 시간이 지나자 나폴리에 도착했다.

누구의 도움 없이 나폴리, 폼페이까지 다녀올 계획을 세운 나는 먼저 지도를 한 장 샀다. 그리고 나폴리의 국립고고학박물관에 가기 위해서 지하철을 이용하는 것까지 알아 두었다. 그러나 지하철을 어디에서 타야 하는지 몰라 망설이고 있는데 우연히 중년 신사와 눈이 마주쳤다. 그분은 마치 잘 알고 있는 사람끼리 나누는 눈인사를 하듯 미소 지으며 내가 있는 쪽으로 걸어오고 있었다. 나는 그에게 눈인사로 답하고는 지하철을 어느 곳에서 타느냐고 물어보았다. 그분은 함께 가던 친구에게 뭐라고 말하더니 그 친구와 함께 지하철 타는 곳까지 우리를 친절히 안내하여 내가 차에 오르는 것을 지켜보고 잘 아는 친지에게나 하듯 인사를 해 주었다.

지하철에서 내려 박물관의 위치를 알아 놓고 간단히 아침 식사를 마치고 났더니 개관 시간이 되었다. 국립고고학박물관에는 가장 오래된 고대의 조각과 회화들이 소장되어 있었고 부분적으로 파손된 조각품은 폼페이에서 발굴된 것들이었다. 고대의 대리석 조각품들은 너무나도 훌륭해 보였다. 여인들의 몸매와 의상은 그 선이 하도 고와서 만지면 부드러운 탄력을 느낄 수 있을 것만 같았고, 남성들의 근육은 철통같이 단단해 보였다. 자세에 따라 힘을 받은 근육 표현도 섬세하게 표현되어 있어서 옛 로마 사람들의 뛰어난 예술적 감각을 깊이 느끼고 박물관을 나왔다.

우리는 곧 폼페이로 향했다. 베수비오(Vesuvio) 산기슭에 자리한 로마의 옛 도시 폼페이는 그 당시의 인구를 약 이만오천 명으로 추산하는데, 서기 79년 8월 24일 사 킬로미터 떨어진 베수비오 산의 화산 폭발로 삽시간에 화산재에 덮여 지상에서 모습을 감추어 버리게 된 도시이다. 1600년경 하천 공사 중 폼페이 언덕에 터널을 뚫다가 묻혀 있던 도시를 처음 발견하게 되었다고 한다. 그 후 1748년에 프랑스의 부르봉(Bourbon) 왕조가 발굴을 시작하여 대리석 조각품과 귀금속품 등을 찾아내고는 다시 묻어 버린 것을, 1860년경에 조직적인 발굴을 시작했고, 1920년대에 이르러 발굴된 유적을 보수하고 발굴품을 현장에 보관하는 등 오늘날에 볼 수 있는 모양을 갖췄다고 한다. 그러나 현재도 오분의 사 정도만 발굴되었기 때문에 아직도 발굴 작업은 계속되고 있었다.

폼페이는 기원전 칠세기 말에 이룩된 도시라고 한다. 그런데도 도시 계획이 너무나도 치밀하고 완벽하여 좁은 공간 안에 엄청난 건축물과 문화 시설을 조화롭게 배치하고 있었다. 극장, 음악당, 운동장 등의 시설이 거의 오늘날의 것과 별 차이가 없다는 것이 전문가들의 견해이다.

일직선으로 곧게 뻗은 도로는 마차가 비켜 다닐 수 있을 정도로 넓었고, 자연석을 촘촘히 깔아 놓은 길바닥에는 두 줄의 마차 바퀴 자국이 패여 있어 그 당시 왕래의 빈도를 말없이 설명해 주고 있었다. 도시 전체의 지붕이 날아가 버린 것 같은 폼페이는 도시 골격이 그대로 보존되고 있었다. 주택들을 모두 벽돌로 견고하게 짓고 살았으며, 어느 부유한 저택이었을 것 같은 정원에는 대리석 조각과 함께 조형미를 갖추어 꾸미고 살았던 모습도 엿볼 수 있었다. 여러 개의 솥이 걸린 주방은 아마도 음식점인 듯싶고, 그 당시

로마 제국의 옛 도시 폼페이에서. 그 옛날 자연석 길바닥에는 마치 바퀴 자국처럼 두 줄이
파여 있었고, 질그릇 조각에서는 그 옛날 서민들의 생활 모습을 엿볼 수 있었다.

의 질그릇을 볼 때는 서민들의 생활 모습 모두를 보는 것 같았다. 성당이라고 안내문이 붙은 장소에는 그 옛날 어느 신을 섬기는 신전이었던 것 같은데 벽에 그린 신들의 모습과 벽화의 색상이 아직도 너무 선명해서 천구백여 년 동안의 잠에서 깨어난 것 같지가 않았다.

더욱 놀라운 것은 일만이천 명을 수용할 수 있는 대 원형극장과 일천 명을 수용할 수 있는 음악당이었다. 그곳은 원형 그대로 보존되어 있어서 오늘날 노천극장으로 써도 매우 훌륭할 것 같았다. 운동장의 규모도 커 보였는데 그 시대 사람들은 그 운동장에서 무슨 경기를 했을까 하고 여러 가지 상상을 해 보았다. 중요한 공공건물이 자리했던 대리석 원형 기둥들이 하늘 높이 치솟아 있어서 그 당시 건축 문화예술의 높은 수준을 짐작케 했다.

그러나 화산재에 묻혀 화석이 되어 버린 천구백 년 전 사람들의 모습은 하얀 치아가 그대로 보였고, 그들의 자세에서 그 당시의 인간의 실체와 비참한 실상을 그대로 보는 것 같아 참으로 가슴 아팠다. 그 화석들은 오히려 이집트의 미라보다 더 깨끗하게 원형 그대로 보존되어 있었다. 그러나 천구백 년 전 삽시간에 아비규환으로 천지가 진동했을 비탄의 절규와 비애는 모두 삭아 재가 되어 버린 듯했다. 오늘날 관광객들은 그때의 비탄과 비애는 아랑곳없이 마치 하나의 커다란 박물관처럼 이천 년 전 폼페이의 훌륭한 도시 구조와 화려했던 그들의 생활상을 엿보고 짐작하면서 감탄을 금치 못하고 있었다.

인간 무상의 허물을 벗어 놓은 폼페이에서는 길손으로 만난, 육 개월 동안 여행을 계속하고 있다는 오스트레일리아의 학교 교사가 우리들의 안내자로서 모든 질문에 답을 해 주었다.

콜로세움의 석양빛

"모든 길은 로마로 통한다"는 로마에 서유럽 국제 열차의 종착역을 통해 들어갔다. 나의 유럽 여행에서 로마는 마치 올라야 되는 산의 정상처럼 느껴졌다. 서양 문화의 기원이 그리스에서부터 비롯되었다고 하지만 나의 이번 여행 계획에는 그리스가 들어 있지 않았다.

로마가 군사적으로는 그리스를 정복했지만 문화적으로는 그리스로부터 정복당했다고 한다. 대부분의 로마 문화가 그리스 문화를 모방하여 발전시킨 것이라고 볼 때 나로서는 서양 문화의 원류를 로마로부터 헤아리는 것에 우선 만족해야 했다. 로마 제국에서부터 현재까지의 그 장구하고 유구한 역사 발전의 과정을, 그리고 그 종합적인 것을 로마에서 모두 만나고 배울 수 있으리라는 나의 기대감은 대단했다. 그래서 로마를 여행의 마지막 코스로 잡아 놓고 유럽을 좁혀 들어와서 결국 이곳에 도달한 셈이다.

나는 다른 나라에서와 마찬가지로 호텔에서 연결되는 로마 시내 관광에 합류했다. 로마는 세계 사람들의 물결로 뒤덮여 있었다. 이제 로마는 로마 사람들끼리 소유하고 간수할 수 없는 인류의 역사적 고적지(古蹟地)처럼 보였다. 관광객들이 버린 쓰레기로 로마의 길거리는 더럽혀져 있었고 차도는 차량으로 넘쳐서 소통이 잘 안 된 채 교통질서는 매우 혼잡했다.

로마 제국의 건국은 기원전 팔세기경에 티베레 강 근처 일곱 개의 언덕에 마을이 생겨나면서부터 시작되었다고 한다. 그 촌락이 점점 도시로 발전하고 그 힘이 이탈리아 전역을 석권한 다음, 그리스의 여러 도시 국가를 정복하고 나중에는 스페인까지도 손안에 넣어 지중해 연안을 지배하는 막강한 로마 제국을 건설했다.

오늘날의 로마 시는 인구 이백오십만으로 서울보다 훨씬 작은 도시이다. 그러나 고대와 중세, 현대가 같은 공간 속에 자리를 함께하고 있는 로마, 그 역사를 엮어 오던 인걸(人傑)들은 사라져 버렸지만, 그때 그 사람들이 달성한 위업의 발자취가 남아 있고, 로마 시내에 가득히 실려 있는 장엄한 대리석 건축물들은 오늘날도 몇천 년의 역사를 전신에 간직한 채 우람한 모습으로 턱 버티고 서 있었다. 이러한 로마의 장중한 위용에 나는 완전히 압도되어 버렸다. 대리석 건축물들은 고색이 창연하여 암갈색으로 느껴졌고 무겁고 무거워 보였다.

고대 로마의 정치, 종교의 중심지였다는 로마 광장은 잡초만이 우거진 폐

원형대로 잘 보존되고 있는 판테온 신전 앞에서.

허였다. 그러나 그곳에는 옛 로마 건축물의 동강 난 석주, 무너진 석벽, 조상의 인물들이 파손된 형태로 마치 로마 제국의 잔해처럼 그대로 널려 있었다.

신전, 궁전, 재판소, 공회당, 개선문 등 공공건물이 자리했던 로마 광장에는 파손되고 남은 건물의 일부가 마치 허공을 배경으로 하여 걸려 있듯이 드높은 원형 기둥 위에 가느다란 대리석 조각품의 천장 부분이 사뿐히 얹혀 있었다. 그 밑 폐허에는 여기저기 소중한 역사의 유물들이 마치 버려진 듯 즐비하게 널려 있었다.

로마의 지상은 모두가 유적지이고 그 위에 있는 옛것은 모두가 문화재여서 로마 시는 있는 그대로가 노천 박물관처럼 여겨졌다. 역사 속에서 사라져 버린 그리고 폐허 위에 잔해만이 남아 있는 로마 제국을 바라보면서, 좀 전에 보았던 판테온 신전과 옛 도시 폼페이를 떠올렸고, 그 막강하고 화려했던 로마 제국이 건재할 당시의 로마 광장의 옛 모습을 상상해 보았다.

옛 로마 건축물 중에서 원형대로 보존되고 있는 판테온은 기원전 27년 아그리파에 의해 올림포스의 신들에게 제사 지내기 위한 신전으로 창건했다고 한다. 판테온 입구에는 열여섯 개의 화강암 원형 기둥이 견고하고 우람하게 서 있었는데, 그 넓은 신전 내부에는 신기하게도 한 개의 기둥도 없었다. 돔식 건물이 사십삼 미터로 높이 솟았고, 지붕 꼭대기에 뚫려 있는 직경 구 미터의 천장으로 새어 들어온 빛은 어둠 속에 희미한 밝음을 만들어 신전의 분위기를 더욱 엄숙하게 느끼게 했다. 나로서는 그 난해했을 건축 공법도 이해하기 어렵거니와 이천 년의 긴 세월 속에 그렇게 건강한 모습으로 보존됐다는 것 자체도 상상이 미치지 않았다. 그 당시 로마 사람들의 건축 예술의 재능과 기술은 판테온 신전과 고대 로마 도시 중의 하나였던 폼페이의 옛 모습을 빌려 생각해 보면 불가사의하고 놀랍기만 하다.

로마의 상징인 콜로세움은 옛 로마 사람들의 원형 경기장으로 로마의 명물이었다. 그 내외부가 많이 파손되었지만 돌을 자재로 하여 축조한 경기장의 골격만은 옛 모습 그대로 위용도 당당한 거구를 폐허 위에 지탱하고 있으면서 로마의 번영과 몰락의 역사를 침묵으로 전하고 있었다. 콜로세움은 기원 후 72년 베스파시아누스(Vespasianus) 황제에 의해서 건축이 시작되어 그의 아들 티투스(Titus)에 의해 팔 년 만인 기원 후 80년에 완공되었다고 한다. 콜로세움은 세계 정복자로서의 로마인의 기상을 고양하기 위하여 창 안되었다고 한다.

그 원형 경기장은 사층의 타원형 계단식 노천극장으로 오만 명을 수용할 수 있도록 그 규모가 매우 방대했고, 일층에서 삼층까지는 둥근 석조 외벽에 각각 팔십 개의 아치식 문을 만들어 놓고 있어 수준 높은 로마 건축 예술의 한 단면을 보여 주고 있었다. 팔세기 영국의 성직자 비드(Bede)는 "콜로세움이 서 있는 한 로마는 존재할 것이고 콜로세움이 파괴되면 로마도 멸망할 것이다. 그러나 또한 세계도 따라 망할 것이다"라고 말하였다 하니, 콜로세움에 대한 로마 사람들의 긍지가 어떠한 것인가를 짐작할 수 있다.

콜로세움은 로마 사람들의 생활과 직결되어 있었다. 로마 제국은 여러 나라와의 전쟁에서 승리하여 식량을 빼앗아 들여오고, 패전국으로부터 포로로 끌고 온 노예들이 노동을 대신해 주자 로마인들은 노획한 사치품으로 호사스러운 생활을 하면서 향락만을 추구했다. 그 옛날 냉탕과 온탕의 시설을 갖추고 체육실, 도서실, 예배당까지 구비한 카라칼라(Caracalla) 목욕장은 동시에 천육백여 명을 수용하는 고급 사교장이었다고 한다.

고대 로마 별장 지대인 티볼리(Tivoli)에서 빌라 데스테(Villa d'Este) 별장의 아름다운 정원과 오백여 개의 분수를 구경하면서 너무도 아름답고 뛰어난 조경 감각에 탄복했지만, 그 넓은 공간에 그처럼 여러 형태의 분수 시설을 해 놓고 여름 한철을 즐겼을 에스테가 출신의 추기경 이폴리토(Ippoli-to) 2세 같은 특수 신분의 사람들을 생각할 때 그들의 사치가 어느 지경에 이르렀는가에 대하여 나로서는 짐작하기 어려웠다.

콜로세움 경기장 안에는 황제의 자리, 귀족, 원로원(元老院), 기사, 로마 시민의 자리 등이 따로 정해져 있고 여성의 자리, 노예의 자리 등이 구분되어 있었다고 한다. 그처럼 특수 신분의 귀족들이 관전을 하기 위해 그 넓은 경기장을 꽉 메우면, 잘 훈련된 검투사들이 사나운 맹수들과 싸우며 죽음과 대결하는 용기를 즐겼다고 한다. 콜로세움 완공을 기념하는 백 일간의 축제 공연 때는 구천 마리의 야수가 검투사들에 의해 살해되었다는 기록이 있다고 하고, 그 후에는 그곳에서 검투사들끼리 죽음과 삶의 승부를 겨루는 것을 즐겼고, 특히 기독교 박해 시기에는 맨손의 기독교인들을 굶주린 야수 앞에 내던져 싸우게 하여 수많은 기독교인들이 피 흘리며 맹수들의 먹이로 사라지는 그 피비린내 나는 현장을 스포츠처럼 관전하면서 열광하고 환호했다니 그때의 로마 사람들의 잔인성이 느껴졌다. 오세기경 동방에서 온 텔레마쿠(Telemachus)라는 승려가 그 잔인한 행위를 저지하려고 경기가 진행 중인 경기장으로 뛰어 들어가 검투사들의 싸움을 말렸으나, 그 승려는 피에 굶주린 군중들의 투석에 맞아 죽었다고 한다.

로마 사람들의 심심풀이로 억울하게 목숨을 잃은 검투사들, 박해당하던 기독교의 순교자들, 콜로세움 경기장을 축조하며 희생되었던 유대인 죄수들, 그리고 검투사들의 칼에 맞아 수없이 사라진 맹수들의 목숨까지 그 많은 영령(英靈)들을 위해 잠시 묵념을 올려 원혼들을 위로했다. 로마에 압도당했던 나는 피를 보고 환호하고 열광했을 로마 군중들이 망령처럼 떠올라 분노의 저항감이 마음 밑에서 치미는 듯했다. 그리고 콜로세움 지하에 맹수들을 가두어 기르던 우리를 볼 때는 섬뜩했다.

비명소리와 신음소리, 그리고 피 흘리는 생명체의 죽음을 보고서야 직성이 풀리는 놀이들에 로마 사람들의 혼이 빠져 있는 동안, 나라 안에서는 빈곤에 허덕이던 농민과 인권을 유린당한 노예들이 폭도로 변하여 그 막강하던 로마 제국은 혼미와 혼란을 거듭하게 되고, 밖으로는 게르만 민족의 말발굽 소리가 저 멀리서 가까워져서 마침내 외침(外侵)을 허락하게 되고 만다. 로마 제국 하늘에 찬란하고 강렬하게 빛나던 태양이 콜로세움에서 석양 빛으로 쓰러지고 있음을 보았다. 그리스, 로마로 이어지던 서양의 고전·문명의 막을 내리고 서양의 무대를 유럽으로 내어 주고 있는 것을 보는 것 같았다.

바티칸의 명암

이탈리아의 수도 로마 속에 자리하고 있는 세계에서 제일 작은 나라 바티칸 시국은 오히려 로마로 상징되어지고 있다. 고작 0.44평방킬로미터의 작은 영토에 인구 일천여 명이 거주하고 있지만 바티칸 시의 시민권을 갖고 있는 사람은 오백서른일곱 명이라고 공식 집계(1987년 기준)되고 있어, 작은 나라의 성격이 그 인구로도 짐작이 갔다. 그러나 이천 년의 역사를 헤아리는 기독교의 뿌리이고, 세계의 팔 억 가까운 가톨릭교회의 총본산인 바티칸 시국은 정신적 영향력의 의미에서는 세계에서 가장 막강한 나라이다. 오늘날의 바티칸 시국은 1929년 교황청 당국과 이탈리아 무솔리니 정부 사이에 체결된 라테란 협정에 따라 주권 국가가 되어, 화폐, 우표, 신문을 독자적으로 발행하고 세계 삼십사 개 국어로 방송하는 방송국과 철도 시설도 갖추고 있다.

나는 바티칸 시국을 관광하던 날 몹시 우울했다. 세계 사람들 속에 섞여서 관광한다는 것이 언어 장애 때문에 항상 어렵고 힘든 일이지만, 바티칸 교황청에 대해서는 유난히 모든 것을 철저히 알고 싶은 욕구 때문인지 관광의 불만이 컸고 마치 숙제를 잘못한 학생 같았다.

나는 로마에서 어떠한 실수도 만들지 않기 위해서 준비해 온 전화번호로 전화하여 한국 사람으로부터 특별 안내를 받기로 했다. 그 안내원은 유학생으로 이탈리아에 왔다가 이곳 사람과 결혼하여 로마에서 살고 있기 때문에 로마의 모든 것을 잘 알고 있었다. 그녀는 그와 같은 일에 많은 경험이 있는 사람으로 모든 것을 만족스럽게 설명해 주었다. 나는 결국 M 여사의 도움을 받아 베드로 성당과 바티칸 박물관, 그리고 로마에 있는 중요한 교회들을 그녀가 운전하는 차를 타고 다니며 관광하기 시작했다.

바티칸을 대표하는 성 베드로 성당에 가기 위해 먼저 밟은 땅이 성 베드로 광장이었다. 베드로 성당의 정면을 중심으로 하여 두 팔을 넓게 벌려 마치 끌어안아 감싸는 듯한 타원형 광장은 삼십만 명을 수용할 수 있다고 한다. 베르니니(G. L. Bernini)의 설계에 의하여 만들어진 베드로 광장은 반원의 열주회랑(列柱回廊) 테라스 위에 수많은 성인의 대리석상들이 도열돼 있었고, 그 넓은 광장의 공간이 짜임새있는 종교의 예술품 앞에 서 있는 느낌을 자아냈다.

네로 황제의 기독교 탄압을 피하여 아피아 가도를 따라 도망가던 사도 베드로가 로마로 들어가는 길목에서 예수의 환영을 보고 "주여! 어디로 가시나이까"라고 애절하게 묻자, "다시 한번 십자가에 못 박히려고 로마로 간다"라는 답변을 들려주고 그 환영은 사라졌다고 한다. 그때 그 말을 들은 베드로는 순교를 결심하고 로마로 다시 들어가 결국 바티칸 언덕에 있는 원형 경기장에서 처형당했다.

콘스탄티누스(Constantinus) 황제의 밀라노칙령에 의하여 그리스도교가 공인되면서부터 사 세기에 걸친 기독교의 모진 박해는 끝이 났다. 그리고 콘스탄티누스 황제가 326년 베드로의 무덤 위에 성 베드로 성당을 짓게 한 것이 오늘의 바티칸 시국의 연원이 된다.

그러나 베드로 성당이 천이백여 년의 긴 세월 동안 너무 퇴락하게 되자 가톨릭 교단의 발전된 교세와 최초의 교황인 베드로의 명성에 걸맞은 대성당을 건립하기로 했다. 그 당시 르네상스의 기라성 같은 건축가들이 이 건축에 대거 참여하여 1506년부터 짓기 시작하여 백이십여 년간의 긴 공정 기간을 거쳐 1626년에 드디어 완공한 건물이 오늘날의 베드로 성당이다. 성베드로 성당은 르네상스 건축 양식을 대표하는, 세계에서 가장 큰 성당이다. 돔의 직경만도 사십이 미터나 되는 베드로 성당의 돔의 설계는 이미 칠십일 세의 노장이 된 미켈란젤로(Michelangelo)가 했다.

그 돔의 수직의 지하에는 황금색의 창살이 둘러져 있고 많은 램프가 불을 밝히고 있는 가운데 베드로의 무덤이 있다. 그리고 그 무덤 위에는 교황의 제대(祭臺)가 놓여 있다. 그 장엄하고도 찬란한 돔 아래, 베드로의 무덤위에는 베르니니가 조각한 청동 제대가 교황의 권위를 상징해 주고 있었다. 성당 내부에 있는 베드로의 동상 오른쪽 발은 오랜 세월 수많은 순례객들이 입 맞추고 어루만져서 발가락이 희미하도록 닳아져 있었다.

육만 명을 수용할 수 있다는 성 베드로 성당의 그 넓은 공간은 어느 한 곳도 예술적으로 화려하게 장엄되지 않은 곳이 없었다. 성 베드로 성당을 보는 모든 사람들은 그 규모와 장엄미, 화려함에 모두가 압도될 것이다. 나는 베드로 성당에서 가톨릭교회의 물질적 부(富)를 보는 것 같았다. 그리고 인간의 예술적 감각과 재능, 그 모두를 임의대로 부리어 쓸 수 있었던 교황의 권능도 함께 보았다.

눈이 휘둥그레지고 입을 다물 수 없을 것 같은 느낌으로 베드로 성당을 구경한 나는 종교적 신앙 공간이 과연 이만큼 사치스럽도록 화려할 필요가 있는가 하는 의문이 작은 저항감처럼 들었다. 그리고 그 화려한 성 베드로 성당의 암울한 뒤안길, 신앙의 자유가 없고 박해받던 세월, 헤아릴 수 없는 수많은 교인들을 콜로세움 원형 경기장에서 굶주린 야수의 먹이로 희생하게 했던 일, 박해를 피해 땅굴 속 지하 공동묘지에서 예배 공동체 생활로 교단을 지켜 오던 카타콤베의 초기 기독교인들의 모습 등을 생각했다. 교단이 형성되고 발전의 역사로 전진하다 끝내 부패하고 타락하여 면죄부를 팔던 암흑의 중세 천 년, 결국 종교개혁으로 생가지가 찢겨 나가 신교가 만들어져야 했던 역사, 그 역사의 터널을 뚫고 나와 오늘의 화려하고 장중한 바티칸 시국을 건설한 명암이 함께 보였다.

르네상스 문화의 성지(聖地)

기대감이 크고 호기심이 많은 박물관도 몇 시간을 보고 나면 지치듯이 나의 로마 여행이 그러했다. 그 어느 것 한 가지도 역사적 배경 없이는 이해할 수 없는 로마의 모든 것이 나에게는 큰 부담이 되었다. 어려운 강의 시간을 마치고 교실 밖으로 나가는 학생과 같은 기분으로 로마를 떠나 피렌체로 가고 있었다. 기차 속에서 로마에서의 몇 날을 회상하다가 젊은 의사 움베르토가 생각났다.

기차 편으로 나폴리를 가던 날, 차창 밖으로 눈앞에 스치는 산을 바라보다 맞은편에 앉아 있는 젊은이에게 나는 "유럽의 다른 나라들은 산에 나무와 숲이 많은데 왜 이태리 산은 저렇게 나무가 없느냐"고 물었다. 그는 나의 질문 요지를 이해하는 듯 보였지만 쉽게 답변을 못하고 망설이다가 손에 들고 있는 책을 내보였다. 한쪽에는 영어가 그리고 다른 쪽에는 이탈리아어로 씌어진 책을 보여 주며 요즈음 영어를 공부하고 있다고 했다. 어렵게 대화가 소통되었는데 그는 현재 군의관이라고 했다. 귀공자처럼 깨끗한 인상의 그 젊은이는 자기 집 전화번호를 적어 주면서 로마로 되돌아오거든 전화를 꼭 걸어 달라고 했다.

로마를 떠날 준비를 하면서 그에게 전화를 걸었다. 이제 로마를 떠날 예정이라고 인사말을 했더니 그는 대답할 말을 궁리하는 듯 한참 동안 말이 없더니 "노"라는 소리가 들려왔다. 그리고 다시 한참 있다가 "호텔 이름"이란 짧은 말이 이어졌다. 나는 호텔 이름과 나의 처소를 가르쳐 주었다. 그는 다시 더듬거리는 말투로 "오늘 오후 일곱시"라고 말하고는 수화기를 놓았다.

일곱시가 되자 그 젊은 의사는 예쁜 아가씨와 함께 찾아왔다. 웃음으로 인사를 대신한 그가 편지 봉투를 내밀기에 펼쳐 보았더니 영어로 아예 대화의 요지가 적혀 있었다.

로마 방문은 유익하십니까?
나는 나의 약혼녀와 함께 왔습니다.
나의 집 방문을 원하십니까?
당신과 당신 친구는 아이스크림을 먹고 싶습니까?

안나리타라는 이름의 약혼녀는 더 많은 영어 단어를 알고 있어서 두 사람이 공동으로 구사하는 대화로 우리는 한참 이야기를 나누었다. 마음을 전하려고 애쓰는 사람들끼리는 말은 서툴러도 뜻이 먼저 통하게 마련이다. 그 젊은이의 편지를 쓰겠다는 마지막 말 때문에 로마에 인정의 고리를 걸어 놓고 떠나오고 있었다.

피렌체에서 여장을 푼 곳은 호텔이라기보다 민박집에 가까웠다. 인정 많아 보이는 할머니와 아들, 두 사람이 호텔 일을 보고 있었다. 그 호텔은 방이 많지 않아 조용하고 청결했다. 우리 방이 이층이어서 창밖을 내려다보니 빨간 기와지붕들이 서로 가까이 추녀를 맞대고 있는 모습은 예스러워 보였고, 북적대던 로마와 대조적으로 피렌체는 적막에 싸여 있는 듯이 조용했다. 서편 하늘에는 곱고 부드러운 석양빛이 나를 마치 감싸 주는 듯 아늑한데, 때마침 울리는 교회의 종소리는 지친 나를 더욱 편안하게 만들어 주었다.

심신이 몹시 피곤한 나는 마치 휴양지를 찾아온 것처럼 침대에 눕고 말았다. 그리고 다음 날 오전까지 일어나지 못했다. 여행의 막바지에 로마의 몸살이 피렌체에서 터진 셈이었다. 나의 그림자처럼 말없이 나를 따르던 여행 동반자 신현대 교도의 지극한 보살핌과 여행자의 긴장 덕분에 나는 오후에 자리를 털고 일어났다. 맨 먼저 찾아간 곳은 시장의 과일 가게였다. 그곳에서 신선한 과일들을 잔뜩 사 가지고 들어와서 약 대신 충분히 먹었다. 나의 긴 여정에 모처럼 휴식을 취한 셈이었다.

문예 부흥이 싹트고 꽃피었던 북이탈리아의 피렌체는 유럽의 문화 수도라고 일컬어지고 있다. 당시 인구 오십만이 살고 있었던 피렌체에는 현대적 감각을 느낄 수 있는 도로나 건물은 거의 없었다. 도시 전체가 골목길처럼 좁았고, 곧은길보다는 굽은 길이 더 많았다. 건물들도 모두가 예스럽기만 했다.

십오세기경 피렌체 공화국 시절 금융계를 석권하던 메디치가는 문예를 숭상하고 보호하여 르네상스가 개화하도록 뒷바라지해서 피렌체를 오늘날 유럽의 문화 수도로 가꾼 세도가였다.

레오 10세, 클레멘스 7세 등 두 명의 교황을 배출하기도 한 메디치가의 묘역은 작은 박물관처럼 보였다. 특히 미켈란젤로의 〈낮과 밤〉의 조각은 모든 사람들의 발걸음을 멈추게 했다. 나는 그곳에서 대리석 상감(象嵌)의 작품을 대하면서 유럽 대리석 문화의 정수를 보는 것 같았다. 그 표현이 너무나도 섬세하고 색상이 영롱하도록 아름다워서 대리석을 소재로 한 작품으로 믿어지지가 않았다. 오히려 수놓은 자수나 한 폭의 그림을 보는 것 같았다.

이백 년이 걸려 완성됐다는 두오모 성당은 피렌체의 대표적인 건축물이었다. 그 성당의 외부는 백색, 붉은색, 청옥빛의 대리석을 조화롭게 배색하고 치장하여 거대한 예술품 같았다. 그래서 '꽃의 성모 성당'이라고 불리고 있었다. 그 옛날 정치의 중심지였던 시뇨리아 광장에는 숱한 거장들의 조각품들이 즐비하게 놓여 있었고, 조토의 종탑(Campanile di Giotto), 산 조반니 세례당의 '천국의 문(Porta del Paradiso)' 등 잠시만 발걸음을 옮기면 훌륭한 작품들과 마주하게 되었다. 피렌체는 참으로 도시 전체가 예술의 공간처럼 느껴졌다.

영국의 웨스트민스터 성당과 성격이 같은 산타 크로체 성당은 내부 전면에 조토의 그림으로 성 프란체스코(Francesco)의 일대기가 그려져 있는, 마치 한국의 맞배집 천장 분위기를 자아내는 소박한 교회였다. 그러나 그 교회 안에 잠들고 있는 영령들 앞에서 나는 피렌체가 참으로 위대한 도시임을 새삼 깨달았다. 그곳에는 단테, 조토, 갈릴레이, 미켈란젤로, 마키아벨리 등 인류 문화사에 빛나는 역사적인 인물들이 나란히 돌무덤 속에서 깊이 잠들고 있었다.

피렌체라는 이 작은 도시에서 어떻게 이처럼 인류 역사에 혜성과 같은 수많은 인물들이 배출될 수 있었을까…. 레오나르도 다 빈치와 라파엘로도 피렌체가 낳은 인물들이다. 피렌체는 르네상스 문화의 성지라고 기림을 받아 마땅할 것 같았다.

피렌체 중심가를 흐르고 있는 아르노 강, 베키오 다리 위에는 허름한 판잣집 같은 건물들과 보석 등을 파는 상가들이 줄지어 있어서 너무나도 평범해 보였지만, 그러나 바로 그곳에서 시성(詩聖) 단테가 베아트리체(P. Beatrice)를 처음 만났다고 하니 그 유서 깊은 다리를 밟아 보는 감회는 꿈만 같았다. 그리고 미켈란젤로나 다 빈치 같은 인물들이 이 시가지의 좁은 골목길을 일상의 생활인으로 거닐었을 것을 생각하면 피렌체의 도시 공간이 모두가 환상적으로 느껴졌다.

우피치 미술관과 아카데미아 미술관에서 르네상스 기의 대표적인 작품들을 구경했지만, 미켈란젤로의 〈다비드〉상을 보면서 깊은 감동의 늪 속으로 빠져들었다. 그 차가운 대리석에서 인간의 생명력이 샘솟아 보였고, 근육의 탄력과 섬세한 혈관까지 다 보이는 〈다비드〉상은 지금 전신에 피가 돌고 있을 것만 같았다. 로마 바티칸의 성 베드로 성당에 그 유명한 돔을 설계한 건축가 미켈란젤로, 그리고 그곳 시스티나 성당의 〈최후의 심판〉 벽화와 〈천지 창조〉의 천장화를 그렸던 미켈란젤로, 그리고 베드로 성당 내부에 있는 〈통곡하는 성모〉상과 여기 피렌체의 〈다비드〉를 포함하여 숱한 조각품을 남긴 조각가 미켈란젤로, 천재 예술인 미켈란젤로의 팔십구 세의 긴 한평생은 인류 문화유산 창조에 바쳐진 소중한 생애였다. 그러나 자신의 삶은 고행 중인 수도승같이 살았을 것만 같다.

르네상스의 분위기를 한껏 호흡한 나는 피렌체를 찾은 것이 마치 영혼의 친지들을 방문하기 위해서였던 것만 같았다.

수녀원 침실의 솔방울

유럽의 여정 사십 일이 저물어 갈 무렵 이탈리아 피렌체에서 유럽에 첫발을 내디뎠던 파리로 되돌아왔다. 낯익은 파리는 어느덧 고향에라도 돌아온 것처럼 편안한 느낌을 주었다. 이제 미지를 개척하면서 찾아다니던 여행자의 긴장은 모두 끝났다.

호텔을 정한 다음 맨 먼저 엠아르에이 하우스에 전화를 걸었다. 고맙게 대해 주시던 모리스 씨 부처가 그곳에 안 계실 줄 알면서도 스위스에서 파리로 왔을 때 우리의 일부 짐을 그곳에 맡기고 다음 여행지로 떠났기 때문에 그 짐을 찾기 위해서였다. 전화를 받는 사람이 누구인지 알 수 없지만 나의 신분을 밝히자 그분은 반가워했다.

꽃을 몇 송이 사들고 엠아르에이 하우스 벨을 눌렀다. 테이트(A. Tate) 씨 부부가 나와서 우리를 반겨 주었다. 그들 부부와는 따로 인사한 일이 없었지만 스위스 마운틴 하우스에서 함께 지냈다며 가족이라도 돌아온 것처럼 기뻐했다. 그리고 안전하게 보관되었던 우리의 짐도 내주었다.

그간 여러 나라를 여행했던 경험담을 화제로 삼다가 프랑스의 작은 섬에 있는 아름답기로 유명한 몽생미셸 수도원에 가고 싶다고 하면서, 알아본 관광 편은 주중에 두 번 있는데 우리가 이용하기에는 알맞지 않아 개인적으로 찾아갈까 한다고 말했다. 내 말을 듣던 테이트 씨는 한동안 무엇인가를 생각하더니 몽생미셸은 너무 멀고 가기도 어려우니 파리에 있는 수녀원을 한 군데 방문하는 것이 어떠냐고 물었다. 나는 그러면 좋겠지만 가볼 만한 수녀원을 알고 있지 않다고 말했다. 그러자 테이트 씨는 자신의 사촌 누이가 수녀로 있으니 그곳을 방문할 수 있도록 주선해 보겠다고 했다.

우리가 호텔로 돌아온 후 테이트 씨로부터 전화가 걸려 왔다. 내일 오후에 수녀원 방문이 약속되었으니 함께 가자며 저녁 식사에까지 초대해 주었다. 다음 날 수녀원에 가기 위해서 테이트 씨는 우리를 데리러 호텔로 왔다. 친절한 테이트 씨를 따라간 곳은 파리 교외 뇌이쉬르센(Nuilly-sur-Seine)에 위치한 성 토마 빌뇌브(Saint Thomas de Villeneuve) 수녀원이었다. 테이트 씨의 사촌 누이 스타니스라 수녀님이 우리를 반겨 주었다. 육십 세가 넘어 보이는 그 수녀님은 아직도 생동감 넘치게 활달해 보였고, 총명스런 그분의 눈빛을 보고 있노라면 테이트 씨가 불어로 통역해 주기 전에 여러 가지 이야기를 알아들을 수 있을 것만 같았다.

1661년 가난한 사람을 돕기 위한 목적으로 창설된 이 수도회는 십칠세기 말엽에 파리에 정착했고, 1907년부터 옛 왕궁인 현 건물을 수도원으로 사용하고 있다고 했다. 그리고 몽콩투르 병원을 포함하여 세 개의 병원을 운영하면서 가난하고 불쌍한 사람들을 돌보고 있다고 했다.

우리가 처음 안내된 곳은 역대 총장 수녀님들의 초상화가 걸려 있는 방이었다. 그분들 표정은 한결같이 근엄해 보였고 지도자다운 기품이 엿보였다. 숨죽여 걷자고 눈짓하는 수녀님을 따라 성당 옆으로 들어갔다. 그곳에는 아기 예수를 안고 있는 까만 몸빛의 성모마리아 상이 있었고, 특별한 분위기를 느낄 수 없는 성당 안에는 십여 명의 수녀들이 묵상하고 있는 듯했다. 회의실과 식당 등을 안내한 다음 수녀님 침실을 두 개 보여 주었다. 그 방 안 분위기는 단조롭고 검소한 것이 특징이었다. 그러나 잠시 후 나는 빙그레 웃고 있었다. 몇 권의 책이 놓인 책상 위에는 작은 돌멩이 같은 자연석이 있었고 그 곁에 몇 개의 솔방울이 소박한 '이빨'을 있는 대로 드러내고 웃고 있었기 때문이었다. 어느 수녀님의 사랑스런 소녀 마음을 만나는 것 같기도 했고 또 우리들의 어느 방을 보는 것 같기도 했다. 수도자가 자연과 함께 살아가는 모습은 동서양 수도자들의 공통점인 것을 발견했다.

수녀원의 내부를 구경한 다음 안내된 곳은 원장 수녀님이 계신 곳이었다. 인자한 모습의 원장 수녀님은 만면의 미소로 나를 반겨 주었다. 테이트 씨가 나를 소개했을 때 그분은 빛나는 눈빛으로 나를 바라보면서 무엇인가 나의 반응을 기다리고 있는 듯해서 나는 테이트 씨를 쳐다보았다. 테이트 씨는 수녀님이 내 뺨에 입맞추고 싶다고 말한다고 했다. 나는 그분 곁으로 갔다. 그분은 가볍게 포옹하면서 내 뺨에 우정의 입맞춤을 했다. 그리고 성모 마리아가 아기 예수를 안고 있는 열쇠고리를 선물로 주었다.

원장 수녀님 방을 나와 수도원 정원 쪽으로 걷고 있을 때 흑인 수녀가 눈인사로 미소 지었다. 그녀는 아프리카 세네갈에서 왔다고 말했다. 불어로 말하는 그분들의 얘기를 테이트 씨의 통역 없이는 한마디도 못 알아들었지만 작별은 아쉬웠다. 그들의 인사법인지 스타니스라 수녀님은 나와 작별 인사를 나눌 때 뜨겁게 포옹했다.

수녀원 방문을 마치고 나온 우리는 테이트 씨를 따라 불로뷰 엠아르에이 하우스로 갔다. 테이트 씨의 부인 안 마리 여사가 우리를 위해 여러 가지 음식을 만들어 주었다. 부드럽고 편안한 느낌을 주는 그분이 차린 음식은 마치 오랜만에 찾은 고향 집 아주머니가 만들어 주는 음식 같았다. 쌀밥에 호박을 넣어 찜처럼 만든 프랑스 음식은 우리나라 음식 맛과 비슷했다. 내가 그렇게 말하자 그들은 더욱 기뻐했다. 같은 식탁에서 우리와 함께 식사했던 예쁘고 발랄해 보이는 처녀는 법학을 공부하는 레바논 유학생이라고 했다.

그날 밤 식사에서는 레바논의 국내 사태가 화제였다. 엠아르에이 사람들은 언제 어느 곳에서나 세계 문제를 관심사로 삼았다.

키가 크지 않고 조금 말라 보이는 듯한 테이트 씨의 인상은 매우 맑아 보였고 안경 속에서 빛나는 그의 눈빛은 매우 사려 깊고 지혜로워 보였다. 어딘가 모르게 모르스 씨와 테이트 씨가 갖고 있는 분위기는 비슷했다. 그가 베풀어 준 따뜻한 친절과 세심한 배려에서 나는 고귀한 인류애를 체험했다.

그랜드캐니언과 옐로스톤
미국 1989

대협곡의 신비, 그랜드캐니언

언젠가 미국을 여행할 기회가 생기면 워싱턴이나 뉴욕 같은 큰 도시보다 서부에 있는 자연의 명소들을 꼭 가 보고 싶다고 늘 생각하고 있었다. 인위적인 것이 완전히 배제된 위대한 대자연을 만나면 인간은 문득 살아가는 동안 겹겹이 껴입었던 거추장스러운 것들을 훌훌 벗어 던지게 된다. 자연의 품 안에서 형식과 겉치레의 옷을 벗어 버린 인간은 비로소 가장 자연스러운 인간 본연의 모습으로 돌아가게 된다. 자연스런 인간의 모습이란 자기 자신의 천진면목(天眞面目)과 더불어 자연과 하나가 된 상태이고 그런 사람은 하늘과 같은 마음을 지니게 된다. 시간의 흐름 속에서 멈추어 설 수도 있고, 모든 것을 덮어 주고 용납할 수 있는 너그러움도 얻게 되며, 새벽 공기처럼 싱그러운 영혼으로 깨어나게 된다. 자연과의 만남에서 이같은 소중한 체험을 맛본 사람이면 그는 항상 자연의 품을 그리워하며 한사코 자연으로 되돌아가려는 노력을 쉬지 않는다. 설사 그 길이 아무리 멀고 험난할지라도 오히려 용기가 샘솟고 어떠한 어려움이라도 능히 감내할 각오가 되어 있다.

나의 발길이 태백산, 소백산, 설악산, 지리산, 한라산으로부터 울릉도의 성인봉까지 이르러, 이제 그 발길이 다시 백두산이나 금강산, 묘향산으로 옮겨 가고 싶어도 아직 남북이 가로막혀 갈 수 없었는데, 그 길이 한순간 홀연히 열려 그곳들을 밟아 보는 감격의 순간이 있었다.

언젠가부터 미국의 그랜드캐니언, 요세미티, 옐로스톤 그리고 캐나다의 로키산맥과 나이아가라 폭포를 만나는 것은 나의 오랜 소망이었다. 그러던 차에 미국 엘에이교당의 박성기(朴聖基) 교무님이 고맙게도 길잡이를 자청해 주어, 그야말로 시절의 인연이 성숙한 때를 얻게 되었다.

　미국과 캐나다의 위대한 자연을 찾아 길을 떠나는 나의 심경은 순례자라도 된 것처럼 옷깃이 여미어지고 속마음은 설레었다. 5월 초순, 그랜드캐니언을 가기 위해 아침 일찍 로스앤젤레스를 출발했다. 달리는 차창 밖으로 내다본 미 대륙은 나의 상상보다 훨씬 광활한 것이었다. 인구의 팽창을 격정하는 소리가 드높은데 지구촌 어디엔가 이처럼 넉넉한 공간적 여백이 있다는 것은 참으로 다행스럽게 여겨졌다. 그러나 넓은 땅덩이에는 쓸모없는 황무지도 많았다. 사람이 살고 있지 않은 네바다(Nevada) 주의 사막지대를 통과할 때는 참으로 암담했다. 거기다 자동차의 냉방 장치가 시원찮아 아예 창문을 열고 달렸다. 눈에 보이지 않는 불길 같은 하얀 혀가 자동차 속에 앉아 있는 우리를 핥는 것만 같았다. 사막지대의 지열은 대단했다.

　어느 결엔가 네바다 주의 지루한 사막은 사라지고 끝 간 데 없는 밀림 지대를 달렸다. 로스앤젤레스를 출발한 지 아홉 시간 만에 드디어 그랜드캐니언에 도착했다. 그랜드캐니언이 눈앞에 전개되었을 때 나는 마치 태초의 순간을 보고 있는 것만 같았다. 조물주가 지금 막 손을 뗀 천지창조의 가장 위대한 작품을 바로 가까운 곳에서 보고 있는 것 같은 착각과 감동에 빠져들었다.

　미국의 서부 유타(Utah) 주로부터 애리조나(Arizona) 주에 걸쳐 있는 대협곡, 그랜드캐니언은 내가 지구상에서 본 가장 경이로운 자연의 예술품이었다. 그 장관의 신비함에 도취된 나는 잠시 숨 쉬는 것마저도 멈추었는지 자신도 모르게 숨을 몰아쉬면서 호흡을 조절하고 있었다. 그랜드캐니언을 말과 글로 묘사하여 그 실체를 드러내 보이기에는 우리들의 어휘가 너무나도 부족하고 무력하다는 생각이 들었다. 우선 그 방대한 규모에 완전히 압도당하고 말았다.

　장엄한 절벽들은 아슬아슬한 천 길 낭떠러지로 이어지고 적갈색의 거대한 암벽의 산들은 갖가지의 작품들을 형상화하여 교묘하게 배치해 놓은 듯 조화롭고 아름다웠다. 어느 한 곳도 사람이 사는 마을을 찾아볼 수 없는 광

장엄한 절벽들이 아슬아슬한 천 길 낭떠러지로 이어지고 있는 그랜드캐니언에서.
오랜 세월 동안 콜로라도 강물이 흐르면서 대지를 깎아 만들어낸 거대한 계곡이었다.

막힌 공간 속에 전개된 장엄하고 거대한 그랜드캐니언은 마치 온갖 빛깔로 채색된 바위들을 거칠게 톱질하여 뚝뚝 잘라 놓은 듯한 바위산들이 층층으로 능선을 이루며 흘러내리고 있었다. 또 어디서부터 솟아올랐는지 칼날 같은 바위 능선들이 다시 높이 치솟고 그 높은 곳에서 내리꽂는 낭떠러지의 허리춤이 여지없이 패여 나가 계곡의 폭이 엄청나게 드넓어 보였다. 용케도 능선과 계곡을 이리저리 여러 갈래를 지어 놓은 그 조화로움은 그야말로 비경이자 절경이었다. 말이 대협곡이지 우리들의 통상적인 계곡의 개념으로는 상상조차 할 수 없는 그랜드캐니언은 금세 황혼빛에 젖어 들고 있었다.

조금 전까지만 해도 적갈색이던 그랜드캐니언은 선홍색으로 변신하면서 더욱 찬란한 아름다움을 발산하고 있었다. 석양빛이 계곡을 그림자 지워 더욱 깊고 아득한 골짜기를 만들고 있었다. 시선이 눈 아래로 곱게 흘러내린 능선에 머물렀다. 녹두빛 융단 같은 이끼가 태초의 습기를 머금고 숨 쉬고 있었다. 그 이끼에는 억만 년 동안 흘러내린 빗줄기의 미로가 보였다. 참으로 아름다운 자연의 정수를 보는 것 같은 감동이 속마음에 고여 왔다.

그랜드캐니언은 오랜 세월 동안 콜로라도의 강물이 흐르면서 대지를 깎아서 만들어낸 거대한 계곡이라고 한다. 그러나 나의 시야에 들어온 콜로라도 강물은 저 멀리 깊은 골짜기에 비췻빛 실개천으로 흐르고 있었다. 그 강물이 흐르는 곳까지 내려갔다 다시 올라오려면 여덟 시간이나 걸린다고 했다. 얼마나 멀리서 흐르고 있는가를 짐작할 수 있었다.

콜로라도의 강물이 빙하기로부터 지금까지 그랜드캐니언의 골짜기를 흐르면서 바위들의 살점을 깎아내어 이같이 넓고 깊은 대협곡의 장관을 만들어 냈다고 하니 부드러운 물의 힘이 얼마나 대단한 것인가에 새삼 놀라게 된다. 억만 년이라는 하염없는 세월 동안을 도도하게 흘렀을 콜로라도 강물을 상상해 보았다. 그러나 그랜드캐니언이 경험한 세월과 지구의 비밀을 알 수 없는 나로서는 자연의 신비함과 기이함에 다만 감탄할 수밖에 없었다.

그랜드캐니언은 시생대(始生代)로부터 오랜 지질연대에 걸친 지층의 형성이 세계에서 가장 전형적인 곳이라고 한다. 사람이 발붙이는 것을 허락하지 않을 것 같은 기암괴석과 천 길 낭떠러지의 깊은 계곡 그리고 푸른 강물뿐인 그랜드캐니언에는 적어도 이천 년 전부터 사람이 살았을 것이라고 추측하고 있다. 그때의 원시인들이 살았던 동굴에서 채취한 옥수수, 돔부콩, 오이씨 등과 주걱, 항아리 그리고 그들이 쓰던 악기 등이 그랜드캐니언의 박물관에 전시되고 있다. 결국 그들은 1540년 스페인 사람들에 의해 그들의 원시적인 삶이 발견되어 그들과 투쟁한 역사가 있다.

세계 각국에서 그랜드캐니언을 보기 위해 온 사람들은 경비행기를 타고 그랜드캐니언의 골짜기마다 깊숙이 들어가 살펴보기도 하고 조랑말을 타고 계곡 아래로 내려가는 사람들도 있었다. 또 어떤 사람들은 망원경을 조절하면서 더 먼 곳까지 자세히 관찰하기도 했다. 그러나 나는 높은 곳에서 깊은 계곡을 내려다보고 또 하늘 끝까지 멀어 보이는 그랜드캐니언을 바라보는 것만으로도 만족했다.

경이로운 그랜드캐니언에 눈과 마음을 팔고 있는 동안 만물의 영장으로서의 인간의 온갖 재주와 재능이 아주 우스꽝스럽게 여겨지고 인간의 존재마저도 매우 미미하게 느껴지는 상념들이 비췻빛 콜로라도 강물을 따라 하염없이 흐르고 있었다. 우주적 신비에 젖어 있던 나는 그랜드캐니언의 계곡을 울리는 아주 작은 음향, 계곡을 나는 새들의 해맑은 소리에 깨어났다.

잭슨홀 마을의 철부지 손님

미국 최초의 국립공원이자 세계적으로 유명한 간헐온천(間歇溫泉)이 있는 옐로스톤은 나의 미주 서부 여행 계획에 포함되어 있었다. 그러나 그랜드캐니언으로부터 자동차로 그곳까지 가려면 적어도 이틀이 소요된다고 했다. 시간을 아끼기 위해 라스베이거스에 일행을 남겨 둔 채 나 혼자서 항공 편으로 떠났다.

열여덟 명이 탈 수 있는 경비행기의 탑승객은 모두 일곱 명이었다. 낮게 떠 가는 상공에서는 아래가 환히 내려다보였다. 어디쯤에선가는 눈 덮인 험준한 산이 내려다보였다. 나는 뒷자리의 승객에게 산 이름을 물어보았다.

그녀는 로키산맥의 일부인 티턴(Teton) 산이라고 알려 주었다.

잠자리처럼 작은 경비행기는 석양 무렵 잭슨홀 비행장에 내려앉았다. 외딴 곳에 위치한 그 비행장은 우리나라의 철도 간이역처럼 느껴졌다. 한 사람이 공항 출입구에서 탑승객을 확인하고 있을 뿐 사방을 둘러보아도 분주히 오가는 사람이 없었다. 비행장 밖에는 승객을 태우기 위한 택시도 전혀 보이지 않았다.

나는 하는 수 없이 조금 전 비행기 안에서 눈 덮인 산 이름을 가르쳐 주었던 그 부인에게 어떻게 해야 옐로스톤을 갈 수 있느냐고 물어보았다. 남편과 동행하고 있던 그녀는 내가 묻는 말을 남편에게 전하는 것 같았다. 그녀의 남편은 걱정하는 눈빛으로 나를 쳐다보면서 옐로스톤은 아직 눈과 얼음에 뒤덮여 있다고 했다. 그래서 그곳까지 운행하는 버스도 없을 뿐 아니라 호텔도 모두 문이 닫혀 있다고 했다.

전혀 예상치 못했던 상황에 부닥친 나는 어떻게 대처해야 할지 갈피를 잡을 수 없었다. 그들 부부는 크게 실망하고 있는 나에게 우선 자기들의 차를 타고 마을이 있는 잭슨홀(Jackson Hole)로 가자고 했다. 친절한 그들 부부와 함께 차를 타고 가는 동안 나는 여러 가지 이야기를 했다. 나는 내가 옐로스톤을 여행하는 동안 나의 일행은 라스베이거스에서 기다리고 있다는 사연과 기왕 멀리까지 왔으니 항시 열려 있다는 국립공원 옐로스톤을 택시 편을 이용해서라도 가 보고 싶다고 속마음을 열어 보였다. 그러고는 나의 종교적 입장을 설명하면서 가능하면 여자 운전기사의 택시를 이용하고 싶다고도 말했다. 나의 이야기를 매우 관심있게 들어 주는 그들 부부 때문에 나는 어느덧 모든 것이 잘 되어 가고 있는 것처럼 안심이 되었다.

우리는 오래잖아 눈 덮인 산촌, 잭슨홀 마을에 당도했다. 그들은 나를 조용하고 정결한 어느 모텔로 안내했다. 덕성스런 주인 할머니가 나를 맞아 주었다. 그들은 자신들이 알고 있는 내 사연을 그 할머니에게 말해 주면서 나를 잘 돌봐 달라고 부탁했다. 그리고 나에게는 택시 기사를 구하는 대로 연락하겠다며 떠났다. 나는 심리적으로 좀 불안해서인지 모텔의 빈방에서 홀로 쉴 수가 없었다. 그래서 주인 할머니가 경영하는 문방구인 듯한 가게를 구경하기 위해 나갔다. 그곳에 진열되어 있는 그림엽서부터 보았다. 대부분의 그림엽서에는 온갖 산짐승들이 그려져 있었다. 나는 그것을 보면서 깊고 깊은 산중에 와 있음을 실감할 수 있었다.

눈이 마주칠 때마다 친절한 미소로 나를 대해 주던 그 모텔 주인 할머니는 자신의 가게를 찾아 온 손님들에게 "옐로스톤을 구경하기 위해 한국에서 저렇게 단독으로 여행을 왔는데⋯ 사정이 여간 딱하지 않다"고 걱정 보따리를 풀어 놓았다. 작은 마을이라 서로가 잘 아는 이웃들인 것 같았다. 나의 이야기를 들은 그들은 동정하는 표정으로 나를 바라보았다. 처음 한두 번은 그 걱정이 고마웠지만, 내가 방으로 돌아온 뒤에도 새 사람만 오면 주인 할머니는 나를 화제로 삼고 있었다. 삽시간에 나는 잭슨홀 마을에 철모르고 찾아든 손님으로 유명해지고 있는 것만 같았다.

주인 할머니는 나에게 전화가 걸려 왔다고 했다. 조금 전에 헤어진 브라운 씨의 전화였다. 전화 내용인즉, 여자 운전사를 구했다며 예정대로 내일 옐로스톤을 갈 수 있을 것이라고 했다. 그는 유쾌한 음성으로 아무 걱정 말고 편히 쉬라고 했다. 나는 정말 너무 기뻤다. 그리고 그들의 도움이 고마워서 어쩔 줄을 몰랐다. 브라운 씨가 경영하고 있다는 '푸른 사자' 레스토랑을 당장 찾아가 보고 싶었다. 그래서 지금 곧 그곳으로 가겠다고 말했다. 잭슨홀 마을은 번화한 도시가 아니고 한적한 산촌이었다. 조금 전 모텔로 오는 길에 그 위치를 알아 두었던 '푸른 사자'의 집은 혼자서도 찾아갈 수 있을 것 같았다. 그러나 내 뜻을 알아차린 브라운 씨는 나를 곧 데리러 올 테니 기다리라고 했다. 전화를 끊고 십여 분도 채 안 돼서 그는 차를 가지고 왔다. 그와 함께 차를 타고 가는 나는 그리운 친지의 집에라도 찾아가는 사람처럼 마음이 들떠 있었다.

마을 전체가 서부 개척 시대의 건물 그대로 보존되어 있다는 잭슨홀 마을. '푸른 사자'의 집도 단순한 건축 양식의 작은 음식점이었다. '푸른 사자' 레스토랑의 분위기는 매우 차분하고 고전적인 느낌을 주었다. 그 공간 안에는 어떤 예술적인 분위기까지 고여 있는 것 같았다. 홀 안에 걸려 있는 격조 높은 그림과 요조한 조행이 몸에 배어 있는 종업원 처녀들에게서 받은 인상이 그랬다. 브라운 씨는 스스럼없이 여러 곳을 안내해 주었다. 주방과 창고 그리고 자신의 서재와 집무실을 겸하고 있는 방까지 모두 보여 주었다.

나는 그곳에서 편안함과 따뜻함을 느꼈다. 그리고 모텔로 돌아왔다. 그 밤, 왠지 모르게 잠이 오지 않았다. 오가는 차 소리도 들리지 않는, 적막에 싸여 있는 잭슨홀 마을은 전설이 가라앉아 있는 마을 같았고, 나 자신이 마치 어떤 설화의 주인공인 것처럼 착각되었다. 전혀 상상도 해 보지 못한 미국 서부의 한적한 산촌에서의 밤이 나로 하여금 전설의 긴 터널 속으로 깊이깊이 들어가게 하고 있는 것만 같았다. 여행지에서만 느낄 수 있는 야릇한 애수에 젖어 들었다. 그럴 때면 잠 못 이루는 밤이 안타깝지만도 않다.

다음 날 아침, 택시 기사는 옐로스톤을 가기 위한 약속 시간을 정확히 맞추어 왔다. 나는 대기 중인 자동차 곁으로 다가갔다. 차 안에 있는 여기사는 어제 만났던 브라운 여사였다. 나는 깜짝 놀랐다. 내가 너무 놀라자 브라운 여사는 자기가 바로 내가 원하던 여자 운전기사라며 활짝 웃어 보였다. 그녀는 더욱 친근감을 느낄 수 있는 동작으로 자신의 옆자리를 가리키며 내게서 차를 타라고 권유했다. 그러고는 내가 차에 오르자 옐로스톤을 향해 달렸다.

광활한 벌판길을 질주하면서 사방을 에워싼 눈 덮인 티턴 산을 설명해 주기도 하고 유서 깊은 잭슨홀 마을 이야기를 들려주기도 했다. 그러나 자연에 대한 어떤 감흥보다는 방금 브라운 여사로부터 받은 인간적 감동이 더 벅차 올라왔다. 티턴 산이 자아내고 있는 독특한 겨울 산의 정취마저도 브라운 여사의 아름다운 마음씨와 형언할 수 없는 고마움을 음미하는 데 도움이 되는 배경 같았다.

잭슨홀 마을을 떠난 지 한 시간 반 만에 옐로스톤에 도착했다. 6월 7일에 개장될 예정인 옐로스톤을 5월 4일에 찾았으니 한 달이나 먼저 찾아온 것이다. 옐로스톤의 거대한 호수에는 두꺼운 얼음장이 깔려 있고, 눈 덮인 옐로

끝없이 펼쳐진 옐로스톤에서. 5월의 옐로스톤은 이 미터의 눈 이불을 덮고
아직 깊은 잠에 빠져 있었다.(위)

잭슨홀 마을의 철부지 손님이었던 나를 위해 손수 운전하여 아직 잠에서 깨어나지 않은
옐로스톤을 구경시켜 준 브라운 여사와 함께.(아래)

스톤은 깊이 잠들어 있었다. 그곳은 10월부터 눈이 내리기 시작하면 4월까지 줄곧 내린다고 한다. 눈이 많이 쌓이면 아예 기계로 눈을 절단하는 것 같았다. 이 미터 높이쯤 돼 보이는 눈의 벽면이 마치 두부모를 잘라 놓은 것처럼 보였다. 자동차로 계속 달려도 끝없는 옐로스톤의 밀림 지대에는 우리 말고는 아무도 없었다. 거대한 호수와 끝없는 밀림 지대뿐인 옐로스톤을 하이웨이처럼 달리면서 구경했다.

브라운 여사는 차에서 내려 나와 다정히 손을 잡고 걸었다. 그녀가 데리고 간 곳에는 하얀 김이 모락모락 피어오르고 잿빛물이 높이 솟구치고 있었다. 그 주변은 온통 농도 짙은 회색 액체가 마치 팥죽처럼 부글부글 끓고 있었다. 개장이 안 된 옐로스톤에서는 육십오 분 간격으로 약 사 분 동안 오륙십 미터 높이로 열탕을 뿜어 올린다는 간헐천은 구경할 수가 없었다. 그러나 그 안에 있다는 삼천여 개의 온천 중 그 하나를 본 것이다. 바위 빛깔이 온통 황색이어서 옐로스톤이라고 이름 지었다는 대협곡도 구경했다. 그러나 그랜드캐니언의 장관을 본 뒤라서 오히려 그 규모가 작아 보이기만 했다.

5월인데도 깊은 겨울잠을 자고 있는 옐로스톤의 인상은 쓸쓸하기만 했다. 미국 어디에서고 한결같이 느낀 것은 그 규모가 크다 못해 놀랍도록 거대하다는 사실이었다. 옐로스톤을 다 구경하려면 온종일 차를 타고 다녀도 다 보기가 어렵다고 했다. 우리나라 산천은 어디나 아담하고 아기자기한 맛이 있어 아름답고, 거닐며 몸 담글 수 있어 더 정겹다는 생각을 해 보았다.

브라운 여사는 경치가 아름다운 곳에서 점심을 먹자고 했다. 그녀가 손수 마련해 온 샌드위치와 커피 그리고 과일로 우리는 맛있는 점심을 먹었다.

잭슨홀 마을을 떠난 지 일곱 시간 만에 우리는 그들의 자택으로 되돌아왔다. 그녀는 비행시간까지는 두어 시간이 남았으니 편히 쉬라고 했다. 브라운 씨 댁은 허허롭도록 넓은 벌판에 서 있는 울도 담도 없는 외딴 집이었다. 부슬비가 내리는 그날 오후, 나는 그 집 주변을 홀로 산책하면서 여행자답지 않은 여유를 갖고 많은 생각에 잠겼다.

뜻밖에 만난 인연들로부터 또 갚을 길 없는 도움을 받게 되었다. 헤어지는 것이 섭섭하기에 앞서 어떻게 그 고마움을 표시해야 할지 방도를 찾을 수가 없었다. 그래서 큰 실례가 되는 줄 알면서도 성의 표시가 될 만한 계산을 하려고 했다. 그러나 강경히 사양한 그들 부부는 "우리도 그날 마이애미에서 휴가를 마치고 돌아오는 길이었습니다. 집과 우리들의 '푸른 사자' 레스토랑에는 많은 일들이 우리를 기다리고 있었습니다"라고 말했다. 만약 돈으로 계산되는 일이었다면 자신들은 나를 돕지 않았을 것이라고 했다. 그들은 나를 돌본 것이 자신들의 기쁨이었다고 서양 사람다운 따뜻한 인사말을 했다.

공항까지 파란 눈의 브라운 씨가 운전하여 배웅해 주었다. 인간이 느낄 수 있는 가장 강도 높은 것은 인간적 감동임을 브라운 씨 부부에게서 새로 배웠다. 그리고 한 인간이 가장 행복해지는 순간도 인간으로부터 절실한 감동을 받았을 때임을 거듭 확인하면서 잭슨홀 마을을 떠나왔다.

타라 축제

독일 2005

이 어인 일일까

독일의 프랑크푸르트 공항의 탑승객 출구를 나와서 '나를 찾고 있는 사람이 누구일까' 하고 두리번거리고 있을 때, 머리에 나비 두 마리를 뿔처럼 단 어린 소녀가 내 앞에 다소곳이 다가서더니 편지 봉투를 건네주었다. 그러고는 말없이 돌아서서 걸어가며 자기를 따라오라는 시늉을 했다. 잠시 반겼던 그 소녀를 따라 엘리베이터를 타고 지하로 내려가 그 소녀가 가는 곳으로 따라 갔다.

어느 지점에선가 승용차 곁에 서 있던 한 여인이 매우 조용한 음성으로 미소 지으며 자신을 '수리'라고 소개하며 둥글게 말아서 만든 예쁜 꽃다발을 내게 주며 환영했다. 그리고 보다 작은 꽃다발은 신현대 교도에게 전하며 반겼다. 우리는 대기하고 있던 그녀의 차에 올랐고 등에도 큰 나비를 붙인 그 어린 소녀는 살며시 손을 저으며 어디론가 사라져 갔다.

승용차 안에는 침묵이 흘렀고 나는 두 줄기의 꽃 줄을 장식한 차 안에 앉아 어둠이 내려앉고 있는 독일 거리를 차창 밖으로 내다보았다. 우리나라와 비슷하게 봄이 오고 있었다. 수리 여사는 간간이 자신의 위치를 알리는 듯한 전화를 했다. 한 시간이 채 못 걸려 우리는 목적지에 도착했고, 하얀 옷을 입은 두 명의 청년이 우리의 짐을 안으로 옮겼다. 마루에 올라서 발걸음을 옮기려는 순간 내 곁에 서 있던 한 작은 소년이 내가 갈 길에 각색 장미꽃잎을 뿌리며 앞섰고 나는 그 꽃잎을 조심스레 밟으며 삼층으로 안내되었다.

삼층에 이르렀을 때는 앞이 커튼으로 닫혀 있었고 안내자와 함께 잠시 멈추고 있는 동안 그 안에서는 맑은 노랫소리가 흘러나왔다. 잠시 귀 기울여

들어 보니 '웰컴 마더 박청수'라는 말이 들려왔다. 한순간 커튼이 양편으로 벌어지며 그 안이 눈에 훤히 들어왔다. 열대여섯 명쯤으로 보이는 그들 모두는 하얀 옷을 입고 장미꽃 한 송이씩을 들고 양편으로 서서 환히 웃어 보이며 연이어 노래 부르며 나를 환영했다.

내 앞 저만큼에는 하얀 꽃으로 장식한 작은 홍예문(虹霓門) 같은 것이 있었고, 좀 멀리 바라보이는 곳에는 핑크빛 인도의 사리를 입은 서양 여인이 우람하고도 당당한 모습으로 우뚝 서서 미소 지으며 나를 바라보고 있었다. 나는 그녀가 나를 초청한 아바타라 데비 여사임을 알아차렸다. 내가 그녀 앞에 발걸음을 멈추자 그녀는 양손을 크게 벌려 나를 포옹했다. 뜨거운 포옹이 끝나자 누군가가 장미꽃잎 쟁반을 들고 서 있다가 내게 전하며 그녀 옆에 모셔 놓은 관세음보살께 바치라고 했다. 나는 꽃잎 쟁반을 관세음보살께 잠시 올려 바치는 듯한 자세를 취한 다음 그 앞에 내려놓고 네 번 큰절을 올렸다.

그 순간 나도 모르게 눈물이 흘렀다. 영문 모를 환영과 환대가 당시 탈북자 학교인 한겨레학교를 세우느라 온갖 고초와 시련을 겪고 있었던 나를 잠시 독일로 데려다 다독이며 위로해 주는 법계(法界)의 잔치처럼 여겨졌기 때문이다. 사배(四拜)를 마친 내 눈에 눈물이 고여 있는 것을 본 아바타라 데비 여사는 관세음보살도 눈물을 흘린다며 관세음보살의 눈 한곳을 가리켰다. 데비 여사는 쟁반의 꽃잎을 두 손으로 모아 관세음보살의 머리 위에 바치듯 흩뿌리며 나보고도 그렇게 하라고 했다.

그러고 난 다음에 그녀는 나와 손잡고 노래 부르는 사람들 곁으로 갔다. 그들은 우리 두 사람을 에워싸고 빙글빙글 돌면서 노래하고 춤추다 자신이 들고 있던 장미꽃을 나에게 바치듯 전해 주었다. 데비 여사는 매우 만족스런 미소와 몸짓으로 나를 반기며 그들과 어울렸다. 그들이 그러는 동안 나는 황홀함에 푹 빠져들었다.

정한 순서가 끝나기라도 한 듯 모든 사람들은 우리 두 사람을 중심으로 둘러앉았다. 그러고는 한 사람씩 매우 조심스럽게 나에게 살며시 안겨 보고는 떠나고, 또 다른 사람이 조심스럽게 다가와 마치 어린아이가 안기듯 나의 품에 그렇게 안기곤 했다. 하얀 옷을 입고 조용히 노래 부르고 미소 지으며 춤추는 그들은 모두가 온유 선량해 보였고 영성이 맑아 보였으며 환희로 충만해 매우 행복해 보였다. 성스럽게 느껴지는 만남의 의식이 끝나자 그들은 조촐하게 마련한 저녁 식사를 나에게 대접하며 그들도 한자리에서 먹었다. 그들은 자정이 될 때까지 떠날 줄을 몰랐다.

나보다 이틀 전에 도착할 것이라고 알려왔던 북인도 라다크 설산의 상가세나 스님은 아직 나타나지 않은 상황이었다. 작년 2월 인도를 방문했을 때 자신에겐 서양에 또 다른 마더가 생겼다며 내년 봄 축제에 그분이 나를 초청하고 싶어한다고 했었다. 그러던 어느 날 독일의 아바타라 데비라는 분이 내게 초청장을 보내 왔다. 사연인즉 인도의 히말라야 상가세나 스님이 영문으로 펴낸 『더 디바인 마더(The Divine Mother)』라는 책을 읽고 깊이 감명받은 바 있어 나를 그들의 축제에 초청한다는 내용이었다.

독일 프랑크푸르트에서 그들의 '버터플라이 팀' 축제에 초청을 받은 것은 지구촌의 높고 높은 삼천육백 고지 히말라야 설산에서부터 그 만남의 물줄기가 흘러내려 온 것이다. 세계 일을 처음 시작했던 그때는 히말라야 설산 사람들만을 위해 십 년 동안 일천정성을 쏟았었다. 그런데 그 일을 한 것이 기연이 되어 서양의 독일에서 이렇게 기이한 일이 벌어질 줄이야 그 누가 알았을까!

수리 여사의 사람 향기

독일에 있는 동안 머문 곳은 수리 여사의 집이었다. 우리가 처음 프랑크푸르트 공항에 도착했을 때 꽃다발을 주고 자신의 차를 운전하여 우리를 태우고 왔던 그 여인의 집이다. 그곳은 프랑크푸르트와는 좀 떨어진 하다마어(Hadamar)라는 곳이었다. 그곳은 매우 한적하고 공기가 좋아서 더할 나위 없이 좋은 주거환경이었다. 뒷산에는 수령을 알 수 없는 키 큰 나무들이 우거져 있고 쉴 새 없이 새들이 날아들었다. 새들의 맑은 소리에 귀를 열어 놓고 있으면 마치 깊은 산중에라도 와 있는 것 같았다. 앞집과 뒷집은 울도 담도 없었다. 때로 창에 불이 밝혀지기는 했지만 그 집에 사람이 살고 있는지 의심스러울 정도로 인기척을 느낄 수 없었다.

나는 그곳에서 매일 아침 산책을 하면서 울도 담도 없는 이웃집들을 기웃거렸다. 집주인은 볼 수 없어도 정성껏 가꾸어 놓은 화단의 꽃들이 나를 반겼다. 우리나라에선 진즉 져 버린 자목련도 그곳에선 이제 막 피어나고 있었다. 같은 마을 정원인데도 집집마다 수종이 서로 다르고 피어 있는 꽃들도 달랐다. 그래서 마치 화단 전시회를 구경하는 것 같았다. 인적이 딱 끊긴 정적 속에서 아침 이슬을 함초롬히 머금고 피어 있는 꽃들은 더할 나위 없이 싱그럽고, 한 떨기 꽃마다 모두 저답게 아름다웠다.

독일의 날씨는 참으로 변덕스러웠다. 잠시 해가 나는가 하면 금세 구름이 끼고 비가 부슬부슬 내렸다. 사람에겐 매우 불편할 것 같은 날씨지만 나무나 꽃들에게는 그런 날씨가 참 좋을 것 같았다. 나무들이 머금고 있는 습도만큼 공기는 더욱 상쾌했다. 그 마을 뒷산 나무들은 우리나라에서 운해가 오락가락하는 지리산 중턱에서나 볼 수 있는 나무처럼 두툼한 이끼 옷을 입고 있었다.

수리 여사는 자기 자신이 쓰던 방을 비워 주며 우리에게 쓰라고 했다. 방 안의 물건 하나하나는 생활용품이라기보다 그녀의 취향을 엿볼 수 있는 것들이었다. 유리 물병과 유리컵 하나도 그냥 산 것이 아니었다. 집 안 전체가 집주인의 정신세계를 엿볼 수 있는 것들로 꽉 채워져 있었다. 이층 한편에는 태국에서 가져왔다는 불상이 놓여 있었고 벽면 여기저기에는 우주의 에너지를 상징하는 그림들이 걸려 있었다. 특히 이집트를 방문한 적이 없다고 하는데도 이집트적인 소품들이 많이 놓여 있었다. 내가 그러한 것들에 관심을 보이자 수리 여사는 자기 자신은 여러 생 동안 이집트나 티베트에서 살았을 것이라고 믿고 있다고 했다.

수리 여사의 집 안 구석구석에는 나를 환영하는 정성이 여기저기에 고여 있었다. 창에도 예쁜 색상으로 "웰컴 마더 박청수(Welcome Mother Park

Chung-Soo)"라 붙어 있고 특히 삼층 우리 방 앞 마룻바닥에는 장미꽃잎으로 하트 모양을 깔아 놓아 그 모습이 찬란해 보였다. 우리가 떠나올 때까지 그 꽃잎은 그 자리에 놓인 채로 말랐다.

수리 여사는 남편과 사별했고, 딸은 호주로 유학 보냈다고 했다. 그리고 그녀는 아들과 함께 살고 있었다. 수리 여사는 자기 남편과 함께했던 자연 요법 치료를 하는 병원을 운영하고 있었다.

수리 여사의 집은 큰 저택이었다. 삼층에는 관세음보살을 모셔 놓고 '버터플라이 팀'이 모여 수련하는 법당 같은 곳이 있고, 일층에는 자신이 운영하는 병원과 아바타라 데비 여사의 사무실도 있었다. 아바타라 데비 여사가 쓰는 방은 네 개였다. 수리 여사는 아바타라 데비 여사를 스승으로 모시면서 자기의 집도 그가 쓰도록 제공하고 있었다. 수리 여사는 나에게 자신을 아바타라 데비 여사의 매니저라고 소개했다.

그녀가 말하고 행동하는 것을 보면 마치 모범생을 보고 있는 것 같았다. 어떠한 경우에도 흐트러짐이 없었고 조용하면서도 상냥했다. 그리고 그녀의 마음은 항상 상대편을 배려하기 위해 열려 있었다. 사십팔 세의 그녀를 바라보고 있으면 마치 투명한 수정을 바라보는 듯이 맑고 깨끗했다.

수리 여사의 집에 있는 동안 인간 수리 여사의 모든 것과 그 집 안에 고여 있는 독일적인 모든 것을 호흡하듯 나는 그 하나하나를 유심히 살펴보았다. 한 번도 만나본 적이 없는 낯선 서양 사람의 집에서 그들과 함께 생활한다는 것은 서양을 느끼고 배울 수 있는 더할 나위 없이 좋은 기회라고 생각했기 때문이다.

나는 수리 여사에게 우리나라의 토기 찻잔 두 개를 선물했다. 수리 여사는 그것을 주방의 나지막한 찬장 위에 올려놓았다. 그것을 쌌던 한지를 곱게 뜯어 그 찻잔 아래에 깔아 놓고 마치 장식품처럼 보고 있었다. 그것은 선물한 사람을 즐겁게 하기 위한 배려인 듯했다. 수리 여사는 자신이 진종일 병원에서 일할 때 그 찻잔에다 차를 마실 것이라며 그 찻잔에 대한 기대감을 자주 나타냈다.

그녀는 아침 식탁을 매번 풍성하게 차렸다. 그리고 식사할 땐 항상 촛불을 밝혔다. 식당 안에는 자신이 돌본 식물들이 꽃을 피우고 있었고, 나는 창 너머로 멀리 바라보이는 풍광을 즐기며 식사를 하곤 했다.

아바타라 데비 여사의 수제자인 수리 여사로부터 데비 여사의 내력을 알아보았다. 수리 여사의 말에 따르면 데비 여사는 1987년 한 깨달음을 얻었다고 한다. 그 후 그녀는 오스트리아에 머물면서 오 년 동안 말문을 닫고 침묵하면서 지냈다고 했다. 말하자면 보임(保任) 기간을 보낸 듯하다. 그 후부터 자기의 깨친 바를 세상 사람들에게 알리기 시작했고 처음에는 오스트리아와 스위스에서 활동하다가 일 년 반 전부터 독일에서 활동하고 있다고 했다.

수리 여사는 그녀를 오 년 전에 만났다고 했다. 아바타라 데비 여사의 주된 가르침은 모든 속박으로부터 해탈하여 자유를 얻도록 하는 것이라고 했다. 그리고 모든 것은 자기 자신의 마음먹기에 달렸으니 항상 착한 마음을 갖도록 가르친다고 했다. 또한 무슨 일이든지 잘못된 일이 있으면 상대방만 원망하지 말고 그 일이 그렇게 잘못되기까지 자기 자신에겐 어떤 잘못이 있었는지 자신부터 먼저 살피라고 강조한다고 했다.

버터플라이들은 이 우주에는 여러 기운이 있는데 그중에서 가장 좋은 에너지를 받는 것을 소망으로 삼고 있다고도 했다. 또 이웃을 사랑하라고 가르친다고 했다. 이번 축제에 상가세나 스님과 나를 초청한 까닭도 불쌍한 사람을 직접 보살피고 돕는 그 실천적 사례를 독일 사람들에게 보여 주기 위해서였다고 한다. 보통 사람들은 매우 이기적이고, 설사 물질적으로 풍요로워도 어려운 이웃을 도울 생각은 하지 않고 오직 자기 자신과 가족만을 위해 낭비하면서 살고들 있다고 했다. 그래서 상가세나 스님이나 나를 돕는 것이 곧 지구촌에 어렵게 사는 사람들을 돕는 그들의 실천이라고 했다. 이번 페스티벌 행사에서도 상가세나 스님에게 어느 두 남성이 일만 유로의 성금을 전달했다. 수리 여사는 자기 자신도 히말라야 라다크 학생 여섯 명의 식비와 학비를 매달 보내고 있다며, 자신의 병원의 환자들에게도 설산 사람들을 돕도록 아예 저금통을 마련해 놓고 환자들에게 어려운 지구촌 사람을 돕고 살자고 계몽하고 있다고 했다.

수리 여사는 수도자 같았다. 자신은 텔레비전도 보지 않고 병원에서 환자를 돌본 다음 남은 시간에는 명상과 독서를 한다고 했다. 그녀는 자기 자신을 일정한 긴장 상태로 유지하면서 쉼 없는 자기 발전에 정진하고 있는 것처럼 보였다. 그녀는 내가 그곳에 있는 이 주 동안 아예 병원 문을 닫고 아바타라 데비 여사의 손과 발처럼 움직였다. 그가 어디엘 가든지 항상 자신의 차로 운전했고 지극히 조심하는 태도를 잃지 않으면서 아바타라 데비 여사를 헌신적으로 섬겼다.

그녀는 어느 날 한순간 울먹이면서 "내가 당신을 공항에서 처음 만났을 때 나는 당신에게서 큰 영감을 받았어요. 내 인생에서 잊을 수 없는 일이 될 것입니다. 당신이 이렇게 우리 집에서 머문 데 대해서도 진정 감사하게 생각합니다. 당신이 떠나도 나는 당신 사진을 내 머리맡에 두고 잠에서 깨어나서나 그리고 밤에 잠들기 전에 반드시 당신을 위해 기도할 거예요"라고 말했다.

버터플라이들의 축제

수리 여사의 집으로부터 두 시간 반쯤 달려갔을 때 외딴 산촌마을처럼 느껴지는 곳이 나왔다. 거기가 오쇼 명상센터가 있는 미얼커트틴겐이라는 곳이었다. 아직 그곳엔 봄이 오지 않은 듯 사람들의 옷차림이 두툼하고 서양 속의 동양이기라도 하듯 모두가 인도 사람처럼 헐렁한 옷을 입고 스님들같이 어깨에 천 가방을 메고 다녔다. 아바타라 데비 여사는 나를 그곳의 한 건물로 데리고 갔다. 작은 공동체 모임방처럼 느껴지는 그 방에는 멀리 인도 히말라야 설산 라다크에서 온 상가세나 스님이 혼자 앉아 있었다. 스님은 우리를 보는 순간 그 큰 체구와는 어울리지 않는 천진스런 미소를 지으며 반겼다.

상가세나 스님을 중심으로 우리는 그의 양옆에 앉았다. 스님은 좌우로 우리 두 사람을 번갈아 바라보며 "마더! 마더!" 정답게 부르며 감격에 겨워했다. 그도 그럴 것이 자신이 연결고리가 되어 동서양의 두 여인을 극적으로 만나게 하여 드디어 한자리에 앉게 되었으니 상가세나 스님이야말로 자신이 연출한 이 만남의 순간이 마치 높이 치솟는 분수의 물기둥을 보는 것 같기도 하고 그 물보라에서 무지개라도 찾아내는 듯했으리라. 페스티벌이 진행되는 몇 날 동안 상가세나 스님과 나는 드넓은 정원이 아름다운 호텔에 함께 머물렀다.

아바타라 데비 여사가 오쇼 명상센터에서 페스티벌을 준비하는 하루 동안 우리 두 사람은 한국에서나 히말라야 설산에서도 누려 보지 못한 여유와 한가로운 시간을 보냈다. 파란 잔디밭 주변에는 키가 큰 나무숲이 우거져 있고 나무에서 뿜어내는 연둣빛 신록은 눈부시게 아름다웠다. 그리고 살랑이는 봄바람은 더할 나위 없이 감미로웠다. 상가세나 스님과 나는 이리저리 그늘을 찾아다니며 진종일 해묵은 이야기보따리를 풀었다. 바쁘게 지나던 일상에서 벗어난 나는 그 하루가 길고도 긴 하루여서 마치 시간이 정지된 상태에서 머물고 있는 것 같은 착각에 빠지기도 했다. 심심한 어린이처럼 신현대 교도는 가끔씩 우리 곁을 들락거렸다.

다음 날 타라 축제(Tara Festival)의 날이 밝았다. 상가세나 스님은 이번 페스티벌에 입기 위해 태국에서 더 밝은 주황색 승복을 모처럼 마련했다며 그 환한 주황색 승복을 입고 마치 때때옷을 입은 어린이처럼 나를 바라보며 즐거워했다. 나도 검정 치마 흰 저고리 위에 새하얀 법복을 입고 가슴에 금실로 원형을 수놓은 납자를 둘렀다. 그렇게 차려입은 두 사람은 우리를 데리러 온 차에 올랐다.

잠시 후 행사장에 도착했을 때 버터플라이 팀들은 새하얀 옷을 입고 가슴 위로 두 팔을 접은 듯 모으고 양편으로 도열하듯 줄지어 서 있었다. 우리 앞에는 두 사람의 기수가 기를 들어 마치 문이 닫히듯 깃발 끝을 내려 아래로 맞추고 있었다. 그 한 개의 깃발은 하얀 바탕에 큰 나비 한 마리가 그려져 있었고 또 다른 기에는 커피빛 바탕에 황금색의 원이 둥글게 그려져 있었다.

둥근 일원상이 그려진 그 깃발을 보는 순간 가슴이 뭉클했다. 나를 맞는 상징처럼 여겨졌기 때문이었다.

좀 멀리에는 버터플라이 팀을 이끄는 아바타라 데비 여사가 하얀색에 검정 가운을 두르고 머리에는 황금색 관을 쓰고 우리를 바라보고 있었다. 매우 엄숙한 기운이 감도는 듯한 순간에 쾅 하는 징소리 같은 금속성 소리가 울려 퍼져 뒷산 골짜기로 사라졌다. 그러고 나서는 삼층 높은 곳에서 트럼펫 소리가 울려 퍼졌다. 모두가 부동자세로 침묵하고 있는 경건한 그 순간에 들리는 트럼펫 소리는 참으로 인상적이었다. 외롭지만 크고 웅장한 울림으로 들리던 그 트럼펫 소리가 끝나자 하이 소프라노의 독창이 다시 울려 퍼졌다. 그 맑고 청아한 음성은 페스티벌을 알리는 서곡이었다.

노래가 끝나자 깃발이 위로 올랐다. 마치 문이 열리는 것 같았다. 그 순간 상가세나 스님과 나는 성스러운 눈길로 바라보는 듯한 그 하얀 옷을 입고 있는 버터플라이 팀 사이를 천천히 걸어갔다. 나는 마치 예행연습이라도 했던 사람처럼 한두 걸음을 내딛다가는 발걸음을 멈추고 양편에 서 있는 사람들에게 미소 지으며 합장하고 눈인사를 건네었다. 상가세나 스님도 느린 걸음으로 나와 보조를 맞추었다.

그렇게 걸어서 높은 단상에 서 있는 아바타라 데비 여사 곁에 이르렀을 때 그녀는 우리 두 사람에게 아주 정중하게 꽃목걸이를 걸어 주며 환영했다. 아바타라 여사는 페스티벌의 개회식을 알리는 듯한 짧은 연설을 하고 가랑비가 부슬부슬 내리는 야외 행사를 마쳤다.

나는 아바타라 데비 여사의 일거수일투족을 유심히 살폈다. 그녀가 우리와 함께 페스티벌 야외 개막 행사를 마치고 저편에 있는 실내 행사장으로 옮기는 동안 버터플라이 팀 두 사람이 그녀의 가운이 땅에 끌리지 않도록 치켜들고 조심조심 그녀의 뒤를 따랐다. 우리 세 사람이 행사장에 이르렀을 때는 그 두 사람이 문 앞에 서서 언제든지 지시가 떨어지면 문을 열 태세를 취했다. 아바타라 데비 여사의 어떤 지시를 받은 듯한 사람이 잠시 문을 열고 안쪽을 들여다보았다. 그것은 우리의 입장을 알리는 신호 같았다. 그러

신비로운 아바타라 데비 여사와 타라 축제에서.(위)

상가세나 스님과 버터플라이 팀 사이를 걸으며. 히말라야 라다크의 상가세나
스님 덕분에 타라 축제에 초청받을 수 있었다.(아래)

고 나서는 문이 열렸다.

버터플라이 팀 남녀 대중은 또 팔을 가슴에 접고 두 줄로 서서 조용히 기다리고들 있었다. 숨죽이고 서 있는 듯한 그들 곁을 지나 앞자리에 이르렀을 때 아바타라 데비 여사도 두 팔을 가슴에 모으고 경건히 절을 올렸다. 나도 따라서 그렇게 했다.

벽면 상단에는 부처님이 모셔져 있었다. 그리고 우주의 에너지를 상징하는 그림도 걸려 있었다. 우리 세 사람은 앞에 놓인, 좀 거룩해 보이는 의자에 나란히 앉았다. 독일어로 진행되는 모든 순서는 따로 통역이 되지 않아 무슨 내용인지 알 수 없어도, 거기에 모인 대중들은 아바타라 데비 여사에게 큰 존경을 바치면서 가르침을 기다리는 듯이 보였다.

그녀는 엄숙하게 말을 하다가도 한순간 대중을 크게 웃기는 능력이 있어서 모든 사람들의 얼굴에 희열심(喜悅心)이 가득해 보였다. 이상한 것은 그렇게 말하고 웃기다가도 아바타라 데비 여사가 말과 웃음을 딱 거두고 한순간 깊은 명상에 잠겼다는 것이다. 페스티벌은 정해 놓은 순서를 넘어서서 아바타라 데비 여사의 영감에 따라 움직이는 듯했다.

나에게 너무나도 인상적이었던 것은 그녀와 내가 각각 했던 '다샨'이라는 프로그램이었다. 버터플라이 팀은 한 사람씩 장미꽃잎을 들고 앞으로 다가와 그것을 나에게 바치듯 주었다. 그러면 나는 잠시 동안 서로 눈을 마주 바라보다가 내 품에 그들을 안아주었다. 한 사람 한 사람이 내 곁에 다가서는 모습은 경건 그 자체였다. 조심스레 다가서는 그들을 나도 매번 정중하게 맞았다. 나는 하라는 대로 그렇게 했다.

나의 가슴에 안긴 어떤 사람은 나의 모든 것을 빨아들이듯 깊은 호흡을 하기도 했고, 어떤 사람은 한숨을 쉬며 작은 신음소리를 내기도 했고, 또 어떤 사람은 가볍게 흐느끼는 사람도 있었다. 그러나 그들이 한결같이 귀엣말로 나에게 속삭이듯 한 말은 내가 와 주어서 고맙다는 말이었다. 그들이 내 품에서 떨어져 나갈 때는 살짝 내 발에 손을 대었다가 자기 가슴에 대고 경의를 표했다. 나는 그것이 인도의 풍속임을 알고 있었다.

아바타라 데비 여사는 구도 과정에서 열 번 이상 인도에 가서 머물렀던 적이 있었다고 한다. 그곳에서 힌두교, 티베트 불교 등 광범위한 종교와 사상을 섭렵했다고 한다. 그래서 그녀 자신도 인도의 사리를 즐겨 입고 모든 의식도 매우 인도적인 듯했다.

'다샨' 프로그램에서 한 사람 한 사람을 정성스럽게 만나 서로 눈빛을 마주볼 때 나는 나도 모르는 사이에 그 사람들이 착한 삶을 살고 밝은 앞길이 열리기를 빌어 주기도 했고, 인생에 고달픈 무거운 짐이 있거든 그 업장이 소멸되기를 빌어 주기도 했다. 그래서인지, 그 후 그 사람들을 개인적으로 만났을 때는 처음 만난 사람 같지 않고 아주 오래전부터 잘 알고 지냈던 사람들처럼 친밀감이 들고 개개인에게서 느꼈던 독특한 기운들이 그대로 나에게 상기되었다. 그들도 그런 다음 나를 만났을 때 유난히 반겨 주었고, 자신의 목걸이를 풀어 내 목에 걸어 주기도 했다.

세 사람이 덩달아 내 목에 걸어 준 목걸이는 '버터플라이'의 시작도 끝도 없음을 상징하는 네 개의 꽃잎을 모아 놓은 듯한 목걸이였고, 또 다른 사람은 인도의 사이바바에게서 받은 것이라며 선뜻 내 목에 걸어 주었다. 그리고 또 하나의 목걸이는 보석이 박힌 듯한 것이었는데 '옴마니반메훔(Om Mani Padme Hum)'이라는 티베트 불교의 주문 첫 구절이 적혀 있었다. 서양 사람들이 목에 걸고 있는 목걸이는 모두 동양적 사상이 담긴 것들이어서 서양 사람들이 막연히 동양의 정신적인 그 무엇인가를 동경하고 있다는 생각이 들었다.

십오 년 만에 영상으로 만난 라다크 아이들

축제 기간 동안 아바타라 데비 여사의 옷과 머리에 쓰는 관이 바뀌었다. 첫날의 하얀 옷에서 검은 감색 사리로 바뀌었지만 사리 가장자리에는 빨간 바탕에 금빛 무늬, 초록색 무늬가 있어 참으로 화려해 보였다. 그리고 머리에는 관이 아니라 머리테 같은 것을 이마에 둘렀다. 금색 테의 중앙에는 코브라의 머리 부분이 살짝 앞으로 굽어 있고 코브라 양옆으로 각색 보석이 박혀 있었다.

그녀는 체구도 크거니와 미모도 수려했다. 서양 사람이 입고 있는 좀 찬란해 보이는 인도 사리 그리고 머리에 쓴 코브라로 상징되는 머리테 등을 통해 그가 평범한 사람이 아님을 누구나 알 수 있었다. 그러한 차림을 한 그녀의 인상은 매우 독특한 분위기를 발산하고 있었다. 특히 우주의 좋은 기운을 받기 위해 흰옷을 입고 그를 따르는 버터플라이들 속에서 그녀는 때론 신비롭게 보이기도 하고, 때론 여왕처럼 보이기도 했다.

의식이 진행되는 동안 그녀는 특별한 격식을 갖춰 매우 근엄해 보였고 또 위엄도 있어 보였다. 대중들은 그녀의 말 한마디 눈짓 손짓 하나로 일사분란하게 움직이는 듯했고, 그들은 때로 엄숙한 분위기를 유지하면서도 무슨 리듬을 타기라도 하듯 때로는 환희에 찬 모습으로 노래 부르고 춤을 추었다. 그런데 그들 모두가 행복해 보이는 것이 특징이었다.

도착한 첫날부터 느꼈듯이 그 많은 대중의 버터플라이들의 인상도 모두 영성이 맑아 보이고 선량해 보였다. 마치 중생의 삼독심(三毒心)을 뽈깡 짜 버리고 맑은 물에 헹궈 놓은 사람들처럼 보였다. 설사 종교인으로 수련을 많이 쌓았다 하더라도 개개인 모두가 한결같이 그런 기운을 간직하기란 결코 쉽지 않은 일이기에 나는 그 점이 매우 궁금했다. 그것이 지도자 아바타라 데비 여사의 특별한 능력 때문인 것 같았다. 말하자면 그녀는 자기 뜻대로 그 사람들의 기운을 제압하기도 하고 또 살리기도 하는 것 같았다. 어느 때는 그를 따르는 사람들이 그를 신처럼 믿고 있다는 인상이 들기도 했다. 그녀의 눈빛은 말할 수 없이 강렬했다.

축제 기간에 느낀 바로는 '다샨' 프로그램이 그런 위력을 만들고 있는 것 같았다. 버터플라이 개개인이 그녀 앞에서 눈을 마주 바라보고 있을 때는 감히 아닌 마음, 즉 죄를 지을 수도 있는 마음을 품고는 도저히 그녀의 눈빛을 마주 볼 수 없을 것 같았다. 어떤 버터플라이는 데비 여사는 자기들 속마음을 들여다본다고 했다. 그래서 그 다샨이라는 의식을 통해서 버터플라이들은 자기가 갖고 있는 욕심이나 분노 그리고 누군가를 미워하는 마음도 모두 비워 버리고 그렇게 선량하고 맑은 영혼으로 거듭 태어나고 있다고 여겨졌다.

아바타라 데비 여사는 대단한 권위를 지키는 사람처럼 보였지만 그녀가 자신을 따르는 버터플라이들을 대할 때는 더할 수 없는 친밀감을 갖고 그들을 품에 안아 주곤 했다. 마치 사랑하는 자식들에게나 하듯이 했다. 그래서 버터플라이들은 그녀를 바라볼 때는 청정한 마음으로 우러러보고 그녀의 품에 안길 때는 세속의 일만 근심을 모두 그녀에게 맡겨 버리는 것 같아 보였다. 그리고 자신들의 소망까지라도 이루어 줄 수 있다고 믿고 있는 것처럼 보였다.

그녀는 참으로 범상치 않은 모습을 실제로 드러내 보이기도 했다. 버터플라이들은 그러한 그녀에게 대단한 신심을 바치고 있는 것 같았다. 나는 한 버터플라이에게 이 단체에 가입한 후로 개인적으로 무슨 변화가 있느냐고 물어보았다. 그녀는 주저함 없이 말했다. 예전에는 내면이 공허하고 정신적으로 방황했는데 아바타라 데비 여사를 만난 뒤로는 그 비어 있던 내면이 채워졌다고 말했다. 그리고 그녀는 이런 말도 덧붙였다. 사실 독일 사람들은 물질적으로는 풍요롭지만 정신적으로는 빈곤과 갈등을 겪고 있다는 것이다. 그를 따르는 사람들은 대부분 젊은이들이 많았고 모두 배움이 있는 사람들로 보였다.

독일은 가톨릭 국가이고 국민 모두가 성당과 사제를 위해 종교세를 내고 있지만 이제 많은 독일 사람들은 교회에 나가지 않는다고 했다. 심하게 말하면 교회는 일생 동안 세 번 가면 된다고 했다. 태어나서 세례를 받기 위해 교회에 가고, 성장해서는 결혼식을 올리기 위해 교회에 가고, 세번째는 생을 마치고 장례미사를 위해 교회에 간다고 했다.

아바타라 데비 여사는 히말라야 라다크를 세 번 다녀왔다고 했다. 그녀는 상가세나 스님의 후원자였다. 그녀는 우리가 설산 라다크에 세워 놓은 마하보디 불교기숙학교 학생들과 버터플라이들을 결연하여 그곳 학생들의 매달 식비와 학비를 지원하고 있었다. 특히 상가세나 스님은 라다크에서 초·중·

고등학교를 마친 여학생들을 남인도 벵갈루루에 보내 한곳에 합숙을 시키며 전문학교와 대학교를 보내고 있었다. 아바타라 데비 여사는 그들도 후원하고 있었다. 마하보디 기숙학교 졸업생을 미국으로 유학까지 보냈다고 하니 놀랍기만 했다.

타라 축제 중에 아바타라 데비 여사가 히말라야 라다크를 방문한 비디오를 보여 주는 시간이 있었다. 화면으로 보는 라다크 데바찬(Devachan)은 많이 변해 있었다. 우선 그 설산 사막의 땅에 숲이 우거져 있었고 우리가 그곳의 돕기를 그친 지난 오 년 동안 많은 건물들이 새로 들어서 있었다. 특히 양로원의 노인 수가 많아 보였다. 상가세나 스님이 그간 큰일을 많이 했음을 알 수 있었다.

우리가 만약 라다크에 최초의 터전을 닦아 놓지 않았더라면 인연있는 세계 사람들이 어떻게 그곳을 도울 수 있었을까. 그곳의 발전한 모습을 보고 우리가 한 일이 마치 세계 사람들이 설산 사람들에게 관심을 갖게 한 것 같아 뿌듯했다.

특히 우리가 세운 카루나 종합병원(Mahabodhi Karuna Charitable Hospital)에서는 한 달이면 여러 명의 아기가 태어난다고 했다. 그러니까 그 전엔 안과, 치과, 내과 중심의 의료 활동이 이젠 산부인과까지 활발해졌다는 소식이었다. 산촌의 여성들이 아기를 출산하다 생명이 위독할 일이 없게 된 것만으로도 참 다행한 일이었다. 화면에서 남인도 벵갈루루의 여학생들 모습도 보였다. 그들은 내가 설산에서 그들로부터 자주 들었던 「마더 박청수」 노래를 아직도 부르고 있었다. 그리고 내가 가르쳐 준 「아리랑」도 잊지 않고 불렀다.

화면을 보면서 나는 작은 충격 같은 것을 느꼈다. 내가 처음 보았을 때 칠팔 세의 어린 소녀들이 십오 년의 세월이 흐르는 동안 다 자라 버린 처녀가 되어 있었기 때문이었다. 나도 모르게 어디에선가 또 다른 세월이 흐르고 있었던 것만 같았다.

설산에서 남인도 벵갈루루로 간 여학생들은 나에게 자주 편지를 보내오곤 했었다. "마더! 나의 핏속에는 마더를 사랑하지 않는 피는 한 방울도 없어요. 나는 살아 있는 동안 영원히 마더를 사랑할 거예요"라고 편지를 써 보낸 여학생도 있었다. 나는 그들의 편지를 반갑게 받아 읽기만 했을 뿐 한 번도 답장을 한 적이 없었다. 그 여학생들은 아바타라 데비 여사에게도 메시지를 보냈다. "마더! 아바타라 데비, 감사합니다. 마더가 보고 싶어요. 우리는 마더를 기다리고 있답니다"라는 그들의 합창 소리가 나에겐 멀리서 들어오는 산울림처럼 느껴졌다.

그 화면을 보고 난 순간 나는 마치 자식을 내팽개친 비정한 어미 같다는 생각이 들었다. 벵갈루루로 유학 간 여학생들의 모습을 보고 나니 반갑고 기쁘기보다 오히려 정말 가슴이 아프고 쓰라려 왔다.

아바타라 데비 여사는 내게 속삭였다. "나는 저 아이들을 사랑해요. 정말 보고 싶어요. 아직 만나 보지 못했거든요"라고 말하더니 그녀는 내게 몸을 살짝 기대며 "우리 함께 히말라야 라다크를 방문합시다"라고 제안하기도 했다. 그러나 그런 말들이 나에겐 건성으로 들릴 뿐이었다. 독일 땅에서 내가 그렇게도 사랑하고 열정을 쏟았던 히말라야 설산 라다크의 어린 소녀들을 이젠 다 자라 버린 처녀의 모습으로 볼 줄이야….

라다크를 돕던 세월이 십 년쯤 되었을 무렵, 그곳에는 초·중·고등 기숙학교가 세워져 나의 소원대로 산촌에 흩어져 있던 어린이들이 데바찬에 모여 즐겁게 기숙사 생활을 하면서 공부하고 있었다. 그리고 그곳 학교를 운영할 수 있도록 수익성 있는 게스트룸 서른여섯 개도 마련했었다. 설산 라다크에서 마지막 사업이 되었던 오십 병상의 종합병원이 완성되었을 때 나는 그곳에서 나의 몫을 다했다는 생각이 들었다. 마치 자신이 지어야 되는 집을 다 짓고 난 목수처럼 모든 연장을 주섬주섬 챙겨 넣고 높은 설산으로부터 내려왔다. 나는 그 길로 지뢰가 묻힌 캄보디아 땅으로 갔었다.

'세계 평화의 해' 기념으로 2000년 3월 13일 아리랑 티브이에서는 특집 다큐멘터리로 나의 캄보디아 활동과 히말라야 라다크 활동을 제작 보도했다. 그것이 「외로운 전쟁」이다. 아바타라 데비 여사는 축제 기간 동안 「외로운 전쟁」을 버터플라이 팀에게 보여 주었다. 그것은 캄보디아에서 지뢰를 제거하고 고아원을 지어 주고 식수가 없는 마을에 샘물을 파 주는 내용들이었다. 독일 땅에서 버터플라이 팀과 함께 그 테이프를 보면서 나에게도 새로운 감동이 일렁였다.

다큐 테이프를 다 본 버터플라이들은 박수를 치다가는 다 함께 일어나서 기립박수를 쳤다. 얌전해 보이던 모습과는 달리 발로 마루를 구르며 열광했다. 그들은 모두들 나를 바라보며 힘찬 박수를 보냈다. 그들의 그런 모습에서 나는 많은 위로를 받았다. 그 순간 지금까지 캄보디아를 위해 했던 일들이 파노라마처럼 지나갔다. 화면에서는 나오지 않았지만 그곳에서 일하는 어린 후배 최지운 교무의 모습과 무료구제병원을 찾는 환자들의 모습도 눈에 어른거렸다. 서양 사람들의 힘찬 격려를 받고 있자니 「외로운 전쟁」을 만들어 방송을 해 준 당시 아리랑 티브이 황규환(黃圭煥) 사장님의 깊고 따뜻한 배려가 새삼 은혜롭고 감사했다.

다음 날은 내가 하는 일을 돕기 위한 톰블라 행사를 펼쳤다. 큰 불상과 보살상을 비롯 소장품으로 갖고 싶을 만한 갖가지 귀한 물건들이 큰 홀 안에 가득히 진열되어 있었다. 나와 상가세나 스님은 바구니 속에서 번호와 이름이 적힌 쪽지들을 무작위로 뽑아 이름을 불렀다. 당첨된 사람은 환호하며 나와서 그 물건들을 하나하나 골라 갔다. 진열된 물건이 다 없어질 때까지 뽑힌 사람들은 한결같이 기뻐하며 남의 부러움 속에 물건을 가져갔다. 그렇게 해서 어떻게 돈이 만들어지는지는 잘 알 수 없었다.

톰블라 행사가 끝나자 아바타라 데비 여사는 흥분된 장내 분위기를 수습하고, 훌륭한 액자에 '숭고한 영혼'이라는 증서를 넣어 내게 주었다. 그리고 방금 전에 끝난 톰블라의 수익금이라며 일만 유로의 기금도 나에게 전달했다. 버터플라이 팀들은 영예로운 증서와 일만 유로의 성금을 받는 나에게 아낌없는 박수갈채를 보냈다. 그것은 나에게 뜻밖의 격려였다. 일만 유로나 되는 큰 성금도 나라 밖에서 처음 받아보는 성금이었다. 나에게 일만 유로의 기부금을 주기 위해서 그간 여러 방면으로 많은 노력을 했다고 했다.

삼 일간의 축제 기간 동안 낮과 밤으로 열 시간 이상 하얀 법복을 차려 입고 내내 주인공의 역할을 하는 것도 여간 긴장되는 일이 아니었다. 특히 아바타라 데비 여사가 연출이라도 하듯 진행되는 그 축제는 공식적인 자리에서 하도 엄격한 품위 유지에 힘쓰고 있어 그것을 다 따르는 일도 여간 힘든 일이 아니었다. 식사 시간이나 휴식 시간도 꽃과 촛불을 밝힌 특별한 장소에서만 보내야 했다. 이틀째 되던 날, 호텔로 돌아온 내가 하도 힘들어하자 상가세나 스님은 미소 지으며 "마더, 원 데이(Mother, one day)!" 하며 하루만 더 참으면 된다고 위로했다.

축제가 모두 끝나자 참으로 홀가분했다. 삼층으로 안내된 나는 아바타라 데비 여사에게 분에 넘치는 영광과 격려를 받은 데 대해 감사하다고 인사를 했다. 아직도 축제 분위기의 여운을 느끼며 아바타라 데비 여사를 따라 밖으로 나왔다. 그런데 버터플라이 팀들은 개막식 때와 똑같이 양편으로 도열해 있었다. 그리고 또 두 개의 깃발이 저 멀리에서 문을 닫고 있듯이 깃발 끝을 맞대고 있었다.

축제 시작 때 들었던 트럼펫 소리가 다시 울려 퍼지는 순간 우리는 그들 곁을 서서히 걸어 나왔다. 시작 때와는 사뭇 다른 정겹고 아쉬운 표정으로 우리를 보내 주고 있었다. 깃발이 있는 곳에 이르렀을 때 나비 두 마리를 머리에 뿔같이 꽂고 등에도 나비를 짊어진 어린 두 소년이 나와 상가세나 스님에게 각각 큰 나비 한 마리씩을 주었다. 그 나비는 두 개의 촛불을 켤 수 있는 촛대 나비였다. 우리가 그 선물을 받자 깃발이 문을 열 듯 위로 올라갔다. 우리 두 사람은 그 마지막 지점을 통과해 준비된 차량에 오르기 전에 뒤돌아보았다. 모든 버터플라이들은 손을 높이 들어 작별 인사를 보내고 있었다. 우리도 손을 흔들어 그들과 작별 인사를 했다. 우리를 태운 차가 시야에서 사라질 때까지 그들은 그렇게 손을 흔들고 있었다.

데비 여사와의 이별

아바타라 데비 여사는 축제 기간이 가까워지자 독일에서 머물 일정표와 비행기 스케줄을 보내라고 했었다. 데비 여사는 그전에 보낸 편지에 축제의 시작보다 삼 일 정도 앞서 오고 삼 일간의 축제가 끝나면 또 일주일 정도 함께 지내자는 제안을 했었다.

한국에서의 일도 많지만, 도대체 알지도 못하는 사람과 어떻게 그렇게 오랜 시간을 함께 보낼 것인가도 큰 걱정이었다. 그래서 많은 생각 끝에 구 일간을 독일에서 머물겠다는 답신을 보냈었다. 그곳에서 또다시 편지가 왔다. 우리는 당신을 맞기 위해 일 년간을 준비했는데 그렇게 짧은 기간만 있다가는 것은 너무 섭섭한 일이니 다시 생각해 보라는 것이었다. 비행기 스케줄을 맞춰 보고 나서 내가 그곳에서 이 주간을 머물러도 되겠느냐고, 당신들에게 너무 큰 폐를 끼치게 될까 봐 걱정된다는 편지를 보냈었다. 그곳에서는 "감사합니다"라는 짧은 한마디와 함께 색색의 벌, 나비가 춤을 추는 이색적인 메일을 보내왔었다. 그렇게 해서 나는 축제 기간보다 먼저 갔고 축제가 끝나고도 많은 시간을 함께했다.

아바타라 데비 여사는 그 어디에서도 만나볼 수 없는 아주 독특한 개성을 지니고 있었다. 축제 기간 내내 그렇게도 엄숙하고 강해 보이던 모습은 온데간데없고 축제가 끝나자 그녀는 따뜻한 봄날처럼 변했다. 그리고 나에겐 옛정이라도 묻어 있는 사람처럼 다정하게 대했다.

축제에서 돌아온 그녀는 나를 맨 먼저 '레벤스 하일룽(Lebens Heilung)'이라는 장애인 시설에 데려갔다. 그곳에 갈 때는 한국인 통역을 통해 관계자들의 설명을 내가 잘 알아들을 수 있도록 배려를 아끼지 않았다. 나야 한국 장애인 시설에 대해 잘 아는 바도 없고 그 분야에 종사하는 사람도 아니지만 아바타라 데비 여사는 불우하고 소외된 독일 사람들이 어떻게 살아가고 있는가를 나에게 보여 주려는 의도 같았다.

장애인 가운데 도저히 재활 능력이 없어 보이는 중증 장애인들에게는 심심치 않게 지내도록 그들 수준에 맞는 게임을 시키고 있었다. 그리고 그들을 돕는 봉사자들도 있었다. 특히 정신적으로 미숙한 상태에 머물고 있는 장애인들은 전혀 고통스럽거나 불행해 보이지 않았다. 삼십 세도 넘어 보이는 한 장애인은 인물도 잘생기고 신체적으로는 매우 건강해 보였으나 철없는 어린이들이나 하는 행동을 하고 나서 히죽히죽 웃고 있었다. 그의 장애 인생은 결코 짧은 것 같지 않아 보였다. 저런 장애인을 둔 부모의 마음은 어떠할까…. 그 가족들의 불행의 그림자가 끝이 보이지 않아 안타까웠다. 그러나 신체의 일부에 장애는 있어도 건강한 사람들과 섞여 생활할 수 있는 장애인들에게는 직업에 종사할 수 있는 각종 직업 훈련을 시키고 있었다.

시설이 깨끗하고 장애인들도 모두 정결한 모습이어서 역시 복지 정책이 잘된 선진국에 와 있음을 실감케 했다. 특히 노인들 가운데 치매기가 있는 사람들은 독방에 들어가게 하여 자연환경을 연상할 수 있는 설치를 해 놓고 큰 거울 앞에 앉아 좋은 명상 음악을 듣도록 해 놓았다. 그 방을 다녀 나오면 치매 노인들이 정신적으로 더 안정이 되기도 하고 희미한 기억을 되찾기도 한다고 했다. 내가 시설을 둘러보는 동안 아바타라 데비 여사는 신문 기자까지 오게 하여 나에 관한 기사를 크게 보도해 주기도 했다.

그날 아바타라 데비 여사는 점심을 한국 식당에서 먹도록 예약해 놓았다. 만약 대접받는 처지가 아니었다면 나는 김치찌개나 된장찌개를 먹으면서 오랫동안 못 먹었던 내 나라 음식을 즐겼을 것이다. 그러나 식당 주인은 오리고기를 권했고 데비 여사도 그 권유를 따랐다. 음식은 푸짐했지만 우리 음식을 먹는 맛은 느낄 수가 없었다. 그러나 한국 음식을 먹도록 배려해 준 데비 여사의 정성만큼은 고마웠다.

나라 밖에 사는 우리 동포들은 한결같이 자기 자신이 떠날 당시의 한국의 모습을 그대로 간직한 채 살아가고들 있었다. 그 식당 아주머니도 오래전에 한국을 떠난 사람 같았다. 옷매무새나 말씨가 이제 한국에선 찾아보기 어려운 우리네의 옛 모습이었다.

어느 날은 고색창연한 성(城)을 구경시켜 주었다. 아바타라 데비 여사를 알아본 성주의 후손인 남자는 집 안까지 샅샅이 보여 주었다. 나에게 가장 인상적인 것은 몇백 년 된 가죽 표지의 두꺼운 책들이었다. 내용이야 알 수 없지만 그 옛날 부피가 큰 그 책이 잘 세워져 보관될 수 있도록 쇠고리로 책의 잠금 장치를 해 놓은 것이 너무 신기했다. 들 수도 없이 무거운 그 책들은 책의 잠금 장치 때문에 지금까지도 잘 세워져 있었다. 그리고 시대를 따라 문양을 달리한 가구들을 보는 것도 큰 구경이었다. 특히 성주의 후손은 보석에 관심이 많은 듯 세계적으로 수집해 놓은 값비싼 보석들을 내보여 주며 보석의 진가를 설명하면서 자랑이 대단했다.

아바타라 데비 여사는 역사가 오래된 성당들도 여러 곳 구경시켜 주었다. 그녀는 성당을 방문할 때마다 성모마리아 상 앞에 가서 머리 숙이고 경건하게 기도했다. 데비 여사는 이십일세기에는 사랑과 자비가 풍부한 여성이 지구상에 필요하다고 말하면서 앞으로는 여성의 시대가 돌아오고 있다고 말했다.

그녀를 따르는 수리 여사의 말에 따르면 모든 사람은 '디바인 마더(Divine Mother)'가 될 수 있는 속성을 내면에 지니고 있기 때문에 그들은 궁극적으로 디바인 마더가 되기 위해 노력한다고 했다. 또 수리 여사는 버터플라이 팀은 종교와 정치로부터 자유롭다고 했다. 다만 인류의 옛 성현(聖賢)들의 가르침인 지혜는 어느 종교를 가릴 것 없이 모두 받아들이고 배운다고 했다. 아바타라 데비 여사는 한 종교의 교주처럼 보일 때도 있었지만 그들은 자기들만이 구원받을 수 있다거나 더 좋은 세계로 갈 수 있다는 이상향을 따로 내세우지 않았다. 그래서 나는 버터플라이 팀을 영성 단체로 볼 수밖에 없었다.

공식적인 일정을 마치고 아바타라 데비 여사와 함께 지낼 때 그녀는 보통 사람과 다를 바 없는 평범한 사람이었다. 특히 우리가 있는 하다마어(Hadamar)로부터 팔 킬로미터 떨어진 림부르크(Limburg) 시내를 구경할 때는 그녀가 관심을 갖는 물건들을 통해 그녀의 취향을 더 잘 엿볼 수 있었다.

특히 데비 여사는 색감에 대한 감각이 뛰어난 멋쟁이였다. 림부르크 시내 가게들은 생활용품을 파는 가게가 아니고 관광객을 상대로 한 관광 상품을 진열해 놓은 상점들이었다. 나는 세계 어느 나라에서보다도 독일의 림부르크에서 예쁘고 아기자기한 물건들을 많이 보았다. 그것은 독일 사람들의 내면세계를 엿보는 것 같아 더욱 흥미로웠다. 뜻밖에 이집트 물건과 인도나 티베트 물건들도 많이 진열해 놓았고 좀 찬란하게 보이는 촛대가게들이 많았다. 세계 어디에서도 보지 못한 예쁜 촛대들이 나를 놓아 주지 않았다. 독일 사람들은 식사를 할 때면 예쁜 촛대에 색색의 초들을 바꾸어 가면서 으레 촛불을 밝혔다.

그리고 무엇에 소용되는지는 몰라도 차돌처럼 보이는 돌을 쪼개 파는 가게도 많았다. 그러나 꽃집은 우리나라만 못했다. 꽃도 풍성하지 않거니와 꽂아 놓은 꽃들도 내가 보기에는 빈약해 보였다. 역사적인 명승지를 관광하지 않고 독일 사람들의 삶의 모습을 엿볼 수 있는 작은 가게들을 돌아보는 것은 매우 재미있었다. 다니다가 비가 쏟아지면 빵 가게에 들어가 아이스크림을 먹기도 했다.

데비 여사는 세계의 민속 축제가 열리는 곳으로도 나를 데려갔다. 나로서는 어디에서도 볼 수 없는 각국의 민속춤을 볼 수 있는 그 축제가 매우 흥미로웠다. 그러나 그 축제는 밤을 지새우기라도 하려는 듯이 끝이 나지 않았다. 게다가 야외에 가설된 그 공연장은 좀 추웠다. 공연이 계속되는 동안 데비 여사는 내가 더 보기를 원치 않는다면 이제 돌아가자고 했다. 그때 내가 독일 시간으로 맞춰 놓지 않은 한국 시간을 보았을 때 아침 여섯시였다. 그제야 우리는 집으로 돌아왔다.

어느 날 그녀는 이제 휴가를 떠나자고 했다. 그녀는 우리가 머물던 하다마어로부터 멀리 떨어진 아이텔 파크라는 곳으로 데려갔다. 독일의 시골 들녘에는 샛노랗게 피어 있는 유채꽃 밭이 노오란 벌판처럼 펼쳐져 있고, 논밭에서 일하는 사람은 보이지 않아도 푸른색의 들판이 끝이 없어 넓은 초원을 바라보는 것 같았다. 아무데도 막힌 데가 없었다.

독일은 깨끗하고 질서정연해 보였다. 그 나라 어느 한곳에서도 건축 현장을 보지 못했다. 도로 정비를 하는 곳도 눈에 띄지 않았다. 마치 모든 것이 다 완성된 상태처럼 보였다. 그러나 그것은 또 다른 의미에서 더 이상 발전하고 있지 않은 정지된 상태처럼 여겨졌다.

그동안 독일에서는 산을 볼 수 없었는데 우리가 도착한 아이텔 파크는 깊은 산중같이 나무가 울창했다. 아바타라 데비 여사와 수리 여사 그리고 신현대 교도와 내가 머문 곳은 호텔 안의 또 다른 저택이었다. 삼층의 넓고 큰 홀에는 두 개의 침대가 이편저편으로 떨어져 정결하게 놓여 있고 거실 한가운데에는 탁자와 편안한 의자 몇 개가 놓여 있었다. 우리의 처소는 삼층이었는데 그 삼층은 복층이었고 거기엔 아기자기한 다락방이 두 개가 있었다. 나와 신현대 교도는 그 다락방을 썼다. 공간의 여백을 느낄 수 없는 그 다락방은 오붓하다는 느낌이 절로 들었다.

　데비 여사는 호텔에서 식사 때마다 맛있는 독일 음식을 이것저것 고루 먹도록 해 주었다. 그리고 수영을 하라고 권하기도 했다. 호텔 안에서 아무리 좋은 여러 시설이 있어도 그 많은 것들이 나와는 아무 관계가 없었다. 넓고 넓은 삼층의 테라스에 나와 모처럼 혼자 앉아 시간을 보내는 것이 참으로 좋았다. 넓은 테라스에서 조금만 안쪽으로 자리를 옮기면 사람이 오가는 길도 보이지 않아 사바세계와 딱 끊긴 듯했다. 다만 바람이 불면 부드러우면서 무겁게 물결치듯 움직이는 나무숲만이 보였다. 새들의 지저귐, 서늘한 바람, 따사로운 햇살 그 모든 자연이 나에겐 더할 나위 없이 고마웠다. 그래서 마치 목마른 사람이 물을 실컷 마시듯 나는 그 대자연을 깊이깊이 호흡했다.

　사람과 어울리는 것도 즐겁지만 그처럼 홀로 긴 시간을 자연의 품 안에 있다 보면 나 자신이 자연의 일부처럼 느껴지기도 하고, 우주 안에 홀로 있는 듯한 깊은 고독이 알 수 없는 충만감 같은 것을 느끼게 한다. 그때 그곳에서 느끼는 여유와 한가로움이야말로 견줄 바 없는 경지에 이른 듯했다. 숲의 수종이 소나무이고 그 키가 하도 커서 금강산에서 보았던 소나무들이 생각나기도 했다. 새들은 나를 위해 그 맑은 소리로 저마다 다른 곡조로 쉼 없이 지저귀는 듯했다. 여러 나라를 다니다 보면 못 보던 나무, 못 보던 꽃, 그리고 못 들어 본 새들의 소리를 들어 볼 수 있다. 내가 그렇게 시간을 보내는 동안 데비 여사는 수영도 하고 여러 시설들을 골고루 이용하고 있었다. 대자연 속에 파묻혀 있는 동안 축제 기간의 모든 긴장이 다 풀리는 듯했다.

한국을 떠나면서 독일에서 낯선 사람과 그 많은 날들을 어찌 보낼 것인가 하고 은근히 걱정을 했었는데 어느덧 시간은 물 흐르듯 흘러가고 그곳을 떠날 시간이 가까워 왔다. 데비 여사는 갑자기 강남교당 교도님들에게 무슨 선물을 하면 좋으냐고 물었다. 그 많은 대중에게 무슨 선물을 할 수 있겠느냐고 내가 반문했다. 그는 장미꽃잎 선물이 어떠냐고 했다. 나는 빙그레 웃으면서 고맙다는 대답을 대신했다.

그녀는 내가 떠나기 전날 말린 장미꽃잎을 유리병 항아리에 담아 들고 왔다. 그는 자신의 사무실 컴퓨터에서 여러 모습의 자기 사진을 뽑아내어 적당한 크기로 절단하고 백오십여 장의 사진에 자신의 이름을 서명했다. 그렇게 일하는 그녀는 잘 숙련된 사무원처럼 온갖 기계를 만지며 자신이 원하는 바를 만들어냈다. 그녀는 강남교당 교도님들을 위해 마른 장미꽃 한 줌 한 줌마다 축복의 기도를 했다. 그러고 나서는 투명 종이에 몇 잎의 장미꽃잎을 싸고 리본 끈으로 그 하나하나를 묶었다. 그리고 거기에 자신의 사진을 달아맸다. 그녀는 그 일에만 몰입되어 열심히 그 일만 했다.

나는 그날 그녀가 사무실에서 일하는 모습과 많은 봉지의 꽃잎을 말없이 싸고 있는 모습을 보면서 아바타라 데비 여사의 또 다른 점을 보았다. 축제 기간에 본 그녀는 자신의 핸드백도 손수 들 것 같지 않았다. 그런데 그녀는 그같은 단순노동을 누구에게도 시키지 않고 스스로 했다. 그날 나도 그녀를 도와 꽃잎을 쌌다. 꽃잎을 다 싸고 보니 백오십 봉지밖에 되지 않았다. 그녀는 너무 부족하다고 생각되었던지 여성 교도들에게나 나누어 주라고 했다. 무게는 없지만 그 많은 꽃잎 봉지를 어떻게 가져갈 것인가도 걱정이었다. 결국 데비 여사는 그 모두가 들어가는 천 가방을 들고 와서 꽃 선물을 다 넣어 주었다.

나는 독일에서 이 주간의 모든 여정을 마치고 원불교 프랑크푸르트교당으로 갔다. 아바타라 데비 여사는 자신도 원불교에 가 보겠다며 따라나섰다. 하다마어를 벗어나기 전에 그녀는 한 사무실에 들렀고 나도 따라 들어

갔다. 그곳은 내가 도착하던 날부터 행사 기간 내내 그 무거운 카메라를 메고 우리들의 모습을 담던 나이 든 촬영 기사의 사무실이었다.

우리가 자리에 앉자마자 주인은 곧바로 기계를 작동했고, 텔레비전에는 내가 도착했던 날 그 감격스러웠던 환영의 장면이 고스란히 재현되었다. 떠나는 날, 도착 첫날의 그 모든 것을 다시 보는 것은 새로운 감회에 젖게 했다. 한밤 축제 같은 환영식이 텔레비전 화면에서 끝나자 아바타라 데비 여사는 디브이디 테이프를 마지막 선물이라며 내 손에 들려 주었다. 뜻밖의 선물에 즐거워하는 나를 빤히 바라다보며 그녀도 만족스러워했다.

그녀의 사무실에서 일하는 린다라는 여성이 프랑크푸르트교당까지 운전해 갔다. 나는 원불교 프랑크푸르트교당에 도착하여 맨 먼저 법신불 일원상 앞에서 아바타라 데비 여사가 알아듣도록 그간의 나의 소감과 감사의 뜻을 설명 기도로 올리고 사배를 올렸다. 그녀도 나를 따라 네 번의 큰절을 올렸다. 프랑크푸르트교당 교무님과 교도님들은 정성껏 우리의 점심 식사를 차렸다. 데비 여사는 이것저것 시도하듯 먹어 보면서 한국 음식이 맛있다고 했다. 식사가 끝나자 그녀는 또 원불교식으로 간단한 세리머니를 갖자고 했다. 그래서 우리는 그곳 교무님과 함께 독경(讀經)을 했다.

이제는 정말 헤어져야 하는 시간이 되었다. 나와 마지막 포옹을 하고 차에 오른 그녀의 눈에는 눈물이 고여 있었다. 지난 일 년 동안, 그리고 내가 독일에 머무르는 동안 마치 나만을 위해서 살고 있는 것처럼 보였던 아바타라 데비 여사와 나도 눈물을 글썽이며 아쉬운 작별을 했다.

어느 날 아바타라 데비 여사는 서류함 같은 것을 갖고 나와 열어 보여 주었다. 그 상자에는 나의 히말라야 라다크에서의 사진들이 담겨 있었다. 나는 그 사진들을 보는 순간 너무 깜짝 놀랐다. 어떻게 이 사진들이 여기에 와 있을까. 알 수 없는 전생 일 같아 내가 어리둥절해 하자 나를 빤히 바라보던 그녀는 빨리 해명할 필요를 느낀 듯 히말라야 상가세나 스님으로부터 전해 받은 것이라고 했다. 그리고는 이 모든 사진은 자신의 컴퓨터에 저장되어 있으니 내게 되돌려 준다고 했다.

데비 여사는 "당신에 관해 상가세나 스님이 쓴 『더 디바인 마더』가 이미 독일어로 번역되어 있습니다. 이 사진들은 그 책을 출판할 때 쓰게 될 것입니다. 그러나 그 책을 언제쯤 출판할 것인가에 대해서는 아직 확정 짓지 못하고 있습니다"라고 했다.

나는 그 말을 들으면서 놀라고 또 감격했다. 언젠가 상가세나 스님이 자신이 나의 관해 쓴 책이 독일에서 번역 출판될 예정이라며 사진을 챙겨 보내라고 했던 희미한 옛 기억이 되살아났다. 나는 상가세나 스님이 쓴 영문 책을 고맙게 받아 놓기는 했지만 그 책의 내용도 모르고 있었다. 그 어려운 영어책을 내 실력으로는 읽을 재간이 없기 때문이다. 그런데 그 한 권의 책이 인연이 되어 내가 독일에 초청을 받고 지극한 환대 속에 특별한 경험을 하게 된 것이다. 나는 새삼 그 책을 저술한 상가세나 스님이 고맙게 여겨졌다. 그리고 이 세상에 무엇인가 흔적을 남긴 것은 그 어느 한 가지도 없어지지 아니하고 천변만화(千變萬化)로 다시 드러나는 이치가 있음을, 진리의 거울 앞에 서서 확연하게 보고 있었다. 생각하면 엄숙하기까지 했다.

아바타라 데비 여사가 그동안 나를 책을 통해서 이해하고, 히말라야 라다크에서 내가 한 일을 현실적으로 확인하면서 그야말로 나에 대한 탐구가 깊었음을 알았다. 내가 독일에서 귀국한 후 아바타라 데비 여사에게서 전화가 걸려 왔다. 전화 내용 중에는, 요즘 버터플라이들이 자주 내 말을 하면서 데비 여사 자신은 마더이고 한국에 있는 마더는 엄마처럼 느껴진다고들 한다고 했다. 그 말뜻을 알겠느냐고 내게 되묻기도 했다. 내가 그곳에 있을 때 한 청년이 다가와서 소곤거리듯 말했다. "당신은 우리들에게 아주 특별한 모습을 보여 주었습니다. 겸손한 모습, 얌전한 모습 말입니다"라고 말하던 청년의 모습도 다시 떠올랐다. 아바타라 데비 여사가 내게 베풀어 준 배려와 친절은 내 가슴속 깊은 곳에 오래 간직될 것이다.

한국 산 기행

내 영혼, 산에 기대어
1970년대

산에서 만난 노신사

1974년 5월 초, 북한산이 눈부신 신록으로 성장하고 우리를 맞아 줄 무렵 비교적 사람의 발길이 뜸한 진달래 능선을 올랐다. 인수봉(仁壽峰)과 백운 대(白雲臺)가 한눈에 들어오고 유연하게 흘러내린 대동계곡은 그윽하고 깊숙하게만 바라다보였다.

그곳에서는 조금만 눈을 멀리 주면 수락산이 다소곳해 보이고, 가까이는 도봉산의 선인봉(仙人峰)이 수려한 모습으로 우뚝 서 있다. 북한산은 높은 산도 아니고 큰 산도 아니지만, 높고 큰 산에서 느낄 수 있는 그 모든 것을 두루 갖추고 있다. 산을 오를수록 신록의 푸르름이 엷어지는 자연의 신비를 화가의 마음으로 바라보면서 봄 산의 골짜기마다 울어 대는 산새들의 노랫소리를 들으니 절로 시인의 마음이 되는 듯했다.

나는 산에서는 함께 간 동행자와도 좀처럼 말을 하지 않는다. 그저 묵묵히 걷고 또 걷는다. 산길의 부드러운 흙을 밟으며 숲속의 오솔길이 오르고 내리라는 대로 고분고분 따르다 보면 내 마음은 천심(天心)이 회복된다. 조급했던 마음은 어느덧 느긋해지고 협소했던 마음은 너그러워진다. 그저 담담하기만 한 마음은 세상의 시비(是非)마저도 헤아리지 않는다. 소리내어 웃지 않아도 속마음에는 맑은 기쁨이 고인다. 그 가운데 알 수 없는 가득함이 충만하면 나도 자연의 일부가 된다. 그래서 산은 나의 수도 도량(道場)이고 산행은 곧 나의 정진이기도 하다.

발걸음이 사일구 탑 코스와 합류 지점에 이르렀을 때 노신사 한 분과 마주쳤다. 그분은 산 사람들끼리 나누는 인사말을 먼저 건네 왔다. 보행 속도가 비슷하여 함께 산행을 하게 되자 그분은 알프스의 몽블랑 이야기며 비행기에서 보았던 히말라야 이야기도 들려주었다.

젊었을 때에는 미남이라는 칭송을 들었을 것 같은 그분의 용모에서 이제 인생을 책임있게 살아온 분의 고귀한 인품이 엿보였다. 육십대 중반으로 보이는 그분은 걸음걸이나 동작은 오히려 젊은이의 분위기를 자아냈고 좀 멋스러워 보이는 노신사였다. 나의 젊은 남녀 산 가족들은 산에서 낯선 남자가 나에게 말만 붙여 와도 꺼려했다. 그날도 함께 산행을 하던 홍심과 은정은 그분의 재미나는 알프스의 산 이야기에도 별 반응 없이 묵묵히 걷고만 있었다.

대동문(大東門)이 가까워지자 그 노신사는 난처한 사정이 있다고 털어놓았다. 아침에 좀 급히 나오느라 점심 쌀을 빠뜨리고 왔다는 것이다. 그러니 좀 어려운 청이긴 하지만 점심 때 밥 한 공기만 달라는 것이었다. 그리고 자신이 준비해 온 부식은 넉넉한 편이니 함께 점심 준비를 하면 어떠냐고 제안해 왔다. 산에서 쌀 없는 부식은 아무리 좋아도 소용이 없고, 힘들게 걷고 난 다음 점심 한 끼를 거르는 일도 산에서는 감당하기 어려운 일이다. 그러한 사정을 듣고 점심에 밥 한 공기 달라는 그분의 청을 못 들어준다고 할 수는 없었다. 그렇게 해서 그분과 우리는 자연스럽게 한 팀이 되었다.

용암샘터 부근에 이르러 점심 준비를 위해 자리를 잡고 배낭을 풀기 시작했다. 노신사의 배낭에서 꺼내는 것들은 한결같이 얌전하게 준비되어 있었다. 그분은 모든 것들을 다 꺼내 놓은 다음, 빙그레 웃으며 씻은 쌀이 담긴 비닐 주머니를 내밀었다. 내가 의아한 표정으로 그분을 바라보았을 때, "산 인심이란 원래 후한 겁니다. 쌀을 미처 못 챙겼다며 밥 한 공기만 달라는데 딱 거절할 사람은 없을 것 같아 짐짓 합류의 구실을 찾느라고 잠시 거짓말을 했습니다"라고 했다. 우리는 그 노신사가 퍽 재미있는 분처럼 여겨졌다.

그분의 쌀을 합하여 밥을 짓고 찌개도 끓이며 취사 준비를 하는 동안 함께 나눈 대화는 매우 진지했다. 노신사는 여러 분야에 대해서 지식이 해박하고 화제가 풍부했다. 이야기가 종교에 미치자 동서양 모든 종교와 역사도 두루 섭렵하여 이해가 깊어 보였다. 그러나 원불교에 대한 이야기가 나오자 그분은 들어 본 일은 있어도 아는 바는 없다고 하기에 나는 원불교에 대하여 충분한 소개가 되도록 설명을 했다. 그분은 내가 무엇 하는 사람인지 몹시 궁금하게 여겼지만 나는 대답을 얼버무렸다. 그러나 그분은 금융계나 실업계에 종사하시는 분으로 짐작되었고 내가 잘 아는 분들과도 친교가 두터워 새삼 세상이 좁게 느껴졌다.

점심 식사 후 정상을 향해 오르는 우리와 잠시 동행하던 그분은 용암문(龍巖門)에 이르러 그곳으로 하산하겠다고 했다. 헤어지기 전에 노신사는 훗날 다시 만날 기회를 갖자며 전화번호를 챙겼다. 내가 산에서 만난 사람은 산에서 헤어지는 것이 좋다고 말하자 그분은 제안했던 말을 미소로 거두고 용암문으로 하산했다.

그로부터 이 년쯤 지났을 무렵 서울 사직교당의 어느 법회 날, 단아한 인품을 지니신 노신사 한 분이 찾아오셨다. 그분은 교단의 원로 법사님이신 상산(常山) 법사님의 경성제일고보 동기 동창생이라고 자신을 소개했다. 그 후 법명(法名)을 규당(葵堂)으로 받으시고 충실한 교도가 되셨다.

어느 날 내가 설악산 등반을 마치고 돌아왔을 때 그분으로부터 전화가 여러 차례 걸려 왔다고 메모되어 있었다. 무슨 급한 일이 있으신가 하고 전화하면서 나의 산행 이야기도 소식으로 전했다. "뭐 좀 상의할 게 있어서 그랬지요. 교무님도 산을 좋아하십니까?" 하시며 나의 산행 소식을 매우 반가워하셨다.

다음 날 약속 시간에 교당으로 오신 그분은 건강 때문에 의사로부터 수술을 권유받고 결단을 내리기 전에 몇 가지 의논을 하고 싶었다고 하셨다. 용건을 마치신 후 여담으로 산 이야기를 꺼내며 "교무님이 산을 좋아하시는 줄은 전혀 몰랐습니다. 내가 몇 년 전에 산에서 우연히 어떤 여자 분을 만난 일이 있는데 원불교에 입교해서 생각해 보니 그분이 원불교 교무님 중의 한 분 같다는 생각이 듭니다"라고 말씀하셨다. 나는 그분의 말씀을 듣는 순간 너무나도 깜짝 놀랐다.

"어머! 선생님이 진달래 능선에서 쌀이 없다던 그분이세요? 사일구 탑 코스로 오르셨죠?"라고 반사적으로 말하는 나를 그분은 참으로 의아한 눈빛으로 바라보고 있었다. 그러나 나에게는 북한산 진달래 능선에서 만났던 노신사의 인상이 그분의 모습과 일치되고 있는 순간이었다. 나는 상산 법사님의 동기 동창생으로만 모셔 온 그분에게서 북한산의 노신사를 떠올려 볼 여백이 없었고, 그분은 교역자인 나에게서 북한산의 나를 생각도 못 해 보셨을 것이다.

조촐하고 단아하신 인격의 향기를 간직하신 그분은 자신과 남에게 엄격하신 맑은 선비셨다. 북한산의 옛 추억을 말씀하실 때는 "북한산에서 내가 한 프러포즈를 받아 주었더라면 내가 원불교에 입교하는 것이 일이 년쯤은 더 빨랐을 텐데 청수 교무님이 중생 교화에 너무 소홀하셨던 게 아니오?" 하고 농담하셨다. 이제는 청풍과 일월을 벗 삼으시고 영원한 유택(幽宅)에서 쉬고 계시는 규당 선생님. 경건한 마음으로 삼가 그분의 명복을 빈다.

1989

내 영혼, 산에 기대어

1970년대 초반, 한때 정부에서는 산을 보호하기 위해 입산 지역과 등산로를 제한하고, 각 산악회는 내무부에서 발급하는 증명서를 소지해야만 등산을 할 수 있다는 시책을 발표했었다. 그때 잠시 산악회마다 등록을 하는 소동을 피웠지만 산악인들의 거센 반발로 결국 흐지부지되고 말았다.

그 무렵 우리 산 가족도 '수향산악회(水響山岳會)'라는 이름으로 등록을 했었다. 그때의 우리 산 가족은 내가 교화를 맡고 있던 서울 지역의 원불교 남녀 대학생들 가운데 산을 좋아하는 사람들이었다. 그같은 등록 사건 이후로부터 우리는 우리를 수향산악회원이라고 즐겨 불렀다. 그러나 그 젊은이들이 성장하여 학업을 마치고 여자들은 시집을 가고 남자는 장가를 들어 가정과 직장 생활을 하면서부터 그들은 마치 어떤 성 안에 갇혀 버린 사람들처럼 꼼짝도 못 하는 것 같았다. 십여 년 동안이나 산을 사랑하며 동고동락하던 수향산악회 산 가족들은 그럭저럭 흩어져 버리고 말았다. 그 무렵 내 인생의 필수과목처럼 여기고 있던 등산을 중단할 수는 없는 노릇이었다. 그래서 그 당시 교화 일터였던 서울 사직교당의 삼십대 젊은 여자 교도님 몇 분을 나의 산 가족으로 '초대'하여 주부들에게 무거운 등산화를 신게 하고 등에서 겉도는 배낭을 짊어지게 했다.

설악산을 가기 위해 동마장 버스터미널에서 차를 탔다. 나의 산 가족들은 마치 수학여행을 떠나 온 여고생들처럼 마냥 즐거워하며 쉼 없는 이야기꽃을 피웠다. 차창 밖으로 스치는 시골 풍경과 강원도 산골 마을의 정취는 길 떠나온 나그네에게 한가로움을 한 아름 선사해 주었다. 나는 달리는 차 속에서 '짐을 질 수 없는 주부들과 어떻게 산을 오를 것인가' 하고 줄곧 내일의 산행을 궁리했다.

우리가 타고 온 버스는 먼먼 길을 달려와 최종 목적지인 설악동에 도착했다. 눈 덮인 수려한 자태의 설악산이 우리를 맞아 주었다. 겨울 분위기를 한껏 자아내고 있는 설악산을 우러러보는 순간 나는 마치 그리운 사람과 상봉하듯 가슴이 설레었다. 그러한 설레임 속에 빠질 때는 그리움과 행복이 무엇인지를 한꺼번에 다 알아 버릴 것만 같았다.

산을 찾아와 처음 산을 대할 때면 나는 좀 수줍어하는 버릇이 있다. 그래서 산을 정면으로 오랫동안 바라다보질 못하고 시선을 떨구다가는 다시 우러러보며 좋아한다.

삼십대, 원불교 사직교당을 신축할 무렵 나는 과로로 목 디스크를 앓게 됐었다. 꼼짝 못 하고 병석에 누워 지내는 시간이 길어지자 나는 부질없는 공상을 하게 됐다. 마치 산에 발을 끊은 사람처럼 산을 찾지 않는 나를 찾기 위해 설악산 산신령과 지리산 산신령 그리고 멀리 한라산 산신령들까지 서로 수소문하면서 찾고 있을 것만 같았다. 그같은 화려한 공상을 하다가 더운 눈물을 주르르 흘리기도 했었다. 그때 나는 한번 산에 가기로 한 날에는 날씨와 관계없이 산엘 갔었다. 일기예보에서 한때 소나기가 올 것이라고 해도, 그리고 아침부터 비가 쏟아져도 예정대로 산행을 떠났었다. 나의 산 가족들도 다 함께 약속을 잘 지켜 주었었다.

나의 젊은 날, 나는 참으로 산에 반한 사람처럼 살았었다. 무엇을 소유하고 싶은 욕망이 따로 없었던 것 같지만 등산 장비를 파는 가게 앞에서만은 그렇지가 않았다. 가게 안에 들어서서 진열해 놓은 물건들을 눈으로만 보아도 즐거웠고 나의 산집, 움막을 밝힐 작은 남포라도 하나 사 들고 나올 때는 참으로 행복했었다. 그리고 그 남폿불이 밝혀 줄 나의 산의 궁전을 생각할 때는 거의 환상적이어서 마치 어린 시절 소꿉장난을 할 때 예쁜 사금파리 조각을 주었을 때만큼이나 좋았다.

난생 처음 눈 덮인 설악산을 본 일행들은 탄성을 연발하느라 발걸음을 쉽게 옮기지 못했다. 그러나 내일 산행이 걱정된 나는 그럴 여유가 없었다. 일행들에게 산길을 일러 주고 마등령 문턱인 비선산장으로 걸음을 재촉했다.

산장에 들어서자마자 마치 내 집처럼 배낭을 내려놓고 주인집 아주머니에게 마등령을 넘을 생각이라며 우리들의 짐을 지고 등반에 동행할 사람을 구할 수 있겠느냐고 우리들의 사정을 털어놓았다. 산장 아주머니는 사람 구하기가 쉽지 않을 것이라며 걱정해 주었다. 아직은 3월이라 설악산이 활동기에 들어가질 않아 설악산이 텅 비어 있다는 것이었다.

산장 아주머니의 이야기를 다 듣고 난 나는 커다란 낭패감에 젖어 있는데, 나의 일행들이 낯선 두 남자와 함께 비선산장으로 의기양양하게 들어섰다. 한 사람은 외설악지기이고 또 다른 사람은 설악산 구조대원인데 내일 우리들의 짐을 지고 산에 함께 가기로 약속을 했다는 것이었다. 취기가 있어 보이는 그들은 "선생님이 대장님이라면서요?"라고 절을 꾸벅하면서 서로를 대단한 설악산 전문인이라고 내게 소개했다. 그들은 해빙기가 되면 산을 한 번씩 둘러보는 것이 연례행사여서 며칠 새로 산에 가려던 참이었다고 했다. 그런데 자기들을 필요로 하는 우리를 만났으니 자신들의 볼일도 겸해서 밥이나 먹여 주면 짐도 져다 주고 등산 안내까지 해 주겠다는 것이었다. 그들은 경제적 부담은 느끼지 말라는 말까지 덧붙였다. 그들은 또 기왕에 설악산엘 왔으면 대청봉 정상을 올라야지 산을 오르다 말고 마등령으로 가느냐며 대청봉 코스를 권유했다. 사실 나는 대청봉을 단 한 번밖에 가 보지 못했을 뿐 아니라 산의 수련이 전혀 쌓이지 않은 주부들과 함께 적설기에 대청봉을 오를 용기는 없었다. 우리에게 큰 도움을 줄 그 두 사람과 내일 아침 출발 시간을 약속하고 헤어졌다.

비선산장은 두세 번 신세 진 곳이어서 생소하지 않았다. 저녁까지도 흥분이 가시지 않은 일행 속에서 슬며시 빠져나와 밤하늘을 우러러보았다. 사방이 숲으로 에워싸인 비선계곡의 밤은 칠흑같이 어두웠다. 외딴 산장 위로 열린 하늘은 참으로 좁아 보였다. 그 좁은 하늘에 빛나는 몇 개의 별이 유난히 커 보였다. 맞은편에 우뚝 솟은 장군봉이 마치 그 빛나는 성좌에 고리를 걸고 대지로부터 살짝 들려 있는 상상을 해 보는 것은 아무도 모르는 나의 즐거움이었다. 깊은 산속에서 밤하늘을 우러러보는 것은 내 버릇이다. 칠흑과 적막 속에 뒤덮인 계곡에서 물 흐르는 소리에 마음을 맡겨 두고 있다 보면 마치 우주와 단독으로 대좌하고 있는 듯하고 내 자신도 우주적 존재처럼 확대돼서 느껴졌다. 그러한 상념에 잠길 수 있는 매력 때문에 산을 그렇게 좋아하는지도 모른다.

밤이 깊어서야 잠을 청할 양으로 방으로 들어갔다. 산 가족들은 먼 꿈나라에 가 있었다. 주인이 자꾸만 밀어 넣던 장작 군불이 과했던지 방이 너무 뜨거워 잠을 이룰 수가 없었다. 초저녁에 없던 달이 휘영청 창문을 밝혀 주고 산바람에 낙엽 뒹구는 소리와 간간이 울리는 풍경소리의 여운을 들으면서 잠 못 이루는 밤은 안타까울 것도 없이 좋았다.

아침 약속 시간이 되자 어제의 장정 두 사람이 큰 배낭을 둘러메고 들어섰다. 그들을 보는 순간 얼마나 고맙고 반가웠던지…. 그들은 무거운 짐을 골라 그들의 큰 배낭에 집어넣고 대청봉을 향해 앞장을 섰다. 뜻밖에 만난 고마운 인연들 때문에 나는 등반의 무거운 책임을 벗어 버린 엄청난 해방감을 느끼면서 몸도 마음도 가볍게 그들 뒤만 따랐다.

좀 쌀쌀한 산바람을 뺨으로 느끼면서 아름다운 천불동계곡을 휘감아 오르는 기분은 참으로 상쾌했다. 그래도 마음 한편으로는 마등령을 포기한 아쉬움이 그림자처럼 뒤따랐다. 마등령을 오르면서 뒤돌아보는 천불동은 참으로 비길 데 없는 절경이다. 오세암 쪽 내설악에서 넘어오면서 한눈에 훤히 보는 천불동보다는 설악동에서부터 마등령을 넘으면서 걸음걸음 뒤돌아보는 천불동은 마치 아까워서 한 번에 다 보지 못하고 조금씩 보며 음미하는 것 같아 좋다. 그런데 나는 그 또 한 번의 기회를 포기하면서 아래에서 올려다보는 천불동으로 만족해야 했다.

큰 산 깊은 계곡은 어디나 다 좋지만 그중에서도 천불동계곡은 우리나라의 많은 계곡 중에서도 빼어난 계곡이라는 감탄을 이곳에 올 때마다 다시 하게 된다. 특히 비선대로부터 귀면암과 양폭을 지나 천당폭포에 이르기까지의 경관은 참으로 절묘한 선경이다. 협곡의 계곡 위로 솟은 산봉우리마다 기암괴석의 천태만상은 이름 그대로 천(千) 여래(如來)가 서 있는 듯하다.

산빛이 짙푸르러 보이던 어느 여름날, 운해가 감도는 천불동은 더할 나위 없이 풍성하고 멋스러워 보였다. 그러나 잎을 다 떨구어 버린 나무들이 급경사의 벼랑 위에 하늘을 찌를 듯이 서 있는 겨울의 천불동계곡은 깡마른 얼굴에 예지가 빛나는 사람처럼 강인하게만 느껴졌다. 개성이 강한 천불동계곡의 비경은 천당폭포를 지나면서부터 평범한 오르막길이 가팔라졌다. 무내미재에서는 발을 잘못 디디면 그간 쌓인 눈이 허벅지까지 차올랐다. 여기저기서 "아이쿠" 하는 외마디 소리가 터져 나왔다. 힘들어하는 대원들을 달래고 격려하여 해발 일천육백십 미터 고지 소청봉에 올랐다. 소청봉에 오른 대원들은 장중하게 펼쳐진 외설악의 위용을 한눈 아래로 내려다보면서 마치 정상에라도 오른 듯한 감동으로 감탄사를 연발했다.

다시 대청봉을 향해 오르려 하자 일행들은 "저 높은 산을 어떻게…" 하면서 잔뜩 겁을 냈다. 그리고는 소청봉에서도 외설악의 아름다움을 다 구경했으니 이제는 하산을 하자고 졸라댔다. 여론에 따라 내설악 봉정암(鳳頂庵) 쪽으로 발길을 옮겼다.

3월의 봄 햇살에 녹기 시작한 눈은 밟는 대로 물기가 고이면서 발밑이 미끄러웠다. 험한 산에서 녹아 흐르는 눈길을 걸으며 하산하기란 그리 쉬운 일이 아니었다. 외설악지기 이 씨는 우리에게 '조심'하라고 주의를 환기시켰다. 급경사의 비탈길만 내려서면 그곳이 봉정암이었다. 그런데 눈 덮인 그 비탈길에는 손으로 잡을 만한 것이 아무것도 없었다. 두 명의 설악산 전문가들도 어떻게 내려갈까 하고 궁리를 하는 듯이 보였다.

"이런 데서는 미끄럼을 타면서 하산하는 방법도 있는데…" 하는 내 말이 떨어지자마자 화형 교도님이 잠시 앉아 보려는 듯한 자세를 취하더니 그만 휙 미끄러져 굴러 떨어지고 있었다. 우리는 동시에 비명을 지르며 숨도 못 쉬고 지켜보았다. 그분은 백오십 미터 아래 지점쯤에 처박히듯 정지되었다. 우리는 어느 누구도 한마디도 입 밖에 내지 못한 채 그분이 어떤 동작을 취하는가를 지켜보고 있었다. 그 짧은 순간의 침묵은 참으로 길게 느껴졌다. 작은 물체처럼 보이는 노란 스웨터를 입은 그분이 조금씩 움직이는 것 같았다. "움직여"라는 환희의 탄성이 우리 모두의 입에서 일제히 터져 나왔다.

우리보다 좀 더 앞서 내려가던 외설악지기 이 씨는 눈구덩이에 빠진 발을 뽑지 못해 애를 쓰고 있었고, 뒤따라가던 구조대원은 몸에 균형을 잃고 곤두박질치는 것 같았다. 그러더니 배낭이 머리 위로 넘어와 몸을 추스르느라고 또 애를 썼다. 그 위급함 속에서도 두 남성들의 모습을 보고 웃지 않을 수 없어 우리는 다 함께 웃고 말았다.

참으로 살얼음 밟듯이 조심조심 발을 옮겨 화형 교도님 곁으로 다가갔을 때 그분은 아무 일도 없었던 것처럼 우리를 바라보며 혼자서 웃고 있었다. 우리는 너무나도 신기해서 "다친 데는 없어요?"라고 다급하게 물어보자 아랫배가 조금 당긴다고만 했다. 우리는 특별한 가호를 힘입고 있는 듯해 다 함께 숙연했다. 만약 굴러 떨어질 때 바위나 나뭇등걸에 부딪쳤으면 큰 화를 면치 못했을 것이다. 자리에서 일어선 화형 교도님은 누구의 도움도 필요 없다며 스스로 걷기 시작했다. 생각할수록 아슬아슬하고 또 다행스러웠다.

우리가 봉정암에 도착하자 부엌에서 노파 한 분이 나와 반겨 주었다. "손님들이 오기에 비워 두었던 방에 지금 막 군불을 때는 중입니다"라고 했다. 그 말을 듣는 순간부터 우리 모두는 봉정암이 내 집같이 여겨졌고 다사로운 노파의 인정에 몸도 마음도 훈훈해졌다. 긴 겨울 동안 사람이 그리웠는지 그 노인은 별 볼일도 없이 우리들의 방을 자주 들락거렸다. 우리 일행들은 자신이 외설악으로부터 내설악으로 넘어온 사실이 너무나도 장하고 감격스러워 밤이 깊어 가는 줄도 모르고 이야기꽃을 피웠다.

다음 날 봉정암의 고마운 할머니와 작별 인사를 나누고 구곡담계곡으로 하산을 시작했다. 햇볕을 볼 수 없는 구곡담계곡은 산바람이 살을 에듯이 매서웠다. 계곡을 따라 계속 내려오다 우리는 다 함께 탄성을 터뜨렸다. 내설악의 구곡담계곡에는 상단의 긴 폭포와 하단의 짧은 폭포가 새하얀 빙폭(氷瀑)으로 장관을 이루고 있었다. 그 쌍폭은 규모도 매우 크고 그 위용을 앞으로 불쑥 내밀고 있는 듯이 보였다. 흐르던 물이 얼어붙고, 그 위로 흐르던 물이 또 얼어붙기를 거듭하여 그 쌍폭은 겨울의 내설악에 숨겨진 비경이 아닐 수 없었다. 그러한 빙폭을 보면서 겨울 산을 찾은 보람을 더욱 만끽했다.

한동안 하산 길을 재촉하여 수렴동계곡으로 내려서자 산 공기가 달랐다. 앞산 기슭에는 봄이 오고 있었다. 같은 산이라도 어느 계절, 어느 지점, 어느 시간에 보느냐에 따라서 그 분위기와 느낌은 전혀 달랐다. 잿빛 나무 사이사이마다 봄 햇살이 꽂혀 아른거리는 것은 누구도 그릴 수 없는 한 폭의 그림이었다.

백담계곡에 석양빛이 내려앉을 무렵 백담사(百潭寺)에 도착했다. 우리들의 무거운 짐을 지고 산을 안내하던 두 남성은 마치 자기들의 집에라도 데리고 온 것처럼 우리를 새삼 환대하며 스님들이 쓰던 따뜻한 방까지 비워 그곳으로 안내했다. 또 그들은 밥도 자신들이 지을 테니 따뜻한 방에서 쉬라고 했다. 이틀 동안이나 내·외설악을 강행군했던 산 가족들은 이미 자신의 몸을 가볍게 움직일 수 없는 지경이라 설사 밥이 죽이 된다 해도 고마울 판이었다. 두 사람은 배낭을 풀어 익숙하게 식사 준비를 하더니 잠시 후 밥상을 차려 왔다. 고맙기 이를 데 없는 그 밥상은 된장찌개의 간도 맞고 밥도 잘 퍼져서 우리는 모두 맛있게 먹었다. 그들은 마치 손님을 청해 대접하는 주인들처럼 맛있게 먹는 우리를 보고 자못 흐뭇해했다.

하룻밤을 더운 방에서 편히 쉬고 난 우리는 한결 피곤이 풀렸고 산채나물의 절밥으로 아침 식사를 한 다음 백담사를 떠나왔다. 깨끗한 백담계곡의 맑은 물빛, 머리가 시리도록 차가운 산바람, 귀에 들리는 해맑은 산새소리, 설악의 그 모든 것을 등지고 떠나오는 내 속마음은 산정무한(山情無限)에 취해 휘적휘적 걷고 있었다.

어느덧 외가평 용대리에 도착했다. 무거운 짐을 기쁘게 들어 주고 우리를 자신들의 권속처럼 아끼며 돌봐 주던 두 남성에게 수고에 비하면 많지 않은 사례금을 전해 주자 물욕 같은 것을 모르는 사람들처럼 한사코 사양했다. 버스가 올 때까지 무작정 함께 기다려 주던 그들은 우리들의 배낭을 차 속에 자리 잡아 주고서야 "잘 가십시오"라며 작별 인사를 했다. 순박한 얼굴, 그 선한 눈매의 두 사람과 작별을 하는 것도 산의 또 다른 아름다움이었다.

1977. 3

시련과 교훈을 안겨 준 남북 덕유산 종주

1978년 10월, 남북 덕유산 종주를 위해 원평교당을 출발했다. 사직교당에서 전북 김제 원평교당으로 옮긴 나의 산 가족은 이제 원평교당 교도들이었다. 우리는 전주, 진안을 거쳐 육십령에 도착했다. 그곳에서 '전북 장수군 계내면' '경남 함양군 서상면'이라 씌어진 두 개의 표지판이 서로 등을 맞대고

도계(道界) 분기점을 알려 주고 있었다. 허허로운 고갯길에는 길을 물어볼 사람이 없었다. 우리 손에는 지도 한 장이 들려 있을 뿐 아무도 이쪽 지리에 밝은 사람이 없었다. 하는 수 없이 가까운 마을을 찾아 들어가 주민으로부터 등산 진입로의 방향을 알아냈다.

육십령에서부터 남덕유산 등반을 시작할 때는 오후 두시경이었다. 오르고 내리는 산길을 고분고분 한참 동안 따르다 보니 억새풀이 사람의 키를 넘고 싸리나무가 가는 길을 가로막았다. 등산로가 따로 보이지를 않았다. 풀숲이 성기어 보이는 곳을 몸으로 밀면 길이었다. 억새풀과 잡목을 두 손으로 헤엄치듯 양옆으로 걷어 내면서 올랐다. 그나마 풀숲이 몸으로 밀리지 않는 곳은 길이 아니었다. 대원들이 어디쯤 가고 있는지 보이지 않다가도 조금 높은 지점에서 보면, 풀숲이 움직이는 곳이 보였다. 바로 전전날이 주말과 한글날이 이어진 황금연휴였는데도 등산객들은 이 코스를 오르지 않았던 것 같다. 우리는 마치 정글 지대를 통과하고 있는 듯했다. 산은 우리에게 어쩌다 이 길을 허용하고 있는 것 같았다.

한참 만에야 눈앞에 땅이 보이는 길을 만났다. 억새풀이 비비댔던 뺨이 화끈거리고 쓰라렸다. 험준한 등로를 오르느라 보행 속도가 뚝 떨어져서 산행 계획에 차질이 생길 것 같았다. 남덕유산은 물이 귀한 곳이라고 했다. 우리는 계곡을 완전히 벗어나기 전에 물부터 준비했다.

짧은 가을 해가 어느덧 성큼 서쪽 산으로 기울자 산도 엷은 어둠의 발을 드리웠다. 우리도 밤을 지낼 채비를 서둘렀다. 텐트를 칠 만한 자리를 찾고 있는 우리에게 억새풀이 깔린 편편한 자리가 보였다. 우리 같은 산 나그네가 묶고 떠난 자리였다. 우리도 그곳에다 산집을 짓기로 했다. 산에는 어둠이 쉽게 찾아 들었다. 손전등을 이리저리 비추면서 우리들이 밤을 지낼 산집 두 채를 엉성하게 마련했다.

어젯밤에 물을 아껴 썼는데도 이미 수낭 하나가 비었고 또 하나의 수낭에만 물이 있었다. 아침과 점심 쌀은 씻지도 못한 채 물만 부어서 밥을 짓는 도리밖에 없었다. 식수로 마실 물을 남겨야 또다시 샘물을 만날 때까지 갈증을 면할 수 있기 때문이었다.

일천 미터 고지가 넘는 산에서 지은 아침밥은 결국 설고 말았다. 쌀을 씻지도 못한 채 지은 설익은 밥은 세 수저도 못 떠서 돌이 씹혔다. 아침 식사를 설친 채 먼 여정의 등반을 시작했다. 전북 장수군과 경남 함양군을 번갈아 밟으며 한 줄기로 뻗은 덕유산의 주능(主稜)을 따라 오르다 잠시 발걸음을 멈추고 왔던 길을 되돌아보았다. 우리가 올랐던 육십령 코스에는 길이 보이지 않았다. 그러나 영각사(靈覺寺) 쪽으로는 길이 환히 나 있었다. 좀 더 쉽고 편하게 오를 수도 있었던 길을 두고 남덕유 주능이 시작되는 곳에서부터 오르겠다는 집념 때문에 나를 따르고 있는 산 가족들은 큰 고생을 한 셈이었다.

오르는 길목에는 고사목(枯死木)이 듬성듬성 있어서 제법 고산 맛이 났다. 어제의 길보다는 나았지만 짐작대로 가다가 길이 벼랑으로 끊기면 가던 길을 다시 돌아와서 길을 찾아야만 했다. 오전 한나절을 쉼 없이 오르고 또 올라 해발 일천오백칠 미터 남덕유산 정상을 밟았다. 남덕유 정상에서부터는 산의 길잡이인 마운틴 리본도 만날 수 있고 어제 이곳을 지나간 사람들의 발자취도 발견되었다.

그런데 물은 이 산 어디쯤에 있을까? 지리산이나 한라산의 지도에는 샘물 표시가 정확해서 산 나그네가 하룻밤 지낼 곳을 미리 예정할 수가 있다. 그러나 이 산의 안내서에는 "남북덕유 부근에 수점(水點)이 있다"는 너무나도 막연한 말밖에 없었다. 그 확실치 못한 정보가 새삼 불친절하고 무책임하게 느껴졌다. 산이 아무리 좋아도 산 나그네가 물을 만날 수 없다면 그것은 생존을 위협받고 있는 것과 다름없다. 북덕유를 향해 한참을 걷다 보니 어느 내리막 길목에서 산허리를 자르고 양편으로 내려가는 좁다란 길이 있었다. 여기 어디쯤에 물이 있는 것이 아닐까. 물을 얻기 위해 나는 대원들을 두 팀으로 나누어 수낭을 주면서 양 갈래 길로 각각 내려가 보라고 했다. 깊은 산에서 혼자가 된 나는 지친 몸을 마른 풀 위에 눕혔다. 기운 없는 눈빛으로 무심히 하늘을 우러러보았다. 구름 한 점 없는 파란 하늘이 나를 내려다보며 '힘내라'고 격려해 주는 것 같았다. 따스한 가을 햇살도 나를 아늑하게 감싸 주었다. 가장 편한 자리, 대지의 품에 누우니 쌓였던 피로가 솜이불처럼 나의 전신을 덮었다.

얼마나 시간이 흘렀을까. "여기에 물…" 하는 소리가 들려 왔다. 나도 모르게 몸이 번쩍 일으켜졌다. 반대편으로 갔던 대원들은 빈 수낭을 들고 허탈한 표정으로 되돌아왔다. 나는 물을 찾았다는 기쁜 소식을 전하며 헛걸음의 수고를 위로했다. 귀한 물을 수낭에 담아 들고 돌아온 대원들의 표정은 개선 용사처럼 의기양양했다.

우리는 아침에 지어 온 밥을 한 수저 한 수저 떠 놓으면서 밥에서 돌을 가려냈다. 그리고 설익은 밥을 되쩌서 시장했던 김에 맛있게 먹었다. 그날 밤은 샘물이 있는 북덕유산 정상에서 야영을 하기로 했으므로 오후에 마실 물만 넉넉히 들고 다시 산길을 떠났다. 물도 얻고 배고픔도 해결한 우리는 새 힘이 났다. 남덕유에서 북덕유로 가는 길은 참으로 비경이었다. 산마다 개성이 있지만 덕유산만의 독특하고 강렬한 개성이 남북덕유 능선 사이에 집결되어 있는 듯했다. 이러한 산과의 만남이 이루어지면 조금 전까지의 고생이 봄날에 눈 녹듯 사라진다. 장중한 산맥과 아름다운 연봉들, 깊고 큰 산에 오르지 않고서는 만날 수 없는 지상의 비경이 여기에 숨어 있었다. 새하얀 갈대밭에 하반신을 묻어 버리고 은물결을 헤엄치노라면 나는 땅에 발을 붙인 사람 같지 않은 착각에 빠져 든다.

눈앞에 수려한 거봉의 모습이 다가섰다. 마음속으로 '아까 넘었던 그 봉은 무룡산이고 동엽령이었을 것이다. 그리고 지금 바라보이는 저 산이 북덕유산 정상이겠지. 좀 더 일찍 그곳에 도착하여 날이 어둑해지면 야영 준비도 하고 산 정상에서 낙조의 장관도 보아야지' 하는 생각을 하자 다리에는 새 힘이 솟고 걸음도 빨라졌다. 걷고 오르고 하여 드디어 그곳에 이르렀다. 그런데 그곳은 샘물도 없고 덕유산 정상도 아니었다. 저 멀리 아련히 보이는 밋밋한 거봉이 또 눈앞을 가로막았다. 전신의 힘이 삽시간에 쭉 빠져 나가 버렸다. 무룡산인 줄 믿었던 그 산이 삿갓봉이었다. 우리는 이제야 동엽령에 올라 서 있는 것이다. 진종일 걸어도 길을 물어볼 사람을 만나지 못했다. 이정표의 팻말 하나도 없는 산에서 독도법(讀圖法)도 미숙한 채 지도 한 장을 길잡이로 믿고 따라온 것이다.

물 없는 곳에서 또 한 밤을 지내야 하는 운명과 마주하고 있는 순간이었다. 해질 무렵 일천삼백 고지가 넘는 동엽령의 산바람은 차가웠다. 바람을 피할 만한 곳에 또 하룻밤의 잠자리를 마련했다. 이제는 쌀 씻을 물은 고사하고 밥 지을 물도 없었다. 원평교당을 떠나올 때 간밤의 제사 음식이라며 교도 한 분이 배낭에 넣어 주었던 떡이 비스킷보다도 나은 비상식량이었다. 옥수수를 끓여 더운 차 한 잔씩을 앞에 놓고 말없이 굳은 떡을 먹고 있는 우리들의 모습은 처량했다. 그러나 다음 날 아침이면 이렇게나마 끼니를 때울 비상식량조차도 떨어지게 된다. 피곤한 데다 먹지도 못하고 물을 구할 수도 없다는 좌절감 때문에 차가운 잠자리가 더욱 썰렁하게 느껴졌다. 산길을 걷고 나면 잠자리도 탓하지 않고 깊은 잠에 빠지는 버릇이 있지만 그날 밤만은 그렇지가 않았다.

심한 공복감도 잠을 청하는 데는 장애가 되었다. 남북덕유 종주를 위해 집을 떠나올 때 주민등록증을 챙겨 넣고도 또다시 수첩에다 '본인'이라고 쓰고 그 아래에 나의 이름과 주소, 전화번호까지 또박또박 쓰면서 매우 숙연한 기분에 잠겼던 일이 생각났다. 덕유산보다 더 높은 한라산이나 지리산 그리고 설악산을 갈 때에도 그런 일을 해 본 적이 없었다. 북덕유산은 1972년 구천동 삼공리를 기점으로 정상으로 오른 이후 몇 차례 더 왔었다. 그럼에도 불구하고 남북덕유 등반을 떠나올 때는 산에 대한 두려움을 떨칠 수가 없었다.

거기에는 몇 가지 그럴 만한 이유가 있었다. 송규호(宋圭浩) 씨의 덕유산 종주 산행기(『산』 1976년 7월호)에서 종주 코스가 매우 어렵다는 것을 이미 공부해 두었었다. 그리고 등산 가이드 책자마다 남덕유에서부터 북덕유까지 주능 삼십 킬로미터는 매우 험난한 경로라고 소개하고 있었다. "종주 코스는 대단한 인내력이 필요하므로 사전 훈련을 거쳐 팀워크를 잘 이룬 후에 시도하는 게 바람직하고 무엇보다도 물 보급에 유념해야 한다"는 등 그 어려움을 암시하고 있었다. 나와 등반을 함께했던 대원들은 원평교당 젊은 교도들이었다. 그들은 모두 건각으로 걸음도 잘 걷고 무거운 짐도 마다할 사람이 없었다. 그리고 나의 무리한 판단에도 이의 없이 따라 주는 고마운 산 가족들이었다. 그러나 그들은 산에 대한 아무런 지식도 없이 그저 나를 따르고들 있을 뿐이었다. 이번 종주 산행의 그 모든 것을 나 혼자서 계획했고 그 모두를 내 스스로 책임져야 했다.

그 무거운 책임감은 밤잠을 뒤척이게 했고 산의 움막 속에서 홀로 외로워야 했다. 그리고 "사전 훈련을 거쳐 팀워크를 잘 이룬 후에 시도하는 게 바람직하다"는 안내서의 말이 충고가 아닌 경고처럼 우렁우렁 내 귀에 들려왔다. 밖에는 산바람이 몹시 세차게 불고 있는 모양이었다. 계곡을 쓸어 올리는 바람 소리가 성난 파도의 함성처럼 요란했다. 나는 내일을 위해 또 잠을 청해 보았다.

희뿌옇게 산속의 새벽이 밝아 왔다. 냉기가 올라오고 있는 잠자리를 미련 없이 툭툭 털고 일어났다. 그리고 보물처럼 간수했던 수낭부터 챙겼다. 그 많지 않은 물이 간밤의 추위에 얼었다. 얼음물에 옥수수를 넣고 끓였다. 우리는 아침 식사 대신 더운 옥수수차 한 잔씩만을 마셨다.

우리들의 고생스러웠던 하룻밤과는 관계없이 동녘 하늘은 붉게 물들고 있었다. 저 멀리 가야산쯤으로 보이는 산이 아침 안개로 몸치장을 하고 장엄한 태양을 이제 막 떠올리려 하고 있다. 산을 물들이기 위한 간밤의 찬 서리, 그 시련을 견디고 깨어난 아침 산은 붉은 바탕에 노란 무늬의 고운 융단을 깔아 놓은 듯했다. 대자연의 아름다움을 마음의 눈으로 보고 있었다. 산에서만 느낄 수 있는 감동의 체험 때문에 산을 오르는 일이 아무리 어려워도 또다시 오를 수 있는 용기가 생기는 것이리라.

이제 두어 시간 부지런히 걸으면 북덕유 정상에서 늦은 아침을 지어 먹을 수 있을 것이라고 대원들을 격려하면서 삼 일째 등반을 시작했다. 먹지 못하여 속이 빈 탓인지 덕유산의 가을 아침은 깊은 겨울만큼이나 춥게 느껴

산의 두려움을 배웠던 덕유산에서.

졌다. 방한모를 깊이 눌러써도 바람이 머릿속까지 숭숭 파고들고, 마스크를 했어도 찬바람이 폐부까지 스며드는 것 같고, 뺨은 얼음장처럼 차가웠다.

나는 권위를 잃기 시작했다. 별로 무겁지도 않은 배낭을 벗어서 다른 대원에게 신세를 졌다. 그들 역시 조그마한 짐도 쇳덩이처럼 무겁고 귀찮을 텐데 남의 세정도 모르는 사람 같은 행동을 하고 있었다. 멀리 있는 북덕유산 정상을 바라다보면 산은 나를 조롱이라도 하듯 자꾸만 뒷걸음질치고 있는 것 같았다. 내 걸음은 봄날 시골길에 바쁜 볼일이 없는 노인들의 한가로운 걸음걸이처럼 휘적휘적 걷고 있었다.

신우대가 빽빽한 사이로 아낙네의 가르마 자국처럼 나 있는 산길, 그 길 옆에는 나의 어린 시절 소꿉장난할 때 각시 머리풀로 썼던 그 풀들이 늘어져 있었다. 휘청거리는 내 다리를 그 마른 각시풀이 휘감아도 나는 허깨비처럼 넘어졌다. 나는 이제 인간의 한계를 절실하게 느끼고 있었다. 북덕유산 정상에 오르는 것을 지상 목표로 삼고 버티고 견디며 안간힘을 다하여 한 걸음 한 걸음 발을 옮기고 있었다. 머릿속에서는 여러 가지 상념이 일기 시작했다. 덕유산이 마(魔)의 산처럼 느껴지기 시작했다. 그리고 수첩에 '본인'이라고 써서 신원을 확실히 해 두었던 것도 어쩌면 자기암시에 걸린 행위처럼 생각되었다. 나는 산 앞에서 오만해하지도 않았지만 적어도 그때 그 순간처럼 겸손해 본 적도 일찍이 없었던 것 같았다. 내 정도의 실력으로 덕유산 종주를 여름이나 겨울산행으로 계획했다면 그 오만함의 대가를 치를 수밖에 없을 것이라는 생각이 들기도 했다.

우리 그림자가 가장 짧게 보일 무렵, 우리는 마침내 일천육백십사 미터 북덕유산 정상에 올랐다. 집 떠난 지 삼 일 만에 내 눈으로 보는 옹달샘 물은 구원의 오아시스였다. 그렇게 갈구했던 물, 그 물을 한 바가지 떠 들고도 단숨에 마실 수가 없었다. 만약 그랬다가는 물에 크게 체할 것만 같았다. 한 모금을 마시고는 심호흡을 했다. 그리고 또 한 모금씩 그렇게 마셨다. 목마르면 언제라도 쉽게 마실 수 있는 물. 필요하면 언제라도 흔하고 헤프게 쓸 수 있는 물. 그러나 그 물이 우리 인간의 생존에 얼마나 절실한 것인가를 미처

다 깨닫지 못했었다.

점심에는 참으로 오랜만에 식사다운 식사를 했다. 구천동 백련사(白蓮寺) 쪽으로 내딛는 하산의 발걸음이 다시 힘을 얻었다. 마치 가물거리는 호롱불에 기름을 부으면 불꽃이 되살아나듯 우리는 다 함께 그렇게 소생하고 있었다. 남북덕유 종주는 나에게는 히말라야 등정만큼이나 어려웠고 고행, 난행의 수도체험과도 같았다.

1978. 10

회심의 미소 짓는 학바위

전남 장성의 백양사(白羊寺)에서 멀지 않은 원평교당으로 임지를 옮겼던 1977년 무렵 마음속에 가장 먼저 다가서는 산은 백암산이었다. 높지도 않고 깊지도 않은 백암산은 내가 꼭 한번 다시 오르려고 벼르고 있던 산이었다.

어느 날, 그 백암산을 가기 위해 백양사 입구 약수리에서 하차했다. 석양 무렵, 누렇게 익은 보리밭 들녘은 더할 나위 없이 평화스러웠다. 한적한 들길을 걷던 나는 습도 높은 바람이 실어다 준 물씬한 보리 내음을 만끽했다. 그 보리 내음은 내 마음을 얼른 고향 산천으로 데리고 가는 고향 내음이었다. 어린 시절 동무들과 함께 먼저 익은 보리 이삭을 꺾어다가 모닥불에 구워 먹던 일이 어제 일처럼 떠올랐다.

검게 그을린 뜨거운 보리 이삭을 작은 두 손을 모아 열심히 부비면 토실토실한 파란 보리알이 나왔다. 아직 식지 않은 초록색 보리알을 입안에 넣고 깨물면 쫄깃하게 씹히면서 담백한 맛이 우러나왔다. 가난한 우리네 옛 살림, 그때의 시골 어린이들은 스스로 군입정거리를 찾아서 만들어 먹었다. 그러나 그 만드는 과정이 모두 즐겁고 자신의 손으로 얻은 것이었기에 그것은 더욱 맛있고 귀한 것들이었다. 때로 병든 보리 이삭의 깜부기를 가지고 검은 물감 장난을 하다가 어른들께 꾸중 듣던 일들까지도 아름다운 추억으로 어른거렸다.

마음이 고향 길을 걷는 동안 어느덧 백암산 어귀에 이르렀다. 눈을 들어 백암산을 바라다보았을 때 백양사 뒤편으로 우람하게 버티고 서 있는 학바위가 야릇한 회심의 미소를 지으며 나를 맞아 주는 듯했다. 나도 자못 감회 깊게 한동안 학바위를 바라다보았다. 때마침 백양사에서는 "두웅- 두웅- 두웅-" 북소리가 났다. 자신도 모르게 내 발걸음은 북소리가 나는 곳으로 옮겨지고 있었다. 그 북소리는 극락보전(極樂寶殿)에서 나는 소리였다.

"나무아미타불 나무아미타불 나무아미타불…."

북을 치며 운곡(韻曲)에 맞추어 염불하는 젊은 스님의 모습을 잠시 바라보고 있었다. 유난히 큰 북소리와 목청껏 염불하는 젊은 스님, 그 스님의 뒷모습에서는 젊음의 혈기가 펄펄 넘쳐흘렀다.

큰 북소리 사이로 작은 목탁 소리가 들려왔다. 그 목탁 소리를 따라 발걸음이 다시 옮겨지고 있었다. 대웅전에서 빛바랜 장삼을 입은 노스님이 목탁을 울리며 관세음보살을 연이어 독송하고 있었다.

"관세음보살 관세음보살…."

나지막한 그 소리에는 힘이 들어 있지 않았다. 애절하게까지 들리는 노승의 잦아질 듯한 '관세음보살' 독송을 듣고 있으려니 어디엔가 관세음보살이 계시다면 현현(顯現)하시어 소원을 묻고 그 소원 모두를 들어주실 것만 같았다. 빛 바랜 장삼, 구부정한 모습으로 호소하듯 속삭이는 노승의 '관세음보살', 그 여운을 뒤로 하고 야영지로 돌아왔다. 거기에는 못자리의 무논에서 일하던 발을 뽑고, 누에를 치던 뽕 바구니를 밀쳐놓고 나를 따라온 산 가족들이 단란한 산동네를 만들어 놓고 있었다.

두견새 소리가 산의 적막을 더해 주던 밤, 나는 이십여 년 전 백암산이 단풍으로 곱게 물든 어느 가을날의 오후에 머물렀다. 대학 시절 가을 여행을 백암산으로 왔었다. 오후의 햇살이 비껴 있는 백암산의 단풍은 말할 수 없이 아름다웠다. 우리는 하늘 높이 깎아질러 절벽을 이룬 채 백양사를 굽어

보고 있는 학바위가 부르기라도 하듯 두서너 명씩 짝을 지어 학바위 쪽으로 오르면서 영롱하게 물든 백암산의 단풍을 즐겼다.

오래지 않아 우리는 학바위에 올랐다. 발 아래로 내려다본 백양사는 더욱 아담해 보이고 또 청정한 도량의 느낌이 들었다. 한눈에 들어오는 가을의 백암산. 저만큼 무리지어 서 있는 은행나무 거목들의 잎이 유난히도 샛노랗고 비자림 숲의 초록빛이 더욱 푸르른데 석양 햇살을 받은 붉은 단풍잎들은 주홍빛으로 떨리고 있었다. 그 찬란함은 그야말로 황홀했다. 우리는 붉게 타는 단풍에 취해 노래를 부르기 시작했다. 어느 결엔가 이 교수님도 우리 곁에 와 계셨다. 뿔뿔이 오르던 사람들이 삽시간에 학바위로 모여들어 노랫소리는 대합창으로 울려 퍼졌다. 커지는 노랫소리만큼이나 우리들의 유쾌함도 더 컸으리라.

해가 저무는 것도 잊고 노래만 부르고 있을 때 누군가가 하산을 재촉했다. 우리는 앞마당처럼 내려다보이는 백양사로 가기 위해 하산을 시작했다. 앞서가는 사람을 뒤따라 한참을 내려왔을 때 "구십 도의 벼랑뿐이야, 길이 없어…" 하는 소리가 들려왔다. 우리의 하산 대열은 맨 뒤에 섰던 사람을 선두로 내려왔던 산을 되짚어 오르기 시작했다. 누군가가 새 길이 보인다며 또다시 하산을 시도했다. 그를 따라 내려갈 때는 이미 땅거미가 져서 온 산이 어둑어둑했다. 아무도 재촉하는 사람은 없었지만 모두의 걸음이 빨라졌다. 한참을 내려갔을 때 "여기도 벼랑인데…" 하는 절망감 섞인 음성이 들려왔다. 우리는 한참 동안 내려갈 궁리를 했으나 결국 길을 찾지 못했다. 하는 수 없이 어둠 속에 휩싸이고 있는 산 위로 다시 오를 수밖에 없었다. 우리는 다 함께 초조와 불안으로 마음이 조여들고 있었다. 이제 새 길을 찾아 나서기에는 너무 깜깜해졌기 때문이었다.

그때에 이 교수님께서 더 이상 하산을 하려고 애쓰는 것은 무모한 짓이니 이제 마음을 가라앉히고 철야정진(徹夜精進)을 하자고 하셨다. 그래서 다 함께 큰 소리로 독경(讀經)을 했다. 경건한 독경소리는 백암산의 정적 속에 신비스러운 음향으로 울려 퍼졌다. 그러나 시간이 흐를수록 독경 소리가 점점 작아지고 있었다. 반팔 차림으로 가볍게 올랐던 사람들은 찬 이슬에 오들오들 떨기 시작했다. 누군가는 물이라도 한 모금 마셨으면 좋겠다고도 했다. 그러나 다 함께 느끼고 있는 배고픔을 입 밖에 내는 사람은 아무도 없었다. 편편한 자리마저도 찾지 못한 채 산비탈에 주저앉은 우리는 불편한 자세로 몸을 웅크리면서 바싹바싹 다가앉아 서로서로의 체온을 빌려 추위를 이겨야 했다. 십여 명의 운명공동체가 침묵 속에 빠지자 우리들은 역경의 시련에 패배하고 있는 것 같았다. 이 교수님께서는 먼저 자신의 재미있는 옛 체험담을 들려주셨다. 그리고 모든 사람이 차례로 자기 이야기를 하자고 했다. 처음 몇 사람의 이야기를 들으면서는 웃기도 했지만 뼛속까지 스며드는 추위와 피로에 지친 우리는 더 이상 신명나게 이야기할 사람도 없고 또 이야기를 귀담아 들을 사람도 없었다.

그때 우리 모두의 귀에 "야- 호-"하는 가느다란 소리가 들려왔다. 그 소리는 저 아래에서 산 위로 올라오고 있는 소리였다. "어머나, 앗!" 하는 소리들을 내면서 "아래에 있는 사람들이 아직까지도 우리를 찾는 소리야" 하고, 우리는 있는 힘을 다해 "못 내려가"라고 외마디 함성을 질렀다. 그리고는 또다시 침묵의 성 안에 갇혔다. 밤이 깊어지자 여기저기서 지친 신음소리가 새어 나왔다. 추위 속에 자신의 몸을 더욱 작게 움츠리면서 정신적으로는 극한 상황과 대치하고 있었다. 그렇게 캄캄하던 어둠이 희뿌옇게 바뀌는 것 같았다. 날이 밝아 오고 있는 것일까. 우리들에게는 시계를 볼 수 있는 희미한 불빛마저도 없었다. 그런데 갑자기 후두둑 빗방울이 날아들기 시작했다. 가을 밤 찬 서리를 맞으며 어둠 속에 파묻혀 있던 우리는 빗방울이 떨어지자 웅성웅성 동요하기 시작했다. 참으로 산비탈에 앉아서 비까지 맞으며 더 이상은 견딜 수 없는 노릇이었다. 동요하지 말라고 주의를 주신 이 교수님께서는 이제 하산을 시도해 보자고 하셨다. 밤새 불편했던 자리를 툭툭 털고 일어섰을 때 찬바람이 전신으로 쑥쑥 파고들었다.

그런데 또다시 새벽 공기를 뚫고 "야- 호-"소리가 들려왔다. 그 소리는 일순간 우리를 감격의 도가니로 몰아넣었다. 우리도 "야- 호-"라고 대답했다. 콧등이 시큰해지고 눈시울이 뜨거워졌다. 산 아래 식구들도 밤잠 못 자고 이 산골짜기 저 산골짜기로 우리를 찾아 헤매고 있었던 모양이었다. 서로의 위치를 확인하는 우리들의 '야호' 소리는 절규의 함성이었다. 어디서 힘이 샘솟았을까. 그들과 합류하기 위해 우리는 필사적으로 길이 없어도 소리 나는 방향으로 나무 사이를 뚫고 서둘러 하산했다. 횃불을 앞세우고 수색대처럼 우리를 찾고 있던 식구들과 합류했을 때 우리는 서로서로 얼싸안고 다 함께 울고 말았다.

회상이 감격의 순간에 부딪치자 나는 누웠던 자리에서 잠시 몸을 뒤척였다. 끊일 듯 다시 이어지는 두견새 소리가 다시 귀에 들려왔다. 간밤의 길고도 긴 회상의 터널을 빠져 나온 나는 깊은 꿈에서 깨어난 사람 같았다. 신록이 푸르고 아침 공기 맑은 백암산 골짜기에는 온갖 새들의 아침 노래가 싱그러움을 더해 주어 참으로 상쾌했다.

백암산의 유일한 목적지 학바위를 향해 만회를 위한 등반을 시작했다. 울창한 비자림 숲을 걷고 있을 때 "옛날에 어떤 사람은 학바위에 올랐다가 길을 잃고 못 내려와 호식(虎食)을 당했어요"하며 밤새우고 하산한 우리에게 겁주던 옛 이야기가 다시 들려왔다.

드디어 학바위에 올랐다. 사방을 조망할 수 있는 그 바위 위에서 신록으로 성장한 백암산을 둘러보았다. 그리고 정결해 보이는 백양사 뜨락도 다시 굽어보았다. 실로 감개무량했다.

1979. 5

산과 나
1980년대

산문 닫힌 설악에 홀로 올라

산이 그립고 좋아서 산에 가기도 하지만, 때로는 내 영혼이 혼탁해지고 정신적으로 모든 것을 감내하기 어려워 힘들 때에도 나는 산을 찾아가곤 한다.

〈벤허〉의 노예 시절에 비유해 보기도 하는, 1979년부터 이 년간 봉직했던 나의 우이동 수도원 교당 시절은 참으로 힘겹고 어려웠다. 말이 수도원이지 실은 장차 수도원이 들어서기를 소망하는 그린벨트 내의 터전를 지키며 살던 때였다. 그린벨트가 풀릴 가능성이 전혀 없는 그곳은 한 치의 앞도 내다보이지 않는 데다 녹지대에서 살고 있는 '죄'로 걸핏하면 관계 당국으로부터 시달림을 당했기 때문에 나의 감정은 곧잘 웅덩이에 고여 있는 물과 같았다. 그리고 창문이 없는 벽 속에 갇혀 있는 것만큼이나 답답하고 암울했다.

아무리 신앙인이고 수도자여도 기도 생활이나 좌선의 정진만으로는 황폐해지는 영혼을 온전히 치유할 수가 없었다. 그럴 때면 훌쩍 산으로 떠나고 싶은 생각이 간절했다. 그러나 혼자서는 산길을 떠날 수가 없는 처지여서 열심히 동행을 찾고 있을 때 마침 총부로부터 전종철(田宗哲) 교무님이 오셨다.

그분은 평소 내 마음을 열어 보이곤 했던 존경과 신뢰가 두터운 선배였다. 그분은 체중이 고작 삼십칠 킬로그램밖에 안 되는, 몸이 아주 허약한 분이어서 나와 장기 등반을 하기에는 전혀 어울리지 않는 분이었다. 그러나 동행이 없어 길을 못 떠나고 있던 나는 그분을 설득하여 반강제로 동행자로 만들었다. 그러한 생떼가 통하는 분이 있다는 것만으로도 그때의 나에게는 큰 위로가 되었다. 그분은 장기 등반이 어떤 것인 줄도 잘 모르면서 그저 나를 따라 설악산으로 떠났다.

설악산의 자연경관을 보호하기 위해 산속에 자리 잡고 있던 자연부락을 철거하여 모든 숙박 시설이 설악동으로 옮겨진 뒤 처음으로 설악산을 찾았다. 설악산 어귀가 도시처럼 번화한 모습으로 변한 것이 생소하고 마치 고향 산천이 예스러움을 잃어버린 것 같아 섭섭한 생각까지 들었다. 우리는 설악산 밑에 있는 현대식 양옥집에서 여장을 풀었다.

설악산 등반은 보통 설악동을 기점으로 외설악에서 정상 대청봉에 올랐다가 내설악 백담사로 가든가, 반대로 내설악 백담사를 기점으로 정상에 올랐다가 외설악 설악동으로 하산하는 데 통상 이틀이 소요된다. 설악산의 정상 바로 밑에 있는 봉정암에서 하룻밤을 지내는 것은 내 소원과도 같았지만, 짐을 나누어 질 수 없는 전종철 교무님과는 불가능한 일임을 잘 알고 있었다. 그래서 나는 이틀이 소요되는 등반 코스를 당일로 끝낼 궁리를 하고 있었다. 그렇게 할 수 있는 방법은 설악동을 출발하여 대청봉까지 올랐다가 설악동으로 되돌아오는 길이었다. 험난한 산길, 왕복 삼십 킬로미터의 등정은 참으로 힘겹고 벅찬 일이었다. 또 과연 해낼 수 있을까 하는 의문이 중압감으로 나를 괴롭혔지만 어쩌면 우이동 수도원 생활을 힘들어하는 자신을 채찍질하여 극기심을 길러야겠다는 결의도 있었다. 그같은 무리한 산행 계획은 몸이 허약한 전종철 교무님이 전혀 고려되지 않고 있었음을 고백하지 않을 수 없다. 나는 동행자 전종철 교무님을 어느 지점에다 떨어뜨리고 정상까지는 단독으로 등반할 각오를 굳힌 것이다. 나의 그같은 결심이 정상에 오르겠다는 집념인지 아니면 나 자신을 이기겠다는 결단인지는 지금도 잘 모른다.

계획을 확정한 나는 마치 무슨 큰 거사라도 앞둔 사람처럼 긴장감에 싸여 새벽 일찍 잠에서 깨어났다. 전날 밤에 준비해 놓았던 작은 배낭을 메고 어두컴컴한 새벽 다섯시 반부터 등정을 시작했다. 하늘에는 별이 총총하고 설악동은 아직 깊이 잠들어 있었다.

손전등으로 앞길을 비추면서 정적 속의 새벽 공기를 가르기 시작했다. 그때 저만큼 앞에서 뚜벅뚜벅 걸어오던 사람이 우리 앞에서 걸음을 멈추더니 "대청봉에는 오를 수 없습니다"라고 말했다. 묻지도 않은 그 말을 듣고 너무 놀라워하는 우리에게 가을이면 산불을 예방하기 위해 등산통제소에서 등산객을 통제하고 있다고 자상히 설명해 주었다. 그러한 사실을 전혀 모르고 떠나왔던 나는 그 말을 믿고 싶지 않았다. 그러나 그 통제소라는 곳에서 오를 수 없게 제지당한다면 어떻게 할 것인가 하고 생각하니 참으로 가슴이 철렁 내려앉는 것 같았다.

어떠한 장애라도 극복하려는 나의 의지만큼이나 발걸음을 더욱 힘차게 내디뎠다. 비선교에 이르러 올려다본 하늘에는 아직도 샛별이 빛나고 있었다. 산길이 막히면 어쩌나 잔뜩 마음 졸이며 걷고 있는데 한 청년이 손수레를 끌며 내려오고 있었다. 모든 정답을 확실하게 알고 있는 사람처럼 믿어지는 그 젊은이에게 "등산통제소에서 모든 사람들을 산에 오르지 못하도록 통제하고 있어요?" 하고 물어보았다. 그 청년은 "아직 근무하는 사람이 일어나지 않았을 겁니다"라고 대수롭지 않게 대꾸하고는 지나갔다.

그러나 나는 열심히 등산통제소를 통과할 궁리를 했다. "우리 배낭에는 불을 피울 버너가 들어 있지 않습니다. 보십시오. 점심밥이 준비되어 있잖아요. 그리고 우리는 성냥도 갖고 있지 않습니다. 산불을 낼 염려가 없는 사람들입니다. 잘 모르고 먼 길을 찾아왔으니 제발 산에 오르게 해 주십시오"라고 마음속으로 말을 연습하듯 외워 두면서도 행여 융통성 없는 사람을 만나 절대로 안 된다고 우리 앞길을 막으면 어쩌나 하는 걱정을 잠재울 수가 없었다. 모든 시름으로부터 벗어나기 위해 산에 왔다가 더 가슴을 태우고 있는 내 처지가 안타깝기까지 했다. 무엇에 쫓기듯 걸음은 성큼성큼 더 빨라졌다. 가을 아침의 새벽 공기가 제법 쌀쌀했는데도 땀이 비오듯 했다.

비선대를 지나자 듣던 대로 등산통제소가 나왔다. 큰 통나무로 산길을 가로막아 놓고 있는 등산통제소 앞을 숨죽여 다가섰다. 시계바늘은 여섯시 삼십분을 가리키고 있는데 아무 인기척이 없었다. 아직 숙직하는 사람이 잠에서 깨어나지 않았음이 분명했다. 우리는 빠른 걸음으로 몸을 천불동계곡으로 숨겼다. 걱정했던 통제소를 무사히 통과했는데도 마치 무슨 큰 죄라도 저지른 사람처럼 가슴이 마구 두근거렸다.

아름다운 천불동을 건성으로 지나 양폭산장에 이르렀을 때는 아침 여덟시였다. 설악산의 정상 대청봉을 밟는 것이 마치 지상의 과제이기라도 하듯 쉼 없이 오르기만 하여 마침내 소청봉 아래 회운각에 이르렀다. 아무 말 없이 따라 주기만 하던 전종철 교무님이 드디어 회운각에서 "나는 더 이상은 못 오르겠어. 혼자 다녀와요. 내가 여기서 기다릴게" 하며 선언하듯 말했다. 나는 그런 말이 곧 나올 것을 미리 예상하고 있었다. 무리한 산행, 빠른 보행 속도 그 모두는 나의 일방적인 횡포와도 같았다. 그래도 아무 불만 없이 묵묵히 내 뒤를 따라 주었던 것은 나를 사랑하는 그분의 너그러운 마음과 인내력 때문이었을 것이다. 정상 아래처럼 느껴지는 회운각까지 동행해 준 것만도 감사하기 이를 데 없었다.

나는 점심이 든 배낭을 벗어 전종철 교무님에게 맡기고 빈 몸으로 대청봉 정상을 향해 오르기 시작했다. 중청봉에 이르러 잠시 걸음을 멈추고 외설악을 내려다보았다. 곱게 물들었던 단풍들을 낙엽으로 떨구어 버린 설악산은 모든 활동을 중지하고 큰 휴식에 들어가 미동도 하지 않았다. 산문(山門) 닫힌 설악에는 태고의 적막이 신비롭게 흐르고 있었다.

나지막한 잿빛 하늘이 산과 가깝고 낙엽 이불을 덮고 있는 산빛은 온통 암갈색이었다. 크고작은 기암괴석의 연봉(連峯)들이 장관을 이루고 아기자기한 계곡은 산록을 이리저리 포개어 설악의 아름다움을 더해 주었다. 오가는 사람들의 발길이 딱 끊긴 설악산은 산새 소리마저도 들리지 않았다. 깊은 침묵에 잠긴 설악산에 홀로 서 있는 나마저도 설악산의 일부처럼 느껴졌다. 그리고 내 마음의 계곡에도 이미 정적이 가라앉아 있었다. 한 순간 산이 나이고 내가 산이어서 서로 나누어질 수가 없는 듯했다.

중청봉에서 바라다보는 대청봉은 까마득하게 멀어 보였다. 이제는 등산화가 무겁게 느껴지고 한 걸음 한 걸음 옮길 때마다 몹시 힘이 들었다. 썰물이 빠져나가 버린 바다처럼 내 몸 안에는 아무 힘도 남아 있지 않았다. 심한 무력감을 느낀 나는 아무런 간식 준비도 없이 무작정 산에만 오른 자신을 자책하고 있었다. 누구든 사람만 만나면 우선 먹을 것부터 좀 달라는 말이 나올 것만 같은데 도무지 사람을 만날 수가 없었다. 허기진 몸을 이끌고 혼자서 대청봉을 휘적휘적 오르고 있으려니 표범이나 곰 같은 산짐승이 불쑥 나타날 것만 같기도 했다.

한 걸음 한 걸음 새롭게 옮겨 대청봉 정상의 마루턱에 이르렀다. 그곳에는 철쭉나무와 눈잣나무가 고산지대의 바람을 견디느라 누워서 기어오르고 있었다. 드디어 해발 일천칠백팔 미터의 설악산의 정상 대청봉에 올랐다. 정상에는 태극기가 바람에 펄럭이고 있었다. 찢어질 듯 나부끼는 태극기 아래 섰을 때는 벅찬 감격의 눈물이 쏟아졌다. 가슴이 벅차올랐다. '드디어 해냈다!'라는 속말을 되뇌고 있었다.

동해바다와 내·외설악의 장관이 한눈 안에 들어오는 대청봉에서는 내 나라 땅덩이가 오직 검푸른 바다로 출렁이고 장중한 산맥만이 이리저리 뻗어 내리고 있는 것 같은 착각 속에 빠져들었다. 그리고 세상은 거대한 침묵 속에 가라앉아 있는 것처럼 고요하게만 느껴졌다. 그러나 그러한 깊은 상념에서 오래 머물 수조차 없도록 정상의 바람은 세찼다. 하산의 발걸음을 내딛는 순간 회운각에서 나를 기다리고 서 있을 전종철 교무님의 모습이 눈에 어른거렸다. 그것은 쏜살같이 하산할 수 있는 새로운 힘이 되었다.

전종철 교무님과 작별한 지 네 시간 만에 나는 제자리로 되돌아왔다. 그분은 서성서성 산 아래를 내려다보고 있었다. 되돌아온 나를 본 전종철 교무님은 새삼 반기면서 점심때를 넘긴 내가 시장할 것부터 걱정해 주었다. 말이 그렇지 깊은 산속에서 오가는 사람 구경도 못하며 네 시간 동안을 기다린다는 것은 어쩌면 목적지를 향한 등정보다도 더 어려운 일이었을 것이다. 그러나 그분은 전혀 그러한 내색을 하지 않았다. 오히려 몹시 지쳐 있는

새벽 설악동을 떠나 홀로 오른 대청봉에서. 나는 나 자신을 이기기 위해
산에 오른다.

나를 안쓰럽게 바라보았다. 아침 식사를 새벽 다섯시에 하고 점심은 열 시간 만인 오후 세시에야 먹었다. 식사 후 나른해지자 피곤함이 전신으로 퍼져 왔지만 설악동까지의 먼 하산 길이 나에게 잠시의 휴식도 허락지 않았다.

아무리 산이 좋아도 그 자리에 서서 다시 보지 못했다. 마치 쫓기듯 하산하여 비선대 등산통제소에 이르렀을 때는 이미 어둠발이 찾아들고 하늘에서는 별이 다시 태어나고 있었다. 손전등으로 앞길을 밝히며 설악동으로 되돌아왔을 때는 밤 일곱시 반이었다. 총 삼십 킬로미터 산행 거리에 소요 시간은 열네 시간이었다. 산행 과정이야 고행과 다를 바 없지만 그래도 큰 산에 깊이 묻혔다 빠져나오면 내 마음속 뜰에는 한 줄기 소나기라도 내린 듯 일상의 먼지가 말끔히 씻겨 내리고 맑은 바람이 일기 시작했다.

1980. 11

4월의 북한산

1984년 4월의 봄날, 멀리서 바라다본 북한산 계곡에는 푸른 소나무와 잿빛 나목들 사이로 새하얀 산 벚꽃이 무리지어 피어 있었다. 그 산 벚꽃의 정취가 더할 나위 없이 아련하여 나의 마음을 사로잡았다. 그때 보았던 산 벚꽃이 하도 인상적이어서 금년에는 벚꽃 철을 놓치지 않으려고 벼르다가 북한산을 찾았다.

3월이 되면 대지에는 봄기운이 가득해진다. 그러다 4월이 오면 봄이 무르익어 온갖 꽃들이 다투어 피기 시작하고 산과 들은 곱게 치장을 한다. 북한산 어귀에는 샛노란 개나리꽃이 한창이었다. 그리고 북한산 계곡이나 벼랑에 드문드문 서 있는 산 벚꽃들도 만개해 있었다. 역시 새하얀 산 벚꽃의 순백색은 눈부셨다. 무리져 피어 있는 산 벚꽃은 마치 하얀 뭉게구름이 산에 사뿐히 내려앉은 것처럼 보였다. 그러나 가까이 발을 들여놓은 북한산에는 진달래꽃으로 수놓은 듯 온 산이 분홍빛 진달래꽃으로 뒤덮여 있었다.

진달래는 한 송이의 꽃으로 보면 귀엽지도 예쁘지도 않다. 그러나 산속에 어우러져 피어 있으면 참으로 곱고 아름답다. 봄에는 진달래꽃이 피어야만 비로소 대지에 봄이 가득히 실린다. 산길을 오르는 좌우로 진달래꽃이 한껏 피어 있었다. 여름 산행 때는 그저 푸르른 잡목처럼 보였고 겨울철에는 싸리비 모양새를 하고 서 있던 것들이 모두 진달래꽃 나무들이었음을 꽃이 핀 4월에야 새삼 알게 되었다.

산 아래에는 연둣빛 신록이 제법 푸르러 보였다. 그러나 산을 오를수록 신록의 빛깔은 엷어져 녹두빛이고 움트는 잎은 새의 부리처럼 뾰족이 내밀고 있었다. 또 어떤 나무는 겨우내 꼭 감고 있던 눈을 부비면서 부스스 잠에서 깨어나고 있기도 했다. 이런 나무들을 멀리서 바라보면 아직 봄소식도 접하지 못한 채 미동도 하지 않고 서 있는 것처럼 보인다. 높은 산, 깊은 골짜기가 아니어도 산에서는 자연의 변화가 이처럼 뚜렷하다. 마른 나뭇가지에서 새순이 움트려는 몸짓, 산의 높이에 따라 산빛이 다른 그 작은 변화까지도 모두 감지될 때 비로소 자연의 신비를 실감하게 된다.

해가 구름 속으로 숨어 버린 날씨는 좀 음산했다. 햇빛이 없는 날 잿빛 나목들이 자아내는 산의 정취는 매우 독특하다. 잿빛 나목들이 서로 비낀 여백에서 우러나는 그윽함은 매우 환상적이다. 그 환상적인 계곡에 한눈을 팔고 있는 동안 나는 어느덧 나의 내면의 심연을 굽어보고 있었다. 일상에서 한사코 밖으로만 내닫던 마음이 산에서는 안으로 돌아와 머문다. 산만큼이나 고요하고 적막한 자기 자신과 만나고 있을 때면 산에 온 큰 보람을 느끼게 된다.

"후두둑" 굵은 빗방울이 떨어졌다. 하늘을 올려다보니 낮게 깔린 먹구름장이 이동하고 있었다. 산에서 큰 비를 만날 것만 같아 대동문에 멈춘 발걸음을 북한산장 쪽으로 재촉했다. 비에 쫓긴 걸음은 저절로 빨라졌다. 산장 안으로 들어서자마자 소나기가 쏟아졌다.

시원스럽게 내리는 굵은 빗줄기가 바람결에 휘청거렸다. 내 마음속에도 맑은 바람이 불어오고 있었다. 비에 갇힌 건 우리뿐이었다. 비가 내리는 날의 산장은 더할 나위 없이 은밀한 공간이었다. 우리 산 가족끼리 마주한 식탁은 오붓하기만 하고 대화는 청솔 내음이 났다.

용암문 코스의 하산 길에는 은실비가 내렸다. 우비가 준비되지 않았던 그날, 옷이 비에 젖을까 하는 걱정보다 오히려 봄의 싱그러움이 내 마음속 구석구석까지 스며드는 상쾌함을 느꼈다.

하산하는 동안 북한산은 안개 속에 침몰되어 있었다. 이슬비를 함초롬히 맞은 진달래꽃, 안개 속에 숨어 있는 진달래꽃은 면사포 속의 신부처럼 화사했다. 인적이 딱 끊긴 월요일의 북한산에는 산새들의 소리가 유난히 해맑았다. 이리저리 숲속을 날아다니는 박새들의 속삭임이 허밍처럼 은은한데 갑자기 "드르륵" 북한산을 톱질하는 것 같은 투박한 꾕음이 났다. 그것은 딱따구리의 소리였다. 딱따구리의 근엄한 외마디가 사라지자 북한산은 일순간 더 무거운 침묵에 휩싸였다. 내 숨소리마저도 들리지 않는 것 같았다. 그러나 그중에 들리는 소리, 다람쥐 오가는 소리, 산새 소리, 계곡에 물 흐르는 소리, 꽃 피고 잎 피는 소리….

석양빛이 내려앉은 북한산은 산빛이 더욱 부드러웠다. 어디선가 또 멧비둘기 소리가 들려 왔다. 어린 시절, 내가 자라던 산촌에서 듣던 소리, 언제 들어도 정겹고 가슴이 설레는 소리였다. 산에서 물소리, 바람 소리, 새들의 노래 그 모든 자연의 합창을 듣고 나니 내 영혼은 깨끗하게 씻겨 있는 듯했다. 어느덧 고향 마을 동구 밖처럼 느껴지는 북한산 낮은 계곡을 향해 발을 내딛고 있었다. 북한산은 내 영혼의 휴식처이다. 산에서 내려오면 사물을 보는 나의 눈이 더 맑아지는 것 같다.

1984. 4

되돌아온 산 가족

1984년 3월, 봄눈이 흩날리던 어느 일요일에 이화여자대학교 원불교 서클 이원회원(梨圓會員)들과 북한산을 올랐었다. 그때 그들의 청순함과 신선한 자연이 모두 좋아서 산에 자주 오르자고 약속했지만 빈말이 되고 말았다. 그러던 어느 날 옛 산 가족들의 주선으로 만추(晩秋)를 즐길 수 있는 북한산을 찾았다.

대동계곡을 따라 오르다 소귀천 옹달샘에서 잠시 쉬었다. 쪽박으로 떠 마신 물맛이 시원하고 달았다. 근교의 산을 삼십 분 정도만 올라도 서울 도심의 공해권에서 완전히 해방된다. 어제는 일요일이어서 많은 산 사람들로 온 산이 왁자지껄했을텐데 오늘은 북한산이 텅 빈 듯 고요했다. 멧새들의 지저귀는 소리, 다람쥐가 쪼르르 오르고 내릴 적마다 낙엽 바스락거리는 소리가 유난히 크게 울렸다.

이른 봄 연둣빛 신록으로 움틀 때부터 긴 여름 무성한 녹음의 세월을 지나 자신의 몸체가 붉게 물들 때까지 나뭇가지에 붙어 있던 잎들이 이제는 떨어져야만 하는 늦가을, 조락(凋落)의 순간이 임박한 운명을 알리는 세찬 바람이 "윙-" 소리를 내며 계곡을 쓸어 올렸다. 그럴 때면 아직도 나무에 붙어 있는 메마른 단풍잎들이 남은 친구들과 몸을 부비며 석별의 노래를 합창했다.

머리를 들어 위를 올려다보았다. 이미 잎을 떨군 나목들의 마른 가지가 얼키설키 엮여 공중에 그물을 드리우고 있었다. 그러한 나목 사이에 서 있는 소나무빛이 더욱 청청했다. 구름 한 점 없이 투명한 코발트빛 하늘이 앙상한 나뭇가지 그물 사이로 더할 수 없이 높고 푸르게 보였다. 어느덧 나의 머릿속은 깨끗하게 맑아졌다. 정신이 쇄락(灑落)했다. 산은 분명 내 영혼의 세척소이다. 마음은 더할 나위 없는 한가로움을 얻고 평화스러워진다. 그 마음에는 모자랄 것도 없고 또 넘칠 것도 없음을 엿본다. 내 일상의 심경이 산 마음만 같을 수 있다면 하는 바람이 간절하다.

깊고 긴 대동계곡에는 철 늦은 단풍이 고왔다. 만추의 단풍은 마치 추수한 감나무에 한두 개의 감이 찬 서리를 맞으며 빨갛게 매달려 있는 것처럼 보였다. 늦가을의 산은 쓸쓸한 느낌을 주지만, 그 대신 그윽하고 조용한 독특한 정취가 있었다. 헐벗은 나목들이 방금 떨군 낙엽을 발밑에 깔고 서 있었다. 나목들이 겹친 잿빛 계곡은 더욱 깊고 유장해 보였다.

적막이 가라앉은 만추의 계곡을 내려다보고 있노라면 어느덧 자신의 깊은 내면을 응시하게 된다. 그때 내면으로부터 들려오는 소리는, 새삼 크게 들리는 확신의 소리, 구상의 문이 열리는 소리, 충고의 속삭임, 은밀한 작은 소리 들이었다. 그 내면의 소리들을 경청하다가 몰아쉬는 깊은 숨은 자신과의 커다란 다짐의 순간이다.

대동문을 지나 백운대가 바라보이는 자리, 그 옛날 자주 앉았던 산자락에 자리를 정했다. 오랜만에 배낭 속에 꾸려 온 것들을 꺼내 점심을 준비하는 산 가족들은 마냥 행복해 보였다. 해묵은 산 벗, 그리고 나의 산 가족들이 오랜만에 되돌아와 한자리에 모였다.

지리산 등반을 끝으로 십일 년 만에 처음 산에 오른 서원금 교도는 달팽이가 세상 밖에 나온 것처럼 보였다. 진홍심 교도도 육 년 만의 공백을 청산하고 바로 전해에 소백산과 오대산을 함께 갔지만 가까운 북한산을 함께 올랐던 기억은 까마득했다. 안재신 교도도 십여 년 전의 등반을 추억으로 회상했다. 이들은 모두 대학생 때 내가 서울지구 청년회 담임교무 시절에 만난 사람들로 내 선연(善緣)의 광주리에 옹기종기 자리하고 있는 소중한 인연들이다. 뒤늦게 만났어도 마치 나의 그림자처럼 내 곁에서 헌신적으로 뒷바라지해 주는 신현대 교도도 이날의 산행 권속 중의 한 사람이다.

1965년 박정규 군을 따라 세검정에서 승가사(僧伽寺) 쪽이나 문수사(文殊寺) 쪽으로 북한산을 오르던 때를 나의 등산 초기로 헤아린다. 이전에도 가야산이나 속리산, 내장산, 계룡산 등을 등반했지만, 그런 산행은 모두 대학 시절 봄, 가을 여행으로 주선된 기회였다. 이제 짧지 않은 산력(山歷)을 헤아릴 수 있는 지금 자주 오르던 북한산과 도봉산 코스는 마치 내 손바닥

안의 손금처럼 환하다.

긴 세월 동안 함께 산에 오르던 나의 산 가족들은 내 인생의 동행자들이다. 숱한 장기 등반 때마다 주밀한 산행 계획을 세우고 무거운 짐을 스스로 지던 희선 군, 수많은 일화를 남긴 의학도 김영중 군, 언제나 나의 청탁이 통하던 박선기 군, 산 가족을 즐겁게 해 주던 김성진 군, 산 사진의 기록을 남겨 준 이동일 군, 항상 말이 없던 한인구 군, 그리고 김현경, 고은선, 고영란도 빼놓을 수 없는 산 가족들이다. 그들 모두의 이름을 열거할 수는 없지만, 그때의 수많은 젊은 산 가족들이 이제는 우리 사회의 한복판에서 활동하고 있다. 고인이 된 천타원 백지명(白智明) 교무님, 나의 도반(道伴)이었던 그와 함께 눈 덮인 겨울 북한산을 오르던 추억들은 소중하고 아름답기만 하다.

진홍심, 서원금, 문은정 등은 초기 산행부터 수많은 장기 등반의 기회가 있을 때마다 함께 길을 떠났었다. 그들이 결혼한 후 십여 년, 그 긴 세월의 공백을 깨고 이제 산으로 되돌아왔다. 시집을 가고 아이를 낳고 살림하는 주부들이 되었어도 산을 사랑하는 순수한 마음에는 변함이 없다. 되돌아온 나의 산 가족들, 산 풍속을 함께 길들인 그들과 함께 산을 찾으니 산이 더욱 좋다.

1984. 11

덕숭산 여스님에게 들은 나의 옛 이야기

내 자신의 힘을 스스로 조절하면서 일할 능력이 아직은 부족하던 삼십대의 일이다. 힘에 부치는 행사를 치르고 난 다음 나는 기진맥진한 상태에 빠졌다. 그러한 나를 딱하게 여긴 사직교당의 황명성 교도님이 동행을 자청하면서 잠시 여행을 떠나자고 권유하였다. 그래서 한적한 곳을 찾아 막연히 길 떠난 곳이 덕숭산 수덕사(修德寺)였다. 한때 만공(滿空) 스님이 크게 선풍

(禪風)을 불리셨다던 수덕사에 한 번쯤 가 보고 싶었던 마음 때문에 덕숭산을 찾았던 것이다.

수덕사에 이르러 대웅전 부처님께 참배부터 올렸다. 수덕사의 대웅전은 고려 충렬왕(忠烈王) 때(1308년) 건축한 목조 건물의 맞배집으로 치밀함과 정교함이 뛰어나 국보로 지정되어 있다. 그러나 문화재를 알아볼 만한 식견이 없는 나에게는 다만 세월이 흐른 만큼 예스러워 보일 뿐이었다.

사찰 경내에서 만난 비구 스님께 며칠 조용히 쉴 곳을 찾아왔다고 하자 극락암(極樂庵)을 천거해 주었다. 극락암을 찾아가는 산길에는 낙엽이 수북이 쌓여 있었다. 낙엽 위에 떨어진 고동빛 상수리가 가을 햇살에 유난히 윤기가 빛나 보였다. 도심을 떠나온 나그네에게는 낙엽 속에서 발견된 상수리 한 알만 보아도 정겹고 반가웠다. 나도 몰래 손에 들었던 짐을 놓고 상수리를 줍기 시작했다. 아무도 오가는 사람 없는 산속에서 낙엽을 밟으며 숨은 듯 누워 있는 상수리를 찾아내어 줍는 기쁨은 더없이 컸다. 치마폭에 주어 담은 상수리가 제법 무게를 느낄 무렵 모처럼 가을 햇살과 만난 나의 얼굴에는 촉촉이 땀이 배어 있었고 내 곁에는 어느덧 여유가 찾아와 있었다. 참으로 세상만사가 헐렁하게 느껴졌다.

상수리를 싸들고 극락암을 찾아들었다. 볼이 복사꽃처럼 예뻐 보이는 젊은 여스님이 수줍은 모습으로 우리를 맞아 주었다. 극락암에서 한 이틀 쉬어 가고 싶어 왔다고 말하자, 그 스님은 답변을 머뭇거리더니 잠시만 기다리라며 안으로 들어갔다. 잠시 후 우리가 안내된 곳은 유난히 정결해 보이는 별채였다. 몇 가지의 짐을 들어내 간 그 방은 아랫목이 따뜻했다. 빈 방이 있을 텐데도 아마 정결하고 따뜻한 방을 내어 주느라고 쓰던 방을 비워 주는 것 같았다. 스님들의 그러한 배려가 참으로 정겹고 고마웠다.

깊은 산속 맑은 공기를 심호흡했다. 그리고 차가운 산골 물에 세수를 했다. 빈 방에 홀로 앉아 좌정을 하고 있으니 암자의 한적함이 나의 전신을 감싸 주었다. 길을 떠나오기 전에는 자꾸만 탈진 상태로 빠져들고 있는 것 같았는데 어느덧 생기가 되살아난 것 같았다.

그날 저녁 밥상에서 절 음식을 처음 먹어 보았다. 파, 마늘의 양념을 전혀 넣지 않은 반찬들은 평소 내가 먹던 나물 맛과는 달랐다. 모든 음식 맛이 더 담백했다.

산사에 고여 있는 정적을 침묵으로 지키면서 하룻밤을 지냈다. 극락암 분위기는 기대 이상으로 마음에 들었다. 그래서 당초에 이틀을 작정하고 왔던 예정을 바꾸어 하루를 더 머물기로 했다. 때마침 볼일이 있어 절 밖에 나가는 스님이 있다기에 서울에 전보로 기별을 보내기로 했다. 미처 주소를 못 다 썼을 때 스님이 방문 앞에서 전보 문안을 달라고 했다. 나는 방문을 열고 잠시만 기다려 달라고 했다. 그리고 주소를 마저 쓰고 전보 문안을 건네주려고 보니 키가 홀쩍 크고 눈썹이 유난히 까만 비구니 스님은 마치 어느 규방 앞에 서 있는 외간 남자처럼 몸을 좌로 비끼고 우뚝 서 있었다. 내가 전보 문안을 전해 주면서 고맙다는 인사말을 해도 그분은 나를 바라보지도 않고 다만 "네"라고만 대답한 다음 떠났다. 등을 보이면서 걸어가는 그 여스님이 전혀 여성으로 느껴지지 않았다. 같은 여성 수도자인데도 서로 다른 풍속에 길들여져 있는 스님의 모습에서 나는 무슨 발견이라도 한 듯 그분의 뒷모습을 한참 동안 바라보고 있었다.

잠시 후 누군가가 방문을 두드렸다. "네"라고 대답하자 완자문이 열리면서 들어서는 분은 좀 나이 들어 보이는 스님이었다. 자신을 주지라고 소개하는 그분은 좀 작아 보이는 체구에 법도가 몸에 배어 있어 아주 단아해 보였다. 지내는 데 별 불편함은 없느냐고 자상히 살피던 그 스님은 인자한 미소를 지으면서 나를 유심히 바라보는 것 같았다. 그리고는 어느 교당에 있느냐고 묻기도 했다. 그분의 따뜻한 친절 때문에 마음이 더 푸근해지는 것 같았다.

극락암에서 충분한 휴식을 취한 나는 떠나기 하루 전날 주지 스님을 찾아 뵙기 위해 그분 처소로 갔다. 반겨 맞아 준 그분과 자연스런 대화가 오갔다. 여러 가지 이야기를 나누다가 주지 스님은 의미 있는 듯한 미소를 지으며 눈매에 잔주름을 일구었다. 스님은 잠시 눈을 감고 무슨 기억에 잠기는 듯했다. 눈을 뜬 스님의 눈빛은 빛나 보였다. 정겨운 눈빛으로 한참 동안 나를 바라보던 그분은 "십오 년 전쯤의 옛 일이 생각납니다. 우리가 원불교 총부를 방문한 일이 있었지요. 그때 교무님은 갓 출가한 듯이 보였습니다. 그곳에서 하룻밤을 지내면서 우리는 어린 당신을 우리 절집 식구로 만들고 싶어서 몹시 탐을 낸 일이 있었답니다. 그런데 이제 무슨 인연인지 우리 절을 찾아와 다시 만나게 되니 더욱 반갑습니다"라고 말했다.

나는 초면인 그 주지 스님의 이야기가 무슨 뜻인 줄 몰라 어리둥절해 하고 있었다. 그러자 스님은 영문을 몰라 하는 나에게 그때 보았던 내 모습을 떠올리며 이야기해 주었다. 그 순간 나에게는 까맣게 잊고 있었던 옛 일이 섬광처럼 스쳐 갔다. 고등학교를 갓 졸업한 그해 봄에 출가한 나는 외갈래 머리를 땋아 늘이고 원불교 중앙총부 교화부에서 작은 소임을 맡고 있었다. 나는 때때로 총부를 찾는 방문객을 영접하기도 하고 안내하기도 했었다. 그 당시만 해도 처소가 넉넉지 못하던 때라 여자 처소였던 금강원(金剛院)에서 손님과 함께 자기도 했었다.

그러던 어느 날 밤, 잠자던 나는 소스라쳐 일어난 일이 있었다. 잠결에 머리를 깎은 남자의 두상에 손이 스친 것 같은 느낌이 들었기 때문이었다. 놀라서 일어난 나는 우선 마구 뛰는 가슴을 쓸어내리며 내 잠자리부터 확인해 보았다. 분명 금강원의 나의 처소였다. 정신을 수습하여 자세히 살펴보니 내 곁에는 수덕사에서 온 세 분의 스님들이 곤히 잠들어 있었다.

이날 스님의 일깨움이 없었다면 나는 그때 그 일을 평생 동안 한 번도 다시 생각해 보지 않았을 것이다. 내가 놀라움으로 옛 일을 기억하자 스님은 기뻐하셨다. 주지 스님은 또 말씀을 이었다. 총부를 방문했을 때는 스님 자신이 지금의 내 나이 또래였다며, 흘러가 버린 스님의 젊은 세월을 내 모습에서 찾아보는 것 같았다.

참으로 세상에 흔치 않은 일이 스님과 나 사이에 일어나고 있었다. 스님이 일깨워 준 옛 인연의 소식 때문에 나는 스님께 한결 깊은 친밀감을 느꼈다. 인자한 미소를 짓고 있는 주지 스님의 삭발한 머리에는 희끗희끗한 백

발이 숨어 있었다. 운수행각(雲水行脚)의 길목에서 잠시 만났던 애송이인 나를 보고 무엇 때문에 절집 사람을 만들고 싶었을까. 그리고 그로부터 십오 년의 세월이 흐른 지금의 내 모습에서 또 어떻게 외갈래 머리를 땋고 있던 그때의 내 모습을 찾아낼 수 있단 말인가. 너무나도 극적이고 감격스러워 나는 흥분 상태에 빠져 있는데 "웃절 스님이 반가워하실 겁니다. 견성암(見性庵)엘 가십시다"하며 금세 행장을 챙겼다.

나는 도무지 꿈속을 헤매는 것만 같았다. 말씀 뜻을 잘 이해 못하고 있는 내 모습이 재미있으신지 스님은 또 은밀한 미소를 지으셨다. "그때 교무님을 함께 탐내던 스님이 웃절 견성암에 계십니다"라고 말했다.

해가 뉘엿뉘엿할 무렵 먹물 장삼을 휘저으며 산길을 걷는 주지 스님의 뒤를 따라 나는 견성암으로 올라갔다. 견성암은 작은 암자가 아니었다. 우람한 석조 건물로 대찰(大刹) 분위기를 자아내고 있었다.

극락암 주지 스님은 "스님" 하며 방문을 열었다. 그곳에는 너그러운 풍채를 지닌 오십대의 여스님이 계셨다.

"우리가 옛날에 원불교 총부에 갔다가 절집 사람이 되었으면 좋겠다고 탐내던 분이 이렇게 교무님이 돼 가지고 우연히 우리 암자에 왔어요. 그래서 스님도 반가워하실 것 같아 함께 왔습니다"라고 하자 그 스님은 곧 나를 알아보고 마치 오래 기다렸던 사람처럼 반겨 주었다. 나도 처음 보는 스님이 예전부터 잘 알고 지내던 분처럼 친밀감이 들었다.

십오 년 전 내 나이 열아홉 살 때 어느 하루의 이야기는 참으로 길고도 길었다. 극락암의 주지 스님, 마치 실꾸리가 풀리듯 아름다운 나의 옛 추억을 간직하고 있는 그분이 한없이 정겹고 따뜻하게만 느껴졌다.

떠나와야만 하는 극락암에서 주지 스님께 작별 인사를 드릴 때 "곧 또다시 찾아뵙겠습니다"라고 말씀드렸었다. 그러나 그 약속을 지키지 못한 채 세월이 흘렀다. 이제는 노스님이 되셨을 주지 스님, 그분이 청안하시길 바라는 마음 간절하다.

1986. 10

산꽃 찾아 떠난 소백산

1974년 8월에 소백산맥의 첫머리에 위치한 소백산을 처음 등반한 이래 나는 꾸준히 소백산을 찾고 있다.

요즈음은 너나없이 피서 철을 즐기고들 있어서 여름 한철은 모든 사람들이 쏟아져 나와 북적대는 것 같다. 그럴 때 나도 피서객에 한몫 끼어서 길 떠나는 일은 참으로 자신도 없으려니와 재미도 없는 일처럼 생각된다.

8월 산꽃을 만나기 위해 소백산을 찾으려는 나에게 꽃이 만개해 있을 중순을 넘기고 있는 것은 몹시 안타까웠다. 그래도 모든 사람들이 일상으로 되돌아오는 기미를 엿보는 수밖에 없었다. 그렇게 벼르다 8월 23일에야 산행을 떠났다. 나의 허물없는 산 가족 현대와 소연이 동행하고 있었다.

경북 영주군과 충북 단양군의 경계선에 위치한 소백산을 가기 위해 청량리역에서 중앙선 무궁화호 열차를 탔다. 세 시간 남짓 후에 풍기역에 도착했다. 소백산 칠백 미터 고지에 위치한 희방계곡의 폭포산장을 가기 위해 우리는 택시 편을 이용했다. 희방사(喜方寺) 계곡 입구에서 하차하여 한참을 올라간 후에야 폭포산장에 이르렀다. 산장에 들어서자마자 나는 산장 아주머니를 찾았다. 이곳저곳을 두리번거리다 우물가에서 일하고 있는 그녀를 발견하고 그 곁으로 다가가서 아주머니 앞에 우뚝 서 보였다. 그녀는 말없이 미소만 짓고 있는 나를 빤히 바라보더니 "누구라?" 했다. 한참 만에 나를 알아본 그 아주머니는 뚱뚱한 몸집에 구수한 인정미가 넘쳐서 산 나그네를 행복하게 해 주었다.

어언 오 년의 세월을 사이에 두고 다시 만난 아주머니는 "지금은 뭘 하고 있어?" 하며 또 의미있는 질문을 하기 시작했다. 나도 옛날에 그녀가 내게 했던 말을 아직 기억하고 있었다. 그 산장 아주머니는 내가 오 년 전에 그곳에 갔을 때 나를 유심히 바라보더니 매우 은밀한 어조로 "당신은 세속에 있을 사람이 아닌데… 지금 뭘 하고 있어요? 수도해요. 수도해 봐요" 하면서 나를 찬찬히 뜯어보듯이 바라보았을 때 나는 웃으면서 얼버무린 일이 있었다. 그런데 그녀는 오 년 전에 뜨내기 산 나그네에게 했던 말을 마치 조금 전에 했던 말처럼 다시 이어서 하고 있었다.

"내가 한 말 귓등으로 들었어?" 하면서 다시 수도 생활 운운하며 설득이라도 하려는 듯이 내 뜻을 엿보았다. 나는 "알려면 다 알아야지. 반밖에 몰라요?"라고 대꾸한 다음 나의 이야기를 들려주었다. 그녀는 "진즉 일러줄 것이지…" 하며 자못 만족스럽게 나를 다시 바라보았다.

그 산장에는 손님이 우리뿐이었다. 나는 언제부터 소백산 계곡이 이렇게 조용해졌느냐고 물어보았다. 올 여름에도 계곡에는 허구한 날 사람들이 콩나물시루같이 꽉 들어차더니 사람 끊긴 지가 사나흘 되었다고 했다. "사람은 그렇게 많아도 장사는 예전같이 안 돼. 이제는 먹을 것을 차에 싣고 와서 놀다 가니까…" 하면서 푸념을 했다.

며칠간 계속된 장맛비에 물이 불어서 희방폭포의 물소리가 천지를 진동할 듯이 요란했다. 물소리에 파묻힌 산장에서 올려다본 하늘은 마치 조그마한 소쿠리 속처럼 보였다. 그 작은 하얀 하늘에는 빨간 고추잠자리가 어지럽게 날고 있어 한가로움을 더해 주었다. 외딴 산장에서는 주변의 푸른 녹음이 깜장빛으로 변하면 산 나그네는 밤을 맞고 잠자리를 챙긴다. 옆자리에 누워 있는 나의 산 가족들은 고단했는지 이미 깊이 잠이 들었다. 그런데 나는 더욱 초롱초롱하게 깨어나고 있었다. 요란스런 폭포 소리 사이로 스며들 듯이 들리는 풀벌레 소리를 귀 밝혀 듣고 있었다.

밤이 깊어지자 두견새 소리가 구슬프게 들려왔다. "소쩍 소쩍" 끊어질 듯 다시 이어지는 외마디 목이 쉰 듯한 두견새 소리는 애절하기만 했다. 그런데 갑자기 알 수 없는 사나운 소리가 산을 울리면서 들려왔다. 야행성 동물이 활동하는 소리인 것 같았다. 그 소리를 듣는 순간 반사적으로 나의 안전을 확인하면서도 오싹한 무서움이 엄습해 왔다. 그러다 무서움의 계곡에서 잠시 발을 뽑았는지 잠이 들었다.

이른 새벽 산행 준비를 하고 길을 떠나면서 시계를 보니 새벽 다섯시 반이었다. 스무사흘의 조각달은 아직도 붉은 빛을 맑게 머금은 채 새벽하늘에 떠 있었다. 산새도 깨기 전에 희방사를 지나 오르기 시작했다. 여름 산행은 서늘한 아침에 산길을 많이 걸어 두어야 산행에 부담이 적다. 한낮에 오르려면 힘든 오르막길도 아침에 오르기는 어렵지 않다.

소백산은 희방사를 지나면서 시작되는 가파른 오르막길이 제일 힘든 코스다. 그 험한 오르막길을 달래어 순하게 만들기라도 하듯이 보폭과 보행 속도를 조절하며 오르니 그다지 힘들지 않았다. 한 시간쯤 오르다 눈을 들어 앞을 바라보았을 때 그 가파른 길이 끝나는 재 너머에서는 희뿌연 안개를 뚫고 찬란한 빛이 솟아오르고 있었다. 그 밝고 환한 빛이 크게 상서로운 빛처럼 느껴졌다. 빛이 있는 곳으로 자꾸만 오르고 있는 내 마음은 묘하게 설레기 시작했다.

이윽고 그 고개 위에 올라섰다. 그 환한 빛 앞에 마주서 보았다. 방금 솟아오른 붉은 태양이 찬란한 빛을 발하며 장엄한 모습으로 지상을 비추고 있었다. 깊은 산속에서 솟는 아침 해를 경건한 마음으로 맞는 것은 또 다른 기쁨이었다. 잠시 오르자 산은 갑자기 안개 속으로 잠겨 버리고 좌우사방에 아무것도 보이지 않았다.

8월 소백에 대한 나의 소망과 기대는 고산식물의 꽃을 만나는 기쁨이다. 나의 시선은 아까부터 산 바닥을 유심히 살피고 있었다. 맨 먼저 자운영빛 초롱꽃들이 눈에 띄었다. 그 꽃은 한 줄기에 여러 개의 꽃들이 함께 매달려 있었다. 한참을 오르다 나의 시선이 화살처럼 꽂힌 곳은 산국화였다. 새하얀 산국화는 들국화와도 다르고 얼핏 마가렛처럼 느껴지는 그 소국은 한 대에서 오직 한 송이의 꽃이 피고 있었다. 아침 이슬을 머금은 새하얀 국화는 청초하기가 이를 데 없었다. 갓 피어난 것 같은 그 작은 꽃들을 대하는 내 마음도 깨끗해지고 있었다.

어느 길목에선가 눈을 들어 앞을 보니 운해(雲海)를 벗어 허리에 감고 방금 아침 세수를 마친 깨끗한 얼굴의 소백산이 상큼한 자태로 서 있었다. 맑고 깨끗한 청산(靑山)의 모습이었다. 그 아래 아침 햇살을 받아 순백색으로 빛나는 구름바다는 그대로 망망대해처럼 보였다.

정원경 교도(왼쪽), 최재순 교도(오른쪽)와 함께 소백산에서. 소백산은 연화봉에서 비로봉 정상까지 그 완만한 능선의 초원에 온갖 고산식물들이 함께 피어 있어 지상의 화원 같다.

오르던 길목 어느 협곡에서 하늘 위를 바라보았다. 그 좁은 하늘에는 구름장이 이동하고 있었다. 그럴 때는 하늘이 온통 움직이는 것 같았다. 산이 보여 주고 들려주는 그 모든 것들을 감지할 수 있을 때 산 사람의 속마음에는 환희와 행복이 충만해 온다. 입안에는 맑은 침이 가득 고여 오고 다리에는 새 힘이 솟는다.

나는 8월의 소백산을 세번째 오르고 있었다. 나의 관찰에 따르면 고산식물은 산의 고도에 따라 그 분포를 달리하고 있었다. 일천 미터 고지를 넘어서면서부터 그 자운영빛 꽃은 사라지고 희귀한 고산식물의 기화요초(琪花瑤草)들이 무리 지어 피어 있었다. 특히 이름을 알 수 없는 주황색 꽃이 눈에 띄기 시작하면 온갖 꽃들이 함께 피어 있음을 의심할 필요가 없었다.

산꽃은 참으로 귀엽고 사랑스럽다. 8월의 소백에서 작고 예쁜 고산식물의 꽃들을 만나고 나면 어떠한 목표를 달성한 것 같은 성취감을 느낀다.

아침 여덟시에 연화봉 일천삼백구십이 미터 고지에 이르렀다. 소백산에서 내려다보는 경관은 연화봉이 으뜸이다. 눈부신 아침 햇살이 퍼질 무렵은 산야가 더욱 아름답게 보인다. 먼 산은 청람빛으로 보이고 가까운 산은 청록색으로 보인다. 그리고 발아래 산은 초록색이다. 산빛이 서로 다른 멀고 가까운 산들이 겹겹이 포개지고 비낀 그 조화로움은 그대로 위대한 예술처럼 보인다. 먼 하늘 아래서부터 눈앞까지 산이 파도치고 있는 아름다운 경관은 운해의 변화에 따라 삽시간에 천변만화(千變萬化)를 거듭한다.

산은 계절마다 좋지만 짙푸른 녹음이 무성한 여름 산에서는 생명력이 약동함을 느낀다. 여름 산행은 체력이 달리고 더위를 견디기가 어렵지만 큰마음 먹고 오르기만 하면 자신의 삶 자체가 건강해짐을 느낄 수 있다. 전날까지 내린 비로 산빛은 더욱 맑고 바람도 상쾌했다. 하늘은 가을 하늘처럼 쪽빛으로 깊은데 그 속에 걸려 있는 하얀 낮달이 정겹기만 했다.

연화봉에서 내려다보니 사람 사는 촌락이 보이지를 않았다. 그저 온 세상이 산뿐인 것처럼 느껴졌다. 연화봉 산정에 서서 우리가 사는 세상일을 생각해 보니 나날이 터지는 큰일들과 심각한 사건들이 바람결에 흩어지는 운해처럼 여겨졌다.

연화봉에서 비로봉 정상까지 그 완만한 능선의 초원에는 온갖 고산식물들이 함께 피어 있어서 마치 지상의 화원 같았다. 스위스에서 본 고산식물의 꽃들은 바닥에 박힌 듯이 피어 있는데, 우리나라 소백산의 산꽃들은 삼십 센티미터 정도의 풀판을 아래로 깔고 그 위로 키를 키워 피어 있었다. 대부분의 소백산 고산식물 꽃들은 보라색 꽃이 많다. 오동보라, 붉은보라, 자줏빛 보라 거기에 노란색, 주황색, 흰색 꽃들이 함께 어우러져 온 산이 빈틈없이 피어 있다. 초원에 피어 있는 각양각색 산꽃들이 바람결에 흔들리는 모습은 아름다운 선율처럼 느껴지기도 하고 한 폭의 수채화 같기도 하다. 사방이 트인 능선 길을 걷다가 굴참나무 그늘진 산길로 발걸음을 옮기면 풀내음과 함께 느껴지는 습기는 여름 산의 서늘한 맛, 그 묘미를 느끼게 한다.

같은 산이라도 햇빛을 역광으로 받고 있는 산들은 능선이 더욱 부드럽고 산빛이 은은하며 숲이 더욱 풍성해 보인다. 비로봉 정상, 일천사백삼십구미터 고지에 올라서서 완만하게 흘러내린 넓은 초원을 내려다보면 참으로 시원하고 후련하다. 한 줄기로 흘러 뻗은 능선 저 멀리에 연화봉이 바라다보인다. 소백산은 연화봉에서부터 비로봉까지가 선경(仙境)이다.

나는 8월의 여름 소백산에서, 철쭉이 지천으로 피어 있던 5월 산을 그리고 단풍이 붉게 물들었던 가을 산을 찾아본다. 그리고 그때 함께 올랐던 옛사람들을 떠올려 본다. 진종일 산행하면서 두서너 명의 산 사람밖에 못 만났던 우리는 지상의 화원, 소백산을 우리들만의 산처럼 느낄 수 있었다.

이제 비로사(毘盧寺) 쪽으로 하산의 발걸음을 내디뎠다. 어느덧 일천 미터 아래 지점임을 알려 주는 것은 오를 때 보았던 자운영빛 초롱꽃이다.

여름 산에서 칡꽃 향기를 챙기는 것은 내 버릇이다. 칡꽃은 밥풀 같은 꽃잎이 보랏빛으로 피어 있다. 꽃답지도 못한 꽃에서 풍기는 칡꽃 향은 참으로 독특하다. 마치 절개를 지키는 아녀자에게서 풍기는 향기처럼 고고하고 그윽하다.

1989. 8

수필과 칼럼

나는 너희들의 시중꾼이다

2004-2016

만해평화대상 수상 소감

뜻밖에 제20회 만해평화대상을 수상하게 되어 너무도 큰 영광입니다.

만해(萬海) 한용운(韓龍雲)은 혼을 본받고 싶은 어른이고, 너나없이 존경하고 흠모하는 위대한 분입니다. 만해는 선각자이고 애국자이고 계몽가입니다. 그리고 능력으로는 무한 동력의 위력을 얻어 하는 일마다 지혜가 열리고 역량이 솟아나는 분입니다. 출가한 지 오래되지 않은 삼십이 세의 젊은 나이에 이미 『조선불교유신론(朝鮮佛敎維新論)』을 탈고할 정도로 탁월한 통찰력과 지적 능력이 있으신 분입니다.

전에는, 삼일 독립만세를 부른 삼십삼 인 중의 한 분이고 「님의 침묵」이라는 시를 쓰신 분으로만 알고 있었습니다. 그러나 오래전부터 간직하고 있으면서도 읽지 못했던 『한용운 평전』을 요즈음 읽었습니다. 「님의 침묵」에서 님이라고 부르고 있는 그 님은 중생이고, 겨레이고, 나라라고 합니다. 만해는 일생 동안 오직 그 님을 위해 스스로를 불태우며 살아오신 큰 보살이십니다.

만해는 심신이 지치면 오세암(五歲庵)과 백담사(百潭寺)를 찾아들었지만 그곳에서 잠시 기운을 챙기면 그 산 좋고 물 맑은 청정지역에 머물지 않고 또다시 혼잡하고 시끄럽고 어지러운 일이 산적한 도심 서울로 와서 민중을 위해 일하였습니다. 혁신의 길, 바른 길로 인도하려 하여도 모두가 잘 따르지만은 않았던 그 힘겹고 쉽지 않은 일을 하기 위해 중생들의 한복판에서 계셨습니다. 특히 말과 글과 주권을 일본에게 빼앗긴 이 나라를 구하기 위해 삼일 독립만세의 선봉에 서 계셨고, 투옥되어 삼 년간의 옥고를 치르셨습니다. 만해가 살아오신 길은 가시밭길이었고, 모두가 모험이고 도전이었습니다.

그분이 하신 일을 살피면, 그 많은 일들 중에 어느 한 가지의 일을 위해 한 사람이 한평생을 바쳐도 해내기 어려운 일들을 홀로 해내셨습니다. 불교의 대중화를 위해, 그것이 곧 겨레를 위한 길이라 믿고 큰 열정을 바치셨습니다.

통도사(通度寺)에 보관된 『팔만대장경(八萬大藏經)』 영인본(影印本) 일천오백십일 부 육천팔백이 권을 열람하고, 대장경의 중요 내용을 뽑아 일반 대중들에게 불교의 정수를 전하기 위해 『불교대전(佛敎大典)』을 만들어내셨습니다. 대장경은 승려들뿐만 아니라 일반 신도들에게는 더더욱 그 양의 방대함과 난해성 때문에 접근하기 어려운 것이었습니다. 『불교대전』에 인용된 경전의 권수만도 사백사십사 권에 이르고 팔백 페이지에 달하는 방대한 저작 활동이었습니다. 만해는 매사에 집중력이 강하고 하는 일마다 역동적이었습니다.

만해 스님은 평생을 바쳐 나라 사랑 광복의 그날을 기다렸는데, 광복되기 그 한 해 전에 세상을 떠나셨습니다. 만해 어른이 세상을 떠나신 그 다음 날로 황급히 다비(茶毘)의 절차를 마치고 망우리 공동묘지에 묻히셨습니다. 그 당시는 만해의 열반 소식마저도 알릴 수 없는 일제치하 감시의 힘에 눌리고 있었습니다. 평생의 한을 풀 수 있는 광복의 그날, 1945년 8월 15일을 보지 못한 것은 너무나도 안타깝고 애석한 일입니다.

내설악 백담사 골짜기 스님의 영혼의 고향에는 만해마을도 있고 '님의 침묵' 광장도 있습니다. 이곳에서 해마다 만해축전이 열리고 있습니다. 만해 어른을 기리는 축전이지만 학술대회, 전국 고교생 백일장, 시 낭송회 등 각 분야의 축제가 열리고 있는 이 모든 행사가 마치 만해 한용운의 한풀이를 하고 있는 것처럼 느껴집니다. 만해는 『조선일보』에 『삼국지』를 번역, 재구성하여 1939년 11월 1일부터 연재하다가, 1940년 8월 『조선일보』가 폐간

되자 연재마저도 할 수 없고 원고료도 끊겨 더욱 곤궁한 생활고를 겪게 되어 영양실조가 될 정도로 가난한 삶을 살았습니다. 그의 사후에는 장례를 치를 비용마저도 없었다고 합니다. 송곳 하나 꽂을 만한 여백도 없이 옹색했던 만해 스님의 말년, 그 어려웠던 세월의 한이 이제 만해 축전을 통해 눈 녹듯 사라지기를 심축드립니다.

만해평화대상, 이 영광스럽고 큰 상이 어떻게 나에게 주어졌을까 하고 곰곰이 생각해 보았습니다. 나는 한평생 내 생명이 불완전 연소되지 않도록 나 자신을 다독이며 살아왔습니다. 어린 시절 어머니께서는 "너는 커서 시집가지 말고 너른 세상에 나아가 많은 사람을 위해 일해라" 하시며 그 길이 원불교 교무(教務)가 되는 길이라고 이끌어 주셨습니다. 다행히 어린 시절부터 원불교 교무님들이 훌륭해 보였기에 전주여자고등학교를 졸업하고 그해 어느 봄날 열아홉 살의 나이로 원불교에 출가하여, 육십 년의 세월 동안 교단에 몸담고 살아왔습니다. 내가 만해상을 받게 된 것은, 내가 관심을 갖고 배려했던 크고 작은 일들을 업적으로 평가해 주신 것이라 생각됩니다.

나는 삼십대부터 소외계층에 관심을 갖고 그들을 배려했습니다. 처음에는 시각장애인들에게, 그리고 한센인들에게, 경험적 세계가 넓어지고 일터가 커지면서 북인도 히말라야 설산 라다크 사람들에게도, 킬링필드의 땅 캄보디아 사람들에게도, 그리고 의료의 혜택이 열악한 아프리카 사람들에게도 관심을 갖고 배려했습니다. 평생 동안 사람들에 대해 관심을 갖고 배려했던 크고 작은 일들이 쌓여 그것이 나의 업적이 된 것 같습니다. 이런 의미에서 나는 평범한 사람이 아닙니다. 역사가 백 년밖에 안 된 원불교 초기 교단에 몸담고 그 토양에서 커 난 사람입니다. 나는 원불교의 정신과 스승님들의 가르침에 따라 살아왔습니다. 내가 하였던 일들은, 원대한 포부가 실현된 것은 하나도 없습니다. 그때그때 그곳에서 내 마음에 관심이 가는 작고 소박한 일들을 해 왔습니다.

나를 뒤따르는 후배 교무들을 위해, 내가 만해상을 받게 된 그 작은 일, 그 소박한 일들을 나의 한평생을 뒤돌아보며 차근차근 적어 보려고 합니다. 내

가 했던 일들의 그 자상한 내용은 나의 자서전에 실려 있습니다. 여기에서
는 일들을 덩어리처럼 묶어 나열해 보려고 합니다.

　나는 삼십대에 시각장애인을 돌보면서『원불교 교전(敎典)』과『대종경
(大宗經)』『성가(聖歌)』그리고『도산 안창호』를 맹인들 스스로 점역(點譯)
하도록 도왔습니다. 1975년부터 천주교 시설 성 라자로마을의 한센인들을
종교의 벽을 허물고 도왔습니다. 김수환(金壽煥) 추기경님 뜻에 따라 세워
진 외국인 노동자 무료 진료 시설 라파엘 클리닉도 도왔습니다. 법정(法頂)
스님이 회주인 '맑고향기롭게'와도 인연을 맺고 프랑스 길상사(吉祥寺) 건
립, 성북동 길상사 창건, 지장전 건축, 그리고『맑고향기롭게』소식지 발간
도 지원했습니다. 대한성공회 봉천동 '나눔의 집' 불우 청소년도 도왔습니
다. 종교의 울을 넘어 좋은 일을 함께하면 그것이 곧 평화를 만들 수 있다는
믿음을 갖고 한 일들입니다.

　1990년 삼성복지재단이 설립한 미아샛별어린이집에서는 생후 칠 개월
부터 취학 전 어린이 백오십 명을 하루 열두 시간 돌보았습니다. 중산층 강
남교당 교도들이 강남에서 멀리 미아리까지 다니면서 어린이들의 점심 밥
상을 차리고 밥을 먹고 나면 설거지를 하고 간식을 만드는 일을 했습니다.
그같은 일을 팔 년 동안 자원봉사한 교도들의 연인원은 육천삼백이십오 명
에 이릅니다. 그 당시 빈부 갈등의 골이 깊었던 사회 문제를 해결하기 위해
더불어 사는 삶을 실천한 것입니다. 부모들은 안심하고 어린이집에 자녀들
을 맡기고 일터에 나가 맞벌이 경제활동을 했습니다.

　북인도 히말라야 라다크에 초·중·고 마하보디 불교기숙학교를 세웠고,
학교 운영을 위해 게스트룸 서른여섯 개를 마련하고, 오십 병상의 현대 의
료시설 카루나 종합병원을 세웠습니다. 팔 개월 동안 눈과 얼음 속에 갇혀
사는 그곳 사람들에게 우리의 솜이불과 담요, 따뜻한 겨울옷 칠만여 점을
모아 컨테이너 여섯 대에 실어 멀고 먼 북인도 히말라야, 삼천육백 미터의
높고 높은 설산 라다크까지 올려 보냈습니다.

　1988년 한국에서 열린 도덕재무장(MRA) 세계대회 때 나는 킬링필드의

땅 캄보디아 소식을 처음 알았습니다. 그때로부터 지금까지 이십팔 년간 캄보디아에서 발을 뽑지 못하고 지냅니다. 그동안 그곳 난민을 돕고 고아원을 세우고 고아들의 연간 식비를 오 년간 지원했습니다. 캄보디아에는 전 국토에 전 국민의 수보다 더 많은 지뢰가 묻혀 있습니다. 그 지뢰를 제거하기 위해 영국의 할로재단에 십일만 달러의 성금을 보내 스레암필 지역 삼만삼천십이 평방미터(약 일만 평)의 국토에서 지뢰를 제거하여 약 일백 명의 인명 피해를 막았습니다. 지금은 깨끗하게 지뢰가 제거된 그 땅에 곡식을 심어 추수하고 있습니다.

2003년 캄보디아 바탐방에 무료구제병원을 세워, 지금까지 무료로 처방받고 약을 타 간 환자가 이십만여 명에 이릅니다. 캄보디아 수도 프놈펜에서는 빈민 지역 안동마을에 사는 생후 칠 개월에서부터 삼 세까지의 어린이 칠십여 명을 무료로 하루 열한 시간 동안 돌보고 있습니다. 그동안 그들의 부모들은 일터에서 경제활동을 하고 있습니다.

캄보디아 킬링필드 시절 많은 지식인이 희생되어, 학생들을 교육시킬 선생님이 부족하여 국민 교육을 위해 단기 교육자 양성 기금을 보냈고, 지식인 승려들도 희생되어 승려 양성 기금도 보냈습니다. 내전을 치르고 난 사람들의 의복이 남루하여 우리들의 여름옷을 모아 컨테이너 여섯 대를 마련했으나 국교가 일시 중단된 캄보디아에 그 옷을 보낼 수 없어 대한적십자사를 통해 보냈습니다. 하늘에는 물이 많지만 땅에는 물이 적은 그곳 캄보디아에 사람도 마시고 짐승도 마시고 농사도 지을 수 있는 두 개의 작은 저수지를 팠습니다. 그리고 칠십사 개의 마을에 공동 우물과 식수 펌프를 묻어 맑은 물을 공급했습니다. 또 미얀마에도 백구십육 개의 식수 펌프를 묻었습니다. 미얀마와 캄보디아에 총 이백칠십 개의 우물과 펌프를 묻어 식수를 제공했습니다.

지뢰 최다 보유국인 아프가니스탄의 지뢰 피해자들에겐 천오백구십칠 개의 의족과 의수를 제공했습니다.

스리랑카에서는 일천여 년 된 와타라마 옛 사원을 중창불사(重創佛事)했고, 난민들에게 새 슬리퍼 삼천 켤레와 의류 한 컨테이너를 보냈습니다.

베트남에서는 월남전 참전 용사들과 월남 여성 사이에서 태어난 라이따 이한들이 결혼 적령기가 되어 그들이 결혼하도록 비용을 지원하고, 직장 출근용 자전거를 지원했으며, 그들이 기술을 습득할 수 있는 투덕 직업훈련원 신축에도 후원금을 보냈습니다.

중국에서는 장애자를 위한 훈춘 특수교육학교를 세웠고, 그 나라에서 소수민족으로 살아가는 조선족 대학생들이 다니는 연변대학교에는 각종 전집류, 사전류 등 한글 도서 팔천 권을 모아 보냈습니다.

경신진(敬信鎭) 중심소학교에 침대 이백 개, 책걸상 이백 개를 지원했고, 문화시설을 위해 일천만 원을 지원했으며, 경신 소학교와 경신 중학교에도 장학금을 지원했습니다.

러시아에서는 스탈린에 의해 중앙아시아로 강제 이주당했던 고려인들이 육십 년 만에 다시 우수리스크로 돌아올 때 한인촌 건설을 위해 삼천만 원의 정착금을 지원했고, 우수리스크 미하일로프카 군의 고려인 우정마을에 이십사 평 형 새 집 두 채를 지어 주었으며, 고려인을 위해 겨울 의류 두 컨테이너를 보냈습니다. 스탈린 시대 정치 탄압에 의해 지도자급 남성 고려인 이천오백 명이 총살형을 당한 그 시대의 역사 자료집『스탈린 시대(1934-1938) 정치탄압 한인(고려인 희생자)』세 권의 책 출판비를 모스크바 삼일 문화원에 후원하기도 했습니다.

우즈베키스탄의 아랄 해 호수 물이 말라 더 이상 농사지으며 살 수 없는 고려인들을, 물이 많은 남부 러시아 볼고그라드에 스물일곱 채의 농가 주택을 매입하여 이주시켰습니다.

1995년 9월 15일 큰물 피해를 당한 북한을 돕기 위해 대한적십자사를 통해 일천만 원을 긴급 지원하고, 북한 나진·선봉 지역에 간장 이만칠천 리터를 두 컨테이너에 담아 보냈습니다. 동북아평화연대를 통해 북한에 농업 협력 기금, 의약품 등을 후원했고, 식량난을 겪고 있는 북한동포를 돕기 위해 우리민족서로돕기를 통해 성금 삼천만 원을 기탁한 후, 우리민족서로돕기 공동대표 자격으로 1999년 1월 북측 조선아시아태평양위원회 초청을 받고 평양을 방문하고 돌아와 그쪽 사정에 밝아진 후 강남교당에서 '북한동포돕기 생활화운동'을 전개했습니다. 그렇게 하여 모아진 의류와 생필품 등 두 컨테이너를 보냈고, 조선여성협회를 통해서는 젊은 여성 이십만 명을 위한 천 생리대 원단 한 컨테이너를 보냈고, 세창상사의 후원을 받아 북한 여성 오천 명이 치마, 저고리를 해 입을 수 있는 새 스판 벨벳을 두 컨테이너에 담아 우리민족서로돕기를 통해 보냈습니다.

북한 신생아 우유 공급을 위한 독일제 튜브를 제공했고, 임산부들에게도 비타민 영양제를 공급했습니다. 비료 일만 포대와 분유 두 컨테이너를 보냈습니다. 북한 폐결핵 환자를 위해 일천만 원을 유진벨 재단을 통해 지원했습니다. 북한 초등학교 교과서 제작 절반 분량의 용지대금을 보냈고, 용천역 폭발사고 때도 도왔습니다. 물 절약 수도꼭지를 제작하여 북한 선봉지역의 일만천오백 세대에 제공했습니다.

한편 우리 정부 의사가 파견된 아프리카 십이 개국엔 국제협력단을 통해 의약품을 제공하고, 르완다 사태 때는 유니세프를 통해 도왔습니다.

세계 도처에서 지진이 발생하면 매번 즉각 지진 피해 지역을 도왔습니다.(이란, 터키, 대만, 인도, 아프카니스탄, 인도네시아, 파키스탄 등 여러 나라) 허리케인 및 수재 피해를 입은 나라들도 돕고(북한, 필리핀, 중남미 사개국, 모잠비크, 한국 등), 이재민도 도왔으며(동파키스탄, 몽골 화재민, 콩고 화산 폭발 피해자), 여러 나라의 난민들도 도왔습니다.(캄보디아, 동구 세르비아, 티베트, 르완다, 라오스, 스리랑카, 코소보) 그리고 이라크 전쟁 부상자들을 위해 의약품도 보냈고, 호주 원주민 인디오를 돕기 위해 호주 엠아르에이(MRA) 본부에 삼천만 원을 기탁했습니다.

내가 설립한 학교는 국내에 전남 영광 성지송학중학교(대안학교), 경기도 용인 헌산중학교(대안학교), 경기도 안성 한겨레중고등학교(탈북 청소년을 위한 학교)가 있습니다. 국외에는 북인도 히말라야 설산 라다크에 초·중·고 마하보디 불교기숙학교와 중국 길림성 훈춘 특수교육학교를 설립했고, 캄보디아 바탐방에 오인환 교육센터를 세워 한글과 태권도를 가르치고 있습니다.

내가 설립한 학교는 이제 전 세계에 아홉 개이고 병원이 두 개입니다. 이 같은 세계 사업은 내가 강남교당에 재직했던 이십육 년 동안에 이루어진 일이어서 강남교당 교도들의 합력이 있었기에 가능했던 일입니다. 그동안 내 스스로 모금한 금액은 백오억 원이고, 우리나라에서 교육 사업을 할 때, 특히 탈북자를 위한 한겨레중고등학교를 설립할 때는 백육십억 원을 지원받았고, 성지송학중학교와 헌산중학교도 번듯한 교육기관으로 만들어지기까지는 정부 지원이 뒤따랐습니다. 그렇게 하여 모든 사업에 지원된 비용은 총 삼백오십억 원에 달합니다. 이런 일을 할 때 나는 단 한 번도 회의를 하지 않았습니다. 만약 회의를 했더라면 두 나라도 돕기 어려웠을 것이라고 생각합니다. 원불교에는 여성 교역자도 설법할 수 있는 단상이 있어서 세계 각국에서 보고 느낀 실상을 말하고 함께 돕자고 호소하여 이루어진 일들입니다.

이 모든 일을 할 때 오직 나의 직관력과 직감을 판단의 척도로 삼아 왔습니다. 내 손에 잡힌 일감마다 내 몫이라고 생각하며 열심히 해 왔습니다. 내가 도운 나라는 오십오 개국입니다. 이제 내가 가 보기도 하고 돕기도 한 나라는 세계 팔십오 개국에 이릅니다.

나는 만해상을 받으시는 분들을 우러러보았지만 이 상이 나에게까지 인연이 닿을 줄은 몰랐습니다. 지난 이십 년 동안 만해상 수상자가 배출된 국가만도 우리나라를 포함하여 이십육 개국이고 외국인 수상자(단체)도 삼십육 명이며, 김대중 대통령을 포함한 노벨평화상 수상자가 여섯 명, 국가 원수급 다섯 명을 포함하여 그동안 배출한 수상자만도 백 명에 달합니다. 금년 수상자(단체) 다섯 명 중 청수나눔실천회도 그중 하나입니다. 작고 소박한 일만 했던 나에게도 만해상이 주어진 데 대해 자긍심이 한껏 고양되고 있습니다. 특히 1999년 제3회 때 한국정신대문제대책협의회 윤정옥(尹貞玉) 회장이 만해평화대상을 수상하고 십칠 년 만에 내 자신이 여성 수상자가 된 데 대해 스스로 귀한 상을 받았다는 기쁨이 큽니다. 그러나 나는 내 자신이 특출해서가 아니라 교조 소태산(少太山) 대종사께서 남존여비 사상이 고루하던 일백 년 전 그때 남녀권리 동일을 제창하고 무아봉공(無我奉公)의 길을 가르쳐 주셨기에 오늘의 내가 이 자리에 있다고 생각합니다.

그리고 제2대 정산(鼎山) 종법사께서는 앞으로는 세계가 한집안 되는 때라 큰 지도자가 되려면 세계 각국 사람들을 고루 생각해 주라고 하셨습니다. 그 가르침 따라 나의 손길이 세계 오십오 개국에 미쳤다고 생각합니다. 그리고 삼동윤리(三同倫理)〔동원도리(同源道理), 동기연계(同氣連契), 동척사업(同拓事業)〕를 밝혀 주셨기에 천주교 시설인 성 라자로마을의 한센인을 도우면서 타 종교인 천주교가 하는 좋은 일에 나도 손을 맞잡고 동척사업을 한다고 생각했습니다. 나에게 성 라자로마을은 삼동윤리를 실천한 현장입니다.

제3대 대산(大山) 종법사께서는 인류의 삼대(三大) 적(敵)은 무지, 빈곤, 질병이라고 하셨습니다. 그리고 그 삼대 적을 반드시 퇴치해야 한다고 가르쳐 주셨습니다. 내가 무슨 일을 할 때 무지, 빈곤, 질병 퇴치를 판단의 척도로 삼았습니다.

나는 세 분 스승님의 가르침을 봉대하며 일해 왔을 뿐입니다.

이 우주에는 작은 것이 커지고 숨은 것이 나타나는 이치가 있어서 그동안 소박한 일만 꾸준히 해 왔는데 뜻밖에 만해평화대상을 받게 되어 한없이 영광스럽고 기쁩니다. 앞으로 만해의 혼과 정신에 접목하면서 수상자로서 부끄럽지 않게 살겠습니다.

2016. 8. 30

나는 너희들의 시중꾼이다

여름 동안 짙푸르던 녹음이 차가운 가을바람에 우수수 낙엽으로 떨어져 버리면 앞산은 산등성이의 골격을 드러낸다. 현관문을 열고 우연히 바라본 앞산의 작은 바위 아래에서 검정 물체가 움직이고 있는 것이 보였다. 내가 더욱 유심히 바라보자 그 작은 동물도 나를 유심히 바라보고 있었다. 그때 아마 내 편으로 오라는 손짓을 했을 것이다. 그 작은 동물은 쪼르르 한순간에 달려와 내 앞에 섰다. 검은 옷을 입은 귀여운 고양이었다. 나는 그 고양이를 보자마자 "묘야"라고 불렀다. 고양이기 때문에 '고양이 묘(猫)'자로 이름을 부른 것이다.

그렇게 묘와 처음 만났는데, 내가 현관문을 여는 소리가 나면 묘는 반드시 그 작은 바위굴 속에서 나와 나를 반기듯 바라다보았다. 내가 오래도록 바라보고 있으면 묘는 내 곁으로 쪼르르 달려왔다. 내가 현관문 안으로 들어서면 묘도 아무 스스럼없이 내 처소로 따라 들어왔다. 마치 항상 그랬듯 묘는 소파 위로 올라가 얌전하게 우아하게 앉았다. 선사(禪師)가 좌선을 하듯 자세도 바꾸지 않고 그렇게 앉아 있었다. 나는 묘의 그 조용함이 좋았다.

너와 나는 자연스럽게 매일 만났다. 나는 외출했다가 돌아오면 산에다 대고 "묘야, 묘야!"라고 소리쳐 너를 불렀다. 그러면 어디에 있다가 내 소리를 듣고 오는지 너는 쏜살같이 달려왔다. 나는 밖에 나가 식사할 기회가 있으면 너를 주기 위해 생선 남은 것을 싸 들고 들어와 너에게 주었다. 너는 맛있게 그 음식을 먹곤 했다.

신기한 것은 한밤중에 잠이 깨어 잠시 밖에 나가 걸어도, 너는 산속에서 잠들었을 시간인데 또다시 삽시간에 내 곁에 와서 나를 따라 걷곤 했다. 너와 나는 그렇게 정이 들었다. 나는 너에게 말을 걸었다. "묘야, 나는 너를 좋아한다"라고 말하면 너는 꼬리를 저어 화답했다. "묘야, 너도 날 좋아하니?" 하면 너는 나를 똑바로 바라보면서 또 꼬리를 저었다. "이리와" "저리가" 하면 너는 그 말귀도 알아들었다. 너는 나의 처소 여기저기를 기웃거렸다. 어느 날 내가 침실 문을 열고 들어갔더니 너는 나의 침대에 펴 놓은 이불 중앙에 반듯하게 앉아 있었다. 그렇게 앉아 있는 너를 보고 나는 깜짝 놀라는데도 너는 미동도 하지 않고 오히려 당당하게 나를 빤히 바라보았다. 너는 내가 너를 얼마나 좋아하는지 나의 속마음을 훤히 알아차리고 있는 것 같았다. 그날 너는 나를 이겼다. 나는 끝내 빙그레 웃고 말았으니까. 너는 내가 바쁜 듯싶으면 눈앞에 보이지도 않게 현관 마루에 나가 없는 듯이 의자에 앉아 있곤 했다.

나는 너를 어린 고양이라고 생각했었는데, 어느 날 보니 너는 배가 불러 오고 있었다. 배가 많이 부르다 싶더니 너는 산 중턱에다 새끼를 낳았다. 나는 너의 새끼에게 찬바람이 들어가지 않도록 타월을 둘러 주었다. 그런데 너는 너의 새끼 있는 곳을 들켰다고 생각했는지, 다시 가 보니 새끼 모두를 너의 바위 아래 굴속으로 데려가고 없었다.

새끼를 낳고 난 너는 전에 없던 버릇이 생겼다. 맛있는 것을 주면 절대로 먹지 않고 한입 가득 물고 밖으로 나갔다. 너의 새끼에게 주기 위해서였다. 나는 너의 그러한 모정을 보고 깜짝 놀랐었다. 너의 새끼는 다섯 마리였다. 너는 종종 앞마당에서 새끼들을 품고 젖을 주곤 했다. 그런데 놀라운 것은 내가 외출하다 젖 주고 있는 너의 모습을 보면 너는 얼른 자리에서 일어나 새끼들을 이리저리 갈라놓고는 내 곁으로 왔다. 나는 너의 그런 모습이, 어른 앞에서 새끼 젖을 주고 있으면 안 된다고 생각되어 조심스런 태도를 취하는 것이라고 여겼었다.

병아리보다 더 작은 새끼들이 점점 커 가는 것은 신기했다. 서로 옷을 다르게 입은 새끼들이 이리저리 노니는 모습은 움직이는 한 폭의 아름다운 그림이었다. 새끼들은 잠시도 가만있지 않았다. 서로가 달려들고 엎치락뒤치락하며 장난을 쳤다. 그렇게 장난치는 것을 보는 것은 나의 큰 재미였다. 내가 언제부터 너에게 사료를 주기 시작했는지 기억이 잘 나지 않지만, 나는 너의 새끼들을 위해 몇 개의 사료 그릇을 챙겨 놓고 사료가 떨어지면 또 얼른 사료를 주곤 했다. 너의 새끼들은 잘 커 가고 있었다.

내가 너의 새끼 커 가는 것을 재미 삼아 지내고 있는 동안 너는 또 새끼를 갖게 됐다. 어느 날 손님이 와서 박물관에 내려가 그 손님에게 여러 가지 설명을 하고 있는데 너는 박물관까지 따라 내려와 전에 없이 큰 소리를 내며 마치 나를 꾸짖기라도 하는 것처럼 나를 따라 다녔다. 그 손님이 떠나고 난 다음 내가 서재로 돌아와 바닥에 앉자마자 너는 나의 치마폭에다가 새끼를 낳기 시작했다.

새끼를 낳는 동안 어떠한 고통도 없는 듯 너는 삽시간에 일곱 마리의 새끼를 낳았다. 아무 경험이 없던 나는 놀라움 속에서 너의 새끼 한 마리 한 마리를 갈무리했는데, 일곱번째 새끼는 미처 갈무리하지 못한 사이 숨을 거두었다. 사람이 애기를 낳으면 미역국을 먹듯이 나는 새끼 일곱 마리를 낳은 네가 기운을 챙기도록 냉장고에서 너의 구미에 맞는 것들을 한상 차렸다. 너는 그것을 모두 잘 먹었다. 그런데 하룻밤을 자고 나와 보니 너의 새끼가 한 마리도 없었다. 놀란 나를 보던 너는 나를 중간 방으로 데리고 갔다. 너는 비어 있는 공간 속으로 들어갔다. 거기에는 너의 새끼들이 있었다. 그러니까 너는 이미 새끼를 낳으면 그것들과 어떻게 지낼 것인지 생각을 해 두었던 것 같았다. 너는 새끼들에게 젖을 주고 품어 주느라 자꾸만 그 구멍으로 들어갔다. 나는 너의 새끼들이 궁금해 자꾸만 그곳을 들여다보곤 했었다. 한동안 너는 새끼들과 그 속에서 지냈고 새끼들은 커서 소리를 내고 밖으로 나오기도 했다.

그러던 어느 날 너는 새끼를 한 마리씩 입에 물고 산속으로 갔다. 한참을 바쁘게 오가던 네가 보이지 않아 나중에 구멍을 보니, 두 마리의 새끼는 데려가지 않아 그 구멍에 그대로 남아 있었다. 나는 네가 한 마리씩 새끼를 물고 산 속까지 왔다 갔다 하느라 힘겨워서 못 데려간 줄 알았다. 그래서 두 마리를 상자에 담고 타월로 덮어 네가 오가던 길목까지 데려다주었다. 그런데 한참 후에 가 보아도 너는 그 두 마리 새끼들을 데려가지 않았다. 한참 후에 또다시 가 보아도 그대로였다. 이상하게 생각하면서도 가을바람이 차가운데 그 새끼들을 길바닥에 그대로 두면 안 될 것 같아 도로 데리고 왔다. 새끼들이 배고플 것 같아 우유를 사다가 그 두 마리 새끼 입에다 떠 넣었다. 반도 안 들어가고 흘렀다. 어미 품 대신 수건으로 덮어 주었다. 그 두 마리의 새끼가 가엾어서 내 마음은 저려 왔다. 나는 꼼짝없이 네 새끼 두 마리의 보모가 됐다. 밥 먹는 것부터 똥 싸고 오줌 싸는 것을 치다꺼리 해야만 했다.

그러던 어느 날 너는 오랜만에 나에게로 왔다. 나는 얼른 너의 새끼 두 마리를 네 눈앞에 가져다 놓았다. 그런데도 너는 그 두 마리의 새끼를 보는 체도 하지 않았다. 나는 그러는 네가 하도 괘씸하여 새끼 두 마리와 너를 데리고 화장실로 들어갔다. 그 좁은 공간에서 새끼 두 마리를 네 눈앞에 놓고 "이것들도 네 새끼다. 애들도 젖 좀 주어라, 이러다가는 죽겠다"라고 책망을 해도 너는 그 두 마리의 새끼를 끝내 본 척도 하지 않았다. 그리고 이상한 것은, 새끼들도 어미 곁으로 가려고 하지 않고 오히려 내 곁으로 왔다. 나는 그제서야 어미가 네 마리의 새끼만 기르려고 마음을 정한 것을 알아차렸다.

나는 그 두 마리의 새끼에게 일천정성을 바쳤다. 그런데 두 마리 새끼 중 한 마리가 비실거렸다. 그 한 마리에게 마음이 더 쓰여 우유도 더 자주 먹여 보곤 했다. 나는 우유를 타서 그들 곁에 놓고, 급한 일로 잠시 밖에 나갔다 왔다. 얼른 새끼들을 살펴보니 그 비실거리던 놈이 살 것 같지 않았다. 나는 손에 들었던 가방만 놓고 그 새끼 고양이를 두 손으로 감싸 안았다. 새끼 고양이는 눈을 똑바로 뜨고 나만 쳐다보았다. 눈을 한 번도 깜박이지 않았다. 나는 그 새끼 고양이의 슬픈 이야기를 듣고 있었다. "왜 우리 엄마는 우리를 안 데려갔대요? 왜 우리만 내버렸대요? 너무 슬퍼요. 너무 쓸쓸해요. 아무리 교무님이 우리에게 일천정성을 쏟아도 엄마 없이는 더는 못살겠어요…" 라고 하는 애절한 호소를 듣고 있는 사이 그 새끼 고양이는 나의 두 손 안에서 숨을 거두었다.

나는 그날 밤, 저녁 식사를 해 볼 수 없어 굶었다. 내 눈에서는 하염없이 더운 눈물이 흘러내렸다. 나는 내가 갖고 있는 한지에 그 새끼를 곱게 쌌다. 그 밤 '삶의 이야기가 있는 집'은 초상집처럼 침울했다. 다음 날 아침 산비탈에다 그 새끼 고양이를 묻었다. 한 마리 남은 새끼 고양이는 잠시도 나와 떨어지려 하지 않았다. 그 새끼 고양이는 자꾸만 내 품속으로 파고들었다. 나는 그 새끼 고양이를 품속에 품고 있었다.

나는 남은 새끼 한 마리를 꼭 잘 키워 볼 생각으로 고양이 우유통과 젖꼭지도 마련했다. 가장 어려운 문제는 새끼의 배설물이었다. 비틀거리며 돌아다니는 그 새끼는 배설물을 아무데나 질질 흘렸다. 나는 '저 새끼에게 기저귀를 채울 수는 없을까' 하고 마치 그것이 가능하기라도 하듯 열심히 생각하곤 했다.

그러던 어느 날 '묘'가 나를 찾아왔다. 어미도 새끼도 서로 모르는 척했다. 그 알 수 없는 동물의 비정함이 놀랍기만 했다. 똘망거리면서 잘 크던 그 새끼도 어느 날 새벽 내 침대 아래에서 싸늘하게 식어 있었다. 생명이 있는 것과 정을 나누다 죽어 헤어지는 것은 참으로 가슴 아픈 일이었다.

우리 묘는 다산형(多産形)이었다. 아직 그 네 마리의 새끼들이 다 자라나기도 전에 또 배가 불러 왔다. 나는 하는 수 없이 묘와 새끼들이 다 듣는 데서 "묘야, 네가 또 새끼를 낳으면 그때는 난 모르겠다"라고 냉정하게 말했다. 그런데 그 말을 들은 묘가 어느 날 한순간 다 키운 새끼, 어린 새끼 할 것 없이 저의 권속 모두를 데리고 어디론가 사라져 버렸다. 몇 날을 기다려도 오지 않았다. 매일같이 산에다 대고 "묘야, 묘야, 새끼들이랑 어서 빨리 돌아와"라고 소리쳐도 묘는 돌아오지 않았다.

묘 권속이 떠난 '삶의 이야기가 있는 집'은 적막강산이었다. 불러도 오지 않는 묘와 묘 권속이 보고 싶고 그리웠다. 궁리 끝에 그들이 오르내리는 산 길목에다 사료 그릇을 가져다 놓아 보았다. 신기하게도 그 사료가 없어졌다. 그렇게 하기를 여러 날, 사료를 먹는 새끼들과 마주쳤다. 그런데 나를 본 새끼들은 쏜살같이 산속으로 사라져 버렸다. 묘가 새끼들에게 무슨 말을 했기에 저 새끼들이 나를 보고 저렇게 도망갈까! 나는 단 한마디, "네가 또 새끼를 낳으면 그때는 난 모르겠다"라는 말밖에 한 적이 없는데, 그것이 그렇게 노여운 말이었을까. 나는 또다시 정성스럽게 사료를 길목에 갖다 놓았다. 지성이면 감천이라고 했던가. 묘 권속이 모두 돌아와 예전처럼 지냈다.

묘가 입에 물고 산속으로 데려가 키운 새끼들이 까치만 하게 자랐는데, 묘는 그 새끼들을 묘의 장녀, 내가 '온순이'라고 부르는 고양이에게 데려다 맡겼다. 그러니까 새로 새끼를 낳으면 모르겠다고 핀잔했는데 또 새끼를 출산한 모양이었다. 입에 물고 간 새끼는 네 마리였었는데, 한 마리는 잘못되었는지 세 마리뿐이었다. 온순이는 엄마가 데려다 놓은 어린 새끼 세 마리를 마치 제 새끼처럼 알뜰히 품고 길렀다. 온순이도 벌써 커서 새끼 세 마리를 낳았다. 제 새끼 젖 떨어진 지가 이미 오래전인데 온순이는 새끼들에게 젖을 물리고 새끼들은 그 젖을 빨면서 커 나가고 있었다. 그처럼 젖이 나오는 고양이의 생리는 알 수 없는 일이었다.

세월이 한참 지나서 못 보던 흰 고양이 새끼 한 마리가 식구에 합류했다. 묘가 새로 낳은 새 새끼를 키워 보낸 것이다. 한 마리만 낳았을 리가 없는데 어찌 한 마리뿐일까 싶었다. 고양이들에게도 무슨 위계질서가 있는지, 그 새끼 흰 고양이는 큰 고양이들 속에서도 탁월한 친화력을 발휘했다. 그러니까 자기도 묘의 자식이라고 했을까. 그런데 시간이 지날수록 새끼 흰 고양이는 외톨이가 되는 것 같았다. 어느 날 온순이가 그 흰 새끼 막내 고양이의 털을 이빨로 물어뜯어 털을 뽑아 놓았다. 나는 너무 깜짝 놀라 온순이를 호되게 야단쳤다. 그런데 그 새끼 흰 고양이는 매우 저돌적이어서 다 함께 사료를 먹을 때에도 다른 고양이에게 폐가 되도록 자리를 넓게 차지하고 절대로 양보하지 않았다. 다른 고양이들에 비해 이기적이었다. 외톨이여서인지 흰 새끼 고양이는 유난히 '외침' 같은 큰 소리를 질러 다른 고양이들을 놀라게 하곤 했다. 그러나 온순이에게 털을 뽑히고 난 뒤부터는 흰 고양이가 좀 염치가 생겼다. 이기적인 태도가 바뀌었다.

나는 온순이를 많이 사랑했다. 온순이는 눈동자가 선량하고 호소력이 있다. 온순이는 나와 눈만 마주치면 배고프지 않아도 후딱 내 곁으로 왔었다. 그런데 흰 고양이 털 뽑은 사건 이후로 온순이 태도가 변해 나와 눈이 마주

쳐도 제가 먼저 눈길을 바꾸어 버린다. 나는 그게 못내 섭섭하여 온순이의 마음을 옛날처럼 되돌려 보려고 애써 보지만 온순이의 마음은 바뀌지 않는다. 고양이는 말은 안 통해도 기운은 통하는 것 같다. 털 뽑힌 사건으로 내가 흰 고양이 편을 들어 준 후부터 그 막내 흰 고양이는 항상 나의 현관문 앞에 앉아 있다. 그리고 마치 기도하듯이 앞다리를 접어 넣고 엎드린 자세로 앉아 있다. 막내 흰 고양이는 옷이 매우 독특하다. 온 몸 전체가 새하얀 털인데 엉덩이 양쪽으로 계란 크기의 검은 반점을 가지고 있다. 그리고 귀 밑으로 까만 선을 두르고 까만 긴 꼬리를 갖고 있다. 흰 고양이는 마치 움직이는 예술품처럼 보인다.

우리 집에는 두 마리의 손님 고양이가 있다. 한 마리는 하얀색에 엷은 갈색 털을 갖고 있고, 다른 한 마리의 털색은 누렇다. 이 두 마리는 수고양이들이다. 그들의 털 빛깔로 볼 때 우리 고양이들의 아버지임이 분명했다. 그래서 나는 그 두 마리도 우리 식구처럼 여긴다. 체구가 매우 큰 그 두 마리 고양이는 사료를 먹으러 내게 온다. 그들은 매번 현관 앞 사료 밥통에 앉아 있다. 두 마리 손님 고양이는 어린 자식들과 사료를 절대로 함께 먹지 않는다. 다만 새끼들이 먹는 것을 바라만 보고 있다가 남은 것이 있으면 그제야 먹는다. 그런 질서는 어떻게 지켜지는 것일까. 그래서 나는 그들의 사료 통을 따로 챙긴다. 특별히 누런빛의 고양이는 용모가 덕성스럽다. 내가 예쁜 눈으로 바라보고 있으면 황홀한 듯 황송한 듯, 스르르 눈을 감는다. 오래 감고 있다가 내가 바라보는 줄을 알면 또 그렇게 눈을 감는다. 그 고양이는 내가 따로 사료 통에 먹을 것을 챙겨 주어도 선뜻 와서 먹지 않는다. 몸가짐을 매우 조심스럽게, 무겁게 한다. 배가 고프면, 그리고 맛있는 것을 보면 허겁지겁 먹기 마련인데, 하물며 동물이 먹을 것을 보고도 어떻게 그렇게 자제력을 보이며 마치 체면을 차리듯 점잖을 떠는지 알 수가 없다. 항상 보아도 한결같으니 신기하기만 하다.

고양이들도 다 개성이 있다. 묘가 맨 처음에 낳은 새끼 다섯 마리 중에 얼굴이 아주 작고 흰색과 갈색 털이 섞여 있는 그 고양이는 아주 새침하고 요염하다. 나는 그 고양이를 '이쁜이'라고 부른다. 고양이가 그렇게 여러 마리여도 말이 통하는 고양이는 묘뿐이다. 그래서 "온순아" "이쁜아"라고 아무리 불러도 제 이름인지 알아차리지 못한다. 그런 그들에게 "귀가 먹었니?"라고 나는 혼잣말을 한다. 나는 그 '이쁜이'에게 따로 내 처소에 들어오라고 한 적이 없다. 그런데도 그 고양이 한 마리만 나의 처소를 드나든다. 예쁘게 생겼다고 생각하는 내 속마음을 아는 것 같다. 우리 고양이들은 내가 있는 곳을 항상 그리워하며 들어오고 싶어 한다. 문을 열어 놓고 내가 잠시 사료를 뜨러 가는 사이 우르르 몰려 들어오다가 내가 사료를 들고 나가면 황급히들 나간다. 우리 고양이들은 내가 밤에 나가 평상에 앉아 있으면 나를 중심으로 쭉 둘러앉는다. 내가 또 산책을 나가면 뒤따라 나선다. 그리고 내가 외출했다가 들어오면 모두 내가 오는 쪽을 바라보며 기다리고 있다.

열두 마리의 나의 고양이 한 달 사료 값은 적지 않게 든다. 그래도 나는 너희들을 배 곯리지는 않겠다며 사료를 주고 또 준다. 그리고 때를 놓친 고양이가 언제라도 와서 사료를 먹도록 따로 사료 통을 챙겨 둔다. 고양이들이 사료를 먹을 때 '오독오독' 사료 깨무는 소리를 들을 때면 참 맛있게 먹는 것 같다. 때로 어떤 고양이는 사료가 너무 맛이 있어 "냥냥" 소리를 내며 먹는다. 사람이 어떻게 고양이 구미를 알고 이렇게 맛있는 사료를 만들었을까 싶다. 고양이들도 서로 좋아하면 입을 맞추고 얼굴을 비비곤 한다. 나의 고양이들은 모두 사이가 좋아서 서로 그렇게 한다.

고양이들이 현관 앞에서 제각기 편한 자세로 낮잠을 자고 있으면 나는 그들이 깰까 봐 문도 열지 않는다. 나는 고양이들이 목마를까 봐 물그릇에 물이 떨어지지 않도록 챙긴다. 지금 한 마리의 어미 고양이가 배가 불러 오고 있다. 한 가지 마음이 놓이는 것은 춥지 않을 때 출산할 예정이라는 것이다.

내가 고양이들과 함께한 세월도 이제 오 년이 흐르고 있다. 내 생각에, 나는 너희들을 즐겁게 돌보는 시중꾼이다.

2016. 7

「맑을 청 빼어날 수」를 써 주신 김문환 교수님께

제1신

보내 주신 「맑을 청(淸) 빼어날 수(秀)」 서시, 본시, 종시 열 편 감사히 받았습니다.

저와 한가하게 차 한잔 나눈 적도 없는 김문환(金文煥) 교수님께서 어떻게 저의 전부를 아시나요? 「맑을 청 빼어날 수」 칸타타 시를 읽고 있으면 저의 한평생 삶의 투시도를 보고 있는 느낌입니다.

그것도 속속들이, 아니 뼛속까지 알고 계신다고 생각됩니다. 저의 삶의 부스러기까지, 나는 이제 생각도 나지 않는 것들까지 저의 팔십 평생을 강물처럼 써내려 가시니 시의 운곡(韻曲)에 저를 맡겨 위로받고 있습니다.

김문환 교수님께서는 기독교인이신데도 원불교 사람인 저를 세상에 드러내실 사명 같은 것이 있으셨나 봐요. 저는 한평생 살아오는 동안 내 손에 잡힌 세계 오십오 개국의 여러 일들이 그저 내 몫이거니 생각하며 다만 열심히 살았습니다.

김문환 교수님, 저는 저의 에너지를 완전 연소한 지금 저의 삶이 새의 깃털처럼 가볍습니다. '삶의 이야기가 있는 집'에서 우주의 살림과 합산하려고 노력하고 있습니다.

누가 시키지도 않았는데 저를 위해 이 시를 단숨에 써내려 가신 김문환 교수님의 그 자비로우신 열정에 머리 숙여 감사드립니다. 그리고 영감으로 한눈에 나의 그 모두를 알아차리신 그 탁월하심에 경탄할 따름입니다.

오 년 전에도 저를 위한 칸타타 시를 써 보내 주셨습니다. 그러나 저로서는 그 칸타타를 어떻게도 해 볼 수 없는 너무나도 어려운 숙제라고 생각되어 한없이 감사하지만 두 마음 없이 포기하고 침묵했습니다.

그런데 이제 저의 자서전을 보시고 더 보완하시어 다시 저를 위한 길고도 긴 시를 써 보내 주시니 김문환 교수님의 저에 대한 애정에 감당하기 어려운 감격에 젖어 있습니다.

제2신

김문환 교수님께서는 『마음눈이 밝아야 인생을 잘 살 수 있다』라는 저의 네 번째 저서를 읽고 저에 대한 칸타타 시를 단숨에 써내려 갔다고 하셨습니다.

그 책 서문에 "「죽음의 계곡에 갇힌 고려인」들을 끝으로 이 책의 원고를 탈고하고 나니 나는 나의 호흡이 좀 거칠어져 있음을 느낍니다. 파도가 높은 바다를 항해하고 방금 배를 포구에 정박시키고 내린 선장 같기도 합니다. 나는 잠시 나의 인생에서 멀미 같은 것을 느낍니다"라고 적었습니다.

북한 돕기 이야기를 썼을 때는 "허리를 굽히고 오랫동안 일한 사람처럼 허리가 아파 왔습니다. 그리고 탈북자 학교, 한겨레 중고등학교 설립의 이야기를 쓰고 났을 때는 차가운 바람이 세차게 부는 언덕에서 홀로 서 있는 것 같았습니다. 그래서 누구인지 모를 이 책의 독자, 눈매가 선한 사람으로부터 위안을 받고 싶습니다"라고 적었습니다. 그런데 김문환 교수님이 바로 그 눈매 선한 사람으로, 저를 위로하기 위해 「맑을 청 빼어날 수」 칸타타를 쓰셨다는 생각이 듭니다.

첫번째의 시를 받고 침묵하며 오 년의 세월이 흘렀지만, 두번째의 시를 받고는 차마 또다시 침묵할 수 없었습니다. 그래서 김문환 교수님을 뵙자고 청했습니다. 그렇게 해서 교수님과 사모님을 서울대학교 호암교수회관에서 만났습니다. 교수님의 첫 말씀은 "처음 만나 뵙습니다"였습니다. 나는 그 말을 듣는 순간, 내가 너무 무심히 흘려보낸 세월이 새삼 미안하고 송구스러웠습니다. 내가 간신히 말을 찾아내어, "김 교수님께서는 어떻게 해서 저에 대한 칸타타를 쓰실 생각을 하셨습니까"라고 여쭤 보았습니다. "성 라자로 마을 돕기 삼십 주년 행사에 참석했다가 교무님 삶에 큰 감동을 받고 그때 그런 생각을 했습니다"라고 옛 기억을 더듬으며 말씀하셨습니다. "그때 그 자리에는 강원용(姜元龍) 목사님도 함께 계셨는데 공식적인 행사가 끝나고 차 한잔을 들면서, 교무님이 한센인들과 어울려 덩실 덩실 춤추는 모습을 보시고 '박 교무에게 저런 모습도 있었나?'라고 말씀하셨습니다"라고 했습니다. 그런데 강 목사님의 그 감탄의 한 말씀이 "그 자리에 함께 있던 우리들 모두의 마음을 꿰뚫고 지나간 한줄기 바람 같았다"라고 말씀하셨습니다.

그 말을 듣는 순간, 그때의 내 모습이 떠올랐습니다. 종교의 벽을 허물고 내 집처럼 드나들던 가톨릭의 성 라자로마을, 한센인들이 모여 사는 그곳, "교무님은 이녁 식구 같아요"라고 은밀히 속삭이듯 말하는 한센인들은 항상 나를 기다렸습니다. 가족으로부터도 버림받은 그들에게 내가 삼십 년 동안 한 것이 있다면, 기다리면 반드시 오는 사람이었습니다. 그래서 만나면 반갑고, 나도 항상 달력을 바라보며 '언제쯤 갈까' 하다가 가면 그분들은 "왜 이렇게 오랜만에 와요"라고 책망하듯 말하곤 했습니다. 나는 "다녀 간 지 두 달도 안 됐어요" 하고 마치 계산을 대듯 말하면 그분들은 서로를 바라보며 "그런데 우리는 왜 이렇게 오랜만에 온 것 같죠…"라고 하며 기다렸던 정을 나타내곤 했습니다. 떠나올 때면 항상 섭섭해 하는 그분들, 우리 사이에는 속 깊은 그리움을 간직하고 살아왔습니다. 그렇게 만난 세월이 하염없이 흘러 삼십 년이 되었고, 나에게는 강남교당을 떠나야 하는 정년퇴임의 순간이 기다리고 있었습니다. 삼십 주년이 되던 그날 나는 그분들과 큰 이별을 위해 석별의 정을 나누었습니다.

지난 삼십 년 동안 2월 9일 그분들의 공동 생일 때마다 개개인의 용돈을 챙기고 교도님들과 푸짐한 선물을 싸 들고 가서 생일잔치를 베풀었습니다. 나는 그들의 외롭고 고단한 삶을 한순간이라도 잊고 기쁘게 해 보려고 매번 내가 사회를 보고 노래 부르곤 했습니다. 그리고 그분들의 흥을 돋우기 위해 내 스스로 그분들과 춤추곤 했습니다. 이경재(李庚宰) 신부님이 내 모습을 빤히 바라보고 있어도, 여러 수녀님들이 쳐다보고 있어도, 나는 마치 굿판 사람처럼 그렇게 하곤 했습니다. 삼십 주년을 마지막으로 큰 이별을 하던 그날, 강원용 목사님과 여러분들이 나를 지켜보고 있어도 나는 내가 하던 대로 그렇게 섭섭한 정을 내 몸짓으로 담아내고 있었을 것입니다. 그러니까 그때 성 라자로마을 삼십 주년 행사가 2005년의 일인데, 어떻게 지난 십 년 동안 한결같이 그 마음을 간직하고 있다가 칸타타를 다시 써 보냈을까요. 나는 그 십 년이란 세월 앞에 갚을 수 없는 무게 같은 것이 온몸으로 전해져 왔습니다.

그날 교수님은 별 말씀이 없으셨습니다. 그냥 뵙기에도 건강이 안 좋아 보이셨습니다. 어느 자리에선가 인사를 나눈 적은 있어도 초면과 다름없는 서미다수 사모님께서는 그간의 모든 소식을 스스럼없이 들려주셨습니다. 그러니까 교수님께서는 당뇨 후유증으로 궤사 상태의 두 발가락을 수술받느라 오랫동안 병상 생활을 하셨고, 지금은 신부전증으로 일주일에 네 번 투석을 하시며 지낸다고 하셨습니다. 거동도 불편해 보이는 교수님과 작별하기 위해 나는 내가 먼저 자리에서 일어났습니다. '내가 만약 김 교수님의 건강 상태라면 오늘 이 자리에 나왔을까'라는 생각과 함께 오늘 만남의 자리도 김 교수님의 나에 대한 배려임을 깨달았습니다.

'삶의 이야기가 있는 집'으로 돌아온 나는 혼자 많은 생각을 했습니다. 그 고마운 칸타타 시를 어떻게 할 것인가. 나는 아직 살아있는 사람의 칸타타가 공연되었다는 이야기를 들어 본 적이 없습니다. 그리고 원불교에는 위로 어른들도 계시고 함께 외길을 올곧게 살아온 선배와 동료들이 많은데 유독 나의 삶만 칭송받으며 노래 불릴 일이 참으로 송구스러워 엄두가 나지 않는 일이었습니다. 그러한 고심을 거듭하고 있는데 원광대학교 의과대학 양연식 교수와 최남정 교수가 '삶의 이야기가 있는 집'으로 찾아왔습니다. 원광대학 의료 봉사팀이 그간 꾸준히 짧지 않은 세월 동안 캄보디아 바탐방 무료 구제 병원에서 봉사활동을 해 온 데 대한 고마운 마음을 전하고 있었습니다. 그러다가 저의 속마음의 걱정, 칸타타에 관한 이야기를 했습니다. 양연식 교수가 "교무님, 작곡만 해 주세요. 그러면 매년 열리는 '캄보디아 돕기 음악회'에서 우리 합창단이 그 칸타타를 노래 부르겠습니다"라고 칸타타 이야기를 반겼습니다. 사실 칸타타는 작곡도 해야 하지만, 노래 부를 합창단이 있어야 하고, 공연을 보러 올 관객도 있어야 합니다. 나에겐 그 모두가 큰 문제였습니다.

그렇게 하여 나는 「맑을 청 빼어날 수」 칸타타를 작곡하기로 결심했습니다. 사실 나는 그때 김 교수님께 고마운 시를 써 주셔서 감사하다는 인사를 하러 호암교수회관에 나갔습니다. 그러나 김문환 교수님의 건강 상태가 좋지 않은 것을 보고 더 미룰 수는 없는 일이라고 생각했습니다. 김문환 교수님의 시를 반기는 사람은 이원파(李圓波) 작곡가였습니다. 이원파 작곡가는 삼 주 만에 그 작품을 완성했다고 하면서 자신은 신들린 사람처럼 칸타타 곡을 작곡했다고 했습니다. 그 칸타타를 공연하는 데 걸리는 시간은 한 시간 십 분이 소요된다고 했습니다. 이원파 작곡가는 완성된 악보와 멜로디가 담긴 녹음테이프를 들고 김 교수님을 찾아뵈었습니다. 어느 자리에선가 만난 김 교수님의 따님은 "요즈음 아버지께서는 매일 칸타타 곡을 듣고 계세요"라고 했습니다.

땅에 떨어진 씨앗은 반드시 새싹이 나듯 김문환 교수님의 「맑을 청 빼어날 수」 칸타타 공연 날이 결정되었습니다. 익산 솜리문화예술회관에서는 원광대학교 캄보디아돕기회가 주관하고 서신 원울림 합창단이 6월 19일 오후 다섯시에 공연할 예정입니다. 김 교수님께서 서울 공연을 간절히 원하셔서, 라자로 돕기회 회장이었고 전 충무아트홀 사장이었던 이종덕(李鍾德) 선생님이 애써서 서울 공연이 충무아트센터에서 10월 18일 오후 일곱시 삼십분에 공연될 예정입니다.

얼마 전에 김 교수님과 통화했을 때는 익산 공연 때 휠체어를 타고 가서 공연이 시작되기 전에 「맑을 청 빼어날 수」 칸타타 시의 '작가의 말씀'을 해 주시겠다고 했습니다. 그런데 며칠 전에 통화했을 때는 "의사가 한 시간 이상 거리는 이동하지 말라고 해서 익산 공연에는 못 가겠고 서울 공연을 기다리겠습니다"라고 했습니다. 김 교수님의 음성이 수화기로 들려오는 순간 나는 큰 낭패감과 함께 허탈감을 느꼈습니다.

나는 나에 대한 칸타타 공연이 매우 조심스러운 일이어서 큰 부담을 느끼면서도 익산, 서울 공연을 준비했습니다. 그렇게 하였던 것은 많은 대중에게 칸타타를 들려주기 위한 것도 아니고 더더욱 나 자신이 그 칸타타를 들어 보기 위해서 이 큰일을 벌인 것이 아닙니다. 오직 김 교수님께 그 칸타타 공연을 보여 드리고 그 곡을 들려 드리기 위해서 나로서는 많이 어려운 일이었지만 기쁜 마음으로 준비했습니다. 그런데 김 교수님이 그 자리에 못 가시겠다고 하니 나는 맥이 탁 풀리고 허망한 느낌마저 들었습니다.

그러나 김 교수님께서 자신의 건강을 '아슬아슬하다'라고 표현하시니 졸라서 될 일도 아니라고 생각됩니다. 익산 공연장 육백 석, 서울 공연장 사백 석을 누가 어떻게 채울 것인가 하는 걱정 때문에『원불교신문』5월 27일자에 광고를 내 보려고 열화당에서 광고를 제작했습니다. 열화당에서는 광고를 깔끔하고 단정하게 만들었습니다.

저는 이제 그 광고 시안을 큰 선물처럼 싸 들고 교수님 댁을 찾아가겠습니다. 그리고 익산을 못 가게 되었으니 영상으로라도 '작가의 말씀'을 담아 관객들을 만나게 하려고 합니다. 김 교수님께서는 10월 18일 서울 공연이 있는 그날 건강한 모습으로 충무아트센터에 오시어 '음악이 있는 마을' 합창단이 부르는「맑을 청 빼어날 수」칸타타 공연을 온 마음으로 들으시고 기쁨과 보람을 함께 느끼시길 바랍니다.

저는 김문환 교수님이 2007년에 펴낸『서울에서 가장 거룩한 곳』이라는 책을 읽은 적이 있습니다. 그 책은 여러 종교의 건축 양식과 그 종교에서 행해지는 예배와 법회 내용에 따라 그 종교의 교리를 밝히는 책이었습니다. 서울에 있는 동서양 종교 열 곳을 소개하셨으며, 원불교를 소개할 때는 강남교당을 선택하셨습니다. 김인철(金仁喆) 건축가가 강남교당을 설계할 때 원불교 신앙의 대상이자 수행의 표본인 일원상(一圓相)을 교당 내외부 건축 양식에 활용하여 그 어디에도 모난 데가 없이 둥글게 둥글게 표현한 데 대해 교당 건물 자체가 원불교적이라고 하셨습니다. 어느 날 강남교당 법회에 참석하여 법회 진행 식순 내용에 따라 원불교 교리를 밝히셨으며 원불교는 열린 종교라고 하셨습니다. 그리고 그 글에서 나의 삶도 소상하게 소개해 주셨습니다.

나는 그 책을 통해 여러 종교에 대한 이해를 넓혔습니다. 김문환 교수님께서는 어떻게 여러 종교에 대한 정통한 글을 쓸 수 있을까? 그 책을 통해서 김 교수님이 박학다식한 분인 것을 다시 알았습니다. 일반 대중에게야 서울 올림픽 주제곡 「손에 손잡고 벽을 넘어서」 노랫말을 쓴 분으로 더 잘 알려진 분이시죠. 김 교수님을 오랫동안 잘 알고 있는 어떤 분은 김 교수님을 우리 시대의 천재라고 했습니다. 또 열화당 이기웅 사장님은 "김문환 교수가 원불교 박청수 교무를 대상으로 「맑을 청 빼어날 수」 칸타타를 쓴 사건은 두 분이 다 이 세상을 떠나고 나면 훗날 한국 사회에 신화가 될 것"이라고 하셨습니다.

우리나라 문화 발전에 크게 공헌하신 분, 이 시대의 석학으로 서울대 명예교수님이신 김문환 교수님은 철저한 기독교인이십니다. 그러한 분이 나에 대한 칸타타를 써 주신 것은 나로서는 더할 나위 없는 큰 영광입니다. 그러나 좀처럼 있을 수 없는 이러한 일이 사실로 일어난 것은 결코 우연한 일이 아니라고 생각합니다.

종교인들끼리 깨기 어려운 종교의 벽을 허물고 서로 넘나들면서 인류의 공동선을 가꾸면 그것이 곧 평화를 만드는 일이라는 신념을 갖고 원불교의 삼동윤리(三同倫理)를 삼십 년 동안 실천한 현장이 바로 성 라자로마을입니다. 나의 큰 열정을 바쳤던 그 성 라자로마을에서 김 교수님께서 영감을 얻어 나에 대한 칸타타를 쓴 것은, 우리가 알 수 없는 곳으로부터 김문환 교수님이 선택받으신 것이라고 생각됩니다. 이것이야말로 다름 아닌 신비라고 여겨집니다.

제3신
「맑을 청 빼어날 수」 익산 공연은 감사하고 감동적이었어요.

「맑을 청 빼어날 수」 칸타타 공연 날짜가 가까워지자 내 마음은 설레기 시작했습니다. 잠깐 설레다 마는 것이 아니라 큰 설렘이 내 밑마음까지 출렁거렸습니다. 일찍이 경험해 보지 못한 그런 설렘은 나를 행복하게 만들고 있었습니다.

5월 1일 원불교 백 주년 행사를 앞두고 나도 그중 한 명이지만 원불교 교도 전체가 너나없이 큰 정성을 바치고 있었기 때문에 나는 원불교 교단에는 칸타타 공연 이야기를 입도 뻥긋하지 않았습니다. 서신교당 원울림 합창단이 육 개월 동안 연습하고 있어도 인연이 닿지 않아 공연 연습하는 합창단을 한 번도 격려하지 못하고 세월은 그냥 흘러가고 있었습니다. 내가 원불교 교단에 칸타타 공연을 은밀한 비밀처럼 간직하고 있는 내 모습이 너무 외로워 보였던지, 어떤 분은 그 말을 해 버리면 마음이 편할 텐데 왜 그렇게 그 말을 못 하고 있는 거냐고 따져 묻기도 했습니다. 그러나 백 주년 행사를 앞두고 공연 소식을 알리면 백 주년 행사에 바늘구멍만큼이라도 김이 샌다고 믿어졌기 때문에 나는 그렇게 조용하게 있어야만 했습니다.

공연 발표 이십오 일 전에야 교단을 대표한 한은숙(韓恩淑) 교정원장께만 공연 소식을 전했습니다. 그 누구에게도 내 음성으로는 공연을 보러 오라고 말하지 않았습니다. 그 이유는 칸타타 가사 내용이 나를 칭송하고 있기 때문입니다. 그래서 다만 5월 27일 『원불교신문』에 광고로 소식을 띄웠을 뿐입니다. 공연 하루 전날 중앙수도원에 갔습니다. 이미 일흔다섯 명의 원로 법사님들께서 공연장에 가시겠다고 의사를 밝히셨다고 했습니다. 환자 빼고는 모두 가실 거라고 했습니다. 구십삼 세이신 장경안(張景晏) 법사님과 여러 법사님께 "어떻게 공연장까지 가시려구요…"라고 염려스러운 마음과 감사한 마음을 전했습니다. 그런데 어른들의 한결같은 말씀은 "자네가 '우리' 아닌가. 우리 일인데 꼭 가야지, 꼭 가려고 해…"라고들 하시며 나에게 힘을 보태 주셨습니다. 그렇게 하여 공연장에 중앙원로수도원, 정화수도원, 그리고 원로원까지 일백여 분의 원로 법사님들께서 공연장의 앞자리를 채우셨습니다. 법당에서 일백여 분의 원로 법사님을 뵙는 것은 자연스러운 일이지만 공연장에서 일백여 분의 원로 법사님들이 자리하신 모습은 실로 보기 드문 진풍경이었습니다. 일반 대중들도 어른들의 자리하심이 큰 감동이었다고들 합니다.

나는 광고의 위력만으로 자리가 채워질 것인가 하는 조심스러운 마음이었습니다. 그런데 총부에서도 한은숙 교정원장, 김인경(金仁卿) 수위단(首

位團) 중앙단원을 비롯해 각 부장들이 공연장 안으로 들어왔습니다. 공연을 후원하고 있는 송인걸(宋仁傑) 원불교신문사 사장, 그리고 인근 각지에서 온 여러 교당 교무님들이 교도님들과 함께 와 육백 석을 가득 메우고 넘쳤습니다. 많은 관객이 계단에 앉기도 하고 서서 보는 사람도 있어 관객 한 분 한 분이 모두 나의 손님 같아 고맙기도 하고 미안하기도 했습니다. 맨 먼저 백십 명의 자리를 예약한 전주여고 동문들은 나의 원군이었습니다.

드디어 서신교당 원울림 합창단 공연의 막이 올랐습니다. 설성엽 지휘자의 지휘에 따라 음색이 곱고 성량이 풍부한 칸타타의 화음이 울려 퍼졌습니다. 「맑을 청 빼어날 수」 칸타타 시는 시를 한 번만 다 읽는 데도 상당한 시간이 걸리는데, 합창 단원들은 그 긴 가사를 어떻게 외우고 저렇게 아름답게 노래 부를 수 있을까, 보지 않고서도 합창 연습을 얼마나 열심히 했는지 알 수 있었습니다. 합창단 모두에 대한 고마움과 감사한 마음이 충만해 왔습니다. 여러 번 읽고 또 읽었던 김문환 교수님의 칸타타 시에 곡을 붙이고 노래를 부르니, 시만 읽었을 때와 감흥이 사뭇 달랐습니다. 가사에 곡의 옷을 입힌 것 같았습니다. 이원파 선생의 작곡은 탁월했습니다. 시가 노래로 불리는 것은 마치 화려한 옷을 입고 무대 위에서 춤을 추는 것 같았습니다. 합창도 잘하고 네 사람의 솔로도 훌륭했습니다. 그중에 보이 소프라노를 부른 박태완 군의 음성은 너무 곱고 맑아서 천상에서 들려오는 소리 같았습니다. 공연단장 양연식 교수는 최운정 교수와 함께 나의 각종 다큐 동영상을 노래 가사와 적절하게 어울리도록 편집하여 세계 도처의 동영상을 보여 주었습니다. 그 동영상은 노래와 어울린 활동사진을 보는 감동을 주었습니다. 그리고 그 긴 가사를 자막으로 함께 보여 주어 노래와 가사가 완전히 일치되는 느낌을 받았습니다.

한 번도 인사한 적이 없는 설성엽 지휘자는 공연 발표 전날 나에게 전화로 "저희는 최선을 다했습니다…"라고 전화를 했었습니다. 합창단원 모두의 수고는 말할 것도 없지만 설성엽 지휘자는 마치 나의 공연을 위해 숨겨두었던 인연 같았습니다. 공연장에는 경기도 안양에서 온 성 라자로마을의 조욱현 신부님과 두 분 수녀님, 그리고 함께 온 성 라자로마을 열 분들은 타종교 천주교에서 온 귀한 손님이었습니다. 강남교당 교화를 마치고 퇴임했던 나를 농어촌청소년육성재단 이사장으로 만들었던 전재희(全在姫) 전 보건복지부 장관은 오늘은 라자로돕기회 회장 자격으로 자리를 함께했습니다. 작년에 나의 자서전을 펴낸 열화당 이기웅(李起雄) 사장님과 자서전을 직접 만들었던 이수정(李秀廷) 실장님도 파주로부터 맨 먼저 도착한 손님이었습니다. 성 라자로마을에서 한센인을 돕느라 사십여 년 세월을 함께한 이종덕 선생님은 10월 18일 서울 공연을 책임지고 있었기에 공연 감상이 남달랐을 것입니다. 김성재(金聖在) 전 문화관광부 장관님도 공연장에 함께 있었습니다. 십육 년 전, 그분은 김대중 정부 시절 청와대 정책기획수석으로, 나를 천거하여 김대중 대통령 노벨평화상 수상 손님으로 노르웨이에 보내 준 분입니다. 그리고 이번 칸타타 공연 팸플릿을 만들 때 그 모두를 마음써 주셨습니다. 김행(金杏) 한국양성평등교육진흥원 전 원장은 공연 전날 팸플릿을 받아 보고, 공연 당일 서울에서 불원천리 익산까지 달려왔으니 그 정이 남다르게 느껴집니다. 그리고 터키를 동행했던 김채윤 변호사도 멀리 서울에서 와 자리를 함께했습니다. 나와 특별한 인연이 있는 분들이 익산까지 먼 길을 마다하지 않고 와서 자리를 빛내 주어 참으로 고마웠습니다. 공연장에 잠자코 앉아 있는 강남교당 전직 회장단 등 열두 명은 칸타타 내용을 만들어낸 역사의 주역들입니다. 히말라야 라다크 설산에 병원이 세워지도록 협력했던 김형진(金亨眞) 교도와 스리랑카 와타라마 사원 중창불사를 했던 이은식(李恩植) 교도는 역사의 주인공들로서 남다른 감회를 느꼈을 것입니다.

한 시간의 공연이 끝나자 영상으로 김문환 교수님의 「맑을 청 빼어날 수」 칸타타 시를 쓴 소감이 발표되었습니다. 그분의 모습과 음성을 듣자 관객들은 색다른 감동에 젖어 들었습니다. 중앙수도원에서는 세 개의 꽃다발을 준비해 맨 먼저 김문환 교수님의 사모님 서미다수 님께 전달했습니다. 그리고 혼신의 열정으로 성공적인 공연을 마친 설성엽 지휘자님께도 꽃다발이 바쳐지자 대중들은 환호하며 박수를 보냈습니다. 나에게도 꽃다발이 주어졌습니다. 나는 이 공연 모두를 준비하느라 애쓴 원광대학교 양연식 교수에게 받은 꽃다발을 다시 전달하며 노고에 감사드렸습니다. 공연이 끝나자마자 몇 분 원로 법사님께 "지루하셨죠"라고 여쭙자 한결같이 "아니야, 아주 감동적이야"라고 화답해 주셨습니다. 익산 공연은 기대 밖으로 훌륭한 공연이라고 다 함께 입을 모았습니다. 「맑을 청 빼어날 수」 그 첫 공연이 성공적이어서 마음이 놓였습니다. 이제는 10월 18일 충무아트센터에서 홍준철 님이 지휘하는 대한성공회 합창단 '음악이 있는 마을' 공연을 기대합니다. 그때는 김문환 교수님의 곁에 앉아 「맑을 청 빼어날 수」 칸타타, 나의 일생의 역사가 강물처럼 흐르는 것을 감상하려고 합니다.

2015. 10. 16, 2016. 4. 30, 2016. 6. 29

선하고 좋은 사람들

퇴임하고 '삶의 이야기가 있는 집'에서 지내면서 일본의 와다 여사가 방문하도록 여러 차례 초청을 했다. 그분은 매번, 초청은 고맙지만 나라 밖 여행이 이제는 어렵다면서 사양을 했다. 그런데 2010년 9월 16일에 구십 세를 맞게 된 와다 여사의 생신 축하파티에 백네 명의 손님이 모여 뜻깊은 행사를 했다는 이야기를 본인으로부터 직접 들었다. 와다 여사는 매우 행복한 음성으로 그 소식을 전해 주었다.

이제는 더 이상 그분을 한국으로 초청할 수 없음을 깨달은 나는 일본으로 가서 더 늦기 전에 그분을 꼭 뵙고 와야겠다는 생각이 들었다. 그래서 와다 여사에게 "당신을 뵙기 위해 일본을 방문하겠다"라고 연락했다. 그렇게 해서 2011년 5월 길벗 신현대 교도와 일본을 방문했다.

하네다 공항에 도착했을 때는 밤늦은 시간인데도 와다 여사의 딸 마리안네가 공항에서 기다리고 있었다. 우리는 약 한 시간 반 만에 와다 여사의 집에 도착했다. 현관문이 열렸고, 와다 여사를 만나려는 순간, 뜻밖에도 낯설게 여겨지는 노인 한 분과 마주쳤다. 와다 여사임에 틀림없을 테고, 그분을 만나기 위해 직접 일본까지 왔는데도, 그분은 선뜻 나를 반기지 못하고 마치 처음 보는 사람처럼 빤히 바라다보고만 있었다. 서로가 누구인지를 잘 알고 있음에도 선뜻 다가서지 못하고 조금 뜸을 들이고 있었다. 엊그제 국제전화로 통화할 때는 너무나 친숙하게, 서로가 십칠 년 전의 모습을 기억하면서 그렇게 다정하게 말했던 것이다. 내 눈에 비친 와다 여사는, 우선 체구가 전보다 거의 절반쯤으로 줄어들어 보였고, 눈언저리 피부는 위아래를 연분홍색으로 테를 둘러 놓은 것 같아 보였다. 그리고 콧날만 유난히 오똑해 보였다.

낯설어 보이는 와다 여사 곁으로 다가가서 "정말 너무 오랜만입니다"라고 말문을 열고 잠시 그분을 품에 안았다. 그때서야 그분도 "참 오랜만이죠? 마지막 만난 때가 아마 십칠 년 전쯤 됐을 거예요"라고 말했다. 그분 또한 젊음이 사라져 버린 내 모습이 익숙지 않아서 아마 그렇게 빤히 바라다보았을 것이다. 그분은 손수 따뜻한 차를 준비해 우리 앞에 내놓으면서 금세 다정한 모습을 보였다.

와다 여사와 나는 일 년이면 몇 차례씩 전화통화를 하고 지냈다. 내 편에서 전화를 걸면 그분은 항상 내게 할 이야기가 많았다. 그렇게 국제전화로 가까운 관계를 유지해 왔다. 아마도 서로가 십칠 년 전 모습을 기억하면서 그렇게 자연스럽고 다정하게 이야기했을 것이다. 그러나 막상 만나고 보니 서로를 반길 수 없는 세월이 가로막고 있었다. 어찌하랴! 늙어 감을, 그 변화의 무상함을 새삼 느낄 수밖에 없었다.

우리 사이에는 그분이 일방적으로 베푼 긴 세월의 아름다운 이야기가 있다. 1988년 한국에서 열린 엠아르에이(MRA) 세계대회 때 와다 여사를 처음 만났다. 나야 그때의 옛일이 잘 기억나지 않지만, 와다 여사는 채식주의자인데 내가 매번 식사 때마다 채식을 먹을 수 있도록 배려해 주었다고 회상했다. 그리고 십칠 년 전쯤 어느 나라를 여행했는지 기억나지 않지만, 다른 나라로부터 일본에 잠시 들러 와다 여사의 집에서 한 밤을 묵은 일이 있었다. 그 모두는 소마 유키카 여사의 주선이었을 것이다. 그때도 밤늦게 도착했지만 그분은 나를 맞기 위해 한국 음식을 준비하는 등 세심한 배려를 했다. 나의 처소는 이층이었는데, 호텔보다 느낌이 더 좋은 매우 쾌적한 환경에서 한 밤을 잤다.

아침에 일어나 집 구경을 했을 때는 모든 것이 매우 신기했다. 노인의 집 같지가 않았다. 방 안에는 예쁘고 아기자기한 것들이 많아서 놀라운 마음으로 그 모두를 눈여겨보았다. 그분 특유의 섬세함과 특별한 취향을 갖고 있음을 알았다. 그때 그분은 나를 위해 한국 음식을 준비했다며 닭고기전을 먹으라고 권했다. 그러나 한 번도 먹어 본 적이 없는 닭고기전을 맛있게 먹지 못해 매우 미안했다. 와다 여사는 소마 유키카 여사가 가르쳐준 대로 만들었다고 했다. 자기가 한국 음식을 잘 만들지 못하자 내가 거들었다며 마치 어제의 일처럼 재미있게 회상했다.

어떻든 그런 짧은 인연이 있었을 뿐인데 와다 여사는 아주 오래전부터 나의 여권에 기록된 생일날에 맞춰 매번 생일카드를 보내고 손수건이나 세숫비누, 그리고 과자를 선물로 보내 주었다. 그날은 나의 진짜 생일날이 아니었다. 아마 아버지는 내가 출생한 날보다 석 달쯤 늦게 호적에 올렸던 것 같고, 나는 호적에 기록된 출생일로 모든 서식의 생년월일을 채우고 있다.

아무 생각 없이 지내다 보면 또 와다 여사는 그 틀린 생일날에 정성껏 카드와 선물을 보내왔다. 뜻밖의 생일카드를 받았을 때 생일날이 틀렸지만 민망해서 차마 그날이 아니라는 것을 밝히지 못했다. 그 다음부터는 진실을 말할 용기가 더욱 없어졌다. 여권에는 그날로 생년월일이 적혀 있는 것이 사실이지만, 도대체 와다 여사가 어떻게 나의 여권을 보았으며 그 틀린 생일날을 알아냈을까. 틀린 생년월일이 명시된 곳은 여권밖에 없는데 말이다. 와다 여사는 참 오랫동안 카드와 생일 선물을 보내오곤 했다. 그분의 고마운 카드와 선물을 받을 때마다 나의 생일날이 아니기에 생일 선물을 받은 기분은 나지 않았지만, 일본에 전화를 걸어 감사하다는 인사를 했다. 그래도 나는 그분의 생일날을 물어본 적이 없다. 어떻게 그렇게 무례하고 뻔뻔스러운 짓을 했을까!

그분은 오스트리아 빈 태생으로, 일본인 치과 의사와 결혼해 일본에 살면서 영어도 가르치고 요리도 가르쳤다고 했다. 그분이 나를 그토록 각별히 생각하고 카드와 선물을 보내게 된 것은 아마 일본의 소마 유키카 여사와 스위스의 실비아 여사가 자주 나에 대해 좋게 이야기했기 때문이었을 것이다. 일본에 갔을 때 와다 여사는 인도의 상가세나 스님이 나에 대해 영문으로 쓴 『더 디바인 마더(The Divine Mother)』라는 책을 보여 주면서 그 책을 통해서 나를 이해하게 됐다고 옛일처럼 회상했다. 그 책은 내가 히말라야 라다크 설산 사람들을 위해 한 일들을 기록한 것이다. 그분의 책꽂이에는 나의 여러 편의 다큐멘터리 테이프가 꽂혀 있고, 와다 여사는 눈길을 그곳에 주면서 "저런 자료들이 당신을 이해하는 데 큰 도움을 주었다"며 이웃 사람들과도 함께 보았다고 말했다.

이번 방문 기회에 "누구로부터 내 생일을 알게 되었어요?"라고 물어보았다. 와다 여사는 망설이지 않고 당신이 알려 주지 않았느냐고 도리어 반문했다. 진짜 생일날이 아니라는 말을 도저히 할 수가 없어서 잠시 빙긋이 웃어 보였다. 나는 평생을 어느 누구의 생일도 기억하지 못한 채 살아왔다. 이번에 가서야 겨우 그분의 생일을 자연스럽게 알아냈다. 훨씬 연상인 와다 여사는 내가 한 번도 당신의 생일을 기억하지 못했는데도 그 무례한 나, 한국 사람에게 어떻게 그렇게 오랜 세월 동안 쉼 없이 정성스럽게 일방적으로 생일카드를 보내고 선물을 보낼 수 있었을까. 좀처럼, 도저히 있을 수 없는 일이 그간 일어나고 있었던 것이다.

이승에서 살아 있는 동안 꼭 그분을 찾아뵈어야 최소한의 도리일 것 같고 또 후회하지 않을 것 같아 불현듯 일본에 갔다. 챙겨 간 작은 선물을 받으면서 너무 예쁘다고 감탄하다가 또 다른 선물을 받을 때는 눈물 바람을 하셨다. 어떻게 하여도 그 은공에 보답이 될 수는 없겠지만 그래도 너무 늦기 전에 최선을 다했다. 그분 딸의 말을 빌리면, 내가 먼저 전화라도 걸면 와다 여사는 아주 흥분하고 행복해 하신다고 했다. 오랫동안 전화통화를 할 때면 "나는 정말 당신을 자주 생각해요. 그리고 당신이 그 많은 일을 잘할 수 있도록 건강하게 해 달라고 항상 기도하고 있어요"라고 했다.

직접 만난 기회야 두 번밖에 안 되지만 국제전화로 쌓아 온 정을 밑천 삼아 시치미를 딱 떼고 응석을 부리기 시작했다. 그분은 내가 그런 태도를 보이는 것을 퍽 좋아하시는 것 같았다. "무엇을 원해요?" 하고 무엇인가 주고 싶어 하는 그분에게 "끓인 맹물" 하다가 "아니, 커피 한잔 주세요" 하면 더 기뻐했다. 그분은 구십 세인데도 매우 정정했다. 특히 정신적으로는 젊은이 못지않게 센스가 있었다.

딸 마리안네는 그 집의 경제를 담당한 호주여서 주방 일은 연로하신 어머니의 몫이었다. 도시락을 싸고 병에 차를 끓여 담아 출근하는 딸이 들고 갈 수 있도록 미리 준비해 놓곤 하셨다. 노인이지만 할 일이 아직 있고 살림살이 전반을 책임지고 있기 때문에 오히려 더 건강하신 것 같았다. 와다 여사는 좀 하기 어려운 말을 눈치를 보면서 꺼냈다. "내가 다리에 힘이 없어서 이제 오래 서서 요리할 수 없어요. 미안한 얘기지만 점심은 음식점에서 주문해서 먹어요." 우리는 그거 재미있는 일이라고 기꺼이 동의했다.

원래 4월 방문을 제안했지만 사려 깊은 와다 여사는 5월에 일본 엠아르에이 국제회의가 있고, 그때 인도의 라즈모한 간디(Lajmohan Gandhi)가 일본을 방문하여 특별강연을 할 테니 그 기회에 오는 것이 더 좋을 것이라고 했다. 그리하여 그 회의에도 참석하여 좋은 강연을 듣고, 일본 엠아르에이 실무자 나가노 기요시 씨의 특별 배려로 라즈모한 간디 총재 내외와 점심 식사 기회를 마련해 놓고 있었다. 나는 간디 총재를 스위스 코 엠아르에이 본부에서 만난 적도 있고, 작년엔 인도 판츠가니 아시아센터 창립 사십 주년 기념대회에서도 만났다. 일본에서의 만남을 통해 그분은 나에 대하여 그동안 궁금하게 여겼던 많은 것을 물어보았다. 그분들과 그날 특별한 만남을 인연으로 좋은 관계를 맺게 되었다. 사려 깊은 와다 여사의 배려가 아니었으면 그런 기회가 만들어질 수 없었을 것이다.

잠시 일본을 방문한 기회에 2010년 1월 13일에 구십일 세로 세상을 떠난 스위스 엠아르에이 지도자 실비아 여사의 추모 모임 자리가 마련되었다. 그 모임 장소는 이십삼 년 전에 실비아 여사를 따라 한국에 와서 며칠간 강남교당에서 머문 적이 있는 히사코의 집에서였다. 우아한 모습의 중년이 된 히사코를 또 얼른 알아보지 못했다. 그녀는 삼남매를 둔 주부로, 큰 저택에서 매우 유복해 보이는 안주인이 되어 있었다. 실비아 여사 추모 모임에 열 명이 모였는데 한 사람만 낯설었다. 우리는 서로 오랜 만남의 소중한 사람들끼리 자리를 함께했다.

실비아 여사는 나의 인생에 지대한 영향을 끼쳤던 분이다. 와다 여사의 딸 마리안네가 그분의 사진을 모셔 놓았고, 우리는 저마다 생전에 실비아 여사와의 깊은 인연에 대해 말했다. 실비아 여사는 오 개 국어에 능통하여 스위스 코 마운틴 하우스에서 세계 사람들을 대상으로 능통하게 각국의 언어로 말하면서 전화 받는 자원봉사를 했다. 그분은 일본어를 할 줄 몰라 육십오 세 때 일본에 와서 일어 공부를 시작하여 글도 쓰고 말도 했다고 한다. 내가 미처 몰랐던 일이다. 아마 실비아 여사는 일본어 공부를 할 때 한국을 방문했던 것 같다. 그때 와다 여사의 집에서 함께 지냈고 마리안네는 그분과 많은 인생 상담을 하여 자신의 앞길을 열어 왔다고 했다.

히사코 씨나 메구미 씨도 실비아 여사로부터 정신적으로 큰 영향을 받고 자랐다고 회고했다. 그 자리에는 히사코의 부모님도 함께 있었고 나가노 씨도 함께 있었다. 실비아 여사는, 나의 일본에 대한 증오의 감정을 나가노 씨를 통해 풀게 해 주었고, 그때 인연으로 나가노 씨와는 각별한 인연을 유지하고 있었다. 우리는 실비아 여사를 중심으로 가깝고 소중한 인연임을 새삼 확인했다.

실비아 여사가 세상을 떠났을 때 꼭 스위스를 가려 했으나, 장례 기간이 짧다며 한국과 스위스는 너무 먼 거리이니 다음 기회가 더 좋을 것이라고 만류하여 가지 못했다. 가지는 못했어도 그분 영전에 편지 글월을 올렸다.

일본 추모의 자리에서 마리안네가 그 글을 읽었다.

실비아 여사에 대하여는 「정신적 어머니 실비아 여사」라는 제목으로, 나의 다섯번째 저서 『마음눈이 밝아야 인생을 잘살 수 있다』에 이미 발표했다. 나는 내가 하는 일을 세상사람 모두가 몰라 주어도 실비아 여사 한 분만 알아주면 일을 할 때 새 힘이 샘솟았다. 이십 년보다 더 긴 세월 동안 그분은 스위스의 꽃 카드나 아름다운 풍경 카드에 항상 긴 편지를 보내 나를 격려하고 고무시켰다. 편지를 받을 때마다 우선 아름다운 카드를 보는 신선한 기쁨이 있었고, 편지 사연은 항상 자상하고 정겨워 형언할 수 없는 충족감이 채워지곤 했다. 힘겨운 일상 속에서 정서가 메마르다가도 그분의 편지를 받고 나면 마치 밤이슬을 맞은 식물처럼 싱그럽게 다시 소생하는 자신을 느끼곤 했다. 그분은 내 인생의 정서의 습도를 조절해 준 고마운 분이었다. 나는 그분을 해바라기처럼 바라보며 살아왔다.

실비아 여사는 독신으로 한평생 살면서 엠아르에이 운동에만 전념해 오신 분이다. 마리안네와 메구미 씨, 그리고 히사코 씨 모두는 2011년 스위스 코에서 열리는 엠아르에이 세계대회도 참석할 겸 묘역을 찾아가 참배하고 올 것이라고 했다. 나는 이 추모 모임을 통해서 실비아 여사의 아름답고 값진 한평생을 깊이 음미하고 기릴 수 있었다.

와다 여사를 뵙기 위해 잠시 방문했던 일본에서 뜻있는 좋은 경험을 많이 했다. 내가 떠나려 하자 그분은 방에서 무엇인가를 들고 나오셨다. 무늬가 수수해서 수도자도 쓸 수 있는 고동색 숄을 내놓으면서, 오래전에 받은 선물인데 장롱 속에 간수해 두었던 것이라고 했다. 그분은 그것을 선물하고 싶다며 건네주었다. 울 칠십 퍼센트에 실크 삼십 퍼센트여서 매우 따뜻할 것이라고 했다. 그 선물을 고맙게 받으면서 반드시 당신을 기억하며 내 자신이 쓰겠다고 약속했다. 마음속으로는 이승에서 다시 뵙기 어렵겠다는 섭섭한 생각을 머금고 떠나려고 하는데, 와다 여사는 "우리 또 곧 만나요" 하면서 행복한 미소로 배웅해 주었다.

2011. 5

뜻밖에 '농어촌 청소년 육성재단' 이사장이 되다

어느 날 한 남성에게서 전화가 걸려 왔다. 그는 자신을 어느 부처의 직원이라고 밝히고, 윗분의 뜻이라며 나에게 농어촌 청소년 육성재단 이사장을 맡아 달라고 부탁했다. 너무 뜻밖의 제안이라서 나는 반사적으로 사양했다. 그러나 수락을 받을 때까지 인내심을 갖겠다며 지속적으로 전화를 걸어 왔다.

나의 경험으로는 정년퇴임한 성직자가 세상에 나가 무슨 책임을 맡는 일을 아직 본 적이 없고, 나의 경우도 아무 경험이 없는 일을 맡겠다고 수락하는 것이 맞지 않는 것 같아 거듭 사양했다. 그러던 어느 날 그가 나에게 한 가지 제안을 했다. 우리는 그 분야의 전문인을 찾는 것이 아니라면서 일주일에 한 번만 출근하여 재단을 살펴만 주면 된다고 했다. 반복해서 걸려오던 전화에 거절만 하던 나는 문득 '나도 농촌 출신이지, 나는 또 자라나는 청소년들에게 관심이 많아 두 개의 대안학교를 세웠지'라는 생각이 들어 딱 잡아떼던 그 일을 맡을 결심을 굳혔다.

내가 수락의 뜻을 밝히자 며칠 후 농어촌 청소년 육성재단의 실무자 몇 사람이 나를 찾아왔다. 그들과 대화를 나누는 동안 나는 그들이 나를 반기지 않는다는 것을 알아차렸다.

"솔직히 우리는 세속 사람인데 은퇴한 성직자 어른을 어떻게 우리가 모시고 살 것인가 하고 생각하면 너무 조심스럽고 부담이 됩니다"라고 했다. 오랫동안 망설이다 이사장을 맡겠다고 수락했는데 정작 내가 몸담아야 하는 재단 직원들이 나를 부담스럽다고 했을 때, 나는 한순간 이 일을 어떻게 처리해야 하나 하는 생각이 들었다. 그러나 한번 맡겠다고 말한 이상 그 말에 대한 책임을 져야 할 것 같았다.

"이사장님 처소에는 먼지 하나 없이 깨끗하네, 이렇게 깨끗한 분을 우리가 어떻게 모실 수 있을까" 하면서 또 탄식하듯 걱정하는 표정이었다. 나는 마음을 정리하고 "아무 걱정 마세요. 여러분들이 전문인이니 나는 여러분들을 존중하고 배우면서 살아갈 터이니 염려 마세요"라고 힘주어 말하고, 나는 농어촌 청소년 육성재단 이사장이 되었다.

내가 명심한 말은 "한 주에 한 번은 출근하여 살펴 달라"였다. 그래서 책임을 맡았던 삼 년 동안 매주 월요일에 꼬박꼬박 출근하여 상임이사를 중심으로 부장들과 모임을 갖고 지난 한 주간에 있었던 일과 돌아오는 한 주간에 할 일들을 소상히 밝힌 문건을 갖고 회의를 했다.

농어촌 청소년들의 장학사업과 복지 증진, 그리고 그들의 삶의 진로 개척 지원 사업에 힘쓰고 있는 재단 직원들은 어딘가 모르게 농어촌의 분위기가 있었다. 그들 모두는 소박하고 성실했다. 아무 경험이 없는 나는 약속대로 회의에서 모아진 의견대로 따랐고, 이사장으로서 참석해야 하는 자리라고 하면 순응하듯이 그렇게 했다.

재단에 몸담고 보니 내가 여성이어서인지 어머니 마음이 생겼다. 그래서 봄날 새 쑥이 돋아나면 떡 방앗간에서 맛있는 쑥굴레떡을 주문해 간식 시간에 내놓고, 부잣집 잔치에를 가면 "우리 직원들…" 하며 손을 내밀었다. 그러면 맛있는 음식을 푸짐하게 싸 주었다. 나는 그런 음식을 맛있게 먹는 직원들과 정이 들었다.

어느 날은 나의 거처가 있는 용인 헌산중학교 기숙사 학생들이 농사지은 고추밭에 들어가, 더운 여름날 땀 흘리며 풋고추를 땄다. 그 싱싱한 풋고추를 직원 수만큼 봉지로 만들었다. 그 소박한 고추 봉지를 직원들에게 내밀면서 "된장찌개에 넣으면 맛있어요" 했다.

모든 직원들이 북한산 등반을 갈 때는 나도 빠지지 않았다. 농어촌 청소년 육성재단인데 언제 어떻게 농어촌 청소년들을 만나고 이해할 수 있을까.

재단에서는 매년 『농어촌 청소년 문예제전 작품집』이 나왔다. 나는 그 작품집에서 농어촌 청소년들의 글을 읽으면서 잔잔한 감동을 받곤 했다.

학업 성적이 더 우수한 도시의 청소년들은 접근도 해 볼 수 없는 자연과의 교감, 그리고 애써 자신들의 학업 뒷바라지를 하는 부모님에 대한 애틋한 효심의 글을 읽거나, 가족 간의 끈끈한 정이 묻어나는 글을 읽을 때마다 나는 그들이 농어촌 환경에서 자라나고 있는 그 성장의 마디가 참 아름답고 인간답다는 생각을 했다.

농어촌 재단에서 주는 장학금도 도움이 되고 복지 증진에 관심을 갖는 것도 중요하지만, 그보다 그들 청소년들이 농어촌에서 커 나가고 자란다는 것이 더할 나위 없는 환경적 특혜이고 커다란 축복이라는 것을 믿고 깨닫게 할 프로그램 같은 것을 운영하는 것도 바람직할 것이라는 생각을 해 보았다. 그리하여 자신이 농어촌 청소년이라는 데 대한 자긍심을 갖도록 격려하고 북돋워 줄 필요가 있다.

도시 생활은 혼잡하고 소음 속에서 살기 때문에 영혼이 혼탁해지기 쉽고 상처받기도 쉽다. 그러나 농어촌은 조용하고 공기도 맑고 자연환경이 수려하여 정서적으로 절로 순화되고 안정될 수 있다. 그리고 봄에 씨 뿌리고 여름에 땀 흘려 가꾼 농작물을 가을에 수확하는 것을 일상으로 받아들이면서 그들 자신도 모르는 사이에 순리를 터득하게 될 것이라고 믿어진다.

그러한 농어촌 청소년들, 때 묻지 않고 착한 심성을 간직하고 있는 그들이 우리의 장래를 짊어질 국민이 될 것이라고 생각하면 참으로 든든하다. 농어촌 청소년들은 도덕성이 건강하고 인간미 넘치는 사람들로 커 나가고 있다고 믿고 싶다.

어느 날 상임이사가 내게, 그간 우리 재단의 지원을 받던 학생 중 지원을 받을 수 없는 사정이 생겨 지원이 중단된 학생이 있으니, 이사장님이 한번 방문하면 좋겠다며 직원 한 명을 대동시켜 주었다. 나는 직원의 안내를 받으며 천안에 살고 있는 그 학생을 찾아갔다.

할머니와 함께 살고 있는 그 여학생은 동생과 함께 구김살 없이 잘 커 나가고 있었다. 아버지가 행방불명이고 어머니는 집을 떠나가 할머니와 함께 살고 있다며 농어촌 재단에서 지원받은 돈으로 아껴 쓰며 잘살아 왔다고 했다. 그런데 그 행방불명이었던 아버지가 말기 암 환자가 되어 갑자기 나타났고, 재단의 지원을 받던 학생에게는 보호자 자격이 있는 아버지가 등장해서 더 이상 재단의 지원을 받을 수 없게 되었다고 했다.

나는 그 학생에게 재단 대신 내가 매달 지원을 해 줄 터이니 아무 걱정 말고 열심히 공부하라고 격려했다. 나는 그 학생과 편지도 주고받고 나의 저서도 보내 주며 전화도 하곤 했다. 학생은 간호원이 되고 싶다고 했었다.

나는 재단 이사장을 그만두면서 그 도움도 그쳤다. 이제는 그 학생이 자신이 원하는 삶을 소원대로 이루어 가고 있기를 바라는 마음이다. 삼 년이란 재임 기간 동안 나는 하루같이 조심조심 열심히 살았다. 그리고 나의 최선을 다했다.

2009

맑은 마음

사람들은 저마다 자기 방식대로 세상을 살아가고 있다. 그 '자기 방식'이란 것이 바로 그 사람의 행동양식이라 할 수 있고, 인간의 행동은 곧 그 사람의 생각과 판단이 지배하는 것이라고 볼 때, 무슨 생각을 하고 어떠한 일에 관심이 있는가에 따라 그 일에 시간과 노력과 열정을 바치며 살아간다.

사람이 만약 어떠한 상황에서도 항상 올바른 판단을 하고 매양 좋은 생각만 하는 사람이 있다면, 그는 이미 참으로 인생을 잘살고 있는 것이리라. '무엇'을 이룩하며 사는 것이 인생의 중요한 목표인지 생각하는 것에서부터 인생의 기점이 달라질 것이다.

대부분의 사람들은 출세를 하고 돈이 많고 권력이 많아져야 그러한 사람을 두고 성공한 사람이라, 부러운 사람이라 할지 모른다. 그러나 그런 위치에 있는 사람들이 간혹 한 생각을 잘못하여 힘겹게 올랐던 그 정상 부근에서 여지없이 추락하는 사례를 종종 보면서 안타까운 생각과 함께, 그 사람의 책임있는 사회적 위치에 따라 배신감을 느끼기도 하고, 고지식한 자기 삶의 방식에 허탈감을 느끼기도 한다.

우리는 어떤 생각은 지혜롭다 하고 또 어떤 생각은 어리석은 생각이라고 한다. 지혜로운 판단을 하고 그대로 실천하는 사람은 자기 자신도 좋고 다른 사람에게도 도움이 되고 세상도 좋게 만들 수 있다. 그러나 어리석은 생각을 하게 되면, 그리고 그 생각대로 행동하게 되면, 그것이 곧 죄를 짓는 것이고 다른 사람에게는 해를 끼치고 세상의 바른 질서를 무너뜨리는 일이 되고 만다.

지혜로운 생각과 어리석은 생각은 모두 마음으로부터 일어난 것이다. 한 생각을 일으키는 바탕 마음이 청정하면 지혜가 샘솟고, 탐욕스런 마음에서 얻어낸 생각들은 모두 어리석기 마련이다. 그러기에 중생들은 이런 생각 저런 생각을 많이 해도 그것이 모두 번뇌 망상일 뿐이고 어리석은 소견일 뿐이다. 좋은 생각, 바른 생각, 값진 생각을 얻을 수 있는 사고의 토양이 문제인 것이다. 옷도 오래 입으면 더러워지고, 잘 정리되었던 공간도 한참을 살다 보면 어지럽혀지듯이, 우리 마음도 세상의 욕심 경계에만 들락거리다 보면 아닌 마음으로 물들 수밖에 없다. 그러기에 뜻있는 사람들은 그 마음을 털어내고 정화하고 비우는 일에 정진한다. 그러한 노력과 과정 없이 이미 탐욕스럽고 이기적인 사고의 틀 속에 갇혀 있다면 그러한 마음 바탕에서 일어나는 생각들은 모두 쓸데없고, 일을 그르칠 어리석은 꾀밖에 되지 않는다.

사람마다 후회스럽지 않은 자기 인생을 살기 위해서는 한 생각이 잘 날 수 있는 자기 내면의 마음에 관심을 갖고, 꽉 들어차 있기 쉬운 욕심부터 비우고 단순한 마음, 소박한 마음, 진실된 마음자리부터 회복해야 한다. 그리하여 한 생각을 일으켰다 하면 지혜가 샘솟을 수 있는 생각의 토양, 그 마음을 맑혀야 할 것 같다.

육신만 건강하고 탐욕스럽게 오래 살면 그러한 사람은 생활과 삶 자체가 모두 무서운 죄를 생산하는 도구에 지나지 않게 될 것이다. 맑고 깨끗한 영혼을 간직한 사람들끼리 더불어 살아야 평화롭게 살아갈 수 있다.

2006. 10

아름다운 부부

어느 날 산책길 쉼터에서 잠시 쉬고 있던 나에게 우연히 한 부부가 나누는 대화가 들려왔다. 부인이 남편에게 다음 주 일요일에 어딘가를 가자고 제안을 하는 것 같은데 그 말을 하는 부인의 말투는 마치 딸이 아버지를 조르기라도 하는 것처럼 들렸다. 나는 그 부인에게 다가가서 어떻게 해서 시력을 잃게 되었느냐고 물어보았다.

그 부인은 자신이 마흔여덟 살 때 당뇨병이 심해서 백방으로 치료해도 잘 치유되지 않자 자기 남편은 절에 가서 아내의 병을 낫게 해 달라고 부처님께 일만 배의 절을 하며 기도했다고 한다. 그러나 결국 자신은 시력을 잃게 되었고, 항상 집에만 있게 되자 한 주에 세 번씩 남편이 데리고 나와 이렇게 운동을 시켜 준다고 했다. 그리고 자기가 살림을 할 수 없게 되자 남편이 온갖 집안 살림을 다 꾸리며 낮 동안엔 직장에 나가서도 "점심시간이니 밥을 챙겨먹으라"고, "가스불은 절대로 켜지 말라"고 자주 전화를 한다고 했다.

그 부인은 잠시 행복한 미소를 짓더니 "이래도 죽지만 말고 오래 살라고 해요. 내가 살아 있는 것만으로도 자기에겐 큰 힘이 된대요"라고 했다.

그녀는 남편의 손을 잡고 얼마나 열심히 걸었는지 등이 땀으로 푹 젖어 있었다. 그리고 그동안 얼마나 열심히 운동을 했는지 아무 말 없이 남편이 시도하는 대로 그 부인은 여러 운동기구 앞에서 남편과 똑같은 동작으로 자연스럽게 운동을 했다.

요즈음은 하루에 결혼한 세 쌍 중 한 쌍이 이혼을 한다고 하고, 한평생을 함께 살아왔던 할머니 할아버지들이 황혼이혼을 하는 사례가 많다고 한다. 얼마 전까지만 해도 할머니들의 이혼 신청 건수가 많았는데 요즈음은 오히려 할아버지들이 더 많이 이혼소송을 신청한다고 한다. 할아버지들은 '늙고 돈 없는 남편을 홀대하기 때문에 더 이상 가족과 함께 살 수 없다'며 가정 안에서 가족으로부터 소외당하는 것보다 차라리 혼자 사는 것이 마음 편할 것 같아 이혼을 한다고 한다.

우리네가 지금보다 못 배우고 가난하던 시절에는 이혼이라는 것을 생각도 못 하고 모든 어려움을 감내하면서 자식을 키우고 가정을 지켜 왔었다. 그런데 이제는 젊고 늙고 간에 혈연 공동체의 중심인 부부들이 쉽게 쉽게 이혼을 하여 가족들의 보금자리인 가정이 파괴되고 가족해체 현상이 우리 사회의 심각한 문제가 되고 있다. 서로 다른 인격체인 부부가 인생을 살아가는 동안 상대방에게 더 많은 것을 기대하고 원하기만 한다면 거기에는 반드시 큰 불만이 쌓여 이혼할 만한 사유가 생길 것이다. 젊은 남녀들이 사랑을 할 때 상대방의 부족함을 채워 주는 것으로서 오히려 자신의 행복을 느꼈듯이, 그 평범한 사랑의 등식을 인생 내내 지킬 수만 있다면 자신과 가족의 불행을 막을 수도 있을 것이다.

시력을 잃은 아내의 손을 잡고 열심히 운동하는 남편, 그 남편이 웃는 모습은 참으로 환하고 행복해 보였다.

2006. 5

젊은 달관자

어느 날 광주에서 왔다는 낯선 청년이 굳이 자신의 이름을 밝히지 않은 채 나를 만나고 싶다고 했다.

내 방으로 들어선 그 젊은이는 나를 보자마자 자기소개를 했다.

"전남 광주에서 전화 걸었던…."

그는 내가 자기를 기억하고 있는지 여부를 확인하는 듯 내 눈치를 살폈다. 그리고 그는 미처 자리에 앉기도 전에 손에 들고 있던 수표 한 장을 내 앞으로 내밀었다. 그는 그 돈을 히말라야 어린이들을 위해 써 달라고 했다.

며칠 전 "여기는 전남 광주인데요, 교무님의 책 『마음으로 만난 사람들』을 읽은 독자입니다. 지금도 히말라야 어린이들을 돕고 계십니까?"라는 매우 사무적인 음성의 말씨로 전화가 걸려 온 적이 있었다. 그때 내가 그렇다고 짧게 대답을 하자 상대편에서는 잘 알았다며 전화를 끊었었다.

지금 내 앞에 마주앉아 있는 청년이 그 젊은이임을 나는 직감적으로 알 수 있었다. 그의 표정은 매우 암울했고 얼굴에는 형언할 수 없는 고뇌 같은 것이 서리어 있었다. 그 젊은이는 시선을 떨군 채 한곳을 응시하듯 바라보며 말을 했다. 그러다가는 훔쳐보듯 나를 쳐다보곤 했다. 그는 나의 책에 나오는 '히말라야 천사들'에게 관심이 많았다.

해발 삼천육백 미터의 높은 곳에 위치한 인도의 라다크, 만년설이 뒤덮인 히말라야의 그곳 산촌 어린이들은 공부하기 위해 대여섯 살 때부터 부모의 품을 떠나 일만 리가 넘는 방갈로르에 가서 상가세나 스님의 도움으로 공부를 하고 있다. 그들은 북인도 라다크에서 남인도 방갈로르까지, 가는 데만도 오 일 정도 걸리는 먼 곳에 가서 공부를 하다 십여 년 후에나 겨우 고향의 부모님을 찾아가게 된다. 그 글은 이러한 히말라야 어린이들에 관한 이야기였다.

이제는 그곳 어린이들이 배우기 위해 더 이상 히말라야 산 아래로 내려오지 않도록 그들의 땅, 라다크에 마하보디 불교기숙학교가 1992년에 개교됐다. 지금은 히말라야의 깊은 산촌에서 선발된 우수한 어린이들이 그 학교의 기숙사에서 공동생활을 하며 초·중·고등학교의 교육을 받고 있다.

"학교를 세울 때부터 알았으면 더 좋았을 텐데…." 그는 혼잣말처럼 중얼거렸다.

그는 히말라야 어린이들의 처지가 마치 자기 자신의 어린 시절처럼 느껴졌다고 했다. 그 청년은 자기도 깊은 산골 마을에서 태어나 어린 나이 때부터 중고등학교를 다니는 동안 꼬박 삼십 리 길을 걸어서 통학했다고 한다. 그는 또 소년 시절을 하도 어렵게 지내느라 사춘기가 무엇인지도 모른 채 성장했다며 지금까지의 자신의 인생을 독백처럼 털어 놓았다.

고등학교 일학년 때 아버지가 중풍으로 쓰러지셨고, 그때부터 아버지가 하던 농사를 도맡아 짓느라 모진 고생을 했다고 한다. 그 후 군대 생활을 하다 관절염에 걸려 백방으로 치료해 보았지만 아직까지 별 효험을 못 보았다며, 이제는 자신의 병은 현대 의학으로 치유할 수 없어 체념했다고 한다.

오래 서 있을 수도 없고 많이 걸을 수도 없는 자신의 무릎을 어루만지기도 하고 손가락을 구부렸다 폈다 하는 동작을 하는 그의 표정은 어찌 보면 이미 생을 달관한 사람처럼 보이기도 했다. 아직 결혼을 하지 않았다는 그의 나이는 서른일곱 살이었고, 앞으로도 자기 때문에 한 여성을 불행하게 만들고 싶지는 않다고 했다. 그러한 건강 상태로 그는 공무원 생활을 하고 있었다. 가족은 이십대부터 악성 고혈압으로 긴 투병 생활만 하느라 아직 결혼도 못 한 마흔다섯 살이 된 형과 일흔이 넘은 병약한 몸으로 자신들의 뒷바라지를 해 주시는 노모가 계시다고 했다.

자신은 대학을 다니지 못했다고 했다. 그러나 그 젊은이는 확고한 자기 철학과 남이 굽힐 수 없는 신념이 있어 보였다. 그는 혼자서 독서를 많이 하는 편이라고 했고 불경(佛經) 공부도 많이 하고 있다고 했다. 그러나 현실적으로 가족부양의 짐 때문에 출가 수도승이 될 수도 없다고 했다.

그는 더불어 사는 조화로움을 미처 깨닫지 못했던 예전에는 어울려 잡담이나 하면서 시간 보내는 사람들을 속 빈 사람으로 치부했다고 한다. 그리고 자기는 평범함 사람들과 섞이지 않고 홀로 사색하며 자기 우월감에 도취되어 살던 때도 있었다고 했다. 그러나 어느 날, 머리로만 알고 있는 잡다한 지식이 아무 쓸모가 없다는 생각이 들더라는 것이다. 그리고 그때부터 머리가 아닌 가슴으로 모든 것을 느끼기 시작했다는 것이다. 특히 불우한 이웃에 대한 관심이 많아졌고 그들의 고통을 더는 일에 동참해야겠다는 뜻이 섰다고 했다.

그는 철없던 세월에는 더 큰 것만 탐내고 단 열매만 찾느라 인생을 방황하고 허송했다며, 이제는 자신의 여생을 겸허하게 이 세상의 밑거름이 되는 존재로서 살고 싶다고 했다.

묵묵히 듣고만 있는 나에게 쉼 없이 말을 하던 그는 잠시 말을 멈추더니, "죽음의 순간이 오늘 오후나 내일쯤 기다리고 있을 것만 같은 생각이 듭니다. 살아 있으면 또다시 찾아오겠습니다" 하고 말하며 자리에서 일어섰다.

나는 그제야 그가 처음에 내 앞에 내밀었던 수표를 살펴보았다. 그것은 백만 원짜리 고액권이었다.

열아홉 평짜리 공무원 임대 아파트에 살고 있다는 그 젊은이는 자기 가족은 천 원을 쪼개어 쓰는 검약 정신이 몸에 배어 있다고 했다. 병약한 젊은 독자의 성금 백만 원을 확인하는 순간, 나는 참으로 숙연해지면서 마음의 옷깃이 여미어졌다. 두꺼운 얼음장 위에서 살아가는 히말라야 사람들, 세계의 온정으로 빈곤과 무지를 녹이는 그들에게 이백만 원은 헤아릴 수 없는 큰돈이다. 그곳 어린 학생의 한 달 식비와 학비는 우리나라 돈으로 이만 원이면 된다.

젊은 달관자의 뜻으로 내놓은 값진 장학금, 그 귀한 돈 백만 원의 가치와 의미를 자주 가늠해 보는 요즈음이다.

2005. 10. 10

은퇴한 수녀님들과의 아름다운 만남

천주교와 울을 트고 살아오는 동안 나에겐 아름다운 만남, 소중한 인연들이 있다. 샬트르 성 바오로 수도회 '베타니아의 집'에 계신 은퇴 수녀님들이 그분들이다.

베타니아의 집을 쉼 없이 드나든 지 이십 년이 되었다. 내 스스로 이십 년의 의미를 기억하느라 정성껏 예물을 챙기고 카드를 썼다. 그리고 베타니아의 집을 방문하여 여러 수녀님 앞에서 카드를 읽어 드렸다.

아름다운 만남 이십 년!

여러 어른 수녀님들을 처음 뵌 때로부터 벌써 이십 년 세월이 흘렀습니다. 그동안 한결같이 기다려 주고, 한결같이 반겨 주고, 또 격려해 주신 은혜에 깊이 감사드립니다. 그리고 제가 일을 하다 어려움을 당할 때는 기도 속에서 저를 기억해 주신 사랑에도 감사드립니다.

카드를 읽다가 결국 울먹이고 말았다.

봉쇄수도회 베타니아의 집은 내 인생의 따뜻한 아랫목과 같은 곳이다. 때로는 은신처 같기도 했다. 무슨 일을 할 때 어려움을 당하면 여름날에도 마음이 추워진다. 그런데 한결같이 기다렸다 반겨 주시는 노수녀님들 곁에 가면 추운 날 따뜻한 아랫목처럼 느껴졌다. 해결하기 어려운 일로 앞이 보이지 않아 숨어 버리고 싶을 때가 있다. 그럴 때 베타니아의 집에 가면 그 일로부터 도망친 기분이기도 하고, 또 여러 수녀들이 나를 숨겨 주는 것 같아 그 봉쇄 구역이 은신처처럼 느껴질 때도 있었다.

오랜만에 찾아가면 수녀님들은 다 한마디씩 하시곤 했다.

"'박 교무님 올 때가 됐는데 왜 안 올까' 하고 여러 수녀님들이 기다렸어요. '또 외국에 갔나? 병이 났나?' 하며 궁금해 합니다."

그런 말을 하는 수녀님과 그 말에 동의를 나타내고 있는 여러 수녀님을 바라보면서 그분들의 진정을 느낄 수 있었다. 어떻게 여러 수녀님이 한결같은 마음으로 나를 기다리고 또 걱정해 주실 수 있을까. 천주교 수녀도 아닌 원불교 교무를.

세상 소식이 딱 끊긴 그곳, 베타니아의 집에 가면 나에게 있었던 모든 일의 이야기보따리를 풀어 놓는다. 내가 겪은 어려운 이야기를 하면 수녀님들은 예쁘게 눈 흘기면서 "그러면 우리 보고 기도하라고 연락하지. 우리들은 '기도발'이 세잖아요" 하신다.

부활절엔 "제일 예쁘게 만들어진 부활절 계란입니다. 여러 수녀님이 박 교무님 것이라고 서로 골라 놓은 것이에요" 하며 따로 준비해 둔 계란 바구니를 주신다. 나는 그 작은 계란에다 예쁘게 온갖 표현을 한 노수녀님들의 신앙과 예술적 솜씨를 느낀다. 외국에서 온 수녀님이 갖다 준 초콜릿이라며 귀한 선물도 주신다. 지난 부활절 때는 "제일 귀한 선물, 정진석 추기경께서 내려 주신 건데, 교무님 드리기로 했어요" 하며 또 큰 선물을 주셨다.

언젠가는 우리 교도와 함께 방문했는데 조규옥 원장 수녀님은 교도를 바라보면서 "박 교무님은 우리 수녀예요"라고 말했다. 그럴 때 느끼는 친밀감은 그분들과 내가 딱 붙어 있는 한 식구 같은 느낌을 갖게 한다.

나는 노수녀님들 앞에서 곧잘 노래를 불러 드린다. 그래서 방문할 때마다 수녀님들은 "오늘도 교무님 노래 한번 들을 수 있을까" 하며 넌지시 노래를 청하신다. 그러면 선뜻 일어나 마치 어린 학생이 노래하듯 목청껏 노래를 부른다. 수녀님들은 노래를 깊이 감상이라도 하는 듯한 태도를 취하다가 노래가 끝나면 "한 곡만 더" 하면서 아쉬워하신다. 그러면 또 말 잘 듣는 어린이처럼 일어서서 노래를 부른다. 노래를 두어 곡 부르고 나면, "우리도 답창으로 한 가락 불러야지" 하면서 노래 잘하는 수녀님을 지명한다. 그 수녀님은 수줍은 듯 일어나서 소녀 같은 태도와 미소를 지으며 가느다란 목소리로 노래를 한다.

이렇게 작은 음악회가 끝나면 나는 자리를 뜬다. 베타니아의 집에서 떠나올 땐 여러 수녀님이 따라 나와 배웅해 주면서 "꼭 건강하셔야 합니다"라고 당부한다.

내가 항상 가고 싶은 곳, 그곳은 베타니아의 집이다.

2005. 5. 15

수녀님의 선물

우리는 누군가에게 마음을 나누고 정을 표하고 싶을 때 선물을 하게 된다. 비록 작은 물건일지라도 마음이 담긴 선물을 주고받을 때는 나누는 기쁨과 고마움을 느끼게 된다.

어느 해 대각개교절(大覺開敎節) 오후, 천주교의 두 분 수녀님이 강남교당을 찾아왔었다. 낯선 수녀님들의 뜻밖의 내방을 반기는 나에게 수녀님들은 "오늘 원불교 대축일을 진심으로 축하드립니다" 하고 합장하듯 말했다.

그러고는 들고 왔던 케이크 상자를 내놓으면서 "저희 주방 수녀님께서 원불교 축일을 위해 직접 만든 사과 파이입니다. 어른 수녀님들이 오시려고 했는데 급한 일이 생기셔서 저희들이 대신 심부름을 왔습니다" 그렇게 말하는 그 수녀님들은 이십대의 젊은 수도자들이었다.

우리 교단의 가장 뜻깊은 경축의 날을 기억하고, 손수 축하의 선물을 마련한 베네딕도수도회 수녀님들의 배려와 정성에 나는 커다란 감동을 받았다. 그 정중하고 따뜻한 마음의 선물은 지금토록 잊히지 않고 언제 생각해도 고맙게 기억된다. 그리고 청순하고 발랄한 젊은 수녀님들의 몸에 밴 법도와 상냥한 모습도 매우 깊은 인상으로 남아 있다.

요즈음 창가에서 잘 자라고 있는 동양난 한 분도 화가 C 신부님이 "부처님 오신 날을 축하합니다"란 리본을 달아 보내온 귀한 선물이다. 그 뜻밖의 화분을 받았을 때도 나는 색다른 고마움을 느꼈었다. 두 개의 꽃대에서 올라온 연둣빛 난꽃은 꽃도 아름답지만 은은한 향기가 더욱 그윽했다. 그 은은한 향기는 마치 종교 간의 아름다운 만남에서 풍겨질 수 있는 귀한 향내음처럼 생각되었다.

나에게는 아름답고 귀한 선물이 더 있다. 몇 해 전, 성분도 장애인직업재활원의 베닉나 원장 수녀님이 강남교당을 내방하여 "우리 원생들이 교무님을 위해 만든 것입니다" 하며 선물 꾸러미를 내게 안겨 주었다. 예쁜 끈으로 묶인 선물을 반갑게 받아 열어 보았다. 얌전하게 색색의 한지로 겹 포장한 그 선물은 털실 숄이었다. 윤기를 머금은 검정색 털실 올이 쪽 고른 그 숄을 대하는 순간 어느 장애인의 형언할 수 없는 정성이 배어 있는 것 같아 가슴이 뭉클했다. 원장 수녀님은 내가 좌선할 때 쓰도록 크기를 요량해서 만든 것이라고 했다. 나는 그 숄을 펼쳐 몸에 둘러 보았다. 앉은 자세의 전신을 휘감아 앞으로 여민 숄은 무릎까지 덮였다. 그것만 두르면 아무리 추운 날 냉방에서 좌선을 한다 해도 추울 것 같지 않았다.

공기 맑고 아름다운 곤지암의 한 산기슭에는 시설이 훌륭한 성분도 장애인직업재활원이 자리하고 있다. 신체적 장애가 있는 젊은이들이 여러 수녀님들의 자상한 보살핌 속에 장차 직업인이 될 꿈을 갖고 도예, 양재, 편물, 전산, 제도, 자수, 직조 등 다양한 기능을 익히고 있다. 성한 사람들처럼 동작이 민활하지 못한 그들이 부자유한 몸을 천천히 그리고 조심스럽게 움직이면서 작업실에서 열심히 일하는 것을 보고 있노라면 마음이 경건해지기까지 한다. 마치 기도라도 하듯 작업에 몰입하고 있는 그들에게서는 강한 자립 의지와, 직업인이 되고 싶어 하는 간절한 소망까지도 함께 읽을 수가 있었다. 그들이 완성한 소박한 작품을 볼 때면 어느 작가의 예술품보다 더 귀하고 자랑스럽게 여겨졌다.

한국에서 열렸던 제44차 세계성체대회를 기념해서 그들이 만들었던 둥근 백자 오목접시 하나가 내게 있다. 빨강 문양의 기념 마크를 바닥에 담은 그 접시는 완전하게 둥글지 못하다. 그래도 그릇이 소용될 때마다 그들의 서툰 솜씨의 백자 접시에 손이 먼저 가는 것은 그들에 대한 나의 애정 때문일 것이다.

나는 또 꽤 오래 전부터 부활절만 돌아오면 달걀 선물을 받고 있다. 기독교 초기에는 하나님의 백성들에게 새 생명을 가져다주는 의미로 달걀을 사용했다고 한다. 그래서 오늘날은 그 달걀을 예수님 부활의 상징으로 부활절을 맞아 축하 선물로 나눈다고 한다. 신앙을 달리하는 나는 그 달걀 선물에서 부활의 진실한 의미까지 깨닫지는 못하지만 곱게 물들인 색색의 달걀과 예쁜 그림을 그린 달걀들을 보는 것은 매우 소중한 체험이다.

여러 수도회와 인연의 둘레가 넓어지면서 서로 다른 수도회 수녀님들의 정성으로 만든 달걀 바구니 선물을 받고 보면 그 바구니 안에 담긴 달걀에서 그 수도원의 정서도 느낄 수 있고, 서로 다른 풍속 같은 것을 엿보기도 한다. 나는 예술품 같은 그 달걀 바구니를 장식품처럼 오랫동안 두고 본다.

서로 다른 종교인들끼리 따뜻한 마음이 담긴 선물을 주고받는 일은 이 지구촌의 많은 종교인들 사이에서 그리 흔한 일은 아닐 것이다. 천주교의 높은 벽을 넘고 원불교 대문의 빗장을 열고 나눈 사과 파이, 검정 털실 숄, 그리고 부활절 달걀 바구니는 참으로 값지고 귀한 선물이라고 여기고 있다.

만약 모든 종교인들끼리 소박한 정을 풍부하게 나누고 서로를 이해하고 존중하면서 인류의 공동선(共同善)을 위해 기꺼이 협력할 수만 있다면 지구촌은 지금보다 더 평화로워질 것이다. 타 종교의 성직자나 수도자들로부터 받은 그 귀한 선물들도 다 나의 이같은 신념의 나무에서 추수한 보람들이다.

2005. 4. 28

사회지도층의 도덕성

신문을 보거나 방송매체가 전하는 소식을 듣다 보면 '왜 또 그런 일이 터졌을까…' 하는 실망감과 함께, 충격이 클 때는 절망감까지 느낄 때도 있다.

어렸을 적에 들었던 어른들의 대화 중에 "염치없는 말이지만…" 하는 소리가 생생하게 기억된다. 옛날 사람들은, 지금 자신이 하고자 하는 일이 상식에서 벗어나거나 좀 부당하다고 여겨질 때는 먼저 자신을 염치없는 사람이라고 전제하면서 상대방의 너그러움을 청하는 예의를 갖추었다.

또 생각나는 말은, 어린 자식이 무엇인가를 잘못했을 때도 부모들은 "얼굴을 들고 밖에 나설 수 없다"고 탄식하며 자식을 타이르곤 했었다. 옛날에는 가난하고 못 배웠어도 사람이 지켜야 하는 도리로서 적어도 염치없는 짓은 하지 않으려 했고, 부끄럽지 않게 사는 것을 기본으로 삼았던 것 같다. 그런데 지금 우리가 사는 형편은 훨씬 나아졌으니 그때에 비해 부족함이 없다 할 수 있고, 너나없이 교육도 받을 만큼 받아서 사리 분별력도 훨씬 더 나아졌다 할 수 있다. 사회적 물의를 일으키는 사건은 모두가 무슨 일을 노력하다 잘못하거나 한때의 실수로 빚어진 것이 아니라, 물질이나 권력에 대한 욕심을 스스로 이기지 못해 탐욕의 덫에 걸려 생기는 일들이다. 그 일로 해서 세상은 한바탕 뒤집힌 듯 시끄럽고, 그러한 일을 저지른 사람은 결국 패가망신하고 만다.

우리는 다른 나라에서 그 사례를 찾아볼 수 없을 정도로 짧은 기간 동안에 경제가 고속 성장했다고 한다. 현대의 물질문명과 기계문명은 날로 발달하여 돈만 있으면 온갖 편리함을 만족스럽게 누릴 수 있게 되었다. 또 돈만 있으면 더 큰 집에서 남의 부러움을 사며 즐기며 살아갈 수도 있다. 그같은 위력을 가져다주는 돈이 생기는 일이라면 모든 사람들은 혈안이 되어 예의 염치를 불구하고, 수단 방법을 가리지 않으면서 돈을 챙기려고 한다. 이같은 이기적이고 탐욕스런 현상은 우리 사회에 만연하게 되었고, 불행하게도 사회 각계각층의 지도자들까지도 오염되기에 이르렀다.

이처럼 돈과 물질적 가치를 우선하고 중시하다 보니 정신적 가치는 자연 쇠퇴하게 되고 도덕적 가치를 가볍게 여기는 풍조가 오래 계속되어 왔다.

그래서 사람의 인격이나 고매한 사상과는 관계없이, 돈 있는 사람을 좇아 따르고 돈이 많은 사람에게는 존경심에 가까운 대우도 하게 되고, 또 돈만 있으면 사회적 신분상승도 절로 되는 추세라고 할 수 있다. 그 결과 대부분의 사람들의 내면은 허술하고 사상적으로도 빈곤하며, 인격과 인품이 튼실하지 못하게 되었다. 이러한 사람들은 순리를 배반하는 삶을 두렵지 않게 여기며, 대부분의 우리가 서로 그렇게 살아왔다 할 수 있다.

투철한 인생관도 없고 올바른 가치관도 없는 사람들이 우리 사회의 중심세력이 되어 중요한 역할을 담당하면서 부당 행위와 불법을 일삼다 법망에 걸리는 사례를 우리는 수없이 보고 있다. 지도층에 있던 사람이 도덕성에 큰 상처를 입고 그 자리를 물러나는 사람들을 볼 때는 인간적으로 안타깝기 짝이 없다. 그 사람이 그 자리에 오르기까지 바친 개인적인 온갖 값진 노력이 한순간 부도덕성 때문에 허물어지는 것이기 때문이다. 또 우리 사회의 영향력있는 사람이 그런 사건에 휘말리게 되면, 그 사람을 두고 '추락했다'

고 한다. 물체가 떨어져도 박살이 나고 말 텐데 하물며 인격체인 사람이 추락한다는 뜻은 한 인간의 사회적 신망이 모두 무너지는 것을 의미하는 말일 것이다.

요즈음은 어떠한 비리가 발각되면 그것은 그동안의 '관행'이었다고 얼버무린다. 그같은 관행이 우리 사회에서 오랫동안 통했다면 그것은 그만큼 오래전부터 우리 사회가 부패해 왔음을 의미한다. 특히 사회 지도층에 있는 사람은 맡은 바 업무 수행도 잘해야겠지만, 일반 대중에게 모범을 보이고 사표(師表)가 되어 줄 막중한 책임도 함께 있음을 깨달아야 한다. 영향력있는 사람에게 만약 큰 과오가 있을 때에는 건강한 사회의 틀을 뒤흔들어 놓기도 하고 평범한 사람들에게 실망과 좌절을 안겨 주는 정신적 피해를 입힐 수도 있다.

대중들은 지도층의 과오에 대해서 그다지 너그럽지 못하다. 그 까닭은 자신의 삶에 비해 지도층들은 더 많은 혜택을 받고 신분적으로도 크게 보장받아 왔다고 믿기 때문이다. 우리가 자신의 외모를 거울 속에 자주 비추어 보듯 지도층에 있는 사람들은 진리와 역사의 거울 속에 자신의 모습을 자주 비추어 볼 필요가 있을 것 같다.

이십일세기 새 시대에는 청렴하고 도덕성 강한 사람을 지도자의 으뜸 덕목으로 꼽고 있다. 농경사회에서 가난하더라도 천심(天心)을 지키며 염치없는 사람이 되지 않으려 애쓰고 부끄럽지 않게 살기 위해 힘쓴 그 옛 정신을 오늘날에 접목시키기만 하여도, 큰 허물없는 지도자가 될 수 있을 것이란 생각을 해 본다.

오늘은 영광스러운 자리에 있다 할지라도 어느 누구도 영원히 그 자리에 머물 수는 없다. 자신이 그 자리를 물러날 때 많은 사람들이 아쉬워하고, 그 빈자리가 커 보일 수 있다면 그러한 사람은 성공적인 삶을 살았다고 할 수 있을 것이다. 또 자신은 그 자리를 떠나면서 최선을 다했던 충족감으로 충만할 수 있다면 더 바랄 것이 없지 않을까.

2004. 5

숨은 것이 나타난다
1995-1999

하늘 사람, 땅 사람

인간은 어떤 존재이며, 인생을 모름지기 어떻게 살아가야 할 것인가 하는 인간의 본질적인 문제, 그 원초적인 질문을 우리 스스로 다 함께 해 보았으면 한다. 우리가 살고 있는 세상이 왜 이렇게 어지러운가, 바른 질서는 도대체 어떻게 하면 세워질 수 있는가 하는 것을 곰곰이 생각해 보아야겠다.

사람들은 하루하루를 매우 바쁘게 살아가고 있는 것처럼 보인다. 그러나 설사 매우 바쁘게 열심히 산다 할지라도 무슨 일에 관심을 갖고 어떠한 목표를 달성하기 위해 그같이 바쁘게 사는가에 따라 그 삶의 질과 양은 서로 달라진다.

모든 사람들에게는 원래 아주 공평한 조건들이 주어지고 있다. 시간과 공간이 그것이다. 저마다 하루를 살 수 있는 스물네 시간이 있고, 또 자신이 존재할 수 있는 저마다의 공간이 있다. 그 시간을 어떻게 선용하는가에 따라서, 그리고 그 공간 속에서 누구를 만나 무슨 일, 어떠한 가치를 실현하기 위해 노력하느냐에 따라서 같은 일에 종사하더라도 서로 다른 인생이 전개된다.

자기 인생을 창조해 나가는 원동력은 명확한 판단력과 성취를 가능케 하는 힘, 열정이라 할 수 있다. 무슨 생각을 하고 어떠한 판단을 하며 얼마나 노력하고 열정을 바치는가에 따라, 똑같은 하루하루를 반복해 살지만 축적되는 인생의 의미와 내용은 사뭇 달라진다. 많은 것을 배우려 하고, 또 좋은 영향을 받으려 하는 까닭도 사고와 사상을 건전하게 하고 지혜로운 판단을 얻기 위해서이다. 같은 사물을 접하고 똑같은 상황에 직면하더라도 사람에 따라 생각이 다르고 판단의 척도가 다르다.

사람들은 거짓 없는 진실과, 불의가 아닌 정의, 그리고 선량함과 너그러움을 다 좋아하지만, 어떠한 경우에도 자기 자신이 그렇게 존재하기는 결코 쉽지 않다. 그래서 큰사람들은 그에 대한 대비와 준비를 하기 위해 자기 내면을 면밀히 성찰하고 항상 거듭나기 위해 부단히 정진한다. 자칫 방심하면 사람은 온전한 자기를 지키기 어렵고 사심(私心)에 도둑맞기 쉽다. 일단 사심에 끌리고 보면 사람들은 금세 탐욕스러워지고 이기적이 되며, 결국 자기중심적인 사고의 틀 속에 갇히게 된다.

인간은 왜 이렇게 허약한 존재일까. 그것은 오늘날 더할 나위 없이 편리한 기계문명과 찬란한 물질문명을 최대한 수용하고 싶은 욕망 때문이라고 할 수 있다. 그래서 탐욕스런 모습으로 뒤뚱거린다. 만약 우리 사회에서 맡은 바 역할이 크고 그 영향력이 큰 사람들이 도덕성의 중심을 잃고 탐욕스럽게 뒤뚱거리면 온통 사회가 불안하고 세상이 어지러워진다. 우리는 그것을 작금의 사태들에서 뼈저리게 느끼고 있다.

물질적 풍요를 이룩하기 위해 산업화가 가속됨에 따라 자연환경이 파괴되어 하늘과 땅이 병들고, 흐르는 물마저 오염시켜 안심하고 마실 물마저 없어 정수된 물을 마셔야만 하게 되었다. 그러나 물질문명은 환경만 오염시킨 것이 아니다. 그 물질문명을 선용할 능력이 없는 인간의 마음과 영혼도 황폐하게 만들고 있다. 조절할 수 없는 탐욕에 오염된 사람은 설사 풍부한 지식과 능력이 있어도 도덕성을 의심받게 되어, 더 이상 우리 사회가 필요로 하지 않는다. 사심 없고 도덕성이 건강한 사람은 너무도 귀해졌다.

대종사(大宗師) 말씀하시기를 "사람 가운데에는 하늘 사람과 땅 사람이 있나니, 하늘 사람은 항시 욕심이 담박하고 생각이 고상하여 맑은 기운이 위로 오르는 사람이요, 땅 사람은 항상 욕심이 치성하고 생각이 비열하여 탁한 기운이 아래로 처지는 사람이라, 이것이 곧 선도(善道)와 악도(惡道)의 갈림길이니 누구를 막론하고 다 각기 마음을 반성하여 보면 자기는 어느 사람이며 장차 어찌될 것을 알 수 있으리라"〔『대종경(大宗經)』「천도품(薦度品)」23〕 하였다.

우리 모두 내가 서 있는 발부리 밑을 내려다보자. 나는 정토(淨土)에 서 있는 하늘 사람인가, 예토(穢土)에 서 있는 땅 사람인가를 점검하기 위해서.

삶을 지혜롭게 영위하는 사람들은 보이지 않는 자기 자신의 내면 세계에 공을 들여 마음을 비우고 청정심(淸淨心)을 길들이기 위해 무섭게 정진한다. 그것이 곧 자기정화(自己淨化) 작업인 것이다. 만약 욕심이 담박하고 생각이 고상하여 맑은 기운이 위로 오를 수만 있다면 그것이 곧 중생의 속성을 말끔히 탈색하고 원숙한 경지에 이른 것이 아니겠는가.

살아 있는 동안 '하늘 사람'은 이승을 하직하고 저승엘 가더라도 극락과 천당으로 직행하게 될 것이다. 인간은 유한한 존재이고 빈손으로 왔듯이 빈손으로 갈 터인데, 우리 모두 하늘 사람 되는 것을 구경목표(究境目標)로 삼는 것이 어떨까. 하늘 사람의 마음 하늘에는 탐욕의 먹구름이 걷혀 버리고 지혜의 달이 환히 비추고 있을 테니까.

1999. 6. 28

어머니날의 선물

신록이 싱그럽고 훈풍이 감미로운 5월은 어린이날, 어버이날, 스승의 날, 성인의 날 들이 함께 있어 서로를 기억하며 정을 나눌 수 있는 좋은 달이다. 5월을 맞으면서 오래전에 한 어머니로부터 들었던 옛 이야기와 우리 어머니에게서 받은 선물이 생각난다.

딸이 없이 쌍둥이 아들만 기르던 그 어머니는 '어머니날'이 가까워지면 어린 두 아들이 무슨 선물을 할까 하는 생각과 함께 은근한 기대감이 생긴다고 했다. 기다리던 어머니날, 한 아들이 작은 손으로 빨간 카네이션을 가슴에 달아 주고 손수건을 선물로 주었을 때 형언할 수 없는 행복감을 느끼면서, 다른 아들은 어떤 선물을 준비했을까 하고 더욱 궁금한데 하루가 다 지나도록 아무 선물도 주지 않더라는 것이다. 좀 서운했지만 무심한 성격인가 하고 접어 두었는데 다음 날에야 카네이션을 들고 와서 어제는 많은 사람들이 꽃을 사기 때문에 꽃값이 너무 비싸서 값이 내리길 기다렸다 하루 늦게 사왔다며 자신이 돈을 아껴 쓰면 어머니가 더 기뻐할 것 같아 그렇게 했다고 꽃을 늦게 산 경위를 설명하더라는 것이다.

한날 한시에 난 쌍둥이가 왜 그렇게 서로 다른지 그 까닭을 알 수 없다면서, 평소 돈을 절약하고 저축을 잘해 무척 대견하게 생각됐던 그 아들이 막상 어머니날 꽃 한 송이를 사는 데도 절약 정신을 발휘해 하루 늦게 꽃을 달아 주었을 땐 그 어린 아들에게 매우 섭섭한 생각이 들더라고 했다. 그리고 어머니날 가슴에 꽃을 달아 주던 그 아들은 평소 돈 씀씀이가 헤퍼서 똑같이 용돈을 주어도 벌써 떨어졌다며 또 용돈을 달라고 졸랐지만 그날따라 인정있어 보였고, 인정있게 구는 그 아들의 앞날이 더 밝게 기대되더란 이야기를 들은 적이 있다.

그 이야기를 들으면서 참으로 행복은 가까운 데 있고 사소한 것에서 느낀다는 것을 새삼 깨달았다. 모든 부모들은 자식에게 거의 맹목적으로 조건 없는 사랑과 정성을 쏟으면서 자식에 대한 기대감을 희망으로 안고 살아간다. 그러한 부모들의 마음에는 자식과 밀도 높은 유대감을 공유하고 싶어하고 살뜰한 정을 나누고 싶은 속마음이 있다.

이 세상 모든 사람은 누군가의 자식이고 또 자신도 부모가 돼 자식을 갖게 된다. 그러나 자식에게 바라는 그 소망을 살아계신 자기 부모에게 실천하기란 쉽지 않은 듯하다. 만약 그렇게 할 수만 있다면 모두 효자, 효녀가 될 것이고 사회적으로는 노인 문제가 생기지도 않을 것이다. 곧잘 품 안의 자식이 자식이지 품 밖의 자식은 남과 같다며 자신의 마음을 몰라주는 자식에 대해 짐짓 체념한 채 노경을 외롭고 쓸쓸한 모습으로 살아가고 있는 어버이들도 있을 것이다.

사람들은 인생을 살아가면서 성공과 성취가 곧 손에 잡힐 것만 같아 더 큰 일, 더 중요한 일이라고 생각되는 일에 자신의 모든 것을 바치듯 몰두하며 분주하게 살아간다. 그러느라 가깝고 소중한 인연들에겐 미처 관심을 갖지도 못하고 따뜻한 배려도 해 보지 못한 채 뒤로 미루다, 도망가듯 빠져나가 버린 세월 앞에 마치 굴복이라도 하듯 인생의 석양을 바라보며 세월의 덧없음과 아쉬움을 떨치지 못할 사람도 있을 것이다.

사람마다 오르고 싶은 사회적 욕망의 그 정상에 다 오르지 못하더라도 인간이 지켜야 하는 도리를 묵묵히 지키며 가깝고 소중한 인연들의 소망과 바람을 채워 주면서 살아갈 수만 있다면 그것이 곧 행복을 가꾸는 일일 것이다. 그러한 삶은 더 풍요롭고 후회스럽지 않을 인생이 될 것이며, 어떠한 경우에도 외롭지 않은 준비가 될 것이다.

나도 5월을 맞을 때마다 젊은 날 어머니로부터 스승의 날에 받았던 선물의 의미를 반추해 본다. 우리 어머니는 이십대에 홀로 되시어 슬하의 두 자매를 길러 원불교 교무가 되도록 이끌어 주셨다. 항상 하신 말씀 "넓은 세상 많은 사람을 위해 일해라. 그렇게만 한다면 이 어미는 너희들을 끝까지 가르칠 테다" 하시며 1950년대의 어려운 경제 여건 속에서도 우리 자매를 끝까지 가르쳐 주셨다.

우리 자매가 삼십대에 원불교 교무가 돼 개척 교화를 할 때 어머니는 스승의 날마다 두 딸에게 비단 속바지를 지어 소포로 보내시며 "스승의 날에 이 어미는 네가 많은 사람을 구원할 큰 스승이 되길 빈다. 그리하여 나중엔 이 어미까지도 건져 줄 만한 큰 스승이 되어 주길 간절히 축수한다"는 사연을 보내 주시곤 했다. 두 딸이 수도자의 외길을 온전히 가도록 인생의 길목을 지켜 주시며 격려해 주신 그 큰 사랑과 은혜를 이제서야 더 잘 알 것 같다.

1999. 5. 3

숨은 것이 나타난다

가을에 잎을 떨구었던 나무들이 겨우내 나목으로 침묵을 지키다 대지에 봄 기운이 완연해지자 꽃나무마다 다투어 꽃망울을 터트린다. 목련은 목련으로, 개나리 진달래는 개나리 진달래로, 모두 저답게 피어나는 그 당연한 자연현상이 새삼 신비롭기만 하다.

영하의 꽃샘추위 속에서도 그 연약한 꽃잎이 온몸으로 추위를 견디며 꽃을 피워내고 있다. 인간은 만물의 영장이라지만 사람은 오히려 식물들의 그 강인함과 치열한 생명 활동을 따를 수가 없을 것 같다. 화사하고 아름다운 꽃을 바라보는 동안 나무가 들려준 이야기는 이러했다.

추운 겨울 동안 나목으로 우두커니 서 있을 때는 마치 모든 활동이 정지한 듯 보였겠지만, 뿌리는 이듬해의 봄을 맞이하기 위해 차가운 땅속에서도 필요한 자양분을 골고루 충분히 흡수하는 노력을 쉼 없이 했다가 봄을 맞아 비로소 이같이 꽃을 피운다는 것이었다. 그리고 나무는 내게 나무의 뿌리가 하는 일 같은 것이 사람들에게는 무엇이냐고 물어 왔다. 사람들이 말하고 행동하고 처신하는 것이 모두 자기다운 표현이고 자기 창조이며 또 반드시 책임이 따를 텐데, 마음속으로 어떤 준비를 했다가 겉으로 나타내는 것이냐고 꼬치꼬치 묻는 것이었다.

나무의 물음 앞에 잠시 말문이 막혔다. 식물들은 절후의 변화에 따라 조금도 너무 빠르거나 너무 늦지 않게 꼭꼭 때맞추어 봄에는 싹 틔우고 꽃 피우며 여름 동안에는 무성하게 자라다 가을에는 그 결실을 맺고 무서리 내리면 겸허하게 잎을 떨구고 겨울 동안은 또다시 뿌리가 준비한다. 우리 인간도 그렇게 살고 있는가 하고 잠시 생각해 보았다.

만약 인간도 식물처럼 한 해 한 해 자신의 성장한 나이테를 만들어 가며 정직하게 자기 발전을 꾀할 수만 있다면 얼마나 훌륭한 인간이 되고 성공적인 삶을 살 수 있을까. 어쩌면 인간들은 자기 자신도 남에게 인정받고 싶고 더 돋보이는 존재가 되고 싶어 하면서도, 그렇게 될 수 있는 자기 뿌리가 되고 있는 마음 세계에 대해서는 공들이거나 준비하는 바 없이 분수 밖의 욕심만 부리며 살아가고들 있지나 않은가 생각해 보았다.

사람이 입으로 말하고 몸으로 행동하지만, 그 모두는 사람의 근본이고 인간의 뿌리라 할 수 있는, 형상 없는 마음이 들어서 하는 것이기에 밖으로 드러나는 것을 보면 곧 그 사람의 속마음을 알 수 있는 것이다. 결국 한 인간의 행위는 그 사람의 정신세계의 반영이라 할 수 있다. 그러기에 지각있는 사람은 형상있는 물질이나 권리보다 자기 내면세계의 총화라 할 수 있는 인격과 인품을 생명과 같이 여긴다. 그리고 자신의 도덕성을 공고히 하기 위해 자기 성찰과 정진을 게을리하지 않는다.

인격을 갈고 닦아 남의 거울이 될 만한 준비를 하고 있으면 모든 사람들이 마음으로부터 머리 숙이며 존경을 바치게 될 것이다. 그러나 보통 사람들은 현실세계에 몰입해 살아가느라 그 보이지 않는 사람의 품성을 가꾸고 닦는 일에는 오히려 관심과 정성을 들이지 못하고, 겉으로 돋보이는 일에만 온갖 노력을 다 바치며 살아간다.

'막현호은 막현호미(莫現乎隱 莫顯乎微)'란 옛글이 있다. 이를 풀이하면 '숨은 것보다 더 잘 나타나는 것이 없고, 작은 것보다 더 잘 드러나는 것이 없다'는 뜻이다. 우리 인간은 세상을 살아갈 때 지금, 현재가 만족스럽고 행복하면 거기에 도취하고 자만하기 쉽고, 또 현재 입장이 절박하고 희망이 안 보이면 좌절하고 포기하고 싶어 한다. 그러나 우주에는 숨은 것이 나타나고 작은 것이 드러나는 진리가 있음을 믿고 달관자적(達觀者的) 삶의 태도를 가질 수만 있다면 얼마나 한가롭고 넉넉할까 싶다. 당장 앞이 안 보이는 현실 그 너머에 바로 자기 자신의 마음속에서 온갖 조화가 일어날 수 있기 때문이다.

만약 내 안에 숨어 있는 마음의 밑뿌리가 탐욕과 이기심에 뿌리박고 있다면 자신의 시간과 열정을 바쳐 열심히 산 삶 그 자체가 죄업(罪業)이어서 스스로 자신을 암담한 구렁텅이로 빠트릴 수도 있다. 그러나 아직 드러나기에는 너무 미미하여 숨겨진 듯 나타나지 않고 있는 좋은 생각과 계획, 그리고 간절한 염원이 속마음에 간직되어 있으면, 숨은 것이 나타나고 작은 것이 드러나는 이치에 따라 자연 성공과 성취의 날이 올 것이다. 그때는 자아실현의 만족감과 기여(寄與)와 헌신(獻身)의 보람을 거둘 수 있을 테니 그 얼마나 미덥고 든든한 일인가.

또 "한 마음이 선하면 모든 선이 이에 따라 일어나고, 한 마음이 악하면 모든 악이 이에 따라 일어나나니, 그러므로 마음은 모든 선악의 근본이 되나니라"(『대종경』「요훈품(要訓品)」 3장)라고 했으니 내 한 마음이 바야흐로 선악(善惡) 어디에 자리하고 있는지 살피고 또 살필 일이다.

나무가 들려준 이야기를 기억하면서.

1999. 4. 5

한반도, 남북한의 봄

대지에는 봄기운이 가득하다. 만물이 소생하는 봄은 누구에게나 희망차다. 그런데 북녘의 봄은 어떻게 오고 있는 것일까 하는 생각을 자주 해 보는 요즘이다.

1999년 1월 북한의 협동농장 두 곳을 들렀을 때 그들은 한결같이 비료 없이 맞는 봄을 걱정하고 있었다. 비료 없이는 씨앗을 뿌려 봐도 농사가 되지 않는다고 했다. 비료 없이는 논에 모를 심어 봐도 벼 포기도 불어나지 않고, 여름 동안 땀 흘려 농사지어 봐도 가을에 별로 수확할 것이 없다고 했다. 그들은 남조선에서 식량 대신 비료를 보내 주면 농사를 잘 지어 세 배는 불려 먹을 수 있다고 말하며 비료 지원을 간절히 바라고 있었다.

봄이 오고 농사철은 다가와도 비료가 없는 북녘의 협동농장 사람들의 얼굴엔 수심이 가득할 것만 같고, 북한 동포들에겐 희망찬 봄이 아니라 보릿고개를 넘기기가 어려운 춘궁기(春窮期)가 닥쳐오는 것이 아닐까 하는 염려가 앞선다. 식량이 부족한 북녘 동포들의 봄은 참으로 잔인하고 우울할 것만 같다.

얼마 전 '북한 인구 삼백만 명 감소'라는 짤막한 기사가 보도됐다. 북한의 사회안전성(社會安全省)이 지난해 7월로 예정됐던 제10기 최고인민회의 대의원 선거 준비를 위해 인구 현황을 파악하다 이같은 사실이 확인됐다고 한다. 앞으로도 식량 문제가 해결되지 않으면 인구는 더 감소할 것이란 예측의 내용도 실렸다. 신생아 출산으로 인구가 자연 증가됐을 것을 감안하면 인구 감소의 폭은 그보다 더 컸을 것으로 생각된다.

아이엠에프(IMF) 관리체제 이전 우리는 분수를 모르고 너나없이 과소비와 낭비를 했었고, 특히 음식 쓰레기가 심각한 사회문제로 골치를 앓았었다. 충분히 입을 만한 옷도 싫증이 나서 예사로 내버리고, 얼마든지 쓸만 한 가구와 가전제품을 집 밖에 내놓아도 가져가는 사람이 없어 물건 주인이 돈을 내면서 치우곤 했었다.

남쪽에선 그렇게 흥청망청하던 바로 그 무렵 북한에서는 먹을 것이 없어 삼백만 명에 가까운 사람들이 굶어 죽었다고 하니 이 얼마나 두렵고 끔찍한 한반도의 비극인가.

다 알려진 사실처럼 북한의 어린이들은 영양 상태가 매우 나빠 성장과 발육이 제대로 안 된다고 한다. 한창 분방하게 뛰어놀아야 할 어린이들이 기운이 없어 탁아원에 얌전히들 앉아 있다고 하니, 이런 현상이야말로 우리 민족의 차세대에 있을 불행한 변고가 이미 진행되고 있다고 봐야 할 것 같다.

이십세기에는 우리나라에 갖가지 불행한 역사가 점철됐다. 특히 분단의 고착 상태로 반세기가 흘렀다. 그러나 이십일세기를 맞는 우리들의 지상 과제는 지구상에서 유일하게 남아 있는 냉전적 분단국가의 종지부를 찍고 남북평화 공존의 질서를 여는 일일 것이다. 그것은 남북한이 다 함께 바라고 있는 소망이기도 하다. 그러나 그 소망이 정작 이뤄졌을 때 성장기에 영양이 부실해 심신이 건강하지 못한 국민이 많다면 그때 그들을 누가 보호하고 책임질 것인가.

지금 한반도의 냉전 구조를 해체하기 위해 우리 정부에서는 일괄 타결정책을 내놓고 있고 미국과 북한 간에는 금창리 지하 핵 시설 의혹 규명을 놓고 식량 지원 문제 협상을 벌이고 있다. 그러나 그같은 협상이 시간을 끌고 있는 동안 북한의 한편에서는 또 인구 감소 현상이 일어나고 있음을 우리는 알아야 한다. 북한 문제에 관해서는 이론(異論)과 주장이 분분하지만 극우, 극좌, 진보, 보수를 넘어서서 죽음으로 내몰리고 있는 북한의 우리 동포를 구하는 것이 인도적으로 우선 해야 할 일이라고 생각한다. 현재 최악의 경제난을 겪고 있는 북한 동포들에게 식량도 보내고 비료도 지원하는 것이 결국은 평화통일의 지름길을 만드는 일일 것이다.

우리는 선의(善意)로 준 것은 선의로 받게 되는 것이 이치의 당연함인 것을 믿어야 한다. 사랑과 자비심 강한 여러 종교들이, 그리고 구천사백여 개나 되는 시민단체와 가슴이 따뜻한 개인들이 다 함께 뜻을 모으고 정성을 합해 북녘 동포를 도왔으면 한다. 그렇게 하는 것이 민족의 더 큰 불행을 예방하는 지혜일 것이다.

북한 당국도 남한 동포들이 북한 돕는 일에 주저하고 불신하는 분배 문제, 즉 그 '투명성'을 하루속히 보여 줘야 한다. 그래야만 도움의 물꼬가 트이기 때문이다. 아무리 세계가 도와준다고 해도 끝내 진정으로 도울 사람은 남한 동포임도 또한 깨달아야 한다.

1999. 3. 8

잘 동(動)하기 위해 정(靜)한다

신문이 없던 시절, 라디오와 티브이가 보급되지 않았던 그 옛날, 고작 마을 소식이나 서로 알고 지냈던 그때 그 시절 사람들이 오늘날 우리네보다 훨씬 마음 편히 살았을 것이란 생각을 해 볼 때가 있다.

충격적인 사건사고의 소식에다 우리 사회의 모범을 보여야 할 각계각층 지도급 인사들이 불법을 자행하고 비리에 연루되었다는 기사나 뉴스가 연일 크게 보도될 때마다 충격과 함께 형언할 수 없는 상실감과 좌절감을 느끼곤 한다. 상대적으로 박탈감을 느끼며, 고달픈 삶을 이어 가는 서민 대중들이 느끼는 허탈감과 배신감은 훨씬 더할 것이라 여겨진다. 지도층이 저지르는 과오는 단순히 자기 개인이 책임지면 끝나는 것이 아니라 사회 전체를 혼란에 빠뜨리고 멍들게 만든다.

어쩌다 나라 밖에라도 나갈 일이 생겨서 나라 안 소식을 전혀 모른 채 몇 날을 살다 보면 오히려 마음이 편안하고 평정이 유지되고 있음을 깨달을 때가 있다.

자신이 유능하고 실력 있다고 스스로 믿는 사람들 중에는, 만약 자신에게도 기회가 주어지면 모든 역량을 발휘하여 자신의 큰 포부를 실현하고 국가 사회에 크게 기여하는 삶을 살아 보려고 단단히 벼르는 사람도 있을 것이다. 어떤 사람은 자신의 목표를 달성하고 성공하여 다른 사람의 부러움을 사고 영화를 누리는 것처럼 보이기도 한다. 그러나 국가나 사회적으로 한때 중책을 맡고 큰 영향력을 발휘했던 사람들이 오히려 그 때문에 개인적으로는 자기 인생에 큰 위기를 맞고, 또 세상을 어지럽히는 경우를 우리는 요즈음 많이 보고 있다.

일을 하는 능력이 부족하거나 또는 한때의 실수 때문이 아니라 도덕성이 문제되는 사례가 반복적으로 일어나고 있는 것이다. 마침내 '대가성'의 꼬리표를 달고 퇴장당할 때마다, 그 대가성이 없어도 전혀 문제가 없을 사람들이 잠시 탐욕의 덫에 걸려 일을 그르치고 상처받는 것을 보면 참으로 안타깝기 이를 데 없다. 결국 자기 자신에게 지고 만 사람들이라 할 수 있다.

우리가 마음으로 생각하고, 입으로 말하고, 몸으로 행동하는 그 모든 것은 개개인의 무한한 자유에 속하지만, 그러나 일단 행동으로 나타난 그 모든 것들은 자기가 반드시 책임져야만 하는 자업자득(自業自得)의 원리와 보이지 않는 인과보응(因果報應)의 법망을 피할 수 있는 사람은 그 아무도 없다. 그러기에 우리는 어떠한 경우에도 자기 자신의 행동이 매양 정의로워서 인류의 공동선(共同善)을 실현하는 데 동참할 수 있도록 자기 내면의 도덕성을 강화하는 일에 마음을 자주 챙기며 살아가야겠다.

소태산 대종사께서는 "일이 없을 때에는 항상 일 있을 때에 할 것을 준비하고 일이 있을 때에는 항상 일 없을 때의 심경을 가질지니, 만일 일 없을 때에 일 있을 때의 준비가 없으면 일을 당하여 창황전도(蒼惶顚倒)함을 면하지 못할 것이요, 일이 있을 때에 일 없을 때의 심경을 가지지 못한다면 마침내 판국에 얽매인 사람이 되고 마나니라"(『대종경』「수행품(修行品)」10)라고 하였다.

습관적으로 바쁘게 살아가는 우리들은 자기 내면의 허술함을 점검할 겨를도 없이 살아가고 있다. 더구나 우리 중생들은 본능적으로 탐욕스런 존재이고 이기적이다. 정신적으로도 소모적인 생활에다 스트레스까지 쌓여 작은 일에도 곧잘 화내고 성을 낸다. 순리의 질서가 무엇인지 모른 채 자기에게 이로울 듯싶으면 어리석은 소견에 빠지고 만다. 이같은 중생의 속성을 고스란히 간직하고서는 제아무리 지식이 있고 권리가 있고 지위가 높다 하여도 올바른 정도(正道)의 삶을 살기 어렵다.

일이 있을 때 일 없을 때의 심경을 빌리지 못한다면, 즉 매사를 여유 없이 졸속하게 그리고 지혜로운 분별의 척도도 없이 그저 마구 바쁘게 처리하고 살다 보면, 그 모든 일들은 이미 다 잘못되고 있는 것이다. 중요한 일을 맡은 사람이 그러하면 항상 큰 사건을 만들고 있다 하여도 과언이 아닐 것이다.

바쁘게 많이 활동하기 이전에 항상 온전한 자신이 들어서 일할 수 있도록 탐심(貪心), 진심(瞋心), 치심(痴心)의 삼독심(三毒心)을 비워 버리고 청정심(淸淨心)을 기르는 준비가 요긴한 일임을 우리 다 함께 생각해 봤으면 한다. 그래야만 비로소 잘 '동(動)'할 수 있으며, 어떠한 상황에서도 항상 잘 '동'할 수 있어야만 그 삶이 크고 값지고 귀한 것이 될 수 있다.

1999. 2. 1

상생선연(相生善緣) 만들기

근년에 경제적 시련을 혹독하게 겪으면서 한 해를 넘겼기 때문에 새해를 맞는 감회는 너나없이 새롭고 금년 한 해는 좀 더 나은 한해가 되길 바라는 소망이 어느 해보다 절실할 것이다.

새해를 맞을 때마다 사람들이 희망으로 간직했던 그 소망들을 과연 한 해동안 얼마나 이루고 살았을까. 어쩌면 품었던 소원과 소망이 무엇이었는지조차도 잊고 현실에 급급하면서 살아 버린 한 해이기가 쉽다. 그래도 새해를 맞을 때면 또 큰 희망을 갖고 자신의 소망이 이루어지는 한 해가 되길 바란다. 그런데 그 소망은 어떻게 하면 이루어지는 것인지 한번 생각해 볼 일이다.

새해를 맞으면서 금년 운수가 어떠한지 점쳐 보고 싶은 생각을 가진 사람들도 있을 것이다. 운수가 좋다면 모든 일들이 우연히, 요행히 잘 풀릴 것이란 믿음을 갖고 한 해를 출발할 테고, 만약 운수가 불길하다면 큰 탈이나 없기를 바라는 마음으로 한 해를 맞는 사람도 있을 것이다.

우리가 세상을 살아가면서 나의 노력만으로 모든 일이 다 이루어지긴 어렵다. 만약 어려운 일, 큰 고비를 용케도 넘겼다면 그것은 누군가의 도움으로 그렇게 된 수가 많다. 세상만사는 사람들이 들어서 이루어낸다고 하여도 틀리지 않을 것이다. 그러기에 자기 주위에 상생선연(相生善緣)의 좋은 인연들이 많으면 아무리 큰일도, 아무리 어려운 일도 이루어낼 수 있는 막강한 힘이 있다 할 수 있을 것이다.

우리 모두 새해를 맞으면서 나와 깊은 관계를 맺고 있는 사람들, 그리고 내가 알고 있는 많은 사람들을 마음속 뜰에서 은밀히 만나 보자. 어떤 사람은 반가운 얼굴로, 그리고 어떤 사람은 자기 생(生)에 참으로 소중한 인연으로 다가오는 사람들이 있을 것이다. 만약 기억에 떠오르는 사람들의 얼굴마다 모두가 반갑고 소중한 인연들로 확인될 수만 있다면, 특히 가까운 인연들이 그러하다면, 그러한 사람은 이미 자기 주변에 자신을 편들어 줄 사람,

자기의 청탁이 통할 상생선연의 사람들을 많이 확보해 놓은 사람이라 할 수 있다. 그러한 사람은 염원하는 일을 뜻과 같이 이루어낼 수 있는 만사형통의 좋은 예감을 갖고 한 해를 출발해도 좋을 것이다. 그러나 자신이 알고 있는 사람들을 기억 속에 떠올려 봐도 별로 마음에 드는 사람이 없거나 마주치는 시선이 서먹하고 오히려 피하고 싶은 사람들이 많다면 참으로 조심조심 한 해를 살아가야 할 것이다.

소태산 대종사께서는 "상극(相克)의 마음이 화(禍)를 불러들이는 근본이 되고 상생(相生)의 마음이 복(福)을 불러들이는 근본이 되어지나니라"(『대종경』「요훈품」31)라고 했다.

우리는 내가 좋아하는 사람과 함께 있을 때 더할 나위 없이 마음이 편안하고 즐겁다. 그러한 선연(善緣)들은 내 인생의 동반자이고 협력자들이다. 내게 좋은 일이 있을 때도 그들을 통해서 나의 기쁨이 배가될 것이고, 내게 슬픈 일이 있어도 그들의 위로가 도움이 될 것이다. 그리고 정작 내게 어려운 일이 생길 때는 그들이 발 벗고 나서서 자신의 일처럼 나의 어려운 일을 해결해 줄 고마운 인연들이다. 그러한 생생선연들도 우연히 생기고 모여든 것이 아니라, 내가 먼저 그들에게 작은 유익이라도 끼친 덕이 있거나 마음으로라도 항상 좋게 여기면서 보이지 않는 곳에서라도 그를 칭찬하고 옹호했던 인연으로 맺어진 것이다.

그러나 자신의 감정 관리의 능력이 없어서 상대방에게 쉽게 화내고 그가 싫어할 말을 부담 없이 해 버렸다면 당장은 속이 후련했을지 몰라도 그들은 섭한 생각을 갖게 되고, 그 마음을 풀어 주지 못한 채 반복적으로 그렇게 대했다면 그는 어느덧 상극의 인연이 되어 나에게 재앙을 미칠 준비를 하고 있을 것이다. 상극의 인연이야말로 얼마나 두려운 존재인가.

우리는 일상 속에서 참으로 많은 사람들을 만나면서 살아간다. 그런데 바로 그 사람들과 원만한 인간관계를 유지하면서 살아간다면 그들이 모두 나의 상생선연들일 테고, 그 인간관계를 소홀히 하고 사람을 함부로 대하면 그들이 곧 나를 불편하게 하고 불행하게 만들 상극의 인연들이 된다. 사람과의 관계를 상생선연으로 만들어 갈 능력만 있다면 그러한 사람은 언제 어디서나 자신의 소원과 소망을 뜻과 같이 이루면서 살아갈 수 있을 것이다.

1999. 1. 4

'나눔' 연습이 통일 준비

마더 테레사(Teresa)가 팔십칠 세로 타계했다. 인도 콜카타(Kolkata)에서 오직 가난하고 병든 사람들만을 위해 평생을 헌신했던 한 수도자의 삶을 사람들은 '빈민들의 천사, 세계의 가난과 슬픔을 온몸으로 감싼 성녀(聖女)'라고 기리며 애도한다.

인도의 한 신문은 마더 테레사를 '인도의 아버지'라 불리는 마하트마 간디와 견주었고, 인도 정부는 테레사 수녀의 타계를 애도하기 위해 1997년 9월 6일과 장례식 날인 13일을 공식 추도일로 선포했으며, 종파를 초월해 힌두교, 이슬람교 사람들까지 애도의 행렬이 끊이지 않고 있다.

극빈자를 돕기 위해 테레사 수녀가 만든 '사랑의 선교회'는 전 세계 백이십육 개국 육백여 곳에 있고, 사천여 명의 수녀들과 수많은 봉사자들이 지금도 그 가난하고 고통받는 사람들을 돌보고 있다.

무소유, 맨발의 마더 테레사의 헌신적 삶은 우리에게 큰 귀감이 되고 있다. 살아서부터 성녀라 불리던 마더 테레사의 헌신적 삶의 거울에 잠시 우리의 모습을 비춰 보자.

지금 숨 쉬고 움직이는 우리도 언젠가는 심장의 박동이 멈추고 죽음을 맞아야 하는 유한한 존재다. 제한된 인생 동안 우리는 과연 어떤 값진 삶의 이정표를 세우고 그것을 실현하기 위해 노력하고 있는가. 또 지금 그 중간 점검 결과는 어떤가. 도도한 사랑의 강물을 전 세계로 흘려보내던 마더 테레사는 더 이상 이 땅 위에 존재하지 않는다. 우리는 그가 남긴 숭고한 이타적인 삶, 그 헌신적인 삶을 본받고 배워야겠다.

사람마다 때로는 자기 자신도 언젠가는 남을 위해 좋은 일도 해 봐야겠다고 벼른다. 그러면서도 지금은 아직 그 여건이 성숙되지 않았고 때가 아니라며 그 실천을 유보한다. 그리고 또다시 자기중심적인 삶에 매몰되고 만다. 어쩌면 그러다가 한평생 남을 배려하고 돕는 일은 해 보지 못하고 저승으로 떠날지도 모른다.

사랑과 자비는 불가사의한 힘을 갖고 있다. 불가능한 것도 가능하게 만들고, 버려 두면 죽을 것도 살려내는 생명력을 갖고 있다. 그러한 사랑과 자비는 특별한 능력이 아니고 탁월한 기술도 아니다. 우리의 심성에서 우러나오는 동정심이고 연민의 정이다. 사랑과 자비는 우리 모두에 내재해 있는 정신적 보물이다.

그러나 자비의 실천도 연습이 필요하다. 작은 것부터 하나둘 실천하면서 그 어떤 것과도 바꿀 수 없는 보람을 체험하는 것이 중요하다. 자기의 관심과 사랑이 저 사람에게 도움이 되고 필요한 다른 곳에 창조적 변화를 일으키고 있음을 확인할 때면 숨어서라도 더 열심히 그 일에 매진할 정성이 솟구치게 될 것이다. 그리고 진정한 기쁨은 내가 소유하고 있는 것이 아니라 나누고 베푸는 데 있다는 것을 터득하게 될 것이다.

우리 국민은 다른 나라 사람들보다 나누고 베푸는 연습이 더 많이 필요하다는 생각을 해 본다. 우리의 관심이 나라 안 정치에만 쏠리고 있는 중에도 북한 식량 사정은 점점 더 어려워지고 있을 것이다. 세계은행의 자료에 따르면 하루 일 달러 미만으로 연명하는 아시아의 극빈층은 십억 명에 달한다고 한다. 그 극빈층 가운데서도 더 어려운 사람들이 우리 북한 동포들일 것이라고 생각하면 마음이 무겁기만 하다. 이 년 겹친 홍수에 가뭄마저 들었다고 하니 배고픈 북한 동포들의 희망이 보이지 않는다.

우리가 북한 동포의 굶주림을 발등에 떨어진 불처럼 여기지 않은 까닭은 아직도 북한이란 '체제'의 제방 안에 담긴 듯 숨겨져 있기 때문이다. 북한의 유아 사망률이 점점 높아지고 있다는 소식만 들어도 우리 한반도에는 지금 큰 변고가 생기고 있는 것이다. 우리는 아직 통일의 준비가 되지 않은 상태이지만 배고픈 우리 동포들과 함께 살아야만 하는 역사적인 시간이 점점 다가오고 있다고 믿어야 옳을 것이다.

우리는 어떻게든 전쟁 없이 평화통일을 달성해야만 한다. 그리고 헐벗고 굶주린 북한 동포들과는 고통을 분담하며 더불어 살아가야 한다. 우리는 통일을 위해 나누는 연습을 더 열심히 해야겠다.

1997. 9. 10

자신에게 먼저 공들이는 삶

자신에겐 아무 일도 일어나지 않았던 사람들에게도 유난히 다사다난했던 이 한 해는 더불어 사는 이웃으로서 모든 것을 보고 느끼는 것만으로도 벅차고 힘겨웠다. 우리 온 국민은 올 한 해 동안 엄청난 대가를 치르면서 평생에 보감(寶鑑)이 될 '업보경(業報經)'을 읽은 셈이다.

삼풍백화점 붕괴 사고와 전직 대통령들의 비자금 사건, 그리고 과거 청산이라는 일련의 사건사고를 접하면서 우리는 그 모두가 우연이 아닌 피할 수 없는 필연의 업보임을 깊이 깨달았다. 이 우주에는 실로 인간의 힘으로는 조절할 수 없는 눈에 보이지 않는 진리의 위력이 살아 숨 쉬고 있어 정의는 반드시 실현될 수 있다는 것을 우리에게 믿음으로 심어 준다.

우리는 병자년 새해를 맞으면서 희망찬 새해, 기대가 충족되는 한 해이길 저마다 소망하고 있을 것이다. 우리는 그 소망을 사실적인 결과로 만들기 위해 노력해야 할 것이다. 우리가 살아가는 삶의 모든 내용이 곧 내 인생의 새로운 결과를 초래할 업인(業因)이라고 생각할 때, 내 인생의 길흉화복을 좌우할 수 있는 내 자신이야말로 가장 중요한 존재다. 설사 다른 곳으로부터 나의 행복과 불행의 원인이 주어지고 있는 듯이 보여도, 그것조차도 내

가 지어 놓은 것임에 틀림없는 것이다. 그러기에 선악업보(善惡業報)를 창
조하고 있는 나 자신에게 지성으로 공들여 어떠한 경우에도 선업(善業)은
골라 쌓을 수 있고, 해독이 될 악업(惡業)은 철저하게 삼갈 수 있는 힘이 있
도록 자신에게 공을 들일 일이다.

그러나 그러한 악업조차 자신의 성장에 밑거름을 삼을 만한 도량이 있으
면 선악을 다 거울삼을지언정 악업의 고통에 깊이 빠지지 아니할 수도 있
다. 나에게도 이미 피치 못할 악업의 씨앗이 영근 것들도 있을 것이다. 그러
나 살다 보면 피치 못할 업보들보다는 내가 새로운 업인을 선택할 수 있는
더 많은 기회가 있다. 죄업을 피해 갈 만한 힘을 자신이 기르고 보면 나에게
관계된 모든 일들이 복락(福樂)으로 연결될 수 있는 조건이 될 것이다.

우리는 나 자신에게서 재앙의 요인을 없애기 위해 나쁜 업을 짓지 말아야
하고, 소망하는 미래를 준비하기 위해서는 청정(淸淨)한 업인을 쌓아야겠
다. 나 자신의 마음가짐이 모든 악업의 속성을 만들어낸다고 생각할 때 그
한 마음이 얼마나 소중한가를 알 수 있다.

옛 말씀에도 "인심(人心)은 유위(惟危)하고 도심(道心)은 유미(惟薇)하
기에 유정유일(惟精惟一)해야 비로소 중도(中道)에 맞게 살 수 있다"고 했
다. 본디 인간에겐 양심적인 세력은 미미하고 허약하며, 비양심적인 세력은
오히려 강함을 나타낸 말일 것이다. 마치 땅에 씨 뿌리지 않아도 잡초는 절
로 나서 무성하고, 곡식은 씨 뿌려 가꾸어도 잘되기가 어려운 이치와 같다
할 것이다.

그처럼 사람의 마음속에 미미한 도심을 길러 위태로운 인심을 다스릴 수
있도록 늘 자신에게 공들이는 삶이야말로 참으로 가치있는 인생을 살아간
다 할 수 있을 것이다.

"식물들은 뿌리를 땅에 박고 살므로 그 씨나 뿌리가 땅속에 심어지면 시
절의 인연을 따라 싹이 트고 자라나며, 동물들은 하늘에 뿌리를 박고 살므
로 마음 한 번 가지고 몸 한 번 행동하고 말 한 번 한 것이라도 그 업인이 허
공법계(虛空法界)에 심어져 제각기 선악의 연(緣)을 따라 지은 대로 과보

(果報)가 나타나나니 어찌 사람을 속이고 하늘을 속이리오."〔『대종경』「인
과품(因果品)」3〕

　자신에게 공들인 공덕으로 허공법계에 묻힐 모든 업인이 청정하고 그래
서 청복(淸福)을 누릴 수 있는 독자 여러분들의 병자년 새해가 열리길 간절
히 심축해 본다.

1995. 12. 31

숨은 도인(道人)

지난 달 팔십칠 세를 일기로 김명근 교도님이 앉은 채로 영(靈)을 날렸다
는 소식이 전해 왔다. 거실에서 말씀을 나누시다 방으로 들어가신 지 이십
여 분도 못 돼 방석 위에 단정히 앉으신 채 등을 벽에 기댄 모습으로 입적(入
寂)하셨다고 한다.

　그분의 아드님에 따르면 어제도 여느 때와 같이 원불교 법회에 잘 다녀오
셨고, 아침에도 자신이 출근할 때 웃는 얼굴로 배웅해 줬으며, 한 시간 전에
도 어머님과 정겨운 음성으로 통화했는데, 무엇이 급해 눕지도 못하고 앉으
신 채 세상을 떠나셨는지 모르겠다고 안타까워했다.

　그 할머님은 지난 삼십 년 동안 한결같이 오전 세시 삼십분에 일어나 목
욕재계하고 네시부터 방석에 앉아 척추를 칼날같이 세우고 두 시간 삼십 분
동안 기도, 좌선, 독경으로 정진해 왔다고 아드님은 말한다. 낮 동안 무료하
실까 봐 걱정하면 "나는 심심할 겨를 없다" 하시며 오전과 오후로 시간을 정
해 놓고 수도 정진하셨다고 한다.

　앉아서 영을 날린 것이 신통 묘술이 아니라, 아흔을 바라보는 노인이 점
점 쇠약해지는 건강 상태에서 어떻게 매일 새벽과 낮 동안 쉼없는 정진을
할 수 있었는지 놀랍고 불가사의하게만 여겨진다. 중생의 기질(氣質)을 변

화시키는 수도 생활이란 결코 쉬운 일이 아니기에 철저한 수행을 고행과 난행이라고 하지 않는가.

큰 원(願)과 뜻을 세운 수도자들도 대부분 수도 공동체 안에서 수도 생활을 길들인다. 수도자들끼리 규율을 지키며 더불어 생활하는 것 자체가 수도이기 때문이다. 때로는 도반(道伴)이 수도 정신에 게으르지 않도록 선의의 감시자가 돼 주기도 하고, 분발심을 촉구하는 채찍이 돼 주기도 한다.

보통 사람의 경우 홀로 수도 생활을 하기란 여간 어려운 일이 아니다. 사람의 육신은 편안한 것을 좋아하고 더 편안해지기 원하기 때문에, 그러한 육신의 청을 완강히 뿌리칠 힘이 없을 때는 나태와 안일의 함정에 빠져 수도자의 본분을 저버리기 쉽다. 수도란 자기와의 투쟁이고, 훌륭한 수도자라면 자신에게 철저하고 엄격해 자기 자신을 통제할 수 있어야 한다.

자기 자신에게 관용을 베풀지 않고 삼십 년을 하루같이 수도자의 길을 걸어오셨던 김명근 할머님의 인품에서 배어 나오는 고결함은 심산의 계곡 물밑만큼이나 깨끗했다. 특히 사람을 반기실 때면 얼굴에 함박미소를 짓고, 생기있고 광채 나는 눈빛에 정을 담아 상대방을 바라보시어 사람의 마음을 사로잡는 힘이 있었다. 합장하고 절하실 때면 작은 키가 땅에 닿을 듯 허리를 굽히시어, 그 겸손함은 다른 사람으로 하여금 더 낮추게 하는 힘을 갖고 있기도 했다.

전화하는 일은 할머님의 일과였다고 한다. 인연 있었던 여러 교우님들과 일가친척, 대소가들에게 소식과 인정을 먼저 건네고 어렵고 힘든 사람은 다 독거리셨다고 한다. 슬하에는 효성이 지극한 한 아드님밖에 두지 못한 할머님이시지만 그분의 생신 때는 백여 명의 대소가 사람들이 찾아들었다고 한다.

요즘 자기 자식과도 깊은 정곡(情曲)을 통할 수 있는 부모가 적고, 여러 자식을 큰 사랑과 정성으로 길러냈어도 늙어 외로워진 어버이를 만족스럽게 섬길 자식이 드문 세상에, 한 아들을 기르고도 백 명의 권속을 품 안에 안고 거느리셨다고 하니, 할머님의 그같이 비범하신 인격과 큰 덕은 숨은 도인(道人)이 갖춘 도력이라고 여겨진다.

　우리는 그간 밖으로 구하고 채우느라 안으로 자신의 인격을 돌아보는 일에 너무 소홀해 너나할 것 없이 도덕성이 허약한 상태다. 우리는 지금 '자기 자신을 지키고 다스리는 일'에 크게 실패한 지도자 때문에 나라 안팎이 온통 시끄럽고 민심이 수습되지 않고 있다. 고결한 수도자로 살다 가신 한 할머님의 이야기가 혼탁한 우리 사회를 맑게 할 수 있는 한 줄기 신선한 바람이었으면 한다.

1995. 12. 10

성자(聖者)의 미소

1994년 8월, 스위스 코(Caux)의 엠아르에이 본부 마운틴 하우스에서 '위기 속의 지역'이란 주제로 세계대회가 열렸을 때 '캄보디아 평화원탁회의'도 함께 열렸다.

　캄보디아의 여러 정파 대표들과 함께 캄보디아 국민의 정신적 지주이자 불교계의 큰 지도자인 마하 고사난다(Maha Ghosananda) 스님도 그 회의에 참석했다. 그 스님에 대해 잘 알고 있는 사람들은 캄보디아의 성자(聖者)가 온다며 그분을 맞는 기대가 대단했다.

　마하 고사난다 스님이 오던 날, 세계 각국에서 모인 수백 명의 참석자들은 스님을 영접하기 위해 도열했고, 그분이 당도하자 네 명의 흑인 청년들이 언덕 위에서 평화의 메시지가 담긴 노래를 불러 캄보디아의 평화를 상징적으로 염원했다.

　주황색 가사를 입은 작은 체구의 마하 고사난다 스님, 수백 명의 시선이 자신에게 쏠리고 있음도 잊은 듯 담담한 표정으로 노래를 듣고 서 있는 그분의 모습은 탈속(脫俗)의 거인처럼 느껴졌다. 많은 사람들이 서슴지 않고

'성자'라고 부르는 마하 고사난다 스님에 대한 각별한 기대감 때문에 나는 작은 것도 놓치지 않으려고 그분의 일거수일투족에 마음눈이 따르고 있었다.

언젠가부터 나는 다른 나라를 여행할 때 그 나라의 풍물이나 문화 유적지에 대한 관심보다 그 고장의 인정이나 인심을 접하는 일에 더 흥미를 갖게 됐고, 마음씨 좋은 사람이나 훌륭한 인물을 만날 때면 더할 나위 없는 기쁨과 행복감을 느끼곤 한다.

그곳에서의 몇 날 동안 마하 고사난다 스님은 단상에 올라 설법할 때가 아니면 침묵을 지켰다. 그분의 침묵은 여느 사람과 달라 보였다. 비록 많은 사람과 함께 있을지라도 자신과 상관되는 일이 없을 때는 오롯한 정념(正念)의 세계에 깊이 몰입하고 있는 듯했다.

좀처럼 말문을 열지 않는 그분은 사람을 대할 때면 만면에 인자한 미소를 머금고 그윽한 눈빛으로 상대방을 바라다보았다. 그러한 그분의 모습에서는 더 낮출 수 없는 겸손함도 느낄 수 있었다. 세계에서 온 많은 사람들은 그분의 그러한 모습을 가까이에서 보고 싶어 했다.

마하 고사난다 스님의 조용한 미소는 조금은 수줍은 듯이 보였다. 그분의 미소는 자비로우면서도 천진스럽기까지 해 그분의 미소를 접하고만 있어도 마음이 절로 선해지고 사람에 따라 서로 다른 영감을 얻는 듯했다. 어떤 사람은 그분을 만나면 마음의 평화를 얻는다고 하고, 또 다른 사람은 자신의 영혼이 깨끗해지는 도움을 받는다고 했다. 또 어떤 사람은 그분을 대하고 있으면 일만 근심이 절로 눈녹듯 하다고도 했다.

마하 고사난다 스님은 한마디의 말을 빌리지 않고 인자한 미소만으로 많은 사람들에게 무한한 영감과 감동을 주고 있었다. 스님의 그같은 미소는 일체 생령(生靈)을 사랑하는 자비심과 수도로 닦인 고매한 인격에서 배어 나오는 향기처럼 느껴졌다.

마하 고사난다 스님은 요 몇 년 동안 계속 노벨평화상 수상 후보로 추대 돼 오고 있기도 하다. "자! 천천히 천천히, 한 걸음 한 걸음, 평화를 오게 하

자. 캄보디아와 세계에." 그분이 이끄는 담마 예트라(Dhamma Yatra) 평화 순례대행진에는 캄보디아의 승려나 국민뿐만 아니라 평화를 사랑하는 지구촌 사람들이 동참하고 있다.

　스님은 나라 안에서 삶을 지탱할 수 없어 망명 생활을 하고 있는 캄보디아 사람들을 돌보고 다독거리기 위해 세계 각지를 여행한다. 그분은 마른자리, 고요한 곳에서 자신만을 위해 수도하지 않는다. 인명(人命)을 살상하는 지뢰를 이 지구상에서 영원히 추방하자고 빈(Wien)에서 호소한다.

　그리고 자신을 기다리는, 고통받고 슬픈 사람들을 위해 그 허름한 주황색 보따리 하나를 들고 노구(老軀)를 이끌며 홀로 지구촌을 순례한다.

1995. 10. 29

통일이 오는 길목에서

유엔개발계획(UNDP)의 두만강 개발 계획에 따라 동북아의 금(金) 삼각지로 각광받고 있는 중국의 훈춘(琿春)에 갔을 때였다. 그곳에서 바라본 북한은 바야흐로 개방의 햇살이 비추이고 있고, 그 햇살의 위력은 분단의 두꺼운 얼음장을 녹여 작은 울림의 소리를 내고 있었다.

　러시아 및 북한과의 접경 지대이고 장차 지린성(吉林省) 대외 개방의 중요한 통로가 될 훈춘은 해상(海上) 실크로드의 부푼 꿈을 안고 있었다. 두만강을 사이에 두고 북한의 선봉, 은덕, 새별 세 개 군과 마주 보고 있는 훈춘에는 주민의 사십오 퍼센트나 되는 조선족이 살고 있고, 그들은 중국 국적을 갖고 소수민족으로 살고 있으면서도 우리말과 우리글을 고집스러우리만큼 철저히 사용하면서 우리의 문화 및 풍속과 전통도 그대로 지키고 있었다. 우리와 국적은 달라도 같은 민족의 뜨거운 동포애가 서로를 잡아당기고 있음을 느낄 수 있는 조선족들은 남북통일의 촉매 역할을 담당하고 있었다.

우리나라와 중국 간의 국교가 정상화된 몇 년 사이 옌볜(延邊)을 찾아간 남한 사람도 많지만 북한과 한국을 자유롭게 왕래하고 있는 조선족들은 남북한 양측의 사정에 매우 밝았다. 남한의 눈부신 경제 발전과 북한 주민들의 비참한 실상을 잘 알고 있는 그들은 하루속히 남북통일이 되어 같은 동포들이 고루 잘사는 모습을 보고 싶다고 했다. 그리고 남한 사람들은 북한 동포들의 어려운 사정을 아무리 상상하려 해도 그들의 비참한 실상까지는 생각이 미칠 수 없다고도 말했다.

그들 조선족이 남한의 자유와 풍요로운 모습을 기회 있을 때마다 북한 동포들에게 자연스럽게 흘리기만 해도 그것은 북한 동포들의 막힌 귀를 열어주는 작업이 될 것이다. 그리고 북한 동포들로 하여금 남한의 실상을 올바르게 이해할 수 있도록 그 인식 전환에만 힘써도 그것은 바로 통일의 지름길을 만드는 것이란 생각이 들었다.

북한도 1990년대에 들어서 경제적 살길을 찾아 대결적이고 고립적인 대외 정책에서 벗어나 대외 협력 추구 정책을 채택하고, 나진·선봉 지구를 제한적으로나마 개방하면서 무역 제일주의로 바뀌고 있다고 한다. 1995년 9월 4일 훈춘에선 중국과 북한을 잇고 있는 권하교(圈河橋)가 '중국 권하 조선 원정 국경공무통로'란 명칭으로 개통돼 양국은 사증(査證) 없이 왕래할 수 있게 됐다.

북한은 장차 이 권하교를 통해 엄청난 개방의 바람을 맞게 될 것이다. 처음에야 제한적 개방을 전제로 한다 하더라도 점진적인 개방과 개혁은 불가피하게 될 것이며, 이같은 북한의 개방과 개혁은 곧 통일이 오는 길목이 될 것이다.

불행하게도 북한은 지난 7-8월에 내린 폭우로 백 년 만의 큰 홍수가 구개 도 백사십오 개 시·군을 휩쓸어 국토의 칠십육 퍼센트가 피해를 보았고, 오백이십만 명의 이재민과 총 백오십억 달러 상당의 피해가 났다고 한다. 그뿐만 아니라 십만 가구의 가옥과 수많은 수리 시설, 도로, 펌프장이 파괴되고, 특히 곡물 생산이 감소돼 올해의 식량 부족 현상은 매우 심각할 것이라고 한다. 지금 베이징에서 열리고 있는 제3차 남북회담에 참석하고 있는 북측 대표단의 말에 따르면, 홍수 지역 농토에는 자갈, 모래가 일 미터 이상씩 쌓여 앞으로 칠팔 년 동안 경작이 불가능할 것이라는 우울한 소식이 들리고 있다.

북한 동포가 수재로 큰 피해를 당하고 있어도 우리는 우성호 송환 문제나 쌀 수송 억류 사건 등의 유감스러운 경험 때문에, 그리고 북측의 대표성있는 공식 요청이 없어 뜨거운 동포애마저 차가운 공기 속에 차단되고 있다. 앞으로 우리는 동포애를 발휘해 그들을 도울 수 있도록 그 수단과 방법을 더욱 진지하게 검토해야 할 것이다. 그리하여 우리가 통일의 대전제로 생각해 오고 있는 민족 공동체를 실현하는 중요한 계기를 마련해야 할 것 같다.

1995. 10. 1

성 달라이 라마

'작은 티베트'라 불리는 인도 북부 히말라야 설산 라다크에는 수세기 전에 건립된 '헤미스 곰파(Hemis Gompa)' '알치 곰파(Alchi Gompa)'등 많은 사원들이 있다. 그 사원 내외부 벽에 그려진 불화(佛畵) '나만다라'는 불교미술사에서 높이 평가되어 세계 각국 사람들의 발길이 이어지고 있다.

라다크 티베트 불교 사원의 불단에는 예외 없이 제14대 달라이 라마(Dalai Lama)의 사진이 부처님과 함께 모셔져 있다. 그 사진을 볼 때마다 티베트 불교에서는 살아 있는 인간 성 달라이 라마를 신앙의 대상으로 섬기고 있는 것일까 하는 생각이 들곤 한다.

달라이 라마는 티베트 종교, 정치의 최고 지도자로서, 현재 인도의 다람살라(Dharamshala)에 망명 정부를 수립하고 비폭력 평화주의로 중국에 점령당한 티베트의 독립을 위해 노력하고 있다. 노벨평화상 수상자이기도 한

달라이 라마의 육십 회 생일 축하 행사가 1995년 7월 4일부터 6일까지 사흘
간 인도의 수도 뉴델리에서 베풀어졌다.

이틀에 걸쳐 세계 각국의 석학들이 모여 '이십일세기를 위한 비폭력 자비
의 비전'과 '생태계의 조화와 환경 보호의 경각심 호소' 등의 심포지엄을 열
었고, 6일에 열린 그의 생일 축하 행사는 이른 아침 마하트마 간디의 묘소에
서 여러 종교 대표자들의 찬팅으로부터 시작되었다. 그것은 달라이 라마가
간디의 비폭력·무저항주의의 사상적 맥을 계승하고 있음을 상징하는 것이
었다.

그의 육십 회 생일 축하연은 인도의 벵카타 라만(Venkata Raman) 전 수
상을 비롯, 세계 이십여 개국에서 온 하객 등 오천여 명이 아소카 컨벤션홀
을 가득 메운 가운데 베풀어졌다.

인도의 인권위원회 회장인 라강가 미스라 판사는 축사에서 달라이 라마
는 평화와 비폭력의 사도며 사랑과 자비의 화신으로 모든 인간의 영혼을 해
방시키는 뛰어난 전사(戰士)라고 격찬했다. 이어진 축사와 남아프리카공화
국의 만델라(N. Mandela) 대통령을 비롯해 세계 도처에서 전해 온 축하 메
시지는 한결같이 달라이 라마의 비폭력 정신에 깊은 존경을 표하는 내용들
이었다.

달라이 라마는 이날 답례 연설에서 인도 정부가 티베트 민족의 문화와 종
교, 주체성과 자존심을 유지하도록 도와 준 데 대해 진심으로 감사한다고
말했다. 그는 전쟁으로는 국가나 종족 그리고 종교 간의 문제를 해결할 수
없다고 전제하고 비폭력만이 모든 인류의 가치를 높일 것이라고 강조했다.
그리고 세계 평화를 위한 국제 질서의 궁극적인 목표는 어떠한 상황에서도
폭력만은 배제하는 것이어야 한다고 역설했다.

그는 자신의 경험에 따르면 사랑과 자비의 계발이 내적 평온을 찾을 수
있는 가장 큰 힘이었다고 말했다. 다른 사람의 행복을 소중히 하면 할수록
자기 자신의 행복도 커진다며 인간의 권리와 자유를 누리지 못하고 있는 티
베트 사람들을 도와 달라고 호소했다.

달라이 라마는 자신의 종교적 신념과 체험이 담긴 내용을 그분 특유의 유머 감각으로 강연해 많은 청중의 심금을 울렸다. 전 세계 많은 사람들로부터 극진한 예우와 추앙을 받고 있었지만 그분에게서는 조금도 권위 의식 같은 것을 발견할 수 없었다. 자신을 위해 마련된 사흘 동안의 행사에 참석할 때마다 양말도 신지 않은 맨발의 모습이었고, 기념식수를 위해 마련된 공원의 법좌에서 찬팅할 때 다람쥐가 나뭇가지를 오르내리자 재미있는 듯 바라보며 미소 짓고, 자신에게 초점을 맞추고 사진 찍기에 바쁜 카메라맨들에게 다정한 눈길을 보내기도 해 도무지 형식에 구애받지 않는 자유인처럼 보였다.

전 세계에 흩어져 세계 시민으로 열심히 살아가는 티베트 민족의 종교적 정치적 상징이요 구심적 인물이기도 한 성 달라이 라마는, 세계의 많은 사람들로부터 존경과 신뢰를 받는 이 시대의 위대한 영적 지도자로 여겨졌다.

1995. 7. 30

우리 이제부터라도

크고 화려해 보이던 삼풍백화점이 폭삭 무너져 내렸다. 너무 충격적인 대형 사고가 잇따라 일어나고 있어 우리 국민 모두의 정서가 불안할 지경이다.

잘 다독거려 간수한 화롯불의 불씨로 밥솥에 불을 지피고, 아침마다 아궁이의 재를 알뜰히 긁어모아 농사지을 거름을 장만하고, 기름이 닳을까 봐 호롱불의 심지를 낮춘 가난했던 시절을 오십대 이상의 어른 세대들은 어제 일처럼 기억하고 있다.

그리고 부모들이 허리띠를 졸라매면서도 자녀 교육에 희생적인 열성을 바쳐 국가의 고급 인력이 축적되었고, 온 국민이 가난을 극복하기 위해 열사(熱砂)의 나라 중동의 건설 현장까지 나가 집념 어린 근면과 노력으로 일하여 우리는 일찍이 상상도 해 보지 못했던 오늘날의 풍요로운 모습으로 살게 되었다.

그러나 우리들은 씨 뿌리고 부지런히 가꿔야만 풍요로운 수확을 기대할 수 있었던 농경 시대의 그 소박한 순리를 잊어버린 것 같다. 어떻게 해서라도 자신의 잇속만 챙길 수 있다면 수단과 방법을 가리지 않고 염치도 불고하게 되었다. 그래서 돈을 벌 수만 있다면 양심을 쉽게 팔고 순리(順理)와 정도(正道)가 아니어도 개의치 않는 풍조가 생겼다. 욕심 때문에 우리들은 어느덧 임시와 눈가림과 적당히 해치우는 데 익숙해져 버렸다. 그 '임시'와 '눈가림'과 '적당히' 했던 일들의 업보(業報)는 끊이지 않는 대형 사고의 참사로 우리를 벌주고 있다.

대형 사고가 날 때마다 '이번에도 인재(人災)였다'는 말이 꼭 따라붙고 있다. 어떤 사고도 우연히 일어난 것이 없고 운이 나빠서 일어난 것들이 아니다. 모든 사고는 이미 잉태되어 있다가 때가 되면 터질 뿐이다. 삼풍백화점도 건물의 부실시공과 안전관리 소홀이라는 주원인이 일천수백여 명의 사상자를 낸 대형 참사를 부른 것이다.

오늘날과 같은 도시 산업사회에 살고 있는 우리는 제각기 다만 자기 일을 하고 있는 것 같지만 사실은 어느 것 하나도 다른 사람과 깊이 연관되어 있지 않은 일이 없다. 내가 하는 일이 곧 다른 사람의 생명이나 재산에 중대한 영향을 미치고 있는 것이다. 나의 실수와 무책임이 곧 우리 사회의 대형 사고를 만들고 있음을 깨달아야 한다. 도시 산업사회에 살고 있는 우리는 마치 한 사람의 인체와도 같아, 어느 분야에서든지 맡은 바 자기 기능을 다하지 못하면 그것이 원인이 돼 누군가는 큰 피해를 보게 되고, 사회 전체가 충격의 몸살을 앓게 된다.

임시로 해 둔 것이 영구할 수 없고, 남의 눈을 가린 것은 결국 드러나게 마련이며, 적당히 했던 일들은 '부실이란 무서운 얼굴'로 나타나고 만다. 그리고 원칙에 따르지 않고 안이하게 했던 일들은 쉽게 허물어지고 있음을 우리는 지금 경험하고 있다. 이제부터라도 우리는 원칙을 지키고 순리를 따르는 겸허한 자세로 살아야겠다. 우리 모두 자기가 맡은 일만은 '작은 하자'라도 발생하지 않도록 철저하게, 책임 있게 일하는 자세만 가질 수 있다면 우리는 지금 미래의 대형 사고를 예방하고 있는 것이다.

붕괴된 삼풍백화점의 경우 이미 십오 일 전부터 건물 일부에 금이 가는 등 붕괴의 조짐이 나타났다고 한다. 사고 당일 아침에도 오층 식당 바닥에 균열이 생겨 백화점 임원들은 긴급 대책 회의를 하고 사층 보석상점의 귀금속은 미리 치웠다. 그러면서도 인명 피해 대책은 세우지 않고 오층의 큰 백화점이 폭삭 내려앉을 때까지 영업을 계속했다니, 우리 사회가 물질에 비해 얼마나 인명을 경시하고 있는가.

이제부터라도 물질과 돈보다 사람을 존중하는 올바른 가치관이 정립되어야만 우리의 미래를 밝게 전망할 수 있을 것이다. 삼풍백화점 참사로 목숨을 잃은 선량한 시민들의 명복을 삼가 빌며 부상자들의 빠른 쾌유를 기원한다.

1995. 7. 2

사랑과 자비는 하나

강남교당 '교화의 방'으로 들어가는 복도 한편에는 예쁜 달걀 바구니들이 가지런히 놓여 있다. 베타니아 집과 성 라자로마을, 그리고 다른 수도원에서 부활절 선물로 보내온 것들이다. 각양각색으로 물들인 달걀과, 공예품처럼 보이는 달걀이 가득 담긴 부활절 달걀 바구니 선물은 신앙을 달리한 사람에게도 기쁨을 준다.

예수님의 부활을 기리는 믿음 깊은 신앙인의 큰 정성이 작은 달걀에 담겨 있는 그 귀한 선물을 함부로 할 수 없어 한곳에 모아 놓고 일 년 내내 두고 본다. 부활절 달걀 바구니들은 이제 우리 교당에서 사랑받는 실내 장식물이 되었다.

하루에도 수없이 눈길이 머무르는 부활절 달걀 바구니에서 나는 때로 천주교와 원불교가 서로 통할 수 있는 '보이지 않는 길'이 있음을 본다.

명동 바오로수도원의 더 깊은 곳에는 베타니아의 집이 있다. 값진 헌신의 삶터에서 그 소임을 마무리하고 은퇴한 노수녀님들이 수도 공동체를 이루고 있는 곳이다.

베타니아의 집을 찾아다닌 지도 올해로 십 년째가 된다. 갈 때마다 온 마음으로 반기시는 수녀님들, 수도의 세월만큼이나 온화하고 투명한 눈빛을 간직한 노수녀님들과 함께 있노라면 서로 다른 종교의 거리와 벽은 사라지고 한 가족이 된다.

그 단란한 분위기에 젖어 있다 보면 사바세계 바깥세상과는 천리만리 동떨어져 있는 청정함을 느낀다. 도심 속의 명동이라고는 믿어지지 않는 고요함, 그리고 노수녀님들의 걸음걸이처럼이나 한가로움이 흐르는 수도원. "박교무님, 우리 수도원으로 와요" 하며 따뜻한 정을 주시는 수녀님, "그런 말씀 마세요. 실례죠…" 하고 만류하시는 수녀님들 속에 있다 보면 맑은 기쁨이 샘솟는다.

베타니아의 집 노수녀님들께서는 4월 하순에 방문해도, 5월 초순에 찾아뵈어도 한결같이 첫 인사는 "부활 축일 잘 지내셨죠?" 하며 몫 지워 간수해두었던 부활절 달걀 바구니를 건네주시곤 한다.

지난 부활절에 노수녀님들에게 기쁨 드리기 위해 호접란 한 분을 들고 베타니아의 집을 찾았다. 수녀님들은 부활 축일 때 왔다며 여느 때보다 더 반기셨다. '축 부활절'이란 리본이 달린 난꽃 앞에서 "이 난은 참 아름답다. 너무 예쁘죠?" 하며 호기심 많은 소녀들처럼 좋아하는 그분들 모습은 꽃보다더 아름다워 보였다.

하늘에서 가까운 동네 인도의 히말라야 설산 라다크 사람들에게 우리의 겨울옷을 보내는 일을 원불교가 주관해 했을 때도 대치성당이 중심이 되어 천주교의 많은 분들이 합력했었다. 이제는 오랜 내전(內戰)에 시달리며 모든 물자가 귀해 헐벗고 사는 열대의 나라 캄보디아 사람들에게 우리들의 남는 옷을 보내는 운동을 펼치고 있다.

이번에도 대치성당에서는 부활절 축일부터 캄보디아에 보낼 옷을 모으기 시작, 온정의 옷이 쌓이고, 천주교 신자 여러 분들은 그 옷들을 자신의 친지에게 보내기라도 하듯 정결한 것들만 골라 상자에 담아 포장하고 있다. 역사가 짧고 교세가 더 약한 원불교가 앞장서서 세계의 불우한 사람들을 위해 일할 때마다 마치 한집안 일처럼 손을 맞잡은 천주교에서 '참사랑과 너그러움'을 배운다.

유엔은 1995년을 '세계 관용의 해'로 정했다. 국제사회에서 냉전 체제가 사라진 이후 인류가 직면하고 있는 또 다른 위기는 종교 간, 종족 간 갈등과 대립으로, 지구촌 곳곳에서는 총성이 멎지 않고 있다. 우리 서로 상대방에게 조금만 더 너그러울 수 있다면 지구촌에는 진정한 평화가 깃들일 것이라는 믿음을 가져 본다.

1995. 5. 7

기댈 수 있는 이웃

1991-1993

소리의 얼굴

이십삼 년 전 어느 날 국립맹학교 교양 강좌 시간에 전교생을 대상으로 강연을 했었다. 시선으로 반응을 전혀 읽을 수 없는 청중들 앞에서 말을 한다는 것은 마치 어떠한 독백을 하고 있는 것만 같았다. 경험해 보지 못한 독특한 분위기 속에서 말을 마친 나는 끝으로 질문을 해도 좋다고 말했다. 그러자 한 학생이 손을 번쩍 들고 일어나 질문을 했다.

"말씀하시는 분의 나이를 알고 싶습니다."

너무 뜻밖의 질문에 답변이 궁했던 나는 오히려 내 나이가 몇 살일 것 같으냐고 반문했다.

"열아홉 살이요." 질문했던 그 학생이 다시 일어나 장난기 있는 표정을 지으며 대답했다. 그 말을 들은 학생들은 와르르 웃으면서 저마다 내 나이를 헤아려 보는 듯 갸우뚱했다. 청각으로 모든 분별의 척도를 삼고 있는 시각 장애인들의 세계를 처음 접해 본 것이다.

그날의 강연이 인연이 되어 나는 그들의 기숙사를 자주 찾게 되었다. 내 목소리가 나면 그들은 우선 나를 반기면서 조심조심 걸어 나왔다. 나는 그들의 입가에 번지고 있는 미소로 그들의 감정을 읽을 수 있었다. 그러나 자주 만나 본 그들은 앞을 보지 못하는 좌절감을 침묵으로 삭이면서 잔뜩 움츠리고 있었다. 굳어 있는 그들의 표정에 깊은 연민의 정을 느끼기 시작한 나는 다정한 음성으로 이야기도 해 주고 또 그들과 함께 노래도 불렀다. 그들은 내 소리의 얼굴에 이끌리고 있어 그들과 나는 쉽게 가까워질 수 있었다.

어느 날은 한 학생이 부탁이 있다며 아주 조심스럽게 말문을 열었다. 그것은 문학작품을 읽어 달라는 주문이었다. 그들의 무슨 소원이고 들어주고만 싶던 나는 사직교당의 젊은 교도님들과 대학생들로 팀을 구성하여 국립 맹학교 학생들에게 명작 읽어 주기에 열성을 기울였다. 자신들에 대한 우리의 관심과 애정에 확신을 갖게 된 그들은 희망과 용기를 갖는 것 같았다. 얼마 뒤 그들은 새로운 제안을 해 왔다. 자신들이 읽을 수 있는 점자책을 만들고 싶으니 도와 달라는 것이었다.

순수한 열정으로 그들에게 명작을 읽어 주던 대학생들은 선뜻 그들의 뒷바라지에 나섰다. 소리 내어 책을 읽어 주면 맹인 학생들은 점자 판 위에서 번개같이 점필을 움직였다. 그들의 그러한 집념과 노력의 결과로 점자로 된 『원불교 교전』을 만들어내는 쾌거를 이루었고, 『도산 안창호』 전기를 점역(點譯)하여 맹인들에게 민족혼을 일깨워 주기도 했다.

점필로 한 점 한 점을 찍으면 두터운 하얀 종이 위에는 누에알 같은 점이 촘촘히 태어났다. 그 단순한 형태의 점자에 맹인 학생들의 손끝이 스치면 그들의 입에서는 책의 내용이 줄줄 흘러나왔다. 참으로 신기하고 대견스러웠다.

그때 그 맹인 학생들이 성장하여 이제는 가정을 이루고 눈망울이 초롱초롱한 자녀들을 기르고 있다. 지금 내 주변의 뜻있는 분들은 그들 맹인 가정을 돕고 있다. 그리고 그 자녀들의 장학금을 마련하는 저수지에는 계속 온정의 물길이 흘러 들어오고 있다.

엄마 아빠보다 더 잘생기고 건강한 그들 자녀들을 바라보고 있노라면 그 옛날 그들의 어버이와 함께 갔던 어느 소풍날, "가을 하늘은 구름 한 점 없이 맑고 파랗다. 길 양옆으로는 코스모스가 무리 지어 피어 있고 바람결에 키가 큰 코스모스가 흔들리고 있는 모습은 아주 아름답다…"고 뒷걸음질로 걸으면서 주변의 정경을 설명으로 보여 주던 일, 무성영화의 변사처럼 말하던 삼십대 초반의 내 모습이 실루엣처럼 어른거린다.

1993. 3. 8

수도자의 삶

인간만이 시간의 마디를 나누어 지난해, 새해라 부르며, 묵은해를 정리하고 새해를 설계한다. 새해에도 우리가 살아왔던 여느 때와 다를 바 없는 나날들이 반복되면서 또 세월은 우리 곁을 쏜살같이 지나가 버릴 것이다.

나는 언젠가부터 새해를 맞을 때면 큰 희망을 갖기보다 오히려 위안을 받곤 한다. 개인적으로 지극히 소중한 생의 한 마디인 일 년을 다 써 버린 세밑에 서게 되면 나 자신이 남긴 발자취를 조용히 뒤돌아보게 된다. 그럴 때면 스스로 당혹감을 어찌할 수 없는 때가 많다. 수도자 본분의 삶에 충실치 못했던 자신을 발견할 때가 그렇다. 큰 회한으로 밀려오는 지난해의 미흡했던 삶을 보충할 수 있는 시간의 긴 마디, 삼백육십오 일이 새해라는 이름표를 달고 내 앞에 마주하고 있을 때면 적이 안심이 되고 위안이 된다.

남과 다른 서원(誓願)을 갖고 수도자의 인생을 살아가고 있지만, 이런 일 저런 일에 묶여 살다 보면 세월은 쉼없이 흐르는 물처럼 흘러 버리고, 또 한 해의 세밑에서야 정신이 번쩍 들곤 한다. 그럴 때면 한 해 동안 관심을 가졌던 일들로부터 거두어들인 몇 개의 보람의 열매들도 성에 차지 않는다. 희미하게 느껴지는 구도자의 나이테만이 나 자신을 유난히 왜소하게 만들고 초라한 느낌마저 들게 한다. 세월을 모두 허송했던 것만은 아니었다는 자기 변호의 작은 목소리가 들려오기도 한다. 그러나 아직도 중생의 속성을 골고루 갖고 있는 자신을 들여다볼 때는 누구와 눈빛이 마주칠까 봐 두렵기까지 하다. 수도자의 본분의 삶에 게을렀던 자신을 무섭게 힐책하고 '새해에는…' 하면서 단단히 다짐해 본 적도 벌써 한두 번이 아니다.

이 우주 안에는 보이지 않는 질서의 원리와 원칙이 있다고 믿는다. 그 어느 한 가지도 공들인 바 없이 저절로 잘되고 풍성하게 열매 맺는 법은 없다. 그것이 인과응보의 진리이고, 이 우주의 질서를 창조하는 공정하고도 엄격한 법칙이라고 믿는다. 순리의 삶이란 그같은 질서를 믿고 따르는 것을 의미한다.

부지런한 농부가 땀 흘려 농사를 지어야 가을의 추수 마당이 풍요로운 것과 같이, 중생의 옷을 벗어 버리기 위해 발심구도(發心求道)하는 수도자들도 삼독심(三毒心)을 탈색하는 작업, 수도 정진에 큰 공을 들여야 비로소 불보살의 인격과 인품을 간직할 수 있다고 믿는다. 올해도 '수도자의 삶, 그 본분에 먼저 충실하라'고 서원(誓願)의 자아가 나 자신에게 충고한다.

모든 사람들이 제각기 맡은 바 전문 분야에서 열심히 일하고 자기 몫을 충실히 꾸려내야 우리 사회는 건강하고, 함께 살아가는 이웃들이 서로 고맙게 느껴질 것이다.

집배원은 우편물을 배달하고, 소방대원은 소방차에 물을 가득 채워 놓고 화재 현장으로 달려가기 위해 대기하고, 미화원은 거리를 열심히 쓸듯이, 서로 나누어 맡은 자신의 몫을 해낼 때 이 세상은 건강한 유기체로서 존재할 수 있고 모든 일이 원활하게 이루어질 수 있다.

어찌 보면 제각기 자신의 생존과 발전만을 위해 열심히 살아가는 것 같지만, 또 달리 보면 다른 사람의 욕구를 충족시키기 위해 일을 하는 것이기도 하다. 기업인은 소비자의 취향에 맞는 물건을 생산하기 위해 얼마나 고심하고 노력하는가. 결국 소비자를 만족시킬 수 있어야 기업 이윤도 얻을 수 있기 때문이다.

더불어 살고 있는 우리 사회는 서로 각자가 맡은 바를 훌륭하게 이룩해 주기를 바라고 또 촉구한다. 역시 세상 밖에 살고 있지 않은 종교인들도 세상으로부터 많은 주문을 받고 있다. 우리 사회의 도덕성이 건강하도록 모든 종교는 사회의 방부제가 되어 주기 바라고, 세상이 혼탁할 때면 성직자나 수도자는 신선한 바람과 맑은 물이 되어 정화의 소임을 맡아 줄 것을 기대한다. 또 개인적으로는 자신의 모습을 비추어 볼 수 있는 맑은 거울과 같은 존재의 성직자나 수도자가 있기를 갈망한다. 그리고 인생을 살아가는 동안 삶의 질과 양을 재어 볼 수 있는 바른 척도와 지혜를 빌리고자 한다. 또 음지의 소외 계층을 따뜻하게 돌봐 주는 것도 당연히 종교의 몫이라고 생각한다.

만약 수도자가 본분의 삶에 힘쓰지 않아 몸과 마음이 도(道)에 길들어 있지 않고 자비심이 부족하면 우리 사회는 종교인을 쓸모없는 연장과 같이 여길 것이다. 그리고 저마다의 몫, 종교의 소임에 부응할 만한 준비가 없고 또 노력마저 바치지 않는다면 종교인은 세상으로부터 존경 대신 소외를 면치 못할 수도 있다고 생각해 본다.

욕심 없이 살아가는 수도자의 삶이 아무리 소박하고 검소하다 할지라도, 밥을 먹고 옷을 입으며 거처와 수용품을 쓰고 사는 것은 누군가가 피땀 흘려 노력한 그 대가의 일부를 빌려 쓰고 사는 것이 아니겠는가. 수도인이 한눈팔지 않고 촌음을 아끼면서 수도에 정진하여 자기 인격의 틀을 바꾸는 것은 사회로부터 요청받고 있는 종교인의 소임과 역할을 담당하기 위한 준비이고 대비라고 여긴다. 마치 문밖이 더럽기 때문에 대문을 닫고 자기 집 안만 깨끗이 쓰는 사람처럼, 어지럽고 혼탁한 세상을 등지고 자기 수도에만 힘쓴다면 그것은 세상에 큰 빚을 지는 삶이 될 것이다. 적어도 수도자의 인생이 빚지는 삶이 되어서는 안 된다고 늘 나 자신에게 타일러 보기도 한다.

1993. 1

마음으로 받은 선물

어느 날, 지리산 화엄사라고 밝힌 한 통의 전화가 걸려 왔다. 내용인즉, 『화엄(華嚴)』 창간 삼 주년 테마 에세이에 글을 써 달라는 원고 청탁이었다. 여러 종교의 성직자들이 함께 쓸 공동 주제는 '바른 믿음, 바른 삶을 위하여'라고 했다. 변변찮은 나에게 원고 청탁을 해 주는 배려는 고맙지만, 원고 청탁 그 자체가 부담되어 사양을 했다. 그러나 전화로 먼저 원고 청탁을 하고 있다는 그 젊은 여성은 나의 사양을 백 번이라도 되돌려 줄 듯이 설득하기 시작했다. 시외전화라는 부담도 있는 데다 그 음성이 하도 차분해서 마치 지리산 계곡에나 고여 있을 한적함과 솔바람 소리라도 전해 주는 것 같아, 나는 그만 "노력은 해 보겠지만 잘될지 모르겠습니다"라고 반(半) 승낙을 하고 말았다.

때로 서로 다른 종교인들끼리 공동 주제로 글을 쓸 때는 그 지면이 꼭 정답을 써야 하는 시험지 같은 미묘한 부담을 느끼게 된다. 그러나 다른 한편으로는 서로 다른 종교의 신념체계에 길들여진 사람들이 같은 주제를 가지고 어떠한 글을 쓸 것인가 하는 것은 기대 못지않게 큰 관심거리이기도 하다. 그리고 같은 주제로 발표된 다른 필자의 글을 읽을 때면 유익한 참고가 되기도 하고, 새삼 내 자신을 비추어 보는 좋은 거울이 되어 줄 때도 있다. 결국 나는 『화엄』의 원고 청탁 취지에 충실하려고 유념하면서 원고를 탈고했다.

한참 뒤에 보내온 『화엄』을 반갑게 받아 보았다. 공동 주제에 「천진면목(天眞面目)」이라는 부제가 붙여진 한 신부님의 글을 읽게 되었다.

"삶의 양을 따지려면 밤낮 없이 가득가득 채우고 차지하려는 일에 급급해야 하지만, 삶의 질을 생각한다면 비우고 나누고 베푸는 일에 끝까지 정진해야 한다. (⋯) 먹는 것, 입는 것이 부족해야 삶이 진실하고 순수하게 된다. 물질의 풍족은 우리들의 혼을 흐리게 하고 정신을 분산시킨다. 풍부하게 소유하는 것이 아니라 풍성하게 존재하는 것이 중요하다. (⋯) 가득가득 채우려고만 하지 말고 놓아 버리고, 빼앗기고, 텅 비울 때 새로이 눈이 뜨이고 밝은 귀가 열릴 수 있다."

구구절절이 공감이 가는 그분의 글을 읽으면서 결국 모든 종교의 구도자들이 추구하는 세계는 일치한다는 깊은 감명을 받았다. 그리고 무심(無心)의 세계를 전개하는 그 신부님의 글의 행간에는 온통 불교 사상의 빛깔이 곱게 물들여져 있었다. 그분의 글을 다 읽었을 때 나는 마음이 한결 넉넉해지기도 하고 삶의 본질에 대한 깊은 생각을 다시 해 보는 유익함이 있었다. 좋은 글을 읽을 수 있도록 다리가 되어 준 『화엄』지가 고맙다는 생각까지 들었다.

그러던 어느 날, 겉봉에 "『화엄』에 귀한 글을 주셔서 감사합니다"라고 적힌 작은 소포가 배달되었다. 뜻밖의 소포를 받고 궁금한 마음으로 풀어 보았다. 산의 풍경이 운치있게 그려진 상자 속에는 작설차(雀舌茶) 한 통이 담겨 있었다. 쌍계제다에서 생산한 지리산 야생 녹차였다. 고맙고 반가운 마음으로 받은 그 차를 다려 시음을 해 보았다. 은은하고 그윽한 차향과 함께 담백한 차 맛이 입 안에 가득했다.

나는 그 무렵 중국 용정차(龍井茶)를 즐기고 있었다. 용정차는 차의 향과 맛이 다른 차와 비길 수 없이 좋다고 느끼면서 마시곤 했다. 그러나 지리산 작설차를 받은 뒤로는 줄곧 그 야생 녹차만 마시게 되었다. 그리고 가끔은 차를 우려낸 녹두빛 어린 찻잎을 살펴보면서 지리산 어디쯤에서 자랐을까 하는 생각도 해 보았다. 한동안 무심히 차를 마시다가는 문득 남은 차의 분량을 확인하기도 했다.

그처럼 예전에 하지 않던 짓을 하는 것은 지리산의 작설차가 차의 향이나 맛이 유난히 좋기 때문에 그러는 것만은 아니었다. 나의 속마음을 헤아려 보면 지리산에서 수확한 차에 대한 애정 때문이었다.

지리산은 나의 내면세계를 키워 준 산이다. 나의 정신적 성장의 나이테를 굵게 만들어 준 산이다. 언젠가 지리산 천왕봉 아래서 동트는 새 아침을 맞았을 때 태양은 순백색의 붉은빛으로 온 우주의 만상을 비추었다. 찬란한 그 빛을 먼저 받은 지리산 연봉들은 신령한 기운이 감돌았다. 그때의 그 거룩함은 거의 신앙적인 분위기였다.

나는 그때 지리산의 청정함을 호흡하면서 숨죽인 채 태양을 신앙의 대상처럼 우러러보았다. 그리고 또 다르게는 더할 나위 없이 완전한 인격체의 수려한 모습을 대하는 감동을 받기도 했었다. 승화된 생의 환희와 삶의 고마움을 온몸으로 느꼈던 지리산, 나는 그때의 감격을 좀처럼 잊을 수가 없다.

산은 사람을 더할 나위 없이 순수하고 진실하게 만드는 위력이 있다. 나의 빛바랜 지리산 산행일지에는 다음과 같은 글귀가 적혀 있다.

산은 내 인생의 상담자.
산은 내 감정의 여울목.
산은 내 마음의 세척장.
산은 내 영혼의 주치의.

　지리산의 야생 녹차를 마실 때마다 까맣게 잊고 지내던 지리산의 온갖 추억들이 마치 지리산의 운해(雲海)처럼 밀려 왔다. 이십여 년 전, 지리산 종주를 마치고 산과 작별할 때 울컥 쏟아지는 뜨거운 눈물을 뿌리던 골짜기를 이제 다시금 상념의 세계에서 밟아 본다.

　지리산의 야생 녹차를 마시면 지고지순하게만 느껴지는 옛 한 추억들이 녹차 맛처럼 음미된다. 그리고 파르스름한 녹차빛을 마시면서는 지리산의 그리움도 함께 마신다. 차를 마시고 나면 입 안에 맑음이 고인다. 그 맑은 침은 수도자들이 생명수처럼 삼키면서 살아가는 감로수(甘露水)이다. 차를 마실 때의 건곤(乾坤)과 같은 마음, 향기 번지는 마음은 산과 함께 있을 때의 그 마음이다.

　따뜻한 마음으로 『화엄』지를 만들고 있는 분들이 보내 준 작설차 한 통이 도심에서 잠들고 있는 내 영혼을 일깨워 주었다.

1992년 여름

사람의 그늘

몇 년 전 강남교당을 신축하고 조경을 위해 여러 그루의 나무를 적절한 위치에 안배해서 심었다. 수종도 향나무, 단풍나무, 은행나무, 모과나무, 옥향나무 등 다양하다.

　그중 두 그루의 느티나무는 이웃의 담장 옆 어린이 놀이터가 될 곳에 심었다. 느티나무는 어느 나무보다 성장이 빨랐다. 어느덧 키가 훌쩍 커서 이웃집의 삼층 창문까지 가려 주고 넓게 뻗은 가지는 어린이 놀이터에 시원한 그늘을 만들고 있다. 올 여름에도 우리 어린이들은 그 그늘 아래에서 마냥 즐겁게 뛰놀고 있다.

여름날, 시골 마을 앞을 지나다 보면 키가 크고 둘레가 넓은 정자나무 그늘 아래에서 마을 사람들이 둘러앉아 있는 모습을 볼 수가 있다. 그들의 그러한 모습은 더할 나위 없이 시원하고 평화로워 보인다. 그리고 녹음 짙은 정자나무와 그 그늘에서 배어 나오는 서늘함은 여름날의 시원한 정취까지 선사해 준다.

한 그루의 정자나무가 만드는 그늘은 그 마을 사람들의 큰 위안이고 휴식처이다. 만약 태양이 이글거리는 여름날 폭양을 피해 쉴 만한 그늘이 없다면, 세상은 얼마나 삭막하고 인간은 또 얼마나 지치고 탈진할까. 뙤약볕 아래에서 일하느라 흘렸던 구슬땀도 그늘에서 식히고, 시원한 바람의 상쾌함에서 여름의 운치를 느낀다.

여름날의 그늘이 이처럼 인간의 안식처이듯 저마다 고달픈 인생이라고 표현하는 이 세상을 살아가는 우리네 영혼도 때로 편히 쉴 안식처가 필요하다. 그 안식처에 대한 견해야 서로 다를 수 있겠지만, 나는 그 안식처를 '사람이 만들고 있는 그늘'이라 표현하고 싶다.

사람의 그늘이란 너그러운 인품에서 우러나오는 덕성을 의미한다. 그러나 땅에 뿌리박고 있는 나무 모두가 정자나무 같은 넓은 그늘을 만들 수 없듯이, 인간도 그 그늘의 둘레가 넓고 짙은 녹음과 같은 내면세계를 간직한 인물을 만나기란 그리 쉽지 않다.

인간의 그늘을 간직할 수 있는 사람은 우선 그 마음속에 다른 사람을 시기하고 깎아내리는 해심(害心)이 없어야만 한다. 많은 사람에게 그저 본심과 진정에서 우러나오는 관심을 항상 베풀 수만 있다면, 그 사람의 그늘의 둘레는 저절로 넓어지리라.

가령 어떤 사람에게 좋은 일이 생겼을 때 진심으로 함께 기뻐만 해 주어도 그 사람의 기쁨은 이미 더 커져 있다. 그리고 그 기쁨을 즐거움으로 말할 때 순수한 마음으로 들어만 주어도 그 사람은 커다란 신뢰와 친밀감의 그늘을 느낄 것이다. 또 어떤 사람이 세상에 유익한 일을 염원하고 도모하려 할 때 격려를 아끼지 않고 용기를 북돋워 주면 결국 그 일을 성공적으로 해낼 수 있는 지렛대를 빌려 주는 위력을 나눌 수도 있다. 모든 사람이 그 사람의 인품과 덕성에 기대어 성취의 에너지를 공급받게 된다면, 그러한 사람은 자신이 드리우고 있는 인품의 그늘만으로도 인류를 위한 생산과 창조에 크게 기여하고 있는 셈이 될 것이다.

성취동기가 높고 발전 가능성이 있는 사람을 격려하고 키워내는 그늘을 간직한 사람은 고달픈 영혼을 위해서는 더 넉넉한 그늘을 비워 놓고 있을 것이다. 인생을 살아가다가 시련의 벽 앞에서 좌절하고 절망과 패배감에 잠겨 있는 사람에게 더 낮은 곳을 바라볼 수 있는 여유와 지혜, 더 먼 곳을 내다보는 희망을 심어 주면, 그 사람은 그 그늘에서 잠시 쉬었다가 새로운 인생을 출발하리라. 또 외롭고 슬픈 사람, 괴롭고 고통받는 사람들을 마음으로 품어 주고 따뜻한 손길로 그 영혼을 어루만져 주면 그 그늘 안에서 편안함을 얻고 새로운 삶을 자리 잡게 될 것이다.

사람 사는 세상이 예나 이제나 매한가지여서 어려움이야 항상 있겠지만, 요즈음 우리네들은 경제적 불안과 정치적 실망감 때문에 다 함께 지쳐 있는 것 같다.

사람을 구할 때는 능력있는 사람, 실력있는 사람을 찾지만, 지금이야말로 인격과 인품의 그늘의 둘레와 도량이 넓은 인물이 각계각층에서 절실히 요청되는 것 같다.

종교인이 남달리 믿음을 갖고 수도에 정진하는 것도 사실은 혼탁하고 메마른 세상에 넓고 시원한 그늘을 드리울 자기 자신을 준비하는 일이라 할 것이다.

세상 살기가 힘들고 어려워지면 사람들은 종교인에 대한 기대가 더 커진다. 그 기대감을 충족시켜 줄 수 있는 준비는 종교인의 소임이고 사명이기도 하다. 우리 모두는 자기 자신이 세상에 드리우고 있는 그늘의 둘레를 한 번 살펴볼 일이다.

1992. 8. 20

청빈을 나누는 기쁨

어느 무더운 여름날, 성 라자로마을 '아론의 집'에서 수고하고 있던 진 프란체스카 수녀님이 내가 있는 원불교 강남교당을 방문하겠다고 약속했었다. 아직 교당을 신축하기 이전, 살림집을 빌려서 교화 공간으로 개조하여 개척 교화를 하던 무렵이었다.

교당이랄 수도 없는 그 공간을 평소보다는 정결하게 정돈해 놓고 진 수녀님을 기다렸다. 매사에 치밀하고 철저한 성격으로 알고 있던 진 수녀님은 약속 시간이 훨씬 지나도록 당도하지 않았다. 처음에는 초행이라 교당을 찾는 데 시간이 좀 걸릴 수도 있겠거니 여겼다. 그러나 위치를 확인하는 한 통의 전화도 걸려 오지 않은 채 시간은 너무 많이 흘러가고 있었다. 여러 가지 추측을 해 보면서 나는 기다림의 속박에서 꼼짝도 할 수가 없었다.

그러고 있는데 진 수녀님이 홍당무처럼 붉어진 얼굴에 환한 미소를 지으면서 들어섰다. 수녀님의 손에는 조금 묵직해 보이는 보따리가 들려 있었다. 나는 그 보따리를 받아 들면서 반가움의 인사를 기다림의 투정으로 대신했다.

진 수녀님은 옥수수 때문에 늦어졌다며 예사롭게 웃고 있었다. 어떤 것이 알이 영근 것인지 알 수가 없어서 옥수수 대마다 조금씩 까 보고 그중에서 알이 찬 것을 골라 따다가 시계를 보니 이미 약속 시간이 늦었더라는 얘기였다. 무소유, 청빈의 삶을 살아가는 수녀님이 내게 꼭 어떤 선물을 주고 싶어서 궁리 끝에 밭에 있는 옥수수를 따 가지고 온 것이리라. 나는 그 귀한 선물 보따리를 풀어 보았다. 거기에는 엷은 자줏빛과 노르스름한 수염이 달린 옥수수들이 싱싱한 껍질에 싸여 있었다. 그 옥수수를 보는 순간 모락산 밑 푸른 들판의 시원한 바람이 불어 왔다. 그리고 내 마음의 소중한 권속, 성 라자로마을 한센병 환자들이 그 밭에서 땀 흘리며 농사짓고 있는 모습이 눈에 선했다.

진 수녀님과 나는 나환자를 돕는 일로 만나게 되었다. 종교는 서로 달라도 수도의 한 길을 걷고 있는 우리는 언제나 스스럼없는 대화를 나누곤 했다. 진 수녀님은 그 무렵 내가 심혈을 기울여 신축하고 있는 강남교당에 관심이 많았다. 어느 날 신축 현장을 다 둘러본 진 수녀님은 '세탁장'은 어디에 있느냐고 물어 왔다. 나의 관심이 오직 교화 공간에만 쏠려 있던 탓으로 강남교당 평면 설계도면에는 세탁장이 없었다.

오늘날 강남교당의 세탁장은 진 수녀님이 신축 현장을 점검할 때 마련해 준 것이다. 진 수녀님에게서 받은 청빈의 선물, 옥수수, 그리고 교당신축 때 경험의 지혜를 빌려 준 고마움이 오늘도 아름답고 소중한 것으로 기억된다.

1992. 7

원주민 인디오들과 춤추다

미국에 있는 티오유(TOU) 국제 업무 담당자 루이스 돌란 신부님의 초청을 받고 1992년 라틴아메리카 원주민을 위한 종교인 순례 모임에 참가했다. 낯선 나라를 방문한다는 것은 항상 미지의 세계에 대한 호기심과 기대감이 앞서게 마련이지만 남미 여행은 그렇지 않았다. 원주민을 위한 순례라는 점이 속마음을 경건하게 만들었고, 알 수 없는 엄숙함이 일었기 때문이었다. '내 인생에 언제 또다시 원주민을 만날 수 있을까' 하는 생각이 들면서, 아마 이번 기회가 처음이자 마지막일 수도 있겠다는 예감이 들었다. 그래서 그들에게 전할 미화 천 달러부터 챙겼다. 그 돈은 원주민들에게 전할 특별한 예물과 같았다.

남미를 방문하여 원주민 인디오를 처음 만난 곳은 페루의 쿠스코(Cuz-co), 그 옛날 잉카제국의 수도에서였다. 얼핏 보기에 남미의 주류를 이루고 있는 사람들은 정복자 스페인 사람들의 혈통을 이어받은 후예 혼혈아 메스티소(mestizo)였다. 그들은 생김새도 서양사람 같았고 체구도 컸으며 모두 당당하고 활달해 보였다.

지금으로부터 이만여 년 전 원시 몽고인종과 헤어져 아시아에서 아메리카 대륙으로 건너온 사람들의 자손인 인디오는 유난히 머리카락이 검고 체구도 왜소했다. 몽골인이어서 생김새도 어딘가 모르게 우리와 비슷했다. 그들은 소외당한 사람들 같아 보였고 얼굴에는 수심이 가득한 채 모두 풀 죽어 보였다.

인디오들은 우리 일행을 환영했다. 남자는 그들 고유의 악기를 불고 북을 쳤고, 여자는 가면을 쓰고 나와 장단에 맞춰 춤을 췄다. 어느 결엔가 나도 모르게 스며들듯이 가면을 쓰고 춤을 추는 사람들 속에 들어가 춤사위를 흉내 내며 나도 함께 춤추었다. 우리 일행과 그곳에 모여 있던 사람들은 내 춤사위를 재미있어 하며 박수를 쳤다. 춤판이 끝나 자리로 돌아오려 하자 악단의 악사들이 곁으로 모여들어 눈웃음으로 반겨 주기도 하고, 그중 어떤 사람은 내 뺨에 키스했다. 내가 함께 춤을 춘 것이 자기들의 입장을 지지하는 사람으로 여겨져 고맙다는 표시였을 것이다.

환영 공연이 끝나고 저녁 식사 시간이 됐을 때 신기한 일이 생겼다. 조금 전 내가 춤추는 것을 보았던 인디오 어린이들이 나를 중심으로 옹기종기 모여들었다. 어떤 어린이는 구슬을 주고, 또 다른 어린이는 무슨 열매인가를 손에 쥐어 주었다.

곁에 모여든 많은 어린이들을 데리고 밖으로 나왔다. 아무 말도 통하지 않는 그들에게 '코리아' '서울' '올림픽'이라는 세 마디를 가르쳐 주면서 반복적으로 따라 하라고 했다. 나와 함께하는 것이 매우 신이 나는 듯 목청껏

"코리아, 서울, 올림픽"이라고 외쳤다. 그들이 자라서 언젠가 코리아라는 나라를 알게 되고, 코리아의 수도가 서울인 것을, 그리고 올림픽을 개최한 나라인 것을 알게 되기를 바라는 마음으로 그렇게 했다. 결국 '코리아' '서울' '올림픽'이라는 세 마디의 말로 그들과 만족스럽게 소통했다.

모든 행사를 마치고 밖으로 나와 길을 걸을 때, 조금 전 단상에서 엄숙한 모습으로 의식을 집전했던 노신부님이 자연스럽게 다가와 나의 손을 잡고 걸었다. 나는 스페인어를 모르는데, 신부님은 영어로 말하지 않았다. 그래도 신부님과 맞잡은 손은 그 사회의 약자, 인디오에 대한 염려와 연민의 정이 관심으로 흐르고 있다고 느껴졌다.

잉카문명에 대해 따로 아는 바는 없지만 잉카제국의 마지막 도시 마추픽추를 둘러보면서 실로 경탄을 금할 수가 없었다. 높고 높은 산봉우리를 깎아 만든 도시는 천혜의 요새였다. 그 옛날 아무 기계도 없던 때 이 산중에다 어떻게 그렇게 정교하게 석축을 쌓아 집을 짓고 계단식 밭을 일구며 살았을까. 규모 면에서도 방대했고 기하학적 느낌마저 들도록 구획과 선이 뚜렷했다. 오늘날까지도 그 형태를 건강하게 유지하고 있으니 놀랍기만 했다.

산 아래에서는 보이지 않고 공중에서만 확인할 수 있다 하여 마추픽추를 '공중 도시'라고도 부른다. 그러나 그 높은 공중 도시마저도 스페인 군대에 공격을 받고 멸망했다고 하니, 자신의 땅에 살던 그들이 끝까지 쫓기고 죽음을 당해야만 했던 수난의 역사는 참으로 비참했다. 오늘날 그 후예들이 대통(竹筒)을 엮어서 만든 것같이 보이는 삼포냐(Zampoña) 악기에서 흘러나오는 가락만 듣고 있어도 공연히, 저절로 슬퍼진다.

남미 여행에서 인디오의 존재 그 자체가 가슴에 응어리졌다. 남미의 인디오뿐만 아니라 미국에 살던 원주민이 겪었던 말할 수 없는 수난과 희생, 그리고 호주의 원주민이 침략자 백인으로부터 살육을 당해 대륙이 피바다를 이루었던 그 무서운 수난의 역사에 대해서도 알게 되었다. 수난과 고통을 겪었던 원주민이 쓴 글을 접할 때면 오히려 그들의 따스한 가슴과, 인간적이고 순리에 따르는 삶에서 깊은 영감을 얻게 된다.

어느 날 스위스 엠아르에이 본부에서 영화 한 편을 보았다. 호주 백인이 원주민으로부터 어린 자식을 빼앗아다 백인들의 삶에 길들이는 것을 보았다. 깨끗한 옷을 입히고 위생적으로 절도 있게 생활하도록 가르치는 것이었다. 영화에서는 어린이를 색출하려고 백인이 들이닥치면, 원주민 부모들은 자식을 빼앗기지 않으려고 울부짖으며 필사적으로 품에 끌어안았다. 어린 자식 또한 부모와 떨어지지 않으려고 울면서 떼를 썼다. 결국 공포에 질린 얼굴로 잡혀가는 어린이들은 수용소에서 갇힌 듯 생활했다. 깨끗한 옷을 입고, 좋은 음식을 먹지만, 그들은 모두 굳은 표정과 반항하려는 태도로 살아가고 있었다. 그들은 조금도 행복해 보이지 않았다. 마치 어린이 죄수처럼 보였다.

그들 중 어린 자매 두 명이 수용소를 탈출하여 끝도 없는 대지를 방황하고 걸으면서, 때로는 주인 몰래 어느 집에 들어가 음식을 훔쳐 먹으며 살아가다 결국 자기 집을 찾아냈다. 자식을 빼앗기고 넋이 나간 사람처럼 살아가는 어머니의 품에 안기는 감동적인 영화였다.

영화는 실화이고, 그 어린이들이 자라서 이제는 어른이 되었다고 했다. 도대체 백인들은 왜 인간답지 못하게 남의 자식을 빼앗아다가 자기들 식으로 길들이려 했을까. 그 비정한 발상과 처사에 내가 방금 당한 것처럼 분하고 억울했다. 그리고 말할 수 없는 슬픔이 가슴 깊이 밀려왔다. 그 영화 한 편을 보고 마음속에 간직하고 있던 원주민에 대한 가슴속의 응어리가 본병(本病)처럼 도졌다.

그 본병을 치유해야겠다는 결심이 굳건해졌다. 그 결심은 이제부터 원주민을 구체적으로 돕는 실천을 해야겠다는 생각이었다. 그래서 호주 엠아르에이 본부에 연락하여 원주민을 돕고 싶다는 뜻을 밝혔다. 다행히 원주민을 돕는 프로그램이 있다고 했다. 그들을 위해 적어도 일 년에 일만 달러씩, 삼 년 동안 삼만 달러를 돕기로 스스로 결정했다. 2001년 첫해에 일만 달러를 호주 엠아르에이 본부에 보냈다. 2003년에는 호주 엠아르에이에서 열린 세계평화여성대회에 참석하고 원주민도 만나 볼 겸 호주로 떠나 삼천만 원을 후원했다.

떠나기 전 색색의 비단 누비 지갑 여러 개에 오십 달러씩 정성스러운 마음을 담아 넣었다. 호주에서 만나게 될 원주민 개개인에게 선물로 주기 위한 것이었다. 보기에도 좋고 맛도 있는 우리의 전통 한과인 유과(油菓)도 한 상자 챙겼다. 원주민 마을 사람들이 함께 먹을 것이었다.

세계평화여성대회는 원주민들이 모닥불을 피우고 전통의식을 치르는 것으로 시작되었다. 내가 보낸 후원금으로 여러 명의 원주민 여성이 그 대회에 참가하고 있었다. 그들은 내가 온다는 소식을 이미 알고 있었고, 식전 행사가 끝나자 모두 내 곁으로 모여들었다. 그들과 나는 아무 말도 하지 않고 서로 미소 지으며 바라보기만 해도 참 반갑고, 금세 정이 건네지는 것 같았다. 준비해 간 선물을 그들 개개인에게 전했다. 그리고 마을에서 함께 먹을 한국 유과 상자도 전했다. 그때, 받는 그들의 기쁨보다 주는 내가 더 행복하다는 것을 깨달음처럼 알았다.

호주에 당도하여 평소 알고 지내던 호주 엠아르에이 지도자 앤드루 씨에게 원주민을 돕기 위한 일만 달러를 전달하려고 했다. 그러자 그는 그렇게 큰돈을 혼자 받을 수 없다며 개막식 대회장에서 전달하라고 했다. 대회장에서 나는 "작년에 일만 달러, 지금 일만 달러를 전달하지만 내년에도 일만 달러를 더 보낼 것"이라고 말했다.

세계 각국에서 모인 사람들은 나의 원주민에 대한 관심에 큰 호의를 갖고 대해 주었다. 가장 놀라웠던 것은 원주민을 돕는 일은 정부에서나 하는 일이지 개인이 돕는 일은 없었다는 것이었다. 대회가 진행되는 동안에도 원주민들은 내가 언제 시간이 나는지 엿보면서 만나고 싶어 했다. 그럴 때마다 그들 곁에 함께 있었다. 대회가 끝나는 날 밤에는 문화 행사가 있었다. 나라마다 단체로 나와 그 나라의 민속춤을 선보이곤 했다. 나는 자연스럽게 원주민들 틈에 끼었다. 공연하기 전 원주민들은 전통에 따라 얼굴에 여러 물감을 칠했다. 그들은 묻지도 않고 내 얼굴에도 물감 칠을 했다. 원주민 공연 차례에 그들과 함께 춤을 추었다. 관객들은 크게 놀라는 반응을 보였다. 모든 행사가 끝난 뒤, 사람들은 내가 춤추는 모습이 참으로 아름다웠다고 한 마디씩 했다. 원주민은 백인이 함께하고 싶어 해도 절대로 끼워 주지 않는다고 했다. 그들이 나를 무대에 끼워 주고 함께 춤을 춘다는 것은 커다란 사건이라고 했다. 원주민을 마치 짐승처럼 살육하여 대륙을 피로 물들게 한 쓰라린 역사를 잊지 않고 있는 그들은 그 역사 때문에 절대로 백인과 함께하지 않고, 백인을 용서하지 않고 있었다.

헤어지면서 원주민들은 나에게 수공예품, 갈대 같은 것으로 만든 선물을 주었다. 그들 가운데 젊은 아가씨는 웃는 얼굴로, 그리고 고마운 태도로 "당신은 죽어서도 동물로 태어나서 우리의 먹이가 되어 줄 것"이라고 했다. 원주민들은 사냥을 하거나 강에서 물고기를 잡아 생계를 이어 가지만 때로는 사냥감을 구하기 어려워 애쓴다고 했다. 그들은 내가 내생(來生)에도 그들을 도울 것이라고 믿고 있었다.

1992. 5

부러운 시어머님

나에게는 문안드리기 위해 종종 찾아뵙는 웃어른 한 분이 계시다. 어느 날은 그분의 방에서 백 원짜리 동전이 들어 있는 몇 개의 병을 보게 되었다. 그것들은 할머님과 화투할 때 쓰는 '동전 통'이라고 했다.

좀 크기도 하고 더 작기도 한 그 병들 속에는 백 원짜리 동전이 많이 들어 있기도 하고 몇 닢 안 들어 있기도 했다. 노모님과의 화투놀이에서 이기면 딴 돈을 기뻐하며 자신의 통에 집어넣고 또 잃게 되면 그 통의 밑천을 털어 어머님께 갚아 드린다고 했다. 때로는 며느님이 시모님을 모시고 단둘이 민화투를 칠 때도 있고, 휴일에는 돈 통의 임자들이 모두 모여 노모님을 모시고 화투판을 벌인다는 것이다. 화투의 그림은 시력이 약하신 노모님에게 매우 중요한 '시력 측정표'라고 했다. 화투와는 전혀 걸맞지 않는 그 댁에서 본 화투는 효성의 소도구처럼 보였다.

구십을 바라보는 그 노할머님은 밖에서 일 보는 당신 아드님이 오늘은 누구의 조문을 갈 것이라든가, 또는 어떤 사람들과 저녁 약속이 있다는 것들을 대강 알고 계셨다. 그 댁은 전화도 그 어른의 방에 있어서 온 가족이 전화를 받기 위해 그 방을 들락거린다.

집 안 도랑 출입도 못 하시는 그 어른은 울안의 호박 넝쿨에 애호박이 몇 개 열려 있는 것까지도 방 안에서 다 알고 계셨다. 이제 기력은 다소 쇠잔해지셨어도 그 당당하신 기품은 여전하시다. 그리고 젊은이도 따를 수 없는 그분 특유의 감각 때문에 모시고 앉아 있으면 모든 사람이 생기와 기쁨을 얻고, 그 어른의 다사로운 인정은 모든 사람들을 당신의 품 안에 두신다.

이젠 외손주까지 본 그분의 며느님이 고즈넉한 음성으로 "저는 세상에서 어머님처럼 부러운 분이 없어요"라고 말씀드리자 그분은 "너도 이제 며느리 얻어 봐라. 내 며느리만 한 며느리 얻기 어렵다"라고 답하셨다. 고부간에 나누는 대화가 선승(禪僧)들의 격외법문(格外法問) 같았다.

얼마 전 일간신문에서 「노부모 모시면 감세(減稅)」라는 기사를 읽었다. 복지가 아무리 좋은 것이라 할지라도 자신의 부모를 모시는 자식에게 감세 혜택을 주는 노인복지 사회는 아무래도 암울할 것만 같고 세상은 더 삭막해질 것만 같다. 모든 며느리에게 부러운 시어머님만 계신다면 노인복지 문제는 자연히 해결될 텐데….

1992. 3

마음의 어른이 있어야

밤새 내린 새하얀 눈을 맨 먼저 밟고 지나간 사람의 발자국을 바라볼 때가 있다. 그럴 때면 문득 속마음이 적막하리만큼 고요해지고 은밀한 여백이 생긴다. 잠시 순백색의 흰 눈 위에 자신의 모습을 투영해 보기도 하고 인생을 살아오면서 남겼을 발자국에 대해서도 생각해 보게 된다.

눈 위를 밟고 지나간 사람이 자신의 발자국을 남기듯이, 우리네 인생도 살아가는 동안 무수한 삶의 발자국을 만들고 있다. 앞만 보고 걷는 사람은 자신의 발자국을 보지 못한다. 우리들도 끊임없는 삶 속에서 쉼 없이 걸어가지만, 정작 자기 자신이 남긴 무형의 발자국을 살피기란 그리 쉽지 않다.

아마 모든 사람들은 적어도 자기가 걸어온 삶의 발자국을 바르게 내디디려고 애쓰면서 살아왔다고 말할 것이다. 그리고 자기 삶의 발자국은 다른 사람으로부터 비난받을 이유가 없을 것이라는 자기 확신 속에 살아가고 있는지도 모른다.

그러나 앞서가는 사람의 발자국은 뒤따라가는 사람만이 볼 수 있듯이, 저마다의 삶의 발자국은 다른 사람이 더 잘 볼 수 있다. 그래서인지 사람들은 자기 자신보다 남을 보는 눈이 더 밝다. 그리고 자신에게는 관대하면서도 타인에게는 매우 엄격하다.

옛 말씀에 인심(人心)은 유위(唯危)하고 도심(道心)은 유미(唯微)하다고 했다. 인간의 양심은 본디 허약한 것이라 범부(凡夫)는 오히려 과오를 범할 위험한 속성을 더 많이 갖고 있다는 뜻일 것이다. 그러기에 지각 있는 사람은 다른 사람을 이기는 것보다 자기를 이기는 일이 더 어렵다는 것을 일찍 깨닫는다. 그런 사람은 자기 자신의 무절제를 조절하기 위하여 마음의 어른을 모시고 가르침을 받으면서 자신을 다스리는 일에 각별한 공을 들인다. 사람은 마음속에 감히 그 뜻을 거역할 수 없는 존경스러운 어른이 있어야 한다. 그래야 내면의 성장이 멈추지 않고 인격이 원숙해질 수 있다.

마음의 어른이 있는 사람은 인생을 함부로 살지 않는다. 무슨 일을 할 때에도 어른의 뜻을 먼저 헤아리고 그 뜻에 합당한 삶이 되도록 노력한다. 매사에 판단의 척도가 되고 자신을 항상 비추어 볼 수 있는 맑은 거울과 같은 어른을 모실 수만 있다면 인생에 그같이 복된 일이 또 어디 있겠는가.

인생을 바르게 살려고 노력하는 사람, 자기완성을 포기하지 않는 사람은 마음의 어른이 있어야만 할 것 같다.

1992. 2. 11

얼굴로 본 인생

한 사람의 긴 세월이 담긴 사진첩을 볼 때가 있다. 유심히 보면 거기에는 인생의 중요한 교과서가 들어 있다.

어떤 사람은 젊었을 때의 모습이 화려해 보이고 어떤 사람은 나이 든 모습이 더 원숙해 보인다. 젊었을 때가 화려해 보이는 사람의 사진을 보고 있노라면 그의 인생에서 세월의 덧없음과 허무함을 느끼게 된다. 그리고 나이가 든다는 것은 한 인간이 쇠잔해지고 쇠퇴기를 맞는 쓸쓸함을 느끼게 한다. 반대로 세월을 의미하는 주름살을 간직한 얼굴에서 한 인간의 완성과 원숙함을 엿볼 수 있는 사람이 있다. 그럴 때면 흘러가 버린 그 짧지 않은 세월이 한 인간의 이같은 완성을 창조하는 데 꼭 필요한 시간이었음을 알 수 있게 된다.

나이 사오십이 넘은 사람의 얼굴에는 그 사람이 살아온 인생의 정신사가 씌어 있다. 욕망의 포로가 되어 탐욕만을 추구하면서 인생을 소모한 사람은 그 얼굴에 욕심의 앙금이 남아 있음을 보게 된다. 누군가를 미워하고 분노를 다스리지 못하면서 살아온 사람의 얼굴에는 신경질적인 주름살이 잡혀 있다. 그래서 모든 사람은 제각기 자기 인생의 내용을 자신의 얼굴에 간직하고들 있다.

나이가 든 뒤에는 선천적인 용모보다 자기 자신이 만들어낸 얼굴이 중요한 의미를 갖게 된다. 그 얼굴값만큼 사람들로부터 존경스러운 대접을 받기도 하고 또 소홀하게 여김을 당하기도 한다.

자기 인생의 철학과 경륜이 있는 사람이 소신껏 그 뜻을 펼치고 있을 때 찍은 인물 사진을 보면 많은 것을 느낄 수가 있다. 인화지에 투영된 한 사람의 인물됨에서 높은 기상과 기개를 찾아볼 수 있고 중후한 인격과 인품도 엿볼 수 있다. 그리고 큰 역량과 감화력도 읽을 수 있다. 한 사람이 살아온 세월은 인생의 뒤안길로 쏜살같이 사라져 버리지만 그 사람이 추구하고 노력한 흔적은 정직하게 얼굴에 남게 된다.

금년 한 해도 모든 사람에게 삼백육십오 일이 공평하게 주어졌다. 그것은 내 인생의 소중한 일부이고 그 시간을 쓴다는 것은 내 인생을 시간적으로 단축시켜 가고 있음에 틀림없다. 그러나 그 한 해를 다 살고 나면 사람에 따라 그 시간의 의미와 내용이 달라진다는 것을 지금부터 알아야만 할 것 같다.

1992. 1. 7

기댈 수 있는 이웃

매년 가을이 성큼 다가와 기온이 내려가고 바람 끝이 차가워지면 나는 밖에 내놓은 화분의 안색부터 살피게 된다. 행여 늦가을의 차가움이 해로울까 봐 마음이 쓰인다. 그러나 어느 날 월동할 곳으로 훌쩍 떠나보내고 나면 큰 짐을 벗어 버린 듯 홀가분해진다.

가을이 깊어질수록 화분의 빈자리는 유난히 넓어 보이고 휑하니 황량한 느낌마저 든다. 식물의 권속들이 내 곁을 떠나고 나서야 내가 그들과 더불어 사는 동안 얼마나 큰 위안을 받으며 지냈는지를 새삼 깨닫게 된다.

식물을 기르고 가꾸는 일에 따로 취미를 갖고 있지는 못하지만, 이런 일 저런 일로 하여 하나둘 화분이 생겼다. 이제는 그 권속이 불어나 삼십여 분(盆)도 넘는다. 우리 곁에서 몇 해 동안 자란 것들 중에는 키나 둘레가 커져 실내에는 들여놓을 수 없는 것들도 많아졌다.

강남교당의 현관은 투명 유리로 집 안팎이 나뉘어 있고 마당으로 이어지는 현관이 꽤 넓은 편이다. 화분을 현관 좌우로 놓아두면 집 안팎에서 푸른 식물을 함께 볼 수 있어 좋다. 키가 크고 둘레가 넓은 고무나무나 종려과 식물들로 간격을 고르게 하고 그 아래에 키가 크지 않은 관음죽이나 철쭉과로 밑을 채우니 현관으로 들어서는 '숲길'은 제법 남국적인 정취가 생겼다. 하루에도 몇 번씩 그 앞을 드나드는 나는 생명력 넘치는 식물의 푸르름에서 생기를 공급받으면서 생활한다.

여름날 태양광선이 강렬할 때는 그 짙푸른 기상이 마치 대지를 뒤덮을 것 같다. 석양 무렵이나 이른 아침에 세수하듯 물을 뿌려 주면 식물들은 상쾌하다는 듯 싱그러움을 일제히 발산한다. 새 잎이 피어나고 마디가 쑥쑥 자란 식물들을 관찰하고 있노라면 생명 있는 것의 성장의 신비를 느끼게 된다. 자연환경과 거의 차단된 도시 공간에 사는 사람들이 누가 화분의 식물과 더불어 사는 행복을 마다할 것인가. 그러나 단독 건물에 살고 있는 사람들은 겨울철의 월동 부담 때문에 화초 기르는 일을 주저하는 사람도 있을 것이다.

우면동 화훼단지를 자주 다니는 나는 순박하고 인심 좋은 '청암농원' 주인을 알게 되었다. 그런 인연으로 인해 벌써 몇 해 전부터 우리 식물 권속들은 청암농원에서 월동하고 있다. 그곳에서는 웬만한 온실 하나는 있어야 건사할 수 있는 수량의 화분들을 기꺼이 맡아 주고 있다. 말이 월동이지 11월부터 명년 4월까지 반 년 동안이나 건강하게 관리해 준다는 것은 여간 큰 일이 아니다.

우리네들의 삶은 원래 홀로 살 수 없고 더불어 살면서 서로 돕고 살아간다. 만약 청암농원 같은 이웃이 없다면 나는 푸른 식물과 더불어 사는 기쁨을 누릴 수 없을 것이다. 오늘날과 같은 각박한 인심에 믿고 기댈 수 있는 이웃이 있다는 것은 그 얼마나 다행스럽고 고마운 일인가.

1991. 12. 3

지게를 택시에 싣고

어느 여름날, 오래 전부터 찾아보려고 벼르던 고장을 가 보기 위해 길을 떠났다. 사정 때문에 출발이 늦어진 나는 고속버스를 타고 가는 동안에도 마음이 조급했다. 찻길이 닿지 않는 그곳까지는 적어도 십여 리 길을 걸어야 한다는데, 행여 초행길에 날이 저물까 봐 걱정이 되었기 때문이다.

버스가 목적지에 당도하여 차에서 내린 나는 시골 가는 버스를 기다리지 못하고 택시를 탔다. 한적한 시골길을 속력을 내면서 달리는 차 속에서 나의 눈길은 자꾸만 옆자리에 놓인 짐 꾸러미로 갔다. 챙겨 들고 나온 짐을 혼자 들고 십 리 길을 걷기에는 아무래도 힘에 부칠 것만 같아 보였기 때문이다.

짐을 어떻게 운반할까 하고 마음속으로 걱정을 하다가 "마을에서 짐을 지고 갈 만한 사람을 구할 수 있을까요" 하고 택시 기사에게 물어보았다. 운전기사는 요즈음은 시골에서도 짐을 지고 갈 지게꾼을 구하는 일이 쉽지 않다고 했다. 이젠 시골에서도 웬만한 것은 모두 경운기로 운반하고 있다고 했다.

"그리고 설사 지게꾼을 구한다 하더라도 품삯을 많이 달라고 할 텐데…. 요새는 어디나 할 것 없이 품값이 비싸서 말입니다…." 그 기사는 혼잣말처럼 중얼거리며 은근히 내 일을 걱정해 주는 것 같았다.

나는 자신의 힘으로 감당할 수 없는 짐을 들고 길 떠나온 것을 크게 후회하고 있었다. 짐에 대한 걱정을 떨쳐 버릴 수가 없어서인지 차창 밖으로 스치는 시골 풍경마저도 건성으로 보였다.

한 마을 어귀에 이르러 차를 멈춘 운전기사는 "이곳이 인가가 있는 마지막 동네입니다. 짐꾼을 얻으려면 이 마을에서 구해 봐야 될 것입니다"라고 말했다.

차 속에서 얼핏 마을 주변을 둘러봐도 지게를 지고 오는 사람은 한 사람도 보이지 않았다. 나는 매우 막막했다. 차에서 먼저 내린 운전기사가 시원한 콜라를 사 들고 와서 나에게 권했다. 나는 너무 순간적인 일이라 뜻밖의 친절을 선뜻 받아들이지 못하고 머뭇거렸다.

콜라를 내게 건네준 운전기사는 그 마을 사람을 붙들고 짐 지고 갈 사람을 구하기 위해 수소문을 하는 것 같았다. 나는 그 젊은 기사가 나의 보호자처럼 느껴졌다. 그리고 반드시 무슨 수를 내 줄 것만 같아 안심이 되었다.

아무 말 없이 마을 안으로 들어갔던 운전기사가 한참 만에 지게를 짊어진 사람과 함께 나오고 있었다. 그 광경을 바라보고 있는 나는 가슴이 뭉클했다. 그리고 누군지 모를 그 지게 진 사람이 고맙고 반가웠다. 씩 웃으면서 나를 바라본 운전기사는 짐꾼으로부터 지게를 벗게 하여 택시 뒤 트렁크에 실었다. 그리고 지게를 지고 왔던 사람을 자신의 옆자리에 태웠다.

또다시 그는 유쾌한 표정으로 차를 몰았다. 나는 방금 일어났던 일에 뜨거운 감동을 느꼈다. 그리고 상상도 못 해 봤던 아주 재미있는 일이 벌어지고 있는 것만 같아 조금 전까지의 걱정은 눈 녹듯 사라지고 속마음은 마냥 즐거웠다.

지게를 차에 태우고 달리고 있는 우리들의 모습은 어찌 보면 마치 꼭꼭 숨어 버린 우리들의 아름답고 소중한 과거를 찾아내어 차에 싣고 그리운 고향 땅으로 돌아가고 있는 것만 같았다. 그리고 우리들 자신은 어느 동화 속의 인물들처럼 착각되기도 했다.

그러나 그렇게 달리는 것도 잠깐이었다. 얼마 안 가서 운전기사는 차를 세웠다. 더 이상은 차가 갈 수가 없다고 했다. 택시 뒤 트렁크에서 지게를 꺼내는 운전기사의 모습에서 너그럽고 소박한 인간미와 시골의 한가로운 여유를 느낄 수 있었다.

작별의 순간, 고마움을 어떻게 표현해야 할지 몰라 망설이고 있는 나에게 운전기사는 "그럼 설펴 가십시다이"라는 인사말을 남긴 채 휙 되돌아갔다. 마치 자신이 해야 할 일을 만족스럽게 마친 사람처럼.

하루의 여행길에서 너그럽고 인정 많은 한 택시기사로부터 받은 도움과 위로는 훈훈한 감동으로 내 마음을 적셔 주었다. 요즈음 세태를 꼬집어 각박한 세상이라고들 말하지만, 이처럼 따뜻한 마음을 간직한 이웃과 만날 때면 문득 우리는 더불어 살아가고 있다는 소중함을 깨닫게 된다.

1991. 7

침묵의 지시에 따르던 날들

우리가 불일암(佛日庵)에 당도하였음을 어떻게 알릴까 하고 아래채에서 위채를 바라보며 서성거리고 있었다. 그 무렵 손수 군불을 지피고 나서 마침 부엌문을 열고 나오던 스님이 아래채에 서 있는 우리를 보고 "아! 어서 오십시오" 하고 반겨 주었다. 한 번도 만나 뵈온 일은 없지만 그렇게 말하는 그분이 법정(法頂) 스님임을 멀리서도 알 수 있었다.

불일암에 올 때는 미리 송광사(松廣寺)에 전화 연락을 하라는 그분의 당부를 지켰기 때문에, 아마 스님도 오늘의 불일암 길손에 대한 전갈을 받으셨음에 틀림없어 보였다.

우리가 묵을 처소로 여겨지는 아래채 쪽마루 위에 짐을 둔 채 멀리까지 공들여 들고 온 프리마꽃 화분과 하얀 호접양란 한 분을 동행자 신현대 교도와 나누어 들고 올라갔다. 그분은 마치 예부터 잘 알고 지내던 사람처럼 우리를 맞아들이고는 꽃부터 반겼다. 마치 사람에게 말하듯 "산중까지 멀리 오느라 얼마나 고달팠느냐"며 물부터 뿌려 주었다.

비닐로 단단히 무장을 하고 먼 여행을 한 꽃들은 싱그러운 상태였다. 빨강, 노랑, 진보라의 세 포기가 심어진, 풀꽃처럼 생긴 프리마를 바라보며 "거, 색깔 참 영롱하다"고 칭찬하시면서 흰나비 모양의 호접란은 미국의 로스앤젤레스에서 많이 보았던 꽃이라며 옛 친구처럼 반겼다. 그분은 식물들도 영(靈)이 있어서 자주 돌보아 주면 상태가 좋아진다고 했다.

스님이 꽃들과 이야기하고 있는 동안 내 발길은 매화나무 곁에 머물렀다.

기댈 수 있는 이웃 575

아래채에서 위채를 올려다보았을 때, 정적 속의 불일암 뜨락에 피어 있는 매화는 참으로 우아하게 보였다. 불일암을 에워싼 숲과 꽃나무들은 아직 봄에 대해 무거운 침묵을 지키고 있는데, 유독 매화만이 환한 모습으로 피어 있었다. 남은 겨울의 그 차가움을 꽃망울 전신으로 느끼다가 대지에 봄기운이 돌자 새하얀 꽃잎을 열어 은은한 향기를 풍기며 맨 먼저 봄소식을 알리는 매화나무 앞에서는 좀 숙연한 느낌마저 들었다. 어느덧 꽃을 좇아 날아든 벌들을 보고 있는 동안 내 마음속 뜰에도 불일암의 고요와 평화가 번져오고 있었다.

매화나무의 뒤꼍에 있는 낮은 굴뚝은 군불 땐 저녁연기를 토해내고 있었다. 그 뽀오얀 연기는 땅을 낮게 기어 하늘로 오르고 있었다. 석양빛이 매화나무 가지에 걸려 있을 때 피어나는 저녁연기는 매화꽃의 고고함을 더욱 그윽하게 했다.

"…매화 가지에 꽃망울이 조금씩 부풀어 오르고 댓잎에 부서지는 봄 햇살이 향기롭습니다. 꽃가지에 향기 번질 때쯤 다녀가십시오." 겉봉에 "순천 91. 3. 4."의 소인이 찍힌 스님의 서신 내용을 떠올리며 꽃가지에 향기 번지는 시절의 인연을 꼭 맞춘 3월 20일에 이곳을 찾은 나의 발걸음에 자못 신기함을 느꼈다.

내 곁으로 온 스님은 "애들이 겨울부터 꽃망울을 서서히 부풀리면서 참으로 오랫동안 망설이다 피었어요. 그렇게 오래 망설였다 피니까 이렇게 향기로운가 봅니다"라고 말했다. 스님은 만개해 버린 매화나무를 가리키며 "저것은 이제 혼이 다 빠져나가 버렸어요" 하면서 좀 허허로운 미소를 지었다.

스님은 불일암 뜨락 여기저기에 서 있는 몇 그루의 매화나무들을 가리키며 순천, 구례, 부산 등지의 지역 대표들이라고 나무마다에 얽힌 사연들을 소개했다.

깊은 잠에 빠져 있는 키가 큰 후박나무와 푸른 잎의 굴거리나무, 이끼가 긴 철쭉, 움이 트려고 하는 모란과 아무 기별이 안 보이는 작약, 추위를 어렵게 견디고 서 있는 치자나무, 그리고 월동을 위해 큰 무덤을 만들어 놓은 파초, 토끼 때문에 낮은 울타리를 치게 됐다는 손바닥만 한 도라지 밭까지 고루 안내를 한 스님은 마당 한가운데에 의자 하나를 내놓으며 앞산이나 바라다보라고 했다. 가는 나무토막을 잘라서 얼키설키 만든 의자였다. 조금 넉넉한 거리로 마주 바라다보이는 조계산(曹溪山)은 수종이 온통 잡목들뿐인지 엷은 갈색의 완만한 능선들이 부드러운 모습으로 대좌해 주었다.

자연과 만나면, 자연의 품에 기대면, 금세 마음이 너그럽고 편안해진다. 그런데 스님은 "저 앞산이 내 얼굴"이라고 좀 색다른 설명을 덧붙였다.

"세상 사람들이 불일암엘 오면 으레 좋은 말씀을 들려 달라고들 하지만 그럴 때마다 나는 저 앞산이 내 얼굴이고 내 모습이니 묵묵히 바라다보다 가십시오"라고 말한다며, 산에 와서만이라도 사람의 말로부터 해방되어 보라고 충고한다고 했다.

그저 묵묵히 산을 바라다보고 있노라면 자신의 내면의 소리가 들릴 것이라고 말해 준다고 했다. 모처럼 자기 자신의 진실한 소리를 들어 보는 체험이야말로 얼마나 소중한 것이냐고 강조했다. "내가 인도 여행을 하고 나서 많이 변했어요. 개체에서 전체적이 되었다고나 할까."

혼잣말처럼 그렇게 말하는 스님은 공연히 '현품대조(現品對照)'를 위해 불일암까지 찾아온 사람들을 박절하게 내려 보내고 나면 마음이 편치가 않다고 했다. 그리고 산 아래로 내려가고 있는 그 사람의 마음도 필경 상해 있을 것이라고 했다. 결국 사람들의 마음의 뿌리는 하나이기 때문에 저 사람의 마음이 상해 있으면 이편 사람의 마음도 언짢은 법이라며 요즈음은 불일암을 찾는 사람들을 그저 혼연스럽게 맞고 있다고 했다.

그분의 그러한 말씀 속에서 불일암을 불쑥불쑥 찾는 불청객들에게 좀 시달리는 것처럼 느껴졌다.

아래채에서 저녁 준비를 하고 있는 세 젊은 남녀에게 위채에서 멀리 던지는 말처럼 "오늘 저녁에는 인구가 여섯 명이나 되니까 분량 조절을 잘하라구. 동작도 좀 빨리빨리 하고…." 그렇게 말하는 스님의 목소리는 온 도량을 쩌렁쩌렁 울리는 듯했다.

홀로 지내는 산거(山居)에 여섯 명의 식구는 대권속임에 틀림없으리라. 그릇을 있는 대로 모두 챙겨 차린 듯한 밥상에는 냉잇국에 감자볶음, 갓김치, 깻잎, 그리고 날김이 차려져 있었다. 여섯 사람이 단란한 권속처럼 오순도순 저녁을 먹었다. 모든 음식의 맛은 담백하면서도 구수했다.

"여럿이 먹으니까 참 맛있다. 혼자서 하는 식사는 주유소에서 기름을 넣는 거나 다름없어요"라고 스님은 말했다. 그분의 그런 말씀을 들으면서 홀로 앉아 있는 그분의 식탁을 상상해 보았다.

저녁을 마친 우리는 위채 스님의 다실(茶室)로 자리를 옮겼다. 다실의 분위기는 정결의 극치를 자아내고 있었다. 서로 자신의 자리가 넓지 않도록 조심스럽게 앉아도 여섯 명이 둘러앉으니 방 안이 가득했다.

저녁 식사를 준비했던 두 명의 여성과 한 명의 청년을 우리에게 소개할 때 스님은 결혼해서 '껍데기'를 데리고 왔다고 했다.

말뜻을 몰라 좀 어리둥절해 하는 나에게 젊은 청년은 결혼하면서부터 하도 스님께 인사드리러 가야 된다고 해서 인사드리러 왔다고 자신의 입장을 밝혔다. 아직 대학생처럼 보이는 청순한 두 여인은 법정 스님을 극진히 모시는 옛 제자들로, 이제는 모두 새댁들이 되었어도 스님을 따르는 모습이 마치 엄마의 치마꼬리를 잡고 서성대는 어린애들처럼 귀여워 보였다.

두 새댁이 시중을 들고 스님이 달여 주는 차를 마셨다. 착해 보이는 신랑은 좀 어렵게 말을 꺼내며 스님께 드릴 말씀이 있다고 했다. 스님은 "해 봐"라고 흔쾌히 대답했다.

"저 사람은 글쎄 한밤중에 쿨쿨 잠자는 저를 깨워 목이 마르니 물을 떠 오라는 버릇이 있어요. 자신이 떠다 마시지 왜 잠자는 사람을 깨우느냐고 투덜대면 자신이 시키는 것이 아니라 뱃속의 아기가 시킨다는 거예요. 그러면 꼼짝 못 하고 자다 일어나서 물을 떠다 줘야 하지 뭐예요" 하면서 신부에게 책망이라도 내려 주시기를 간절히 바라듯 그렇게 말했다. 스님은 "그럴 때면 물을 떠다 주라고, 그런 것이 다 사랑이지 뭐" 하고 명쾌히 판결을 내렸다. 스님은 우리를 향해, 아까 신부로부터 선제 공격을 당하고 지금은 그 보복을 하고 있는 중이라고 잠시 분위기를 설명해 주었다.

그날은 젊은이들의 풋풋한 사랑 이야기를 듣다 밤이 깊었다.

둘째 날 아침이 밝았다. 처소를 나오자 한쪽 벽에 깨끗한 얼굴의 삽이 서로 등을 맞대고 걸려 있는 모습이 보였다. 호미와 괭이, 낫, 쇠스랑, 크고 작은 톱 등 스님의 살림살이에 소용되는 연장들이 아래채 공간 안에 질서정연하게 자리하고 있었다. 그리고 작업용 면장갑들까지도 정결하게 세탁되어 바구니에 담겨 있었다.

뜰 한편에 비바람을 막기 위해 비닐로 위를 씌운 장작더미도 하도 가지런하여 공들여 쌓은 흔적이 환히 보였다. 불일암 마당 아래, 키가 작은 대나무 숲속 옹달샘은 돌로 삼면의 벽을 쌓고 기와로 마감을 한 위에 뚜껑이 덮여 있었다. 바닥에 바위가 깔린 그 샘은 물 밑을 쓸고 닦은 것처럼 깨끗하다. 샘 곁에는 "식수에 튀겨 들지 않도록" 하는 팻말이 붙어 있어 물 한 모금 마시기도 조심스러웠다.

샘물 아래쪽에는 남국적인 정취를 풍기는 세수간(洗手間)이 있었다. 흙 갈색의 굴참나무 껍질로 지붕을 이고 쪽대나무 발을 엮어 벽을 두른 작은 집이 그것이다. 세수간의 문을 열었을 때 입구에는 세 켤레의 실내화가 가지런히 놓여 있었다. 몇 개의 물통과 세숫대야, 빨래판, 비누 등이 놓여 있었다. 어디서나 볼 수 있는 그 평범한 물건들이 모두 저다운 자리에 정결하게 정리정돈되어 있는 질서는 아름답기까지 했다. 그 세수간은 작은 계곡 같은 지형 위에 세워져 있었다. 바닥은 좁은 마루 쪽이 듬성듬성 깔려 있어 물을 쓰고 그 자리에서 버려도 숭숭 뚫린 자연 하수구를 통해 물이 삽시간에 빠져 나갔다. 통풍과 배수의 기능이 훌륭한 그 세수간은 매우 편리하고 인상적이었다.

불일암은 스님의 처소인 위채와 객실과 식당이 딸린 아래채 그리고 세수간과 정랑(淨廊) 그렇게 네 채의 집이 있었다.

그중에서도 불일암 입구 바른편에 있는 정랑만은 그 규모도 커 보이고 옛날 건축 양식을 응용한 듯한 인상을 주었다. 정랑의 문을 열고 들어서면 바로 옆에는 낙엽이 담긴 통과 비와 부삽이 보였다. 내부는 복도를 사이에 두고 남녀 화장실로 나뉘어 있고 화장실 안으로 들어가기 위해서는 다른 신발로 바꾸어 신도록 되어 있었다. 화장실 마루가 여느 집 마루만큼이나 깨끗했다. 내부의 정면에는 성긴 살창이 있고, 살창으로는 넓고 울창한 대나무밭이 훤히 내다보였다. 화장실 안에 있는 동안 운치있는 대밭을 바라볼 수 있고 대숲에서 이는 바람소리도 들렸다.

정랑 벽면에는 "일이 끝나면 자신의 배설물을 낙엽으로 덮읍시다"라고 씌어 있었다. 그때서야 입구에 놓인 낙엽통과 비와 부삽이 왜 필요한가를 알 수 있었다. 정랑을 나서다 보면 "나올 때 문 걸기"라고 씌어져 있어 자신이 지금 문을 걸었는지를 다시 살필 수 있었다. 스님은 정랑에서는 누구나 아무 잡념이 없는 법이라며 그곳이 자신의 기도처라고 했다. 그러한 표현이 적절할 만큼 불일암 정랑은 정결하고 청정했다.

불일암 식당채 뒤뜰에는 작고 예쁜 항아리들이 나란히 묻혀 있어 우리네 옛 시골 생활의 향수를 불러일으켰다. 저 독 속에는 무엇이 담겨 있을까 하는 호기심 때문에 살며시 뚜껑을 열어 보았다. 그 속에는 빨간 글씨로 "열어 보지 마시오"라고 씌어 있었고, 다시 그 아래에 검정 글씨로 "91년 여름에 먹을 짠무지"라고 적혀 있고 투명 비닐로 봉해져 있었다. 열어 보지 말라는 빨간 글씨는 어떤 금지 효과 같은 것이 있어서 거의 반사적으로 항아리 뚜껑을 덮을 수밖에 없었다. 그러나 다른 항아리의 내용물이 궁금해서 또다시 열어 보고 말았다. 거기에도 마찬가지로 "열어 보지 마시오" "91년 여름에 먹을 배추김치"라고 자상한 설명서가 붙어 있었다. 불일암 나그네들의 버릇이 서로 비슷하기에 스님이 이런 조치를 해 놓았을 것이라고 생각하니 웃음이 절로 나왔다. 불일암에서는 침묵의 지시에 고분고분 따르면서도 행여 지시에 위배되고 있지나 않나 하고 수없이 자신을 챙겨 보게 된다.

불일암에의 둘째 날은 진종일 이슬비가 내렸다. 이날은 객실인 우리의 방을 따뜻하게 하기 위해 우리들 스스로 군불을 지폈다. 마른 솔가지를 뚝뚝 꺾어서 아궁이 깊숙이 밀어 넣으며 불을 땠다. 온 산이 나무지만 땔감으로 만들어지기까지는 스님의 큰 노고가 있었을 것이라는 생각 때문에 빨간 불길을 한사코 단속하여 구들장 밑으로 밀어 넣었다. 그리고 너무 따뜻하지 않을 정도를 가늠하면서 나무를 아꼈다.

아궁이에 불을 지피고 있으니 마음이 저절로 한가로워졌다. 마치 확대경으로 관찰하듯 샅샅이 둘러본 불일암의 여러 처소들이 다시 눈앞에 전개되었다.

"가을이 저물어 가니 내 초암(草庵)에도 일손이 바쁘다. 산중의 외떨어진 암자에서 모든 일을 혼자서 해치우려면 두 다리와 양손으로는 늘 달린다. 겨울철에 땔나무를 마련하고 도량을 손질하고 또 추워지기 전에 김장을 해야 할 것이다. 이래서 추승구족(秋僧九足)이란 말이 나온 듯싶다. 몸은 고단하지만 내 식대로 살 수 있으므로 그런대로 살아갈 만하다."

불일암의 모든 것은 법정 스님의 식대로라는 등식을 만들 수 있을 것 같았다. 자연의 아름다움이 우거진 곳에 정결과 질서로 조화를 이루고 있는 곳이 내가 본 불일암이었다. 그러나 그 정결과 질서가 유지되는 바탕은 스님의 엄격한 자기 규제이고, 그것은 수도정진으로 해석되었다.

스님은 차 마실 시간이 되면 위채에서 고함을 치겠다고 했다. 일곱시 반쯤, 문이 열리는 소리와 함께 "차 마십시다" 하는 소리가 아래채로 내려왔다.

세상에서 수류화개실(水流花開室)로 불리는 스님의 다실은 어젯밤보다 사람의 수가 반절로 줄어서인지 한결 넉넉하고 한적한 느낌마저 들었다. 스님은 전깃불을 끄고 운치있는 촛대에 촛불을 켰다. 그러나 촛불의 불꽃이 위아래로 움직이는 것을 한동안 바라보다 "촛불도 시끄러워요" 했다. 그러고는 마알간 기름이 담긴 하얀 백자 등잔 위로 살짝 올라와 있는 가느다란 까만 심지에 불을 댕기고 촛불을 껐다. 밝음의 강도가 한결 낮아진 방안은 그지없이 아늑해졌다. 투명한 작은 불빛을 바라보고 있는 한순간 다실에는 숨소리마저도 들릴 것만 같은 적막이 흘렀다.

스님은 우리 옛 선조들의 정서는 이런 등잔불 밑에서 길들여졌다며 이런 불빛 아래서는 뉘 집 개가 새끼를 낳고 누구네 집 딸이 시집을 갈 것이라는 마을 이야기나 했을 것이라고 했다. 요즈음 세태같이 누가 당선되고 누가 낙선했다는 그렇게 거창한 이야기는 등잔불 아래서는 어울리지 않는다고 했다.

스님은 이야기하는 동안 처음에는 차향이 그윽한 녹차를, 두번째는 구수한 우롱차를, 그리고 세번째는 홍차를 달여 주었다. 차의 종류에 따라 다기(茶器)도 바뀌었다. 수준 높은 작품으로 여겨지는 스님의 다기에다 여러 종류의 차를 음미하면서 마시니 차의 향과 맛이 더욱 향기로웠다. 스님은 적어도 차에 관해서는 큰 '사치'를 하고 있었다.

향기로운 차를 번갈아 마시고 불빛 따라 심경의 변화를 체험하는 새로운 경험이야말로 스님의 각별한 배려로 융숭한 대접을 받고 있다는 것을 실감케 했다.

그 밤, 어떤 사람의 이야기가 대화 가운데 나와서 나는 스님께 소개가 될 만큼 열심히 이야기를 했었다. 경청하듯 그 이야기를 다 듣고 난 스님은 "이상하게도 하신 말씀 중에 이야기의 주인공에 대해서는 남는 것이 없는데 오늘밤 박 교무님이 나에게 깊이 각인되고 있어요"라고 했다.

그분의 그러한 말씀을 들으면서 스님과 나 사이는 만난 지 오늘이 겨우 둘째 날이라는 사실을 새삼 깨달았다. 전등불을 다시 밝힌 스님은 이것이 현실이라며 오장육부까지 다 들여다보여 재미가 없다고 했다.

마르지 않는 산 밑의 우물
산중(山中) 친구들에게 공양하오니
표주박 하나씩 가지고 와서
저마다 둥근 달 건져 가소서.

다실 벽에 걸려 있는 글귀를 다시 읽어 보면서 스님의 다실에 고여 있는 한적함과 청정함은 스님의 내면적 투명함에 연유하고 있을 것이라는 생각이 들었다.

법정 스님의 글을 접하며 사는 사람들은 불일암에서 띄우는 스님의 메시지를 기다린다. 도시에 살고 있는 사람들은 그분의 글을 통해 항상 그리운 자연과 산 소식을 들으며 거칠어진 자신의 호흡을 조절하고, 험난한 세상을 살아가느라 까칠해진 영혼에 윤기를 되찾는다. 스님의 아무 욕심 없고 사심 없는 눈으로 바라본 세상과 시국은 어떻게 비치고 있는지, 그분의 지혜의 척도를 궁금하게 여기기도 한다.

스님의 모년 모월 모일의 일기를 보면 불일암에서의 스님의 수도 생활은 한없이 부럽고 멋스럽게 느껴지기까지 한다.

"새벽예불 마치고 뜰에 나가 은은한 달빛 바라보며 거닐다. 나무들은 아직 잠에서 깨어나지 않은 것 같다. 이슬에 젖은 새벽의 이 고요?
달 곁에 바싹 별이 따르고 있다.
여름철에 쳐 놓았던 발을 거두어들이다. 한결 산뜻해진다.
가을볕에는 과일 익는 향기가 배어 있다."

셋째 날인 입추절 아침, 그렇게 보아서 그런지 하늘에는 엷은 고기비늘 같은 가을 구름이 떠 있었다. 꾀꼬리들이 아침부터 시끄럽게 지껄이고 있다. 올 여름 새로 태어난 새끼들에게 발성 연습과 날아다니는 훈련을 시키는 모양이었다. 서울 한강가에서 사는 청매가 녹음해서 보내 준 바흐의 플루트 소나타를 들었다. 플루트 가락에도 가을 냄새가 배어 있었다.

일기에서 엿본 스님의 생활은 신선과도 같았다. 어느 누가 그런 청복(淸福)을 누릴 수 있으랴. 그러나 스님도 생활인으로서의 엄연한 현실과 맞서고 있었다. 홀로 지내는 암자에서 하루도 거를 수 없는 식생활, 그것은 엄청난 부담이고 번거로운 일임에 틀림없다. "아침 공양하러 나가기가 죽으러 가는 일처럼 싫네. 막상 나가서 움직이면 괜찮은데 불기가 없어 썰렁한 아래채 부엌에 들어가기까지가 머리 무겁다"라고 씌어 있었다.

스님은 옛날에는 손님들에게 손수 밥을 지어 주기도 했지만, 요즈음은 손님들에게 주방을 내맡기고 해 주는 대로 얻어먹는다고 했다. 그래서 손님인 새댁들만 떠나면 우리가 당번임을 알아차리고 주방 일을 세밀하게 관찰하고 있었다.

어제 점심을 지으려던 새댁들이 쌀이 떨어졌다고 했었다. 나는 속으로 '갑자기 사람이 많이 불어난 탓인가 보다' 생각하면서 '이 산중에서 밥때에 쌀이 떨어져서 어떻게 할까' 하고 걱정이 되었다. 스님은 "기다려 봐" 하시고는 곳간으로 내려가 두어 개의 푸대를 뒤지더니 찹쌀과 현미를 내놓으면서 섞어서 밥을 지으라고 하셨다. 나는 내심 '우리가 당번이 되면 찹쌀과 현미를 보태어 밥을 짓는 물 조정을 어떻게 할까' 하고 걱정이 되었다.

새댁 식구들을 전송하고 나서 스님은 "저녁에도 밥을 먹겠어요?" 하시며 우리들의 의견을 물어보았다. 그러나 스님의 억양으로 보아 밥이 아닌 다른 식사를 권유하고 있었다. 가뜩이나 걱정이 되던 차에 나는 작은 소리로 "스님 뜻대로 하세요"라고 했다.

새댁들이 떠난 그날 오후, 비에 젖은 불일암은 조용한 침묵이 흐르고 있었다. 다섯시 반이 되자 스님이 아래채로 내려오는 기척이 들렸다. 우리 방 앞을 지나가던 스님은 "내가 솥뚜껑 운전수를 해야지" 했다.

우리 두 사람은 시중을 들어 드릴 양으로 부엌으로 나갔다. 스님이 조리하는 저녁 메뉴는 누룽지 죽이었다. 스님은 국을 끓일 때는 누룽지를 밥처럼 되직하게 하고 국이 없을 때는 물을 넉넉히 부어 죽을 쑨다고 했다. 그날 저녁 식사였던 누룽지 죽은 참으로 구수한 별미였다. 어느 큰 절 스님이 고맙게도 누룽지를 사과상자에 가득 채워 보내 주어서 요즈음은 그것을 빻아 놓고 간편하게 식사를 해결하고 있다고 했다.

셋째 날 아침 식사 당번은 자연스럽게 우리 차례였다. 아침 식사는 보리빵을 구어 치즈 조각을 곁들여 주스에 먹기로 했다. 간단한 일이지만 정성껏 아침 식탁을 준비했다. 정해진 시간이 되자 스님이 내려오셨다.

"오늘 아침에…"라고 말문만 열고 우리를 쳐다보는 스님의 눈빛은 조금 빛나 보였고 음성에도 큰 사건을 접하고 있는 분 같았다. 새벽의 고요를 가르는 낯선 새소리가 불일암 골짜기에 울려 퍼졌었다. 그 소리는 잠든 인간의 영혼을 일깨우기에 충분했다.

나는 스님의 말을 이어 "오늘 아침에 어떤 새가 울었어요" 하자 스님은 정답을 들은 선생님처럼 "오늘 아침에 찌르레기가 처음 울었어요. 기다리던 새가 찾아와서 첫 울음소리를 들려주는 것이 산중에서는 큰 사건"이라고 했다. 찌르레기 때문에 좀 들떠 보이는 스님은 마치 오래 기다렸던 식구를 맞아들인 분처럼 보였다.

아침을 마친 우리는 조심스럽게 뒷설거지를 했다. 부엌일을 참견은 안 하지만 손님이 떠나고 나면 내신 성적으로 채점한다는 스님의 말씀이 은근히 겁을 주었기 때문이다. 삼 일 동안 들락거리던 아래채 부엌, 첫날부터 인상 깊었던 「오관(五觀)」을 다시 읽어 본다.

이 음식이 어디서 왔는고
내 덕행(德行)으로는 받기가 부끄럽네.
마음에 일어나는 욕심 버리고
육신을 지탱하는 약으로 알아
도업(道業)을 위해 이 공양(供養)을 받습니다.

'빠삐용 식탁'이라 명명된 스님의 허술한 식탁과 모든 물건이 제자리에 잘 놓였는지 주방을 다시 한번 둘러보았다. 스님의 질서를 어지럽히지 않으려는 노력은 불일암 나그네가 지켜야 하는 예절임을 터득했기 때문이다.

떠나오던 날 아침, 스님의 다실에서 그윽한 녹차 향을 깊숙이 마시며 통신수단이 딱 끊긴 불일암에서의 이박 삼일이 어느 오지(奧地)에서의 세월처럼 느껴졌다. 스님은 큰 절에 볼 일이 있다며, 불일암을 떠나는 우리들과 이슬방울 맺힌 산길을 동행해 주었다.

봄 안개 서린 조계산을 한 번 뒤돌아보고 구름이 흩어지듯 그렇게 스님과 작별했다.

1991. 4

갸륵한 이웃

오랜만에 찾아온 석이 엄마의 머리 모양은 매우 별나 보였다. 머리카락마다 곱슬거려 마치 흑인들의 머리카락을 연상케 했다. 원래 모양내는 일에는 별 관심이 없던 그녀인지라 사유를 물어보았다. 석이 엄마는 잠시 멋쩍은 미소를 짓더니 먹고 살기 위해서였다고 말했다.

석이 엄마는 위암 수술 후 항암치료 후유증으로 탈모 증세를 보였다. 머리숱이 적은 자신의 모습이 환자처럼 보이는지 주위 사람들이 일을 시키려 하지 않아 미장원에 가서 머리숱이 많아 보이는 파마를 부탁했더란다. 그랬더니 이런 모양이 됐다며 들떠 보이는 자신의 머리를 쓰다듬었다.

석이 엄마는 자신을 필요로 하는 집을 찾아다니면서 하루하루 일을 하는 사람이다. 그녀는 남의 집 일을 열심히 하면서도 항상 즐겁고 명랑했다. 자신의 하루 품삯을 받을 때도 거저 주는 것처럼 감사해 한다.

그러던 그녀가 소화가 잘 안 된다며 소화제를 자주 복용하곤 하더니, 어느 날 위암으로 진단이 내려졌다. 뜻밖의 병명에 자신과 주변 사람들이 큰 충격을 받았다. 그러나 평소 그녀의 삶의 태도에 큰 감동을 받고 있던 강남교당 교도들은 그녀가 수술받을 수 있는 모금 운동을 열어, 석이 엄마는 수술도 받을 수 있었고 얼마간의 휴양비까지 마련이 됐었다. 그러나 그녀는 마치 일하기 위해서 태어난 사람처럼 육 개월도 채 못 돼서부터 일을 하려고 애썼다.

한동안 뜸했던 그간의 소식을 묻는 나에게 그녀는 "여자들 살 빼는 데(에어로빅) 있잖아요. 거기서 청소 일을 했었는데, 어느 날은 눈을 떠 보니까 병원이었어요. 마포 걸레질하던 기억밖에 안 나는데…. 아마 일을 하다가 졸도했었나 봐요"라고 말했다. 그런 이야기를 하면서도 석이 엄마는 그녀 특유의 미소를 지으며 씩 웃었다.

요즈음은 밤마다 전신에 마비 증세가 오고 혈변을 보기 시작한다고 했다. 이제는 아무래도 죽을 것만 같은 생각이 들어서 며칠 전에는 돈이나 한 번 실컷 써 보려고 시장엘 나갔더란다. 그런데 그 시장 바닥에는 엄동설한에 다리가 없는 불구의 몸을 비닐 방석에 앉힌 채 전신으로 몸을 움직이면서 구걸하는 사람이 있더라는 것이다. 너무나도 가엾어서 '실컷 써 보려고 들고 나갔던 돈' 삼만 원을 송두리째 그 사람에게 건네주면서, 호강에 겨워 돈이나 써 보려고 시장에 나온 자신을 책망했다는 것이다. 그 사람에 비하면 걸어 다닐 수 있는 다리도 있고 또 따뜻한 방 안에서 나온 자신의 처지가 너무나도 행복하더라는 얘기였다.

희망찬 새해라는 말이 무색하리만큼 요즈음 우리 사회는 걸프만의 기름 띠 못지않게 속출하는 비리, 부정, 의혹의 '검은 띠'가 보통 사람들을 우울하게 하고 있다. 석이 엄마처럼 열심히 일하고 매사에 감사하며 자기보다 어려운 이웃에게 동정심을 베풀며 살아가는 평범한 시민, 갸륵한 이웃이 이 세상을 지탱하는 힘이다.

1991. 2. 23

친구의 결혼반지

꽤 오래된 일이다. 참으로 오랜만에 여고 동창생을 만났다. 내 얼굴도 그만큼의 세월의 의미를 전하고 있었겠지만, 그 친구의 얼굴을 바라보면서 그간 삶에 대한 이력서를 읽는 기분이 들었다. 무엇인지는 몰라도 매우 힘들었던 세월을 살아왔음을 알 수 있었다.

그로부터 얼마 후 또 다른 친구를 만났다. 그 친구는 구김 없는 모습에 앳돼 보이기까지 했다. 같은 세월이 흐른 다음 두 친구를 만나 본 느낌이 전혀 달랐다.

이야기 가운데 시집살이하는 이야기를 듣게 되었다. 그 친구는 자기 남편은 구남매 중 맏이라고 했다.

결혼한 지 얼마 안 됐을 때 시동생이 찾아와 형님께 뭔가 상의할 말이 있는 모양인데 얼른 말을 꺼내지 못하고 머뭇거리자 남편이 자신에게 자리를 좀 비켜 달라고 하더라는 것이다. 셋방살이하던 때라 문밖에 나와서도 문에다 귀만 기울이면 다 들을 수 있었고, 사연이 궁금했던 그 친구는 안 되는 일이지만 방 안 이야기를 모두 엿들었다고 한다.

오래전부터 결혼을 약속한 여자가 있어 차례만 기다려 왔던 시동생이 자신의 결혼 문제를 의논하는데 이야기의 내용인즉, 자신도 형처럼 신부에게 결혼반지로 다이아몬드 반지를 끼워 주고 싶다는 주문이었으나 해결책을 못 찾고 이야기가 길어지더라는 것이다. 친구는 그 순간 자신의 결혼반지를 시동생에게 내주기로 결심하고, 그 후 남편에게 그 이야기를 엿들었던 것에 대한 사과와 함께 자신의 결혼반지를 시동생의 결혼반지로 써 달라고 했다고 한다. 남편은 매우 자존심이 상한 듯 완강하게 거절했지만, 훗날 더 큰 다이아몬드 반지를 선물받고 싶다며 간청하여 결국은 자신의 결혼반지로 시동생이 결혼식을 올리게 됐다고 했다.

새로 시집온 손아래 동서가 "저는 신랑이 좋아서 이 집으로 시집을 왔는데, 이렇게 훌륭한 가풍을 가꾸시는 형님을 모시게 되어 너무 기뻐요" 하며 자신도 손아래 도련님 결혼 때 다이아몬드 반지를 내놓겠다고 하더라는 것이다.

"우리 집은 다이아몬드 반지 한 개 가지고 육 형제가 다 장가들게 됐다"며 마치 남의 이야기를 하듯 친구는 유쾌하게 웃었다.

요즈음 우리는 '자기 몫'을 조금 덜 챙겨야 불안하고 어지러운 사회가 안정될 수 있다고들 한다. 내 친구의 지혜를 빌려 살 수만 있다면 이 세상 사는 데 따로 어려울 것이 없을 것 같다는 생각을 해 보게 된다.

1991. 1. 31

나부터 새롭게

새해를 맞을 때 우리는 희망찬 새해라고 한다. 가까운 친지와 서로 복 많이 받으라는 덕담을 나누면서 왠지 모르게 자신에게도 새해에는 축복이 가득할 것 같은 희망을 갖게 된다. 절실한 소망과 함께 그럴듯한 설계도 해 본다. 새해를 맞는 기쁨은 이같은 희망과 기대감을 가질 수 있다는 데에서 오는 것 같다.

그러나 그처럼 기대했던 절실한 소망들이 저절로 어떠한 행운이나 요행의 미로를 통해 나의 현실로 나타나지는 않는다. 우리는 한 해 동안 삼백육십오 일의 시간을 공평하게 분배받고 있다. 그 공평한 세월의 마디인 한 해를 다 살고 나서 보면, 사람에 따라서 성취의 내용과 삶의 질이 전혀 다르다. 결국 사람들은 모두 저답게 살아가는 것이고 자기 자신만큼의 인생을 창조하고 있음을 알 수 있다. 한 해 동안 밖으로는 나다운 모습을 내보이면서, 안으로는 내 인생의 몫을 꾸려 갈 '나'와 진지한 자세로 대면해 볼 필요가 있다.

우리는 한껏 자기 자신만을 위해 불철주야 살아가는 것 같지만, 오히려 자신과는 만날 기회조차도 갖지 못한 채 그저 바쁘게 살아가는 것이 평범한 우리네들의 삶이다. 또 다른 사람에 대해서는 잘 파악할 수 있어도 자기 자신을 올바로 이해하기란 매우 어렵다. 자기 자신에 대한 준비 없이 출발한 한 해는 실속 없는 한 해, 부실한 인생의 한 토막으로 소모되고 말 것이다.

내 자신을 향상과 성숙으로 이끌어 가기 위해서는 우선 내 자신을 움직이고 있는 내면의식이 새롭게 깨어나는 체험이 필요하다. 우리는 그 체험을 각성이라고 한다.

전문가들의 분석에 따르면 우리는 지금 발전과 퇴행의 갈림길에 서 있다고 한다. 한 일간지에서는 "여기서 주저앉을 수는 없다"고 겨레에 선언하고 "다시 뛰자"는 새해 주제를 내걸었다.

우리 모두 나 자신으로부터 새로워져서 이 나라 역사 발전에 작은 고임돌이 되기를 염원해 본다.

1991. 1. 6

성한 사람들의 반성

시선에 초점이 없이, 그리고 얼굴에 아무런 표정도 없이 한 젊은 여인이 어린이의 손목을 잡고 방 안으로 들어섰다. 나는 그녀가 참으로 오랜만에 만나는 나의 옛 시각장애인 가족 현이임을 알아차리고 반겼다. 네댓 살 돼 보이는 현이의 아들은 아주 씩씩하고 귀여워 보였다.

"낮잠을 자다가 잠결에 아기가 울기에 젖을 물리려고 해도 아기는 보채기만 했어요. 그래서 더 열심히 젖을 먹이려고 애썼더니 아기는 자지러질 듯이 울어댔어요. 아기 울음소리를 듣고 달려온 고모가 아기 눈이 충혈됐다며 큰일났다고 하잖아요. 글쎄 제가 젖꼭지를 아기 눈에다 대고 비벼 댔나봐요. 겁이 나서 안과로 달려갔더니 눈에는 아무 이상이 없다고 해서 그제서야 안심을 했죠….."

앞을 못 보는 현이가 시집을 가서 아기 기르던 이야기를 어느 날 전화로 들려준 내용이다. 그 아기가 이렇게 튼튼하게 잘 자라 주었으니 얼마나 고맙고 대견한가.

정초가 되어 내 곁에 모여든 시각장애인들의 대화 가운데는 이런 이야기도 있었다. 시각장애인 주부 선이 엄마가 필요한 물건이 있어서 딸아이를 앞세우고 슈퍼마켓엘 갔었는데 주인 아주머니가 선이를 보고 "엄마 데리고 나왔니?" 하더라는 것이다. 듣기가 민망했던 선이 엄마는 짐짓 "엄마 모시고 나왔어요"라고 딸 대신 힘주어 대답해 주었더란다. 그런데 가게를 나설 때 또 그 아주머니는 "엄마 잘 데리고 가거라" 하더라는 것이다.

그 말을 들은 시각장애인들은 입을 모아 말하기를, 앞을 보는 사람들이 시각장애인 자녀 앞에서 그렇게 말을 함부로 하면 어떻게 하느냐며 시각장애인들이 집안에서 자녀 교육을 잘해 보려고 아무리 애를 써도 밖에서 문제가 생긴다고 우울해 했다.

잠자코 그들의 대화를 듣고 있던 나는 건강한 사람을 대신해서 큰 책망을 듣는 것만 같았고 무엇이라고 사죄해야 할 것만 같았다.

인생에 장애의 무거운 짐을 지고 모든 불편과 불이익을 감내하면서 묵묵히 살아가는 그들을 따로 돕고 위로하지는 못할망정, 건강한 사람들이 사려 깊지 못한 말씨와 태도로 그들의 마음에 상처를 주고 자녀 교육에 문제를 일으켜서야 되겠는가. 장애의 고통과 불편을 모르는 우리네들의 삶의 태도를 숙연한 자세로 뒤돌아보게 한다.

1991. 1

마음 청소 시간
1985-1990

아버님의 쾌유를 빈 '냉수욕 효도'

한평생 남의 질병을 치료하고 고통을 덜어 주는 일에 종사하던 한 의료인이 노경(老境)에 불치의 병으로 시한부 인생을 살고 있었다.

아들, 딸, 사위가 모두 의사였지만 아버지를 치료할 아무런 방도가 없었다. 환자가 자신의 병세를 너무 잘 알고 있기 때문에 가족 의사들마저도 쾌유의 기대를 위로의 말로 감히 입 밖에 내지 못했다. 오직 고통을 덜어 드리는 진통 요법밖에 다른 도리가 없었다. 인술(仁術)의 한계와 무력감에 빠진 의사 자녀들은 침통함을 침묵으로 삼키며 병상을 지켜야 했다.

대지에는 봄기운이 돌아도 체감온도는 차가운 겨울과 다름없던 어느 날 의사 아들은 "아버님, 저는 요즈음 아버님의 쾌유를 위해 아침마다 냉수욕을 하고 있습니다"라고 말했다. 환자인 아버지는 그윽한 눈빛으로 아들을 마주 바라보며 고개를 크게 끄덕였다.

이제는 상당한 세월이 흘렀지만 그 아버지는 아들이 대학입시 공부를 하던 무렵 열심히 공부하라는 말 대신, "네가 이처럼 모든 어려움을 감수하고 목표한 학교에 입학하기 위해 열심히 공부하는데 내가 함께 도와주고 싶어도 길이 없으니 나는 추운 겨울이지만 냉수욕을 하여 너를 격려하겠다" 하며 아버지는 하루도 거르지 않고 냉수욕을 했었다.

그 당시만 해도 주택 구조가 한옥인 데다 장작으로 군불을 때던 시절이라, 방 안 공기가 썰렁해서 아들을 위해 냉수욕을 하고 난 아버지의 몸에서는 하얀 김이 피어올랐다.

지난 날 아버지가 수험생인 자기를 격려하기 위하여 추운 겨울 아침마다 했던 것처럼, 인술에서 길을 찾지 못한 아들 의사는 아버지의 쾌유를 위해 냉수욕으로 효성을 다한 것이다. 생의 끝, 죽음을 바라보며 하루하루를 보내고 있던 그 아버지가 아들의 냉수욕에서 얼마나 큰 위안을 받았을까!

대학의 좁은 문을 통과해야 하는 입학시험이 임박해 오고 있다. 모든 수험생들은 나름대로 최선을 다했으면서도 안타깝도록 불안해 하고 있다. 자녀의 대학 입학이 마치 인생의 모든 목표인 것처럼 혼신의 정성을 다 바치는 어버이들, 대학 입시 때가 되면 어버이들의 사랑도 더욱 뜨겁게 느껴진다.

어버이에게 '냉수욕 효도'를 바칠 자녀들이 오늘의 이 시대에도 자라나고 있기를 바라는 마음 간절하다.

1990. 12. 15

보람을 추수한 광주리

사람들은 저마다 자기의 인생이 좀 더 값지고 보람있기를 기대하면서 산다. 그러기에 나름대로 자기에게 유익할 것이라고 믿는 일을 철저히 선택하면서 살아간다. 열심히 살고 있다는 자기 확신 속에 바쁘게 살았던 한 해가 어느덧 저물어 가고 있다. 소망과 계획을 가지고 맞이했던 한 해를 이제 거의 다 살아 버린 셈이다.

연말을 맞으면 왠지 마음은 더 바빠지고 쫓기듯 살게 마련이지만 잠시 자신이 수확한 보람의 광주리에 무엇이 담겼는지 점검해 보아야 한다. 모든 사람들의 광주리에는 한 해 동안 그 사람이 관심을 갖고 노력과 정성을 바쳤던 것의 열매가 담겨 있다. 나는 봉사의 열매가 담긴 광주리들을 넘겨다 보면서 땀에 밴 그들의 얼굴을 떠올려 본다.

삼성복지재단에서는 기업의 이익을 사회에 환원하는 차원에서 저소득층 맞벌이 부부를 위해 그들이 살고 있는 지역에 훌륭한 탁아 시설을 만들었다. 1990년 7월 말에 개원한 미아샛별어린이집에서는 그간 연인원 사백십 명의 자원봉사자들이 수고를 했고, 지금도 일하고 있다. 봉사자들은 대부분 강남에 거주하는 삼사십대의 젊은 주부들이다.

백팔십 명의 어린이들을 열두 시간 동안 맡아 돌보는 그곳 식당은 항상 바쁘다. 하루 서너 명의 봉사자들은 먼저 주방에서 어린이들의 점심 식사 준비를 하고, 식사 시간에는 자상한 엄마가 되어 주며, 식사가 끝나면 설거지를 한다. 주방의 모든 일이 끝나면 젖은 손을 닦고 '이쁜이' 방으로 들어간다. 그 방에는 생후 육 개월 된 아기들부터 있다. 이렇게 어린 아기들에게는 참으로 많은 일손이 필요하다. 일손이 넉넉하면 아기들은 그만큼 더 안전한 환경과 더 풍부한 관심 속에서 잘 자랄 수 있다.

처음에는 선뜻 품에 안지 못하던 아기들을 봉사자들은 이제는 자신의 아기처럼 품에 안고 우유를 먹이며, 기저귀가 젖으면 갈아 주고, 보채고 칭얼대는 아기는 등에 업어 달랜다. 봉사자들은 이제는 정이 들어 버린 아기들이 집에 있어도 눈에 아른거린다고 한다. 한참 만에 가 보면 서지 못하던 아기들이 서 있고, 봉사자들은 '섬마섬마' 하며 아기에게 눈을 떼지 못한다. 간신히 한 발자국 걸음마를 하려고 애쓰는 아기를 바라보면서 가정사의 모든 시름도 다 잊은 듯 행복한 얼굴을 하고 있다.

저마다 바쁘다는 소리를 앞세우면서 살아가는 현대인들, 가사 노동에 자기를 바치기보다 더 큰 성취를 경험하고 싶어 자기 가정의 일들도 누군가에게 도움을 청하며 살아가는 오늘의 여성들, 한 해를 수확한 그들의 광주리에는 무엇이 담겨 있을까.

누구인지도 모르는 이웃을 위해 자기의 시간과 노력을 바쳤던 봉사자들은 지금쯤 자기의 광주리에 수확된 봉사의 열매를 바라보면서 그 보람을 음미할 것이다.

1990. 12. 12

마음 청소 시간

"예쁘고 밉고 참마음 아닙니다. 좋고 나쁘고 참마음 아닙니다. 허공처럼 텅 빈 마음 그것이 참마음, 이 마음속에는 아무것도 없습니다." 우리 강남 원광 유치원 어린 친구들은 입정(入定)의 노래를 '마음 청소' 시간에 부른다. 이 노래 반주가 울리면 어린이들은 다 함께 반가부좌 자세인 '아빠 다리'를 하고 몸을 곧게 세워 바른 자세로 앉아 고사리 손을 모아 합장을 한다. 눈을 스르르 감고 마치 속마음을 들여다보듯 그렇게 노래 부른다. 재잘거리던 소리가 딱 멎고 오 분간 '좌선'을 하는 동안 어린이들은 유난히 코를 훌쩍거린다.

그들의 모습을 살펴보면, 이미 한 해의 수련을 축적한 슬기반(육 세) 어린이들은 제법 의젓한 모습으로 명상에 잠겨 있다. 그러나 천진반(사오 세) 어린이들은 몸을 비틀기도 하고 한 쪽 눈만 살며시 뜨고는 다른 친구의 옆구리를 쿡 찌르며 장난을 치기도 한다. 참으로 긴 시간처럼 느껴졌을 오 분이 흐른 다음, 끝나는 신호가 울리면 다시 입정의 노래를 부르고 마음 청소를 마친다.

선생님들은 아이들에게 "우리의 마음도 청소를 하지 않으면 더러워지고 때가 낀답니다. 그러나 마음을 청소하고 나면 좁은 마음은 넓어지고 심술궂은 마음은 착해지고…" 하며 마음 청소의 의미를 설명해 준다.

유치원 시절의 마음 청소 체험이 성격적으로는 인내성과 침착성이 길러지고 성장해서는 자기 성찰의 습관으로 응용되기를 바라는 것이다.

어느 날 한 학부형이 우리 유치원의 마음 청소 시간이 참 좋다고 하였다. 며칠 전 부부싸움을 하다가 화가 난 아빠가 엄마에게 심한 말을 하자 유치원 다니는 아들이 아빠도 마음 청소를 하자고 조르더라는 것이다. 아들이 하자는 대로 따라 하고 있는 아빠에게 마음 청소를 하면 아빠 마음속의 더러운 먼지가 다 빠져나가게 된다며, 그러면 아빠도 화가 나도 참을 수 있고 욕을 안 할 수 있다고 매우 자신있게 말하더라는 것이다.

인간의 생활공간에 쓰레기가 쌓이듯, 세상을 살다 보면 우리들의 마음속에도 온갖 탐욕과 미움의 쓰레기가 쌓인다. 겉으로 쌓이는 쓰레기는 불결하고 불편함을 느끼지만 마음 안에 쌓여 있는 쓰레기는 잘 보이지도 않고 불편한 줄도 모른다. 오늘을 사는 우리는 서로의 마음 안에 쌓여 가고 있는 쓰레기 더미를 주체하지 못하여 급기야는 범죄와의 전쟁을 선포하기에 이르렀다.

이제 우리는 우선 영혼의 뜨락부터 쓸어야겠다. 마음 안의 쓰레기를 깨끗이 치워야겠다. 허공처럼 텅 빈 마음, 참마음을 찾아야겠다. 그리하여 두렵고 부끄러운 범죄와의 전쟁을 종식시켜야겠다.

1990. 12

외부인이 본 가톨릭

맑고 청순한 두 분 수녀님이 원불교 강남교당으로 나를 찾아와서 『생활 성서』 특집 원고를 청탁했다. 청탁서에는 제목도 내용도 적혀 있지 않았다. 나에게 아무런 제약도 주지 않기 위해서 백지 청탁서를 가져왔다며 '외부인이 본 가톨릭'에 관하여 쓰면 된다고 했다. 한센병 환자에 대한 관심 때문에 십오 년도 넘는 세월 동안 가톨릭 문 안을 내 집처럼 드나들었지만, 막상 나를 '외부인'으로 생각해 보니 나는 틀에 박힌 사람이었다. 그래서 '원불교인이 본 가톨릭'이 될 것 같아 매우 조심스러워 원고 청탁을 받아들이기가 더욱 망설여졌다.

그러나 한센병 환자뿐 아니라 원불교와 천주교 간의 종교의 벽을 허물고 울을 터서 서로 넘나드는 종교 풍토를 만들고자 한 염원을 갖고 짧지 않은 세월 동안 성 라자로마을을 드나들다 보니, 이제는 몇 분의 성직자와 여러 수도회의 수녀님들과 격의 없는 사이가 되기도 하였다. 부끄러운 글이나마 『생활 성서』에 기고하면 그것도 내가 추구하는 세계의 일인 것 같아 이 글을 쓰기로 했다.

나는 때로 타 종교의 오랜 역사나 많은 신도나 훌륭한 시설이 부럽게 느껴질 때도 있다. 그러나 나로서는 그보다 그 교단의 성직자나 수도자가 얼마나 자신의 영성(靈性)을 맑게 하기 위하여 수도에 정진하며, 밝은 지혜와 큰 덕을 갖춘 지도자가 계신가에 더 큰 관심을 갖게 된다. 설사 훌륭한 시설과 막강한 교세를 밖으로 과시할 수 있다 해도 그 교단의 성직자들의 영성이 맑지 못하고 올바른 척도가 되는 밝은 지혜를 갖춘 지도자가 안 계시면 그 교단은 빈 집과 같다고 생각되기 때문이다.

나는 몇 년 전 스페인에 갔을 때 바르셀로나에서 가까운 몬세라트 산 베네딕트 수도원을 방문하고 많은 것을 느꼈었다. 붉은 흙무덤의 산들이 그저 황야처럼 내려다보이는 일천이백 미터 고지 위, 거대한 암벽 산을 병풍처럼 두른 아래에 일천 년의 세월을 헤아리는 고색창연한 건물이 있었다. 겉으로 보기에도 수도원임을 직감할 수 있는 건물 안으로 들어간 곳은 성당이었다. 그곳에서는 세계에서 모여든 순례객들이 경건한 모습으로 미사에 임하고 있었다.

서기 1025년 창설된 수도원이라고 했다. 교통수단이 발달되지 않았을 그 옛날, 마치 지구의 은밀한 오지처럼 느껴지는 이 산중에 어떻게 수도원을 세웠을까. 숲도 나무도 없는 흙무덤 산에서는 흙탕물이 흘러내리고, 고사목들이 듬성듬성한 산에 푸른 잎을 달고 있는 몇 그루의 나무들도 짧은 수명을 재촉받고 있는 듯이 보였다. 아무것도 생존을 허락하지 않을 것 같은 이곳에 수도원을 세운 뜻이 무엇일까. 불편과 곤란과 역경의 악조건들을 아예 수도의 조건으로 선택한 것은 아닐까. 그 모든 역경과 곤경을 감수하는 것 자체가 부단한 자기와의 투쟁의 연속일 수밖에 없을 것이다. 수도자는 자기와의 투쟁에서 자기 자신을 이길 수 있을 때 비로소 성장의 나이테를 만들 수 있다고 믿어지기 때문이다.

그 수도원에는 팔십여 명의 남자 수도자들이 기도 생활을 주로 하면서 각기 전문 분야에 따라 도자기 굽는 일, 금은 세공하는 일, 출판·제본하는 일,

성서·신학·역사 등을 연구하는 일에 종사하고 있었다. 일천이백 미터 고지의 흙무덤 산 육중한 암벽 아래, 메마른 자연환경 속에 놓여 있는 베네딕트 수도원은 유서 깊은 노트르담 사원이나 세계에서 가장 큰 바티칸의 성 베드로 성당보다 오히려 맑고 청정한 기운이 가득히 어리어 있었다.

가톨릭에 엄격한 수도의 규범과 은둔자의 삶처럼 보이는 봉쇄 구역 안에서 관상수도(觀想修道)로 영성을 맑게 하는 수도공동체가 있다는 것이 보이지 않는 큰 자산이고 가톨릭을 항상 건강하게 지탱할 수 있는 저력처럼 여겨진다.

또 다른 가톨릭의 돋보이는 장점은 사랑의 실천이다. 모든 종교인들은 자기 종교의 교리가 가장 훌륭하고 완벽하다고 믿고 있으며 또 그렇게 주장한다. 그러나 실천이 따르지 않는 주장은 공허한 이론이고 사회로부터 요청받고 있는 종교의 소임을 다할 수 없다. 종교인이 믿음을 돈독히 하고 자기 수도에 정진하는 까닭도 큰 실천을 위한 준비라고 믿는다.

어느 날 한센병 환자와 피부 접촉을 하며 그들의 상처를 치료하는 한 간호 수녀님이 "요즈음은 세수를 하고 나면 물 위에 유난히 눈썹이 많이 떠 있는 것 같다"며 건강진단을 해 봐야겠다고 담담하게 말하는 것을 들었다. 자신이 행여 나균(癩菌)을 보유하고 있을지도 모르겠다는 그 엄청난 불안과 걱정을 그렇게 작은 소리로 말하고 있었다.

나는 그런 수녀님들을 대할 때, "너희가 여기 있는 형제 중에 가장 보잘것없는 사람 하나에게 해 준 것이 바로 나에게 해 준 것이다"(「마태복음」 25장 40절)라는 예수님의 말씀을 지성으로 실천하고 있음에 큰 감동을 받는다. 오늘날 우리 사회에서 신뢰할 수 있는 복지기관은 가톨릭에서 운영하는 시설이고, 그곳에서 헌신하는 사람들은 수녀님들로 상징되고 있다.

가톨릭과 깊은 관계를 맺으면서 나는 원불교와 전혀 다른 풍속도를 보고 있다. 그것은 우리 교단의 제도와 의식 구조로는 이해하기 어려운 남녀 불평등 문제이다.

원불교에서는 남녀 예비 교역자들이 똑같은 교육과정과 수련 기간을 마친 후 교역자가 되면 남녀 모두를 교무(敎務)로 호칭하고 동일한 교역 임무를 수행하게 된다. 교화직, 행정직, 교육계, 자선사업, 산업 현장까지 남녀 차별 없이 자질과 능력에 따라 수평 이동하고 있다. 그리고 교단의 최고 의결기관인 수위단(首位團)도 남녀 동수(同數)이고 사후(死後)에도 남녀 차별 없이 차례대로 묻힌다.

가톨릭에서의 남녀불평등 문제도 가까운 장래에 크게 개선되리라고 기대해 본다. 나는 '협조자'로서의 가톨릭 수녀가 아닌 성차별이 없는 원불교 교무가 된 것을 크게 다행스럽게 생각하고 있다.

1990. 12

마음으로만 알고 있는 사람

이십여 년 전 어느 날, "그동안의 무례함을 용서해 주십시오. 저는 교무님이 여자 분인 줄은 정말 몰랐습니다. 이 편지를 끝으로 다시는 절대로 편지드리는 일이 없을 것입니다. 저는 안 소위님을 어떻게 뵈어야 옳을지 큰 걱정입니다"라는 내용의 '절교' 편지가 한 장 날아들었다.

나는 한때 국토방위에 힘쓰는 국군 장병들을 위해 꽤나 정성을 쏟았다.

내가 교화를 맡고 있던 남녀 대학생들과 함께 강원도 화천 백암산 고지까지 오르간을 담요에 싸서 싣고 가야금까지 조심스럽게 들고 가서, 아름다운 혼성 합창과 여대생들의 가야금 병창, 원삼 족두리를 쓴 화관무를 선보여 장병들을 즐겁게 해 주었다.

내무반에 빛을 차단하고 낮과 밤을 바꾸어 사는 일선 장병들에게 대낮에 찾아간 것이 수면 방해를 하는 것은 아닌가 싶어 눈치가 보이기도 했다. 물이 귀해 며칠씩 세수도 못 한 채, 사나이들끼리 살다가 불쑥 여대생들이 찾아들자 자신들의 모습을 내보이기가 쑥스러워서인지 처음에는 고개를 푹

숙이고 앉아들 있었다. 우리는 그들이 우리 공연단을 별로 달갑게 여기지 않는 것은 아닐까 하는 걱정까지 했으나, 기타 반주에 맞추어 젊음을 한껏 발산할 때는 화랑 담배 연기가 자욱한 내무반의 열기가 후끈하게 달아올라 전후방의 젊은이들이 한 덩어리가 되는 뜨거운 감동을 느꼈다. 그럴 때면 비무장지대가 훤히 내다보이는 곳까지 찾아온 보람을 크게 느낄 수 있었다.

백마부대가 월남에서 돌아와 처음 자리를 잡을 때는 신호용 종을 달아 주기도 하고, 새우젓까지 들고 가서 장병들과 원불교 교도님들이 함께 김장꾼이 되어 군인들의 겨울 김장을 담가 주고, 준비해 간 도시락을 군대 식사와 바꾸어 먹기도 하여 사병들에게는 어머니나 누나 같은 따뜻한 정 같은 것을 느끼게도 했다.

내가 그처럼 국토방위에 전념하는 병사들에게 각별한 관심을 갖게 된 데는 그럴 만한 이유가 있었다.

국가의 간성(干城)을 길러내는 육군사관학교의 생도들에게 올바른 가치관과 사생관을 정립시키기 위해 종교 활동 시간을 두고 모든 생도들로 하여금 종교를 갖도록 권유하던 때가 있었다. 그 무렵, 1969년부터 삼 년간 나는 육군사관학교 생도 교화를 맡았었다. 직각 식사와 규율을 지킨다는 그들은 표정이 항상 굳어 있어서 부드럽고 즐거운 여가시간을 갖기 위해 기타까지 준비한 여대생들과 태릉까지 법회를 보러 다니곤 했었다.

그 생도들이 장교로 임관되어 소위가 되고 전방으로 배치되어 일선에서 국토방위에 노고를 다할 때, 한 해가 저물어 가는 연말이 돌아오면 그들에게 위문품을 보냈다. 국방색 실과 흰 실이 감긴 바늘 통, 사탕, 작업용 장갑, 타월, 그리고 잡지가 흔치 않던 그 시절 『선데이 서울』 같은 주간지와 예쁜 새해 달력을 챙겨 보내곤 했었다.

따뜻한 정성이 담긴 위문품 꾸러미를 받은 소대장들은 옛 생도 시절을 회상하며 고마워하는 편지를 보내왔다. 그들은 후방에서 위문품을 보낸 사람들에게 더 큰 보람과 기쁨을 느끼도록 하기 위해 부하들을 시켜 고맙다는 인사 편지를 보내오기도 했었다.

특히 안 소위의 부대에서는 위문품이 인연이 되어 송 하사가 자주 편지를 보내왔었다. 처음에는 꼬박꼬박 답장을 해 주다가 언제부턴가는 『원불교신문』으로 답장을 대신하고 있었다.

송 하사는 보내 준 신문을 읽다가 우연히 신문에서 나의 사진을 보았던 모양이다. 그는 내가 남자인 줄 알고 서신왕래를 했었다며 여자인 것을 알고는 몹시 당황했다는 것이다. 특히 자기의 상관인 안 소위에게 큰 죄를 진 것처럼 여기고 있는 것 같았다. 그래서 어떻게 사죄해야 좋을지 모르겠다는 절교 편지를 보내온 것이다.

늘 반가운 마음으로 받아 보던 송 하사의 편지였는데, 상당한 오해가 얽힌 편지를 받은 뒤부터는 내 편에서 송 하사에게 긴 편지를 쓰기 시작했다.

우선 나의 신분이 교역자임을 밝히고, 안 소위는 육사에서 생도 교화를 했던 인연으로 알게 된 원불교 교도이며 그는 단지 내가 알고 있는 여러 장교들 중의 한 사람이라는 사연을 쓰고, 송 하사가 내게 편지를 보냈던 일이 안 소위에게 하등 미안할 이유가 없다는 일종의 '위안' 편지를 보냈다. 그리고 송 하사도 우리 국군 용사로서 나에게는 안 소위와 다를 바 없는 귀한 사람이니 서울에 올 기회가 있으면 부디 나를 찾아 달라고 간곡한 편지를 썼다.

나로부터 그러한 초대를 받은 송 하사가 어느 날 나를 찾아왔다. 편지에서는 자상하고 정겨웠던 그는 막상 만났을 때는 수줍어서 어쩔 줄 몰라 했다. 내가 아무리 부드럽고 따뜻하게 대해 주어도 송 하사는 묻는 말에만 겨우 대답하고 대화를 나눌 때도 줄곧 나의 시선을 피했다. 아무래도 자기 상관과 알고 있는 사람이라 부담이 되는 것 같아 보였다. 나는 고향과 가족관계 그리고 전방 생활을 물어보았다. 그는 시간이 없다며 잠시 머물다가 곧 떠나 버렸다.

그로부터 이십여 년의 세월이 흐르는 동안 그 옛날의 송 하사는 제대를 하여 고향인 제주도에서 공무원 생활을 하고 있다고 했다. 매년은 아니어도 해가 바뀔 무렵이면 그는 잊지 않고 연하장을 보내왔다. 게으른 나는, 어떤 때는 답신을 챙길 때도 있지만 잊고 지나칠 때도 많았다. 그러나 송 하사는 나의 그런 불성실을 전혀 탓하지 않았다. 때로는 "여기 제주도입니다. 저는 그 옛날 송 하사입니다. 문안 드리고 싶어 전화드립니다"라고 사십대의 굵은 음성이 수화기를 통해 들려올 때는 정말 반가웠다.

이십여 년 전 어느 날 짧게 만나 본 송 하사. 그 후로 우리는 서로 만나 본 일이 없다. 그 옛날 군복을 입고 있던 이십대의 송 하사는 이제 중년이 되어 있을 테다. 그와 나는 우연히 거리에서 마주 보며 지나친다 해도 서로 알아보지 못할 것이다.

그러나 이제는 잊으려 해도 잊히지 않는 사람, 송 하사. 마음으로만 알고 있는 그 사람은 언제 생각해도 신선한 사람으로 기억된다.

1990년 겨울

사람에게서 우러나오는 맛

인간의 잠재의식 속에는 자기 자신이 모든 사람으로부터 존중되고 선택되기를 바라는 기대가 있다. 그러나 우리가 물건을 살 때도 값지고 좋은 물건을 사고 싶어 하듯이, 사람들은 자신이 만날 수 있는 수많은 사람들 가운데 인품이 선량하고 믿음이 가는 사람에게 호감을 갖고 그와 사귀고 싶어 한다. 결국 모든 사람들은 자신이 갖고 있는 인간적 매력만큼 선택받을 수 있다고 믿어야 할 것이다.

우리는 정작 자기로부터 우러나오는 인간적 분위기를 나 아닌 다른 사람이 호흡하고, 나의 사람다운 인간미도 다른 사람이 맛보면서 살아가고 있다. 그래서 자기로부터 비롯되는 허물은 오히려 알기가 어렵고 남의 그름은 잘 알게 마련이어서 서로가 서로를 탓하면서 살아가고들 있다.

인간은 때로 매우 온유하고 너그럽고 동정심이 강할 수도 있지만, 그런 훌륭한 품성을 언제나 지닐 수 있는 사람은 그리 흔하지 않다. 대부분의 사람들은 오히려 매우 이기적인 입장에 서서 살아간다. 이기적인 사람들의 세상 살아가는 모습은 탐욕스럽고, 쉽게 성내며, 순리보다 역리로 이익을 추구하면서 다른 사람에게 폐 끼치는 행동을 예사로 한다. 그리고 그처럼 이기심 많은 사람들의 일상에서 발산되는 인간적 분위기는 세상을 혼탁하게 만들고, 그를 접하는 사람들에게는 떫은맛을 느끼게 한다.

우리 주변에 사람은 많아도 신선한 느낌을 주는 사람은 적고, 그 인간미를 탐낼 만한 사람 또한 귀하다. 그래서 세상에는 어른은 많아도 존경할 만한 윗분이 드물고, 동료는 많아도 진정한 벗을 얻기가 어렵다. 그리고 지붕을 나란히 하고 대문을 마주하면서 사는 옆집은 많아도 마음을 열고 지낼 만한 이웃이 없다고들 한다.

어느 날 속 깊은 이야기를 나누는 자리에서, 각기 자신의 가까운 친구에 대한 이야기를 털어 놓는 것을 들었다.

한 분은 "긴 세월 동안 사귀어 온 친구이고 그래도 나에게는 가장 가까운 친구인 셈인데, 그 친구의 사고가 점점 황금제일주의로 바뀌어서 매사를 돈이면 다 된다고 믿고 그렇게 처신하니 딱하다"고 했다. 또 다른 분은 "나의 한 친구는 매우 자상하고 이해심이 깊어서 따로 흠잡을 데가 없는데도 자신에게는 항상 아무 문제도 없다는 듯이 속마음을 열어 보이지 않아 어떤 거리감 같은 것을 느낀다"고 했다.

자신의 짧지 않은 생애 동안 주변의 그 수많은 사람 가운데서 가장 가까운 친구가 되었는데도 그 사람 모두를 흡족하게 평가할 수 없음을 토로하고 있었다. 아마, 반대로 그처럼 비판의 대상이 되고 있는 그 친구들도 또 다른 자리에서 비슷한 화제가 모아진다면 말하고 있는 그 친구에 대해서 인간적 결함을 말할 수도 있을 것이다.

때로 우리는 자신의 인품이나 성격은 별 결함이 없는 꽤 만족스러운 수준에 있는 것처럼 착각하면서 살아간다. 그러나 그러한 자기도취적 자신과는 아무 상관없이 객관적으로는 저마다 매우 냉엄한 평판의 대상이 되기도 하고, 사람들의 평가에 따라 나 자신은 선택의 여지 속에 놓여 있을 뿐이다.

옛날에 비하면 오늘날의 우리는 교육 수준이 높아져서 배움이 부족하다고 탓할 수도 없고, 사는 형편도 훨씬 나아졌다. 그리고 복잡하고 다양한 우리 사회를 꾸려 갈 만한 전문인과 기능인들도 많아졌다. 그런데도 세상은 썩 좋아지질 않는다. 오히려 인심은 각박해지고, 인간미있는 그야말로 '인간적인' 사람을 대하기가 어렵다. 사람마다 자기를 값비싸게 포장하느라 마음과 시간과 돈을 한껏 쓰고 있지만, 어찌 보면 우리는 서로가 서로를 사 주지 않는지도 모른다.

우리는 철저하게 자기중심적이고 이기적인 계산 속에서 남을 적절히 배척하면서 살아가고 있는 것은 아닐까. 사람들은 좀처럼 남을 너그럽게 칭찬하려 들지 않는다. 그리고 남을 용납하는 데는 매우 엄격하다. 이러한 맥락에서 보면 자기 자신도 남이 너그럽게 수용해 주지 않음을 깨달아야 할 것이다.

흔히 정치와 경제가 잘 발전해야만 좋은 세상이 된다고 믿는다. 그러나 사실은 그보다 먼저 인정이 풍부하고 남의 세정을 헤아려 주는 인간미 넘치는 이웃이 많아져야 살기 좋은 세상이 될 것이다. 우리가 맑은 물과 신선한 공기를 원하듯이, 자기 자신에게서 풍기는 인격과 품위에 세상을 맑게 할 수 있는 에너지가 있는지, 그리고 자신의 사람다운 맛이 떫지 않도록 원숙해지려는 노력은 하고 있는지 자신부터 돌이켜 보아야 할 것 같다.

1990. 10

어느 시어머님

어느 법회 날 낯선 중년 부인이 한 젊은 여인을 내게 인사시켰다. 아직 결혼도 안 했을 것같이 앳돼 보이는 그 젊은 여인을 자부라고 소개하면서 잘 지도해 달라는 부탁의 말을 했다. 그분 자신은 다른 교당에 다니는 교도라고 했다.

그 후 그 시어머님과의 전화 통화 내용은 다음과 같다. "나는 나이 들어서야 마음공부를 시작한 것이 매우 안타깝습니다. 그래서 며느리는 좀 더 젊었을 때부터 마음공부를 시키려고 합니다. 매주 일요일이면 아들 내외가 우리 곁에 와서 하루를 지냅니다. 나는 며느리에게 우리 집에 오는 날을 강남 교당 법회 날로 바꾸고 아기는 내가 봐 주겠다고 했습니다."

스물네 살 난 그 젊은 교도가 시어머님의 뜻을 거역하지 않기 위해서 억지로 다니는 것이 아닌가 하여 짐짓 교당 생활이 어떠냐고 물어보았다. 그 교도는 "마음이 편해져요. 그리고 와 닿는 느낌이 모두 좋아요"라며 미소 지었다.

종교 생활하는 데 아무런 장애 요인이 없어도 여간 신심(信心)이 깊지 않고서는 핑계가 앞서기 쉬운데 아기를 항상 시어머님께 맡기고 또 맡아 주면서 종교 생활을 지속하는 그들 고부의 모습은 큰 정진의 자세로 보인다. 자칫 시어머님의 입장에서는 미흡한 며느리를 책망하기가 쉽고 아랫사람은 웃어른께 순종하는 일이 어려워서 갈등과 대립으로 화목하지 못한 가정이 많다. 그런데 갓난아기를 기르는 며느리로 하여금 도덕적인 품성을 가꾸도록 종교 생활을 권유하고 그 뒷바라지를 하는 시어머님은 참으로 지혜로운 분으로 여겨진다.

"한 마음이 선하면 모든 선이 이에 따라 일어나고, 한 마음이 악하면 모든 악이 이에 따라 일어나나니, 그러므로 마음은 모든 선악의 근본이 되나니라."(『대종경』 「요훈품(要訓品)」 3)

오늘날 우리는 우리 사회가 너무 혼란하다고 다 함께 우려하고 있다. 그러면서도 그 원인을 서로 상대방에게만 있는 것처럼 전가하며 강변하는 경우가 많다. 그러나 우리 서로 겸허한 자세로 자기 마음기틀부터 바르게 해야 할 것 같다.

1989. 7. 22

타 종교를 수용하는 예의

어느 날 산길을 걷다가 문득 마주친 한 스님의 욕심 없는 얼굴을 보고 그 탈속자 같은 모습에서 무한한 감동을 받았다. 그 투명한 얼굴에 탐욕스럽게 살아가는 사람들이 자신의 모습을 비추어 보면 곧 추함을 발견할 수 있을 것 같았다.

내가 인연을 맺고 있는 성 라자로마을에서 몸과 마음에 온통 상처투성이인 한센병 환자들을 신앙생활로 위로하고 그 병을 치유하여 고통을 덜어 주는 일에 정성을 쏟는 신부님이나 수녀님들의 삶의 모습을 지켜볼 때 그 헌신의 삶이 더할 나위 없이 귀하고 값지게 느껴진다. 그분들은 병 때문에 가족과 세상으로부터 소외당하고 생존의 능력마저 잃은 그들이 사람다운 생활을 누릴 수 있도록 온갖 뒷바라지를 하고 있다. 나는 헌신적으로 봉사하는 삶을 사는 사람들을 통해서 인류가 안고 있는 어려운 문제들이 차츰 해결되고 있다고 믿는다.

농부가 농사지을 때 곡식은 가꾸어도 잘 안 되고 잡초는 뽑아내도 오히려 무성하듯, 이 세상에 선은 권장해도 실천하는 사람이 드물고 악은 법으로 막고 벌을 주어도 도처에서 저질러지고 있다. 이처럼 어지럽고 혼탁한 세상에 욕심 없는 얼굴의 스님은 정화의 맑은 물줄기가 되고, 스스로는 가난을 지키면서 불행한 이웃을 돌보는 성직자나 수도자들의 삶은 이기심으로 각박해진 세상을 훈훈한 인정으로 녹여 준다. 이처럼 종교인의 역할은 매우 중요하다.

우리가 먹는 음식도 식성에 따라 선호가 다르듯 이 세상의 많은 사람들은 서로 다른 종교를 믿으며 살아가고 있다. 그러나 그들은 모두 자신의 종교를 통해서 마음의 양식을 얻고 도덕성이 풍부한 인격을 완성하려고 노력하고 있다. 도덕성이 풍부한 사람들이 많으면 많을수록 살기 좋은 세상이 된다.

우리나라같이 여러 종교가 공존하는 사회에서 타 종교를 존중하고 긍정적으로 수용하는 아량있는 자세는 곧 다른 종교에 대한 예의일 것이며, 그러한 미덕이 요청된다. 모든 종교의 신앙인들은 이 세상에 악을 예방하고 선을 다투어 실천하며 정의가 실현되도록 함께 힘쓰는 동반자들이다.

1988. 12

마음눈이 밝아야

우리는 육안(肉眼)으로 이 세상의 모든 사물을 분별한다. 그러나 우리가 살고 있는 이 세상은 육안으로 볼 수 없는 더 깊고 넓은 세계가 있다. 그 세계는 마음눈[心眼]으로 보아야 한다. 마음눈으로 볼 수밖에 없는 세계를 어떻게 보고 판단하느냐에 따라 제각기 자기 생의 내용과 의미를 결정하게 된다.

진리, 가치, 죽음, 시비, 선악 등은 모두 마음눈으로밖에는 헤아릴 수 없는 세계이다. 우리는 마음눈이 밝은 사람을 지혜롭다고 하고, 마음눈이 어두운 사람을 어리석다고 말한다. 마음눈이 밝은 사람은 진리의 세계를 깨달아 그 순리를 알고 가치와 시비, 선악의 올바른 척도를 얻은 사람이다.

모든 사람은 자기 인생을 성공적으로 행복하게 살기 위하여 제각기 열심히 살아간다. 지혜로운 사람에게는 성공과 행복을 추구하는 데 도(道)가 있다. 그 순리의 질서를 지키며 정의로운 방법을 선택한다. 그리고 그 성취의 과정을 결과보다 더 소중하게 여긴다.

그러나 어리석은 사람은 자기의 욕망을 달성하기 위해서는 다른 사람의 불이익과 희생을 치르더라도 수단과 방법을 가리지 않고 부정과 비리를 저지른다. 그리하여 성취의 열매를 손쉽게 따는 경우를 볼 수 있다.

원불교 교조(敎祖)이신 소태산(小太山) 대종사(大宗師)께서는 "식물들은 뿌리를 땅에 박고 살므로 그 씨나 뿌리가 땅속에 심어지면 시절의 인연을 따라 싹이 트고 자라나며, 동물들은 하늘에 뿌리를 박고 살므로 마음 한 번 가지고 몸 한 번 행동하고, 말 한 번 한 것이라도 그 업인(業因)이 허공 법계(法界)에 심어져서 제각기 선악의 연(緣)을 따라 지은 대로 과보(果報)가 나타나나니 어찌 사람을 속이고 하늘을 속이리요"(『대종경』「인과품(因果品)」3)라고 말씀하셨다. 선악 간에 자신이 뿌린 씨앗은 모두 수확해야 하는 피할 수 없는 책임이 진리의 섭리임을 밝혀 주신 법문(法門)이다.

지혜로운 사람은 좋은 결과를 탐내기 전에 지금 자신이 어떤 씨앗을 뿌리고 있는가를 먼저 삼갈 줄 안다. 우리는 어리석기 쉬운 자신의 소견에만 따르지 말고 지혜로우신 성현의 말씀을 경청하여 좀 더 올바르게 살 줄 아는 겸손과 겸허가 필요하다. 그리고 탐욕과 아집의 먹구름으로 마음눈이 어두운 우리는 텅 빈 마음, 청정심을 길러 자기의 마음눈을 밝히는 것이 인생에 무엇보다 중요한 일임을 깨달아야 한다.

1986. 8. 31

보람의 잉태

인간은 새해를 맞으면 희망을 가져 본다. 희망은 소망이 이루어질 가능성에 대한 기대이다. 그러나 또다시 한 해가 지나고 나면 모든 사람의 소망이 희망처럼 이루어지지는 않는다. 때로 우리는 자기의 소망이 요행과 행운 속에 이루어지기를 바라는 경우가 없지 않다. 그러나 그러한 사람은 결국 그 무엇도 이루지 못할 것이다.

인간이 살아가면서 저마다 보람의 광주리에 따 담은 열매를 보면 참으로 각양각색이다. 또 같은 세월을 살고 나서도 누구의 광주리는 벌써 무겁고 어느 사람의 광주리는 아직도 비어 있는 안타까움을 엿볼 수 있다.

그들이 거둔 결실을 자세히 살펴보면 모두 그 안에 씨앗이 묻혀 있다. 인간이 거둔 보람의 열매는 염원이 그 씨앗이다. 염원하지 않고, 그 염원을 성취하려는 노력을 바친 일 없이 어떤 행운으로 얻어지는 열매는 하나도 없다. 무엇을 염원할 것인가. 값진 염원은 어느덧 자기 보람의 잉태이다.

우리는 한 해를 모두 바쁘게 열심히 살아갈 것이다. 그러나 한 해가 저물 무렵 그 사람의 보람의 광주리에 어떤 열매가 담길 것인가는 벌써 점칠 수 있다. 그것은 그가 염원하는 바가 무엇인가에서 이내 그 조짐을 엿볼 수 있기 때문이다.

누구의 힘으로도 거역하거나 바꿀 수 없는 이러한 인과(因果)의 진리 속에 살아가는 우리는 자기가 수확할 열매의 종자가 되는 염원을 선택하는 것이 얼마나 중요한 일인가를 미리 깨닫고 자기의 염원을 점검해 보아야 한다.

모두에게 공평하게 주어진 한 해 동안의 시간, 봄, 여름, 가을, 겨울이 지나갈 것이다. 봄이 왔지만 씨앗을 준비하지 못한 농부가 봄의 대지에 아무것도 뿌리지 못하면 싹트는 봄도 성숙의 여름도 그냥 지나가고, 모두가 풍요로운 수확의 가을을 맞이할 때 한 톨의 곡식도 얻을 수가 없을 것이다. 소망스러운 염원을 서원으로 간직하며 시작하지 못한 사람의 한 해의 보람은 지금부터 아예 없는 것이다.

저마다 매우 바쁜 모습으로 허둥대며 살아갈 한 해, 다 살고 나서 자기의 세월이 허무와 허탈 속으로 사라지지 않도록 정신적이고 도덕적인 자기 성취에 대한 염원과 정진으로 한 해를 맞이하고 보내면, 우리는 자기 인격의 성숙을 확인하고 이미 타인 속에서 자신의 의미를 실현하는 헌신의 보람을 열매로 얻을 수 있을 것이다.

1986. 1. 22

산골의 음식

1985년 어느 봄날 속리산에 갔다가 그 고장에 사는 분의 안내로 우리 일행은 '경희식당'에서 저녁 식사를 하게 되었다. 상 위에 올려지는 반찬거리를 무심히 바라보고 있던 나는, 처음에는 '반찬 가짓수가 참 많기도 하구나' 했다가 나중에는 '어쩌면 이렇게 정결하고 얌전하게 차렸을까' 했다.

막상 식사가 시작되자 "이게 뭐야? 배추 뿌리로 만든 것 같은데…. 어떻게 작년 가을 배추 뿌리를 지금까지 저장했을까" 하고 여기저기서 탄성이 터졌다. 나야 음식을 잘 모르는 사람이지만 사십대 중반의 주부들이 한식을 먹으면서 하는 감탄이었다. 음식들은 모두 간이 맞고 정갈하고 맛이 깊었다. 게다가 흔히 먹어 볼 수 없는 희귀한 반찬들이었다.

우리 식탁을 돌봐 주던 아주머니에게 누가 이런 음식을 만드시냐고 묻자 그는 이 집 할머니 솜씨라고 했다. 우리는 그 할머니를 만나고 싶다고 청탁을 했다. 잠시 후 할머니 한 분이 우리들에게 오셨다. 금년 일흔 살의 할머니는 단아한 인품에 조용한 분위기를 지니신 분이었다. 마치 무엇인가를 들킨 사람의 표정 같기도 했다.

옛날 어느 대갓집 음식 맛을 본 것 같은 기분이 든 우리가 "음식이 너무 맛있어요. 할머니, 어쩌면 이렇게 솜씨가 좋으세요?" 하자 "뭘요"라고 짧게 겸양의 말로 얼버무렸다.

"다 먹던 음식이고 하던 음식이죠"라고 그 할머니의 언니 되시는 할머니가 말을 거들었다. 육이오 때 시어머님을 모시고 서울서 피란 와 생계를 어찌할 수 없어 음식점을 시작했는데, 이제는 아들도 장성하여 사회적으로 중책을 맡고 있고 경제적으로도 안정이 되어 음식점을 그만두자고 만류해도 한사코 이 일을 계속하고 있다고 했다.

속리산을 찾은 어느 나그네가 먹을 저녁 밥상을 마치 오래 두고 기다리던 귀한 손님을 맞기 위해 갖은 솜씨와 큰 정성을 쏟은 듯한 그날 저녁 식탁은 우리에게 무한한 감동을 주었다. 고향의 정겨운 웃어른을 뵈옵는 듯 너무 좋아하는 나에게 그분 자신이 저술한 요리책 한 권을 전해 주어 다시 놀랐다.

속리산의 맑은 공기, 연둣빛 신록이 좋아 속리산을 찾은 산 나그네에게 신선한 감동을 준 '경희' 할머니는 건조한 우리 사회에 윤기를 더해 주는 양념을 치고 있었다.

1985. 6. 20

마음의 이끼

개울가 물방울이 튀는 곳에 놓인 돌에는 파란 이끼가 낀다. 지리산 최후 원시림 지대의 나무와 바위는 모두 태고의 신비인 듯 두터운 파란 이끼 옷을 입고 있다. 건조될 겨를 없이 오락가락하는 운해에 에워싸여 세월이 흘러 생긴 이끼인 것이다.

사람을 대하다 보면 그 사람의 얼굴에서 마음의 이끼를 읽을 수 있다. 깊은 산사(山寺)에서 만난 한 스님의 욕심 없는 얼굴에서 깊은 감동을 받은 일이 있다.

우리 마음에는 희로애락(喜怒哀樂)의 여러 감정이 출입한다. 탐욕스런 마음이 머물기도 하고 성난 마음이 폭군처럼 군림하기도 한다. 밉고, 곱고, 싫고, 좋은 마음도 번갈아 드나든다. 마음은 형상이 없지만 어느 마음이 들어와 머물러 있으면서 파도치느냐에 따라 마음의 앙금이 그 얼굴에 밴다. 얼굴뿐 아니라 온몸에 스며든다. 아무 말 없이 취하는 행동거지와 그 사람의 얼굴만 보아도 우리는 그 사람의 교양과 인품을 짐작한다. 사람은 자기 인품에 따라 분위기가 있다. 저마다 자기다운 기운을 지니는 것이다. 그 기운이 다름 아닌 그 사람 속마음의 표출인 것이다.

몇 년 전 새로 입교한 교도님들 몇 분과 원불교 총부(總部)를 방문하여 수도원을 찾았다. 그곳에는 한평생 수도녀(修道女)의 외길을 걸으며 일선 교화(敎化)의 교역을 담당했던 분들이 은퇴하여 함께 지내고 계신다. 여러 어른을 한 자리에서 뵈온 젊은이들은 한결같이 할머니들이 너무 예쁘시다고 입을 모았다.

"어쩌면 저렇게 온화하실까. 투명하도록 해맑으셔. 너무도 기쁘신 얼굴이야. 우리도 어떻게 하면 저렇게 곱게 늙을 수 있을까." 넋 놓고 그분들을 부러운 듯 바라보고 있었다. 고와 보이는 늙은 얼굴은 자기 자신이 만드는 것이다. 나는 그날따라 우리 선배님들이 자랑스러웠다.

남에게 감동을 주는 얼굴은 자기 감정 다스림을 마친 승전사(勝戰士)의 얼굴이다. 그러기에 뜻있는 사람들은 유형의 물질이나 권리보다 영원한 자기의 것, 빌려줄 수도 없고 빌려 올 수도 없는 인격과 인품을 가꾸기 위해 청정한 기운, 온전한 마음, 평화로움을 가슴속 깊이 머금고 살며 마음의 이끼를 만든다.

1985. 6

발문
선물로 받은 나의 자서전

나는 그동안 나의 경험적 사실을 적어 여러 권의 책을 펴냈다. 그러나 나는 살아오는 동안 단 한 번도 나의 자서전을 펴낼 생각을 해 본 일이 없다. 그런데 2015년 열화당에서 『박청수―원불교(圓佛敎) 박청수(朴淸秀) 교무(敎務)의 세상 받든 이야기』라는 표제로 712페이지에 달하는 방대한 분량의 두꺼운 자서전이 나왔다. 나는 나의 이 자서전을 열화당으로부터 뜻밖에 받은 큰 선물로 여기고 있다. 내가 만약 나의 자서전을 펴내고 싶어 했어도 그것은 가능한 일이 아니었을 것이다. 일생 동안 텔레비전 드라마 한 편 본 일 없이 부지런히 길쌈만 하는 여인처럼 한평생 세계 오십오 개국을 도우며 일만 해 왔는데 그 모두를 어떻게 책에 담을 수 있다고 생각했겠는가.

나는 마지막 교화 현장 강남교당에서 은퇴하고 헌산중학교 뒤편 산자락에 마련한 '삶의 이야기가 있는 집'에서 홀로 지내고 있다. '삶의 이야기가 있는 집' 일층과 이층의 전시실에는 나의 삶의 이야기가 빠짐없이 고스란히 담겨 있다. 이 박물관은 아직 공개적으로 많은 관람객이 드나들지 않고 있다. 나의 처소가 삼층이어서, 많은 사람이 드나드는 것은 나의 수도 생활에 방해가 되기 때문이다. 어쩌다 '삶의 이야기가 있는 집'에 특별히 찾아온 손님들이 아래층 전시실 모두를 둘러보고 한결같이 '한 사람이 어떻게 저 많은 일을 했느냐'고 감탄하듯 격려하듯 말하지만, 역사적이고 사실적인 자세한 내용은 잘 모르고 하는 말이라고 여겨졌다.

그래서 나는 내 인생의 지리부도 같은 간략한 책을 만들어 볼 생각을 했다. 다름아닌 박물관 소장품 도록이었다. '삶의 이야기가 있는 집'이 나의 박물관이긴 해도, 나는 살아오는 동안 '언젠가 나의 박물관을 만들어 봐야겠다'는 생각을 해 본 적이 없다. 그래서 소장품 중에서 전시할 생각으로 물건을 준비한 것은 한 점도 없다. 나의 나라 밖 일은 모두가 강남교당 재직 이십육 년 동안에 이루어졌다. 그런데 강남교당의 나의 처소는 삼층 '교화의 방'이란 작은방과 더 작은 침실이 있었다. 침실에는 침대 하나 놓고 나면 책상하나 들어갈 자리도 없었다. 나의 처소가 작고 좁으니까 나라 밖에서 물건을 살 때는 그 좁고 작은 공간을 유념하면서, 그야말로 기념품으로 기억될만한 작은 것, 그 나라 그 지역의 문화의 얼굴과 표정이 있는 것들을 집어왔다.

나에 관한 보도가 인연이 되어『문화저널 21』의 최재원 사진작가를 알게됐다. 나는 도록을 만들고 싶다며, '삶의 이야기가 있는 집'에 나라별로 전시돼 있는 작은 소장품들을 사진 촬영해 달라고 했다. 최 작가는 틈틈이 거의일 년에 걸쳐 그 모두를 사진으로 찍어 도록용 사진 원고 작업을 마쳤다. 나의 생각으로, 그 도록과 함께 그때 그곳에서의 나의 삶의 이야기가 글로도정리되어야 하겠다고 생각했다. 그래서 나의 기사를 잘 쓰는 기자라고 믿음이 간『문화저널 21』의 이영경 기자에게 나의 저서『나를 사로잡은 지구촌사람들』을 주면서 나의 삶을 다른 사람이 알기 쉽게 이해하도록 정리한 글을 써 보라고 부탁했다. 이 기자도 나의 청탁을 뿌리치지 않고 틈틈이 글을 썼다. 나는 이 기자가 쓴 글이 다 마음에 들었다. 그런데 작은 책자라 할지라도 한 권의 책으로 엮기에는 원고 분량이 너무 적은 것 같아『나를 사로잡은 지구촌 사람들』중에서 히말라야 라다크에 관한 나의 원고를 일부 보탰다. 그리고 그간 신문이나 몇몇 매체에 발표했던 짧은 에세이, 칼럼, 산행기가있는데, 이는 나의 활동에 관한 글과는 좀 이질감이 있어 별도의 에세이집으로 엮어 볼 요량이었다.

그 무렵 나는 무용가 김매자(金梅子) 씨의 춤 공연을 관람하기 위해 예술의 전당엘 갔다. 그런데 그곳에서 만난 한 노신사가 나를 반기며 "교무님책을 열화당에서…"라고 객석에서 던지듯 말했다. 나는 그분과 그 전에 따로 인사한 적이 없었다. 그리고 나에겐 새 책을 낼 만한 원고가 따로 없었기 때문에 그분 말씀이 고맙긴 해도 그냥 가볍게 들어 두었다.

그해 4월 미주서부교구 대각개교절(大覺開敎節) 설법을 하기로 약속이 되어 있어 주섬주섬 원고 뭉치를 정리해 놓고 미국으로 떠났다. 여행길에서 호젓한 시간이 찾아들자 문득 나의 도록을 어느 출판사에서 낼 것인가 하는 궁리를 하게 됐다. 인연있는 출판사들을 마음으로 기웃기웃했다. 그러다 홀연히 열화당이란 출판사가 생각났고, 그 출판사 사장님으로 여겨지는 노신사가 나를 살짝 잡아당기는 느낌을 받았던 기억이 떠올랐다. 그래서 나는 열화당 출판사의 전화번호를 알아봐 달라고 한국으로 전화를 했다. 그렇게 하여 나는 국제 전화로 열화당에 연락을 했다.

전화를 받는 젊은 여성은 사장님은 지금 독일 가시고 안 계신데 무슨 일로 전화를 했느냐고 물어 왔다. 그래서 내 이름을 밝히고 원고 때문에 전화를 했다고 하자, 그러면 그 원고를 보내 달라고 했다. 그렇게 하여 내가 구상하고 있던 책의 글과 사진 원고가 모두 열화당으로 보내졌다. 나는 미국에서 이 주쯤 있다 돌아와 열화당에 나의 귀국 소식을 알렸다. 그 젊은 여성은 사장님도 독일에서 돌아오셨다며 '삶의 이야기가 있는 집'으로 찾아오겠다고 했다. 그렇게 해서 열화당의 이기웅(李起雄) 사장님과 그 젊은 여성이 '삶의 이야기가 있는 집'으로 찾아왔다. 그 여성은 이기웅 사장님의 따님으로, 열화당의 기획을 맡고 있는 이수정(李秀廷) 실장이었다. 그분들은 '삶의 이야기가 있는 집' 전시실부터 둘러보았고, 이기웅 사장님은 방명록에 아래와 같은 기록을 남겼다.

"박청수 선생님의 깊고 넓으신 삶을 일목(一目)으로 뵈면서, 한 한국인의 위대한 모습을 발견합니다. 배우고 배우고, 또 배우렵니다. 깊이 감사 올립니다. 열화당 이기웅이 그의 딸 수정과 함께 인사 올립니다. 2014년 5월 6일."

서재에서 차를 마실 때 이수정 실장은 사무적인 말을 꺼냈다. "도록에 사용할 사진과 이영경 기자의 글 외에 나머지 글 원고는 혹시 어디에 있던 것인지요?"라고 물어 왔다. 그것은 나의 세번째 저서의 글이라고 하자 그 책을 보고 싶다고 했다. 그래서 나는 나의 세번째 저서 『나를 사로잡은 지구촌 사람들』뿐 아니라 그 후에 출간된 『하늘사람』 『마음눈이 밝아야 인생을 잘 살 수 있다』 『어머니가 가르쳐 준 길』까지 모두 바치듯이 내놓았다. 이수정 실장은 그 책들을 살펴보더니 그 모두를 갖고 사장님을 모시고 돌아갔다. 다음 만남은 열화당에서 갖기로 약속했다.

나는 열화당에 대한 아무 정보도 없었고 또 알아볼 생각도 따로 하지 않았다. 얼마 후 열화당을 방문했을 때, 나는 출판사가 아닌 어느 대갓집에 발을 들여놓는 것 같은 느낌을 받았다. 거기에다 어떤 법도와 범절이 있는 것 같은 느낌마저 들어 조심스럽고 긴장되었다. 이수정 실장은 김매자 씨 춤 공연장에서도 만난 적이 있었지만, 열화당에서 다시 만난 이수정 실장은 새삼 투명하리만큼 맑고, 오랜 수련 과정을 거친 수녀님 같다는 인상을 받았다. 매우 조용하면서 말수가 적었다. 그러면서도 중요한 대목을 탁탁 짚고 있었고, 좀 단단해 보였다. 사장님은 별 말씀이 없으셨다. 이 실장은 박물관 소장품은 이왕 사진 촬영이 되었으니 내부 기록자료로 보관하고, 굳이 많은 비용을 들여 도록으로 출판할 필요가 있을지, 잠시 보류하고 다시 생각해 보면 어떨지 제안해 왔다. 그리고 이영경 기자의 글은 그 자체로 잘 정리가 되었으나, "교무님 책을 다른 사람의 원고가 주를 이루게 구성하는 것은 옳지 않습니다"라며 나의 책은 나의 글로 만드는 게 원칙이라고 했다. 그런데 나의 원고도 검토해 보니 새 원고는 딱 한 편뿐이더라며 나를 똑바로 쳐다보았다. 그때도 나는 뜻밖에 무슨 추궁을 당하고 있는 것 같았다. 나는 박물관 소장품 도록과 그간에 써 온 나머지 글들을 이번에 모두 잘 정리해 보려고 이곳을 찾아왔는데…. 이야기가 어디로 흘러가고 있는지 가늠이 되지 않았다. 한순간 '내가 꿈꿔 왔던 내 인생의 지리부도 같은 그 도록은 이 출판사에서 만들 수 없나 보다'라는 생각이 들자, 나는 맥이 탁 풀리고 가벼운 현기증 같은 것을 느꼈다. 미국에서 국제 전화를 하고 여기까지 왔는데, 오래 준비한 그 도록을 만들 수 없다는 말에 낭패감이 들어 좀 허탈하기까지 했다. 그간 책을 낼 때마다, 나는 저자로서 출판사와 보이지 않는 기 싸움 같은 것을 했던 기억이 떠올랐다. 그런데 오늘 그 기 싸움에서 나는 지고 있는 것 같았다.

용인에서 파주 열화당까지는 두 시간이 걸리는 먼 거리였다. 그곳에 도착하여 이것저것 이야기하느라 점심 시간이 지나자 나는 공복감까지 느껴졌다. 그런데도 점심 먹을 생각은 하지 않고 무엇인가 꼼꼼히 따지고 있는 것 같았다. 여러 이야기가 오갔지만 다시 정신을 수습하고 보니, 내가 구상한 방향이 아닌 다른 방식으로 책을 제안하는 것 같았다.

이수정 실장은 "교무님께서 하신 일 중에 아직 어느 책에도 글로 씌어지지 않은, 빠진 내용들이 많이 있습니다. 예를 들면 중국 훈춘에서 장애인을 위해 특수학교를 설립한 이야기라든가, 스리랑카나 베트남에서의 이야기들도 모두 빠져 있는 듯합니다. 이것은 저희가 교무님에 관한 여러 자료, 연보 등을 살펴보고 여쭙는 것입니다. 교무님께서 더 잘 아실 터이니 그런 일들에 관해 새 원고를 써 주셨으면 합니다"라고 말했다. 나는 시키는 대로 해 볼 요량이었지만 열화당의 구체적인 계획은 잘 알 수가 없었다. 나는 열화당에서 돌아온 뒤로 쉼 없이 원고를 썼다. 그렇게 하여 오십 일 만에 원고지 사백 매를 탈고하여 그 원고를 열화당으로 보냈다. 열화당에서는 보낸 원고를 잘 받았다고 했다. 그 후로는 아무런 소식이 없었다. 마치 소식이 딱 끊긴 듯 시간이 흐르고 있었다.

그러던 어느 날 열화당으로부터 부피가 많은 원고 뭉치가 도착했다. 그 많은 원고를 헤쳐 보니 나의 네 권의 책으로부터 필요한 글을 뽑고 다시 보낸 원고를 보태어 엮은, 자서전 형식을 갖춘 원고였다. 그 원고를 살펴보면서 나의 가슴은 마구 뛰고 있었다. 나는 열화당에 간신히 말을 더듬으며 원고 잘 받았다고 전화를 했다. 나는 그때 고맙다고 했는지 감사하다고 했는지 잘 생각이 나지 않는다. 열화당에서는 그 원고 모두를 살펴보고 틀린 곳이 없는지 확인해 달라는 짧은 사연이 적혀 있었다. 그 모든 일이 내가 했던 일이고 그 내용을 내가 글로 썼지만 원고를 읽는 속도는 빠르지 않았다. 그 모두가 나의 글을 엮은 것이었고 내용의 흐름도 딱 맞았다. 그리고 내 글 말고는 단 한 줄도 보태지 않았다는 것을 알 수 있었다. 그것이 나의 자서전이 세상에 태어나는 태동이었다. 그 모든 원고를 확인한 것은 그야말로 시작에 불과했다.

그 후부터 열화당에서는 하루가 멀다 하고 이메일이 보내져 왔다. 글에 나오는 사람이나 지역 도시의 원어 이름 등 참으로 알아내기 어려운 것들이었다. 그 옛날 명함부터 뒤지기 시작하면서, 열화당에서 철저하게 요구하는 해답들을 찾아내는 데만도 두 달이 걸렸다. 열화당에서는 내 인생을 강물처럼 흐르듯 열 개 분야로 나누고 있었다. 어떻게 나누고 또 무엇을 함께 묶을 것인가 심사숙고하느라 고치기를 여러 번 했다.

열화당에서는 내 책을 만드느라 여러 사람이 매달려 있는 것 같았다. 고(故) 신현대(愼賢大) 교도가 세계 여러 나라 현장을 따라다니며 찍었던 그 많은 사진 필름 가운데 적절한 사진 이백삼십육 컷을 골라내는 일도 여간 큰 일이 아니었다. 자서전이 골격이 갖추어지자 이제는 한자(漢字)에 오자가 없는지 전부 다시 읽어 보라고 했다. 마침 책이 한창 진행될 시점에 독일 출장을 가게 된 이수정 실장이 밤잠을 안 자고 한국에서 가져간 나의 원고를 검토하고, 또 편집부 담당자들이 한국에서 보내온 질문들을 이메일로 확인하느라 애쓰더란 말을, 그때 그곳에서 모든 광경을 지켜본 사람이 내게 전해 주었다.

나는 그간 여섯 권의 책을 출간했지만 원고 뭉치만 출판사에 넘기면 책이 만들어졌다. 누군가 말하기를, 열화당은 많이 팔릴 책을 출판하는 곳이 아니라 꼭 출간되어야 하는 양서만을 골라 출판한다고 했다. '열화당에서는 이런 방식으로 책을 만들고도 수지타산이 맞는가' 하는 걱정이 되었다. 열화당 책이라고 해서 더 비싼 것도 아니었다.

열화당 이기웅 사장님은 책 만드는 일이 '염(殮)'하는 것과 같다고 말한다. 죽은 사람이 이승을 하직하고 땅에 묻히기 위해 입관을 하는데, 입관하기 전에 하는 것이 염이다. 염은 죽은 사람의 신체를 깨끗이 씻는 행위이다. 책을 만들 때 '염'한다는 뜻은 글 속에 불필요한 모든 군더더기를 덜어내고,

정결하고 단정한 문장이 되도록 글을 돌보는 것을 의미하는 것 같았다. 열화당에서 출간되는 책은 엄격하고 정성스러운 '염'의 과정을 통해 태어난다. 나는 나의 자서전이 태어날 때 그 모든 것을 경험했다.

『박청수—원불교 박청수 교무의 세상 받든 이야기』가 내 자서전 책 이름이다. 이 책의 작명은 이기웅 사장님이 했다. 품격있어 보이는 두꺼운 내 자서전의 표지는 아이보리색이고, 표지에서 도드라져 보이는, '박청수'라는 책 제목의 글씨는 법정(法頂) 스님의 붓글씨로, 이수정 실장이 법정 스님 편지글에서 나의 이름 석 자를 떼어내어 만든 것이다. 애초에 만들어 보려고 했던 '삶의 이야기가 있는 집' 도록의 사진 자료 모두가 열화당으로 갔었는데, 거기에 법정 스님 편지도 사진으로 찍혔던 모양이었다. 스님이 살아계셨더라면 내 책의 '박청수'라는 글씨 석 자를 받을 수 없었을 터인데 세상을 떠나고 안 계시니 아무 말씀이 없으시다. 법정 스님은 생전에 어느 누구보다 나의 세정(細情)을 잘 알아주셨다. 그래서 스님은 일마다 세세곡절을 알아주시는 편지 글을 많이 보내주셨다.

퇴임 후에 나는 세상을 위해 따로 한 일이 없다. 그런데도 나의 자서전이 출판되고 나서 세상은 나를 다시 주목하는 것 같다. 내가 졸업한 전주여자고등학교는 세상에서 알아주는 명문이다. 나는 육이오 한국전쟁이 터졌을 때 전북고녀 일학년에 입학했었다. 그 당시는 육년제였으나 학제가 변경되어 우리 학년을 마지막으로 전북여중은 없어지고, 나는 시험을 쳐서 전주여고에 진학했다. 나는 여교 시절 한 번도 우등상을 타 본 적이 없다. 너무나도 평범한 학생이었다. 그런데 2015년 전주여고 팔십구 주년 개교기념식에서 총동창회는 팔십구 년의 역사상 처음으로, 삼만 동문 중 단 한 명으로 나를 '자랑스런 영란인'으로 선정해 주었다. 여학교를 졸업한 지 육십 년 만에 모교를 찾았고, 삼백여 명의 동문들이 지켜보는 가운데 나는 자랑스런 영란인이 되었다. 개교 구십 주년이 된 2016년에는 더 이상 자랑스런 영란인을 뽑지 않았다. 그동안 많은 상을 받아 보았지만 모교 총동창회로부터 받은 자랑스런 영란인의 대접은 참으로 따뜻하고 각별한 정을 느끼게 했다. 개교

이래 처음으로 그 많은 동문 중에 내가 뽑힌 것은 나의 자서전이 세상에 나온 데에서 비롯된 것이라고 생각되었다. 그래서 나는 그 소식을 열화당에 알렸고, 이기웅 사장님께서 축하의 자리를 마련해 주어 내 책을 만들었던 열화당 식구들과 기쁨을 나누었다.

서울대학교 김문환 명예교수님은 나의 자서전을 보고 오 년 전에 써 두었던 나의 삶에 대한 「맑을 청 빼어날 수」 칸타타 시를, 다시 그 내용을 보완하여 더 완벽하게 총 열 편으로 보완해 주었다. 그래서 지난 6월 19일 익산 솜리문화예술회관 육백 명의 관객이 모인 자리에서 설성엽 선생이 지휘하고 원불교 서신교당 '원울림 합창단'이 노래 불러 '맑을 청(淸) 빼어날 수(秀)' 칸타타 공연의 첫 막을 올렸다. 서울 공연은 10월 18일 충무아트홀 사백 명의 관객이 모일 수 있는 홀에서 홍준철 선생이 지휘하고 '음악이 있는 마을' 합창단이 노래를 부르는 새로운 공연이 다시 막을 올린다. '삶의 이야기가 있는 집'에서 홀로 지내는 내가, 만약 나의 자서전이 출간되지 않았더라면 어떻게 일천 명의 관객을 만날 수 있었을까.

열화당에서 선물로 받은 나의 자서전은 참으로 놀라운 영향력을 발휘하고 있다. 내가 자서전을 갖고 싶다 한들 그 일이 이루어졌을 것이며, 또 내가 아무리 간청한다 한들 어느 출판사에서 나의 자서전을 만들어 주었을까…. 기획력이 탁월한 이기웅 사장님이 나를 살짝 잡아당겨 나의 자서전이 태어났다. 이 책은 파주 헤이리 예술마을에 건립 추진 중인 '안중근기념 영혼도서관'에 소장될 예정이다. 나의 자서전이 영혼도서관에 영구히 꽂혀 보존되는 그 영광이야말로 무엇에 견줄 수 있을까!

「맑을 청 빼어날 수」 칸타타

김문환(金文煥)

서시(序詩)

해동 전북 남원 수지 홈실
맑고[淸] 빼어난[秀]
산골 마을에서 샘이 터져
물이 솟구친다.

개울로, 강으로, 바다로
거침없이 흐른 물은
온갖 생명 젖줄되니
어디 비단 인간들뿐이리오!

땅 위와 물속과 공중 사는
뭇 생명,
물 없으면 어이 살랴!
바다에 다다라 이윽고 구름되어
신선인 듯 유유자적 노니다가
비되어, 눈되어,
이슬되어, 안개되어
또다시 땅에 스며
맑은 물로 솟구친다.

아, 만물의 돌고 돎이여!

우주와 인생의 기본질서
둥근 한 원 일원상(一圓相)이여!
끊임없이 번져 가는
일원상 법신불의 자비여!

바로 보고 바로 행하고
은혜 알아 보답하고
우주 법리 활용하여
나는 없고 끝없는 섬김.
같은 근원 같은 윤리
같은 기운 서로서로
받은 사업 함께 일구리라.
삼동윤리(三同倫理) 몸에 붙여
천지 개벽 이루어
끝없는 우주를 다함 없이 안고 가리.
아, 맑은 물 한줄기가
만상을 살리시네.

어머니

너는 커서 꼭 교무가 되라.
여자가 아무리 똑똑하고 바지런해도
한집 살림 맡고 나면
고작 몇몇 식구 뒤치다꺼리에
허덕이다 말 것인즉
너는 커서 꼭 교무가 되라.

넓은 세계 한 집안 삼고
숱한 생명 한 가족 삼아
세상에 태어난 보람
마음껏 누리거라.

스물일곱 꽃나이에
지아비와 사별하여
너희 자매를 무탈하게 키운 건
내가 누린 복락이나

큰 아가야! 작은 아가야!
아낙의 삶에도 다른 길 있노니

우주를 한집 삼고
세계를 한 지붕 삼아
맑은 물로 가꾸거라!
봄바람으로 깨우거라!

불우한 소녀

아빠도, 오빠도, 언니도 없이
동족상잔 난리 끝에
대도회지 전주로 온
남원 산골 시골뜨기 소녀.

수업료를 제때 못내
차 얻어 타고 걸어 걸어
고향으로 되돌아왔던

우울한 소녀.
남들 싫어해 하릴없이
북진 통일 깃발 들고
시가를 누비다가
전몰 군인 묘역 찾아
말없이 하염없이 앉았다가
간호사를 꿈꾼 소녀.

앙꼬 찐빵도, 새콤달콤 포도도
그림의 떡이라 체념하던
가난한 소녀.

그렇게 자란 소녀가
어머니 소원대로 교무되고자
집을 나섰네.
가지런히 쪽 지고
흰 저고리 검정 치마 입었네.

출가

이리 폴짝 저리 풍덩
천방지축 석삼년.

새벽 다섯시 기상 종 치랴,
저녁 열시 취침 종 치랴,

서류 정리하랴, 차 대접하랴,
전화받으랴, 물 떠오랴,

막내 면할 길 없어
이리 뛰고, 저리 뛰고
어머나 너무 바빠라.

몸은 고달파도 마음은 즐거워라!
곧은 여인 되고픈
꿈이 있는 까닭이네.

삼백 명 중 절반 시절 어느새 옛말,
원광대학 신문에 '휴식을 두려워하는 학생'
대문짝만 하게 소개하니
사 년 내리 수석일세.

육타원 스승

단아한 용모,
인격의 은은한 향
체취처럼 풍기시며
육도사생(六道四生) 두루 살피시는
육타원(六陀圓) 님, 닮고파라!

사바세계에 머무시며
모든 구도자들의
청정하고 고결하신
맑은 거울이여!

"너는 오늘만 살고 말거냐?
너의 정신 쓰기가

조자룡이 헌 칼 쓰듯하니
쉴 줄도 알아야지.
내내 건강하게 살려무나!"

일러 주신 또 하나의 모성(母聲)
이 내 몸을 지켜주네.

아, 닮고 싶은 스승이시여!
당신 흠모는 나의 은밀한
행복이어이다.

고통받는 사람들

일 년 중 팔 개월을 눈과 얼음 속에서
기나긴 겨울과 가난은 숙명이다
살아가는 히말라야 설산(雪山) 사람들.
그래도 배워야 한다고 부모 품을 떠나
일만 리 길 멀리에서 십 년 동안
떠난 둥지만 그리워하는 새끼들!

스탈린에 내몰리고
신생독립국가에 몰려
국적도 없이 땅굴집에 사는
계절노동자 고려인들.
죽음의 계곡에 갇혀
'건져 주', '살려 주'
울부짖는 저 소리.

그래도 너만은 사람답게
살아야 한다
동토(凍土)를 벗어나
어렵사리 닿은 새터.
냉대만이 기다리니
배움길 막히고 희망줄 끊기니

어찌 할거나
어찌 할거나

전 세계 오십오 개 나라
온갖 대중들이
울부짖는 저 소리.

떨쳐나서리라

눈을 감아도 귀를 막아도
들려오는 신음소리,
고통으로 뒤엉킨 사지들.

나더러 어쩌라고
나더러 어쩌라고
인생은 고해(苦海)
어차피 고통의 바다

깨닫고 성불(成佛)하라
염불하고 극락가라.

난 못하겠네

난 못하겠네.

나서리다
떨쳐나서리다.

오륙십 년 꿰매 입은
흰 저고리, 검정 치마
갑옷인 양 떨쳐입고

축지법 쓰고, 구름 타고
갈 데까지 가보리라.

관습, 범절 구덩이되고
이념, 제도 장벽되어
바쁜 걸음 잡아채도

기어 나는 그 손 잡으리라
기어 나는 그 몸 안으리라.

낙담되어 쓰러질 때
한 그루 정자나무를 보리라.

"나무는 그래도 희망이 있습니다.
찍혀도 다시 피어나
움이 거듭거듭 돋아나고
뿌리가 땅속에서 늙고
줄기가 흙 속에서 죽었더라도
물기만 맡으면 숨이 다시 돌아
어린 나무처럼 가지를 뻗습니다."
—「욥기」에서

그래, 정자나무가 되자.
마을 사람들의 위안과 휴식이 되는
그늘이 되자.
태양 지글거리는 여름 한철
폭양을 피해 쉴 만한 그늘이
없다면,

세상은 얼마나 삭막하고,
인간은 또 얼마나 탈진할까?
그래, 한 그루
정자나무가 되자.

도반(道伴)들

잡아 주는 숱한 손길 있어
아깝다 하지 않고 내어 주는
손길이 있어
백오억 정재(淨財)가 건네졌고
헤아릴 수 없는 컨테이너가 실려 갔지.

강남 교도와 종단의
어르신네들과 동역(同役)들,
종교와 이념을 넘어선 개인과 단체들
무슨 수로 헤아리랴.

다이아몬드 반지 하나로
삼형제가 결혼식을 치렀어도 행복한

동창의 얼굴도,
넋 놓고 바라보게 하는
온화하고 투명하고 해맑은
베타니아의 집 노수녀님들 얼굴도
그 손길들 속에 비치네.

고통의 현장을 직감으로 꿰뚫는
타고난 직관력 있다 한들
온 세계의 고통받는 사람들을 돕는
지혜와 힘의 원천은
아무래도 이 손길들입니다.
때로 이기심에 사로잡혀

시련과 아픔 안겨 준 이도
없지 않지만,
선을 권해도 실천하는 사람
너무도 적지만,
법으로 막고 벌을 주어도 악은
도처에서 저질러지지만,
이 손길들의 따스함으로
나는 다시 일어섭니다.

타라 축제

나비들의 축제입니다.
꿈이 아니라
독일 프랑크푸르트에서

생시에 본 낮꿈입니다.

아바타라 데비 여사가
파란 잔디밭 주변에 우거진
큰 나무숲과 나무마다 뿜어내는
연둣빛 신록 속에서
눈부시게 펼친 향연입니다.

하얀색에 검정 가운을 두르고
황금색 관을 쓴 데비 여사가
새하얀 나비 소녀들을
이끌고 들어서자

징이 울리고, 트럼펫이 울리고,
높은 소프라노 독창이 이어지고
내 목에는 꽃목걸이가 걸렸습니다.
부처님께 절하고 여사가 입을 열자
나비 대중들은
침묵했다가 깔깔 웃기를 반복하다가
장미꽃잎을 내게 바치고
나는 그들을 내 품에 안았습니다.
살포시 내 발에 댄 손을 가슴에 옮겨

경의를 표하는 이들이
좀전에 속삭인 나지막한
신음 소리,
가벼운 흐느낌이
내 귓전에 맴돕니다.

옴마니반메훔
옴마니반메훔

티베트 경전을 새긴 목걸이가
내 목에 걸린 채
타라 축제의 여운을 남깁니다.

종시(終詩)

아닙니다. 아닙니다.
누가 뭐래도
이곳이 극락입니다.
버림받고 내몰리다
비로소 둥지 틀고 내일을 향한
날갯짓을 배우는
전 세계 아홉 학교가
일원의 꽃밭입니다.

라다크 카루나 자비병원,
캄보디아 바탐방 무료구제병원
일원 꽃이 피어난 극락

삼동윤리 실천 현장
천주교의 성 라자로마을
가족으로부터도 버림받은
한센병 환자들이
기다렸다 반기네

캄보디아 공포의 지뢰의 땅이
평화의 땅으로 바뀌었네
지뢰로 팔다리 잃은 아프가니스탄 사람들
천오백구십칠 개의 의족 의수
새 손 새 다리 생겨났으니
활기차게 움직여 보세

목타고 목마른 사람들아
이백칠십 개의 우물에서 물이 콸콸 쏟아진다
물 마셔 물 마셔 목마른 사람들 물 마셔
어화 좋다 어화 좋아
일원화 꽃 활짝 핀 낙원세계
평화가 왔네 평화가 와
삶을 완전 연소하고 새털같이
가벼운 마음으로 '삶의 이야기가 있는 집'에서
채웠다 비우는 달을 보며
"어머! 달님" 하며 달님 반기네
달님과 숨바꼭질하며 사네

"나무천수천안(南無千手千眼)
관세음보살!
천 개의 눈으로
천 개의 손으로
보살피는 하늘사람!
나무청수보살
마하살!"
—법정(法頂) 스님 편지에서

박청수 약력

서타원(誓陀圓) 박청수(朴淸秀) 교무(敎務)는 1937년 전라북도 남원시(南原市) 수지면(水旨面) 호곡리(好谷里)에서 태어나 1945년 3월 27일 원불교에 입교하여 '청수'라는 법명을 받았다.〔본명 박희숙(朴姬淑)〕 남원수지초등학교와 전북여자중학교, 전주여자고등학교를 졸업했고, 원광대학교 원불교학과에서 수학했으며, 동국대학교 대학원에서 석사학위를, 홍익대학교에서 명예철학박사학위를 받았다. 1956년 원불교 교무가 되기 위해 출가하여 이후 사직교당, 원평교당, 우이동 수도원 교당, 강남교당에서 교무로 봉직하고 2007년 강남교당에서 퇴임했다.

지난 오십 년 동안 북인도 히말라야 라다크, 캄보디아, 스리랑카, 아프가니스탄, 에티오피아를 비롯한 세계 오십오 개국에서 무지·빈곤·질병 퇴치에 힘썼다. 북한동포, 조선족, 고려인 등 해외 우리 민족들뿐 아니라, 나라 안에서는 시각장애인, 저소득층 어린이, 한센병 환자, 새터민 등 국내 소외계층을 대상으로 지속적인 후원 활동을 했다.

원불교 수위단원, 평양교구장, 우리민족서로돕기운동본부 공동대표, 학교법인 영산성지학원 이사장, 학교법인 전인학원 이사장, 농어촌 청소년 육성재단 이사장을 역임했고, 2000년 김대중 대통령이 노벨평화상을 수상할 때 초청손님으로 노르웨이에 동행했으며, 2010년 노벨평화상 최종 후보 10인에 선정되었다. 현재 청수나눔실천회 이사장으로 있으며, 지금까지의 삶의 궤적이 정리돼 있는 박물관 '삶의 이야기가 있는 집'에서 자연의 일부로 살아가고 있다. 현대수필문학상, 대한적십자사 박애장(博愛章) 금장, 자랑스런 신한국인상, 효령상(孝寧賞), 일가상(一家賞), 용신봉사상(容信奉仕賞), 평화여성상, 국민훈장 목련장(木蓮章), 호암상(湖巖賞), 캄보디아 사하메트레이 왕실 훈장(Commander of Royal Order of Sahametrei) 인도 암베드카르 국제상(Dr Ambedkar International Award), 만해평화대상 등을 수상했으며, 『여성신문』 선정 '2013년 올해의 인물'로, 전주여고 선정 '자랑스런 영란인'(2015)으로 선정되었다.

저서로 『기다렸던 사람들처럼』(1989), 『마음으로 만난 사람들』(1993), 『나를 사로잡은 지구촌 사람들』(1998), 『하늘사람』(2006), 『마음눈이 밝아야 인생을 잘 살 수 있다』(2007), 『더 마더 박청수(The Mother Park Chung Soo)』(2007), 『어머니가 가르쳐 준 길』(2011), 『박청수—원불교 박청수 교무의 세상 받든 이야기』(2015) 등이 있다.

서울대학교 김문환 명예교수 작사, 이연 작곡의 칸타타 「맑을 청 빼어날 수」가 익산 솜리문화회관(서신교당 원울림 합창단, 2016. 6. 19)과 서울 충무아트센터(음악이 있는 마을 합창단, 2016. 10. 18)에서 공연된 바 있다.

박청수, 세상 나든 이야기

圓佛教 朴淸秀 敎務의 기행수상록

초판 1쇄 발행 2016년 10월 15일 **발행인** 李起雄 **발행처** 悅話堂
경기도 파주시 광인사길 25(문발동 520-10) 파주출판도시
전화 031-955-7000 팩스 031-955-7010
www.youlhwadang.co.kr yhdp@youlhwadang.co.kr
등록번호 제10-74호 **등록일자** 1971년 7월 2일
편집 조윤형 박미 조민지 **디자인** 박소영 **인쇄 제책** (주)상지사피앤비

＊값은 뒤표지에 있습니다.

ISBN 978-89-301-0537-8 03040

Venerable Mother Park Chung-Soo of *Won* **Buddhism: Accounts of Travelling around the World** © 2016 by Park Chung-Soo.
Published by Youlhwadang Publishers. Printed in Korea.

이 도서의 국립중앙도서관 출판시도서목록(CIP)은 e-CIP 홈페이지
(http://www.nl.go.kr/ecip)와 국가자료공동목록시스템(http://www.nl.go.kr/kolisnet)에서
이용하실 수 있습니다. (CIP 제어번호: CIP2016023572)